大学赤本シリーズ

484

# 関西大学

## 理系

教学社

# はしがき

おかげさまで，大学入試の「赤本」は，今年で創刊70周年を迎えました。

これまで，入試問題や資料をご提供いただいた大学関係者各位，掲載許可をいただいた著作権者の皆様，各科目の解答や対策の執筆にあたられた先生方，そして，赤本を使用してくださったすべての読者の皆様に，厚く御礼を申し上げます。

以下に，創刊初期の「赤本」のはしがきを引用します。これからも引き続き，受験生の目標の達成や，夢の実現を応援してまいります。

本書を活用して，入試本番では持てる力を存分に発揮されることを心より願っています。

編者しるす

＊　＊　＊

学問の塔にあこがれのまなざしをもって，それぞれの志望する大学の門をたたかんとしている受験生諸君！　人間として生まれてきた私たちは，自己の欲するままに，美しく，強く，そして何よりも人間らしく生きることをねがっている。しかし，一朝一夕にして，この純粋なのぞみが達せられることはない。私たちの行く手には，絶えずさまざまな試練がまちかまえている。この試練を克服していくところに，私たちのねがう真に人間的な世界がはじめて開かれてくるのである。

人生最初の最大の試練として，諸君の眼前に大学入試がある。この大学入試は，精神的にも身体的にも，大きな苦痛を感ぜしめるであろう。あるスポーツに熟達するには，たゆみなき，はげしい練習を積み重ねることが必要であるように，私たちは，計画的・持続的な努力を払うことによって，この試練を克服し，次の一歩を踏みだすことができる。厳しい試練を経たのちに，はじめて満足すべき成果を獲得できるのである。

本書は最近の入学試験の問題に，それぞれ解答を付し，さらに問題をふかく分析することによって，その大学独特の傾向や対策をさぐろうとした。本書を一般の参考書とあわせて使用し，まとはずれのない，効果的な受験勉強をされるよう期待したい。

（昭和35年版「赤本」はしがきより）

# 挑む人の、いちばんの味方

1954年に大学入試の過去問題集を刊行してから70年。赤本は大学に入りたいと思う受験生を応援しつづけてきました。これからも，苦しいとき落ち込むときにそばで支える存在でいたいと思います。

そして，勉強をすること，自分で道を決めること，努力が実ること，これらの喜びを読者の皆さんが感じることができるよう，伴走をつづけます。

そもそも赤本とは…

## 受験生のための大学入試の過去問題集！

70年の歴史を誇る赤本は，500点を超える刊行点数で全都道府県の370大学以上を網羅しており，過去問の代名詞として受験生の必須アイテムとなっています。

なぜ受験に過去問が必要なのか？

## 大学入試は大学によって問題形式や頻出分野が大きく異なるからです。

# 赤本の掲載内容

## 傾向と対策

これまでの出題内容から，問題の「**傾向**」を分析し，来年度の入試に向けて具体的な「**対策**」の方法を紹介しています。

## 問題編・解答編

- 年度ごとに問題とその解答を掲載しています。
- 「**問題編**」ではその年度の試験概要を確認したうえで，実際に出題された過去問に取り組むことができます。
- 「**解答編**」には高校・予備校の先生方による解答が載っています。

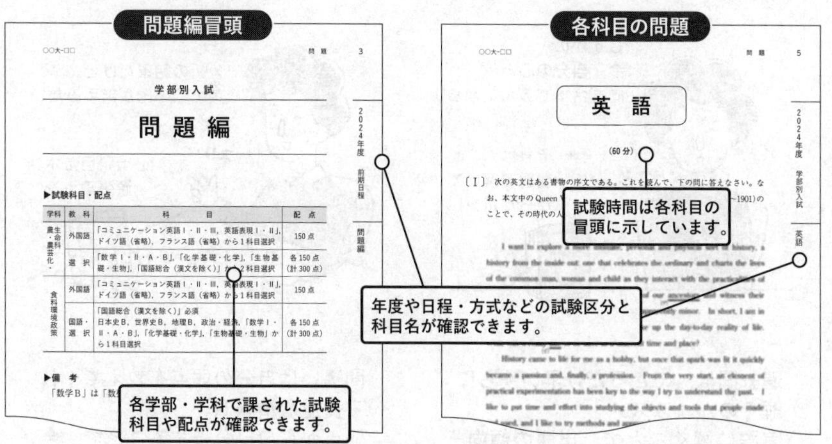


2024年度から
見やすい
デザインに！

**他にも，大学の基本情報や，先輩受験生の合格体験記，在学生からのメッセージなどが載っていることがあります。**

### 掲載内容について

著作権上の理由やその他編集上の都合により問題や解答の一部を割愛している場合があります。
なお，指定校推薦入試，社会人入試，編入学試験，帰国生入試などの特別入試，英語以外の外国語科目，商業・工業科目は，原則として掲載しておりません。また試験科目は変更される場合がありますので，あらかじめご了承ください。

受験勉強は

# 過去問に始まり，

## STEP 1

なにはともあれ

### まずは解いてみる

しずかに…
今，自分の心と
向き合ってるんだから
ムーン
それは
問題を解いて
からだホン!


過去問は，**できるだけ早いうちに解く**のがオススメ！
実際に解くことで，**出題の傾向，問題のレベル，今の自分の実力**がつかめます。

## STEP 2

じっくり具体的に

### 弱点を分析する

分析の結果だけど
英・数・国が苦手みたい
スリー
必須科目だホン
頑張るホン


間違いは自分の弱点を教えてくれる**貴重な情報源**。
弱点から自己分析することで，**今の自分に足りない力や苦手な分野**が見えてくるはず！

### 合格者があかす 赤本の使い方

**傾向と対策を熟読**
(Fさん／国立大合格)

大学の出題傾向を調べるために，赤本に載っている「傾向と対策」を熟読しました。

**繰り返し解く**
(Tさん／国立大合格)

1周目は問題のレベル確認，2周目は苦手や頻出分野の確認に，3周目は合格点を目指して，と過去問は繰り返し解くことが大切です。

赤本の使い方 解説

# 過去問に終わる。

## STEP 3

### 苦手分野の重点対策

明日からはみんなで頑張るよ！
参考書も！ 問題集も！
よろしくね！
呼んだ？
なにを!?
どこから!?
グッ
グッ


参考書や問題集を活用して，苦手分野の**重点対策**をしていきます。**過去問を指針**に，合格へ向けた具体的な学習計画を立てましょう！

## STEP 1▶2▶3

サイクルが大事！

### 実践を繰り返す

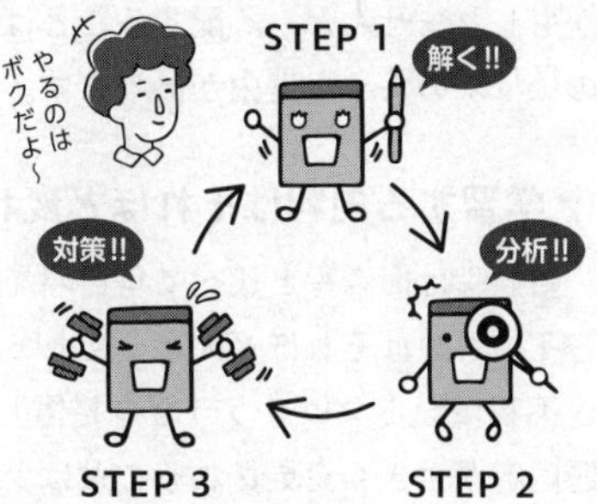


**STEP 1～3を繰り返し**，実力アップにつなげましょう！
**出題形式に慣れること**や，**時間配分を考えること**も大切です。

**目標点を決める**
（Yさん／私立大合格）
赤本によっては合格者最低点が載っているので，それを見て目標点を決めるのもよいです。

**時間配分を確認**
（Kさん／私立大学合格）
赤本は時間配分や解く順番を決めるために使いました。

**添削してもらう**
（Sさん／私立大学合格）
記述式の問題は先生に添削してもらうことで自分の弱点に気づけると思います。

# 新課程入試 Q&A

2022 年度から新しい学習指導要領（新課程）での授業が始まり，2025 年度の入試は，新課程に基づいて行われる最初の入試となります。ここでは，赤本での新課程入試の対策について，よくある疑問にお答えします。

## Q1. 赤本は新課程入試の対策に使えますか？

## A. もちろん使えます！

旧課程入試の過去問が新課程入試の対策に役に立つのか疑問に思う人もいるかもしれませんが，心配することはありません。旧課程入試の過去問が役立つのには次のような理由があります。

### ● 学習する内容はそれほど変わらない

新課程は旧課程と比べて科目名を中心とした変更はありますが，学習する内容そのものはそれほど大きく変わっていません。また，多くの大学で，既卒生が不利にならないよう「経過措置」がとられます（Q３参照）。したがって，出題内容が大きく変更されることは少ないとみられます。

### ● 大学ごとに出題の特徴がある

これまでに課程が変わったときも，各大学の出題の特徴は大きく変わらないことがほとんどでした。入試問題は各大学のアドミッション・ポリシーに沿って出題されており，過去問にはその特徴がよく表れています。過去問を研究してその大学に特有の傾向をつかめば，最適な対策をとることができます。

| 出題の特徴の例 | ・英作文問題の出題の有無<br>・論述問題の出題（字数制限の有無や長さ）<br>・計算過程の記述の有無 |
|---|---|

新課程入試の対策も，赤本で過去問に取り組むところから始めましょう。

## Q2. 赤本を使う上での注意点はありますか？

### A. 志望大学の入試科目を確認しましょう。

過去問を解く前に，過去の出題科目（問題編冒頭の表）と 2025 年度の募集要項とを比べて，課される内容に変更がないかを確認しましょう。ポイントは以下のとおりです。科目名が変わっていても，実際は旧課程の内容とほとんど同様のものもあります。

| | |
|---|---|
| 英語・国語 | 科目名は変更されているが，実質的には変更なし。<br>▶▶ **ただし，リスニングや古文・漢文の有無は要確認。** |
| 地歴 | 科目名が変更され，「歴史総合」「地理総合」が新設。<br>▶▶ **新設科目の有無に注意。ただし，「経過措置」（Q３参照）により内容は大きく変わらないことも多い。** |
| 公民 | 「現代社会」が廃止され，「公共」が新設。<br>▶▶ **「公共」は実質的には「現代社会」と大きく変わらない。** |
| 数学 | 科目が再編され，「数学Ｃ」が新設。<br>▶▶ **「数学」全体としての内容は大きく変わらないが，出題科目と単元の変更に注意。** |
| 理科 | 科目名も学習内容も大きな変更なし。 |

数学については，科目名だけでなく，どの単元が含まれているかも確認が必要です。例えば，出題科目が次のように変わったとします。

| | |
|---|---|
| 旧課程 | 「数学Ⅰ・数学Ⅱ・数学Ａ・数学Ｂ（数列・ベクトル）」 |
| **新課程** | 「数学Ⅰ・数学Ⅱ・数学Ａ・**数学Ｂ（数列）・数学Ｃ（ベクトル）**」 |

この場合，新課程では「数学Ｃ」が増えていますが，単元は「ベクトル」のみのため，実質的には旧課程とほぼ同じであり，過去問をそのまま役立てることができます。

## Q3.「経過措置」とは何ですか？

## A. 既卒の旧課程履修者への対応です。

多くの大学では，既卒の旧課程履修者が不利にならないように，出題において「経過措置」が実施されます。措置の有無や内容は大学によって異なるので，募集要項や大学のウェブサイトなどで確認しておきましょう。

◯旧課程履修者への経過措置の例

- 旧課程履修者にも配慮した出題を行う。
- 新・旧課程の共通の範囲から出題する。
- 新課程と旧課程の共通の内容を出題し，共通範囲のみでの出題が困難な場合は，旧課程の範囲からの問題を用意し，選択解答とする。

例えば，地歴の出題科目が次のように変わったとします。

| 旧課程 | 「日本史 B」「世界史 B」から１科目選択 |
|---|---|
| **新課程** | 「**歴史総合**，日本史探究」「**歴史総合**，世界史探究」から１科目選択※<br>※旧課程履修者に不利益が生じることのないように配慮する。 |

「歴史総合」は新課程で新設された科目で，旧課程履修者には見慣れないものですが，上記のような経過措置がとられた場合，新課程入試でも旧課程と同様の学習内容で受験することができます。

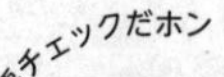

**新課程の情報は WEB もチェック！**
**より詳しい解説が赤本ウェブサイトで見られます。**
**https://akahon.net/shinkatei/**

## 科目名が変更される教科・科目

| | 旧課程 | 新課程 |
|---|---|---|
| 国語 | 国語総合<br>国語表現<br>現代文A<br>現代文B<br>古典A<br>古典B | 現代の国語<br>言語文化<br>論理国語<br>文学国語<br>国語表現<br>古典探究 |
| 地歴 | 日本史A<br>日本史B<br>世界史A<br>世界史B<br>地理A<br>地理B | 歴史総合<br>日本史探究<br>世界史探究<br>地理総合<br>地理探究 |
| 公民 | 現代社会<br>倫理<br>政治・経済 | 公共<br>倫理<br>政治・経済 |
| 数学 | 数学Ⅰ<br>数学Ⅱ<br>数学Ⅲ<br>数学A<br>数学B<br>数学活用 | 数学Ⅰ<br>数学Ⅱ<br>数学Ⅲ<br>数学A<br>数学B<br>数学C |
| 外国語 | コミュニケーション英語基礎<br>コミュニケーション英語Ⅰ<br>コミュニケーション英語Ⅱ<br>コミュニケーション英語Ⅲ<br>英語表現Ⅰ<br>英語表現Ⅱ<br>英語会話 | 英語コミュニケーションⅠ<br>英語コミュニケーションⅡ<br>英語コミュニケーションⅢ<br>論理・表現Ⅰ<br>論理・表現Ⅱ<br>論理・表現Ⅲ |
| 情報 | 社会と情報<br>情報の科学 | 情報Ⅰ<br>情報Ⅱ |

大学のサイトも見よう

# 目　次

## 2022年度 問題と解答

## 掲載内容についてのお断り

- 本書では，一般入試のうち 2 日程分を掲載しています。
- 本書に掲載していない日程のうち，一部の問題については以下の書籍に収録しています。
  『関西大学（英語〈3 日程× 3 カ年〉）』
- 公募制推薦入試，AO 入試，SF 入試は掲載していません。

# 基本情報

## 沿革

| | |
|---|---|
| 1886（明治 19） | 大阪願宗寺で関西法律学校を開校 |
| 1904（明治 37） | 専門学校令による専門学校として認可される |
| 1905（明治 38） | 社団法人私立関西大学に改組・改称 |
| 1918（大正　7） | 大学令公布に伴い，昇格の体制作り開始 |
| 1920（大正　9） | 財団法人関西大学に改組・改称 |
| 1922（大正 11） | 大学令による関西大学として認可され，法学部・商学部を設置 |
| 1924（大正 13） | 商学部を経済学部に改称 |
| 1925（大正 14） | 法学部を法文学部に改称 |
| 1935（昭和 10） | 経済学部を経商学部に改称 |
| 1945（昭和 20） | 法文学部を法学部，経商学部を経済学部に改称 |
| 1947（昭和 22） | 法学部を法文学部に改称 |
| 1948（昭和 23） | 学制改革により新制大学に移行，法・文・経済・商学部を設置 |
| 1951（昭和 26） | 学校法人関西大学に改組 |

1958（昭和 33） 工学部を設置
1967（昭和 42） 社会学部を設置
✎1972（昭和 47）考古学研究室が飛鳥の高松塚古墳を発掘調査し，極彩色の壁画を発見
1994（平成 6） 総合情報学部を設置
2007（平成 19） 政策創造学部を設置
工学部を改組し，システム理工・環境都市工・化学生命工学部を設置
2009（平成 21） 外国語学部を設置
2010（平成 22） 人間健康学部・社会安全学部を設置
2016（平成 28） 創立 130 周年
2022（令和 4） 大学昇格 100 周年
2025（令和 7） ビジネスデータサイエンス学部（仮称・設置構想中）開設予定

## 校章

関西大学の校章は，「大学」の二字を葦の葉で囲んだものです。

大阪を貫流する淀川の絶えぬ流れに，風雨に耐えて根強く生い繁る葦の葉は，明治 19 年（1886 年），西日本で最初の法律学校として創立以来，発展を重ねてきた関西大学の質実剛健の気風を表したものです。

# 学部・学科の構成

（注）下記内容は 2024 年 4 月時点のもので，改組・新設等により変更される場合があります。

### 大 学

**●法学部** 千里山キャンパス
法学政治学科

**●文学部** 千里山キャンパス
総合人文学科（英米文学英語学専修，英米文化専修，国語国文学専修，

哲学倫理学専修，比較宗教学専修，芸術学美術史専修，ヨーロッパ文化専修，日本史・文化遺産学専修，世界史専修，地理学・地域環境学専修，教育文化専修，初等教育学専修，心理学専修，映像文化専修，文化共生学専修，アジア文化専修）

●**経済学部**　千里山キャンパス

経済学科（経済政策コース，歴史・思想コース，産業・企業経済コース，国際経済コース）

●**商学部**　千里山キャンパス

商学科（流通専修，ファイナンス専修，国際ビジネス専修，マネジメント専修，会計専修）

●**社会学部**　千里山キャンパス

社会学科（社会学専攻，心理学専攻，メディア専攻，社会システムデザイン専攻）

●**政策創造学部**　千里山キャンパス

政策学科（政治経済専修，地域経営専修）

国際アジア学科

●**外国語学部**　千里山キャンパス

外国語学科

●**人間健康学部**　堺キャンパス

人間健康学科（スポーツと健康コース，福祉と健康コース）

●**総合情報学部**　高槻キャンパス

総合情報学科

●**社会安全学部**　高槻ミューズキャンパス

安全マネジメント学科

●**システム理工学部**　千里山キャンパス

数学科

物理・応用物理学科（基礎・計算物理コース，応用物理コース）

機械工学科

電気電子情報工学科（電気電子工学コース，情報通信工学コース，応用情報工学コース）

●**環境都市工学部**　千里山キャンパス

建築学科

都市システム工学科（都市インフラ設計コース，社会システム計画コース）
エネルギー環境・化学工学科

**●化学生命工学部** 千里山キャンパス

化学・物質工学科（マテリアル科学コース，応用化学コース，バイオ分子化学コース）
生命・生物工学科（ライフサイエンスコース，バイオテクノロジーコース）

**●ビジネスデータサイエンス学部（仮称・設置構想中）** 吹田みらいキャンパス

ビジネスデータサイエンス学科

（備考）専修・コース等に分属する年次はそれぞれで異なる。

## 大学院

**●大学院**

法学研究科 / 文学研究科 / 経済学研究科 / 商学研究科 / 社会学研究科 / 総合情報学研究科 / 理工学研究科 / 外国語教育学研究科 / 心理学研究科 / 社会安全研究科 / 東アジア文化研究科 / ガバナンス研究科 / 人間健康研究科

**●専門職大学院**

法科大学院（法務研究科）/ 会計専門職大学院（会計研究科）

## 大学所在地

高槻キャンパス

高槻ミューズキャンパス

千里山キャンパス

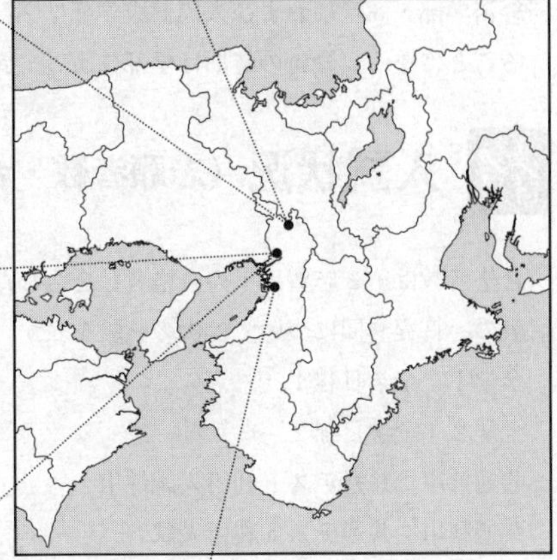

吹田みらいキャンパス

堺キャンパス

| | | |
|---|---|---|
| **千里山キャンパス** | 〒564-8680 | 大阪府吹田市山手町３－３－35 |
| **吹田みらいキャンパス** | 〒565-8585 | 大阪府吹田市山田南50－２ |
| **高槻キャンパス** | 〒569-1095 | 大阪府高槻市霊仙寺町２－１－１ |
| **高槻ミューズキャンパス** | 〒569-1098 | 大阪府高槻市白梅町７－１ |
| **堺キャンパス** | 〒590-8515 | 大阪府堺市堺区香ヶ丘町１－11－１ |

# 入試データ

◯文学部は学部一括で入学し，２年次進級時に各専修に分属するが，初等教育学専修については，一般入試「３教科型（同一配点方式をのぞく）」で入学定員50名のうち，30名の募集・選抜を専修単位で行い，入学後は１年次から初等教育学専修に所属する。なお，学部一括枠で入学し，２年次進級時に分属することも可能（50名定員から１年次入学者を減じた人数となり，分属人数は年度によって異なる）。

◯経済学部・商学部および人間健康学部は学部一括で入学し，各専修・コースに分属することになる（分属の時期は学部によって異なる）。

## 入試状況（志願者数・合格者数）

◯合格者数は第２志望以下の合格者数を含むため，実質的競争率は算出していない。

◯表の「日程」欄については次の試験を表す。

全学１：全学日程１
全学２：全学日程２
共通併用：共通テスト利用入試併用
共通利用：共通テスト利用入試
学部独自：学部独自日程

### 2024年度 入試状況

#### ●一般入試・共通テスト利用入試

| 学部・学科・専攻・専修 | | 日　程 | 教科（科目）型 | 志願者数 | 合格者数 |
|---|---|---|---|---|---|
| 法 | 法学政治 | 全学1・2 | 3　教　科　型 | 3,088 | 796 |
| | | 全　学　1 | 英語外部試験利用方式 | 625 | 172 |
| | | 共通併用 | 2　科　目　型 | 546 | 191 |
| | | | 小　論　文 | 39 | 19 |
| | | 共通利用 | 前　期 | 1,204 | 600 |
| | | | 後　期 | 144 | 54 |

（表つづく）

| 学部・学科・専攻・専修 | | | 日　程 | 教科（科目）型 | 志願者数 | 合格者数 |
|---|---|---|---|---|---|---|
| 文 | 総合人文 | 通常枠 | 全学1・2 | 3　教　科　型 | 4,582 | 1,269 |
| | | | 全　学　1 | 英語外部試験利用方式 | 486 | 35 |
| | | | 共通併用 | | 909 | 265 |
| | | | 共通利用 | 前　　期 | 1,388 | 585 |
| | | | | 後　　期 | 273 | 76 |
| | | 初等教育学専修 | 全学1・2 | 3　教　科　型 | 599 | 143 |
| 経済 | 経　済 | | 全学1・2 | 3　教　科　型 | 5,092 | 1,138 |
| | | | 全　学　1 | 英語外部試験利用方式 | 885 | 147 |
| | | | 共通併用 | 2　科　目　型 | 1,813 | 346 |
| | | | | 小　論　文 | 49 | 13 |
| | | | 共通利用 | 前　　期 | 1,109 | 404 |
| | | | | 後　　期 | 170 | 10 |
| 商 | 商 | | 全学1・2 | 3　教　科　型 | 5,292 | 1,295 |
| | | | 共通併用 | | 476 | 101 |
| | | | 共通利用 | 前　　期 | 365 | 40 |
| 社会 | 社会 | 社会学 | 全学1・2 | 3　教　科　型 | 1,828 | 270 |
| | | | 全　学　2 | 3教科型同一配点方式 | 415 | 40 |
| | | | 共通併用 | | 293 | 67 |
| | | | 共通利用 | 前　　期 | 261 | 102 |
| | | 心理学 | 全学1・2 | 3　教　科　型 | 1,751 | 271 |
| | | | 全　学　2 | 3教科型同一配点方式 | 417 | 50 |
| | | | 共通併用 | | 233 | 50 |
| | | | 共通利用 | 前　　期 | 319 | 101 |
| | | メディア | 全学1・2 | 3　教　科　型 | 1,566 | 218 |
| | | | 全　学　2 | 3教科型同一配点方式 | 329 | 38 |
| | | | 共通併用 | | 251 | 51 |
| | | | 共通利用 | 前　　期 | 248 | 66 |
| | | 社会システムデザイン | 全学1・2 | 3　教　科　型 | 730 | 241 |
| | | | 全　学　2 | 3教科型同一配点方式 | 191 | 51 |
| | | | 共通併用 | | 241 | 55 |
| | | | 共通利用 | 前　　期 | 224 | 65 |

（表つづく）

| 学部・学科・専攻・専修 | | 日　程 | 教科（科目）型 | 志願者数 | 合格者数 |
|---|---|---|---|---|---|
| 政策創造 | 政　策 | 全学１ | 3　教　科　型 | 856 | 193 |
| | | | 英語外部試験利用方式 | 330 | 71 |
| | | 全学２ | | 1,104 | 246 |
| | | 共通併用 | 2/1 | 101 | 17 |
| | | | 2/5 | 80 | 12 |
| | | 共通利用 | 前　期 | 340 | 61 |
| | | | 後　期 | 84 | 37 |
| | 国際アジア | 全学１ | 3　教　科　型 | 324 | 75 |
| | | | 英語外部試験利用方式 | 131 | 28 |
| | | 全学２ | | 407 | 112 |
| | | 共通併用 | 2/1 | 57 | 8 |
| | | | 2/5 | 45 | 8 |
| | | 共通利用 | 前　期 | 129 | 18 |
| | | | 後　期 | 29 | 15 |
| 外国語 | 外　国　語 | 全学１ | | 1,072 | 285 |
| | | 全学２ | | 538 | 127 |
| | | 共通併用 | | 344 | 62 |
| | | 共通利用 | 前　期 | 340 | 70 |
| | | | 後　期 | 62 | 18 |
| 人間健康 | 人間健康 | 全学１ | 3　教　科　型 | 910 | 142 |
| | | | 英語外部試験利用方式 | 266 | 64 |
| | | 全学２ | | 1,413 | 247 |
| | | 共通併用 | | 728 | 183 |
| | | 共通利用 | 前　期 | 351 | 102 |
| | | | 後　期 | 48 | 20 |
| 総合情報 | 総合情報 | 全学1・2 | | 2,457 | 599 |
| | | 学部独自 | | 452 | 123 |
| | | 共通併用 | | 458 | 90 |
| | | 共通利用 | 前　期 | 347 | 71 |
| | | | 後　期 | 40 | 26 |

（表つづく）

| 学部・学科・専攻・専修 | | 日　程 | 教科（科目）型 | 志願者数 | 合格者数 |
|---|---|---|---|---|---|
| 社会安全 | 安全マネジメント | 全学1・2 | 3　教　科　型 | 2,013 | 390 |
| | | 全学1 | 英語外部試験利用方式 | 212 | 35 |
| | | 全学1・2 | 英　数　方　式 | 328 | 78 |
| | | 全学2 | 英数方式（数学重視） | 48 | 18 |
| | | 共通併用 | | 49 | 18 |
| | | 共通利用 | 前　期 | 207 | 59 |
| | | | 後　期 | 56 | 35 |
| システム理工 | 数 | 全学1 | 理科1科目選択方式 | 185 | 61 |
| | | | 理科設問選択方式（2科目型） | | |
| | | 全学2 | 理科設問選択方式 | 120 | 45 |
| | | | 理科設問選択方式（理数重視） | 114 | 42 |
| | | 共通併用 | | 138 | 37 |
| | | 共通利用 | 前　期 | 72 | 18 |
| | | | 後　期 | 9 | 3 |
| | 物理・応用物理 | 全学1 | 理科1科目選択方式 | 197 | 88 |
| | | | 理科設問選択方式（2科目型） | | |
| | | 全学2 | 理科設問選択方式 | 162 | 70 |
| | | | 理科設問選択方式（理数重視） | 174 | 72 |
| | | 共通併用 | | 159 | 46 |
| | | 共通利用 | 前　期 | 112 | 47 |
| | | | 後　期 | 21 | 9 |
| | 機械工 | 全学1 | 理科1科目選択方式 | 902 | 333 |
| | | | 理科設問選択方式（2科目型） | | |
| | | 全学2 | 理科設問選択方式 | 672 | 220 |
| | | | 理科設問選択方式（理数重視） | 504 | 196 |
| | | 共通併用 | | 370 | 111 |
| | | 共通利用 | 前　期 | 374 | 124 |
| | | | 後　期 | 59 | 25 |

（表つづく）

| 学部・学科・専攻・専修 | | 日　程 | 教科（科目）型 | 志願者数 | 合格者数 |
|---|---|---|---|---|---|
| システム理工 | 電気電子情報工 | 全学１ | 理科１科目選択方式 | 874 | 242 |
| | | | 理科設問選択方式（２科目型） | | |
| | | 全学２ | 理科設問選択方式 | 767 | 174 |
| | | | 理科設問選択方式（理数重視） | 524 | 138 |
| | | 共通併用 | | 427 | 134 |
| | | 共通利用 | 前期 | 353 | 109 |
| | | | 後期 | 78 | 39 |
| 環境都市工 | 建築 | 全学１ | 理科１科目選択方式 | 652 | 143 |
| | | | 理科設問選択方式（２科目型） | | |
| | | 全学２ | 理科設問選択方式 | 526 | 100 |
| | | | 理科設問選択方式（理数重視） | 409 | 90 |
| | | 共通併用 | | 649 | 119 |
| | | 共通利用 | 前期 | 471 | 84 |
| | | | 後期 | 22 | 10 |
| | 都市システム工 | 全学１ | 理科１科目選択方式 | 372 | 121 |
| | | | 理科設問選択方式（２科目型） | | |
| | | 全学２ | 理科設問選択方式 | 376 | 140 |
| | | | 理科設問選択方式（理数重視） | 213 | 74 |
| | | 共通併用 | | 469 | 108 |
| | | 共通利用 | 前期 | 247 | 58 |
| | | | 後期 | 22 | 5 |
| | エネルギー環境・化学工 | 全学１ | 理科１科目選択方式 | 209 | 123 |
| | | | 理科設問選択方式（２科目型） | | |
| | | 全学２ | 理科設問選択方式 | 236 | 119 |
| | | | 理科設問選択方式（理数重視） | 86 | 36 |
| | | 共通併用 | | 267 | 132 |
| | | 共通利用 | 前期 | 208 | 90 |
| | | | 後期 | 33 | 17 |

（表つづく）

<table>
<tr><th colspan="2">学部・学科・専攻・専修</th><th>日　程</th><th>教科（科目）型</th><th>志願者数</th><th>合格者数</th></tr>
<tr><td rowspan="16">化学生命工</td><td rowspan="8">化学・物質工</td><td rowspan="2">全学 1</td><td>理科１科目選択方式</td><td rowspan="2">621</td><td rowspan="2">325</td></tr>
<tr><td>理科設問選択方式（２科目型）</td></tr>
<tr><td rowspan="2">全学 2</td><td>理科設問選択方式</td><td>533</td><td>292</td></tr>
<tr><td>理科設問選択方式（理数重視）</td><td>359</td><td>214</td></tr>
<tr><td>共通併用</td><td></td><td>382</td><td>174</td></tr>
<tr><td rowspan="2">共通利用</td><td>前期</td><td>338</td><td>162</td></tr>
<tr><td>後期</td><td>27</td><td>9</td></tr>
<tr><td colspan="4"></td></tr>
<tr><td rowspan="8">生命・生物工</td><td rowspan="2">全学 1</td><td>理科１科目選択方式</td><td rowspan="2">719</td><td rowspan="2">172</td></tr>
<tr><td>理科設問選択方式（２科目型）</td></tr>
<tr><td rowspan="2">全学 2</td><td>理科設問選択方式</td><td>367</td><td>79</td></tr>
<tr><td>理科設問選択方式（理数重視）</td><td>415</td><td>100</td></tr>
<tr><td>共通併用</td><td></td><td>404</td><td>93</td></tr>
<tr><td rowspan="2">共通利用</td><td>前期</td><td>373</td><td>102</td></tr>
<tr><td>後期</td><td>29</td><td>4</td></tr>
</table>

# 2023年度 入試状況

## ●一般入試・共通テスト利用入試

| 学部・学科・専攻・専修 | | | 日程 | 教科（科目）型 | 志願者数 | 合格者数 |
|---|---|---|---|---|---|---|
| 法 | 法学政治 | | 全学1・2 | 3教科型 | 5,270 | 818 |
| | | | 全学1 | 英語外部試験利用方式 | 931 | 154 |
| | | | 共通併用 | 2科目型 | 766 | 189 |
| | | | | 小論文 | 40 | 14 |
| | | | 共通利用 | 前期 | 1,159 | 426 |
| | | | | 後期 | 137 | 26 |
| 文 | 総合人文 | 通常枠 | 全学1・2 | 3教科型 | 5,467 | 1,294 |
| | | | 全学1 | 英語外部試験利用方式 | 550 | 33 |
| | | | 共通併用 | | 972 | 261 |
| | | | 共通利用 | 前期 | 1,624 | 570 |
| | | | | 後期 | 192 | 115 |
| | | 初等教育学専修 | 全学1・2 | 3教科型 | 626 | 139 |
| 経済 | 経済 | | 全学1・2 | 3教科型 | 5,717 | 1,091 |
| | | | 全学1 | 英語外部試験利用方式 | 666 | 137 |
| | | | 共通併用 | 2科目型 | 1,751 | 344 |
| | | | | 小論文 | 14 | 7 |
| | | | 共通利用 | 前期 | 1,288 | 438 |
| | | | | 後期 | 182 | 65 |
| 商 | 商 | | 全学1・2 | 3教科型 | 5,608 | 1,271 |
| | | | 共通併用 | | 524 | 98 |
| | | | 共通利用 | 前期 | 533 | 50 |
| 社会 | 社会 | 社会学 | 全学1・2 | 3教科型 | 1,444 | 336 |
| | | | 全学2 | 3教科型同一配点方式 | 360 | 46 |
| | | | 共通併用 | | 277 | 61 |
| | | | 共通利用 | 前期 | 380 | 100 |

（表つづく）

| 学部・学科・専攻・専修 | | | 日　程 | 教科（科目）型 | 志願者数 | 合格者数 |
|---|---|---|---|---|---|---|
| 社会 | 社会 | 心理学 | 全学1・2 | 3教科型 | 1,391 | 355 |
| | | | 全学2 | 3教科型同一配点方式 | 396 | 70 |
| | | | 共通併用 | | 321 | 49 |
| | | | 共通利用 | 前期 | 304 | 99 |
| | | メディア | 全学1・2 | 3教科型 | 1,241 | 240 |
| | | | 全学2 | 3教科型同一配点方式 | 348 | 48 |
| | | | 共通併用 | | 226 | 48 |
| | | | 共通利用 | 前期 | 220 | 66 |
| | | 社会システムデザイン | 全学1・2 | 3教科型 | 391 | 351 |
| | | | 全学2 | 3教科型同一配点方式 | 138 | 57 |
| | | | 共通併用 | | 206 | 49 |
| | | | 共通利用 | 前期 | 190 | 70 |
| 政策創造 | 政策 | | 全学1 | 3教科型 | 648 | 159 |
| | | | | 英語外部試験利用方式 | 154 | 38 |
| | | | 全学2 | | 867 | 206 |
| | | | 共通併用 | 2/1 | 101 | 18 |
| | | | | 2/5 | 76 | 14 |
| | | | 共通利用 | 前期 | 498 | 99 |
| | | | | 後期 | 83 | 37 |
| | 国際アジア | | 全学1 | 3教科型 | 279 | 86 |
| | | | | 英語外部試験利用方式 | 80 | 16 |
| | | | 全学2 | | 361 | 108 |
| | | | 共通併用 | 2/1 | 56 | 21 |
| | | | | 2/5 | 28 | 12 |
| | | | 共通利用 | 前期 | 253 | 55 |
| | | | | 後期 | 19 | 7 |
| 外国語 | 外国語 | | 全学1 | | 1,015 | 268 |
| | | | 全学2 | | 695 | 137 |
| | | | 共通併用 | | 246 | 99 |
| | | | 共通利用 | 前期 | 127 | 83 |
| | | | | 後期 | 20 | 8 |

（表つづく）

| 学部・学科・専攻・専修 | | 日程 | 教科（科目）型 | 志願者数 | 合格者数 |
|---|---|---|---|---|---|
| 人間健康 | 人間健康 | 全学1 | 3教科型 | 991 | 173 |
| | | | 英語外部試験利用方式 | 221 | 42 |
| | | 全学2 | | 1,422 | 255 |
| | | 共通併用 | | 686 | 184 |
| | | 共通利用 | 前期 | 379 | 119 |
| | | | 後期 | 51 | 13 |
| 総合情報 | 総合情報 | 全学1・2 | | 3,963 | 640 |
| | | 学部独自 | | | |
| | | 共通併用 | | 812 | 96 |
| | | 共通利用 | 前期 | 683 | 116 |
| | | | 後期 | 65 | 22 |
| 社会安全 | 安全マネジメント | 全学1・2 | 3教科型 | 1,965 | 310 |
| | | 全学1 | 英語外部試験利用方式 | 138 | 22 |
| | | 全学1・2 | 英数方式 | 320 | 60 |
| | | 全学2 | 英数方式（数学重視） | 52 | 17 |
| | | 共通併用 | | 61 | 17 |
| | | 共通利用 | 前期 | 434 | 121 |
| | | | 後期 | 57 | 16 |
| システム理工 | 数 | 全学1 | 理科1科目選択方式 | 169 | 63 |
| | | | 理科設問選択方式（2科目型） | | |
| | | 全学2 | 理科設問選択方式 | 128 | 53 |
| | | | 理科設問選択方式（理数重視） | 108 | 50 |
| | | 共通併用 | | 135 | 40 |
| | | 共通利用 | 前期 | 56 | 17 |
| | | | 後期 | 33 | 6 |
| | 物理・応用物理 | 全学1 | 理科1科目選択方式 | 201 | 87 |
| | | | 理科設問選択方式（2科目型） | | |
| | | 全学2 | 理科設問選択方式 | 183 | 82 |
| | | | 理科設問選択方式（理数重視） | 142 | 67 |
| | | 共通併用 | | 141 | 41 |
| | | 共通利用 | 前期 | 140 | 46 |
| | | | 後期 | 37 | 14 |

（表つづく）

| 学部・学科・専攻・専修 | | 日　程 | 教科（科目）型 | 志願者数 | 合格者数 |
|---|---|---|---|---|---|
| システム理工 | 機械工 | 全学1 | 理科1科目選択方式 | 945 | 360 |
| | | | 理科設問選択方式（2科目型） | | |
| | | 全学2 | 理科設問選択方式 | 713 | 222 |
| | | | 理科設問選択方式（理数重視） | 553 | 206 |
| | | 共通併用 | | 548 | 128 |
| | | 共通利用 | 前期 | 522 | 183 |
| | | | 後期 | 81 | 24 |
| | 電気電子情報工 | 全学1 | 理科1科目選択方式 | 875 | 284 |
| | | | 理科設問選択方式（2科目型） | | |
| | | 全学2 | 理科設問選択方式 | 739 | 207 |
| | | | 理科設問選択方式（理数重視） | 624 | 218 |
| | | 共通併用 | | 601 | 148 |
| | | 共通利用 | 前期 | 435 | 131 |
| | | | 後期 | 97 | 48 |
| 環境都市工 | 建築 | 全学1 | 理科1科目選択方式 | 581 | 141 |
| | | | 理科設問選択方式（2科目型） | | |
| | | 全学2 | 理科設問選択方式 | 482 | 102 |
| | | | 理科設問選択方式（理数重視） | 404 | 88 |
| | | 共通併用 | | 393 | 83 |
| | | 共通利用 | 前期 | 342 | 106 |
| | | | 後期 | 40 | 8 |
| | 都市システム工 | 全学1 | 理科1科目選択方式 | 367 | 151 |
| | | | 理科設問選択方式（2科目型） | | |
| | | 全学2 | 理科設問選択方式 | 348 | 155 |
| | | | 理科設問選択方式（理数重視） | 213 | 89 |
| | | 共通併用 | | 294 | 75 |
| | | 共通利用 | 前期 | 168 | 29 |
| | | | 後期 | 48 | 7 |

（表つづく）

| 学部・学科・専攻・専修 | | 日　程 | 教科（科目）型 | 志願者数 | 合格者数 |
|---|---|---|---|---|---|
| 環境都市工 | エネルギー環境・化学工 | 全学１ | 理科１科目選択方式 | 201 | 105 |
| | | | 理科設問選択方式（２科目型） | | |
| | | 全学２ | 理科設問選択方式 | 230 | 119 |
| | | | 理科設問選択方式（理数重視） | 91 | 62 |
| | | 共通併用 | | 151 | 56 |
| | | 共通利用 | 前期 | 124 | 70 |
| | | | 後期 | 52 | 15 |
| 化学生命工 | 化学・物質工 | 全学１ | 理科１科目選択方式 | 699 | 302 |
| | | | 理科設問選択方式（２科目型） | | |
| | | 全学２ | 理科設問選択方式 | 644 | 302 |
| | | | 理科設問選択方式（理数重視） | 400 | 189 |
| | | 共通併用 | | 433 | 176 |
| | | 共通利用 | 前期 | 434 | 192 |
| | | | 後期 | 108 | 24 |
| | 生命・生物工 | 全学１ | 理科１科目選択方式 | 697 | 211 |
| | | | 理科設問選択方式（２科目型） | | |
| | | 全学２ | 理科設問選択方式 | 360 | 90 |
| | | | 理科設問選択方式（理数重視） | 425 | 108 |
| | | 共通併用 | | 482 | 90 |
| | | 共通利用 | 前期 | 459 | 129 |
| | | | 後期 | 67 | 8 |

## 2022 年度 入試状況

### ●一般入試・共通テスト利用入試

| 学部・学科・専攻・専修 | | | 日程 | 教科（科目）型 | 志願者数 | 合格者数 |
|---|---|---|---|---|---|---|
| 法 | 法学政治 | | 全学 1 | 3 教科型 | 2,611 | 653 |
| | | | | 英語外部試験利用方式 | 900 | 254 |
| | | | 全学 2 | 3 教科型 | 1,171 | 351 |
| | | | | 3 教科型同一配点方式 | 1,858 | 459 |
| | | | 共通併用 | 2/4 | 53 | 15 |
| | | | | 2/5〜7 | 437 | 115 |
| | | | 共通利用 | 前期 | 1,269 | 510 |
| | | | | 後期 | 382 | 15 |
| 文 | 総合人文 | 通常枠 | 全学 1・2 | 3 教科型 | 5,878 | 1,393 |
| | | | 全学 1 | 英語外部試験利用方式 | 564 | 34 |
| | | | 共通併用 | | 955 | 192 |
| | | | 共通利用 | 前期 | 1,620 | 512 |
| | | | | 後期 | 279 | 170 |
| | | 初等教育学専修 | 全学 1・2 | 3 教科型 | 750 | 144 |
| 経済 | 経済 | | 全学 1・2 | 3 教科型 | 5,176 | 1,194 |
| | | | 全学 1 | 英語外部試験利用方式 | 601 | 112 |
| | | | 共通併用 | | 2,322 | 381 |
| | | | 共通利用 | 前期 | 1,501 | 407 |
| | | | | 後期 | 357 | 80 |
| 商 | 商 | | 全学 1・2 | 3 教科型 | 6,058 | 1,366 |
| | | | 共通併用 | | 645 | 99 |
| | | | 共通利用 | 前期 | 498 | 68 |
| 社会 | 社会 | 社会学 | 全学 1・2 | 3 教科型 | 1,249 | 333 |
| | | | 全学 2 | 3 教科型同一配点方式 | 351 | 55 |
| | | | 共通併用 | | 227 | 64 |
| | | | 共通利用 | 前期 | 244 | 109 |

（表つづく）

<table>
<tr><th colspan="3">学部・学科・<br>専攻・専修</th><th>日　程</th><th>教科（科目）型</th><th>志願者数</th><th>合格者数</th></tr>
<tr><td rowspan="12">社<br>会</td><td rowspan="12">社<br>会</td><td rowspan="4">心理学</td><td>全学1・2</td><td>3　教　科　型</td><td>1,318</td><td>297</td></tr>
<tr><td>全学2</td><td>3教科型同一配点方式</td><td>374</td><td>60</td></tr>
<tr><td>共通併用</td><td></td><td>254</td><td>58</td></tr>
<tr><td>共通利用</td><td>前　期</td><td>273</td><td>102</td></tr>
<tr><td rowspan="4">メディア</td><td>全学1・2</td><td>3　教　科　型</td><td>1,192</td><td>203</td></tr>
<tr><td>全学2</td><td>3教科型同一配点方式</td><td>361</td><td>41</td></tr>
<tr><td>共通併用</td><td></td><td>215</td><td>45</td></tr>
<tr><td>共通利用</td><td>前　期</td><td>267</td><td>71</td></tr>
<tr><td rowspan="4">社会<br>システム<br>デザイン</td><td>全学1・2</td><td>3　教　科　型</td><td>380</td><td>329</td></tr>
<tr><td>全学2</td><td>3教科型同一配点方式</td><td>114</td><td>89</td></tr>
<tr><td>共通併用</td><td></td><td>172</td><td>43</td></tr>
<tr><td>共通利用</td><td>前　期</td><td>219</td><td>70</td></tr>
<tr><td rowspan="14">政<br>策<br>創<br>造</td><td colspan="2" rowspan="7">政　策</td><td rowspan="2">全学1</td><td>3　教　科　型</td><td>973</td><td>170</td></tr>
<tr><td>英語外部試験利用方式</td><td>246</td><td>20</td></tr>
<tr><td>全学2</td><td></td><td>1,277</td><td>228</td></tr>
<tr><td rowspan="2">共通併用</td><td>2/1</td><td>88</td><td>31</td></tr>
<tr><td>2/5</td><td>92</td><td>34</td></tr>
<tr><td rowspan="2">共通利用</td><td>前　期</td><td>586</td><td>161</td></tr>
<tr><td>後　期</td><td>95</td><td>45</td></tr>
<tr><td colspan="2" rowspan="7">国際アジア</td><td rowspan="2">全学1</td><td>3　教　科　型</td><td>342</td><td>70</td></tr>
<tr><td>英語外部試験利用方式</td><td>138</td><td>10</td></tr>
<tr><td>全学2</td><td></td><td>430</td><td>83</td></tr>
<tr><td rowspan="2">共通併用</td><td>2/1</td><td>44</td><td>18</td></tr>
<tr><td>2/5</td><td>20</td><td>11</td></tr>
<tr><td rowspan="2">共通利用</td><td>前　期</td><td>194</td><td>69</td></tr>
<tr><td>後　期</td><td>29</td><td>15</td></tr>
<tr><td rowspan="5">外<br>国<br>語</td><td colspan="2" rowspan="5">外　国　語</td><td>全学1</td><td></td><td>1,054</td><td>302</td></tr>
<tr><td>全学2</td><td></td><td>944</td><td>176</td></tr>
<tr><td>共通併用</td><td></td><td>271</td><td>35</td></tr>
<tr><td rowspan="2">共通利用</td><td>前　期</td><td>173</td><td>48</td></tr>
<tr><td>後　期</td><td>53</td><td>10</td></tr>
</table>

（表つづく）

| 学部・学科・専攻・専修 | | 日程 | 教科（科目）型 | 志願者数 | 合格者数 |
|---|---|---|---|---|---|
| 人間健康 | 人間健康 | 全学1 | 3教科型 | 1,125 | 170 |
| | | | 英語外部試験利用方式 | 260 | 58 |
| | | 全学2 | | 1,687 | 291 |
| | | 共通併用 | | 761 | 160 |
| | | 共通利用 | 前期 | 288 | 73 |
| | | | 後期 | 51 | 23 |
| 総合情報 | 総合情報 | 全学1・2 | | 3,615 | 736 |
| | | 学部独自 | | | |
| | | 共通併用 | | 717 | 141 |
| | | 共通利用 | 前期 | 396 | 132 |
| | | | 後期 | 121 | 40 |
| 社会安全 | 安全マネジメント | 全学1・2 | 3教科型 | 1,993 | 348 |
| | | 全学1 | 英語外部試験利用方式 | 144 | 23 |
| | | 全学1・2 | 英数方式 | 304 | 52 |
| | | 全学2 | 英数方式（数学重視） | 50 | 18 |
| | | 共通併用 | | 34 | 11 |
| | | 共通利用 | 前期 | 278 | 76 |
| | | | 後期 | 60 | 12 |
| システム理工 | 数 | 全学1 | 理科1科目選択方式 | 192 | 67 |
| | | | 理科設問選択方式（2科目型） | | |
| | | 全学2 | 理科設問選択方式 | 141 | 64 |
| | | | 理科設問選択方式（2科目型・理科重視） | 78 | 32 |
| | | 共通併用 | | 99 | 25 |
| | | 共通利用 | 前期 | 77 | 10 |
| | | | 後期 | 14 | 3 |
| | 物理・応用物理 | 全学1 | 理科1科目選択方式 | 244 | 107 |
| | | | 理科設問選択方式（2科目型） | | |
| | | 全学2 | 理科設問選択方式 | 211 | 86 |
| | | | 理科設問選択方式（2科目型・理科重視） | 123 | 53 |
| | | 共通併用 | | 115 | 26 |
| | | 共通利用 | 前期 | 126 | 38 |
| | | | 後期 | 16 | 6 |

（表つづく）

| 学部・学科・専攻・専修 | | 日　程 | 教科（科目）型 | 志願者数 | 合格者数 |
|---|---|---|---|---|---|
| システム理工 | 機械工 | 全学1 | 理科1科目選択方式<br>理科設問選択方式（2科目型） | 954 | 428 |
| | | 全学2 | 理科設問選択方式 | 765 | 240 |
| | | | 理科設問選択方式（2科目型・理科重視） | 425 | 199 |
| | | 共通併用 | | 426 | 110 |
| | | 共通利用 | 前期 | 444 | 137 |
| | | | 後期 | 46 | 19 |
| | 電気電子情報工 | 全学1 | 理科1科目選択方式<br>理科設問選択方式（2科目型） | 1,101 | 258 |
| | | 全学2 | 理科設問選択方式 | 878 | 174 |
| | | | 理科設問選択方式（2科目型・理科重視） | 562 | 143 |
| | | 共通併用 | | 534 | 119 |
| | | 共通利用 | 前期 | 428 | 90 |
| | | | 後期 | 54 | 24 |
| 環境都市工 | 建築 | 全学1 | 理科1科目選択方式<br>理科設問選択方式（2科目型） | 672 | 166 |
| | | 全学2 | 理科設問選択方式 | 519 | 118 |
| | | | 理科設問選択方式（2科目型・理科重視） | 324 | 85 |
| | | 共通併用 | | 274 | 62 |
| | | 共通利用 | 前期 | 265 | 60 |
| | | | 後期 | 28 | 15 |
| | 都市システム工 | 全学1 | 理科1科目選択方式<br>理科設問選択方式（2科目型） | 429 | 194 |
| | | 全学2 | 理科設問選択方式 | 377 | 158 |
| | | | 理科設問選択方式（2科目型・理科重視） | 157 | 72 |
| | | 共通併用 | | 199 | 52 |
| | | 共通利用 | 前期 | 171 | 40 |
| | | | 後期 | 51 | 16 |

（表つづく）

| 学部・学科・専攻・専修 | | 日　程 | 教科（科目）型 | 志願者数 | 合格者数 |
|---|---|---|---|---|---|
| 環境都市工 | エネルギー環境・化学工 | 全学１ | 理科１科目選択方式 | 269 | 119 |
| | | | 理科設問選択方式（２科目型） | | |
| | | 全学２ | 理科設問選択方式 | 286 | 135 |
| | | | 理科設問選択方式（２科目型・理科重視） | 74 | 28 |
| | | 共通併用 | | 129 | 41 |
| | | 共通利用 | 前期 | 109 | 48 |
| | | | 後期 | 35 | 16 |
| 化学生命工 | 化学・物質工 | 全学１ | 理科１科目選択方式 | 824 | 409 |
| | | | 理科設問選択方式（２科目型） | | |
| | | 全学２ | 理科設問選択方式 | 666 | 350 |
| | | | 理科設問選択方式（２科目型・理科重視） | 350 | 173 |
| | | 共通併用 | | 327 | 132 |
| | | 共通利用 | 前期 | 428 | 179 |
| | | | 後期 | 42 | 27 |
| | 生命・生物工 | 全学１ | 理科１科目選択方式 | 662 | 225 |
| | | | 理科設問選択方式（２科目型） | | |
| | | 全学２ | 理科設問選択方式 | 307 | 103 |
| | | | 理科設問選択方式（２科目型・理科重視） | 368 | 100 |
| | | 共通併用 | | 310 | 64 |
| | | 共通利用 | 前期 | 413 | 128 |
| | | | 後期 | 28 | 16 |

# 合格最低点（一般入試）

## 2024 年度 合格最低点

| 学部 | 試験日 | 方式 | | 合格最低点／満点 |
|---|---|---|---|---|
| 法学部 | 2月1日 | 3教科型 | | 276/450 |
| | | 2教科型《英語外部試験利用方式》 | | 154/250 |
| | 2月2日 | 3教科型 | | 276/450 |
| | | 2教科型《英語外部試験利用方式》 | | 154/250 |
| | 2月3日 | 3教科型 | | 276/450 |
| | | 2教科型《英語外部試験利用方式》 | | 154/250 |
| | 2月5日 | 3教科型 | | 276/450 |
| | | 3教科型《同一配点方式》 | | 276/450 |
| | 2月6日 | 3教科型 | | 276/450 |
| | | 3教科型《同一配点方式》 | | 276/450 |
| | 2月7日 | 3教科型 | | 276/450 |
| | | 3教科型《同一配点方式》 | | 276/450 |
| 文学部 | 2月1日 | 3教科型 | 総合人文学科 | 263/450 |
| | | | 初等教育学専修 | 248/450 |
| | | 2教科型《英語外部試験利用方式》 | | 171/250 |
| | 2月2日 | 3教科型 | 総合人文学科 | 270/450 |
| | | | 初等教育学専修 | 265/450 |
| | | 2教科型《英語外部試験利用方式》 | | 179/250 |
| | 2月3日 | 3教科型 | 総合人文学科 | 264/450 |
| | | | 初等教育学専修 | 249/450 |
| | | 2教科型《英語外部試験利用方式》 | | 172/250 |
| | 2月5日 | 3教科型 | 総合人文学科 | 276/450 |
| | | | 初等教育学専修 | 261/450 |
| | | 3教科型《同一配点方式》 | | 276/450 |
| | 2月6日 | 3教科型 | 総合人文学科 | 272/450 |
| | | | 初等教育学専修 | 259/450 |
| | | 3教科型《同一配点方式》 | | 272/450 |

（表つづく）

<table>
<tr><th>学　部</th><th>試験日</th><th colspan="2">方　式</th><th>合格最低点／満点</th></tr>
<tr><td rowspan="3">文学部</td><td rowspan="3">2月7日</td><td rowspan="2">3教科型</td><td>総合人文学科</td><td>275/450</td></tr>
<tr><td>初等教育学専修</td><td>262/450</td></tr>
<tr><td colspan="2">3教科型《同一配点方式》</td><td>275/450</td></tr>
<tr><td rowspan="12">経済学部</td><td rowspan="2">2月1日</td><td colspan="2">3教科型</td><td>268/450</td></tr>
<tr><td colspan="2">2教科型《英語外部試験利用方式》</td><td>154/250</td></tr>
<tr><td rowspan="2">2月2日</td><td colspan="2">3教科型</td><td>268/450</td></tr>
<tr><td colspan="2">2教科型《英語外部試験利用方式》</td><td>154/250</td></tr>
<tr><td rowspan="2">2月3日</td><td colspan="2">3教科型</td><td>268/450</td></tr>
<tr><td colspan="2">2教科型《英語外部試験利用方式》</td><td>154/250</td></tr>
<tr><td rowspan="2">2月5日</td><td colspan="2">3教科型</td><td>268/450</td></tr>
<tr><td colspan="2">3教科型《同一配点方式》</td><td>269/450</td></tr>
<tr><td rowspan="2">2月6日</td><td colspan="2">3教科型</td><td>268/450</td></tr>
<tr><td colspan="2">3教科型《同一配点方式》</td><td>269/450</td></tr>
<tr><td rowspan="2">2月7日</td><td colspan="2">3教科型</td><td>268/450</td></tr>
<tr><td colspan="2">3教科型《同一配点方式》</td><td>269/450</td></tr>
<tr><td rowspan="6">商学部</td><td>2月1日</td><td colspan="2">3教科型</td><td>270/450</td></tr>
<tr><td>2月2日</td><td colspan="2">3教科型</td><td>270/450</td></tr>
<tr><td>2月3日</td><td colspan="2">3教科型</td><td>270/450</td></tr>
<tr><td>2月5日</td><td colspan="2">3教科型</td><td>270/450</td></tr>
<tr><td>2月6日</td><td colspan="2">3教科型</td><td>270/450</td></tr>
<tr><td>2月7日</td><td colspan="2">3教科型</td><td>270/450</td></tr>
<tr><td rowspan="8">社会学部</td><td>2月1日</td><td colspan="2">3教科型</td><td>279/450</td></tr>
<tr><td>2月2日</td><td colspan="2">3教科型</td><td>279/450</td></tr>
<tr><td>2月3日</td><td colspan="2">3教科型</td><td>279/450</td></tr>
<tr><td>2月5日</td><td colspan="2">3教科型</td><td>279/450</td></tr>
<tr><td rowspan="2">2月6日</td><td colspan="2">3教科型</td><td>279/450</td></tr>
<tr><td colspan="2">3教科型《同一配点方式》</td><td>287/450</td></tr>
<tr><td rowspan="2">2月7日</td><td colspan="2">3教科型</td><td>279/450</td></tr>
<tr><td colspan="2">3教科型《同一配点方式》</td><td>287/450</td></tr>
<tr><td rowspan="4">政策創造学部</td><td rowspan="4">2月1日</td><td rowspan="2">3教科型</td><td>政策学科</td><td>260/450</td></tr>
<tr><td>国際アジア学科</td><td>261/450</td></tr>
<tr><td rowspan="2">2教科型<br>《英語外部試験利用方式》</td><td>政策学科</td><td>148/250</td></tr>
<tr><td>国際アジア学科</td><td>146/250</td></tr>
</table>

（表つづく）

| 学部 | 試験日 | 方式 | | 合格最低点／満点 |
|---|---|---|---|---|
| 政策創造学部 | 2月2日 | 3教科型 | 政策学科 | 263/450 |
| | | | 国際アジア学科 | 263/450 |
| | | 2教科型《英語外部試験利用方式》 | 政策学科 | 148/250 |
| | | | 国際アジア学科 | 151/250 |
| | 2月3日 | 3教科型 | 政策学科 | 263/450 |
| | | | 国際アジア学科 | 263/450 |
| | | 2教科型《英語外部試験利用方式》 | 政策学科 | 149/250 |
| | | | 国際アジア学科 | 151/250 |
| | 2月5日 | 3教科型 | 政策学科 | 270/450 |
| | | | 国際アジア学科 | 268/450 |
| | | 3教科型《同一配点方式》 | 政策学科 | 269/450 |
| | | | 国際アジア学科 | 270/450 |
| | 2月6日 | 3教科型 | 政策学科 | 264/450 |
| | | | 国際アジア学科 | 271/450 |
| | | 3教科型《同一配点方式》 | 政策学科 | 263/450 |
| | | | 国際アジア学科 | 263/450 |
| | 2月7日 | 3教科型 | 政策学科 | 267/450 |
| | | | 国際アジア学科 | 267/450 |
| | | 3教科型《同一配点方式》 | 政策学科 | 265/450 |
| | | | 国際アジア学科 | 266/450 |
| 外国語学部 | 2月1日 | 3教科型 | | 283/450 |
| | 2月2日 | 3教科型 | | 289/450 |
| | 2月3日 | 3教科型 | | 290/450 |
| | 2月5日 | 2教科型《英語＋1教科選択方式》 | | 183/250 |
| | 2月6日 | 2教科型《英語＋1教科選択方式》 | | 178/250 |
| | 2月7日 | 2教科型《英語＋1教科選択方式》 | | 178/250 |
| 人間健康学部 | 2月1日 | 3教科型 | | 251/450 |
| | 2月2日 | 3教科型 | | 256/450 |
| | | 2教科型《英語外部試験利用方式》 | | 142/250 |
| | 2月3日 | 3教科型 | | 255/450 |
| | | 2教科型《英語外部試験利用方式》 | | 144/250 |
| | 2月5日 | 3教科型 | | 261/450 |
| | | 3教科型《同一配点方式》 | | 258/450 |

（表つづく）

| 学　部 | 試験日 | 方　式 | | 合格最低点／満点 |
|---|---|---|---|---|
| 人間健康学部 | 2月6日 | 3教科型 | | 255/450 |
| | | 3教科型《同一配点方式》 | | 255/450 |
| | 2月7日 | 3教科型 | | 257/450 |
| | | 3教科型《同一配点方式》 | | 257/450 |
| 総合情報学部 | 2月1日 | 2教科型《英国方式》 | | 202/350 |
| | | 2教科型《英数方式》 | | 202/350 |
| | | 2教科型《国数方式》 | | 202/350 |
| | 2月2日 | 3教科型 | | 260/450 |
| | 2月3日 | 3教科型 | | 250/450 |
| | | 2教科型《英数方式》 | | 219/400 |
| | 2月4日 | 2教科型《英数方式》 | | 213/400 |
| | 2月5日 | 3教科型 | | 263/450 |
| | 2月6日 | 3教科型 | | 252/450 |
| | | 2教科型《英数方式》 | | 221/400 |
| | 2月7日 | 3教科型 | | 255/450 |
| 社会安全学部 | 2月1日 | 3教科型 | | 251/450 |
| | | 2教科型《英語外部試験利用方式》 | | 141/250 |
| | 2月2日 | 3教科型 | | 246/450 |
| | 2月3日 | 3教科型 | | 249/450 |
| | | 2教科型《英数方式》 | | 217/350 |
| | 2月5日 | 3教科型 | | 254/450 |
| | | 2教科型《英数方式（数学重視）》 | | 212/400 |
| | 2月6日 | 3教科型 | | 245/450 |
| | | 2教科型《英数方式》 | | 197/350 |
| | 2月7日 | 3教科型 | | 253/450 |
| | | 2教科型《英数方式》 | | 206/350 |
| システム理工学部 | 2月2日 | 3教科型《理科1科目選択方式》 | 数学科 | 327/550 |
| | | | 物理・応用物理学科 | 307/550 |
| | | | 機械工学科 | 316/550 |
| | | | 電気電子情報工学科 | 342/550 |
| | | 3教科型《理科設問選択方式（2科目型）》 | 数学科 | 371/550 |
| | | | 物理・応用物理学科 | 351/550 |
| | | | 機械工学科 | 350/550 |
| | | | 電気電子情報工学科 | 377/550 |

（表つづく）

| 学　部 | 試験日 | 方　　　式 | | 合格最低点／満点 |
|---|---|---|---|---|
| システム理工学部 | 2月5日 | 3教科型《理科設問選択方式》 | 数学科 | 368/550 |
| | | | 物理・応用物理学科 | 358/550 |
| | | | 機械工学科 | 366/550 |
| | | | 電気電子情報工学科 | 392/550 |
| | 2月7日 | 3教科型《理科設問選択方式（理数重視）》 | 数学科 | 282/550 |
| | | | 物理・応用物理学科 | 289/550 |
| | | | 機械工学科 | 275/550 |
| | | | 電気電子情報工学科 | 313/550 |
| 環境都市工学部 | 2月2日 | 3教科型《理科1科目選択方式》 | 建築学科 | 369/550 |
| | | | 都市システム工学科 | 347/550 |
| | | | エネルギー環境･化学工学科 | 310/550 |
| | | 3教科型《理科設問選択方式（2科目型）》 | 建築学科 | 412/550 |
| | | | 都市システム工学科 | 364/550 |
| | | | エネルギー環境･化学工学科 | 351/550 |
| | 2月5日 | 3教科型《理科設問選択方式》 | 建築学科 | 408/550 |
| | | | 都市システム工学科 | 369/550 |
| | | | エネルギー環境･化学工学科 | 342/550 |
| | 2月7日 | 3教科型《理科設問選択方式（理数重視）》 | 建築学科 | 330/550 |
| | | | 都市システム工学科 | 293/550 |
| | | | エネルギー環境･化学工学科 | 284/550 |
| 化学生命工学部 | 2月2日 | 3教科型《理科1科目選択方式》 | 化学・物質工学科 | 300/550 |
| | | | 生命・生物工学科 | 352/550 |
| | | 3教科型《理科設問選択方式（2科目型）》 | 化学・物質工学科 | 347/550 |
| | | | 生命・生物工学科 | 381/550 |
| | 2月5日 | 3教科型《理科設問選択方式》 | 化学・物質工学科 | 338/550 |
| | | | 生命・生物工学科 | 368/550 |
| | 2月7日 | 3教科型《理科設問選択方式（理数重視）》 | 化学・物質工学科 | 273/550 |
| | | | 生命・生物工学科 | 318/550 |

## 2023 年度　合格最低点

| 学　部 | 試験日 | 方　式 | | 合格最低点 / 満点 |
|---|---|---|---|---|
| 法学部 | 2月1日 | 3 教科型 | | 296/450 |
| | | 2 教科型《英語外部試験利用方式》 | | 158/250 |
| | 2月2日 | 3 教科型 | | 295/450 |
| | | 2 教科型《英語外部試験利用方式》 | | 164/250 |
| | 2月3日 | 3 教科型 | | 296/450 |
| | | 2 教科型《英語外部試験利用方式》 | | 162/250 |
| | 2月5日 | 3 教科型 | | 296/450 |
| | | 3 教科型《同一配点方式》 | | 291/450 |
| | 2月6日 | 3 教科型 | | 293/450 |
| | | 3 教科型《同一配点方式》 | | 286/450 |
| | 2月7日 | 3 教科型 | | 295/450 |
| | | 3 教科型《同一配点方式》 | | 287/450 |
| 文学部 | 2月1日 | 3 教科型 | 総合人文学科 | 287/450 |
| | | | 初等教育学専修 | 264/450 |
| | | 2 教科型《英語外部試験利用方式》 | | 182/250 |
| | 2月2日 | 3 教科型 | 総合人文学科 | 279/450 |
| | | | 初等教育学専修 | 265/450 |
| | | 2 教科型《英語外部試験利用方式》 | | 188/250 |
| | 2月3日 | 3 教科型 | 総合人文学科 | 276/450 |
| | | | 初等教育学専修 | 264/450 |
| | | 2 教科型《英語外部試験利用方式》 | | 186/250 |
| | 2月5日 | 3 教科型 | 総合人文学科 | 292/450 |
| | | | 初等教育学専修 | 272/450 |
| | | 3 教科型《同一配点方式》 | | 292/450 |
| | 2月6日 | 3 教科型 | 総合人文学科 | 280/450 |
| | | | 初等教育学専修 | 263/450 |
| | | 3 教科型《同一配点方式》 | | 280/450 |
| | 2月7日 | 3 教科型 | 総合人文学科 | 287/450 |
| | | | 初等教育学専修 | 262/450 |
| | | 3 教科型《同一配点方式》 | | 287/450 |

（表つづく）

| 学　部 | 試験日 | 方　式 | | 合格最低点／満点 |
|---|---|---|---|---|
| 経済学部 | 2月1日 | 3教科型 | | 276/450 |
| | | 2教科型《英語外部試験利用方式》 | | 150/250 |
| | 2月2日 | 3教科型 | | 276/450 |
| | | 2教科型《英語外部試験利用方式》 | | 150/250 |
| | 2月3日 | 3教科型 | | 276/450 |
| | | 2教科型《英語外部試験利用方式》 | | 150/250 |
| | 2月5日 | 3教科型 | | 274/450 |
| | | 3教科型《同一配点方式》 | | 272/450 |
| | 2月6日 | 3教科型 | | 274/450 |
| | | 3教科型《同一配点方式》 | | 272/450 |
| | 2月7日 | 3教科型 | | 274/450 |
| | | 3教科型《同一配点方式》 | | 272/450 |
| 商学部 | 2月1日 | 3教科型 | | 277/450 |
| | 2月2日 | 3教科型 | | 277/450 |
| | 2月3日 | 3教科型 | | 277/450 |
| | 2月5日 | 3教科型 | | 277/450 |
| | 2月6日 | 3教科型 | | 277/450 |
| | 2月7日 | 3教科型 | | 277/450 |
| 社会学部 | 2月1日 | 3教科型 | | 269/450 |
| | 2月2日 | 3教科型 | | 269/450 |
| | 2月3日 | 3教科型 | | 269/450 |
| | 2月5日 | 3教科型 | | 269/450 |
| | 2月6日 | 3教科型 | | 269/450 |
| | | 3教科型《同一配点方式》 | | 282/450 |
| | 2月7日 | 3教科型 | | 269/450 |
| | | 3教科型《同一配点方式》 | | 282/450 |
| 政策創造学部 | 2月1日 | 3教科型 | 政策学科 | 276/450 |
| | | | 国際アジア学科 | 276/450 |
| | | 2教科型《英語外部試験利用方式》 | 政策学科 | 152/250 |
| | | | 国際アジア学科 | 154/250 |

（表つづく）

| 学　部 | 試験日 | 方 | 式 | 合格最低点／満点 |
|---|---|---|---|---|
| 政策創造学部 | 2月2日 | 3教科型 | 政策学科 | 271/450 |
| | | | 国際アジア学科 | 280/450 |
| | | 2教科型《英語外部試験利用方式》 | 政策学科 | 157/250 |
| | | | 国際アジア学科 | 168/250 |
| | 2月3日 | 3教科型 | 政策学科 | 270/450 |
| | | | 国際アジア学科 | 269/450 |
| | | 2教科型《英語外部試験利用方式》 | 政策学科 | 155/250 |
| | | | 国際アジア学科 | 157/250 |
| | 2月5日 | 3教科型 | 政策学科 | 277/450 |
| | | | 国際アジア学科 | 276/450 |
| | | 3教科型《同一配点方式》 | 政策学科 | 272/450 |
| | | | 国際アジア学科 | 273/450 |
| | 2月6日 | 3教科型 | 政策学科 | 272/450 |
| | | | 国際アジア学科 | 274/450 |
| | | 3教科型《同一配点方式》 | 政策学科 | 264/450 |
| | | | 国際アジア学科 | 274/450 |
| | 2月7日 | 3教科型 | 政策学科 | 276/450 |
| | | | 国際アジア学科 | 274/450 |
| | | 3教科型《同一配点方式》 | 政策学科 | 267/450 |
| | | | 国際アジア学科 | 267/450 |
| 外国語学部 | 2月1日 | 3教科型 | | 291/450 |
| | 2月2日 | 3教科型 | | 287/450 |
| | 2月3日 | 3教科型 | | 287/450 |
| | 2月5日 | 2教科型《英語＋1教科選択方式》 | | 219/250 |
| | 2月6日 | 2教科型《英語＋1教科選択方式》 | | 217/250 |
| | 2月7日 | 2教科型《英語＋1教科選択方式》 | | 221/250 |
| 人間健康学部 | 2月1日 | 3教科型 | | 259/450 |
| | 2月2日 | 3教科型 | | 256/450 |
| | | 2教科型《英語外部試験利用方式》 | | 144/250 |
| | 2月3日 | 3教科型 | | 254/450 |
| | | 2教科型《英語外部試験利用方式》 | | 144/250 |
| | 2月5日 | 3教科型 | | 259/450 |
| | | 3教科型《同一配点方式》 | | 257/450 |

（表つづく）

| 学　部 | 試験日 | 方　式 | | 合格最低点／満点 |
|---|---|---|---|---|
| 人間健康学部 | 2月6日 | 3教科型 | | 255/450 |
| | | 3教科型《同一配点方式》 | | 250/450 |
| | 2月7日 | 3教科型 | | 254/450 |
| | | 3教科型《同一配点方式》 | | 251/450 |
| 総合情報学部 | 2月1日 | 2教科型《英国方式》 | | 230/350 |
| | | 2教科型《英数方式》 | | 230/350 |
| | | 2教科型《国数方式》 | | 230/350 |
| | 2月2日 | 3教科型 | | 268/450 |
| | 2月3日 | 3教科型 | | 258/450 |
| | | 2教科型《英数方式》 | | 243/400 |
| | 2月4日 | 2教科型《英数方式》 | | 244/400 |
| | 2月5日 | 3教科型 | | 279/450 |
| | 2月6日 | 3教科型 | | 260/450 |
| | | 2教科型《英数方式》 | | 271/400 |
| | 2月7日 | 3教科型 | | 269/450 |
| 社会安全学部 | 2月1日 | 3教科型 | | 258/450 |
| | | 2教科型《英語外部試験利用方式》 | | 140/250 |
| | 2月2日 | 3教科型 | | 259/450 |
| | 2月3日 | 3教科型 | | 257/450 |
| | | 2教科型《英数方式》 | | 208/350 |
| | 2月5日 | 3教科型 | | 260/450 |
| | | 2教科型《英数方式（数学重視）》 | | 215/400 |
| | 2月6日 | 3教科型 | | 260/450 |
| | | 2教科型《英数方式》 | | 202/350 |
| | 2月7日 | 3教科型 | | 256/450 |
| | | 2教科型《英数方式》 | | 205/350 |
| システム理工学部 | 2月2日 | 3教科型《理科1科目選択方式》 | 数学科 | 309/550 |
| | | | 物理・応用物理学科 | 304/550 |
| | | | 機械工学科 | 307/550 |
| | | | 電気電子情報工学科 | 322/550 |
| | | 3教科型《理科設問選択方式（2科目型）》 | 数学科 | 338/550 |
| | | | 物理・応用物理学科 | 332/550 |
| | | | 機械工学科 | 327/550 |
| | | | 電気電子情報工学科 | 352/550 |

（表つづく）

| 学　部 | 試験日 | 方　式 | | 合格最低点／満点 |
|---|---|---|---|---|
| システム理工学部 | 2月5日 | 3教科型《理科設問選択方式》 | 数学科 | 359/550 |
| | | | 物理・応用物理学科 | 354/550 |
| | | | 機械工学科 | 364/550 |
| | | | 電気電子情報工学科 | 377/550 |
| | 2月7日 | 3教科型《理科設問選択方式（理数重視）》 | 数学科 | 319/550 |
| | | | 物理・応用物理学科 | 325/550 |
| | | | 機械工学科 | 318/550 |
| | | | 電気電子情報工学科 | 343/550 |
| 環境都市工学部 | 2月2日 | 3教科型《理科1科目選択方式》 | 建築学科 | 352/550 |
| | | | 都市システム工学科 | 305/550 |
| | | | エネルギー環境・化学工学科 | 286/550 |
| | | 3教科型《理科設問選択方式（2科目型）》 | 建築学科 | 375/550 |
| | | | 都市システム工学科 | 340/550 |
| | | | エネルギー環境・化学工学科 | 332/550 |
| | 2月5日 | 3教科型《理科設問選択方式》 | 建築学科 | 400/550 |
| | | | 都市システム工学科 | 355/550 |
| | | | エネルギー環境・化学工学科 | 335/550 |
| | 2月7日 | 3教科型《理科設問選択方式（理数重視）》 | 建築学科 | 372/550 |
| | | | 都市システム工学科 | 328/550 |
| | | | エネルギー環境・化学工学科 | 301/550 |
| 化学生命工学部 | 2月2日 | 3教科型《理科1科目選択方式》 | 化学・物質工学科 | 288/550 |
| | | | 生命・生物工学科 | 310/550 |
| | | 3教科型《理科設問選択方式（2科目型）》 | 化学・物質工学科 | 325/550 |
| | | | 生命・生物工学科 | 339/550 |
| | 2月5日 | 3教科型《理科設問選択方式》 | 化学・物質工学科 | 340/550 |
| | | | 生命・生物工学科 | 365/550 |
| | 2月7日 | 3教科型《理科設問選択方式（理数重視）》 | 化学・物質工学科 | 313/550 |
| | | | 生命・生物工学科 | 341/550 |

## 2022 年度　合格最低点

| 学　部 | 試験日 | 方　式 | | 合格最低点／満点 |
|---|---|---|---|---|
| 法学部 | 2月1日 | 3教科型 | | 265/450 |
| | | 2教科型《英語外部試験利用方式》 | | 150/250 |
| | 2月2日 | 3教科型 | | 265/450 |
| | | 2教科型《英語外部試験利用方式》 | | 150/250 |
| | 2月3日 | 3教科型 | | 263/450 |
| | | 2教科型《英語外部試験利用方式》 | | 150/250 |
| | 2月5日 | 3教科型 | | 267/450 |
| | | 3教科型《同一配点方式》 | | 269/450 |
| | 2月6日 | 3教科型 | | 266/450 |
| | | 3教科型《同一配点方式》 | | 269/450 |
| | 2月7日 | 3教科型 | | 269/450 |
| | | 3教科型《同一配点方式》 | | 262/450 |
| 文学部 | 2月1日 | 3教科型 | 総合人文学科 | 270/450 |
| | | | 初等教育学専修 | 261/450 |
| | | 2教科型《英語外部試験利用方式》 | | 178/250 |
| | 2月2日 | 3教科型 | 総合人文学科 | 270/450 |
| | | | 初等教育学専修 | 261/450 |
| | | 2教科型《英語外部試験利用方式》 | | 175/250 |
| | 2月3日 | 3教科型 | 総合人文学科 | 264/450 |
| | | | 初等教育学専修 | 260/450 |
| | | 2教科型《英語外部試験利用方式》 | | 177/250 |
| | 2月5日 | 3教科型 | 総合人文学科 | 283/450 |
| | | | 初等教育学専修 | 270/450 |
| | | 3教科型《同一配点方式》 | | 283/450 |
| | 2月6日 | 3教科型 | 総合人文学科 | 281/450 |
| | | | 初等教育学専修 | 269/450 |
| | | 3教科型《同一配点方式》 | | 281/450 |
| | 2月7日 | 3教科型 | 総合人文学科 | 283/450 |
| | | | 初等教育学専修 | 270/450 |
| | | 3教科型《同一配点方式》 | | 283/450 |

（表つづく）

| 学　部 | 試験日 | 方　式 | | 合格最低点／満点 |
|---|---|---|---|---|
| 経済学部 | 2月1日 | 3教科型 | | 260/450 |
| | | 2教科型《英語外部試験利用方式》 | | 157/250 |
| | 2月2日 | 3教科型 | | 265/450 |
| | | 2教科型《英語外部試験利用方式》 | | 157/250 |
| | 2月3日 | 3教科型 | | 260/450 |
| | | 2教科型《英語外部試験利用方式》 | | 157/250 |
| | 2月5日 | 3教科型 | | 273/450 |
| | | 3教科型《同一配点方式》 | | 270/450 |
| | 2月6日 | 3教科型 | | 275/450 |
| | | 3教科型《同一配点方式》 | | 270/450 |
| | 2月7日 | 3教科型 | | 275/450 |
| | | 3教科型《同一配点方式》 | | 270/450 |
| 商学部 | 2月1日 | 3教科型 | | 273/450 |
| | 2月2日 | 3教科型 | | 273/450 |
| | 2月3日 | 3教科型 | | 273/450 |
| | 2月5日 | 3教科型 | | 273/450 |
| | 2月6日 | 3教科型 | | 273/450 |
| | 2月7日 | 3教科型 | | 273/450 |
| 社会学部 | 2月1日 | 3教科型 | | 296/450 |
| | 2月2日 | 3教科型 | | 294/450 |
| | 2月3日 | 3教科型 | | 298/450 |
| | 2月5日 | 3教科型 | | 326/450 |
| | 2月6日 | 3教科型 | | 317/450 |
| | | 3教科型《同一配点方式》 | | 324/450 |
| | 2月7日 | 3教科型 | | 308/450 |
| | | 3教科型《同一配点方式》 | | 314/450 |
| 政策創造学部 | 2月1日 | 3教科型 | 政策学科 | 269/450 |
| | | | 国際アジア学科 | 269/450 |
| | | 2教科型《英語外部試験利用方式》 | 政策学科 | 172/250 |
| | | | 国際アジア学科 | 174/250 |
| | 2月2日 | 3教科型 | 政策学科 | 276/450 |
| | | | 国際アジア学科 | 278/450 |
| | | 2教科型《英語外部試験利用方式》 | 政策学科 | 176/250 |
| | | | 国際アジア学科 | 179/250 |

（表つづく）

| 学　部 | 試験日 | 方 | 式 | 合格最低点／満点 |
|---|---|---|---|---|
| 政策創造学部 | 2月3日 | 3教科型 | 政策学科 | 272/450 |
| | | | 国際アジア学科 | 269/450 |
| | | 2教科型《英語外部試験利用方式》 | 政策学科 | 179/250 |
| | | | 国際アジア学科 | 181/250 |
| | 2月5日 | 3教科型 | 政策学科 | 289/450 |
| | | | 国際アジア学科 | 290/450 |
| | | 3教科型《同一配点方式》 | 政策学科 | 271/450 |
| | | | 国際アジア学科 | 271/450 |
| | 2月6日 | 3教科型 | 政策学科 | 276/450 |
| | | | 国際アジア学科 | 276/450 |
| | | 3教科型《同一配点方式》 | 政策学科 | 275/450 |
| | | | 国際アジア学科 | 275/450 |
| | 2月7日 | 3教科型 | 政策学科 | 272/450 |
| | | | 国際アジア学科 | 272/450 |
| | | 3教科型《同一配点方式》 | 政策学科 | 268/450 |
| | | | 国際アジア学科 | 268/450 |
| 外国語学部 | 2月1日 | 3教科型 | | 278/450 |
| | 2月2日 | 3教科型 | | 281/450 |
| | 2月3日 | 3教科型 | | 277/450 |
| | 2月5日 | 2教科型《英語＋1教科選択方式》 | | 224/250 |
| | 2月6日 | 2教科型《英語＋1教科選択方式》 | | 224/250 |
| | 2月7日 | 2教科型《英語＋1教科選択方式》 | | 217/250 |
| 人間健康学部 | 2月1日 | 3教科型 | | 254/450 |
| | 2月2日 | 3教科型 | | 257/450 |
| | | 2教科型《英語外部試験利用方式》 | | 143/250 |
| | 2月3日 | 3教科型 | | 252/450 |
| | | 2教科型《英語外部試験利用方式》 | | 147/250 |
| | 2月5日 | 3教科型 | | 263/450 |
| | | 3教科型《同一配点方式》 | | 259/450 |
| | 2月6日 | 3教科型 | | 260/450 |
| | | 3教科型《同一配点方式》 | | 259/450 |
| | 2月7日 | 3教科型 | | 259/450 |
| | | 3教科型《同一配点方式》 | | 256/450 |

（表つづく）

<table>
<tr><th>学　部</th><th>試験日</th><th colspan="2">方　式</th><th>合格最低点／満点</th></tr>
<tr><td rowspan="9">総合情報学部</td><td>2月1日</td><td colspan="2">2教科選択型</td><td>244/400</td></tr>
<tr><td>2月2日</td><td colspan="2">3教科型</td><td>259/450</td></tr>
<tr><td>2月3日</td><td colspan="2">3教科型</td><td>255/450</td></tr>
<tr><td>2月4日</td><td colspan="2">2教科型《英数方式》</td><td>243/400</td></tr>
<tr><td>2月5日</td><td colspan="2">3教科型</td><td>266/450</td></tr>
<tr><td rowspan="2">2月6日</td><td colspan="2">3教科型</td><td>268/450</td></tr>
<tr><td colspan="2">2教科型《英数方式》</td><td>247/400</td></tr>
<tr><td>2月7日</td><td colspan="2">3教科型</td><td>260/450</td></tr>
<tr><td rowspan="11">社会安全学部</td><td rowspan="2">2月1日</td><td colspan="2">3教科型</td><td>253/450</td></tr>
<tr><td colspan="2">2教科型《英語外部試験利用方式》</td><td>147/250</td></tr>
<tr><td>2月2日</td><td colspan="2">3教科型</td><td>257/450</td></tr>
<tr><td rowspan="2">2月3日</td><td colspan="2">3教科型</td><td>255/450</td></tr>
<tr><td colspan="2">2教科型《英数方式》</td><td>209/350</td></tr>
<tr><td rowspan="2">2月5日</td><td colspan="2">3教科型</td><td>258/450</td></tr>
<tr><td colspan="2">2教科型《英数方式（数学重視）》</td><td>238/400</td></tr>
<tr><td rowspan="2">2月6日</td><td colspan="2">3教科型</td><td>261/450</td></tr>
<tr><td colspan="2">2教科型《英数方式》</td><td>209/350</td></tr>
<tr><td rowspan="2">2月7日</td><td colspan="2">3教科型</td><td>255/450</td></tr>
<tr><td colspan="2">2教科型《英数方式》</td><td>208/350</td></tr>
<tr><td rowspan="12">システム理工学部</td><td rowspan="8">2月2日</td><td rowspan="4">3教科型<br>《理科1科目選択方式》</td><td>数学科</td><td>328/550</td></tr>
<tr><td>物理・応用物理学科</td><td>320/550</td></tr>
<tr><td>機械工学科</td><td>311/550</td></tr>
<tr><td>電気電子情報工学科</td><td>357/550</td></tr>
<tr><td rowspan="4">3教科型<br>《理科設問選択方式（2科目型）》</td><td>数学科</td><td>386/550</td></tr>
<tr><td>物理・応用物理学科</td><td>370/550</td></tr>
<tr><td>機械工学科</td><td>352/550</td></tr>
<tr><td>電気電子情報工学科</td><td>403/550</td></tr>
<tr><td rowspan="4">2月5日</td><td rowspan="4">3教科型<br>《理科設問選択方式》</td><td>数学科</td><td>377/550</td></tr>
<tr><td>物理・応用物理学科</td><td>367/550</td></tr>
<tr><td>機械工学科</td><td>378/550</td></tr>
<tr><td>電気電子情報工学科</td><td>415/550</td></tr>
</table>

（表つづく）

<table>
<tr><th>学　部</th><th>試験日</th><th colspan="2">方　式</th><th>合格最低点／満点</th></tr>
<tr><td rowspan="4">システム理工学部</td><td rowspan="4">2月7日</td><td rowspan="4">3教科型<br>《理科設問選択方式（2科目型・理科重視）》</td><td>数学科</td><td>313/550</td></tr>
<tr><td>物理・応用物理学科</td><td>296/550</td></tr>
<tr><td>機械工学科</td><td>292/550</td></tr>
<tr><td>電気電子情報工学科</td><td>339/550</td></tr>
<tr><td rowspan="12">環境都市工学部</td><td rowspan="6">2月2日</td><td rowspan="3">3教科型<br>《理科1科目選択方式》</td><td>建築学科</td><td>364/550</td></tr>
<tr><td>都市システム工学科</td><td>318/550</td></tr>
<tr><td>エネルギー環境･化学工学科</td><td>298/550</td></tr>
<tr><td rowspan="3">3教科型<br>《理科設問選択方式（2科目型）》</td><td>建築学科</td><td>399/550</td></tr>
<tr><td>都市システム工学科</td><td>350/550</td></tr>
<tr><td>エネルギー環境･化学工学科</td><td>350/550</td></tr>
<tr><td rowspan="3">2月5日</td><td rowspan="3">3教科型<br>《理科設問選択方式》</td><td>建築学科</td><td>412/550</td></tr>
<tr><td>都市システム工学科</td><td>371/550</td></tr>
<tr><td>エネルギー環境･化学工学科</td><td>350/550</td></tr>
<tr><td rowspan="3">2月7日</td><td rowspan="3">3教科型<br>《理科設問選択方式（2科目型・理科重視）》</td><td>建築学科</td><td>335/550</td></tr>
<tr><td>都市システム工学科</td><td>302/550</td></tr>
<tr><td>エネルギー環境･化学工学科</td><td>310/550</td></tr>
<tr><td rowspan="8">化学生命工学部</td><td rowspan="4">2月2日</td><td rowspan="2">3教科型<br>《理科1科目選択方式》</td><td>化学・物質工学科</td><td>294/550</td></tr>
<tr><td>生命・生物工学科</td><td>314/550</td></tr>
<tr><td rowspan="2">3教科型<br>《理科設問選択方式（2科目型）》</td><td>化学・物質工学科</td><td>350/550</td></tr>
<tr><td>生命・生物工学科</td><td>365/550</td></tr>
<tr><td rowspan="2">2月5日</td><td rowspan="2">3教科型<br>《理科設問選択方式》</td><td>化学・物質工学科</td><td>347/550</td></tr>
<tr><td>生命・生物工学科</td><td>383/550</td></tr>
<tr><td rowspan="2">2月7日</td><td rowspan="2">3教科型<br>《理科設問選択方式（2科目型・理科重視）》</td><td>化学・物質工学科</td><td>284/550</td></tr>
<tr><td>生命・生物工学科</td><td>304/550</td></tr>
</table>

＜合否判定方法について＞

合否は受験科目の総合点で判定する。なお，選択科目間の有利不利をなくすこと，各試験教科の配点ウエイトを試験結果に反映することなどを目的に，一般入試および共通テスト利用入試の個別学力検査では，「中央値方式」による得点調整を行う。

**■「中央値方式」とは**

中央点（各試験科目の成績順で中央に位置する人の得点。例えば 101 人受験した場合は 51 番目の人の得点）をその科目の満点の半分の点数となるように全体を補正するもの。

**■得点調整を実施する学部**

**法・文・経済・商・政策創造・外国語・人間健康・総合情報・社会安全学部**
※社会安全学部の 2 教科型（英数方式〈数学重視〉）を除く

一般入試および共通テスト利用入試（併用）の個別学力検査の全科目

**社会学部**

一般入試の全科目

●素点が中央点以上の場合

$$換算得点=\frac{素点-中央点}{満点-中央点}\times満点の半分の得点+満点の半分の得点$$

●素点が中央点以下の場合

$$換算得点=\frac{満点の半分の得点}{中央点}\times素点$$

**システム理工・環境都市工・化学生命工学部**

【2023・2024 年度】

一般入試〔3 教科型（理科 1 科目選択方式）〕の理科

共通テスト利用入試〔併用（数学力／理科力重視方式）〕の理科

●素点が中央点以下の場合

$$換算得点=\frac{75点}{中央点}\times素点$$

●素点が中央点以上の場合

$$換算得点=\frac{75点}{xm-中央点}\times(素点-中央点)+75点$$

共通テスト利用入試〔併用（数学力／理科力重視方式）〕の数学

●素点が中央点以下の場合

$$換算得点=\frac{100点}{中央点}\times素点$$

●素点が中央点以上の場合

$$換算得点=\frac{100点}{xm-中央点}\times(素点-中央点)+100点$$

【2022 年度】

一般入試〔3 教科型（理科 1 科目選択方式）〕の理科

●素点が中央点以下の場合

$$換算得点=\frac{75点}{中央点}\times素点$$

●素点が中央点以上の場合

$$換算得点=\frac{75点}{xm-中央点}\times(素点-中央点)+75点$$

共通テスト利用入試〔併用（数学力／理科力重視方式）〕の数学・理科

●素点が中央点以下の場合

$$換算得点=\frac{100点}{中央点}\times素点$$

●素点が中央点以上の場合

$$換算得点=\frac{100点}{xm-中央点}\times(素点-中央点)+100点$$

なお，中央点と xm は以下の通りとなる。

• 中央点＝素点の中央点　• xm＝素点の最高点

参考

2022 年度入試では，社会学部は「標準得点方式」で得点調整を行った。

**■「標準得点方式」とは**

個々の受験生の素点と全体の平均点との差を，標準偏差（全受験者の得点のばらつき）によって補正し，科目間における問題の難易度を調整するもの。社会学部の一般入試の選択科目では，平均点が 70 点になるように調整している。

$$標準得点 = \frac{(素点 - 平均点)}{標準偏差} \times 10 + 70$$

※選択科目の得点が 0 点の場合は標準得点方式による得点調整は行わない。

「中央値方式」「標準得点方式」※および「傾斜配点方式」による得点換算により，換算後の得点が整数値にならないこともあるため，各科目の得点について小数点以下第 4 位を四捨五入し，小数点以下第 3 位まで取り扱う。合計点については，小数点以下第 1 位を四捨五入し整数値となった得点を用いて合否判定する。これは，得点換算による小数点以下の点数を厳密に取り扱うことで，四捨五入の結果による有利・不利が生じないように配慮したものである。

※2023 年度入試より「標準得点方式」による得点調整は行われていない。

# 募集要項（出願書類）の入手方法

大学案内・入試ガイド，一般入試・共通テスト利用入試の入学試験要項は，テレメールから，また大学ホームページからも請求できます。

**問い合わせ先**

関西大学　入試センター

〒564-8680　大阪府吹田市山手町3-3-35

TEL　06-6368-1121（大代表）

ホームページ　https://www.kansai-u.ac.jp

**関西大学のテレメールによる資料請求方法**

スマートフォンから　QRコードからアクセスしガイダンスに従ってご請求ください。

パソコンから　教学社 赤本ウェブサイト(akahon.net)から請求できます。

気になること、聞いてみました！

# 在学生メッセージ

大学ってどんなところ？ 大学生活ってどんな感じ？
ちょっと気になることを，在学生に聞いてみました。

以下の内容は 2020・2021 年度入学生のアンケート回答に基づくものです。ここで触れられている内容は今後変更となる場合もありますのでご注意ください。

メッセージを書いてくれた先輩 ［文学部］T.K. さん ［社会学部］H.S. さん

## 大学生になったと実感！

大学生になったなと一番実感したのは，時間割を組むときでした。高校生のときはあらかじめ授業が組まれており，自分のホームルームもある状態でしたが，大学生になった途端にホームルームというものがなくなり，自分の取りたい授業を決められた単位数の中で，日程調整しながら選ぶというスタイルになります。はじめは単位の仕組みなどもわからず手間がかかったのを覚えています。（H.S. さん／社会）

高校は基本的に教えられたことを暗記するということが主になりますが，大学では自分で考えて発言をしたりレポートにまとめたりということが主となります。特に，自分の意見・感想は今まで以上に膨らませて書けるようにならないといけません。単に興味深かった，おもしろかったというような単純なものは通用せず，それだけでは単位はもらえないと思ってください。（T.K. さん／文）

## 大学生活に必要なもの

大学生として必要なものは，さほど高校生のときとは変わらないと思われます。パソコンは必須です。授業ではあまり使いませんが，課題作成や提出などで使います。授業を受けるときの筆記用具だったりもあまり変わらないです。（H.S. さん／社会）

## 大学の学びで困ったこと＆対処法

大学の学びの中で最も困ったなと思ったのは，オンライン授業期間中のパソコンの扱い方でした。私は大学が推奨しているパソコンとは違うメーカーのパソコンを使っていたので結構大変でした。おそらくこれからパソコンを使う機会はたくさんあると思いますので，もしできるなら，大学がどのメーカーのパソコンを推奨しているのかをあらかじめ確認しておくとよいと思います。（H.S. さん／社会）

## 部活・サークル活動

バドミントンのサークルに入っています。基本週１～２回で活動しています。自由参加なので，この日は行けそうにないから行かないでおこうなどの融通もききますし，先輩方も優しいのでとても楽しめています。サークルなどに入ると友達も増えるのでオススメです。（H.S. さん／社会）

## 交友関係は？

友達とは，初回の授業で近くに座った人などに話しかけることで仲良くなりました。自分から行動しないと置いていかれるのがしんどいなと思います。高校のようにホームルームなどがないので，はじめは苦労することもあるんじゃないかなと思います。（H.S. さん／社会）

## 普段の生活で気をつけていることや心掛けていること

私は必修科目が１限に入っていることが多いので，朝早く出なければいけません。なので，健康を維持するためになるべく早く寝て，朝が早くても朝ごはんをしっかり食べていくということを心掛けています。（H.S. さん／社会）

## いま「これ」を頑張っています

いま頑張っていることはそこまでないのですが，アルバイトと勉強との両立を頑張っていると思います。大学生は単位さえ落とさなければ大丈夫という考え方もあると思いますが，私はやはり大学で学ぶからにはしっかり自分の身につけていきたいなと思うので両立を頑張っています。（H.S. さん／社会）

大学から軽音部に入りベースを練習しています。高校からやってきてとても上手な同級生もいるので，早く上達できるように毎日 10 分でもいいから楽器を弾こうと努力しています。（T.K. さん／文）

## おススメ・お気に入りスポット

千里山キャンパスでは「悠久の庭」などは結構人で賑わっています。お昼ご飯を外で買ってきたりして，そこで食べるのはオススメです。大学の食堂も安くて美味しいですよ。（H.S. さん／社会）

## 入学してよかった！

この大学に入学してよかったなと思うことは，設備が整っているところです。図書館の蔵書数もすごいですし，高校ではあまり見られなかった設備も色々とあったりするのがよいところの一つではないでしょうか。また，個性豊かな友達ができる点もこの大学でよかったなと思うところです。（H.S. さん／社会）

## 高校生のときに「これ」をやっておけばよかった

私は大学でおもに心理学を学んでいるのですが，高校の授業で心理学を学ぶことはなかなかないので，もう少し本などを読んで勉強しておいてもよかったかなと思いました。ほかにも，私には積極性が足りないので，それを身につけられるような何かをしておけばよかったなと思います。大学では積極性が大切なので，控えめにならずに積極的に物事をなしていくことは大事だと思います。（H.S. さん／社会）

# 合格体験記

みごと合格を手にした先輩に，入試突破のためのカギを伺いました。入試までの限られた時間を有効に活用するために，ぜひ役立ててください。

（注）ここでの内容は，先輩方が受験された当時のものです。2025 年度入試では当てはまらないこともありますのでご注意ください。

## ・アドバイスをお寄せいただいた先輩・

**R.K. さん** 環境都市工学部（都市システム工学科）
一般入試学部個別日程 2017 年度合格，和歌山県出身

問題に取り組む際には，ぜひ妥協することなしに徹底的に理解してほしいと思います。理解すると様々な問題が解けるようになるので，結果的に時間や労力も節約でき，充実した勉強ができると思います。

**その他の合格大学** 近畿大（建築，理工〈公募推薦入試〉）

# 入試なんでもQ&A

受験生のみなさんからよく寄せられる，
入試に関する疑問・質問に答えていただきました。

## 「赤本」の効果的な使い方を教えてください。

**A** まず，試験3カ月前に前年度の問題を正確な時間で各科目解答してみて，どれくらい時間がかかるかを把握し，大問ごとに何分くらい時間を使えるか具体的な時間を割り出しました。そこから試験1カ月半前までは大問ごとに時間を意識して解き，出題傾向を把握するとともに苦手な分野を洗い出し，その分野を復習する作業を繰り返していました。試験1カ月前からは今まで解いた過去問の復習と新しい問題を制限時間に間に合うように通しで解きました。最初は全然時間が間に合いませんでしたが，問題数をこなしている過程で制限時間内に解答できるようになっていきました。

## 1年間の学習スケジュールはどのようなものでしたか？

**A** 夏までは何よりもまず，どの科目も基礎固めを徹底しました。具体的には，単純ですが何回も同じ問題を解き，正解するだけでなく正確に理解できるまで繰り返しました。その際に何回解いたかを記録し，理解度を◎○△×の4段階で評価していました。この作業をすることで勉強を効率よくできました。秋以降は応用問題と推薦入試の勉強をしていましたが，ここで基礎の勉強を怠ると忘れてしまうので，定期的に基礎の勉強もしていました。冬からは赤本と今までの復習をしました。

## 時間をうまく使うためにしていた工夫を教えてください。

A　通学が1時間以上かかったので毎日の行き帰りの電車で英単語を覚えていました。多くの人は「英単語は書いて覚えろ」と言いますが，慣れれば見るだけで覚えられるのでぜひおすすめします。ちなみに自分は電車以外では英単語の学習はしていなかったのですが，自分で自信をもてるくらい英単語力はつきました。もう一つ工夫していたことは，家で勉強しないことです。家にいると誘惑が多くあり，勉強できなかったり勉強していても集中できないことが多いので，図書館や学校，塾を利用していました。

## スランプはありましたか？<br>また，どのように抜け出しましたか？

A　スランプのときにしたことは特になく，普段通りに毎日勉強していたら抜け出していたという感じです。「勉強をしても結果が得られるまでには3カ月以上かかる場合もある」と色々な方がおっしゃっていたので，スランプは単に結果が出ていない期間というだけだと思います。スランプのことを変に意識して勉強したら余計に成果が出ないと考えていたので，普段通り勉強しました。その結果，うまくスランプを抜け出し，模試で結果が出ました。スランプだと感じている方はただ結果が出ていないだけと思い，落ち込まないでほしいです。

# 科目別攻略アドバイス

みごと入試を突破された先輩に，独自の攻略法や
おすすめの参考書・問題集を，科目ごとに紹介していただきました。

## 英　語

大問Ⅰは対策次第で満点近く点数が取れるので，しっかり対策すれば他の受験生に大きく差をつけることができます。

**おすすめ参考書　『レベル別問題集』シリーズ**（ナガセ）

## 数　学

小問集合に比べると，他の大問は難易度が高い問題が多いので，まずは基礎の知識を固めて小問集合でのミスを最小限に抑えることがポイントです。受験生の多くがこの小問集合では高得点を取ってくるので，ここで高得点を取ることはとても重要です。

## 物　理

出題傾向に癖があり，同じような問題が頻繁に出題されているので，過去問をできるだけたくさんやることをおすすめします。

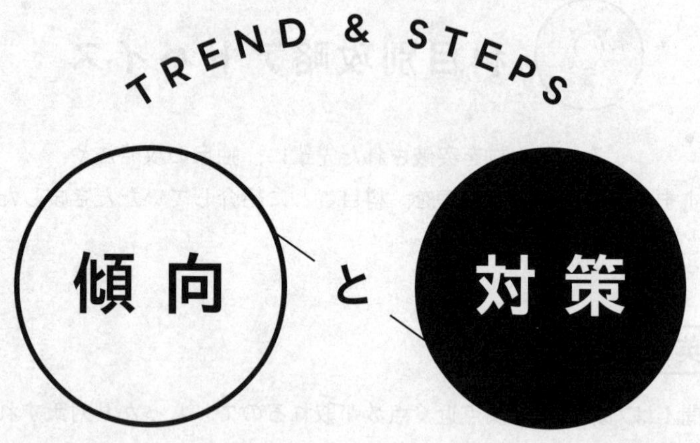


科目ごとに問題の「傾向」を分析し，具体的にどのような「対策」をすればよいか紹介しています。まずは出題内容をまとめた分析表を見て，試験の概要を把握しましょう。

**注　意**

「傾向と対策」で示している，出題科目・出題範囲・試験時間等については，2024 年度までに実施された入試の内容に基づいています。2025 年度入試の選抜方法については，各大学が発表する学生募集要項を必ずご確認ください。

**掲載日程・方式・学部**

2 月 2 日実施分：3 教科型（理科 1 科目選択方式），3 教科型（理科設問選択方式〈2 科目型〉）

2 月 5 日実施分：3 教科型（理科設問選択方式），2 教科型（英数方式〈数学重視〉）

## 試験日が異なっても出題傾向に大きな差はないから 過去問をたくさん解いて傾向を知ることが合格への近道

関西大学は，複数の日程から自由に受験日を選ぶことができる全学日程での実施となっています（ただし，総合情報学部は全学日程に加えて学部独自日程を実施)。

大学から公式にアナウンスされているように，**全学日程は試験日が異なっても出題傾向に大きな差はありません**ので，受験する日程以外の過去問も対策に使うことができます。

多くの過去問にあたり，苦手科目を克服し，得意科目を大きく伸ばすことが，関西大学の合格への近道といえます。

## 関西大学の赤本ラインナップ

**総合版**　まずはこれで全体を把握！

✓『関西大学（文系)』

✓『関西大学（理系)』

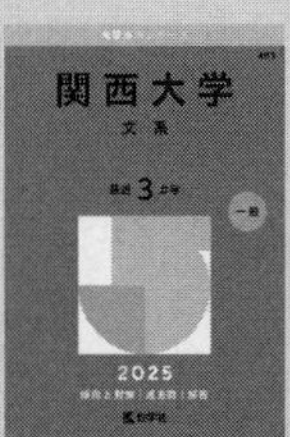


**科目別版**　苦手科目を集中的に対策！（本書との重複なし）

✓『関西大学（英語〈3日程×3カ年〉)』

✓『関西大学（国語〈3日程×3カ年〉)』

✓『関西大学（日本史・世界史・文系数学〈3日程×3カ年〉)』

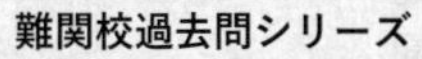


最重要科目「英語」を出題形式別にとことん対策！

✓『関西大の英語〔第10版〕』

# 英　語

『No. 485 関西大学（英語〈3日程×3カ年〉)』に，本書に掲載していない日程の英語の問題・解答を3日程分収載しています。関西大学の入試問題研究にあわせてご活用ください。

| 年度 | | 番号 | 項目 | 内容 |
|---|---|---|---|---|
| 2024 ● | 2月2日 | 〔1〕A | 会話文 | 空所補充 |
| | | B | 読解 | 段落整序 |
| | | 〔2〕 | 読解 | 空所補充，内容説明 |
| | | 〔3〕 | 読解 | 同意表現，内容説明，主題 |
| | 2月5日 | 〔1〕A | 会話文 | 空所補充 |
| | | B | 読解 | 段落整序 |
| | | 〔2〕 | 読解 | 空所補充，内容説明 |
| | | 〔3〕 | 読解 | 内容説明，同意表現，主題 |
| 2023 ● | 2月2日 | 〔1〕A | 会話文 | 空所補充 |
| | | B | 読解 | 段落整序 |
| | | 〔2〕 | 読解 | 空所補充，内容説明，主題 |
| | | 〔3〕 | 読解 | 内容説明，同意表現，主題 |
| | 2月5日 | 〔1〕A | 会話文 | 空所補充 |
| | | B | 読解 | 段落整序 |
| | | 〔2〕 | 読解 | 空所補充，内容説明，主題 |
| | | 〔3〕 | 読解 | 内容説明，同意表現，主題 |
| 2022 ● | 2月2日 | 〔1〕A | 会話文 | 空所補充 |
| | | B | 読解 | 段落整序 |
| | | 〔2〕 | 読解 | 空所補充，内容説明，主題 |
| | | 〔3〕 | 読解 | 内容説明，同意表現，主題 |
| | 2月5日 | 〔1〕A | 会話文 | 空所補充 |
| | | B | 読解 | 段落整序 |
| | | 〔2〕 | 読解 | 空所補充，内容説明 |
| | | 〔3〕 | 読解 | 内容説明，同意表現，主題 |

(注)　●印は全問，◑印は一部マークセンス法採用であることを表す。

## 読解英文の主題

| 年　度 | | 番　号 | 主　題 |
|---|---|---|---|
| 2024 | 2月2日 | 〔1〕B | 氷のホテル |
| | | 〔2〕 | 面ファスナー開発の歴史 |
| | | 〔3〕 | ラクダのクローン作製 |
| | 2月5日 | 〔1〕B | 雨水採取の必要性 |
| | | 〔2〕 | スーパーマリオ誕生までの歴史 |
| | | 〔3〕 | 自分の考えを変えることが難しい理由 |
| 2023 | 2月2日 | 〔1〕B | 人間の赤ちゃんの脆弱さ |
| | | 〔2〕 | ビネガー・バレンタインカード |
| | | 〔3〕 | 香りの持つ力 |
| | 2月5日 | 〔1〕B | 様々な宗教における断食の慣習 |
| | | 〔2〕 | ベリル＝マーカムの偉業 |
| | | 〔3〕 | スクリーンを見る時間の少なさが子供の記憶力と学習能力の高さに関連している |
| 2022 | 2月2日 | 〔1〕B | 紙のリサイクル |
| | | 〔2〕 | ヘンリー＝ボックス＝ブラウンの長い旅 |
| | | 〔3〕 | 参加者の数とアイデアの創造との関係性 |
| | 2月5日 | 〔1〕B | 機械のメリットとデメリット |
| | | 〔2〕 | アンジェリーン＝ナンニの人生 |
| | | 〔3〕 | 泣くことは有益なことであるのか？ |

## 読解中心の出題
## 語彙力と速読の力が不可欠

### 01　出題形式は？

例年，大問３題の出題。全問マークセンス法による選択問題で，試験時間は 90 分。〔３〕Ａの設問文は英語だが，内容自体は「下線部はどのような意味か」や「下線部に最も近い意味をもつのはどれか」などの形で一定している。

### 02　出題内容はどうか？

読解問題中心の出題で，会話文＋短めの読解問題１題，長文読解問題２

題で構成されている。

〔1〕Aの会話文では，いわゆる会話特有の表現は少なく，前後の文脈を考慮して，それにふさわしい発言を選ぶ問題となっている。Bの段落整序は1～3文程度から成る文章5つを書き出しに続けて正しく並べ替えるもので，論理的に英文を構成する力が求められている。〔2〕〔3〕の長文読解問題は小説や伝記のような文章と，科学や社会に関する硬めの文章が1題ずつ出題される傾向にあり，いずれも英文の量が多く速読力が不可欠である。〔2〕Aの空所補充では，文法・語法の知識を問う問題もあるが，文脈を考慮した上で適切な語句を選ぶ問題が多い。〔3〕Aは下線部の意味に近い内容やそこから読み取れること，または下線部の内容の具体例を選ばせる問題で，単に語句の言い換えだけではなく，文脈や主旨を把握した上で選択肢を絞る必要がある。〔2〕〔3〕ともBは内容一致英文を完成させる内容説明が中心だが，本文の主題や主旨も問われている。選択肢の語数も総じて多く，速読力と正確な読解の力が試されている。

## 03 難易度は？

日程間における難易度の差はほとんどみられない。英文のテーマも比較的読みやすいものが多く，使われている語句や構文，設問の内容は標準的なレベルである。しかし，英文量が多いので，ある程度のスピードで英文を正確に読む力が不可欠である。時間配分については，〔1〕は15分程度，〔2〕〔3〕は各30分程度を目安とすれば，見直しの時間も十分に確保できるだろう。

## 01 読解力

全体的に英文の量が多いので，最終的には速読力をつけることが必要となる。しかし，英文を読むためのルールである文法の基礎が固まっていなければ，正確な読解力は期待できない。最初はゆっくりでもよいので英文の文構造を正確にとらえる力を養成しよう。その際，入試で頻出の英文構造を取り上げている英文解釈の参考書,『基礎英文解釈の技術 100』（桐原書店）や『大学入試 ひと目でわかる英文読解』（教学社）などを使うとよい。文構造の知識が定着してきたら，段落ごとの要旨をとらえながら，ある程度の分量の英文を読む練習を積んでいこう。また，読解問題において語彙力の増強は不可欠である。単語帳などを活用し，できるだけ早い段階で一定の語彙力をつけておくこと。

## 02 文法・語法・語彙

長文の空所補充では文法・語法の力が問われているが，重箱の隅をつつくような細かい知識は問われていないので，教科書や標準レベルの問題集でしっかりと学習すればよい。語彙についても，難解な単語や熟語を覚える必要はないが，標準レベルの単語・熟語はしっかり押さえておかなければ対応できない。

## 03 会話文

会話特有の表現が問題になることは少なく，前後の文脈から適切な選択肢を選ぶという出題となっている。他の日程の過去問でも練習を積んでおくとよい。

### 関西大「英語」におすすめの参考書

✓『基礎英文解釈の技術 100』（桐原書店）
✓『大学入試 ひと目でわかる英文読解』（教学社）
✓『関西大の英語』（教学社）

# 数学

| 年 | 度 | 番号 | 項 目 | 内 容 |
|---|---|---|---|---|
| 2024 | 2月2日 | 〔1〕 | 三角関数, 微・積分法 | 三角関数を含む関数方程式, グラフの概形, 面積 ⊘図示 |
| | | 〔2〕 | 複素数平面 | 実数・純虚数条件, 軌跡と領域 |
| | | 〔3〕 | ベクトル | 空間ベクトル, 三角形の面積, 平面に下ろした垂線の足の位置ベクトル |
| | | 〔4〕 | 小問5問 | (1)高次方程式(相反方程式) (2)確率 (3)数列の和の極限 (4)2次不等式 (5)対数関数, 整数問題 |
| | 2月5日 | 〔1〕 | 微・積分法 | 指数関数を含む関数(双曲線関数)の接線, グラフの概形, 面積 ⊘図示 |
| | | 〔2〕 | ベクトル | 平面ベクトル, 垂直条件, 三角形の面積 |
| | | 〔3〕 | 極限 | 極限で定義された関数の極限とその連続性 |
| | | 〔4〕 | 小問4問 | (1)確率 (2)複素数 (3)三角関数の合成 (4)楕円・双曲線 |
| 2023 | 2月2日 | 〔1〕 | 微・積分法, 極限 | 積分で定義された関数・最大最小・区分求積法 |
| | | 〔2〕 | 複素数平面, 指数関数, 極限 | 4次方程式の解としての複素数, 指数不等式, 数列, 無限級数 |
| | | 〔3〕 | ベクトル | 平面ベクトル, 垂直条件, 内積 |
| | | 〔4〕 | 小問5問 | (1)3次方程式の解と係数の関係 (2)確率 (3)三角方程式 (4)極方程式表示の曲線の漸近線 (5)冪乗数の一の位の数 |
| | 2月5日 | 〔1〕 | 微・積分法, 極限 | 関数列, 定積分, 極限 |
| | | 〔2〕 | 数列 | 2つの数から作られる群数列 |
| | | 〔3〕 | 微・積分法 | 媒介変数表示の曲線・接線・法線・面積 |
| | | 〔4〕 | 小問4問 | (1)三角比 (2)確率 (3)空間座標 (4)円と条件をみたす軌跡 |
| 2022 | 2月2日 | 〔1〕 | 式と曲線 | 楕円上の点と直線との距離の最小値 |
| | | 〔2〕 | 積分法, 数列, 極限 | 定積分, 数列, 極限値 |
| | | 〔3〕 | ベクトル | 平面ベクトル, 長さ, 三角形の面積 |
| | | 〔4〕 | 小問5問 | (1)指数・対数関数 (2)複素数平面 (3)確率 (4)微分法(関数の最大値) (5)定積分, 区分求積法, 数列(級数の和) |

| | | | | |
|---|---|---|---|---|
| 2月5日 | 〔1〕 | 微・積分法 | 有理関数のグラフ，定積分，面積 | ⊘図示 |
| | 〔2〕 | ベクトル | 空間ベクトル，四面体，面積，体積 | |
| | 〔3〕 | 複素数平面 | 複素数平面上の三角形と円 | |
| | 〔4〕 | 小問4問 | (1)確率 (2)数列・級数 (3)対数関数 (4)極限値（無理関数） | |

**出題範囲の変更**

2025年度入試より，数学は新教育課程での実施となります。詳細については，大学から発表される募集要項等で必ずご確認ください（以下は本書編集時点の情報）。

| 2024年度（旧教育課程） | 2025年度（新教育課程） |
|---|---|
| 数学Ⅰ・Ⅱ・Ⅲ・A・B（数列，ベクトル） | 数学Ⅰ・Ⅱ・Ⅲ・A・B（数列）・C（ベクトル，平面上の曲線と複素数平面） |

**旧教育課程履修者への経過措置**

2025年度は，旧教育課程履修者に不利にならないように配慮した出題を行う。

## 微・積分法中心の出題

### 01 出題形式は？

両日程とも，試験時間は100分となっている。例年，大問4題の出題で，記述式が1，2題，空所補充問題が2，3題，空所補充問題のうち1題は独立した内容の小問集合となっている点は変わらない。年度によっては図示問題も出題されている。

### 02 出題内容はどうか？

微・積分法からの出題が主になっており，単に微分するだけ，積分するだけでなく，総合問題として出題されることが多い。微・積分法のほかには，複素数平面，数列，ベクトル，三角関数，確率，2次曲線などの重要項目からまんべんなく出題されているが，「数学Ⅲ・C」からの出題が多めである。

## 03 難易度は？

標準レベルの問題が多く，まったく手のつけられないような問題はほとんどない。しかし，骨のある問題や計算力を必要とする問題もある。記述式・空所補充問題ともに大問の難易度はそれほど変わらない。解答形式にとらわれずに，題意を正確に把握することが大切である。空所補充問題ではヒントなしの部分があるので注意が必要である。大問 1 題あたり 20～25 分程度で解けるように練習しておこう。

# 対策

## 01 教科書の活用

数学は基礎・基本の理解が最も大切である。まずは教科書を徹底的に復習し，公式・定理などを確実に使いこなせるようにする。教科書の例題や節末・章末問題はすべて解けるように何度も繰り返し演習しよう。

## 02 幅広い基礎知識の習得

出題範囲内の主要分野からまんべんなく出題されている。教科書以外にも教科書傍用問題集を用いて練習し，いろいろな分野の基本問題の解法に慣れることが必要である。特に「数学Ⅲ・C」からの出題が多めなので，『数学Ⅲ・C 基礎問題精講 五訂版』（旺文社），『数学Ⅲ入試問題集—Sure Study 点数が確実に UP する！（シュアスタ！）』（東洋館出版社）などの問題集を活用することで，「数学Ⅲ・C」の基礎知識を固めることが肝要である。

## 03 計算力の養成，丁寧な計算

空所補充問題で答えだけを求められているのは，一見すると受験生に有利なようであるが，実はそうではない。途中の計算過程は考慮されないことから，途中１カ所の計算ミスが誤答につながる場合もある。計算ミスを防ぐには，計算力をつけ，普段から少し時間がかかっても，丁寧な計算を心がける以外に方策はない。

## 04 記述問題対策

記述式解答の場合には結果が正しければよいというわけではなく，途中の計算過程も正しく書く必要がある。増減表やグラフ，図形も丁寧に描くことを心がけたい。また，問題は小問に分かれていて，前の小問が次の小問のヒントになっている場合が多い。「なぜこの小問があるのか」と考えると，問題の解答の筋道が明らかになることが多々ある。記述式でも確実な計算と丁寧な解答の記述が計算ミスを防いでくれる。また，複雑な数値については，代入するのは最後にして，途中はできるだけ文字式のままで計算するのがよい。

## 05 過去問の活用

全体として過去問の類題が出題されることが多いので，過去問の解答・解説を丁寧に読んで，重要項目の理解を完璧にしておこう。

### 関西大「数学」におすすめの参考書

✓『数学Ⅲ・C 基礎問題精講 五訂版』(旺文社)
✓『数学Ⅲ入試問題集― Sure Study 点数が確実に UP する！(シュアスタ！)』(東洋館出版社)

# 物　理

| 年度 | | 番号 | 項目 | 内容 |
|---|---|---|---|---|
| 2024 ◑ | 2月2日 | 〔1〕 | 力学 | 単振動，ばねと糸でつながれた２物体の運動 |
| | | 〔2〕 | 電磁気 | 直線電流が作る磁場，回転する導体棒による電磁誘導 |
| | | 〔3〕 | 熱力学 | 気体の状態変化 |
| | 2月5日 | 〔1〕 | 力学 | ２物体の衝突と重心の運動，空気抵抗を受けながら斜面をすべる物体の運動 ⊘描図 |
| | | 〔2〕 | 電磁気 | 点電荷の作る電場と電位，平行板コンデンサーと導体・誘電体の挿入 |
| | | 〔3〕 | 波動，原子 | 光の屈折と全反射，X線の発生とブラッグ反射 ⊘描図 |
| 2023 ◑ | 2月2日 | 〔1〕 | 力学 | 円筒面内の小球の運動 ⊘描図 |
| | | 〔2〕 | 電磁気 | ガウスの法則と静電誘導，電場や磁場中での電子の運動 |
| | | 〔3〕 | 波動 | 凸レンズのつくる像，コンプトン効果 |
| | 2月5日 | 〔1〕 | 力学 | 万有引力による円運動，非等速円運動と放物運動 |
| | | 〔2〕 | 電磁気 | 直流回路とコンデンサー，交流回路 |
| | | 〔3〕 | 波動，熱力学 | ヤングの実験，熱運動と熱量保存則 |
| 2022 ◑ | 2月2日 | 〔1〕 | 力学 | 剛体のつり合い，慣性力，単振動 |
| | | 〔2〕 | 電磁気 | 磁場内の荷電粒子の運動，サイクロトロン ⊘描図 |
| | | 〔3〕 | 波動 | うなり，ドップラー効果 |
| | 2月5日 | 〔1〕 | 力学 | 力学的エネルギー保存則，放物運動，円運動 |
| | | 〔2〕 | 電磁気 | 直線電流による磁場，交流発電機 |
| | | 〔3〕 | 原子 | 原子核崩壊，ラザフォードの実験，静止エネルギー |

(注)　●印は全問，◑印は一部マークセンス法採用であることを表す。

2月2日実施分：理科1科目選択方式は3題全問を解答。理科設問選択方式（2科目型）は化学3題または生物3題と合わせた合計6題から4題を選択解答。

2月5日実施分：物理3題・化学3題の合計6題から3題を選択解答。

## 教科書を中心に基礎を大切にした学習と ミスなく確実に問題を解くための実戦演習を

### 01 出題形式は？

2月2日実施分は3題出題され，理科1科目選択方式は試験時間75分で3題すべてを解答，理科設問選択方式（2科目型）は化学または生物の3題と合わせた合計6題から4題を選択して試験時間100分で解答するものとなっている。2月5日実施分（理科設問選択方式）は物理3題・化学3題の合計6題から3題を選択して試験時間90分で解答するものとなっている。いずれも出題形式は空所補充形式がほとんどであるが，空所に入る答えを選択肢から選ぶ形式と，文字式・数値などの結果のみを記述する形式とが混在している。描図問題は毎年いずれかの日程で出題されている。

### 02 出題内容はどうか？

出題範囲は「物理基礎・物理」である。

ここ数年，〔1〕は力学分野，〔2〕は電磁気分野，〔3〕は波動分野，熱力学分野，原子分野のいずれかからの出題（あるいは融合問題）となっている。各分野の出題内容は，どの分野においても偏りが少なく広範囲で，種々の物理法則についての基本的な理解を問う問題が出されている。力学分野の問題がやや手間のかかる傾向にある。

### 03 難易度は？

例年，基本ないし標準レベルの問題で構成されており，教科書の内容を十分に理解していればほぼ対応できる。ただし，一部レベルの高い問題が含まれることもあり，油断は禁物である。また，文字式や数値について，計算力を要する問題も出されているので，注意が必要である。なお，2023年度2月2日実施分では，かなり煩雑な計算問題とグラフの描図問題が出題された。試験時間に対する問題量は適当といえるので，2月2日実施分については大問1題あたり20～25分，2月5日実施分については大問1

題あたり25〜30分で解けるように練習しておこう。

## 01 教科書を中心にした学習を

種々の物理法則に対する基本的な理解を問う，基本ないし標準レベルの問題がほとんどなので，教科書や授業を通じて物理法則や物理現象の基本事項の理解に努め，基礎をしっかりと固めておきたい。ただし，公式の適用だけでは対処できない問題も出されているので，公式を丸暗記するのではなく，物理現象や基本原理と絡め，その導出過程も含めて公式の理解に努めておくことが大切である。

## 02 物理現象についての本質的な理解を

単に，物理量の量的な関係を問う問題だけでなく，物理現象の本質的な特徴を問う問題も出されている。単なる物理計算の練習だけに終始せず，現象についての本質的な理解に努め，さらにはその背景や結果を考察することによって，物理的な思考力も養っておきたい。

## 03 問題集で演習の徹底を

ことさら難問に取り組む必要はない。教科書の章末問題などで高校物理の内容の総復習を行い，その後，基本ないし標準レベルの問題集で演習を積んでおきたい。その際，ミスなく確実に解けるよう意識して取り組んでおくこと。多くの問題集に手を出すのではなく，1冊の問題集を反復演習することによって，全分野・全項目の内容を偏りなく仕上げておくようにしよう。

## 04 出題形式に慣れておこう

ほぼすべてが空所補充形式の誘導問題なので，問題演習の際にこのタイプの問題に数多く当たっておきたい。この種の問題では，問題文をしっかりと読み取り，誘導の意図に沿って解答していく必要がある。したがって，本書の過去問などを通じて，このタイプの問題に慣れておくことが大切である。また，描図問題もよく出題される。描図問題の対策として，問題演習の際に単に答えを導くだけではなく，問題の題材となっている物理現象について，図やグラフを描いてまとめておくなどして，平素から描図の訓練を積んでおきたい。

## 05 計算力の強化を

文字式・数値にかかわらず，計算力を要する問題も出されている。したがって，平素から自分の手で最後まで計算する訓練を積んでおくこと。また，正確かつスピーディーな計算を心がけることも大切である。

# 化　学

| 年度 | | 番号 | 項目 | 内容 |
|---|---|---|---|---|
| 2024 ◑ | 2月2日 | 〔1〕 | 理論・無機 | 金属結晶，金属イオンの分離と溶解度積，二酸化炭素の定量 ⊘計算 |
| | | 〔2〕 | 状態・変化 | 気体の溶解度，格子エネルギー，混合気体の反応と分圧 ⊘計算 |
| | | 〔3〕 | 有機・高分子 | 元素分析，脂肪族カルボン酸・エステル，サリチル酸の性質，合成高分子 ⊘計算 |
| | 2月5日 | 〔1〕 | 構造・変化 | 原子の構造・化学結合など7問，溶液の濃度，化学反応式と量的関係，酸化還元滴定 ⊘計算 |
| | | 〔2〕 | 変　化 | 鉛蓄電池と電気分解，化学平衡 ⊘計算 |
| | | 〔3〕 | 有機・高分子 | アルカンの性質，油脂の性質，アミノ酸の性質 ⊘計算 |
| 2023 ◑ | 2月2日 | 〔1〕 | 理論・無機 | 原子の構造と元素周期表，アルミニウムの性質，溶解平衡 ⊘計算 |
| | | 〔2〕 | 状態・変化 | 気体の性質と蒸気圧，理想気体と実在気体，プロパンの燃焼と気体の性質 ⊘計算 |
| | | 〔3〕 | 有　機 | 脂肪族炭化水素の性質，元素分析，脂肪族エステルの構造決定，芳香族化合物の分離 ⊘計算 |
| | 2月5日 | 〔1〕 | 理論・無機 | 化学結合，オストワルト法，塩化ナトリウムの性質 ⊘計算 |
| | | 〔2〕 | 状態・変化 | 水の三態と溶液の性質，反応速度 ⊘計算 |
| | | 〔3〕 | 有　機 | 脂肪族炭化水素の性質，アルコールの性質，アニリンの性質，油脂の性質 ⊘計算 |
| 2022 ◑ | 2月2日 | 〔1〕 | 理論・無機 | 典型元素の性質と酸化還元反応，銅の性質と結晶の構造 ⊘計算 |
| | | 〔2〕 | 状態・変化 | 物質の三態と蒸気圧，塩の加水分解と pH ⊘計算 |
| | | 〔3〕 | 有　機 | アルカンの性質，芳香族アミドの構造決定，エタノールとその誘導体 ⊘計算 |
| | 2月5日 | 〔1〕 | 無機・変化 | ケイ素の性質，金属イオンの定性分析，中和滴定 ⊘計算 |
| | | 〔2〕 | 変化・状態 | ダニエル電池，化学平衡，メタンハイドレートの性質 ⊘計算 |
| | | 〔3〕 | 有機・高分子 | 不飽和炭化水素の性質，芳香族エステルの構造決定，糖類の性質 ⊘計算 |

(注)　●印は全問，◐印は一部マークセンス法採用であることを表す。
2月2日実施分：理科1科目選択方式は3題全問を解答。理科設問選択方式（2科目型）は物理3題または生物3題と合わせた合計6題から4題を選択解答。
2月5日実施分：物理3題・化学3題の合計6題から3題を選択解答。

## 各分野を弱点なく網羅する学習を

### 01　出題形式は？

2月2日実施分は3題出題され，理科1科目選択方式は試験時間75分で3題すべてを解答，理科設問選択方式（2科目型）は物理または生物の3題と合わせた合計6題から4題を選択して試験時間100分で解答するものとなっている。2月5日実施分（理科設問選択方式）は物理3題・化学3題の合計6題から3題を選択して試験時間90分で解答するものとなっている。いずれも大問1題が2，3種類の小問からなっている。解答形式は空所補充形式が多く，マークセンス法による選択式とともに，有効数字指定のある計算値，用語，構造式などを記す記述式が出題されている。解答形式には十分な注意が必要である。

### 02　出題内容はどうか？

出題範囲は「化学基礎・化学」である。

理論・無機・有機の幅広い範囲から出題されており，いずれの日程も理論・無機・有機が大問1題ずつの出題となっている。

### 03　難易度は？

ほとんどの問題は基本レベルから標準レベルの内容である。高校の教科書内容をしっかりと理解し，問題演習を行っていれば，対応できるレベルである。ただし，一部に高校教科書レベルを超える問題もみられるため，化学で高得点をねらう場合は注意が必要となる。問題量は試験時間に対して適切なので，大問１題あたり 20〜25 分で解けるように練習しておこう。

## 01 理 論

出題の中心であり，どの分野からも偏りなく出題されているので，苦手分野が残らないよう計画を立てて学習を進めておきたい。このため，一つの単元を発展的な内容まで掘り下げるよりも，すべての単元にわたって基本から標準レベルの問題演習を行うことが，合格への近道となるだろう。計算問題では有効数字を指定されることが多いため，普段から正しい計算方法を意識しておきたい。

## 02 有 機

構造決定がよく出題される。特にエステルの加水分解については，市販の問題集を用いて十分な練習が必要である。元素分析の結果は以降の問題でも利用することが多く，間違えると大きな失点となる。確実にマスターしておかなければならない。

また，脂肪族ではエチレン・アセチレン・エタノール，芳香族ではフェノール・アニリン・サリチル酸などについて，これらの物質の合成や，誘導される各化合物の反応系統図を自分で作成し，物質の名称や構造式，性質，反応名などを書き込んで学習すると，出題の流れに沿った学習ができる。

## 03 無 機

他の２分野に比べて設問は少ないが，必ず出題されている。性質の似た元素をまとめて，単体や化合物の性質を覚えていこう。周期表と関連づけて，同族元素の類似性や結合の分類を理解すると効率的である。また，気体の製法，沈殿生成反応，金属と酸の反応については化学反応式を書けるよう練習しておきたい。暗記が中心となる単元なので，表やカードにまとめることも効果的である。

## 04 過去問演習で実力を伸ばそう

入試への準備段階では，『エクセル化学総合版：化学基礎＋化学』（実教出版）などを利用して，単元の偏りなく，問題を解く力を養おう。基本的な問題が解けるようになれば，時間配分を意識して過去問演習を行おう。例年，同じ形式，同じ傾向の問題が出題されているので，特徴を把握する上でも，合格への目標設定においても得られるものは大きい。理科設問選択方式で受験する場合は，他科目と合わせて時間内に解答できる問題を選択する練習も必要である。

# 生 物

| 年度 | 番号 | 項 目 | 内 容 | |
|---|---|---|---|---|
| 2024 | 〔1〕 | (A)代 謝 | 呼吸の過程 | ⊘計算 |
| | | (B)体内環境 | 免疫のしくみ | |
| | 〔2〕 | (A)体内環境 | 血糖量の調節 | |
| | | (B)生 態 | 生存曲線と外来生物 | ⊘計算 |
| | 〔3〕 | (A)代 謝 | 酵素の性質(20字) | ⊘論述 |
| | | (B)生殖・発生,植物の反応 | 被子植物の重複受精と休眠 | |
| 2023 | 〔1〕 | (A)遺伝情報 | 遺伝子の本体 | |
| | | (B)生殖・発生,遺伝情報 | 細胞分裂,遺伝子の組換え | ⊘描図・計算 |
| | 〔2〕 | (A)遺伝情報 | 突然変異 | ⊘計算 |
| | | (B)生 態,進化・系統 | 個体群密度と生物の分類 | ⊘計算 |
| | 〔3〕 | (A)代 謝 | タンパク質と酵素 | ⊘計算 |
| | | (B)生殖・発生 | ウニの受精と発生(25字) | ⊘計算・論述 |
| 2022 | 〔1〕 | (A)進化・系統 | 地質時代と生物の変遷(10字) | ⊘論述 |
| | | (B)代 謝 | 呼吸の過程と呼吸商 | ⊘計算 |
| | 〔2〕 | (A)代 謝 | 窒素同化と窒素の循環(30字) | ⊘論述 |
| | | (B)植物の反応 | 植物の花芽の分化と花の器官形成 | |
| | 〔3〕 | (A)植物の反応 | 植物の屈性と傾性 | |
| | | (B)遺伝情報 | DNAの複製(35字) | ⊘論述・計算 |

(注) 理科1科目選択方式は3題全問を解答。理科設問選択方式(2科目型)は物理3題または化学3題と合わせた合計6題から4題を選択解答。

## 基礎知識の定着と関連事項の有機的な理解を

### 01 出題形式は？

大問３題（各問(A)・(B)に分かれており，実質は大問６題）が出題され，理科１科目選択方式は試験時間 75 分で３題すべてを解答，理科設問選択方式（２科目型）は物理または化学の３題を合わせた合計６題から４題を選択して試験時間 100 分で解答するものとなっている。選択式と記述式の併用であるが，記述式が中心で，論述・計算問題もよく出題されている。ただし，論述問題は 10～35 字の比較的短めのものである。計算問題については，年度によっては少し数値が煩雑になるような出題もみられる。また，描図問題も出題されている。

### 02 出題内容はどうか？

出題範囲は「生物基礎・生物」である。

代謝（特に化学反応とそれに伴う計算）からの出題が多く，反応式や構造式の理解が求められる出題もよくみられる。また，体内環境，植物の反応，生殖・発生に関する問題も頻出である。2023 年度は遺伝情報からの出題が多くみられた。

### 03 難易度は？

基本的な内容が中心ではあるが，教科書の重要語句を中心に用語の理解・記憶をしっかりとしておかなければ取りこぼしてしまう可能性がある。また，例年，計算問題が出題されており，2024 年度は基本的なものであったが，年度によってはやや難しい問題があるので注意が必要である。全体としては基本～標準レベルといえる。比較的問題量が多いので，時間配分がポイントになる。大問１題あたり 20～25 分で解けるように練習しておこう。

## 01 基礎知識の定着をはかり，空所補充問題対策を

分野によっては難しい問題が出題されることもあるが，全体を通してまず教科書の内容をきちんと理解しておきたい。ただし，「生物基礎」の教科書の「参考」「発展」，「生物」の教科書の「参考」の項目にも目を通しておくべきである。基礎力をつけるため，教科書を繰り返し読むことは非常に効果的である。さらに，重要語句は記述式の空所補充の形で多数出題されているので，サブノートなどを活用して反復練習を行い，正確に記憶しておこう。さらに深く知識を定着させたい人は『大森徹の入試生物の講義［生物基礎・生物］』『大森徹の生物 計算・グラフ問題の解法』（いずれも旺文社）などを用いると良いだろう。その上で過去問を利用して読解力を高めよう。

## 02 計算問題対策

代謝や遺伝などの分野では計算問題が出題されているので，普段から練習しておこう。化学の計算のような「反応式における量的関係」も問われることがあるので，反応物質の質量や気体の体積の求め方も練習しておく必要がある。ただし，基本的な問題がほとんどなので，取りこぼしのないようにしたい。

## 03 幅広く有機的な学習を

新しい知見や生物学史などにも興味をもち，新聞や科学雑誌で知識の幅を広げておきたい。また，複数の分野を融合した問題も出題されているので，断片的な知識ではなく，有機的に結びついた知識が必要である。設問では具体的な生物名も出題されているので，図説（資料集）や参考書に目を通し，多くの生物とその分類を頭に入れておきたい。

2024年度

# 問題と解答

## 全学日程1：2月2日実施分

**3教科型（理科1科目選択方式），3教科型（理科設問選択方式〈2科目型〉）**

# 問題編

### ▶試験科目・配点

| 方式 | 教　科 | 科　　目 | 配　点 |
|---|---|---|---|
| 理科1科目選択方式 | 外国語 | コミュニケーション英語Ⅰ・Ⅱ・Ⅲ，英語表現Ⅰ・Ⅱ | 200点 |
| | 数　学 | 数学Ⅰ・Ⅱ・Ⅲ・A・B | 200点 |
| | 理　科 | **システム理工，環境都市工，化学生命工（化学・物質工）学部：**<br>「物理基礎，物理」，「化学基礎，化学」から1科目選択<br>**化学生命工（生命・生物工）学部：**<br>「物理基礎，物理」，「化学基礎，化学」，「生物基礎，生物」から1科目選択 | 150点 |
| 理科設問選択方式（2科目型） | 外国語 | コミュニケーション英語Ⅰ・Ⅱ・Ⅲ，英語表現Ⅰ・Ⅱ | 150点 |
| | 数　学 | 数学Ⅰ・Ⅱ・Ⅲ・A・B | 200点 |
| | 理　科 | **システム理工（物理・応用物理，機械工，電気電子情報工），環境都市工，化学生命工（化学・物質工）学部：**<br>「物理基礎，物理」，「化学基礎，化学」の各3問合計6問のうち4問を選択<br>**システム理工（数），化学生命工（生命・生物工）学部：**<br>「物理基礎，物理」，「化学基礎，化学」，「生物基礎，生物」から2科目選択，各3問合計6問のうち4問を選択 | 200点 |

### ▶備　考

- 理科1科目選択方式と理科設問選択方式（2科目型）は併願できない。
- 理科設問選択方式（2科目型）の英語は理科1科目選択方式と同一問題を使用し，上記の配点に換算する。
- 「数学B」は「数列，ベクトル」から出題する。

# 英　語

(90分)

〔I〕A．次の会話文の空所(1)～(5)に入れるのに最も適当なものをそれぞれA～Dから一つずつ選び，その記号をマークしなさい。

*An exchange student, Seiji, is looking to buy a printer at a store near his university campus and approaches the shop assistant.*

Joan: Hello. ___(1)___

Seiji: Hi. Do you carry printers?

Joan: We sure do! Do you have one in mind?

Seiji: ___(2)___ I'm not really sure what's available.

Joan: No worries! I'll help you find the one that best suits your needs. Could you tell me what you plan to use it for?

Seiji: Mainly schoolwork, such as printing out notes or articles, but I also want to be able to print color photos on occasion.

Joan: I see. And do you tend to print a lot on a regular basis?

Seiji: ___(3)___ I go through printer ink like crazy!

Joan: Well, you will need to choose between a laser printer and an ink-based printer. The laser printer is more cost efficient in the long run if you print a lot. However, ink-based printers typically make higher-quality photos.

Seiji: The photos wouldn't need to be anything special. Also, I'm on a budget.

Joan: ___(4)___ That type is better for your situation, I think.

Seiji: Okay. Could you show me your selection of those?

Joan: Of course! (5)________________

(1) A. I can hold that for you if you like.
B. Welcome to our printer store.
C. What seems to be the problem?
D. How may I help you today?

(2) A. My mind is foggy.
B. Actually, I do rather mind.
C. One or two; it doesn't matter.
D. Well, nothing in particular.

(3) A. It happens from time to time.
B. Well, not so much, really.
C. Hmm, you could say that.
D. I might be right about that.

(4) A. In that case, I recommend a laser printer.
B. In that case, I recommend an ink-based printer.
C. In that case, I recommend you get both.
D. In that case, I recommend a 3D printer.

(5) A. What else would I do?
B. Right this way.
C. Let me ask my manager.
D. Do you have a bag?

2024年度　全学日程1　2月2日　英語

B．下の英文A～Fは，一つのまとまった文章を，6つの部分に分け，順番をばらばらに入れ替えたものです。ただし，文章の最初にはAがきます。Aに続けてB～Fを正しく並べ替えなさい。その上で，次の(1)～(6)に当てはまるものの記号をマークしなさい。ただし，当てはまるものがないもの(それが文章の最後であるもの)については，Zをマークしなさい。

(1)　Aの次にくるもの
(2)　Bの次にくるもの
(3)　Cの次にくるもの
(4)　Dの次にくるもの
(5)　Eの次にくるもの
(6)　Fの次にくるもの

A．Most people have experienced staying at a hotel, but what about an ice hotel? These unique hotels are made of snow and blocks of ice. They don't last as long as a regular hotel, either.

B．Still, to be fair, guests of ice hotels typically sleep in thick furs or sleeping bags designed for very cold temperatures, so it's probably not as cold as one would expect. Aside from rooms to sleep in, ice hotels also have other services, such as bars, restaurants, and even hot tubs! If this sounds interesting to you, then you have a few options in terms of destinations.

C．Some countries that offer ice hotels include Finland, Norway, and Japan. So if you aren't afraid of a little cold, have some money to spend, and are up for something new, why not book a trip and try one out?

D. All considered, it is a little surprising anyone would want to pay so much to stay somewhere so cold. But there are many adventurous people who find the idea of sleeping in a freezing room exciting.

E. In fact, they usually need to be rebuilt every year. This is because even in the cold climates where they are built, the warmth of summer will cause them to melt.

F. It is perhaps for this reason that most people cannot afford to stay in one. The cost can range from around 300 to 3,000 dollars per night, so be ready to spend a lot of money!



〔Ⅱ〕A. 次の英文の空所( 1 )～( 15 )に入れるのに最も適当なものをそれぞれA～Dから一つずつ選び，その記号をマークしなさい。

It's hard to imagine what we would do without Velcro, the handy hook-and-loop fastener used in so many aspects of modern life—from disposable diapers to the space industry. Yet the ingenious invention came about almost by accident.

Velcro was the creation of Swiss engineer Georges de Mestral, who had been inspired by a walk in the woods with his dog in 1941. Upon their return home, de Mestral noticed that burrs—or sticky seed pods—had attached themselves to his pants and to his dog's fur. De Mestral, an amateur inventor and a curious man ( 1 ) nature, examined the burrs under a microscope. What he saw intrigued him. De Mestral ( 2 ) spend the next 14 years attempting to duplicate what he saw under that microscope before introducing Velcro to the world in 1955.

Most of us have had the experience of burrs clinging to our clothing (or our pets), and considered it a mere annoyance, ( 3 ) wondering why it actually happens. Mother Nature, however, never does anything without a specific reason. Burrs have long served the purpose of ensuring the survival of various plant species. When a burr attaches itself to an animal's fur, it is carried by the animal to another location, ( 4 ) it eventually falls off and grows into a new plant.

De Mestral was more concerned with the how than the why. How did so small an object exert such a strong hold? Under the microscope, de Mestral could see that the tips of the burr, which appeared to the naked eye as stiff and straight, actually contained tiny hooks that can attach themselves to fibers in clothing, ( 5 ) a hook-and-eye fastener—which consists of a small bent piece of metal into which a hook fits. De Mestral knew that if he could somehow recreate the simple hook system of the burr, he would be able to produce an incredibly strong fastener, ( 6 ) with many practical uses.

De Mestral's first challenge was finding a fabric he could use to create a strong bonding system. Enlisting the help of a weaver in Lyon, France (an important textile center), de Mestral first tried using cotton. The weaver produced a trial product with one cotton strip containing thousands of hooks and the other strip made up of thousands of loops. De Mestral found, ( 7 ), that the cotton was too soft—it could not stand up to repeated openings and closures.

For several years, de Mestral continued his research, looking for the best material for his product, ( 8 ) the ideal size of loops and hooks. After repeated testing, de Mestral eventually learned that synthetics worked best, and settled on heat-treated nylon, a strong and durable substance. In order to mass-produce his new product, de Mestral also needed to design a special type of loom that could weave the fibers in just the right size, shape, and density—this took him several more years.

By 1954, de Mestral had completed his improved version of the product. Each square inch of material contained 300 hooks, a density that had proven strong enough to stay fastened, yet was easy enough to ( 9 ) apart when needed. De Mestral christened his new product "Velcro," from the French words *velours* (velvet) and *crochet* (hook).

In 1954, de Mestral received a patent for Velcro from the Swiss government. He took out a ( 10 ) to begin mass-producing Velcro, opening plants in Europe and eventually expanding into Canada and the United States. His US Velcro plant opened in Manchester, New Hampshire in 1957 and is still there today.

De Mestral had originally intended Velcro to be used for clothing as a "zipper-less zipper," but that idea was not initially successful. During a 1959 New York City fashion show that highlighted clothing with Velcro, critics deemed it ugly and cheap-looking. Velcro thus became associated more with athletic wear and equipment than with high-end fashion.

In the early 1960s, Velcro received a huge boost in popularity when NASA began using the product to keep objects from floating around under zero-gravity ( 11 ). NASA later added Velcro to astronauts' space suits and helmets, finding it more convenient than the snap fasteners and zippers that were previously used.

In 1968, Velcro ( 12 ) shoelaces for the first time when athletic-shoe manufacturer Puma introduced the world's first sneakers fastened with Velcro. Since then, Velcro fasteners have revolutionized footwear for children. Even the very young are able to independently fasten their own Velcro shoes well before they learn how to tie their laces.

Today, Velcro is in use seemingly everywhere, from the healthcare setting (blood-pressure cuffs and surgeons' gowns) to clothing and footwear, sporting and camping equipment, toys and recreation, airline seat cushions, and more. Most ( 13 ), Velcro was used in the first human artificial heart transplantation to hold together parts of the device.

Over the ( 14 ), Velcro has evolved from a novelty item into a near-necessity in the developed world. De Mestral very likely never dreamed of how popular his product would become, nor the countless ways it could be used. The process de Mestral used to develop Velcro—examining an aspect of nature and using its properties for practical applications—has come to be known as "biomimicry."

( 15 ) Velcro's phenomenal success, de Mestral became a very wealthy man. After his patent expired in 1978, many other companies began producing hook-and-loop fasteners, but none are allowed to call their product "Velcro," a legally protected name. Most of us, however—just as we call tissues "Kleenex"—refer to all hook-and-loop fasteners as Velcro.

(1) A. for B. in
C. from D. by

(2) A. will B. would
C. can D. could

(3) A. even B. also
C. without D. still

(4) A. where B. after
C. while D. although

(5) A. distinct from B. connecting to
C. separating from D. similar to

(6) A. one B. which
C. some D. that

(7) A. beforehand B. therefore
C. however D. instead

(8) A. in terms of　B. in place of
C. as long as　D. as well as

(9) A. pull　B. tell
C. push　D. fall

(10) A. plan　B. loan
C. factory　D. field

(11) A. rockets　B. air
C. conditions　D. space

(12) A. produced　B. enabled
C. attached　D. replaced

(13) A. impressively　B. obviously
C. frequently　D. unsuccessfully

(14) A. days　B. years
C. time　D. centuries

(15) A. Despite　B. Regarding
C. Thanks to　D. Accounting for

B．本文の内容に照らして最も適当なものをそれぞれA～Cから一つずつ選び，その記号をマークしなさい。

(1) According to the second paragraph, Georges de Mestral originally worked as

A. an inventor.

B. a scientist.

C. an engineer.

(2) According to the third paragraph, starting with "Most of us," burrs exist in nature

A. to offer plants protection from animals that want to eat them.

B. to help plants to spread themselves far and wide.

C. to provide tools for humans to preserve plants.

(3) De Mestral's most important discovery about the hooks was probably

A. the way the hooks worked.

B. the reason for the hooks' existence.

C. the place where the hooks were found.

(4) In order to develop his idea into an actual product, de Mestral had to

A. move the laboratory to another part of France.

B. test manufacturing methods on many occasions.

C. identify what it could be made from.

(5) In the seventh paragraph, starting with "By 1954," the density of hooks is said to correspond to

A. the thickness of hooks in general use.

B. the number of hooks for a given area.

C. the weight of hooks in total.

(6) Some people found Velcro unsuitable for fashion items because

A. it didn't look very high quality.

B. it was worn only by athletes at the time.

C. it wasn't as effective as zippers were.

(7) In the second-to-last paragraph, the term "biomimicry" can be best applied to how de Mestral

A. observed nature for academic purposes.

B. copied nature to solve problems.

C. stole from nature in his financial interests.

〔Ⅲ〕A. 次の英文の下線部①～⑩について，後の設問に対する答えとして最も適当なものをそれぞれA～Cから一つずつ選び，その記号をマークしなさい。

When Nisar Ahmad Wani succeeded in carrying out the world's first camel cloning in 2009, it was hailed as a great achievement. Today, Wani is a scientific director at the Reproductive Biotechnology Center, in Dubai.

Wani and his team research and develop new cloning techniques and maintain cell banks, allowing them to make copies of animals including buffalo and sheep. But the center's focus is on cloning camels. Each year, it produces dozens of cloned baby Arabian camels that have a single hump. Among the most popular are copies of camel "beauty queens," with the right combination of drooping lips and long necks.

Camel beauty contests are popular in the Gulf states, and prize money <u>runs into</u>① the tens of millions of dollars at some events. Owners have been disqualified in the past for using banned techniques such as injecting camels with silicone and fillers to enhance their appearance. But as far as these competitions are concerned, cloned camels are perfectly legitimate.

Though <u>the Reproductive Biotechnology Center declined to share its</u>②

prices, according to reports in the local press, making an exact copy of your prettiest camel could cost you a little over $50,000.

Other than beauty queens, Wani and his team have also been reproducing elite racing champions to compete in the United Arab Emirates' many camel races. They have also been able to present bereaved camel owners with a replica of their deceased pet—③cell samples can even be taken shortly after the death of the animal.

Wani works with a process that uses DNA from "somatic" (or non-reproductive) cells taken from the donor animal being cloned. The nucleus, the central part containing the genetic material, from these donor cells is introduced into an egg and stimulated by chemicals.

"The DNA from the somatic cell starts behaving like the DNA of an embryo," Wani tells CNN. "The eggs are cultured in a lab for seven to eight days before being transferred to the womb of a surrogate mother, who carries and gives birth to the baby.

"The baby produced has all the genes from a donor animal." According to Wani, the process is delicate and temperamental, ④with success rates for cloned pregnancies at just 10%, compared to 60% of natural camel pregnancies.

⑤It might seem a lot of trouble to go to for a camel, but the animals are an important part of life in Dubai. In addition to featuring in contests and races, historically these single-hump Arabian camels have been used for transport across the harsh deserts of the Arabian Peninsula, as well as a source of meat and milk. But ⑥they are also a cultural symbol of the traditional Emirati way of life.

⑦"Camels were an essential element in ensuring that life was possible in the Arabian Peninsula prior to the era of oil and gas," says Obaid Al Falasi, the co-founder of the Arabian Desert Camel Riding Center, Dubai's first camel riding school. "Traveling and trade between countries and settlements was facilitated by camels, who had the ability to endure the rough climate and survive on very little feed and water."

The camels, he adds, were the people's treasure and companion, and that is still the case today for certain Emirati tribes and families. For many, they hold spiritual significance as well. Despite ⑧their status, he says that camel cloning isn't considered to conflict with religious faith. "Cloning is a significant scientific achievement and should be considered as such," he explains.

Dubai's Camel Breeding Center and its Camel Reproduction Center also produce elite camels, but rather than cloning, those two labs focus on embryo transfer, where an embryo is harvested from one female and inserted into another to improve the chances and rate of reproduction. Al Falasi says that cloning is too expensive for most people and that embryo transfer is more common, "to ensure that a good camel can produce more ⑨offspring than just every year or two."

Now, Wani and his team are looking to use the technology to help endangered species. ⑩The two-humped wild Bactrian camel is among the most endangered large mammals on the planet, threatened by habitat loss and interbreeding with domestic camels. To help preserve wild Bactrian camels, Wani and his team are working on techniques that involve interspecies somatic cell transfer, where a closely related domestic animal species is used as the egg donor as well as surrogate mother to carry the cloned embryos.

In 2017 the first cloned Bactrian camel was born at the center using this method, after an embryo was put into an Arabian camel. In the future, Wani hopes to employ the cloning technique to preserve other critically endangered animal species and even help to restore extinct species.

"Our center is focused on developing and applying the latest reproductive biotechnology techniques like cloning and embryo transfer to enhance the multiplication of different animal species in the region and also for the conservation of endangered species," says Wani.

(1) Which of the following has a meaning closest to Underline ①?

A. succeeds

B. reaches

C. exceeds

(2) What does Underline ② actually mean?

A. The price is not available to the public.

B. The center's share price has fallen.

C. There is more than one price available.

(3) What does Underline ③ imply?

A. Wani and his team can revive the dead animals.

B. People who have pets are asked to take DNA samples.

C. The DNA in the cells of dead animals can still be used.

(4) What does Underline ④ actually mean?

A. Camel cloning is an unreliable technique.

B. Cloned camel babies are more sensitive.

C. Wani's cloning has little room for improvement.

(5) What does Underline ⑤ actually mean?

A. The effort involved in cloning may appear excessive.

B. Cloners could charge more money for other animals.

C. Cloning camels is illegal in this part of the world.

(6) What does Underline ⑥ refer to?

A. meat and milk

B. harsh deserts

C. Arabian camels

(7) What does Underline ⑦ imply?

A. The role of camels has changed in recent years.

B. Fossil fuels never really replaced camels.

C. The camel cloning industry was nonessential in the past.

(8) What does Underline ⑧ refer to?

A. the fact that camels are very tough animals yet friendly to people

B. the fact that people consider camels as important for their way of life

C. the fact that the Arabian history can be described without camels

(9) Which of the following has a meaning closest to Underline ⑨?

A. cells

B. DNA

C. children

(10) What does Underline ⑩ actually mean?

A. Camels have lost their habitats to larger mammals.

B. Two-humped camels are endangered for more than one reason.

C. Wild camels refuse to mate with domestic camels.

B．本文の内容に照らして最も適当なものをそれぞれA～Cから一つずつ選び，その記号をマークしなさい。

(1) According to the second paragraph, the Reproductive Biotechnology Center mainly works on

A． removing unwanted humps from two-humped camels.

B． reproducing one-humped camels from cell banks.

C． reconstruction of one-humped camels' faces.

(2) According to the fifth paragraph, starting with "Other than," in addition to creating "beauty queens," Wani and his team

A． organize camel-racing championships.

B． replicate champion racing camels.

C． sell thousands of cloned camels locally.

(3) In Wani's cloning method,

A． the entire process makes use of cells that do not reproduce.

B． the deceased can be reanimated if the process is started early.

C． the chance of giving birth to twins is greatly increased.

(4) According to the ninth paragraph, starting with "It might seem," one reason why camels play an important role in Dubai is because

A． the number of Arabian camels is decreasing.

B． they are traditionally treated as sacred creatures.

C． people have coexisted with camels for a long time.

(5) According to the 12th paragraph, starting with "Dubai's Camel Breeding," the main purpose of embryo transfer is

A. to increase the domestic birthrate of camels.

B. to establish a global method of cloning camels.

C. to reduce the number of wild camels.

(6) In the third-to-last paragraph, starting with "Now, Wani," one newly attempted application of the cloning techniques is

A. bringing extinct animal species back to life.

B. crossbreeding Bactrian camels with Arabian ones.

C. protecting animal species in danger of extinction.

(7) The main idea of this passage is that

A. the success of camel cloning has opened the door to the application of biotechnology techniques.

B. biotechnology techniques have benefited society, although caution is needed for their general use.

C. cloning and embryo transfer are two biotechnology techniques that have allowed Dubai to develop.

# 数学

(100分)

〔I〕 次の問いに答えよ。

(1) $0 < \alpha < \dfrac{\pi}{2}$, $0 < \beta < \dfrac{\pi}{2}$, $0 < \gamma < \dfrac{\pi}{2}$とする。$\cos\alpha = 2\sin 2\alpha$, $2\sin 2\beta = \tan\beta$, $\cos\gamma = \tan\gamma$のとき, $\sin\alpha$, $\sin\beta$, $\sin\gamma$の値を求めよ。

(2) (1)の$\alpha$, $\beta$, $\gamma$に対して, 次の関数のグラフの概形を解答欄の座標平面上に図示せよ。

$y = \cos x \ (\alpha \leqq x \leqq \beta)$, $y = 2\sin 2x \ (\alpha \leqq x \leqq \beta)$, $y = \tan x \ (\alpha \leqq x \leqq \beta)$

ただし, 3つの曲線, およびそれぞれの交点から$x$軸に下ろした垂線のみをかき入れ, 途中の議論は述べなくてよい。

(3) (2)の3つの曲線で囲まれた部分の面積を求めると,

$$\boxed{\quad ① \quad} - \frac{1}{2}\log\left(2\left(\boxed{\quad ② \quad}\right)\right)$$

となる。 ① , ② を数値でうめよ。ただし, 途中の議論も記述せよ。

〔Ⅱ〕 $\alpha$, $\beta$ を異なる2つの複素数とし, $\overline{\alpha}$, $\overline{\beta}$ をそれぞれの共役複素数とする。このとき, 次の $\boxed{\phantom{00}}$ をうめよ。ただし, $\boxed{①}$, $\boxed{②}$, $\boxed{④}$, $\boxed{⑤}$ は $\alpha$, $\beta$, $\overline{\alpha}$, $\overline{\beta}$ から2個以上選んだものを用いた式でうめ, $\boxed{③}$ は数値でうめよ。

複素数平面において, 2点 $\mathrm{A}(\alpha)$, $\mathrm{B}(\beta)$ を通る直線を $\ell$ とする。また, 原点O を通り, $\ell$ に垂直に交わる直線を $m$ とする。

$z$ を複素数とする。点 $z$ が $\ell$ 上にあるとき, $\dfrac{z-\alpha}{\beta-\alpha}$ が実数になることから,

$$(\overline{\beta}-\overline{\alpha})z-\left(\boxed{①}\right)\overline{z}=\boxed{②} \qquad (1)$$

が成り立つ。

点 $z$ が $m$ 上にあるとき, $\dfrac{z}{\beta-\alpha}$ が純虚数になることから,

$$(\overline{\beta}-\overline{\alpha})z+\left(\boxed{①}\right)\overline{z}=\boxed{③} \qquad (2)$$

が成り立つ。

$\ell$ と $m$ の交点を $\mathrm{C}(w)$ とする。このとき, (1), (2) から,

$$w=\frac{\boxed{②}}{\boxed{④}}$$

となる。

ここで,

点 $z$ が線分 AB 上にある $\iff$ $\dfrac{z-\alpha}{\beta-\alpha}$ が0以上1以下の実数となる

であることを用いて, 点 $\mathrm{C}(w)$ が線分 AB 上にあるための必要十分条件を求めると,

$$2|\alpha|^2-2|\beta-\alpha|^2 \leqq \boxed{⑤} \leqq 2|\alpha|^2 \qquad (3)$$

となる。

$i$を虚数単位とする。$a$, $b$を少なくともどちらか一方は0でない実数とし，$\alpha = a + bi$とおく。集合

$$\{\beta \mid \beta は不等式\ |\beta - (a+bi)| \leqq |a+bi| および(3)を満たす\} \cup \{a+bi\}$$

が定める2つの図形の面積の和を$a$, $b$を用いて表すと，［⑥］となる。

〔Ⅲ〕 下の図のような直方体と5点A(0, 0, 2)，B(1, 0, 1)，C(0, 2, 1)，D(2, 0, 0)，P(1, 2, 1)をとる。このとき，次の問いに答えよ。

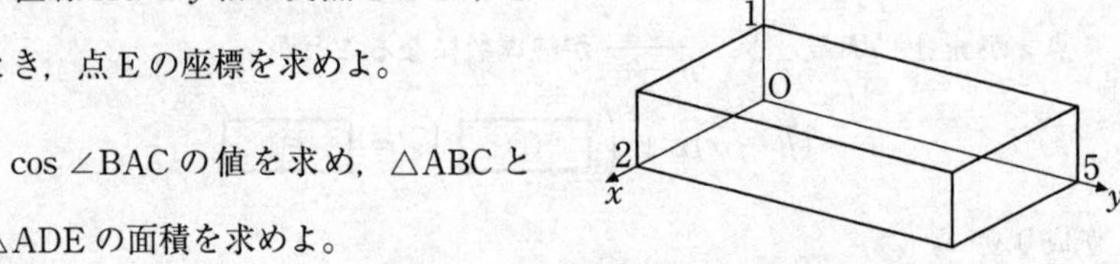


(1) 直線ACと$y$軸の交点をEとするとき，点Eの座標を求めよ。

(2) $\cos\angle\mathrm{BAC}$の値を求め，△ABCと△ADEの面積を求めよ。

(3) 点Pから，3点A，B，Cの定める平面ABCに下ろした垂線をPHとする。点Hの座標を$(x,\ y,\ z)$とするとき，$\overrightarrow{\mathrm{PH}} \perp \overrightarrow{\mathrm{AB}}$，$\overrightarrow{\mathrm{PH}} \perp \overrightarrow{\mathrm{AC}}$から$x$, $z$を$y$を用いて表せ。さらに，$\overrightarrow{\mathrm{AH}} = s\overrightarrow{\mathrm{AB}} + t\overrightarrow{\mathrm{AC}}$と表すとき，$y$, $s$, $t$の値を求めよ。

(4) 直方体を平面ABCで切った切り口を底面，点Pを頂点とする角錐の体積を求めよ。

〔Ⅳ〕 次の $\boxed{\phantom{00}}$ をうめよ。

(1) 方程式 $x^2+x-\dfrac{2}{x}+\dfrac{4}{x^2}-6=0$ の解のうち，最小のものは $\boxed{\quad ①\quad}$ である。

(2) 1枚の硬貨を何回か投げる。表が4回出るか，または，裏が4回出ればこの試行を終了する。このとき，6回以内に試行を終了する確率は $\boxed{\quad ②\quad}$ である。

(3) 極限値

$$S=\lim_{n\to\infty}\frac{1}{n}\left\{\left(\frac{1}{n}\right)^3+\left(\frac{2}{n}\right)^3+\left(\frac{3}{n}\right)^3+\cdots\cdots+\left(\frac{4n-1}{n}\right)^3\right\}$$

を求めると，$S=\boxed{\quad ③\quad}$ となる。

(4) $a$ は整数とする。2つの不等式 $(x-3)(3x-a)<0$，$(x-1)(x-5)>0$ を満たす整数 $x$ が2個だけとなるときの $a$ の最大値は $\boxed{\quad ④\quad}$ であり，最小値は $\boxed{\quad ⑤\quad}$ である。

(5) $n$ は6以上の自然数とする。

$$\log_6 7\cdot\log_7 8\cdot\log_8 9\cdot\ \cdots\cdots\ \cdot\log_n(n+1)$$

が自然数となるような $n$ はすべて

$$\boxed{\quad ⑥\quad}^{\,m}-1\quad(m\text{ は 2 以上の自然数})$$

の形で表される。このとき，$n$ を4で割ったときの余りは $\boxed{\quad ⑦\quad}$ である。

# 物　理

(理科1科目選択方式：　75分
理科設問選択方式（2科目型）：2科目100分)

※ 『理科1科目選択方式』の場合は出願時に届け出た1科目を解答してください。『理科設問選択方式(2科目型)』の場合は出願時に届け出た2科目それぞれ〔Ⅰ〕～〔Ⅲ〕の3問合計6問のうちから4問を選択して解答してください。なお，5問以上解答した場合は，高得点の4問を合否判定に使用します。

〔Ⅰ〕 次の文の [(a)] ～ [(c)] に入れるのに最も適当な数または式を解答欄に記入しなさい。また，[(1)] ～ [(15)] に入れるのに最も適当なものを各問の文末の解答群から選び，その記号をマークしなさい。ただし，同じものを2回以上用いてもよい。なお，[(13)*] と [(14)*] には〔解答群*〕から適当なものを選び，その記号をマークしなさい。

以下では，空気抵抗と摩擦は無視できるものとする。また，ばねの伸び(または縮み)はあまり大きくなく，フックの法則が成り立つとせよ。

(i) ある星において，ばね定数 $k$ の軽いばねの一端を天井に固定し，他端に質量 $m$ の小球を静かにつるすと，小球はつり合いの位置で静止した(図1)。このとき，ばねの自然長からの伸びは，重力加速度の大きさを $g'$ とすれば，[(1)] である。静止した小球を引き下げて静かに放すと，小球は鉛直方向に単振動を続けた。この単振動の中心は [(2)] であり，周期は [(3)] である。

いま，ばね定数のわからないばねと，質量のわからない2個の小球(小球1と小球2)がある。小球1，小球2のいずれかをばねにつるし，上述のように単振動させる実験を別々に行った。それぞれの小球に対して，床から小球までの高さを測定した結果をまとめたグラフが図2である。

グラフより，小球1の単振動の周期は [(4)] 〔s〕であり，また小球2の質量は小球1の質量の [(5)] 倍であることがわかる。さらに，2個の小球の単振動の中心の差に注目すれば，測定を行った地点の重力加速度の大きさを求めることができる。円周率 $\pi$ を3.1として計算をすれば，重力加速度の大きさは有効数字2桁で表すと [(a)] 〔m/s$^2$〕となる。

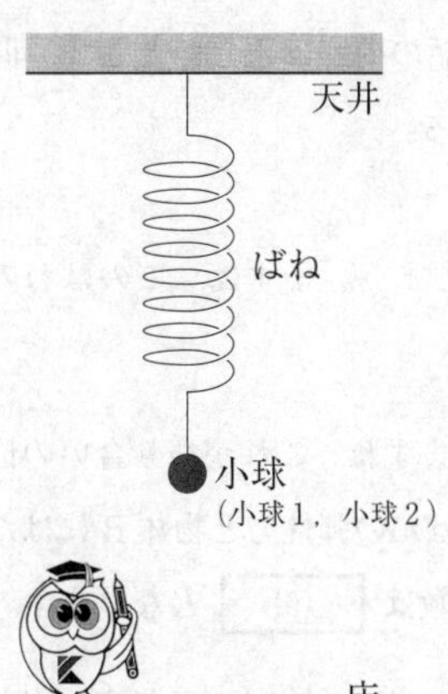


図1

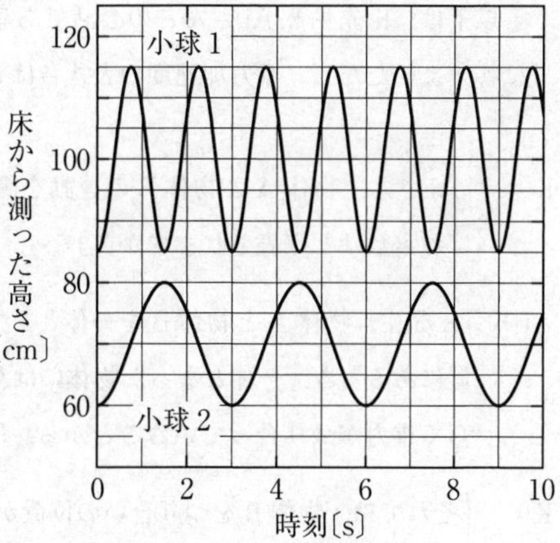

床から測った高さ〔cm〕
120
100
80
60
小球1
小球2
0 2 4 6 8 10
時刻〔s〕

図2

〔解答群〕

(ア) ばねが自然の長さの位置　(イ) つり合いの位置　(ウ) 小球を放した位置

(エ) $\dfrac{kg'}{m}$　(オ) $\dfrac{k}{mg'}$　(カ) $\dfrac{mg'}{k}$　(キ) $\dfrac{m}{kg'}$

(ク) $\dfrac{1}{2\pi}\sqrt{\dfrac{kg'}{m}}$　(ケ) $\dfrac{1}{2\pi}\sqrt{\dfrac{mg'}{k}}$　(コ) $2\pi\sqrt{\dfrac{k}{mg'}}$　(サ) $2\pi\sqrt{\dfrac{m}{kg'}}$

(シ) $\dfrac{1}{2\pi}\sqrt{\dfrac{k}{m}}$　(ス) $\dfrac{1}{2\pi}\sqrt{\dfrac{m}{k}}$　(セ) $2\pi\sqrt{\dfrac{k}{m}}$　(ソ) $2\pi\sqrt{\dfrac{m}{k}}$

(タ) 0.5　(チ) 1.0　(ツ) 1.5　(テ) 2.0

(ト) 2.5　(ナ) 3.0　(ニ) 3.5　(ヌ) 4.0

(ii)　図3に示すように，なめらかな水平な台の上で一端を壁に固定した軽いばねに質量 $M$ の物体Aがつながれている。さらに，物体Aには軽い糸が取り付けられており，軽い滑車を経由して糸の他端には質量 $m$ の物体Bがつり下げられている。物体Aおよび物体Bがつり合いの位置にあるとき，ばねの自然長からの伸びは $\ell$ であった。水平面上で図の右向きにx軸の正の向きをとり，つり合いの位置にあるときの物体Aの位置をx軸の原点Oとする。

以下は，K先生とAiさんとの会話である。会話の内容は正しいとして，問に答えよ。ただし，重力加速度の大きさは $g$ とする。

K　「Aiさん，物体Aと物体Bの運動を調べましょう。まずは，このばねのばね定数はどう表されますか？」

Ai　「K先生，物体Aと物体Bを一体として考えますね。これがつり合いの位置にあるとき，一体となった物体にはたらくばねの弾性力と物体Bにはたらく重力がつり合っていることから，ばね定数は［(6)］となります。」

K　「それでは，物体Bをつり合いの位置から $d$(ただし $d>0$)だけ鉛直に引き下げて静かに放しますね。物体Aと物体Bは一体となって単振動を続けています。この単振動の角振動数はどう表されるでしょうか？」

Ai　「一体となった物体がばねにつながれているので，角振動数は［(7)］となります。」

K　「この単振動において，物体Aの位置 $x$ の範囲は次のようになりますよね。」

$$\boxed{(8)} \leqq x \leqq \boxed{(9)} \quad \cdots\cdots ①$$

K　「物体Aが位置 $x$ にあるときの速さ $v$ はどう求めますか？」

Ai　「力学的エネルギー保存の法則を用いれば求まるはずです。位置エネルギーの基準点はどこにとろうかなぁ？」

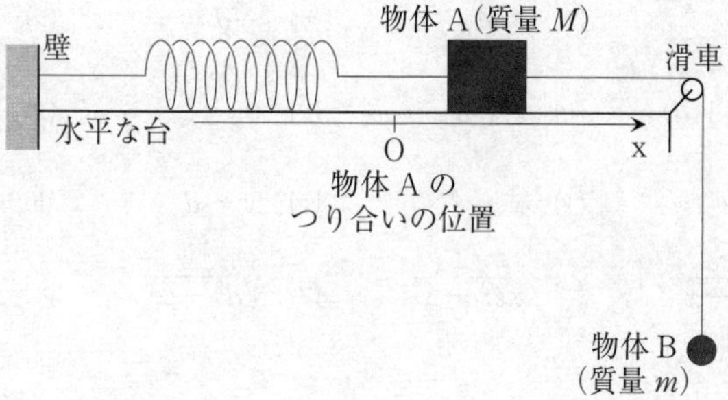

図3

K　「ここでは，ばねが自然の長さになる位置を，ばねの弾性力による位置エネルギーと重力による位置エネルギーの基準点にとりましょう。物体Aが位置 $x$ にあるとき，この系の力学的エネルギーはどうなりますか？　ただし，つり合いの位置にあるとき，ばねの自然長からの伸びが $\ell$ であることに注意してください。」

Ai　「ばねの弾性力による位置エネルギーは $\frac{1}{2}$ × [ (6) ] × ( [ (10) ] )$^2$，重力による位置エネルギーは $-mg$ × ( [ (11) ] ) です。これに，物体Aと物体Bの運動エネルギーを加えれば，この系の力学的エネルギーとなります。」

K　「物体Bを静かに放した位置における力学的エネルギーも同様に考えることができますね。では，物体Aが位置 $x$ にあるときの速さ $v$ はどうなりますか？」

Ai　「力学的エネルギー保存の法則より，$v$ = [ (7) ] × ( [ (12) ] )となります。」

〔解答群〕

(ア) $\frac{mg}{\ell}$　(イ) $\frac{m}{g\ell}$　(ウ) $\frac{\ell}{mg}$　(エ) $\frac{g\ell}{m}$

(オ) $\sqrt{\frac{mg}{(M+m)\ell}}$　(カ) $\sqrt{\frac{m}{(M+m)g\ell}}$

(キ) $\sqrt{\frac{(M+m)\ell}{mg}}$　(ク) $\sqrt{\frac{(M+m)g\ell}{m}}$

| | | | |
|---|---|---|---|
| (ケ) $-\ell$ | (コ) $\ell$ | (サ) $-d$ | (シ) $d$ |
| (ス) $-(\ell+d)$ | (セ) $\ell+d$ | (ソ) $0$ | (タ) $x$ |
| (チ) $x-\ell$ | (ツ) $x+\ell$ | (テ) $x-d$ | (ト) $x+d$ |
| (ナ) $\sqrt{\ell^2-x^2}$ | (ニ) $\sqrt{\ell^2+x^2}$ | (ヌ) $\sqrt{d^2-x^2}$ | (ネ) $\sqrt{d^2+x^2}$ |

K　「次に，物体Bを静かに放す位置をさらに下げたら，すなわち$d$を大きくしたら，この系の運動はどうなるか考えてみましょうか。ただし，ばねと糸は十分に長く，物体Aと物体Bは壁や滑車にぶつからないとします。」

Ai　「より大きな振幅で，物体Aと物体Bは一体となって単振動しますよね！糸でつながれているので。糸が切れなければですが……」

K　「糸は切れないとしますが，糸がたるむことはないでしょうか？」

Ai　「なるほど。張力がはたらいているあいだは物体Aと物体Bは一体となって単振動し，張力がはたらかなくなると別々に運動し始めるということですか。物体Bがつり下がっているのに，糸がたるむかな？　謎だなぁ。」

K　「物体Aと物体Bが一体となって運動するとし糸の張力を求めましょう。物体Aにはたらく力をすべて挙げると [(13)*] ，物体Bにはたらく力をすべて挙げると [(14)*] となります。運動方程式はどうなりますか？」

Ai　「それぞれの物体が運動する方向の力に注目すればいいですよね。物体Aが位置$x$にあるときの加速度を$a$，糸の張力を$S$とすると，物体Aと物体Bの運動方程式は，それぞれ次のようになります。」

物体A　$Ma=$ [(b)]

物体B　$ma=$ [(c)]

Ai　「これらの運動方程式から加速度$a$を消去すれば，張力$S$は求まります。あっ，加速度の大きさが重力加速度の大きさを超えると糸がたるむ！」

K　「そうですね，謎が解けて良かったです。それでは，物体Aと物体Bが一体となって単振動するための条件はどうなりますか？」

Ai　「単振動の範囲①(26ページを参照)において張力がはたらいている，つまり $S \geqq 0$ である必要があります。よって，一体となって単振動するための条件は $d \leqq$ [ (15) ] です。」

〔解答群〕

(ア) $\frac{1}{2}\ell$　(イ) $2\ell$　(ウ) $\frac{M}{m}\ell$　(エ) $\frac{m}{M}\ell$

(オ) $\frac{M+m}{m}\ell$　(カ) $\frac{m}{M+m}\ell$　(キ) $\frac{M-m}{m}\ell$　(ク) $\frac{m}{M-m}\ell$

〔解答群*〕 以下の表では，物体にはたらく力を○印で記している。

| | 重力 | 垂直抗力 | ばねの弾性力 | 糸の張力 |
|---|---|---|---|---|
| (ア) | | | | |
| (イ) | | | | ○ |
| (ウ) | | | ○ | |
| (エ) | | | ○ | ○ |
| (オ) | | ○ | | |
| (カ) | | ○ | | ○ |
| (キ) | | ○ | ○ | |
| (ク) | | ○ | ○ | ○ |
| (ケ) | ○ | | | |
| (コ) | ○ | | | ○ |
| (サ) | ○ | | ○ | |
| (シ) | ○ | | ○ | ○ |
| (ス) | ○ | ○ | | |
| (セ) | ○ | ○ | | ○ |
| (ソ) | ○ | ○ | ○ | |
| (タ) | ○ | ○ | ○ | ○ |

〔Ⅱ〕 次の文の [(a)] ～ [(c)] に入れるのに最も適当な数または式を解答欄に記入しなさい。また, [(1)] ～ [(15)*] に入れるのに最も適当なものを各問の文末の解答群から選び，その記号をマークしなさい。ただし，同じものを2回以上用いてもよい。なお, [(5)*] ～ [(7)*] , [(15)*] については文末の〔解答群*〕から最も適当なものを選びなさい。

(i) 直線電流が作る磁場(磁界)について次の事柄が成り立つ。

**直線電流が作る磁場の向き・大きさと重ねあわせの原理**

じゅうぶんに長い導線を流れる大きさ$I$の直線電流のまわりには同心円状の磁場ができる。直線電流から距離$R$だけ離れた観測点Pでの磁場の向きは，電流の向きにねじが進むとき右ねじを回す向きであり，その強さ$H$は, $H=$ [(a)] で表される。また，空間中に分布する複数の直線電流が点Pに作る磁場は，個々の直線電流が点Pに作る磁場の重ねあわせ(ベクトルの合成)に等しい。

図1のように水平面内で直交するx軸とy軸，鉛直上向きにz軸をとり，$R$を正の数として，点A($R$, 0, 0)，点B(0, $R$, 0)，点C(0, 0, $R$)をとる。点Aを通りy軸に平行な直線上に導線$L_A$，点Bを通りz軸に平行な直線上に導線$L_B$，点Cを通りx軸に平行な直線上に導線$L_C$を設置した。以下では地磁気の影響は無視できるものとする。

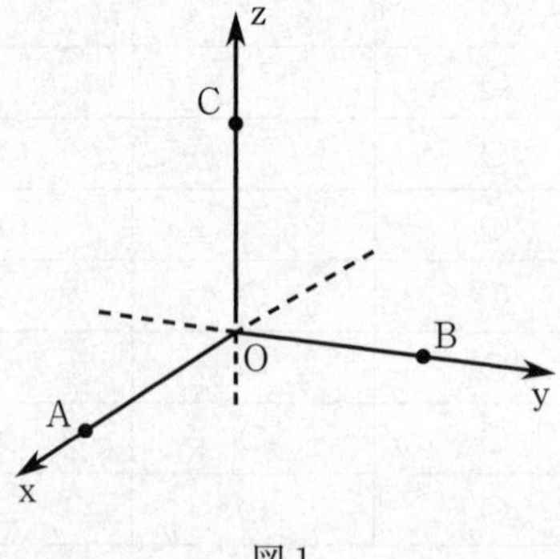


図1

最初に，導線$L_A$に大きさ$I$の電流をy軸正の向きに流した。原点Oにおける磁場の向きは［(1)］であった。

次に，$L_A$の電流が0の状態で，$L_B$，$L_C$の各導線に同じ大きさ$I$の電流を流す実験1と実験2を行った。実験1では，$L_B$にz軸負の向き，$L_C$にx軸負の向きに電流を流すと，原点Oでの磁場の向きは［(2)］になった。実験2では，$L_B$と$L_C$にそれぞれ解答群の［(3)］，［(4)］の向きに電流を流したところ，原点Oでの磁場の向きは解答群の(オ)になった。

最後に，$L_A$にy軸正の向き，$L_B$にz軸正の向き，$L_C$にx軸正の向きに同じ大きさ$I$の電流を流した。すると，原点Oにおける磁場の強さは
［(b)］×［(a)］になった。

〔解答群〕

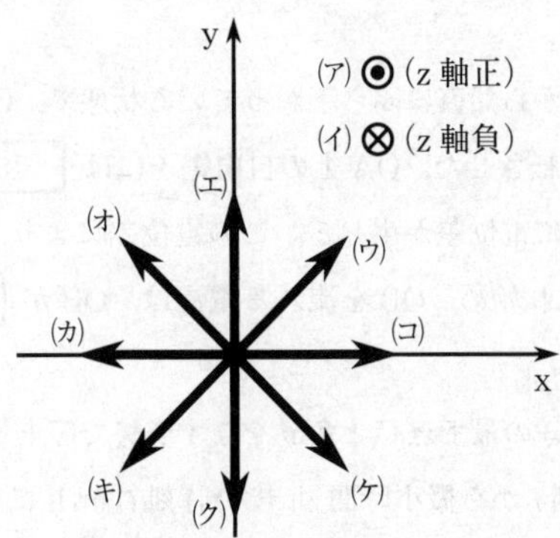

(ウ)〜(コ)は xy 面内の向きである。

(ii)　図2のように水平向き(紙面に対して垂直で手前向き)で磁束密度の大きさが$B_0$の一様な磁場がある。この磁場に対して垂直な鉛直面(紙面)上に，原点Oを中心とした半径$a$の環状一巻きコイルQがあり，導体棒OAを介してQ上の接点AとOは電気的に接している。これとは別に，密度が一様な質量$m$，長さ$a$で，抵抗値$R$の抵抗棒OBがOからぶら下がっている。OBは，棒の

端 B が Q と電気的に接触した状態を保ちながら，O を支点として鉛直面内をなめらかに自由に回転できる。以下では，コイル Q と導体棒 OA の電気抵抗，接点での摩擦および電気抵抗，Q や OA，OB を流れる電流が作る磁場の影響は無視できるものとする。重力加速度の大きさを $g$ とする。

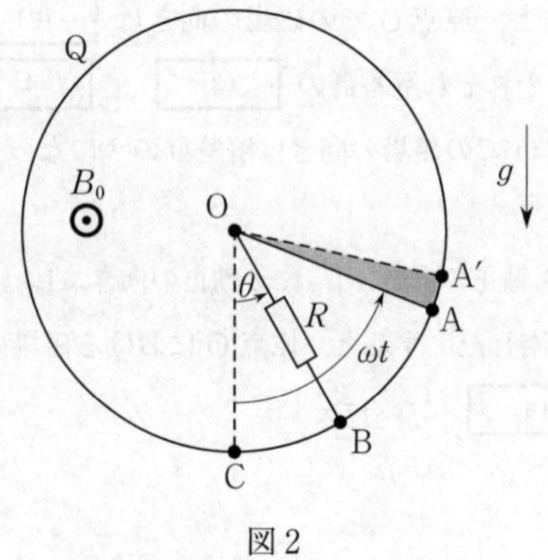


図 2

最初，OB が O から鉛直にぶら下がっている状態で，OA を一定の角速度 $\omega$ で反時計周りに回転させた。OA 上の自由電子には [ (5)* ] 力がはたらき，その結果，OA 間に電位差が生じる。この電位差により，OB には [ (6)* ] の向きに電流が流れ始め，OB を流れる電流は，OB が [ (7)* ] 向きに磁場から力を受ける。

やがて，OB は Q の最下点 C と角 $\theta$ をなす姿勢で静止した。導体棒とコイルの接点 A が，時刻 $t$ から微小時間 $\Delta t$ 後の時刻 $t+\Delta t$ に図の A′ に移動したとすると，微小時間 $\Delta t$ の間に OA が通過する領域(図の灰色で表されている扇形 AOA′)の面積は，[ (8) ] である。この領域を貫く磁束 $\Delta\Phi$ から，OA 間に生じる誘導起電力の大きさ $V$ が次のように求まる。

$$V=\left|\frac{\Delta\Phi}{\Delta t}\right|= \boxed{\quad (9) \quad}$$

OB に流れる電流の大きさ $I$ と，OB で単位時間あたりに発生するジュール熱 $P$ は，$V$ と $R$ を用いると，$I=$ [ (10) ]，$P=$ [ (11) ] と表される。また，OB を流れる電流は磁場から力を受ける。その力の大きさ $F$ は，$I$ を用いると，$F =$ [ (12) ] であり，力の作用点は，重力と同様，棒の重心にあると考えてよい。OB が姿勢を保っていることから，支点 O のまわりで OB にはたらく力のモーメントについて，次に示すつり合いが成り立つ。

$$\frac{a}{2} \times mg \times \boxed{(13)} = \frac{a}{2} \times F$$

一般に，任意の実数 $\theta$ に対して $\left| \boxed{(13)} \right| \leqq \boxed{(14)}$ が成り立つので，$\omega$ が十分小さければ $0 \leqq \theta < 2\pi$ の範囲に存在していたつり合いの位置 $\theta$ は，$\omega$ がある値 $\omega_0$ を越えると消え，OB は [ (15)* ] ようになる。ここで，$\omega_0$ を $m$，$g$，$R$，$B_0$，$a$ を用いて表すと，$\omega_0 =$ [ (c) ] である。

〔解答群〕

| | | | | | | | |
|---|---|---|---|---|---|---|---|
| (ア) | $\dfrac{a^2\omega t}{2}$ | (イ) | $\dfrac{a^2\omega \Delta t}{2}$ | (ウ) | $\dfrac{a^2\omega(t+\Delta t)}{2}$ | (エ) | $\dfrac{a^2\theta}{2}$ |
| (オ) | $B_0a^2$ | (カ) | $\dfrac{B_0a^2}{2}$ | (キ) | $\dfrac{B_0a^2\omega}{2}$ | (ク) | $\dfrac{B_0a}{2}$ |
| (ケ) | $\dfrac{V}{R}$ | (コ) | $\dfrac{V^2}{R}$ | (サ) | $RV$ | (シ) | $RV^2$ |
| (ス) | $IB_0$ | (セ) | $IB_0\omega$ | (ソ) | $IB_0R$ | (タ) | $IB_0a$ |
| (チ) | $\cos\theta$ | (ツ) | $\sin\theta$ | (テ) | $\tan\theta$ | | |
| (ト) | 1 | (ナ) | $\dfrac{\sqrt{3}}{2}$ | (ニ) | $\dfrac{1}{2}$ | (ヌ) | 0 |

〔解答群*〕

(ア) アンペール　(イ) ローレンツ　(ウ) フレミング　(エ) ホール

(オ) 磁束密度　(カ) O から B　(キ) B から O

(ク) 時計周りに回転する　(ケ) 反時計周りに回転する

(コ) 鉛直な状態で静止する　(サ) 水平な状態で静止する

〔Ⅲ〕 次の文の [(a)] ～ [(c)] に入れるのに最も適当な式を解答欄に記入しなさい。また，[(1)] ～ [(18)] に入れるのに最も適当なものを文末の解答群から選び，その記号をマークしなさい。ただし，同じものを2回以上用いてもよい。なお，[(7)*]，[(8)*]，[(11)*]，[(12)*]，[(14)*] ～ [(17)*] については文末の〔解答群*〕から最も適当なものを選び，その記号をマークしなさい。

なめらかに動くピストンの付いたシリンダーに，1 mol の単原子分子の理想気体を封入し，図1のように，気体の圧力 $p$〔Pa〕と体積 $V$〔m$^3$〕を状態A(圧力 $p=5p_0$，体積 $V=V_0$)から状態C(圧力 $p=p_0$，体積 $V=5V_0$)へ，次の2通りの過程でゆっくりと変化させる場合について考えてみよう。ただし，熱はピストンとシリンダーを通して自由に出入りできるものとし，気体定数を $R$〔J/(mol·K)〕とする。また，気体の圧力 $p$〔Pa〕，体積 $V$〔m$^3$〕，絶対温度 $T$〔K〕は，理想気体の状態方程式で示される関係が成り立つとする。

過程1［A → B → C］：状態Aから体積を一定に保ちながら圧力が $p_0$ の状態Bへ変化させ，続けて，状態Bから圧力を一定に保ちながら体積が $5V_0$ の状態Cへ変化させる。

過程2［A → C］：気体に出入りする熱と気体の体積を調整し，図1のように，状態Aから状態Cまで，気体の圧力と体積のグラフが線分ACになるように変化させる。

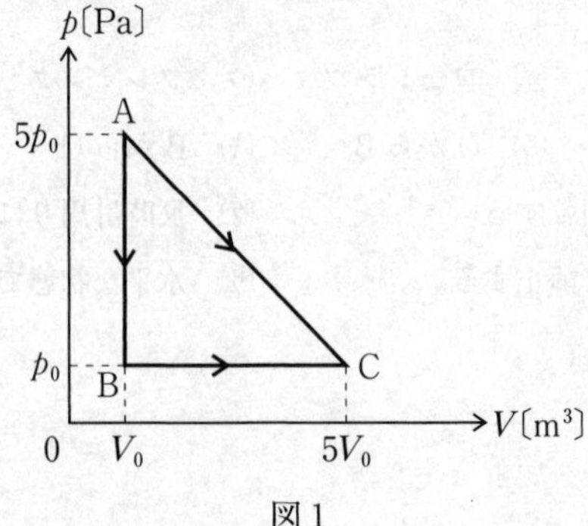


図1

(i)　過程1［A→B→C］の気体の状態変化を考える。

状態Aの気体の絶対温度は [ (1) ] $\times \dfrac{p_0V_0}{R}$，内部エネルギーは [ (2) ] $\times p_0V_0$ である。状態Aから状態Bへの変化では，気体の体積 $V$ は $V = V_0$(一定)なので，理想気体の状態方程式から気体の絶対温度 $T$ と圧力 $p$ の関係は，

$$T = \frac{V_0}{R} \times p$$

になる。よって，状態Bでの気体の絶対温度は [ (3) ] $\times \dfrac{p_0V_0}{R}$ であり，状態Aから状態Bへの変化で気体が放出する熱量は [ (4) ] $\times p_0V_0$ である。

状態Bから状態Cへの変化では，気体の圧力 $p$ は $p = p_0$(一定)なので，理想気体の状態方程式から，気体の絶対温度 $T$ と体積 $V$ の関係は，

$$T = \frac{p_0}{R} \times V$$

になる。この状態Bから状態Cへの変化で気体が外部にする仕事は [ (5) ] $\times p_0V_0$ であり，気体が吸収する熱量は [ (6) ] $\times p_0V_0$ である。

〔解答群〕

| | | | |
|---|---|---|---|
| (ア)　0 | (イ)　1 | (ウ)　2 | (エ)　3 |
| (オ)　4 | (カ)　5 | (キ)　6 | (ク)　9 |
| (ケ)　10 | (コ)　12 | (サ)　16 | (シ)　$-2$ |
| (ス)　$-6$ | (セ)　$-12$ | (ソ)　$\dfrac{3}{2}$ | (タ)　$\dfrac{5}{2}$ |
| (チ)　$\dfrac{15}{2}$ | | | |

(ii)　過程2［A→C］の気体の状態変化を考える。

もし仮に状態Aから気体の温度を一定に保ったまま変化させたとすると，気体の圧力 $p$ と体積 $V$ は [ (7)* ] 。このことと状態Aと状態Cの気体の絶対温度が等しいことから考えると，過程2［A→C］は気体の温度が [ (8)* ] 変化であると考えられる。そこで，この過程2における気体の圧力 $p$ と体積 $V$ の関係を式にすると，線分ACの傾きが $p_0$，$V_0$ を用いて [ (a) ] なので，

$$p = \boxed{\text{(a)}} \times V + 6p_0$$

になる。この式と理想気体の状態方程式から，気体の絶対温度 $T$ と体積 $V$ の関係は，$p_0$，$V_0$，$R$ を用いて

$$T = \boxed{\quad (b) \quad} \times V^2 + \left( \boxed{\quad (c) \quad} \right) \times V$$

になる。よって，この過程 2 の途中で気体の温度が極大または極小となる状態を状態 D とすると，状態 D の気体の体積 $V_D$ は $V_D = \boxed{\quad (9) \quad} \times V_0$ で，そのときの気体の絶対温度 $T_D$ は $T_D = \boxed{\quad (10) \quad} \times \dfrac{p_0 V_0}{R}$ であることが分かる。

また，状態 A から状態 D への変化で気体が外部にする仕事を $W_{AD}$，気体の内部エネルギーの変化を $\Delta U_{AD}$，状態 D から状態 C への変化で気体が外部にする仕事を $W_{DC}$，気体の内部エネルギーの変化を $\Delta U_{DC}$ とする。

$W_{AD} + \Delta U_{AD}$ $\boxed{\quad (11)^* \quad}$ 0 になるので状態 A から状態 D への変化は気体が熱を $\boxed{\quad (12)^* \quad}$ 変化である。また，$\Delta U_{DC} = \boxed{\quad (13) \quad} \times p_0 V_0$ であり，$W_{DC}$ を計算して $\Delta U_{DC}$ との和を求めると $W_{DC} + \Delta U_{DC}$ $\boxed{\quad (14)^* \quad}$ 0 になるので状態 D から状態 C への変化は気体が熱を $\boxed{\quad (15)^* \quad}$ 変化である。そして，過程 2 全体を通して気体が外部にする仕事と気体の内部エネルギーの変化の総和を計算すると，$W_{AD} + \Delta U_{AD} + W_{DC} + \Delta U_{DC}$ $\boxed{\quad (16)^* \quad}$ 0 になるので，過程 2 全体としては気体が熱を $\boxed{\quad (17)^* \quad}$ 変化であり，その熱量は $\boxed{\quad (18) \quad} \times p_0 V_0$ である。

〔解答群〕

| | | | |
|---|---|---|---|
| (ア) 0 | (イ) 1 | (ウ) 2 | (エ) 3 |
| (オ) 4 | (カ) 5 | (キ) 6 | (ク) 9 |
| (ケ) 10 | (コ) 12 | (サ) 16 | (シ) $-2$ |
| (ス) $-6$ | (セ) $-12$ | (ソ) $\dfrac{3}{2}$ | (タ) $\dfrac{5}{2}$ |
| (チ) $\dfrac{15}{2}$ | | | |

〔解答群*〕

| | | |
|---|---|---|
| (ア) 正比例する | (イ) 反比例する | (ウ) 一定である |
| (エ) 下降して上昇する | (オ) 上昇して下降する | |
| (カ) < | (キ) ＝ | (ク) > |
| (ケ) 吸収する | (コ) 放出する | (サ) 吸収も放出もしない |

# 化　学

(理科1科目選択方式：　75分
理科設問選択方式（2科目型）：2科目100分)

※『理科1科目選択方式』の場合は出願時に届け出た1科目を解答してください。『理科設問選択方式(2科目型)』の場合は出願時に届け出た2科目それぞれ〔Ⅰ〕~〔Ⅲ〕の3問合計6問のうちから4問を選択して解答してください。なお，5問以上解答した場合は，高得点の4問を合否判定に使用します。

〔Ⅰ〕次の問(i)~(iii)に答えなさい。

(i) 次の文の［　　］，(　　)および{　　}に入れるのに最も適当なものを，それぞれ［a群］，(b群)および{c群}から選び，その記号をマークしなさい。また，［(8)］には文字式を，〈(9)〉には必要なら四捨五入して有効数字2桁(けた)の数値を，それぞれ解答欄に記入しなさい。

金属元素の単体の多くは，図1の(a)，(b)，(c)に示す結晶構造のいずれかをとる。(a)は［(1)］，(b)は［(2)］，(c)は［(3)］とよばれる。これらのうち，同じ大きさの原子を最も密に詰め込んだ構造は(　(4)　)である。

これらの構造における原子の配位数について考える。(b)の構造での原子の配位数は，図から読み取ることができ，{(5)}である。次に，(a)の構造での原子**A**の配位数を考える。(a)で記号を付した原子のうち，原子**A**に最も近い距離に位置する原子をすべて挙げると［(6)］である。(a)に示されているのは単位格子，すなわち結晶格子の最小の繰り返し単位であり，結晶中で原子**A**に最も近い距離に位置する原子は［(6)］以外にも存在する。したがって，原子**A**の配位数は{(7)}である。

図1(b)の構造をとる金属元素の単体の結晶について考える。この結晶の単位格子の1辺の長さが$L$〔cm〕であるとき，単位格子の体積は$L$を用いて表すことができる。また，この金属元素の原子量が$M$であり，アボガドロ定数を

$N_A$〔/mol〕とすると，この単位格子の質量は$M$と$N_A$を用いて表すことができる。したがって，この結晶の密度は［　(8)　］〔$g/cm^3$〕と表すことができる。

アルミニウムと銅は，いずれも(a)の構造をとる。アルミニウム結晶の密度は2.7 $g/cm^3$，銅結晶の密度は9.0 $g/cm^3$である。これらの密度の値から，アルミニウムの原子量を27，銅の原子量を64としたとき，銅結晶の単位格子の体積はアルミニウム結晶のそれの〈　(9)　〉倍であることがわかる。このことから，原子半径はアルミニウムより銅の方が（　(10)　）ことがわかる。

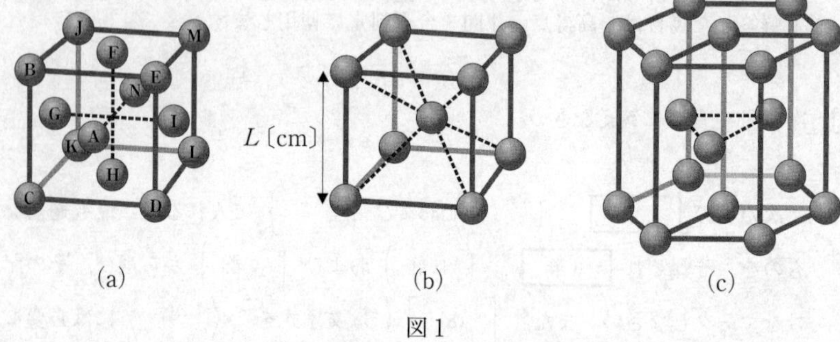


図1

**a群**

(ア)　体心立方格子　(イ)　面心立方格子　(ウ)　六方最密構造

(エ)　**B, C, D, E**

(オ)　**F, G, H, I, N**

(カ)　**B, C, D, E, F, G, H, I**

(キ)　**B, C, D, E, F, G, H, I, N**

（b群）

(ア)　体心立方格子と面心立方格子

(イ)　体心立方格子と六方最密構造

(ウ)　面心立方格子と六方最密構造

(エ)　体心立方格子と面心立方格子と六方最密構造

(オ)　大きい

(カ)　小さい

{ c 群 }

(ア) 4　(イ) 5　(ウ) 6　(エ) 8

(オ) 10　(カ) 12

(ii) 次の文の [　　] に入れるのに最も適当なものを [解答群] から選び，その記号をマークしなさい。また，(　　) には最も適当なイオン式を，{ (8) } には単位を，[ (9) ] には必要なら四捨五入して有効数字2桁(けた)の数値を，それぞれ解答欄に記入しなさい。

5種類の水溶液**A**，**B**，**C**，**D**，**E**には，それぞれ異なった金属イオンが1種類含まれている。含まれる金属イオンは，ナトリウムイオン $Na^{+}$，アルミニウムイオン $Al^{3+}$，銅(Ⅱ)イオン $Cu^{2+}$，亜鉛イオン $Zn^{2+}$，銀イオン $Ag^{+}$ のうちのいずれかである。これらの水溶液を用いて，下記の**実験1～5**を行った。

**実験1**：**A**，**B**，**C**，**D**，**E**をそれぞれ別の試験管に取り，希塩酸を加えると，**A**を入れた試験管のみに白色沈殿が生じた。この白色沈殿は熱水には溶けず，アンモニア水には溶けた。この結果より，**A**には [ (1) ] が含まれていることがわかった。

**実験2**：新たに**B**，**C**，**D**，**E**をそれぞれ別の試験管に取り，希塩酸を加えて酸性にしたのち，硫化水素 $H_2S$ を通じると，**B**を入れた試験管のみ黒色沈殿を生じた。この黒色沈殿をろ過して分離し，黒色沈殿を硝酸中で加熱した。この硝酸溶液に過剰のアンモニア水を加えたところ，<u>深青色の溶液となった</u>(a)。この結果より，**B**には [ (2) ] が含まれていることがわかった。

**実験3**：新たに**C**，**D**，**E**の水溶液をそれぞれ別の試験管に取り，過剰のアンモニア水を加えたところ，**C**を入れた試験管のみ白色沈殿が生じた。この白色沈殿をろ過して分離し，水酸化ナトリウム水溶液を加えると，白色沈殿はすべて溶解し，<u>無色の溶液となった</u>(b)。この結果より，**C**には [ (3) ] が含まれていることがわかった。

**実験4**：新たに**D**，**E**の水溶液をそれぞれ別の試験管に取り，アンモニア水を加えて塩基性にしたのち，$H_2S$を通じると，**D**を入れた試験管のみ<u>白色沈殿**X**</u>(c)が生じた。この結果より，**D**には［(4)］が含まれていることがわかった。

**実験5**：**E**の炎色反応を調べたところ，黄色の炎色を示した。この結果より，**E**には［(5)］が含まれていることがわかった。

下線部(a)の溶液には錯イオンとして（(6)）が生成しており，下線部(b)の溶液には錯イオンとして（(7)）が生成している。

25℃で下線部(c)の白色沈殿**X**を水に溶かし飽和溶液としたとき，その濃度は$1.3 \times 10^{-12}$ mol/Lであった。白色沈殿**X**の溶解度積$K_{sp}$の単位は｛(8)｝であり，この温度では$K_{sp}$＝［(9)］｛(8)｝と計算される。

解答群

(ア)　$Na^+$　(イ)　$Al^{3+}$　(ウ)　$Cu^{2+}$

(エ)　$Zn^{2+}$　(オ)　$Ag^+$

(iii)　次の文の［(1)］には化学式を，（(2)）には化学反応式を，｛　｝には有効数字2桁(けた)の数値を，それぞれ解答欄に記入しなさい。なお，呼気を吹き込んでも水溶液の体積は変化しないものとし，<u>二酸化炭素の35℃におけるモル体積は25 L/mol</u>とする。

35℃において，モル濃度0.10 mol/Lの水酸化バリウム水溶液100 mLに水を加えて500 mLとし，その中にヒトの呼気3.0 Lをゆっくりと吹き込んだところ，呼気中の二酸化炭素はすべて反応し［(1)］の白色沈殿が生じた。ろ過によりこの液中の沈殿を除き，得られた溶液から<u>50 mLを取り出し</u>0.10 mol/L塩酸で中和滴定すると，①式の反応により塩の水溶液が生じた。

（　　(2)　　）……………………………①

中和に要した0.10 mol/L塩酸の量が8.0 mLであったとき，吹き込んだ呼気中の二酸化炭素の物質量は｛ (3) ｝molである。また，②式を用いてこの呼気中の二酸化炭素濃度を計算すると，体積パーセント濃度で｛ (4) ｝%である。

$$\text{二酸化炭素の体積パーセント濃度〔\%〕} = \frac{\text{二酸化炭素の体積}}{\text{呼気の体積}} \times 100 \quad \cdots②$$

〔Ⅱ〕 次の問(i)〜(iii)に答えなさい。

(i) 次の文の［　］および（　）に入れるのに最も適当なものを，それぞれ［a群］および（b群）から選び，その記号をマークしなさい。ただし，同じ記号を繰り返し用いてもよい。また，｛　｝には必要なら四捨五入して有効数字2桁(けた)の数値を，解答欄に記入しなさい。ただし，気体はすべて理想気体とし，水の蒸気圧は無視できるものとする。なお，原子量は N = 14，O = 16とする。

窒素 $N_2$ と酸素 $O_2$ など溶媒と反応せず，溶媒に溶けにくい気体では，温度一定のもとで一定量の溶媒に溶解した気体の物質量は，その気体の圧力(混合気体の場合は分圧)に比例する。これを［(1)］の法則という。たとえば，気体の圧力 $P$ において溶解した気体の物質量を $n$，溶解した気体の体積を $V$ とすると，圧力 $2P$ のもとで溶解した気体の物質量は（ (2) ）となり，溶解した気体の体積は圧力 $2P$ のもとでは（ (3) ）と表すことができる。

気体が接する液体の表面に熱運動している気体分子が衝突するとき，気体分子は一定の力で液体の表面を押す。気体の圧力は，単位面積あたりに働くこの力を表している。気体の圧力が高いとき，一定時間に液体の表面に衝突する分子の数は，気体の圧力が低いときと比較して，［(4)］。したがって，圧力が高い方が，液体に飛び込む気体分子の数は［(5)］。その結果，気体の圧力が高いほど，気体は溶媒によく溶ける。

また，温度が低いほど，気体は溶媒によく溶ける。これは，温度が低い方が，溶液中の分子の熱運動が ( (6) ) ので，溶液中から飛び出す気体分子が少なくなるからである。

表1を20℃と40℃における$N_2$と$O_2$の水に対する溶解度とする。これらの溶解度は，水に接している気体の分圧が$1.0 \times 10^5$ Paのとき，水1.0Lに溶解した気体の物質量〔mol〕を示す。空気が20℃，$1.0 \times 10^5$ Paで水1.0Lに接しているとき，空気の組成(体積割合)を$N_2$ 80%，$O_2$ 20%とした場合， [ (1) ] の法則より，水に溶解した$N_2$の物質量は { (7) } mol，$O_2$の物質量は { (8) } molと求められる。そののち，空気の圧力を$1.0 \times 10^5$ Paに保ちながら，この水を40℃に加熱したとき，溶けきれずに水から出てくる$N_2$と$O_2$の質量は合わせて { (9) } gと計算される。

表1

| 温度 | 水に対する気体の溶解度 | |
|---|---|---|
| | $N_2$ | $O_2$ |
| 20℃ | $7.0 \times 10^{-4}$ mol | $1.5 \times 10^{-3}$ mol |
| 40℃ | $5.5 \times 10^{-4}$ mol | $1.0 \times 10^{-3}$ mol |

[ a群 ]

(ア) ラウール (イ) ヘンリー (ウ) 化学平衡
(エ) シャルル (オ) ファントホッフ (カ) 多い
(キ) 少ない (ク) 変わらない

( b群 )

(ア) 激しい (イ) 抑えられている (ウ) 変わらない
(エ) $\frac{n}{2}$ (オ) $n$ (カ) $2n$
(キ) $\frac{V}{2}$ (ク) $V$ (ケ) $2V$

(ii) 次の文の [　　] に入れるのに最も適当なものを [解答群] から選び，その記号をマークしなさい。また，( (2) ) には最も適当な語句を，{ (7) } には必要なら四捨五入して有効数字3桁(けた)の数値を，それぞれ解答欄に記入しなさい。

化合物1 molが，その成分元素の単体から生じるときの反応熱は，特に [(1)] と呼ばれる。たとえば，1 molのNaCl(固)が単体のNa(固)と$Cl_2$(気)から生じるときには，①式に示されるように410 kJの発熱をともなう。

$$\mathrm{Na(固)} + \frac{1}{2}\mathrm{Cl_2(気)} = \mathrm{NaCl(固)} + 410\,\mathrm{kJ} \quad \cdots\cdots ①$$

化学変化にともなって発生または吸収される熱量は，変化のはじめと終わりの状態だけによって決まり，その途中における変化の経路には関係しない。これを ( (2) ) の法則という。上記の①式の熱化学方程式を下に示す②，③，④式の熱化学方程式に分けて考えてみる。

$$\mathrm{Na(固)} + \frac{1}{2}\mathrm{Cl_2(気)} = \mathrm{Na(気)} + \mathrm{Cl(気)} - Q_1 \quad \cdots\cdots ②$$

$$\mathrm{Na(気)} + \mathrm{Cl(気)} = \mathrm{Na^+(気)} + \mathrm{Cl^-(気)} - Q_2 \quad \cdots\cdots ③$$

$$\mathrm{Na^+(気)} + \mathrm{Cl^-(気)} = \mathrm{NaCl(固)} + Q_3 \quad \cdots\cdots ④$$

これらの熱化学方程式における熱の出入りについて考えると，②式における熱量$Q_1$は，Na(固)がNa(気)になるときに必要な [(3)] (108 kJ/mol)と，$Cl_2$(気)が分解してCl(気)になるときに必要なCl−Clの [(4)] (1 molの$Cl_2$につき239 kJ)から計算できる。また，③式における熱量$Q_2$は，Na(気)が$Na^+$(気)になるときに必要な [(5)] (495 kJ/mol)と，Cl(気)が$Cl^-$(気)になるときに放出されるエネルギー，すなわち [(6)] を用いて計算できる。④式は気体状の$Na^+$と$Cl^-$とが結合してNaCl結晶を形成する熱化学方程式を表しており，このとき放出されるエネルギー$Q_3$の値は770 kJであり，1 molのNaCl(固)を$Na^+$(気)と$Cl^-$(気)にまでばらばらにするために必要なエネルギーである格子エネルギーの値に等しい。

上記の ( (2) ) の法則を適用すると，①式における熱量は，②，③，④式で出入りする熱量の総和に等しいとおくことができる。このことから，Cl(気)が$Cl^-$(気)に変化するときに発生する熱量であるClの［(6)］は，｛(7)｝kJ/molと計算される。

**解答群**

(ア) 燃焼熱　(イ) 溶解熱　(ウ) 生成熱
(エ) 蒸発熱　(オ) 昇華熱　(カ) 融解熱
(キ) 電気陰性度　(ク) 電子親和力
(ケ) イオン化エネルギー　(コ) 活性化エネルギー　(サ) 結合エネルギー

(iii) 次の文の［　］および（(3)）に入れるのに最も適当なものを，それぞれ［a群］および（b群）から選び，その記号をマークしなさい。また，｛(4)｝には化学反応式の右辺を，［　］には必要なら四捨五入して有効数字2桁(けた)の数値を，それぞれ解答欄に記入しなさい。なお，気体はすべて理想気体とし，容器の接続部の体積は無視できるものとする。

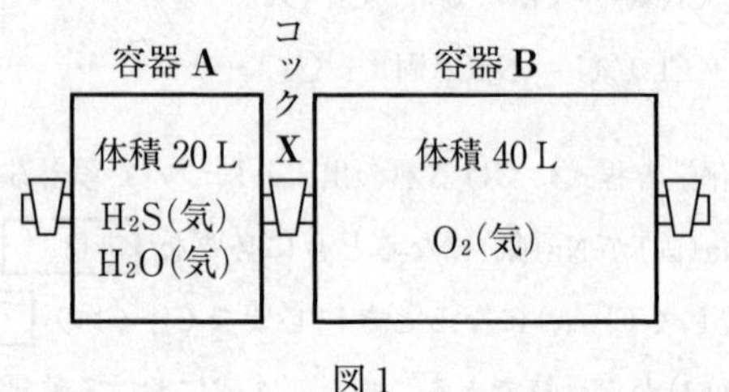

図1

図1に示すように，体積20Lの容器**A**と体積40Lの容器**B**が開閉可能なコック**X**で接続されている。コック**X**を閉めた状態で，温度400Kにおいて容器**A**に0.20molの水蒸気$H_2O$と0.40molの硫化水素$H_2S$からなる混合気体を入れて密閉した。このときの容器**A**の混合気体の全圧は$P$〔Pa〕であった。

ここで，$H_2S$を酸素$O_2$により完全に燃焼させ二酸化硫黄$SO_2$にする①式の反応を考える。ただし，水蒸気と$SO_2$は反応しない。このとき，$H_2S$のSの酸化数は［(1)］であり，$SO_2$のSの酸化数は［(2)］である。

$$2H_2S + \left(\ (3)\ \right) O_2 \longrightarrow \left\{\ \ (4)\ \ \right\} \cdots\cdots①$$

①式で表される化学反応式にしたがい，容器 **A** の $H_2S$ の完全燃焼に対して過不足なく必要な $O_2$ の物質量は ［ (5) ］ mol と計算される。

次に，以下の燃焼実験を行った。［ (5) ］ mol の $O_2$ を容器 **B** に入れて密閉したのちに温度を 400 K にすると，容器 **B** 内の圧力は $P$ の ［ (6) ］ 倍になった。続いて，接続部のコック **X** を開けて両方の容器内の混合気体を均一にしたのちに着火し，①式の反応を完了させた。反応後に温度を 400 K に戻したとき，コック **X** が開いた容器全体の混合気体の全圧は $P$ の ［ (7) ］ 倍になった。

a 群

(ア) −5　(イ) −4　(ウ) −3　(エ) −2　(オ) −1
(カ) 0　(キ) +1　(ク) +2　(ケ) +3　(コ) +4
(サ) +5

( b 群 )

(ア) 2　(イ) 3　(ウ) 4　(エ) 5　(オ) 6
(カ) 7

2024年度 全学日程1 2月2日 化学

〔Ⅲ〕 次の問(i)～(iii)に答えなさい。

(i) 次の文の [ (1) ] および ( (2) ) に入れるのに最も適当なものを，それぞれ [ a群 ] および ( b群 ) から選び，その記号をマークしなさい。また，{ (3) } には分子式を，[　] には下記の記入例にならって構造式を，それぞれ解答欄に記入しなさい。なお，原子量は H = 1，C = 12，O = 16 とし，構造式は鏡像異性体を区別して書く必要はない。

構造式の記入例

$$\begin{array}{c} \quad\ \ \mathrm{O} \\ \quad\ \ \| \\ \mathrm{CH_3-C-CH_2-CH_2-CH_2-Br} \end{array}$$

酢酸は弱酸であり，他の弱酸として知られているフェノールや炭酸と比べると，酸性の強さの順は [ (1) ] となる。また，同じ物質量の酢酸と ( (2) ) を溶かした水溶液は，緩衝作用を示す。

化合物 **A** は分子量200以下であり，炭素，水素，酸素のみからなるカルボン酸である。5.1 mg の **A** を酸素気流中で完全燃焼させると，二酸化炭素が 11 mg，水が 4.5 mg 生じる。このことから，**A** の分子式は { (3) } とわかる。**A** の炭素原子に結合している水素原子1個を塩素原子1個で置換してできる生成物は，1種類のみである。このことから **A** の構造式は [ (4) ] である。次に，**A** の構造異性体のうちエステル **B**，**C** について考えよう。**B** は不斉炭素原子をもつ。このことから **B** の構造式は [ (5) ] である。5.1 g の **C** を完全に加水分解すると，2.3 g のアルコール **D** と 3.7 g のカルボン酸 **E** が得られる。このことから **C** の構造式は [ (6) ] である。

[ a群 ]

(ア) フェノール > 炭酸 > 酢酸　(イ) フェノール > 酢酸 > 炭酸
(ウ) 炭酸 > フェノール > 酢酸　(エ) 炭酸 > 酢酸 > フェノール
(オ) 酢酸 > フェノール > 炭酸　(カ) 酢酸 > 炭酸 > フェノール

（b群）

(ア) 塩化アンモニウム　　(イ) 塩化ナトリウム　　(ウ) 塩酸

(エ) 酢酸ナトリウム　　(オ) 水酸化ナトリウム

(ii) 次の文の［　　］および（　　）に入れるのに最も適当なものを，それぞれ［a群］および（b群）から選び，その記号をマークしなさい。また，｛(6)｝には記入例にならって構造式を，［(7)］には整数値を，それぞれ解答欄に記入しなさい。なお，原子量はH=1，C=12，O=16とする。

構造式の記入例

```
            Br                  O
            |                   ‖
   CH3－CH－<ベンゼン環>－C－CH2－CH3
```

フェノールは，常温では無色の結晶で潮解性がある。フェノールのベンゼン環の水素原子の置換反応は，ベンゼンと比べて［(1)］。フェノールのニトロ化を行なうと最終的にピクリン酸が得られる。このように，フェノールの置換反応は［(2)］では起こりにくい。

フェノールは，クロロベンゼンを（(3)）方法により得られるが，工業的にはクメン法により製造されている。

フェノールのベンゼン環の［(4)］の水素原子がカルボキシ基に置換された化合物は，サリチル酸である。サリチル酸は，フェノールと水酸化ナトリウム水溶液から得られるナトリウムフェノキシドを（(5)）方法で合成される。サリチル酸と無水酢酸の混合物に濃硫酸を加えて反応させると，医薬品の成分となる**A**とともに酢酸が得られる。**A**の構造式は｛(6)｝である。サリチル酸5.52 gから**A**が6.48 g得られたとすると，このときの収率は［(7)］%と計算される。なお，**A**の収率〔%〕は①式によって計算することができる。

$$\text{収率〔\%〕} = \frac{\text{実際に得られた}\mathbf{A}\text{の質量〔g〕}}{\text{理論的に得られる}\mathbf{A}\text{の質量〔g〕}} \times 100 \quad \cdots\cdots①$$

a群

(ア) 起こりやすい (イ) 起こりにくい (ウ) *o*-(オルト)位

(エ) *m*-(メタ)位 (オ) *p*-(パラ)位

( b群 )

(ア) 濃硫酸とともに加熱する

(イ) 酸化バナジウム(V)を触媒として酸化する

(ウ) 白金を触媒として高圧下で水素と反応させる

(エ) 酸を触媒としてホルムアルデヒドと加熱する

(オ) 高温・高圧下で二酸化炭素と反応させた後，酸を作用させる

(カ) 高温・高圧下で水酸化ナトリウム水溶液と反応させた後，酸を作用させる

(iii) 次の文の [ ] に入れるのに最も適当なものを，解答群 から選び，その記号をマークしなさい。また，( ) には記入例にならって構造式を，{ (8) } には整数値を，それぞれ解答欄に記入しなさい。なお，原子量は H = 1，C = 12，N = 14，O = 16 とする。

構造式の記入例

$$\left[\!\!-CH_2-CH_2-O-\!\!\right]_n \qquad CH_3-\overset{\overset{\displaystyle O}{\|}}{C}-CH_2-CH_2-CH_2-OH$$

縮合重合によって得られる高分子には，ポリエステルやポリアミドがある。ポリエステルは，分子中に多数のエステル結合をもつ重合体である。たとえば，二価の芳香族カルボン酸である [ (1) ] と二価のアルコールである [ (2) ] とを縮合重合させると衣料品やペットボトルの原料である PET が得られ，その構造は ( (3) ) である。[ (1) ] の構造異性体のうち二価の芳香族カルボン酸は，2種類存在する。その一つである [ (4) ] を加熱すると分子内で脱水反応がおこる。

また，ポリアミドは，分子中に多数のアミド結合をもつ重合体である。ポリ

アミドは，ナイロン6やナイロン66に代表されるように絹に似た繊維として広く用いられている。ナイロン6は，わが国で開発された合成繊維であり，構造式( (5) )で表される化合物の開環重合によって得られる。また，ナイロン66は，二価のカルボン酸である [ (6) ] とヘキサメチレンジアミンの縮合重合により得られる。このとき，ナイロン66とともに [ (7) ] が生成する。ナイロン66の平均分子量が$4.52 \times 10^4$である場合，その重合度は，{ (8) } であると計算される。なお，末端の構造は無視できるものとする。

**解答群**

(ア) アジピン酸　(イ) イソフタル酸　(ウ) 1, 2-エタンジオール

(エ) 塩化水素　(オ) グリセリン　(カ) グルコース

(キ) 水素　(ク) テレフタル酸　(ケ) ビニルアルコール

(コ) フタル酸　(サ) フマル酸　(シ) 水

# 生物

(理科1科目選択方式：75分
理科設問選択方式（2科目型）：2科目100分)

※『理科1科目選択方式』の場合は出願時に届け出た1科目を解答してください。『理科設問選択方式(2科目型)』の場合は出願時に届け出た2科目それぞれ〔Ｉ〕～〔Ⅲ〕の3問合計6問のうちから4問を選択して解答してください。なお，5問以上解答した場合は，高得点の4問を合否判定に使用します。

## 〔Ｉ〕 次の(A)および(B)に答えなさい。

(A) 次の文章を読み，下の問1～3に答えなさい。

生物は，有機物を無機物に分解するときに放出されるエネルギーをATPとして貯え，このエネルギーを利用して生命活動を行っている。植物や化学合成細菌などの［(1)］生物は，外部から取り入れた無機物を利用し，ATPを得ている。一方，動物や多くの菌類などの［(2)］生物は，ほかの生物がつくった有機物を取り入れ，分解することによってATPを得ている。

①酸素を利用して行われる呼吸は，グルコースなどの有機物が二酸化炭素と水に分解される過程においてATPが合成される反応であり，次のⅠ～Ⅲの過程から成り立っている。過程Ⅰでは，グルコースを呼吸基質としたとき，1分子のグルコースから2分子のピルビン酸，2分子のNADHと水素イオンが生じ，最終的に2分子のATPが合成される。この反応は酸素を必要とせず，関与する酵素は細胞質基質に存在する。過程Ⅰで生じたピルビン酸は，ミトコンドリアの［(3)］に運ばれ過程Ⅱに入る。ここで，ピルビン酸は脱水素酵素のはたらきによって水素を奪われ，脱炭酸された後，コエンザイムA(CoA)と結合して［(4)］となる。次に，［(4)］は，オキサロ酢酸と結合してクエン酸となる。過程Ⅱは，循環的な回路になっており，クエン酸が何段階もの反応を経てオ

キサロ酢酸へもどるとき，NADHと$FADH_2$を生じる。過程Ⅱでは，1分子のピルビン酸から4分子のNADH，1分子の$FADH_2$，3分子の二酸化炭素と1分子のATPが合成される。過程ⅠとⅡで生じたNADHと$FADH_2$は，ミトコンドリアの[ (5) ]に運ばれ，電子と水素イオンを放出する。電子は，過程Ⅲを構成するシトクロムと呼ばれるタンパク質などの間を次々に受け渡される。この電子の移動にともなって[ (3) ]の水素イオンが膜間腔へ輸送され，水素イオンの濃度勾配ができる。水素イオンは，[ (5) ]に存在する[ (6) ]を通って，再び[ (3) ]側に拡散する。過程Ⅲでは，グルコース1分子から最大[ (7) ]分子のATPが合成される。

問1．上の文章中の[　　]に入れるのに最も適切な語句または数字を，解答欄に記入しなさい。

問2．下線部①に関して，呼吸により放出された二酸化炭素と外部から取り入れる酸素との体積比を呼吸商という。エタノール，グルコース，パルミチン酸($C_{16}H_{32}O_2$)を呼吸商が大きい順に並べたとき，最も適切なものを次の(ア)～(カ)から選び，その記号を解答欄に記入しなさい。

(ア)　エタノール　＞グルコース　＞パルミチン酸
(イ)　エタノール　＞パルミチン酸＞グルコース
(ウ)　グルコース　＞エタノール　＞パルミチン酸
(エ)　グルコース　＞パルミチン酸＞エタノール
(オ)　パルミチン酸＞エタノール　＞グルコース
(カ)　パルミチン酸＞グルコース　＞エタノール

問3．上の文章中の過程Ⅰ～Ⅲに関して，次の(i)～(iv)の問に答えなさい。

(i)　過程Ⅰ～Ⅲをそれぞれ何と呼ぶか。その名称を解答欄に記入しなさい。

(ii)　過程ⅠおよびⅡでは，基質が酵素反応によって分解されてATPが合成される。このような反応を何と呼ぶか。その名称を解答欄に記入しなさい。

(iii)　過程Ⅲでは，NADHや$FADH_2$が酸化されるときに取り出されたエネルギーを用いてATPが合成される。このような反応を何と呼ぶか。その名称を解答欄に記入しなさい。

(iv)　過程Ⅰ～Ⅲで，呼吸基質としてグルコース60gが完全に分解されるとき，消費される酸素と発生する二酸化炭素は何gか。その数値を解答欄に記入しなさい。ただし，原子量はH=1，C=12，O=16とする。

(B)　次の文章を読み，下の問1～7に答えなさい。

生体内への異物の侵入を防止するさまざまなしくみの一つとして，免疫があげられる。免疫は，異物に共通する特徴を幅広く認識して，異物を取り込み排除する［(1)］免疫と，ある異物がもつ特定の物質を認識したリンパ球がその異物を排除する獲得(適応)免疫に分けることができる。生まれながらにして備わっている［(1)］免疫では，主に樹状細胞，［(2)］，マクロファージが食細胞①としてはたらく。また［(1)］免疫は，獲得免疫と比べ，一般的に侵入した異物に対する応答までの時間が（(3)）特徴がある。獲得免疫のうち，体内に侵入した異物が体液中に分泌された抗体によって排除されるものを［(4)］免疫，ウイルスなどに感染した自己の細胞をリンパ球が直接攻撃するものを［(5)］免疫と呼ぶ。［(5)］免疫は，臓器や組織の移植において，拒絶反応②にも関係している。拒絶反応は，移植を受ける個体のT細胞③が，移植片の細胞表面に存在するタンパク質のうち，特に主要組織適合遺伝子複合体(MHC)の情報を基につくられるタンパク質のアミノ酸配列の違いを認識して，異物とみなすことによって起こる。

問1．上の文章中の［　］に入れるのに最も適切な語句を，解答欄に記入しなさい。

問2．上の文章中の（(3)）に入れるのに最も適切なものを，次の(ア)または(イ)から選び，その記号を解答欄に記入しなさい。

(ア) 長い　(イ) 短い

問3．下線部①に関して，食細胞の中で異物の消化や分解に関わっている細胞小器官として，最も適切なものを，次の(ア)～(カ)から選び，その記号を解答欄に記入しなさい。

(ア) ミトコンドリア　(イ) リボソーム　(ウ) 核
(エ) 粗面小胞体　(オ) ゴルジ体　(カ) リソソーム

問4．下線部②に関して，次の文章を読み，下の(i)～(iv)の問に答えなさい。

X系統，Y系統の正常成体マウス，および，ある遺伝子が欠損しているためにT細胞をもたないZ系統の成体マウスを用いて，次の表1に示す皮膚移植実験①～⑥を行った。ただし，X系統，Y系統およびZ系統はそれぞれ異なるMHCをもっているものとする。

表1

| 実験 | 操作 | 結果 |
|---|---|---|
| ① | X系統マウスに，Y系統マウスの皮膚片を移植した。 | 皮膚片は脱落した。 |
| ② | Y系統マウスに，X系統マウスの皮膚片を移植した。 | 皮膚片は脱落した。 |
| ③ | 実験①の皮膚片が脱落したマウスに，Y系統マウスの皮膚片をもう一度移植した。 | { (6) } |
| ④ | Z系統マウスに，X系統マウスの皮膚片を移植した。 | [ (7) ] |
| ⑤ | Z系統マウスに，Y系統マウスの皮膚片を移植した。 | [ (8) ] |
| ⑥ | Y系統マウスに，Z系統マウスの皮膚片を移植した。 | [ (9) ] |

(i) ｛ (6) ｝に入れるのに最も適切なものを，次の(ア)～(エ)から選び，その記号を解答欄に記入しなさい。

(ア) 実験①の皮膚片の移植から脱落までの期間よりも短い期間で，皮膚片は脱落した。

(イ) 実験①の皮膚片の移植から脱落までの期間よりも長い期間で，皮膚片は脱落した。

(ウ) 実験①の皮膚片の移植から脱落までの期間よりも短い期間で，皮膚片は定着した。

(エ) 実験①の皮膚片の移植から脱落までの期間よりも長い期間で，皮膚片は定着した。

(ii) 実験③で皮膚片を移植してから皮膚片が脱落または定着するまでの期間の長短に関わっている細胞の名称を，解答欄に記入しなさい。

(iii) ［　　］に入れるのに最も適切なものを，次の(ア)または(イ)から選び，その記号を解答欄に記入しなさい。

(ア) 皮膚片は脱落した。　(イ) 皮膚片は定着した。

(iv) Z系統マウスは，T細胞の分化・増殖に関わる臓器がはたらいていない。この臓器の名称を，解答欄に記入しなさい。

問5．下線部③に関して，獲得免疫において，ヘルパーT細胞から刺激を受けた(a)B細胞，(b)NK細胞および(c)マクロファージが行うこととして，最も適切なものを，それぞれ次の(ア)～(カ)から選び，その記号を解答欄に記入しなさい。

(ア) 食作用によって異物を捕食する。

(イ) 抗体遺伝子の再編成を行う。

(ウ) 異物に感染した細胞を攻撃する。

(エ) 肥満細胞に分化する。

(オ) セクレチンというタンパク質を分泌する。

(カ) 形質細胞に分化する。

問6．免疫のはたらきが極端に低下すると，健康な状態では感染しないような病原体にも感染するようになる。このような感染を何と呼ぶか。その名称を解答欄に記入しなさい。

問7．自己に対する免疫反応は，一般的に抑制されている状態にある。この状態を何と呼ぶか。その名称を解答欄に記入しなさい。

〔Ⅱ〕 次の(A)および(B)に答えなさい。

(A) 次の文章を読み，下の問1～5に答えなさい。

身体の内部環境は，ホルモンや自律神経のはたらきによって維持されている。血液中のグルコースは血糖と呼ばれ，ヒトでは空腹時，約 [ (1) ] %に保たれている。

食事によって糖質が摂取され血糖濃度が上昇すると，間脳の [ (2) ] がこれを感知し， [ (3) ] 神経を介してすい臓のランゲルハンス島Ｂ細胞が刺激されるため，インスリンの分泌が促進される。血液中に分泌されたインスリンは標的細胞に到達すると，細胞表面にある受容体に結合し，グルコースの細胞内への取り込みと，肝臓や筋肉での [ (4) ] の合成を促進して，血糖濃度を低下させる。

一方，激しい運動などによって血糖濃度が低下すると，間脳の [ (2) ] がこれを感知し， [ (5) ] 神経を介してその情報が副腎髄質へ伝えられた結果，アドレナリンの分泌が促進される。また，低血糖が刺激となり，すい臓のランゲルハンス島A細胞からは [ (6) ] が分泌される。これらのホルモンは，肝臓や筋肉に貯蔵されている [ (4) ] の分解を促進し，血糖濃度を上昇させる。さらに，低血糖を感知した間脳の [ (2) ] が脳下垂体前葉を刺激し，副腎皮質刺激ホルモンの分泌を促進する。その結果，副腎皮質から [ (7) ] が分泌され，特に肝臓で [ (8) ] を基質としたグルコースの合成が促進され，血糖値は上昇する。

糖尿病は血糖濃度が高い状態が続く疾患で，①多量の尿排出や口渇，疲労感などを特徴とし，さまざまな合併症を伴うことが知られている。自己免疫疾患やウイルス感染によって，すい臓のランゲルハンス島B細胞が破壊されると，インスリンの分泌が低下する。その結果，高血糖状態が継続し，尿にグルコースが排出される場合を，インスリン依存型(Ⅰ型)糖尿病という。この場合，②インスリンを皮下注射することによって血糖濃度を正常範囲内に保つことができる。一方，遺伝要因，肥満，運動不足，ストレスなどによってもインスリンの分泌が低下する。さらに，標的細胞のインスリン感受性が低下することで高血糖状態が継続し，尿にグルコースが排出される場合を，インスリン非依存型(Ⅱ型)糖尿病という。また，③血糖濃度が正常範囲内であるにもかかわらず，尿へのグルコース排出が見られる病態もある。

問1．上の文章中の [　　] に入れるのに最も適切な語句または数字を，解答欄に記入しなさい。

問2．下線部①の多量の尿排出が起こるしくみとして，最も適切なものを次の(ア)～(カ)から選び，その記号を解答欄に記入しなさい。

(ア) 細尿管内の浸透圧上昇に伴い，水の再吸収が減少する。

(イ) 細尿管内の浸透圧上昇に伴い，水の再吸収が増加する。

(ウ) 細尿管内の浸透圧上昇に伴い，イオンの再吸収が減少する。

(エ) 細尿管内の浸透圧低下に伴い，イオンの再吸収が増加する。

(オ) 細尿管内の浸透圧低下に伴い，水の再吸収が減少する。

(カ) 細尿管内の浸透圧低下に伴い，水の再吸収が増加する。

問3．下線部②に関して，一般にインスリンの投与は皮下注射によって行い，経口投与は行われない。これは，インスリンを経口投与しても，効果が期待できないためである。その理由として，最も適切なものを次の(ア)～(カ)から選び，その記号を解答欄に記入しなさい。

(ア)　インスリンはステロイドの一種で，消化管で吸収されずに排出されるため。
(イ)　インスリンはステロイドの一種で，消化管で加水分解されるため。
(ウ)　インスリンはペプチドの一種で，消化管で吸収されずに排出されるため。
(エ)　インスリンはペプチドの一種で，消化管で加水分解されるため。
(オ)　インスリンは脂肪酸の一種で，消化管で吸収されずに排出されるため。
(カ)　インスリンは脂肪酸の一種で，消化管で加水分解されるため。

問4．下線部③の病態が発症するしくみとして，最も適切なものを次の(ア)～(カ)から選び，その記号を解答欄に記入しなさい。

(ア)　ボーマンのうに異常があり，グルコースの再吸収が増加している。
(イ)　ボーマンのうに異常があり，グルコースの再吸収が減少している。
(ウ)　細尿管に異常があり，グルコースの再吸収が増加している。
(エ)　細尿管に異常があり，グルコースの再吸収が減少している。
(オ)　集合管に異常があり，グルコースの再吸収が増加している。
(カ)　集合管に異常があり，グルコースの再吸収が減少している。

問5．図1のＡ～Ｃは，糖尿病の診断のため，高濃度のグルコースを経口投与したヒトの血糖濃度と血中インスリン濃度の経時的変化を示している。健康なヒト，Ⅰ型糖尿病患者およびⅡ型糖尿病患者の血糖濃度とインスリン濃度の変動を表している組み合わせとして，最も適切なものを次の(ア)～(カ)から選び，その記号を解答欄に記入しなさい。

図中の↓はグルコースの経口投与時を表している

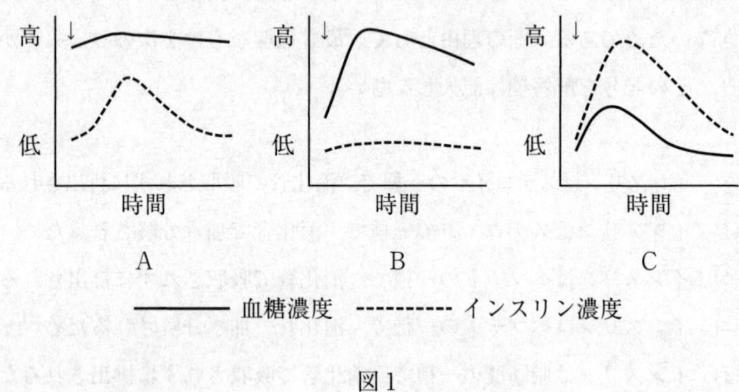


図1

| | 健康なヒト | Ⅰ型糖尿病患者 | Ⅱ型糖尿病患者 |
|---|---|---|---|
| (ア) | A | B | C |
| (イ) | A | C | B |
| (ウ) | B | A | C |
| (エ) | B | C | A |
| (オ) | C | A | B |
| (カ) | C | B | A |

(B)　次の文章を読み，下の問1～7に答えなさい。

自然界において動物は，食物不足，病気，捕食などによって，産まれた卵または子の一部しか成体まで生き延びることができない。卵や子が成長とともにどれだけ生き残るかを一覧にしたものを［(1)］，生き残る個体数の変化をグラフに示したものを［(2)］という。

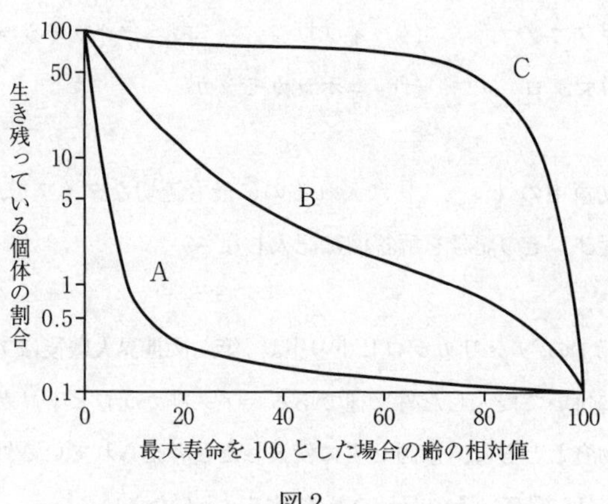


図2

図2は，[ (2) ]の典型的な3つのタイプを示したものである。なお，縦軸は対数目盛りである。Aは，幼若期の死亡率が著しく高い場合であり，( (3) )などが当てはまる。Bは，全期間において死亡率がほぼ一定の場合であり，( (4) )などがこれに近いものを示す。Cは，産まれた子の多くが成体まで生き残る場合であり，アフリカゾウなどが当てはまる。

多くの卵を産む昆虫類の[ (2) ]は，{ (5) }のタイプであることが多いが，例外もある。たとえば，①アメリカシロヒトリという蛾(が)は，若齢幼虫期においては集団で巣網の中で生活するため死亡率が比較的低いが，巣網から出て単独生活を始めると，②鳥やアシナガバチなどに捕食されるため，死亡率が著しく高くなる。また，スズメバチなどのように，巣を形成して集団で生活し，1頭の③特別なメスが継続的に多くの卵を産む[ (6) ]性昆虫の[ (2) ]は，{ (7) }のタイプに近くなる。

問1．上の文章中の[　　]に入れるのに最も適切な語句を，解答欄に記入しなさい。

問2．上の文章中の(　　)に入れるのに最も適切な動物を，次の(ア)～(オ)から選び，その記号を解答欄に記入しなさい。

(ア)　ツキノワグマ　(イ)　イヌワシ　(ウ)　アオダイショウ
(エ)　クロマグロ　(オ)　ニホンカモシカ

問3．上の文章中の｛　　　｝に入れるのに最も適切なタイプを，図2のA～Cから選び，その記号を解答欄に記入しなさい。

問4．下線部①の「アメリカシロヒトリ」は，第二次世界大戦後にアメリカ軍の軍需物資に付いて侵入した外来種である。アメリカシロヒトリと同様に，海外からの物資とともに，意図せずに侵入したと考えられている外来種を，次の(ア)～(オ)から選び，その記号を解答欄に記入しなさい。

(ア)　アライグマ　(イ)　アメリカザリガニ　(ウ)　アオマツムシ
(エ)　ウシガエル　(オ)　オオクチバス

問5．下線部②の「鳥やアシナガバチ」のような捕食者はアメリカシロヒトリにとって何に相当するか。その名称を解答欄に記入しなさい。

問6．下線部③の「特別なメス」を，スズメバチの場合は何と呼ぶか。その名称を解答欄に記入しなさい。

問7．図3は，2015年に出生した10万人の日本人女性集団が，2015年の年齢別死亡率に従って死亡すると仮定した場合の，生き残り人数の変化を示している。下の(i)～(iii)の問に答えなさい。

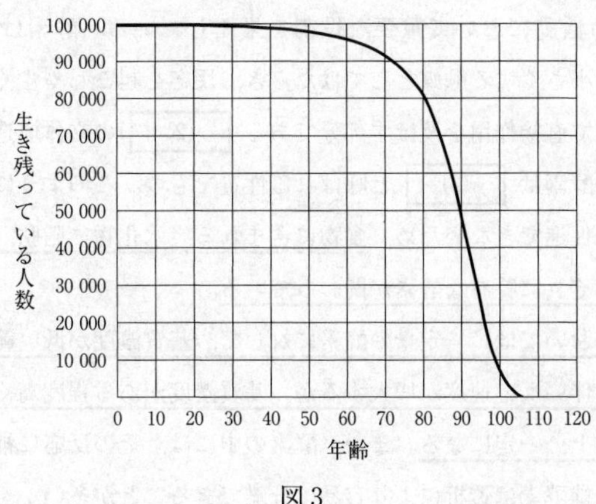


図3

(i) 2015年に出生した女性の80代で死亡する確率に最も近い数値を，次の(ア)～(オ)から選び，その記号を解答欄に記入しなさい。

(ア) 50%　(イ) 40%　(ウ) 30%　(エ) 20%　(オ) 10%

(ii) グラフの曲線上の各点の横軸の値は，10万人の集団に属しているそれぞれの女性が死亡した年齢を示すことになる。このことから，変化を示す曲線と縦軸，および横軸で囲まれた部分の面積は何を示すことになるか。解答欄に記入しなさい。

(iii) 上の(ii)の面積を10万人で割ったものは何を示しているか。解答欄に記入しなさい。

〔Ⅲ〕次の(A)および(B)に答えなさい。

(A)　次の文章を読み，下の問1～4に答えなさい。

酵素は生命活動において重要な役割を果たしている。酵素は，化学反応の [(1)] を小さくする触媒としてはたらき，反応を起こしやすくする。また，基質に結合して直接作用を及ぼす部分である [(2)] の立体構造が酵素により異なるため，酵素は [(3)] と呼ばれる性質をもつ。このように酵素は特定の化学反応しか促進できないため，①食物に含まれる炭水化物，脂肪，タンパク質の消化にはそれぞれに特有な酵素が関わっている。

②酵素反応においては，一定量の酵素に対して，基質濃度が低い範囲では，基質濃度の増大に伴い反応速度が増大するが，基質濃度がある程度高くなると，反応速度はみかけ上，一定になる。また，酵素の中には，その反応に補酵素が必要なものがある。③補酵素は透析により容易に分離できることが多い。

複数の酵素が関係する一連の酵素反応系では，最終生成物が初段の酵素反応を抑制することで，最終生成物の生産が調節される場合もあり，このような調節機構を [(4)] と呼ぶ。また，酵素の中には， [(2)] 以外の部分に特定の物質が結合することでその活性が変化するものがあり，このような酵素を [(5)] と呼ぶ。

問1．上の文章中の [　　] に入れるのに最も適切な語句を，解答欄に記入しなさい。

問2．下線部①のヒトの消化酵素に関して，次の(i)および(ii)の問に答えなさい。

(i)　すい液には脂肪を分解する酵素が含まれる。この酵素の名称を解答欄に記入しなさい。

(ii)　図4の曲線は酵素の反応速度とpHの関係を示したものである。(a)だ液アミラーゼ，(b)ペプシン，および(c)トリプシンの反応速度とpHの関係として最も適切なものを図4の(ア)～(エ)からそれぞれ選び，その記号を解答欄に記入しなさい。

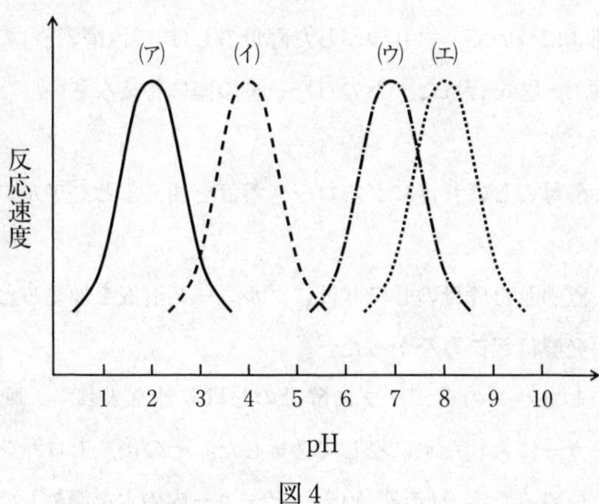


図4

問3．下線部②について，次の(i)および(ii)の問に答えなさい。

(i)　基質と似た構造をもつ阻害物質が存在する場合，反応速度はどのように変化すると考えられるか。図5の(ア)～(オ)から最も適切なものを選び，その記号を解答欄に記入しなさい。ただし，実線の曲線は阻害物質が存在しないときの基質濃度と反応速度の関係を示す。

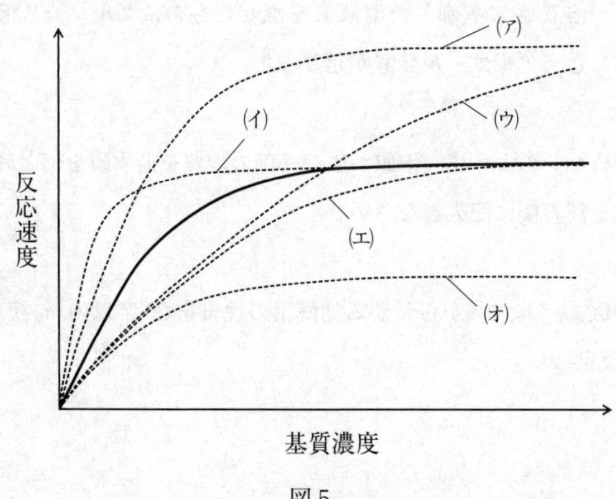


図5

(ii)　(i)のような物質による酵素反応の阻害を何と呼ぶか。その名称を解答欄に記入しなさい。



問4．下線部③について，すりつぶした酵母のしぼり汁(酵素液)の透析に関する次の実験①～⑦を行った。下の(i)～(iii)の問に答えなさい。

実験①　酵母のしぼり汁にグルコース溶液を加えると，アルコール発酵が起こった。

実験②　煮沸した酵母のしぼり汁にグルコース溶液を加えると，アルコール発酵は起こらなかった。

実験③　セロハンのチューブに酵母のしぼり汁を入れ，一晩，大きなビーカーに入れた水に浸して透析した。その後，セロハンのチューブ内に残った溶液(溶液A)と，ビーカー内の水を濃縮した溶液(溶液B)を得た。

実験④　溶液Aにグルコース溶液を加えると，アルコール発酵は起こらなかった。

実験⑤　溶液Bにグルコース溶液を加えると，アルコール発酵は起こらなかった。

実験⑥　溶液Aに溶液Bを混ぜたものにグルコース溶液を加えると，アルコール発酵が起こった。

実験⑦　溶液Aに煮沸した溶液Bを混ぜたものにグルコース溶液を加えると，アルコール発酵が起こった。

(i)　セロハンのように，溶媒および一部の溶質を通す膜を何と呼ぶか。その名称を解答欄に記入しなさい。

(ii)　実験③，⑥，⑦からわかる補酵素の性質を20字以内(句読点を含む)で答えなさい。

(iii)　グルコース溶液を加えたとき，アルコール発酵が起こると考えられるものとして最も適切なものを次の(ア)～(エ)から選び，その記号を解答欄に記入しなさい。

(ア)　煮沸した溶液Aに溶液Bを混ぜたもの
(イ)　煮沸した溶液Aに煮沸した溶液Bを混ぜたもの
(ウ)　溶液Aに煮沸した酵母のしぼり汁を混ぜたもの
(エ)　溶液Bに煮沸した酵母のしぼり汁を混ぜたもの

(B)　次の文章を読み，下の問1～6に答えなさい。

被子植物の配偶子形成は，花の中で行われる。若いおしべの葯(やく)の中で形成された染色体数2$n$の花粉母細胞は，染色体数を半減させる分裂である［(1)］を行い，染色体数$n$の4個の細胞からなる［(2)］になる。［(2)］の細胞は，互いに離れてそれぞれが花粉になる。その過程で，細胞分裂が起こり，雄原細胞と花粉管細胞が生じる①。成熟した花粉では，雄原細胞は花粉管細胞の中に取り込まれた状態になっている。雄原細胞は，分裂して二つの精細胞になる。

一方，若いめしべの子房の中にある胚珠では，胚のう母細胞(2$n$)が［(1)］し，4個の娘細胞($n$)を生じるが，これらのうち3個は退化し，1個のみが胚のう細胞として残る。胚のう細胞では，核分裂が連続して起こり，( (3) )個の核をもつ胚のうとなる。( (3) )個の核のうち( (4) )個の周りには仕切りができて1個の卵細胞を含む1個の核をもつ細胞( (4) )個と，［(5)］と呼ばれる( (6) )個の核をもつ中央細胞ができる。

成熟した花粉は，めしべの柱頭につくと，胚珠に向かって花粉管を伸長させ，2個の精細胞は花粉管の中を，胚珠へと運ばれる。伸長する花粉管の先端が，誘引物質②に誘導されて胚のうに達すると，先端が破れ，胚のう内に精細胞が放出される。2個の精細胞の一方が卵細胞と接合(受精)して受精卵(2$n$)となる。他方の精細胞は，中央細胞と融合し胚乳核( (7) $n$)をもつ細胞となる。このように被子植物では，胚のうの中で，配偶子の受精と，精細胞と中央細胞の融合が起こる。このような受精の様式は［(8)］と呼ばれる。

[ (8) ]の後，受精卵は細胞分裂を繰り返して，胚を形成する。胚珠の外側を覆っていた珠皮は，[ (9) ]になり，種子が形成される。この段階で，発生の進行が止まり胚は休眠に入る③。一方，精細胞と融合した中央細胞は，核分裂を繰り返して多核の細胞になったのちに，核の周囲に細胞膜が形成されて胚乳となる④。

問1．上の文章中の[　　]に入れるのに最も適切な語句を，漢字で解答欄に記入しなさい。

問2．上の文章中の(　　)に入れるのに最も適切な数字を，解答欄に記入しなさい。

問3．下線部①に関する記述のうち正しいものを，次の(ア)～(オ)から選び，その記号を解答欄に記入しなさい。

(ア)　この細胞分裂は不等分裂であり，花粉管細胞より雄原細胞の方が大きい。

(イ)　この細胞分裂は等分裂であり，花粉管細胞と雄原細胞の大きさは等しい。

(ウ)　この細胞分裂は不等分裂であり，雄原細胞より花粉管細胞の方が大きい。

(エ)　この細胞分裂では染色体数が半減する。

(オ)　この細胞分裂では，細胞分裂に先立つDNA合成は起こらない。

問4．下線部②に関して，誘引物質を放出する細胞の名称を答えなさい。

問5．下線部③に関して，次の(i)および(ii)の問に答えなさい。

(i)　種子の休眠の維持に重要なはたらきをする植物ホルモンの名称を，解答欄に記入しなさい。

(ii)　(i)の植物ホルモンによって維持されている休眠を，解除するはたらきのある植物ホルモンの名称を，解答欄に記入しなさい。

問６．下線部④に関して，胚のう細胞や精細胞と融合した中央細胞のように，多核の状態を経たのちに核の間に細胞膜が形成される現象は他の生物でも見られる。これに関して，次の(i)および(ii)の問に答えなさい。

(i) このような現象が，胚発生の過程で観察される生物を，次の(ア)～(オ)から一つ選び，その記号を解答欄に記入しなさい。

(ア) ウニ　(イ) ショウジョウバエ　(ウ) メダカ

(エ) イモリ　(オ) ヒト

(ii) (i)の生物では，核の間での細胞膜の形成は卵の特定の部位だけで行われることから，この分裂様式は，何と呼ばれているか。その名称を，解答欄に記入しなさい。

# 解答編

## 英語

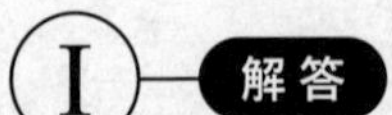

**A.** (1)—D (2)—D (3)—C (4)—A (5)—B
**B.** (1)—E (2)—C (3)—Z (4)—B (5)—F (6)—D

**全訳**

**A.《プリンター選び》**

交換留学生のセイジが，大学のキャンパスの近くの店でプリンターを買おうと商品を見ていると，店員が近寄ってくる。

ジョーン：いらっしゃいませ。本日はどのようなご用件でしょうか？

セイジ：こんにちは。プリンターはありますか？

ジョーン：もちろんです！　お決まりの機種はございますか？

セイジ：ええっと，特に決めていません。どのようなものがあるのかあまりよくわからないので。

ジョーン：心配ありませんよ！　ご希望に合うものを見つけるお手伝いをさせていただきますので。どのような目的でご使用になりますか？

セイジ：覚え書きや論文を印刷するなど，主に学校の勉強用ですが，たまにカラーの写真も印刷できたらと思っています。

ジョーン：承知しました。定期的にかなり印刷をされますか？

セイジ：まあ，そんなところです。狂ったようにインクを使います！

ジョーン：あと，レーザープリンターかインクジェットプリンターのどちらかをお選びになる必要があります。大量に印刷するのであれば，レーザープリンターの方が長い目で見れば費用効率がよくなります。しかし，一般的にインクジェットプリンターの方が高品質な写真の仕上がりになります。

セイジ：写真は特別きれいに印刷する必要はないです。それと予算が限られています。

ジョーン：でしたら，レーザープリンターがお勧めです。このタイプの方が状況に合っていると思います。

セイジ：わかりました。そのタイプで選んでもらって，見せていただけますか？

ジョーン：もちろんです！　こちらへどうぞ。

**B.《氷のホテル》**

A．ほとんどの人はホテルに宿泊したことがあるが，氷のホテルはどうだろう？　その独特なホテルは雪と氷の塊で作られている。そうしたホテルは通常のホテルほど長持ちすることもない。

E．実際，そのようなホテルは通常毎年作り直されなければならない。それらが建てられている場所が寒い気候であったとしても，夏の暖かさが原因で溶けてしまうのだ。

F．おそらくこのことが理由で，ほとんどの人は氷のホテルに宿泊する余裕がないのだろう。宿泊費用は1泊300ドルから3,000ドルほどになる可能性があるため，かなりの金額を支払う覚悟が要る！

D．すべてを考慮すれば，それほど寒い場所に宿泊するために，それだけ多くの金額を支払いたいと思う人がいるのは少し驚きである。しかし，凍った部屋の中で眠るという考えにワクワクする冒険心のある人たちが多くいるのだ。

B．それでも，公平を期するために言うと，氷のホテルの宿泊客は，とても低い気温用に作られた分厚い毛皮や寝袋で通常眠るので，おそらく思ったほど寒くはない。眠る部屋に加えて，氷のホテルは他のサービス，たとえばバー，レストラン，そして熱い風呂さえも提供している！　これを聞いてもし興味があれば，目的地の選択肢にはなる。

C．氷のホテルを提供している国にはフィンランド，ノルウェー，日本がある。したがって，少しばかり寒いのを恐れず，使えるお金があって，何か新しいことをやりたいのであれば，旅の予約をして，氷のホテルを試してみてはどうだろう？

## 解説

**A.** (1)　店員のジョーンが客のセイジに対応している場面。直後でセイジがプリンターを探している旨を伝えているので，D.「本日はどのようなご用件ですか？」が正解。

(2)　セイジが店員からプリンターの機種を決めているかどうか尋ねられた場面。空所直後で，どのような機種があるのかよくわからないと発言しているので，D.「ええっと，特に決めていません」が正解。A.「頭がぼんやりしています」 B.「本当はかなり気にしています」 C.「1つか2つ。どれでもかまいません」

(3)　セイジが店員から頻繁にプリンターを使用するか尋ねられた場面。空所直後で狂ったようにインクを使うと言っているので，大量にプリントするという意味になるCが正解。逐語訳は「そのように言えるだろう」となるが，that は定期的にかなりの量を印刷するという直前の内容を指しているので，ここでは頻繁に印刷する旨を伝えている。

(4)　費用効率のよいレーザープリンターと，写真を印刷する際の画質がよくなるインクジェットプリンターのどちらにするかを決める場面。空所直前で，写真をきれいに印刷する必要はないことと限られた予算のことをセイジが説明しているので，レーザープリンターを勧めているAが正解。

(5)　セイジが提案された商品を実際に見せてほしいと言っている場面なので，B.「こちらへどうぞ」が正解。

**B.** Aの最終文（They don't last …）で，氷のホテルは長持ちしないとあるので，Eの第1文（In fact, they …）の氷のホテルが毎年作り直されるという内容を続ける。また，Fの第1文（It is perhaps …）の this reason がEの内容を指していると考えれば，ホテルを毎年作り直すことによる運営費の高さが宿泊費の高さにつながるという自然な展開となるため，Eの後はF。Dの第1文（All considered, …）に pay so much「それだけ多くの金額」とあるが，これはFの第2文（The cost can …）の「1泊300ドルから3,000ドル」を指していると考えられ，Fの後はD。さらに，Bの最終文（If this sounds …）に「これを聞いてもし興味があれば，目的地の選択肢にはなる」とあるが，これはCの第1文（Some countries …）の，氷のホテルの所在地を示す「氷のホテルを提供している国にはフィンランド，ノルウェー，日本がある」につながると考えられ，Bの後はCであることがわかる。Cは，氷のホテルの特徴を把握した上で興味があれば試してみればよいと提案し，文章を締めくくっている。以上から，A→E→F→D→B→Cの順が確定する。



Ⅱ 解答 **A.** (1)—D (2)—B (3)—C (4)—A (5)—D (6)—A (7)—C (8)—D (9)—A (10)—B (11)—C (12)—D (13)—A (14)—B (15)—C

**B.** (1)—C (2)—B (3)—A (4)—C (5)—B (6)—A (7)—B

…………………………………… **全訳** ……………………………………

**《面ファスナー開発の歴史》**

1 使い捨てのおむつから宇宙産業まで，現代社会の多くの場面で使われている便利な面ファスナーのベルクロなしでやっていくことを想像するのは難しい。しかし，この独創的な発明はほぼ偶然生まれたものなのだ。

2 ベルクロはスイス人技術者のジョルジュ＝デ＝メストラルによって発明されたが，彼は1941年に愛犬と森を散歩している時にその着想を得た。デ＝メストラルが帰宅途中，いが――くっつきやすいタネのさや――が自分のズボンや犬の毛にくっついていることに気づいた。アマチュアの発明家であり，生まれつき好奇心が強かったデ＝メストラルは，顕微鏡でそのいがを調べた。彼はそこで目にしたものに興味をそそられた。1955年にベルクロを世の中に発表するまで，デ＝メストラルは顕微鏡で見たものを再現しようとするのに14年を費やすことになる。

3 私たちの大半は，いがのある植物が衣服（あるいはペット）にくっつくという経験をしているが，それを単にいらいらさせるものと思うだけで，実際のところ，なぜそのようなことが起こるのか疑問に思うことはない。しかし，母なる自然は，特段の理由がないことを行うようなことはしない。長きにわたり，いがは様々な植物の種を確実に生き残らせるという目的を果たしてきた。いがのある植物が動物の毛にくっつくと，その動物によって別の場所に運ばれ，そのうち落下して，新たな植物に成長するのだ。

4 デ＝メストラルはその理由よりも，その仕組みの方により関心を持った。どのようにしてこんなに小さなものが，あれほど強力な付着力を持つのだろう？　顕微鏡を覗くと，肉眼では硬くて一直線に見えるいがの先端には，実は衣服の繊維にくっつくことができる小さなかぎ状突起があり，それらがかぎホック――かぎがぴったり合う小さな曲がった金属片でできたもの――に似ていることに気づいた。いがの単純なひっかける仕組みを何とかして再現できれば，非常に強力な留め具，すなわち多くの実用的な用途を持つ留め具を作ることができることにデ＝メストラルは気づいたのだ。

5　デ＝メストラルの最初の課題は，強力な結合方法を生み出すために使う生地を見つけることだった。彼はフランスのリヨン（重要な繊維産業の中心地）の織工の協力を得て，まず木綿を試してみた。その織工は，無数のかぎを含む細長い一片の木綿と無数のループのある別の木綿とで試作品を作った。しかし，デ＝メストラルは木綿ではやわらかすぎることに気づいた。木綿では，何度もくっつけて剝がすことに耐えられなかったのだ。

6　デ＝メストラルは数年にわたり，ループとかぎの理想的なサイズと製品に最適な素材を探して研究を続けた。繰り返しテストを重ね，最終的に合成繊維が最も上手く機能することがわかり，熱処理したナイロンを使うことを決めたが，これは強くて耐久性のある物質だった。また，デ＝メストラルは自分の新製品を大量生産するため，適切な大きさ，形，密度に繊維を編むことができる特別な仕様の織機を考案する必要があった。これにはさらに数年かかることとなる。

7　1954年までに，デ＝メストラルは改良版の製品を完成させた。素材の1インチ四方には300個のかぎがあり，それは，固定するには十分の強さでありながら，必要な時には簡単に引き剝がすことができる密度だった。彼は自分の新しい製品を，フランス語の velours「ビロード」と crochet「かぎ」にちなんで Velcro「ベルクロ」と名付けた。

8　1954年，デ＝メストラルはスイス政府からベルクロの特許を取得した。彼はベルクロの大量生産を開始するためのローンを組み，ヨーロッパに工場を建設し，最終的にはカナダとアメリカにも進出した。アメリカのベルクロ工場は1957年にニューハンプシャー州のマンチェスターで操業を開始し，現在もそこにある。

9　元々，デ＝メストラルはベルクロを「ジッパーのないジッパー」として衣服に使うつもりだったが，この考えは最初うまくいかなかった。ベルクロのついた衣装を目玉にした1959年のニューヨークでのファッションショーの期間中，評論家たちはそれを見苦しくて安っぽく見えると考えた。そのためベルクロは，高級ファッションよりも運動用の衣類や装具と結びついていくことになった。

10　1960年代初期 NASA が，無重力の状態で様々な物があちこちに漂ってしまうのを防ぐためにベルクロを使い始めると，その人気が一気に高まった。その後 NASA は，ベルクロを宇宙飛行士の宇宙服やヘルメットに付けると，それまで使っていたホックやジッパーよりも利便性が高いことに気づいた。

⑪ 1968年，運動靴メーカーのプーマが世界初のベルクロで留めるスニーカーを世に出し，ベルクロが初めて靴ひもに取って代わった。それ以来，ベルクロは子供用の履物に大変革をもたらした。幼い子供でも，靴ひもを結べるようになる前に，自分でベルクロの付いた靴をうまく留めることができるのだ。

⑫ 今日，ベルクロは，医療現場（血圧計のカフや外科医の手術衣）から衣服や履物，スポーツ用品やキャンプ用品，玩具や娯楽，飛行機の座席クッション，他にもいろいろなものまで，おそらく至る所で使われている。最も印象的なのは，装置の部品を固定するため，初のヒトの人工心臓の移植にベルクロが使われたことである。

⑬ 何年間にもわたり，ベルクロは目新しいものから先進国においては必需品に近いものへと進化してきた。デ＝メストラルは自分の製品がこれほど有名になり，数えきれないほどの用途に使われるとは夢にも思わなかっただろう。彼がベルクロを開発していく際に用いたプロセス――自然のある面を調べ，その特性を実用化すること――は，「バイオミミクリー（生物模倣）」として知られるようになった。

⑭ ベルクロの驚異的な成功のおかげで，デ＝メストラルは非常に裕福になった。1978年に彼の特許が失効した後，他の多くの企業が面ファスナーを製造し始めたが，そうした製品を「ベルクロ」という法的に保護された名称で呼ぶことは許可されなかった。しかし，私たちの大半は，あらゆる面ファスナーをベルクロと呼んでいる。ちょうどティッシュを「クリネックス」と呼んでいるように。

## 解説

**A.** (1)　空所直後の nature に着目して by nature「生まれつき，生来」とすれば，デ＝メストラルは生まれつき好奇心が強かったという内容になり文意が合う。in nature「本質的に，存在して」は物事の本質や存在について述べる時に用いる表現なので不適。

(2)　空所を含む文はデ＝メストラルが衣服にくっついたいがに興味を持っ

てから，その後，ベルクロという商品を生み出すまで14年かかったという内容。過去から見た未来を表す用法のwouldが正解。

(3) デ＝メストラルとの対比で，一般の人々について述べている部分。デ＝メストラルは衣服にくっついた植物の実がどのような仕組みなのかに興味を持ったが，大半の人々はそのようなことを深く考えないという内容にすればよい。空所直後のwonderingは動名詞なので，前置詞のwithoutが正解となる。burr「いが，いがをつける植物」

(4) 第3段最終文（When a burr …）では，いがのある植物が動物の毛にくっついて，別の場所に移動するという内容が説明されている。空所を含む部分では，直前のanother locationという場所の補足説明をしているので，関係副詞のwhereが正解。

(5) 空所直後には，かぎを合わせる小さな曲がった金属片から成るa hook-and-eye fastener「かぎホック」という表現が続いており，空所直前のtiny hooks that can attach themselves to fibers in clothing「衣服にくっつくことができる小さなかぎ状突起」がそれと似ているとすれば文意が合う。

(6) 前出の不特定の可算名詞を代用するoneの用法で，a(n)＋単数名詞の代わりに用いる。ここでは直前のan incredibly strong fastenerと同格関係になっている。thatは，the＋単数名詞の代わりに用いるので不適。

(7) 第5段では，デ＝メストラルが試作品の素材として木綿を選んだことが述べられている。空所を含む文では，木綿は柔らかすぎてうまくいかなかったとあるので，逆接の意味を表すhoweverが正解。

(8) デ＝メストラルが新製品を作るための最適な素材を探していたことが述べられている部分。空所直後がthe ideal size of loops and hooks「ループとかぎの理想的なサイズ」と続いているので，最適な素材と理想的なサイズの両方を探求していたという文意になるDが正解。A.「～の観点から」 B.「～の代わりに」 C.「～する限り」

(9) 改良して完成させたベルクロの説明部分なので，引き剥がしやすいという意味になるAが正解。pull *A* apart「*A*を引き離す」

(10) 空所を含む文の後半，分詞構文のopening以下では，ヨーロッパに工場を建設し，カナダとアメリカにも進出したとあるので，ベルクロを大量生産するためのローンを組んだという内容にすればよい。take out a

loan「ローンを組む」

(11) 空所直前の under という前置詞と zero-gravity「無重力」に着目し，「無重力の状態で」という意味になるCが正解。

(12) 空所を含む文の後半 when 以下では，プーマがスニーカーにベルクロを採用したことが述べられているので，ベルクロが靴ひもに取って代わったという意味になるDが正解。

(13) 空所を含む文では，様々な用途に使われているベルクロがヒトの人工心臓の移植に使われた事例が紹介されている。この内容を説明する副詞としてはA.「印象的に」が最も適切。

(14) over the years「何年間にもわたり」 ベルクロが登場したのは20世紀になってからなので，Dは不適。

(15) ベルクロの成功によって，デ＝メストラルが裕福になったとすれば文意が合うので，C.「〜のおかげで」が正解。

**B.** (1)「第2段によると，ジョルジュ＝デ＝メストラルは元々…として働いていた」

第2段第1文（Velcro was the …）でデ＝メストラルはスイス人の技術者だったとある。

(2) burr「いが」が自然界に存在している理由を選ぶ問題。第3段第3〜最終文（Burrs have long … a new plant.）では，いがは様々な植物の種を生き残らせるという目的を果たしており，動物の毛にくっついて別の場所に移動し，そこで落下して新たな植物に成長すると説明されている。したがって，B.「植物が至る所に広がるのを助けるため」が正解。A.「それを食べたい動物からその植物を守るため」 C.「人間が植物を保護するための道具を提供するため」

(3)「デ＝メストラルのかぎに関する最も重要な発見は，おそらく…」

第4段で，デ＝メストラルは，いがにはかぎ状突起があり，かぎホックのような仕組みで衣服の繊維にくっつくことを発見したことが説明されている。したがって，A.「かぎが機能する仕組み」が最も適切。B.「かぎが存在している理由」 C.「かぎが見つかった場所」

(4)「デ＝メストラルは自分のアイデアを実際の製品にするために，…しなければならなかった」

第5・6段で，いがが衣服の繊維にくっつく仕組みを再現した製品を作るために，適切な素材を探して，試作を繰り返したことが説明されている。したがって，C.「それがどのようなものから作ることができるのか特定する」が正解。A.「フランスの別の場所に研究室を移動させる」 B.「何度も製造方法をテストする」

(5)「"By 1954," で始まる第7段で，かぎの密度は…と一致すると言われている」

第7段第2文（Each square inch …）では，素材の1インチ四方には300個のかぎがあると説明されているので，B.「ある一定の面積に対するかぎの数」が正解。A.「一般に使われるかぎの厚み」 C.「全体のかぎの重さ」

(6) 一部の人たちが，ベルクロはファッションアイテムに不向きだと考えた理由を選ぶ問題。第9段第2文（During a 1959…）では，ファッションショーの評論家たちが，ベルクロは見苦しくて安っぽく見えるという評価を下したことが述べられている。したがって，A.「それは品質が高いように見えなかった」が正解。B.「その時，運動選手だけがそれを着ていた」 C.「それはジッパーほど効果的ではなかった」

(7)「最後から2番目の段落の『バイオミミクリー（生物模倣）』という言葉は，デ＝メストラルが…した方法に最も当てはまるだろう」

デ＝メストラルは，いがが衣服にくっつく付着力の強さに興味を持ち，それを模倣することでベルクロという製品を生み出した。したがって，B.「問題を解決するために自然を模倣した」が正解。A.「学問的な目的のために自然を観察した」 C.「金銭的な利益という点で自然から盗みを働いた」

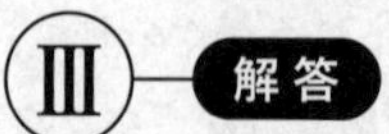

**A.** (1)—B　(2)—A　(3)—C　(4)—A　(5)—A
(6)—C　(7)—A　(8)—B　(9)—C　(10)—B

**B.** (1)—B　(2)—B　(3)—A　(4)—C　(5)—A　(6)—C　(7)—A

**全訳**

**《ラクダのクローン作製》**

[1] 2009年，ニサール＝アフマド＝ワニが世界初のラクダのクローンを作製することに成功した時，それは偉業として歓迎された。現在，ワニはドバイの生殖バイオテクノロジーセンターの科学部門の責任者を務めている。

② ワニと彼のチームは新たなクローン技術を研究開発し，細胞バンクを維持管理することで，バッファローやヒツジなど動物のコピーを作ることを可能にした。しかし，このセンターが重点を置いているのはラクダのクローンを作ることだ。毎年このセンターでは，コブが1つのヒトコブラクダの赤ちゃんクローンを数十頭誕生させている。最も人気があるのが，垂れ下がった唇と長い首の組み合わせが良いラクダ，「美の女王」のコピーである。

③ ラクダの美人コンテストは湾岸諸国で人気があり，一部の大会では賞金が数千万ドルに達する。過去には，見た目を良くするために，ラクダにシリコンや充填剤を注入するなど禁止されている手法を用いたという理由で，資格をはく奪されたラクダの所有者たちもいる。しかし，こうしたコンテストに関する限り，クローンラクダは完全に合法なのだ。

④ 生殖バイオテクノロジーセンターはその価格を明らかにすることを断っているが，地元の新聞の記事によると，最も美しいラクダの正確なコピーには50,000ドルをやや上回る金額が必要だという。

⑤ 美の女王以外にも，ワニと彼のチームはアラブ首長国連邦で行われる多くのラクダレースに参加するために，精鋭たるレースの勝者たちの複製も作っている。また，彼らはラクダを亡くしてしまった所有者に，亡くなったペットの複製を提供することもできる。ラクダの死後すぐなら細胞サンプルを採取することさえできるのだ。

⑥ ワニは，クローン化されるドナーの動物から採取した「体細胞」(非生殖細胞）のDNAを使うプロセスで作業を進める。ドナー細胞から採取した，遺伝物質を含む中心部分である細胞核を卵子に移植し，化学物質を使って活性化させるのだ。

⑦「体細胞のDNAは胚のDNAのような働きをし始めます」とワニはCNNに語る。「卵子は7～8日間研究室で培養した後で，代理母の子宮に移すと，代理母が身ごもり，赤ちゃんを産みます」

⑧「生まれた赤ちゃんは，ドナーの動物の全ての遺伝子を受け継いでいます」 ワニによると，そのプロセスは繊細で不安定なものであり，成功率はラクダの通常の妊娠が60％であるのに対し，クローン技術を使った妊娠ではわずか10％だという。

⑨ 1頭のラクダを手に入れるのが大変なように思えるが，ラクダはドバイ

の生活の重要な一部となっている。コンテストやレースで主役となっていることに加え，このヒトコブラクダは歴史的に，肉や乳の供給源としてだけでなく，アラビア半島の過酷な砂漠を移動するために使われてきた。しかし，ヒトコブラクダは伝統的なアラブ首長国連邦の生活様式の文化的象徴でもあるのだ。

⑩ ドバイ初のラクダの騎乗学校，アラビア砂漠ラクダ騎乗センターの共同創設者であるオバイド＝アル＝ファラシは「石油とガスの時代が来る前，ラクダは，アラビア半島で生活していくことを保証してくれる必要不可欠な要素でした」と言う。「国や定住地の間の移動や商取引は，過酷な気候に耐え，ほんのわずかな食料と水でも生きられる能力を持ったラクダたちによって容易になりました」

⑪ 彼は，ラクダは人々の宝であり仲間でもあり，今日でもアラブ首長国連邦の特定の部族や一族にとって，そのことは変わらないと付け加えている。多くの人々にとって，ラクダは精神的意義も持ち合わせている。そのような地位にもかかわらず，ラクダのクローンを作製することは，宗教上の信仰に抵触するとは考えられていないと彼は言う。「クローンの作製は大きな科学的功績であり，そのようなものとして考えられているのでしょう」と彼は説明している。

⑫ ドバイのラクダ飼育センターとラクダ繁殖センターは選り抜きのラクダも作っているが，この2つの研究所は，クローン作製よりも胚移植に重点を置いており，繁殖の可能性と確率を上げるために1頭のメスから胚を採取し，別のメスに移植している。アル＝ファラシは，多くの人々にとってクローン作製は費用があまりにも高いうえ，「単に1～2年ごとに子を産むより，1頭の優秀なラクダがより多くの子を確実に産むことができるようにするため」には，胚移植の方が一般的だと言う。

⑬ 現在，ワニと彼のチームは，絶滅危惧種を救うために彼らの技術を活用しようとしている。コブが2つある野生のフタコブラクダは，地球上でもっとも絶滅の危機に瀕した大型哺乳類のひとつで，生息地の喪失と家畜ラクダとの異種交配によって危機にさらされている。野生のフタコブラクダを保護するため，ワニと彼のチームは，生物種間体細胞移植を伴う技術に取り組んでおり，クローン胚を身ごもる代理母および卵子の提供者として家畜動物の近縁種を使用している。

14 2017年，胚を1頭のヒトコブラクダに移植し，この手法による最初のクローンフタコブラクダが同センターで誕生した。将来的には，ワニは他の絶滅寸前種を保護するためにこのクローン技術を活用し，さらに絶滅種の復元にも役立てたいと考えている。

15「私たちのセンターでは，地域の様々な動物の種の繁殖を促進させるとともに，絶滅危惧種を保護するためにも，クローン作製や胚移植など最新の生殖バイオテクノロジー技術の開発と応用に重点を置いています」とワニは語る。

出典追記：Why camel cloning is big business in Dubai, CNN on March 1, 2023 by Nadia Leigh-Hewitson



## 解説

**A.** (1) 下線部を含む文は「ラクダの美人コンテストは湾岸諸国で人気があり，一部の大会では賞金が数千万ドルに…」という意味。選択肢の中ではB.「～に達する」が適切。run into *A*「(費用などが) *A* に達する」

(2) 下線部に含まれるshareは「～を共有する」という意味の他動詞だが，「(秘密など) を明かす」という意味もある。生殖バイオテクノロジーセンターは，クローンラクダの価格を明らかにしようとしないという意味なので，A.「その価格は一般に公開されていない」が正解。B.「そのセンターの株価は下落した」 C.「2つ以上の価格がある」

(3) 直前には亡くなったペットの複製を提供することができると述べられており，下線部はその補足説明。死後ほどなくのラクダからでも細胞サンプルを採取することができるとあるので，それを使ってクローンを作製できることが読み取れる。したがって，C.「死んだ動物の細胞のDNAでも利用することができる」が正解。deceased「亡くなった」 A.「ワニと彼のチームは死んだ動物を生き返らせることができる」 B.「ペットを飼っている人はDNAのサンプルの採取を要求される」

(4) 下線部は，ラクダのクローン作製プロセスが繊細で不安定だという主節の内容を補足説明した部分で，ラクダの通常の妊娠の成功率が60%であるのに対し，クローン技術を使った妊娠の場合は10%しかないことが示されている。したがって，A.「ラクダのクローン化は当てにならない技術である」が最も適切。temperamental「〈機械・システムなどが〉不安定な」 pregnancy「妊娠」 B.「クローン技術で生まれたラクダの赤ちゃんは，より敏感である」 C.「ワニのクローン技術は改善の余地がほとんどない」

(5)　下線部は「1頭のラクダのために大変な思いをしているように思えるかもしれない」という意味。第6～8段では体細胞のDNAを使ってラクダをクローン化する高度なプロセスと，その成功率の低さについて言及しているので，A.「クローンの作製に関わる苦労は過剰なように見えるかもしれない」が最も適切。go to a lot of trouble for ～「～のために大変な苦労をする」 B.「クローン作製者は他の動物であれば，もっと多くのお金を請求できるだろう」 C.「世界のこの地域でラクダのクローンを作ることは違法である」

(6)　第9段では，ドバイにおいてラクダが重要な生活の一部となっていることについて述べているので，C.「ヒトコブラクダ」が正解。

(7)　下線部の内容が暗に示している内容を選ぶ問題。下線部はアラビア半島に石油とガスの時代が来る前のラクダの役割について言及しており，第10段最終文（"Traveling and trade …）には，かつて過酷な気候の中で移動するにはラクダが不可欠だったとある。しかし第3段や第5段にあるように，現在ではラクダの美人コンテストやレースのためにクローン技術を使っていることから，ラクダの役割も変化していることがわかる。したがって，A.「ラクダの役割が近年変化してきた」が正解。B.「実際に化石燃料がラクダに取って代わることは決してなかった」 C.「ラクダのクローン産業は過去には不必要なものだった」

(8)　第11段第1・2文（The camels, he … significance as well.）では，アラブ首長国連邦の人々にとってラクダは宝であり仲間でもあり，精神的な意義も持ち合わせているという内容が述べられている。したがって，B.「人々がラクダは自分たちの生活様式に重要なものだと考えているという事実」が正解。

A.「ラクダは非常に屈強な動物だが人懐っこいという事実」

C.「アラビアの歴史はラクダなしでも説明できるという事実」

(9)　offspring「子孫」

(10)　下線部では habitat loss「生息地の喪失」と interbreeding with domestic camels「家畜ラクダとの異種交配」によって野生のフタコブラクダは絶滅の危機に瀕していると説明されている。したがって，B.「フタコブラクダは複数の原因によって絶滅の危機に瀕している」が正解。

A.「ラクダは自分たちよりも大型の哺乳類のせいで生息地を失っている」
C.「野生のラクダは家畜ラクダと交尾しようとしない」

**B.** (1) 第2段第2・3文 (But the center's … a single hump.) で，生殖バイオテクノロジーセンターが重点を置いているのはラクダのクローンを作ることで，毎年，コブが1つのヒトコブラクダの赤ちゃんを数十頭誕生させているとある。したがって，B.「細胞バンクからヒトコブラクダを複製すること」が正解。reproduce「～を複製する，～を繁殖させる」 hump「コブ」 A.「フタコブラクダから不要なコブを取り除くこと」 C.「ヒトコブラクダの顔の整形」

(2) 第5段第1文 (Other than beauty …) で，ワニと彼のチームがラクダレースの精鋭たる勝者たちの複製を作っていると述べられている。したがって，B.「ラクダレースの勝者となったラクダたちを複製する」が正解。replicate「～を複製する」 A.「ラクダレース選手権を催す」 C.「地元で数千頭のクローンラクダを売る」

(3) 第6段第1文 (Wani works with …) で，ワニはドナーの動物から採取した somatic (or non-reproductive) cell「(非生殖の) 体細胞」の DNA を使うプロセスで作業を進めると説明されているので，A.「全てのプロセスで生殖しない細胞を利用する」が正解。B.「そのプロセスを早く始めれば，死んでしまったものを生き返らせることができる」 C.「双子を生む可能性が非常に高くなる」

(4)「"It might seem" で始まる第9段によると，ドバイでラクダが重要な役割を果たしている理由の一つは…だからである」

第9段第2文 (In addition to …) では，歴史的にラクダは肉や乳の供給源としてだけではなく，過酷な砂漠を移動するために使われてきたとある。したがって，C.「人々はラクダと長い間共存してきた」が最も適切。A.「ヒトコブラクダの数が減っている」 B.「伝統的にラクダは神聖な生き物として扱われている」

(5)「"Dubai's Camel Breeding" で始まる第12段によると，胚移植の主な目的は…」

第12段第1文 (Dubai's Camel Breeding …) 後半の where 以下では，ラクダの繁殖の可能性と確率を向上させるため胚移植が行われているとあるので，A.「国内のラクダの出生率を上げること」が正解。B.「ラクダのクローンを作る包括的な方法を確立すること」 C.「野生のラクダの数を減らすこと」

(6) 「"Now, Wani" で始まる最後から3番目の段落によると，新たに試みられているクローン技術の応用の一つは…」

第13段第1文（Now, Wani and …）で，ワニと彼のチームが，絶滅危惧種を救うために，自分たちの技術を活用しようとしていると述べられている。したがって，C.「絶滅の危機に瀕している動物の種を保護すること」が正解。be looking to *do*「～しようと努めている」 A.「絶滅した動物の種を生き返らせること」 B.「フタコブラクダとヒトコブラクダを異種交配させること」

(7) 本文全体を通して，ドバイでラクダのクローン化に成功した事例が説明され，さらにその技術を応用した絶滅危惧種を保護する取り組みが紹介されている。したがって，本文の主旨としては，A.「ラクダのクローン化の成功がバイオテクノロジー技術の応用の扉を開いた」が最も適切。

B.「一般的な使用に対しては注意が必要だが，バイオテクノロジー技術は社会に恩恵をもたらした」

バイオテクノロジーの一般的な使用に対する注意については，本文で言及されていないので不適。

C.「クローン作製と胚移植はドバイの発展を可能にした2つのバイオテクノロジー技術である」

クローン作製と胚移植によってドバイが発展したという内容は述べられていない。

## 講評

2024年度も大問3題で出題形式に大きな変更点はない。例年通り全体の英文量が多く，最後まで集中力を切らさず読むためには一定の語彙力と構文把握力が不可欠である。本文の語彙レベルはやや高かったが，設問は標準レベルのものが多かった。

**I**のAの会話問題は，例年に比べ，会話特有の表現がやや多かったが，前後の文脈に着目して消去法を使えば，誤りの選択肢は消去できる。Bの段落整序は，氷のホテルについて説明した英文で，代名詞や指示形容詞に着目し，氷のホテルの特徴を押さえながら読み進めたい。

Ⅱの読解問題は，ベルクロ（面ファスナー）の開発の歴史について述べられた英文。Aの空所補充は文法・語法・語彙の問題が満遍なく出題されている。全体的に標準レベルだが⑽はミスしやすい。Bは本文の内容について問われた設問で，一定の語彙レベルがクリアできていれば正解は選びやすいが，⑸はやや難しかったかもしれない。

Ⅲの読解問題は，ラクダのクローン作製について説明した英文。クローン技術に関する専門的な単語も見られ，語彙レベルがやや高かった。Aは下線部から読み取れる内容，意味が近いものを選ぶ問題で，例年通り下線部を含む英文全体を正確に把握しておく必要がある。⑵と⑸はやや難しかったかもしれない。Bは紛らわしい選択肢は少ないが，⑶や⑸などは本文の該当箇所の単語が難しい。

全体的には標準レベルだが，一定の語彙力と構文把握力を早めにクリアして，まとまった量の英文を最後まで集中して読み切る演習を積んでおきたい。

# 数学

## I 解答

(1) $\cos\alpha=2\sin 2\alpha$ より

$$\cos\alpha=4\sin\alpha\cos\alpha$$

$0<\alpha<\dfrac{\pi}{2}$ であるから，$\cos\alpha\neq 0$ より

$$\sin\alpha=\frac{1}{4}\quad\cdots\cdots(\text{答})$$

$2\sin 2\beta=\tan\beta$ より

$$4\sin\beta\cos\beta=\frac{\sin\beta}{\cos\beta}$$

$0<\beta<\dfrac{\pi}{2}$ であるから，$\sin\beta\neq 0$ より

$$\cos^2\beta=\frac{1}{4}$$

$\cos\beta>0$ より　$\cos\beta=\dfrac{1}{2}$

$0<\beta<\dfrac{\pi}{2}$ より，$\beta=\dfrac{\pi}{3}$ であり

$$\sin\beta=\frac{\sqrt{3}}{2}\quad\cdots\cdots(\text{答})$$

$\cos\gamma=\tan\gamma$ より

$$\cos\gamma=\frac{\sin\gamma}{\cos\gamma}\qquad \cos^2\gamma=\sin\gamma$$

$$1-\sin^2\gamma=\sin\gamma$$

$0<\gamma<\dfrac{\pi}{2}$ であるから，$0<\sin\gamma<1$ より

$$\sin\gamma=\frac{-1+\sqrt{5}}{2}\quad\cdots\cdots(\text{答})$$

(2) 次図。

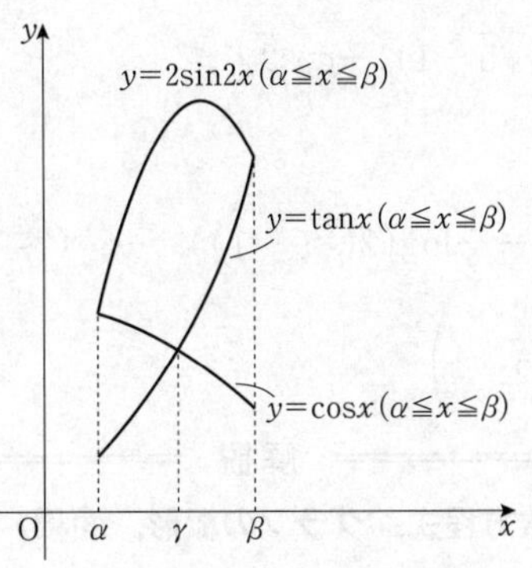




**(3)**　3つの曲線で囲まれた面積を $S$ とすると

$$S=\int_{\alpha}^{\gamma}(2\sin 2x-\cos x)dx+\int_{\gamma}^{\beta}(2\sin 2x-\tan x)dx$$

ここで

$$\int_{\alpha}^{\gamma}(2\sin 2x-\cos x)dx$$

$$=\Big[-\cos 2x-\sin x\Big]_{\alpha}^{\gamma}$$

$$=-\cos 2\gamma-\sin\gamma+\cos 2\alpha+\sin\alpha$$

$$=-\cos 2\gamma-\sin\gamma+(1-2\sin^2\alpha)+\sin\alpha$$

$$=-\cos 2\gamma-\frac{-1+\sqrt{5}}{2}+\left\{1-2\left(\frac{1}{4}\right)^2\right\}+\frac{1}{4}$$

$$=-\cos 2\gamma+\frac{13-4\sqrt{5}}{8}$$

$$\int_{\gamma}^{\beta}(2\sin 2x-\tan x)dx$$

$$=\Big[-\cos 2x+\log|\cos x|\Big]_{\gamma}^{\beta}$$

$$=-\cos 2\beta+\log|\cos\beta|+\cos 2\gamma-\log|\cos\gamma|$$

$$=-(2\cos^2\beta-1)+\log\left|\frac{\cos\beta}{\sqrt{\sin\gamma}}\right|+\cos 2\gamma\quad(\because\quad\cos^2\gamma=\sin\gamma)$$

$$=-\left\{2\left(\frac{1}{2}\right)^2-1\right\}+\log\left|\frac{1}{2}\cdot\sqrt{\frac{2}{\sqrt{5}-1}}\right|+\cos 2\gamma$$

$$=\frac{1}{2}+\log\sqrt{\frac{1}{2(\sqrt{5}-1)}}+\cos 2\gamma$$

$$=\frac{1}{2}-\frac{1}{2}\log\{2(\sqrt{5}-1)\}+\cos 2\gamma$$

以上より

$$S=\frac{17-4\sqrt{5}}{8}-\frac{1}{2}\log(2(\sqrt{5}-1)) \quad \cdots\cdots(答)$$

$\left(① \dfrac{17-4\sqrt{5}}{8} \quad ② \sqrt{5}-1\right)$

## 解説

**《三角関数を含む関数方程式，グラフの概形，面積》**

**(1)** 倍角の公式などを利用して条件の式を変形していけばよい。その際，$\alpha$，$\beta$，$\gamma$ が鋭角であるという条件から，$\cos\alpha\neq 0$，$\sin\beta\neq 0$，$\cos\beta>0$，$\sin\gamma>0$ であることに注意する。

**(2)** $\alpha$，$\beta$，$\gamma$ がそれぞれ，$y=2\sin 2x$ と $y=\cos x$，$y=2\sin 2x$ と $y=\tan x$，$y=\cos x$ と $y=\tan x$ の交点の $x$ 座標になっている。関数 $y=2\sin 2x$ は周期が $\sin x$ の半分であり，振幅は 2 倍であることに注意してグラフの概形を図示する。

**(3)** 図から，$\alpha\leqq x\leqq\gamma$ と $\gamma\leqq x\leqq\beta$ に積分区間を分けて計算する。

$$\int\tan x\,dx=\int\frac{\sin x}{\cos x}dx$$
$$=-\int\frac{(\cos x)'}{\cos x}dx$$
$$=-\log|\cos x|+C \quad (C：積分定数)$$

であることに気をつけて丁寧に計算していけばよい。

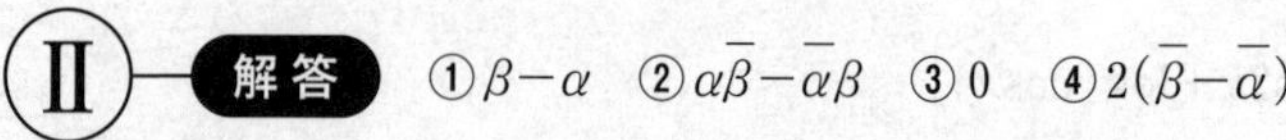

**II 解答** ① $\beta-\alpha$ ② $\alpha\overline{\beta}-\overline{\alpha}\beta$ ③ $0$ ④ $2(\overline{\beta}-\overline{\alpha})$

⑤ $\alpha\overline{\beta}+\overline{\alpha}\beta$ ⑥ $\dfrac{1}{4}\pi(a^2+b^2)$

## 解説

**《実数・純虚数条件，軌跡と領域》**

点 $z$ が $l$ 上にあるとき，$\dfrac{z-\alpha}{\beta-\alpha}$ が実数になるので

$$\frac{z-\alpha}{\beta-\alpha}=\overline{\left(\frac{z-\alpha}{\beta-\alpha}\right)}$$

$$\frac{z-\alpha}{\beta-\alpha}=\frac{\overline{z}-\overline{\alpha}}{\overline{\beta}-\overline{\alpha}}$$

$$(z-\alpha)(\overline{\beta}-\overline{\alpha})=(\overline{z}-\overline{\alpha})(\beta-\alpha)$$

$$(\overline{\beta}-\overline{\alpha})z-(\beta-\alpha)\overline{z}=\alpha\overline{\beta}-\overline{\alpha}\beta \quad (\to ①,\ ②)$$

点 $z$ が $m$ 上にあるとき，$\dfrac{z}{\beta-\alpha}$ が純虚数になるので

$$\frac{z}{\beta-\alpha}=-\overline{\left(\frac{z}{\beta-\alpha}\right)}$$

$$\frac{z}{\beta-\alpha}=-\frac{\overline{z}}{\overline{\beta}-\overline{\alpha}}$$

$$z(\overline{\beta}-\overline{\alpha})=-\overline{z}(\beta-\alpha)$$

$$(\overline{\beta}-\overline{\alpha})z+(\beta-\alpha)\overline{z}=0 \quad (\to ③)$$

$l$ と $m$ の交点 C$(w)$ は，上の二つの条件を同時に満たせばよいので

$$\begin{cases}(\overline{\beta}-\overline{\alpha})w-(\beta-\alpha)\overline{w}=\alpha\overline{\beta}-\overline{\alpha}\beta\\(\overline{\beta}-\overline{\alpha})w+(\beta-\alpha)\overline{w}=0\end{cases}$$

辺々を足し合わせると

$$2(\overline{\beta}-\overline{\alpha})w=\alpha\overline{\beta}-\overline{\alpha}\beta$$

$$\therefore \quad w=\frac{\alpha\overline{\beta}-\overline{\alpha}\beta}{2(\overline{\beta}-\overline{\alpha})} \quad (\to ④)$$

点 C$(w)$ が，線分 AB 上にあるための必要十分条件は

$$0\leqq\frac{w-\alpha}{\beta-\alpha}\leqq 1 \iff 0\leqq\frac{\dfrac{\alpha\overline{\beta}-\overline{\alpha}\beta}{2(\overline{\beta}-\overline{\alpha})}-\alpha}{\beta-\alpha}\leqq 1$$

ここで

$$\frac{\dfrac{\alpha\overline{\beta}-\overline{\alpha}\beta}{2(\overline{\beta}-\overline{\alpha})}-\alpha}{\beta-\alpha}=\frac{\dfrac{\alpha\overline{\beta}-\overline{\alpha}\beta}{2(\overline{\beta}-\overline{\alpha})}-\dfrac{2\alpha(\overline{\beta}-\overline{\alpha})}{2(\overline{\beta}-\overline{\alpha})}}{\beta-\alpha}$$

2024年度 2月2日 全学日程1 数学

$$=\frac{\alpha\overline{\beta}-\overline{\alpha}\beta-2\alpha(\overline{\beta}-\overline{\alpha})}{2(\overline{\beta}-\overline{\alpha})(\beta-\alpha)}$$

$$=\frac{-\alpha\overline{\beta}-\overline{\alpha}\beta+2|\alpha|^2}{2|\beta-\alpha|^2}$$

となるので，求める条件は，$|\beta-\alpha|^2>0$ より

$$0\leqq\frac{-\alpha\overline{\beta}-\overline{\alpha}\beta+2|\alpha|^2}{2|\beta-\alpha|^2}\leqq 1$$

$$\Longleftrightarrow 0\leqq-\alpha\overline{\beta}-\overline{\alpha}\beta+2|\alpha|^2\leqq 2|\beta-\alpha|^2$$

$$\Longleftrightarrow 2|\alpha|^2-2|\beta-\alpha|^2\leqq\alpha\overline{\beta}+\overline{\alpha}\beta\leqq 2|\alpha|^2 \quad (\rightarrow⑤)$$

集合 $\{\beta\,|\,\beta$ は不等式 $|\beta-(a+bi)|\leqq|a+bi|$ および(3)を満たす$\}\cup\{a+bi\}$ について考える。

$\alpha$，$\beta$ の表す複素数平面上の点をそれぞれ A，B とし，$\beta=x+yi$（$x$，$y$ は実数）とおくと

$$|\beta-(a+bi)|\leqq|a+bi|$$

$$\Longleftrightarrow |(x+yi)-(a+bi)|^2\leqq|a+bi|^2$$

$$\Longleftrightarrow (x-a)^2+(y-b)^2\leqq a^2+b^2 \quad\cdots\cdots ⓐ$$

これは，原点を通り，点 A を中心とする円 $C$ の内部または周を表している。

また，(3)より

$$\begin{cases} 2|\alpha|^2-2|\beta-\alpha|^2\leqq\alpha\overline{\beta}+\overline{\alpha}\beta & \cdots\cdots ⓑ \\ \alpha\overline{\beta}+\overline{\alpha}\beta\leqq 2|\alpha|^2 & \cdots\cdots ⓒ \end{cases}$$

ここでⓑは

$$ⓑ \Longleftrightarrow 2|a+bi|^2-2|x+yi-(a+bi)|^2 \leqq(a+bi)(x-yi)+(a-bi)(x+yi)$$

$$\Longleftrightarrow (a^2+b^2)-\{(x-a)^2+(y-b)^2\}\leqq ax+by$$

$$\Longleftrightarrow 0\leqq x^2+y^2-ax-by$$

$$\Longleftrightarrow \left(x-\frac{a}{2}\right)^2+\left(y-\frac{b}{2}\right)^2\geqq\frac{a^2}{4}+\frac{b^2}{4} \quad\cdots\cdots ⓑ'$$

となり，これは，線分 OA を直径とする円 $D$ の外部または周を表している。

また©は

$$
\begin{aligned}
\text{©} &\iff (a+bi)(x-yi)+(a-bi)(x+yi) \leqq 2|a+bi|^2 \\
&\iff ax+by \leqq a^2+b^2 \\
&\iff a(x-a)+b(y-b) \leqq 0 \quad \cdots\cdots \text{©}'
\end{aligned}
$$

となり，これは，点Aを通り，OAに垂直な直線，すなわち，点Aにおける円$D$の接線で二分される領域のうち，原点を含む方の領域とその境界を表している。

ⓐ，ⓑ′，©′より，題意を満たす領域は右図の網かけ部分と境界になる。その面積は，円$C$の半分の面積から，円$D$の面積を除いたものである。

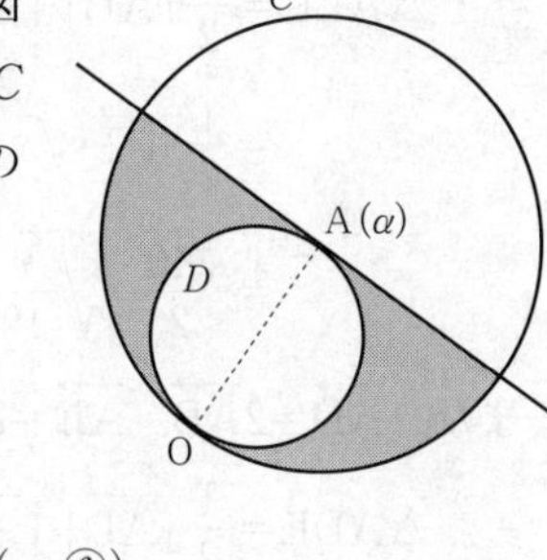


したがって，求める面積は

$$
\begin{aligned}
\frac{1}{2}|\alpha|^2\pi-\left(\frac{1}{2}|\alpha|\right)^2\pi &= \frac{1}{4}\pi|\alpha|^2 \\
&= \frac{1}{4}\pi(a^2+b^2) \quad (\to ⑥)
\end{aligned}
$$

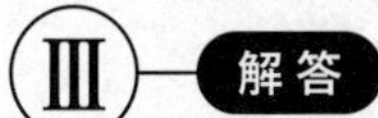


**(1)**　$yz$ 平面上において，ACを通る直線の方程式は

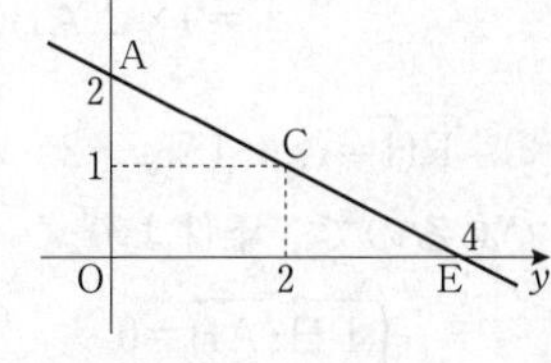


$$z=-\frac{1}{2}y+2$$

Eはこの直線の$y$切片であるから

E(0, 4, 0)　……(答)

**別解**　点Eは直線AC上の点であるので，$\overrightarrow{\mathrm{OE}}$は実数$s$を用いて

$$
\begin{aligned}
\overrightarrow{\mathrm{OE}} &= (1-s)\overrightarrow{\mathrm{OA}}+s\overrightarrow{\mathrm{OC}} \\
&= (1-s)(0,\ 0,\ 2)+s(0,\ 2,\ 1) \\
&= (0,\ 2s,\ 2-s)
\end{aligned}
$$

と表せる。点Eは$y$軸上の点であるので

$$2-s=0 \qquad \therefore \quad s=2$$

よって，$\overrightarrow{\mathrm{OE}}=(0,\ 4,\ 0)$となり，点Eの座標は　E(0, 4, 0)

**(2)**　$\overrightarrow{\mathrm{AB}}=(1,\ 0,\ -1)$，$\overrightarrow{\mathrm{AC}}=(0,\ 2,\ -1)$より

$$\cos\angle BAC=\frac{\overrightarrow{AB}\cdot\overrightarrow{AC}}{|\overrightarrow{AB}|\cdot|\overrightarrow{AC}|}$$

$$=\frac{(1,\ 0,\ -1)\cdot(0,\ 2,\ -1)}{|(1,\ 0,\ -1)|\cdot|(0,\ 2,\ -1)|}$$

$$=\frac{1}{\sqrt{2}\cdot\sqrt{5}}=\frac{1}{\sqrt{10}}\quad\cdots\cdots(\text{答})$$

したがって

$$\triangle ABC=\frac{1}{2}|\overrightarrow{AB}|\cdot|\overrightarrow{AC}|\cdot\sin\angle BAC$$

$$=\frac{1}{2}\cdot\sqrt{2}\cdot\sqrt{5}\cdot\sqrt{1-\cos^2\angle BAC}$$

$$=\frac{\sqrt{10}}{2}\cdot\sqrt{\frac{9}{10}}=\frac{3}{2}\quad\cdots\cdots(\text{答})$$

また，$\overrightarrow{AD}=2\overrightarrow{AB}$，$\overrightarrow{AE}=2\overrightarrow{AC}$ であるので

$$\triangle ADE=\frac{1}{2}|\overrightarrow{AD}|\cdot|\overrightarrow{AE}|\cdot\sin\angle BAC$$

$$=\frac{1}{2}|2\overrightarrow{AB}|\cdot|2\overrightarrow{AC}|\cdot\sin\angle BAC$$

$$=4\times\triangle ABC=4\times\frac{3}{2}=6\quad\cdots\cdots(\text{答})$$

**(3)**　$\overrightarrow{PH}=(x-1,\ y-2,\ z-1)$，$\overrightarrow{AB}=(1,\ 0,\ -1)$，$\overrightarrow{AC}=(0,\ 2,\ -1)$ であるので，条件より

$$\begin{cases}\overrightarrow{PH}\cdot\overrightarrow{AB}=0\\ \overrightarrow{PH}\cdot\overrightarrow{AC}=0\end{cases}\iff\begin{cases}x-1-z+1=0\\ 2y-4-z+1=0\end{cases}$$

$$\iff\begin{cases}x=z\\ z=2y-3\end{cases}\iff x=z=2y-3\quad\cdots\cdots(\text{答})$$

これより，$H(2y-3,\ y,\ 2y-3)$ と表せるので

$$\overrightarrow{AH}=\overrightarrow{OH}-\overrightarrow{OA}$$

$$=(2y-3,\ y,\ 2y-3)-(0,\ 0,\ 2)$$

$$=(2y-3,\ y,\ 2y-5)$$

また

$$\overrightarrow{AH}=s\overrightarrow{AB}+t\overrightarrow{AC}=s(1,\ 0,\ -1)+t(0,\ 2,\ -1)$$

$$=(s,\ 2t,\ -s-t)$$

以上より

$$\begin{cases} 2y-3=s \\ y=2t \\ 2y-5=-s-t \end{cases} \iff \begin{cases} s=\dfrac{5}{9} \\ t=\dfrac{8}{9} \\ y=\dfrac{16}{9} \end{cases} \quad \cdots\cdots(答)$$

**(4)**　(3)より，$\overrightarrow{\mathrm{PH}}=\left(-\dfrac{4}{9},\ -\dfrac{2}{9},\ -\dfrac{4}{9}\right)$ であるので，求める立体の体積を $V$ とすると

$$\begin{aligned} V&=(\text{四角形 BCED の面積})\times|\overrightarrow{\mathrm{PH}}|\times\frac{1}{3} \\ &=(\triangle\mathrm{ADE}-\triangle\mathrm{ABC})\times\left|\left(-\frac{4}{9},\ -\frac{2}{9},\ -\frac{4}{9}\right)\right|\times\frac{1}{3} \\ &=\left(6-\frac{3}{2}\right)\times\frac{2}{9}\times|(2,\ 1,\ 2)|\times\frac{1}{3} \\ &=\frac{9}{2}\times\frac{2}{9}\times\sqrt{9}\times\frac{1}{3} \\ &=1 \quad \cdots\cdots(答) \end{aligned}$$

## 解説

**《空間ベクトル，三角形の面積，平面に下ろした垂線の足の位置ベクトル》**

**(1)**　図で表して各点を書き込み，各点が $yz$ 平面上にあることに気づけば即答しやすい。〔別解〕のように，直線 AC 上にある条件から計算によって求めてもよい。

**(2)**　$\cos\angle\mathrm{BAC}$ は $\cos\angle\mathrm{BAC}=\dfrac{\overrightarrow{\mathrm{AB}}\cdot\overrightarrow{\mathrm{AC}}}{|\overrightarrow{\mathrm{AB}}|\cdot|\overrightarrow{\mathrm{AC}}|}$ を用いて計算する。BC∥DE であることから，△ABC と △ADE は相似で，その相似比は 1：2 である。したがって，面積比は 1：4 となり，△ADE の面積を求める際はそのことを利用してもよい。

**(3)**　$\overrightarrow{\mathrm{PH}}\neq\vec{0}$，$\overrightarrow{\mathrm{AB}}\neq\vec{0}$ のとき，$\overrightarrow{\mathrm{PH}}\perp\overrightarrow{\mathrm{AB}}\iff\overrightarrow{\mathrm{PH}}\cdot\overrightarrow{\mathrm{AB}}=0$ であることを利用する。また，異なる 4 点 H，A，B，C が同一平面上にある条件は，$\overrightarrow{\mathrm{AH}}=s\overrightarrow{\mathrm{AB}}+t\overrightarrow{\mathrm{AC}}$ となる実数 $s$，$t$ が存在することである。誘導で与えら

れているが，覚えておくようにしたい。

(4)　$\overrightarrow{\mathrm{PH}}$ の大きさを求めることで，角錐の高さが求まる。角錐の底面積は，(2)で求めた2つの三角形の差をとって求めることができる。

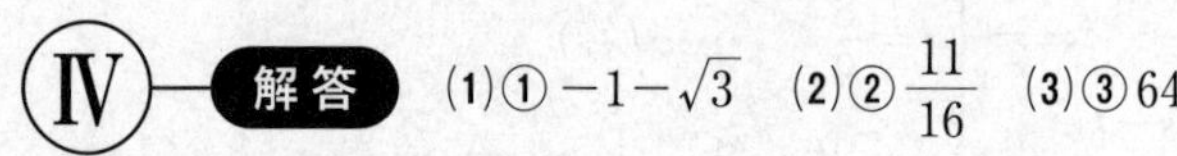

**IV　解答**　(1)①　$-1-\sqrt{3}$　(2)②　$\dfrac{11}{16}$　(3)③　64

(4)④　24　⑤　$-6$　(5)⑥　6　⑦　3

## 解説

**《小問5問》**

(1)　$x-\dfrac{2}{x}=t$ とおけば

$$x^2+x-\frac{2}{x}+\frac{4}{x^2}-6=0$$

$$\left(x-\frac{2}{x}\right)^2+4+\left(x-\frac{2}{x}\right)-6=0$$

$$t^2+t-2=0 \qquad (t+2)(t-1)=0$$

$\therefore\quad t=-2,\ 1$

$t=-2$ のとき

$$x-\frac{2}{x}=-2$$

$$x^2+2x-2=0 \qquad \therefore\quad x=-1\pm\sqrt{3}$$

$t=1$ のとき

$$x-\frac{2}{x}=1 \qquad x^2-x-2=0$$

$$(x-2)(x+1)=0 \qquad \therefore\quad x=-1,\ 2$$

以上より，解のうち最小のものは，$-1-\sqrt{3}$ である。（→①）

(2)　余事象を考えると，6回で試行が終了しない事象，すなわち，6回の試行で表と裏がそれぞれ3回ずつ出る事象を考えればよいので，求める確率は

$$1-{}_6\mathrm{C}_3\left(\frac{1}{2}\right)^3\left(\frac{1}{2}\right)^3=\frac{11}{16} \quad (\to②)$$

(3)　$$S=\lim_{n\to\infty}\frac{1}{n}\left\{\left(\frac{1}{n}\right)^3+\left(\frac{2}{n}\right)^3+\left(\frac{3}{n}\right)^3+\ \cdots\ +\left(\frac{4n-1}{n}\right)^3\right\}$$

$$=\lim_{n\to\infty}\frac{1}{n^4}\{1^3+2^3+\cdots+(4n-1)^3\}$$

$$=\lim_{n\to\infty}\frac{1}{n^4}\sum_{k=1}^{4n-1}k^3$$

$$=\lim_{n\to\infty}\frac{1}{n^4}\left\{\frac{(4n-1)(4n)}{2}\right\}^2$$

$$=\lim_{n\to\infty}\frac{1}{n^4}\cdot\frac{(4n-1)^2(4n)^2}{4}$$

$$=\lim_{n\to\infty}4\left(4-\frac{1}{n}\right)^2=4^3=64 \quad (\to ③)$$

**別解** $S=\lim_{n\to\infty}\frac{1}{n}\left\{\left(\frac{1}{n}\right)^3+\left(\frac{2}{n}\right)^3+\left(\frac{3}{n}\right)^3+\cdots+\left(\frac{4n-1}{n}\right)^3\right\}$

$$=\lim_{n\to\infty}\frac{1}{n}\sum_{k=1}^{4n-1}\left(\frac{k}{n}\right)^3$$

$$=\int_0^4 x^3dx$$

$$=\left[\frac{1}{4}x^4\right]_0^4$$

$$=64$$

**(4)** $(x-3)(3x-a)<0$ より

$$\begin{cases} a<9 \text{ のとき，} \dfrac{a}{3}<x<3 \\ a=9 \text{ のとき，解なし} \\ a>9 \text{ のとき，} 3<x<\dfrac{a}{3} \end{cases}$$

となる。ここで，$(x-1)(x-5)>0$ より，$x<1$，$5<x$ を考慮して

(i) $a>9$ のとき，$3<x<\frac{a}{3}$ かつ，$x<1$ または $5<x$ を満たす整数 $x$ が2個だけとなるのは $x=6$，7 のときで，そのための条件は

$$7<\frac{a}{3}\leqq 8 \Longleftrightarrow 21<a\leqq 24$$

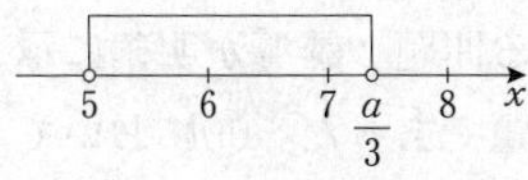


(ii) $a<9$ のとき，$\frac{a}{3}<x<3$ かつ，$x<1$ または $5<x$ を満たす整数 $x$ が2

個だけとなるのは $x=-1,\ 0$ のときで，そのための条件は

$$-2\leqq\frac{a}{3}<-1\iff -6\leqq a<-3$$



以上より，条件を満たす $a$ の最大値は 24（→④），最小値は $-6$（→⑤）である。

**(5)**　$\log_6 7\cdot\log_7 8\cdot\log_8 9\cdot\ \cdots\cdots\ \cdot\log_n(n+1)$

$$=\log_6 7\cdot\frac{\log_6 8}{\log_6 7}\cdot\frac{\log_6 9}{\log_6 8}\cdot\ \cdots\cdots\ \cdot\frac{\log_6(n+1)}{\log_6 n}$$

$$=\log_6(n+1)$$

これを，2 以上の自然数 $m$ とおけば

$$\log_6(n+1)=m\iff n+1=6^m\iff n=6^m-1\quad(\to⑥)$$

また

$$n=6^m-1=6^2\cdot6^{m-2}-4+3$$
$$=4(9\cdot6^{m-2}-1)+3$$

となるので，$9\cdot6^{m-2}-1$ は整数であるから，2 以上の自然数 $m$ に対して $n$ を 4 で割ったときの余りは 3 である。（→⑦）

## 講評

2024 年度は，2023 年度と同じく，記述式 2 題，空所補充問題 2 題で，空所補充問題のうち，1 題は独立した内容の小問構成であった。小問数は 5 問で 2023 年度と同じであった。

**I**　三角方程式を解いた後，その値を用いて，曲線で囲まれた領域の面積を積分計算する問題である。定積分の計算は丁寧に行いたい。標準問題である。

**II**　複素数平面の問題で，与えられた複素数が実数である条件，純虚数である条件を計算する問題。誘導が明確に示されているので，複素数の計算力が問われる問題であった。⑤において，複素数を含む不等式を扱うときは，実数の部分を意識して処理しないといけないので，このタ

イプの計算に不慣れな受験生は苦労したかもしれない。⑥は，$\beta=x+yi$ とおいて不等式を処理することで，求める領域が図示しやすくなる。標準問題である。

**Ⅲ**　平面に下ろした垂線の位置ベクトルを，垂直条件によって求める問題。ベクトルの成分が与えられているので，計算も比較的易しい。$\overrightarrow{\mathrm{PH}}$ の大きさを用いて立体の高さを求めるのは定番。標準問題である。

**Ⅳ**　小問5問で空所補充問題である。いずれも基本的であるから，本問から手を付けた受験生も多いと思われる。確実に解答しておきたい問題である。(1)問題を見てすぐに相反方程式と判断できないと，時間がかかってしまう。高次方程式における定番の問題である。(2)余事象を考えることで，計算量を節約できる。(3)数列の和の極限を計算する問題。区分求積法によっても計算が可能である。(4) $\dfrac{a}{3}$ と3の大小によって，連立2次不等式を場合分けする問題。(5)前半は底の変換公式を用いて計算すればよい。後半は $6^m-1$ を4で割ったときの余りを求めればよいが，証明問題ではないので，$m$ に適当な数値をいくつか代入してみて答えを予想するのも一つの方法であろう。

# 物　理

## I 解答

(a) 1.7　(b) $S-\frac{mg}{l}(x+l)$　(c) $mg-S$

(1)―(カ)　(2)―(イ)　(3)―(ソ)　(4)―(ツ)　(5)―(ヌ)　(6)―(ア)　(7)―(オ)　(8)―(サ)
(9)―(シ)　(10)―(ツ)　(11)―(ツ)　(12)―(ヌ)　(13)―(タ)　(14)―(コ)　(15)―(オ)

## 解説

**《単振動，ばねと糸でつながれた2物体の運動》**

(i)(1)　ばねの自然長からの伸びを $\Delta l$ とする。小球は静止しているので，小球にはたらく力のつり合いより

$$k\Delta l=mg' \qquad \therefore \quad \Delta l=\frac{mg'}{k}$$

(2)　単振動の中心では合力がゼロとなる。つまり，その位置はつり合いの位置である。

(3)　ばね振り子の周期の式より，周期は $2\pi\sqrt{\frac{m}{k}}$ である。

(4)　周期は1回の振動に要する時間のことであるから，グラフより，小球1の単振動の周期は1.5sである。

(5)　小球2の単振動の周期をグラフより求めると3.0sである。実験に用いたばねのばね定数を $k'$〔N/m〕とし，小球1，小球2の質量をそれぞれ $m_1$〔kg〕，$m_2$〔kg〕とおくと，ばね振り子の周期の式から

$$1.5=2\pi\sqrt{\frac{m_1}{k'}} \quad \cdots\cdots①$$

$$3.0=2\pi\sqrt{\frac{m_2}{k'}} \quad \cdots\cdots②$$

となる。①式と②式より

$$2.0=\sqrt{\frac{m_2}{m_1}} \qquad \therefore \quad \frac{m_2}{m_1}=4.0$$

(a)　「2個の小球の単振動の中心の差に注目」する，つまり，つり合いの位置の差を考えればよい。つり合いの位置における，小球1と小球2それ

それの場合のばねの自然長からの伸びを，それぞれ $\Delta l_1$〔m〕，$\Delta l_2$〔m〕とおく。(1)の結果を利用すると

$$\Delta l_1=\frac{m_1g'}{k'},\ \Delta l_2=\frac{m_2g'}{k'}$$

である。また，床から小球までの高さを測定した結果のグラフより，小球1，小球2の単振動の中心の高さは，それぞれ 100 cm，70 cm であるから，単位に注意すると，2個の小球の単振動の中心の差は

$$100-70=30\text{〔cm〕}=3.0\times10^{-1}\text{〔m〕}$$

とわかる。したがって，下図より

$$\Delta l_2-\Delta l_1=\frac{m_2g'}{k}-\frac{m_1g'}{k}=3.0\times10^{-1}$$

となる。(5)の結果より，$m_2=4.0m_1$ であるから，代入し整理すると

$$\frac{m_1g'}{k}=1.0\times10^{-1}\quad\cdots\cdots③$$

となる。ここで，①式より

$$1.5^2=4\pi^2\cdot\frac{m_1}{k'}\qquad\therefore\quad\frac{m_1}{k'}=\frac{1.5^2}{4\pi^2}$$

であるから，③式に代入すると

$$\frac{1.5^2}{4\pi^2}\cdot g'=1.0\times10^{-1}$$

$$g'=\frac{1.0\times10^{-1}\times4\pi^2}{1.5^2}=\frac{1.0\times10^{-1}\times4\times3.1^2}{1.5^2}=1.70\fallingdotseq1.7\text{〔m/s}^2\text{〕}$$

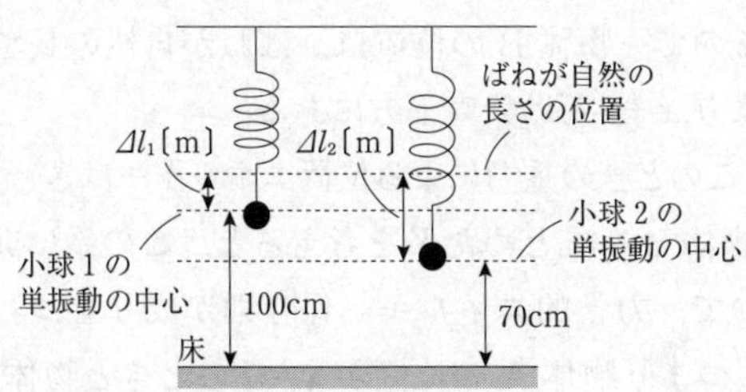


(ii)(6)　ばね定数を $K$ とする。物体AおよびBがつり合いの位置にあるとき，ばねの自然長からの伸びは $l$ であるので，一体となった物体にはたらくばねの弾性力の大きさは $Kl$ となる。この力と物体Bにはたらく大きさ $mg$ の重力がつり合っているので

$$Kl=mg \qquad \therefore \quad K=\frac{mg}{l}$$

**(7)**　一体となった物体の質量は $M+m$ であるから，一体となった物体の単振動の周期を $T$ とすると，ばね振り子の周期の式より

$$T=2\pi\sqrt{\frac{M+m}{K}}=2\pi\sqrt{\frac{(M+m)l}{mg}}$$

である。よって，一体となった物体の角振動数を $\omega$ とすると

$$\omega=\frac{2\pi}{T}=\sqrt{\frac{mg}{(M+m)l}}$$

**(8)・(9)**　物体Bをつり合いの位置から距離 $d$ だけ鉛直に引き下げて静かに放すので，このときの位置が単振動の端となる。そのときの物体Aの位置は $x=d$ である。また，物体Aの位置が原点Oにあるときが単振動の中心（つり合いの位置）であるから，単振動の振幅は $d$ となる。

したがって，この単振動において，物体Aの位置 $x$ の範囲は $-d \leqq x \leqq d$ である。

**(10)・(11)**　ばねが自然の長さになる位置のとき，物体Aの位置は $x=-l$ であり，物体Bの位置はつり合いの位置より $l$ だけ鉛直上方にある。物体Aが位置 $x$ にあるとき，ばねは自然の長さから $x+l$ だけ伸びているので，ばねの弾性力による位置エネルギーは

$$\frac{1}{2}K(x+l)^2=\frac{1}{2}\times\frac{mg}{l}\times(x+l)^2$$

となる。また，物体Aが位置 $x$ にあるとき，ばねは自然の長さから $x+l$ だけ伸びているので，物体Bの位置は，ばねが自然の長さになるときの物体Bの位置より $x+l$ だけ鉛直下方にある。

したがって，このときの重力による位置エネルギーは　　$-mg\times(x+l)$

**(12)**　物体Aと物体Bをまとめた系を考えると，この系に非保存力ははたらいていないので，力学的エネルギー保存則が成り立つ。静かに物体Bを放したとき，つまり物体Aの位置が $x=d$ のときと物体Aが位置 $x$ にあるときについて，力学的エネルギー保存則を立てると

$$\frac{mg}{2l}(d+l)^2-mg(d+l)=\frac{mg}{2l}(x+l)^2-mg(x+l)+\frac{1}{2}(M+m)v^2$$

$$\frac{1}{2}(M+m)v^2=\frac{mg}{2l}\{(d^2-x^2)+2l(d-x)\}-mg(d-x)$$

$$=\frac{mg}{2l}(d^2-x^2)$$

$$\therefore\quad v=\sqrt{\frac{mg(d^2-x^2)}{(M+m)l}}=\sqrt{\frac{mg}{(M+m)l}}\times\sqrt{d^2-x^2}$$

⒀・⒁　物体Aと物体Bが一体となって運動しているとすると，物体Aにはたらく力は重力，垂直抗力，ばねの弾性力，糸の張力である。また，このとき物体Bにはたらく力は重力，糸の張力である。

(b)・(c)　物体Aについて，加速度の方向は水平方向である。ゆえに，物体Aについての運動方程式を立てるときには，物体Aにはたらく力の水平成分のみに注目する。物体Aが位置 $x$ にあるとき，ばねは自然の長さから $x+l$ だけ伸びているので，物体Aにはたらくばねの弾性力は，$x$ 軸正方向を正として

$$-K(x+l)=-\frac{mg}{l}(x+l)$$

である。したがって，物体Aについての運動方程式を考えると

$$Ma=S-\frac{mg}{l}(x+l)\quad\cdots\cdots④$$

物体Bについては物体Aと糸でつながっているので，加速度の方向は鉛直方向であり，物体Aの運動の正方向が水平右向きなら，物体Bの運動の正方向は鉛直下向きである。物体Bにはたらく力は鉛直下向きの重力と鉛直上向きの張力であるから，物体Bについての運動方程式は

$$ma=mg-S\quad\cdots\cdots⑤$$

⒂　④式と⑤式から $a$ を消去して整理すると

$$S=\frac{mg}{M+m}\left\{M+\frac{m}{l}(x+l)\right\}$$

となり，一体となって単振動するためには $S\geqq 0$ でなければならないので

$$M+\frac{m}{l}(x+l)\geqq 0\qquad\therefore\quad x\geqq-\frac{M+m}{m}l$$

したがって，一体となって単振動する条件は，単振動の範囲である $-d\leqq x\leqq d$ を考慮すると

$$-d\geqq-\frac{M+m}{m}l\quad\text{かつ}\quad d\geqq-\frac{M+m}{m}l$$

$$\therefore\quad -\frac{M+m}{m}l\leqq d\leqq\frac{M+m}{m}l$$

$d>0$ であるから，$d \leqq \dfrac{M+m}{m}l$ となる。

**II 解答** (a) $\dfrac{I}{2\pi R}$ (b) $\sqrt{3}$ (c) $\dfrac{2mgR}{B_0{}^2a^3}$

(1)―(ア)　(2)―(キ)　(3)―(イ)　(4)―(コ)　(5)―(イ)　(6)―(キ)　(7)―(ケ)　(8)―(イ)

(9)―(キ)　(10)―(ケ)　(11)―(コ)　(12)―(タ)　(13)―(ツ)　(14)―(ト)　(15)―(ケ)

## 解説

**《直線電流が作る磁場，回転する導体棒による電磁誘導》**

(i)(a)　じゅうぶんに長い，大きさ $I$ の直線電流から距離 $R$ だけ離れた点にできる磁場の強さ $H$ は

$$H=\frac{I}{2\pi R}$$

(1)　右ねじの法則より，導線 $L_A$ を $y$ 軸正の向きに流れている電流が原点Oにつくる磁場の向きは $z$ 軸正の向きである。

(2)　右ねじの法則より，導線 $L_B$ を $z$ 軸負の向き，導線 $L_C$ を $x$ 軸負の向きに流れている電流が原点Oにつくる磁場の向きはそれぞれ $x$ 軸負の向き，$y$ 軸負の向きである。導線 $L_B$ と原点Oの距離は，導線 $L_C$ と原点の距離と等しく $R$ であるから，それぞれの導線に流れる電流が作る磁場の強さも等しく，原点Oでの合成磁場の向きは(キ)の方向となる。

(3)・(4)　原点Oでの磁場の向きが(オ)になるようにするには，2本の直線電流が原点Oに作る磁場がそれぞれ $x$ 軸負の向きと $y$ 軸正の向きになればよい。

したがって，右ねじの法則を考えて導線 $L_B$ には $z$ 軸負の向き，導線 $L_C$ には $x$ 軸正の向きに電流を流せばよい。

(b)　導線 $L_A$ を $y$ 軸正の向き，導線 $L_B$ を $z$ 軸正の向き，導線 $L_C$ を $x$ 軸正の向きに流れている電流が原点Oにつくる磁場の強さを，それぞれ $H_A$，$H_B$，$H_C$ とすると

$$H_A=H_B=H_C=\frac{I}{2\pi R}$$

である。また，その磁場の向きは右ねじの

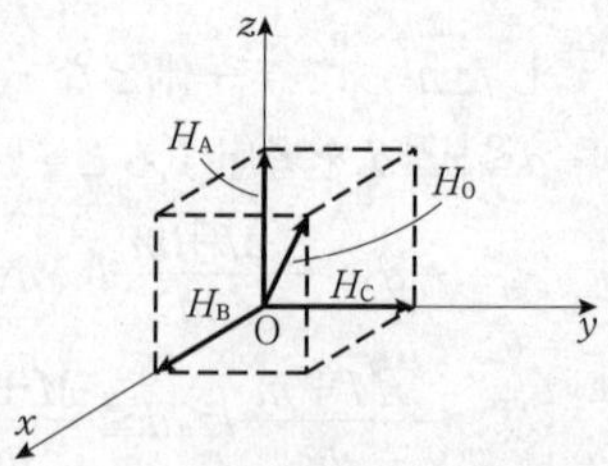

法則から，それぞれ $z$ 軸正の向き，$x$ 軸正の向き，$y$ 軸正の向きであり，上図の通りとなる。

したがって，原点Oにおける合成磁場の強さを $H_0$ とすると

$$H_0=\sqrt{H_A{}^2+H_B{}^2+H_C{}^2}$$
$$=\sqrt{3}\times\frac{I}{2\pi R}$$

(ii)(5)　磁場中を運動する導体棒の自由電子にはローレンツ力がはたらく。

(6)　導体棒OA上の自由電子にはたらくローレンツ力の向きはA→Oの向きであるから，発生する誘導起電力の向きはOからAの向きとなる。したがって，OBにはBからOの向きに電流が流れる。

(7)　OBにはBからOの向きに電流が流れているので，フレミングの左手の法則から，OBが反時計回りに回転する向きに磁場から力を受ける。

(8)　$\angle \mathrm{AOA}'=\omega\Delta t$ であるから，扇形AOA′の面積は $\dfrac{a^2\omega\Delta t}{2}$ となる。

(9)　微小時間 $\Delta t$ の間にOAが通過する領域を貫く磁束 $\Delta\Phi$ は，(8)の結果に磁束密度の大きさをかければよく

$$\Delta\Phi=B_0\cdot\frac{1}{2}a^2\omega\Delta t$$

したがって，OA間に生じる誘導起電力の大きさ $V$ は

$$V=\left|\frac{\Delta\Phi}{\Delta t}\right|=\frac{B_0a^2\omega}{2}$$

(10)・(11)　誘導起電力の大きさが $V$ であるから，OBに流れる電流の大きさ $I$ は，オームの法則より

$$I=\frac{V}{R}$$

である。また，OBで単位時間あたりに発生するジュール熱（消費電力）$P$ は，消費電力の式より

$$P=\frac{V^2}{R}$$

(12)　OBを流れる電流が磁場から受ける力の大きさ $F$ は

$$F=IB_0a$$

(13)　$\pi\leqq\theta<2\pi$ では，点Oのまわりの，重力のモーメントとOBを流れる電流が磁場から受ける力のモーメントは，ともに反時計回りであり，つり

合いは成立しない。よって，$0 \leqq \theta < \pi$ としてよい。

このとき，点Oのまわりの重力のモーメントは時計回りであり，その大きさを $M$ とすると，OBにはたらく重力の作用線と点Oとの最短距離が $\frac{a}{2}\sin\theta$ であることから

$$M=\frac{a}{2}\sin\theta\cdot mg=\frac{a}{2}\times mg\times\sin\theta$$

また，点OのまわりのOBを流れる電流が磁場から受ける力のモーメントは反時計回りであり，その大きさは $\frac{a}{2}\cdot F$ であるから，OBにはたらく力のモーメントのつり合いの式は次のようになる。

$$\frac{a}{2}\times mg\times\sin\theta=\frac{a}{2}\times F \quad \cdots\cdots①$$

⒁　一般に任意の実数 $\theta$ に対して $|\sin\theta|\leqq 1$ である。

⒂・(c)　①式より，$F=mg\sin\theta$ であり，角速度が $\omega$ のとき

$$F=IB_0a=\left(\frac{1}{R}\cdot\frac{1}{2}B_0a^2\omega\right)B_0a=\frac{B_0{}^2a^3\omega}{2R}$$

であるから

$$\frac{B_0{}^2a^3\omega}{2R}=mg\sin\theta$$

$$\sin\theta=\frac{B_0{}^2a^3\omega}{2mgR}$$

ここで，任意の実数 $\theta$ に対して $|\sin\theta|\leqq 1$ であるから

$$\frac{B_0{}^2a^3\omega}{2mgR}\leqq 1 \qquad \therefore \quad \omega\leqq\frac{2mgR}{B_0{}^2a^3}$$

となる。よって，力のモーメントのつり合いが成立しているときの，この角速度 $\omega$ の最大値が $\omega_0$ であり

$$\omega_0=\frac{2mgR}{B_0{}^2a^3}$$

である。また，$\omega$ が $\omega_0$ より大きくなると，つりあいの式を満たす $\theta$ が存在しなくなる。このとき，点Oのまわりで，OBを流れる電流が磁場から受ける力のモーメントの大きさが重力のモーメントの大きさを上回るため，OBは反時計回りに回転するようになる。

## III 解答

(a) $-\dfrac{p_0}{V_0}$　(b) $-\dfrac{p_0}{RV_0}$　(c) $\dfrac{6p_0}{R}$

(1)―(カ)　(2)―(チ)　(3)―(イ)　(4)―(キ)　(5)―(オ)　(6)―(ケ)　(7)―(イ)　(8)―(オ)
(9)―(エ)　(10)―(ク)　(11)―(ク)　(12)―(ケ)　(13)―(ス)　(14)―(カ)　(15)―(コ)　(16)―(ク)
(17)―(ケ)　(18)―(コ)

### 解説

**《気体の状態変化》**

(i)(1)　状態Aの気体の絶対温度を $T_A$ とする。状態Aについて，理想気体の状態方程式を立てると

$$5P_0V_0=RT_A \qquad \therefore \quad T_A=5\times\frac{p_0V_0}{R}$$

(2)　単原子分子理想気体の定積モル比熱は $\dfrac{3}{2}R$ であるから，1 mol の理想気体の内部エネルギー $U$ は，絶対温度 $T$ を用いて

$$U=\frac{3}{2}RT$$

と表せる。よって，状態Aの気体の内部エネルギーを $U_A$ とすると

$$U_A=\frac{3}{2}RT_A=\frac{3}{2}R\cdot\frac{5p_0V_0}{R}$$
$$=\frac{15}{2}p_0V_0$$

(3)　状態Bの気体の絶対温度を $T_B$ とする。状態Aから状態Bへの変化は定積変化であるから，与えられた関係式を用いると

$$T_B=\frac{V_0}{R}\times p_0 \qquad \therefore \quad T_B=1\times\frac{p_0V_0}{R}$$

(4)　状態Aから状態Bへの変化において，内部エネルギーの変化を $\varDelta U_{AB}$，気体が吸収する熱量を $Q_{AB}$ とする。定積変化では気体のする仕事 $W$ はゼロであるから，熱力学第一法則より

$$Q_{AB}=\varDelta U_{AB}=\frac{3}{2}R(T_B-T_A)$$
$$=\frac{3}{2}R\left(\frac{p_0V_0}{R}-\frac{5p_0V_0}{R}\right)$$
$$=-6p_0V_0$$

したがって，この状態変化で気体が放出する熱量は $6p_0V_0$ である。

**(5)**　定圧変化では，気体の圧力 $p$ と体積変化 $\varDelta V$ を用いると，気体が外部にする仕事 $W$ は

$$W=p\varDelta V$$

と表せる。状態Bから状態Cへの変化は定圧変化であるから，この状態変化において気体のする仕事を $W_{BC}$ とすると

$$W_{BC}=p_0(5V_0-V_0)=4p_0V_0$$

**(6)**　状態Cの気体の絶対温度を $T_C$ とする。状態Bから状態Cへの変化において，内部エネルギーの変化を $\varDelta U_{BC}$，気体が吸収する熱量を $Q_{BC}$ とする。熱力学第一法則より

$$Q_{BC}=\varDelta U_{BC}+W_{BC}$$
$$=\frac{3}{2}R(T_C-T_B)+4p_0V_0\quad\cdots\cdots①$$

ここで，状態Bから状態Cの変化は定圧変化であるから，与えられた関係式より

$$T_C=\frac{p_0}{R}\times5V_0=\frac{5p_0V_0}{R}$$

であるから，①式に代入して

$$Q_{BC}=\frac{3}{2}R\left(\frac{5p_0V_0}{R}-\frac{p_0V_0}{R}\right)+4p_0V_0=10p_0V_0$$

**別解**　結局は上に示した解法と同じことであるが，$T_C$ を求めた後は，単原子分子理想気体の定圧モル比熱 $\frac{5}{2}R$ を用いて $Q_{BC}$ を求めてもよい。状態Bから状態Cの変化は定圧変化であるから

$$Q_{BC}=\frac{5}{2}R(T_C-T_B)=10p_0V_0$$

このようにすると，$\varDelta U_{BC}$ と $W_{BC}$ を個別に求めなくても計算できる。

**(ii)(7)**　気体の温度を一定に保ったまま変化させたとすると，理想気体の状態方程式 $pV=RT$ において，右辺が一定であるから，気体の圧力 $p$ と体積 $V$ は反比例する。

**(8)**　(7)で述べた関係をグラフで表すと次図のようになる。ここで，破線と実線はともに圧力 $p$ と体積 $V$ は反比例する関係にあるが，絶対温度が異なる状態である。状態方程式 $pV=RT$ を考えると，圧力 $p$ と体積 $V$ の積

が大きいほど，絶対温度も大きい状態にあることがわかる。したがって，右のグラフの場合，実線の方が高温であることがわかる。

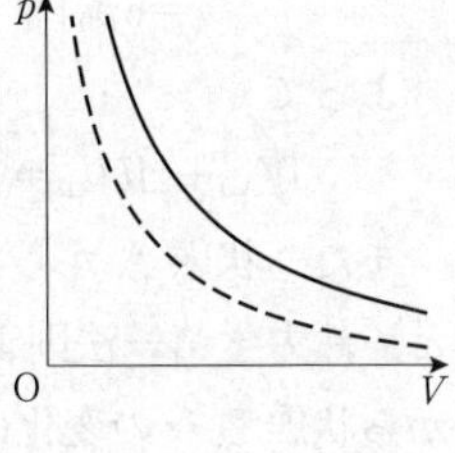


このことをふまえると，過程 2［A→C］は気体の温度が上昇して下降する変化となる。

**(a)**　線分 AC の傾きは $-\dfrac{p_0}{V_0}$ である。

**(b)・(c)**　(a)より，過程 2 における気体の圧力 $p$ と体積 $V$ の関係は

$$p=-\frac{p_0}{V_0}V+6p_0$$

となるから，理想気体の状態方程式より

$$pV=RT$$

$$T=\frac{pV}{R}=\frac{1}{R}\left(-\frac{p_0}{V_0}V+6p_0\right)V$$

$$=-\frac{p_0}{RV_0}V^2+\frac{6p_0}{R}V$$

**(9)・(10)**　$T$ は $V$ の 2 次関数であるから，上の式を変形すると

$$T=-\frac{p_0}{RV_0}(V-3V_0)^2+\frac{9p_0V_0}{R}$$

となり，$T$ は $V=3V_0$ で最大値 $\dfrac{9p_0V_0}{R}$ をとることがわかる。

したがって，状態 D の気体の体積 $V_D$ は $V_D=3V_0$，そのときの絶対温度 $T_D$ は $T_D=9\times\dfrac{p_0V_0}{R}$ である。

**(11)・(12)**　まず，$W_{AD}$ と $\varDelta U_{AD}$ を求める。$W_{AD}$ は右図の線分 AD に囲まれた $p$-$V$ グラフの面積（網かけ部分）であるから

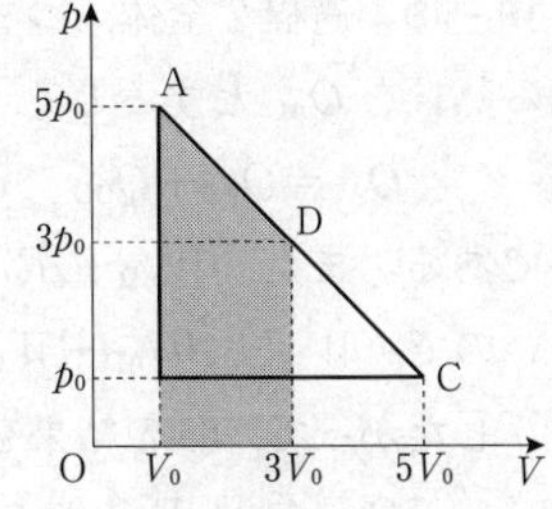


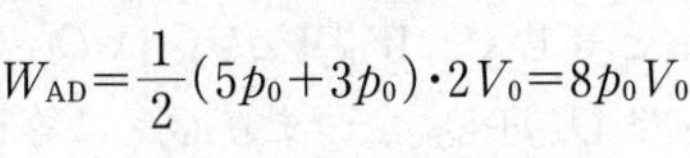

$$W_{AD}=\frac{1}{2}(5p_0+3p_0)\cdot 2V_0=8p_0V_0$$

また

$$\varDelta U_{AD}=\frac{3}{2}R(T_D-T_A)$$

$$=\frac{3}{2}R\left(\frac{9p_0V_0}{R}-\frac{5p_0V_0}{R}\right)$$

$$=6p_0V_0$$

よって

$$W_{AD}+\Delta U_{AD}=14p_0V_0>0$$

また，状態 A から状態 D への変化で気体が吸収する熱量を $Q_{AD}$ とすると，熱力学第一法則より，$Q_{AD}$ は $W_{AD}+\Delta U_{AD}$ と等しい。つまり，状態 A から状態 D への変化は気体が熱を吸収する変化である。

(13)
$$\Delta U_{DC}=\frac{3}{2}R(T_C-T_D)$$
$$=\frac{3}{2}R\left(\frac{5p_0V_0}{R}-\frac{9p_0V_0}{R}\right)$$
$$=-6p_0V_0$$

(14)・(15)　まず，$W_{DC}$ を求める。$W_{DC}$ は右図の線分 DC に囲まれた $p$-$V$ グラフの面積（網かけ部分）であるから

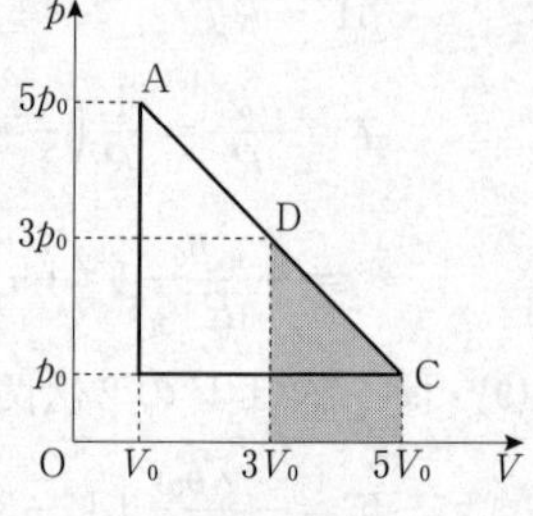


$$W_{DC}=\frac{1}{2}(3p_0+p_0)\cdot 2V_0=4p_0V_0$$

よって

$$W_{DC}+\Delta U_{DC}=-2p_0V_0<0$$

また，状態 D から状態 C への変化で気体が吸収する熱量を $Q_{DC}$ とすると，熱力学第一法則より，$Q_{DC}$ は $W_{DC}+\Delta U_{DC}$ と等しい。つまり，状態 D から状態 C への変化は気体が熱を放出する変化である。

(16)　これまでの結果を代入して計算すると

$$W_{AD}+\Delta U_{AD}+W_{DC}+\Delta U_{DC}=14p_0V_0-2p_0V_0=12p_0V_0>0$$

(17)・(18)　過程 2 全体，つまり状態 A から状態 C への変化で気体が吸収する熱量を $Q_{AC}$ とすると

$$Q_{AC}=Q_{AD}+Q_{DC}$$

である。また，$W_{AD}+\Delta U_{AD}$ は $Q_{AD}$ と等しく，$W_{DC}+\Delta U_{DC}$ は $Q_{DC}$ と等しいので，$W_{AD}+\Delta U_{AD}+W_{DC}+\Delta U_{DC}$ は $Q_{AD}+Q_{DC}$，つまり $Q_{AC}$ に等しい。

したがって，(16)の結果を用いると

$$Q_{AC}=12p_0V_0>0$$

となるため，過程 2 全体としては気体が熱を吸収する変化である。

## 講評

**Ⅰ**　小球の単振動，ばねと糸につながれた2物体の運動に関する出題である。(i)は，(a)以外は単振動の基本的な問題である。(a)は少々計算が必要であるが，注目すべき部分などはリード文に与えられており，比較的立式しやすい。ただし，床から測った高さが〔cm〕で与えられていることに注意したい。(ii)の前半（(9)まで）も単振動の基本的な問題である。後半は少し問題のレベルが上がるが，誘導が丁寧に書かれているので，リード文をしっかり読んでいけば解答できる。

**Ⅱ**　(i)は直線電流が作る磁場に関する基本的な問題である。(ii)は回転する導体棒による電磁誘導に関する問題である。前半は誘導起電力や回路に流れる電流，消費電力などを問う典型的な出題である。後半の(13)以降は，抵抗棒が姿勢を保っていることから力のモーメントのつり合いを考える設問であり，電磁誘導の問題ではあまり経験のない設問だったかもしれないが，誘導が丁寧であり，選択式であるので解答はしやすい。(c)については，直前の$|\sin\theta|\leqq 1$を利用すればよい。

**Ⅲ**　気体の状態変化に関する出題である。(i)は，定積変化と定圧変化の基本的な問題である。(ii)は気体の圧力と体積が$p$-$V$グラフにおいて直線的に変化する過程に関する問題である。(10)まではその過程での絶対温度の最大値を求める問題であり，見慣れない設定かもしれないが，誘導にのって解答していけば特に難しくはない。(9)および(10)を求めることができていれば，(11)からの設問における，気体が外部にする仕事，気体の内部エネルギーの変化は，計算するだけである。また，吸熱か放熱かについては熱力学第一法則を考えればよい。

いずれの大問も，典型的で基本的な設問が多く，一見難しそうな設問も，丁寧な誘導にしたがって解き進めれば，十分解答できる問題といえる。

# 化　学

## I　解答

(i)(1)—(イ)　(2)—(ア)　(3)—(ウ)　(4)—(ウ)　(5)—(エ)　(6)—(カ)

(7)—(カ)　(8) $\frac{2M}{N_AL^3}$　(9)0.71　(10)—(カ)

(ii)(1)—(オ)　(2)—(ウ)　(3)—(イ)　(4)—(エ)　(5)—(ア)

(6) $[Cu(NH_3)_4]^{2+}$　(7) $[Al(OH)_4]^-$　(8) $mol^2/L^2$　(9) $1.7\times10^{-24}$

(iii)(1) $BaCO_3$　(2) $Ba(OH)_2+2HCl \longrightarrow BaCl_2+2H_2O$

(3) $6.0\times10^{-3}$　(4)5.0

### 解説

**《金属結晶，金属イオンの分離と溶解度積，二酸化炭素の定量》**

(i)(4)　面心立方格子と六方最密構造はどちらも最密構造である。体心立方格子はこれらに比べて充塡率は低い。

(6)　記号を付した原子のうち，原子 **A** に最も近い距離に位置する原子は **B**，**C**，**D**，**E**，**F**，**G**，**H**，**I** の 8 個である。

(8)　体心立方格子の単位格子には原子が 2 個含まれるので，求める密度は

$$\frac{M}{N_A}\times2\times\frac{1}{L^3}=\frac{2M}{N_AL^3}\,[\mathrm{g/cm^3}]$$

(9)　銅とアルミニウムは同じ結晶構造なので，単位格子には同数の原子が含まれる。同数の原子の比較であれば，体積比は一定なので，1 mol あたりの銅とアルミニウムの体積を比較すればよい。

$$\mathrm{Al}:\frac{27}{2.7}=10\,[\mathrm{cm^3}],\quad \mathrm{Cu}:\frac{64}{9.0}=7.11\,[\mathrm{cm^3}]$$

よって，銅結晶の単位格子の体積は，アルミニウム結晶のそれの

$$\frac{7.11}{10}=0.711\fallingdotseq0.71\,[倍]$$

(ii)(1)　$Na^+$，$Al^{3+}$，$Cu^{2+}$，$Zn^{2+}$，$Ag^+$ のうち，希塩酸と反応して白色沈殿を生じるのは $Ag^+$ である。

(2)　$Na^+$，$Al^{3+}$，$Cu^{2+}$，$Zn^{2+}$ のうち，希塩酸を加えて酸性にしたのち，

硫化水素を通じて黒色沈殿を生じるのは $Cu^{2+}$ である。

**(3)**　$Na^+$, $Al^{3+}$, $Zn^{2+}$ のうち，過剰のアンモニア水を加えて白色沈殿を生じるのは $Al^{3+}$ である。

**(4)**　$Na^+$, $Zn^{2+}$ のうち，アンモニア水を加えて塩基性にしたのち，硫化水素を通じて白色沈殿を生じるのは $Zn^{2+}$ である。

**(5)**　$Na^+$ は炎色反応において黄色を示す。

**(6)**　$Cu^{2+}$ を含む水溶液に少量のアンモニア水を加えると，青白色沈殿 $Cu(OH)_2$ を生じる。この沈殿に過剰のアンモニア水を加えると，錯イオン $[Cu(NH_3)_4]^{2+}$ となって溶解する。この水溶液は深青色を示す。

**(7)**　$Al^{3+}$ を含む水溶液に過剰のアンモニア水を加えると，白色沈殿 $Al(OH)_3$ を生じる。この沈殿に過剰の水酸化ナトリウム水溶液を加えると，錯イオン $[Al(OH)_4]^-$ となって溶解する。この水溶液は無色である。

**(8)・(9)**　硫化亜鉛の飽和溶液において，$Zn^{2+}$, $S^{2-}$ の濃度はどちらも $1.3\times10^{-12}$ mol/L である。よって，硫化亜鉛の溶解度積は

$$K_{sp}=(1.3\times10^{-12})^2=1.69\times10^{-24}\fallingdotseq1.7\times10^{-24}\,[\mathrm{mol^2/L^2}]$$

**(iii)(3)**　塩酸による滴定は，溶液 500 mL のうち 50 mL である点に注意する。求める二酸化炭素の物質量を $n$[mol] とすると，中和点では次の関係が成り立つ。$H^+$ の物質量[mol]＝$OH^-$ の物質量[mol] より

$$n\times2+0.10\times\frac{8.0}{1000}\times\frac{500}{50}\times1=0.10\times\frac{100}{1000}\times2$$

$$\therefore\ n=6.0\times10^{-3}\,[\mathrm{mol}]$$

**(4)**　呼気中の二酸化炭素濃度は

$$\frac{6.0\times10^{-3}\times25}{3.0}\times100=5.0\,[\%]$$

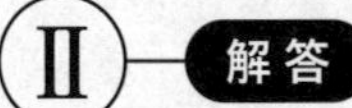

**(i)(1)**—(イ)　**(2)**—(カ)　**(3)**—(ク)　**(4)**—(カ)　**(5)**—(カ)
**(6)**—(イ)　**(7)** $5.6\times10^{-4}$　**(8)** $3.0\times10^{-4}$　**(9)** $6.6\times10^{-3}$

**(ii)(1)**—(ウ)　**(2)**ヘス　**(3)**—(オ)　**(4)**—(サ)　**(5)**—(ケ)　**(6)**—(ク)　**(7)**363

**(iii)(1)**—(エ)　**(2)**—(コ)　**(3)**—(イ)　**(4)** $2H_2O+2SO_2$

**(5)**0.60　**(6)**0.50　**(7)**0.56

## 解説

**《気体の溶解度，格子エネルギー，混合気体の反応と分圧》**

**(i)(2)** 温度一定のもとで，一定量の溶媒に溶解した気体の物質量は，その気体の圧力に比例する。よって，圧力 $2P$ のもとで溶解した気体の物質量は

$$n\times\frac{2P}{P}=2n$$

**(3)** 温度一定のもとで，一定量の気体の体積は圧力に反比例する。よって，圧力 $2P$ のもとで溶解した気体の体積は

$$V\times\frac{2P}{P}\times\frac{P}{2P}=V$$

**(7)** 窒素の分圧は $8.0\times10^4$ Pa なので，水 1.0 L に溶解した窒素の物質量は

$$7.0\times10^{-4}\times\frac{8.0\times10^4}{1.0\times10^5}=5.6\times10^{-4}\text{〔mol〕}$$

**(8)** 酸素の分圧は $2.0\times10^4$ Pa なので，水 1.0 L に溶解した酸素の物質量は

$$1.5\times10^{-3}\times\frac{2.0\times10^4}{1.0\times10^5}=3.0\times10^{-4}\text{〔mol〕}$$

**(9)** この水を 40°C に加熱したとき，溶けきれずに水から出てくる気体の質量は，(20°C で溶解した気体の質量〔g〕)−(40°C で溶解した気体の質量〔g〕) に等しい。

$$N_2：28\times(7.0-5.5)\times10^{-4}\times\frac{8.0\times10^4}{1.0\times10^5}=3.36\times10^{-3}\text{〔g〕}$$

$$O_2：32\times(1.5-1.0)\times10^{-3}\times\frac{2.0\times10^4}{1.0\times10^5}=3.2\times10^{-3}\text{〔g〕}$$

よって，求める気体の質量は

$$3.36\times10^{-3}+3.2\times10^{-3}=6.56\times10^{-3}\fallingdotseq6.6\times10^{-3}\text{〔g〕}$$

**(ii)(6)・(7)** Cl の電子親和力を $Q$〔kJ/mol〕とすると，ヘスの法則より

$$Q+Q_3=410+Q_1+495$$

条件より

$$Q_1=108+239\times\frac{1}{2}=227.5\text{〔kJ〕},\quad Q_3=770\text{〔kJ〕}$$

$$Q+770=410+227.5+495 \qquad \therefore \quad Q=362.5\fallingdotseq 363\,[\mathrm{kJ/mol}]$$

なお，エネルギー図は次のように表せる。

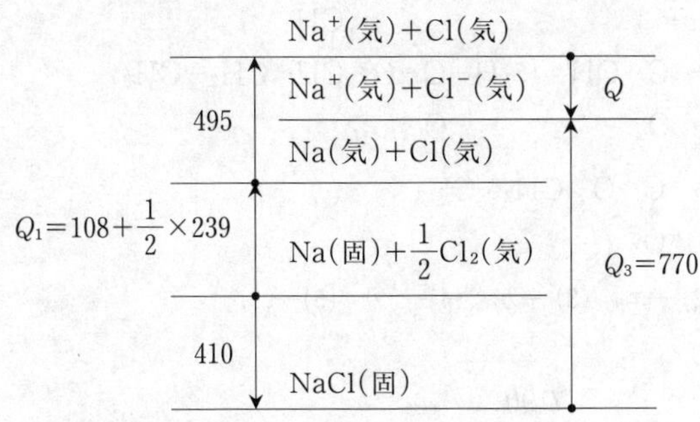


**(iii)(3)・(4)**　硫化水素の完全燃焼は次のように表せる。

$$2H_2S+3O_2 \longrightarrow 2H_2O+2SO_2$$

**(5)**　①式より，硫化水素 0.40 mol と過不足なく反応する酸素の物質量は

$$0.40\times\frac{3}{2}=0.60\,[\mathrm{mol}]$$

**(6)**　容器 **B** を容器 **A** と比べると，温度，気体の総物質量は等しく，体積が 2 倍である。容器内の圧力は体積に反比例するので，容器 **B** の圧力は

$$P\times\frac{20}{40}=0.50P\,[\mathrm{Pa}]$$

**(7)**　コック **X** を開けて混合気体が均一となったとき，容器内の圧力は

$$P\times\frac{20}{60}+0.50P\times\frac{40}{60}=\frac{2}{3}P\,[\mathrm{Pa}]$$

反応による物質量の変化は，次のように表せる。

| | $2H_2S$ + | $3O_2$ ⟶ | $2H_2O$ + | $2SO_2$ | 合計 (mol) |
|---|---|---|---|---|---|
| はじめ | 0.40 | 0.60 | 0.20 | 0 | 1.20 |
| 変化量 | −0.40 | −0.60 | +0.40 | +0.40 | |
| 反応後 | 0 | 0 | 0.60 | 0.40 | 1.00 |

温度を 400 K に戻したとき，気体の圧力は物質量に比例するので，求める圧力は

$$\frac{2}{3}P\times\frac{1.0}{1.2}=\frac{5}{9}P=0.555P\fallingdotseq 0.56P\,[\mathrm{Pa}]$$

2024年度　2月2日　全学日程1　化学

## Ⅲ 解答

(i)(1)―(カ) (2)―(エ) (3)$C_5H_{10}O_2$

(4)
```
        CH3
        |
CH3－C──C－OH
        |      ‖
        CH3  O
```

(5)
```
                       CH3
                        |
H－C－O－CH－CH2－CH3
     ‖
     O
```

(6)
```
CH3－CH2－C－O－CH2－CH3
                ‖
                O
```

(ii)(1)―(ア) (2)―(エ) (3)―(カ) (4)―(ウ) (5)―(オ)

(6) (ベンゼン環のオルト位に $-O-C(=O)-CH_3$ と $-C(=O)-OH$)
```
              O
              ‖
  ⌬ ─O─C─CH3
  |
  C─OH
  ‖
  O
```

(7)90

(iii)(1)―(ク) (2)―(ウ)

(3) $\left[ -O-CH_2-CH_2-O-\underset{\underset{O}{\|}}{C}-C_6H_4-\underset{\underset{O}{\|}}{C}- \right]_n$

(4)―(コ)

(5)
```
   CH2－CH2－C＝O
  /                   |
CH2                 |
  \                   |
   CH2－CH2－NH
```

(6)―(ア) (7)―(シ) (8)200

## 解説

**《元素分析，脂肪族カルボン酸・エステル，サリチル酸の性質，合成高分子》**

(i)(3) 化合物 **A** について，C，H，O の質量は次の通り。

$$C : 11\times\frac{12}{44}=3.0\,[\mathrm{mg}]$$

$$H : 4.5\times\frac{2}{18}=0.50\,[\mathrm{mg}]$$

$$O : 5.1-3.0-0.50=1.6\,[\mathrm{mg}]$$

C，H，O の組成比は次の通り。

$$\frac{3.0}{12} : \frac{0.50}{1.0} : \frac{1.6}{16}=5 : 10 : 2$$

よって，組成式は $C_5H_{10}O_2$ である。また分子量は 200 以下なので，分子式は $C_5H_{10}O_2$ である。

(4) 分子式 $C_5H_{10}O_2$ で表されるカルボン酸には，次の4種類の異性体が存在する。

$$CH_3-CH_2-CH_2-CH_2-\underset{\underset{O}{\|}}{C}-OH,\quad CH_3-CH_2-\overset{\overset{CH_3}{|}}{CH}-\underset{\underset{O}{\|}}{C}-OH$$

$$CH_3-\underset{\underset{CH_3}{|}}{\overset{\overset{CH_3}{|}}{C}}-\underset{\underset{O}{\|}}{C}-OH,\quad CH_3-\underset{\underset{CH_3}{|}}{CH}-CH_2-\overset{\overset{O}{\|}}{C}-OH$$

**A** の炭素原子に結合している水素原子1個を塩素原子1個で置換した化合物が1種類のみ存在することから，**A** の構造式は次の通り。

$$CH_3-\underset{\underset{CH_3}{|}}{\overset{\overset{CH_3}{|}}{C}}-\underset{\underset{O}{\|}}{C}-OH$$

(5) **B** は分子式 $C_5H_{10}O_2$ で表され，不斉炭素原子（＊で示す）をもつエステルなので，構造式は次の通り。

$$H-\underset{\underset{O}{\|}}{C}-O-\underset{*}{\overset{\overset{CH_3}{|}}{C}}H-CH_2-CH_3$$

(6) 分子式 $C_5H_{10}O_2$ で表されるエステル **C** の加水分解で得られるアルコール **D** とカルボン酸 **E** の分子量をそれぞれ $M_D$，$M_E$ とする。エステル **C** を完全に加水分解すると，同じ物質量のアルコール **D** とカルボン酸 **E** が得られるので

$$\frac{5.1}{102}=\frac{2.3}{M_D}=\frac{3.7}{M_E} \qquad \therefore\ M_D=46,\ M_E=74$$

アルコール **D**，カルボン酸 **E** はそれぞれ，その分子量より異性体は存在せず，エタノール，プロピオン酸と決まる。よって，エステル **C** の構造式は次の通り。

$$\underset{\text{エタノール D}}{CH_3-CH_2-OH}+\underset{\text{プロピオン酸 E}}{CH_3-CH_2-\underset{\underset{O}{\|}}{C}-OH}$$

$$\longrightarrow \underset{\text{エステル C}}{CH_3-CH_2-\underset{\underset{O}{\|}}{C}-O-CH_2-CH_3}+H_2O$$

(ii)(1)・(2)　ベンゼンでは，どの水素原子1個を置換反応しても生成するベンゼン一置換体は1種類である。ところが，フェノールのようなベンゼン一置換体にさらに置換反応を行う場合，置換基の種類によって，次の置換反応がベンゼンのどの位置で起こりやすいかが決まってしまう。このように，最初の置換基が次の置換基の入る位置を決定する性質を配向性という。フェノールをニトロ化すると，主に *o*-ニトロフェノールと *p*-ニトロフェノールを生じ，*m*-ニトロフェノールは少量しか生じない。したがって，ヒドロキシ基はオルト・パラ配向性とよばれる。

(3)　フェノールは，クロロベンゼンに高温高圧下で水酸化ナトリウム水溶液と反応させ，酸を作用させることで得られる。

ベンゼン $\xrightarrow[Cl_2]{\text{ハロゲン化}}$ クロロベンゼン（Cl） $\xrightarrow[\text{NaOHaq}]{\text{高温・高圧}}$ ナトリウムフェノキシド（ONa） $\xrightarrow[H_2O\ \ CO_2]{\text{中和}}$ フェノール（OH）

(5)　ナトリウムフェノキシドを高温高圧下で二酸化炭素と反応させてサリチル酸ナトリウムを得た後，希硫酸で処理するとサリチル酸が得られる。

ナトリウムフェノキシド（ONa） $\xrightarrow[\text{高温・高圧}]{\text{二酸化炭素}}$ サリチル酸ナトリウム（OH, COONa） $\xrightarrow{\text{希硫酸}}$ サリチル酸（OH, COOH）

(6)　サリチル酸に無水酢酸を作用させると，アセチルサリチル酸が得られる。

サリチル酸（OH, COOH） ＋ 無水酢酸 $(CH_3-CO)_2O$ ⟶ アセチルサリチル酸（A）（$O-CO-CH_3$, COOH） ＋ $CH_3-COOH$

(7)　理論的に得られる **A** の物質量は，反応したサリチル酸の物質量に等しい。よって，その質量は

$$\frac{5.52}{138}\times 180=7.2\,[\mathrm{g}]$$

求める収率は

$$\frac{6.48}{7.2}\times 100=90\,[\%]$$

**(iii)(1)～(3)**　テレフタル酸とエチレングリコール（1,2-エタンジオール）を縮合重合させると，ポリエチレンテレフタラートが得られる。

$$n\mathrm{HO{-}CH_2{-}CH_2{-}OH}+n\mathrm{HO{-}\underset{\underset{O}{\|}}{C}{-}C_6H_4{-}\underset{\underset{O}{\|}}{C}{-}OH}$$

エチレングリコール　　テレフタル酸

$$\longrightarrow \left[\mathrm{O{-}CH_2{-}CH_2{-}O{-}\underset{\underset{O}{\|}}{C}{-}C_6H_4{-}\underset{\underset{O}{\|}}{C}}\right]_n+2n\mathrm{H_2O}$$

ポリエチレンテレフタラート

**(4)**　テレフタル酸の構造異性体であるフタル酸を加熱すると，無水フタル酸を生じる。

$$\mathrm{C_6H_4(COOH)_2}\xrightarrow[-\mathrm{H_2O}]{}\mathrm{C_6H_4(CO)_2O}$$

フタル酸　　無水フタル酸

**(5)**　$\varepsilon$-カプロラクタムを開環重合させると，ナイロン6が得られる。

$$n\,\mathrm{CH_2}\begin{cases}\mathrm{CH_2{-}CH_2{-}C{=}O}\\ \mathrm{CH_2{-}CH_2{-}NH}\end{cases}\quad(\text{C と NH が結合した環})$$

$\varepsilon$-カプロラクタム

$$\longrightarrow \left[\mathrm{NH{-}CH_2{-}CH_2{-}CH_2{-}CH_2{-}CH_2{-}\underset{\underset{O}{\|}}{C}}\right]_n$$

ナイロン6

**(6)・(7)**　ヘキサメチレンジアミンとアジピン酸を縮合重合させると，ナイロン66と水が得られる。

$$n\,H_2N-(CH_2)_6-NH_2 + n\,HO-\underset{\underset{O}{\|}}{C}-(CH_2)_4-\underset{\underset{O}{\|}}{C}-OH$$

ヘキサメチレンジアミン　　　アジピン酸

$$\longrightarrow \left[NH-(CH_2)_6-NH-\underset{\underset{O}{\|}}{C}-(CH_2)_4-\underset{\underset{O}{\|}}{C}\right]_n + 2nH_2O$$

ナイロン66

**(8)** 平均重合度を $n$ とすると，平均分子量 $4.52\times10^4$ のナイロン66の平均重合度は

$$226n = 4.52\times10^4 \qquad \therefore \quad n = 200$$

## 講評

2024年度は2023年度と同じく，大問Ⅰ，Ⅱ，Ⅲのすべてが3つのパートに分かれて出題された。難易度は基本～標準的な問題で構成されていた。発展的な内容は見られないが，時間的な余裕はない。

**Ⅰ**　(i)は，金属結晶の構造について知識を中心に問われた。(ii)は金属イオンの分離について問われ，一部に溶解度積の計算問題が見られた。(iii)は中和滴定による二酸化炭素の定量について，計算問題を中心に問われた。いずれも基本～標準レベルを中心とした出題である。

**Ⅱ**　(i)は気体の溶解度について，(ii)はヘスの法則を利用して電子親和力を求める問題，(iii)は混合気体の反応と分圧について，いずれも計算問題を中心に問われた。すべて標準レベルであるが，前問の結果を利用する設問が多く，差がつきやすい。

**Ⅲ**　(i)は脂肪族カルボン酸・エステルの性質や構造について，(ii)はサリチル酸の合成および誘導体について，(iii)は合成高分子の性質について問われた。基本～標準レベルの典型問題で構成されている。

すべての大問で，元素分析，収率，重合度等計算問題が含まれていた。

# 生物

## I 解答

(A)問1．(1)独立栄養　(2)従属栄養　(3)マトリックス
(4)アセチル CoA　(5)内膜　(6)ATP 合成酵素　(7)34

問2．(エ)

問3．(i)過程Ⅰ：解糖系　過程Ⅱ：クエン酸回路　過程Ⅲ：電子伝達系
(ii)基質レベルのリン酸化反応　(iii)酸化的リン酸化反応
(iv)消費される酸素：64 g　発生する二酸化炭素：88 g

(B)問1．(1)自然　(2)好中球　(4)体液性　(5)細胞性

問2．(イ)　問3．(カ)

問4．(i)―(ア)　(ii)記憶細胞　(iii)(7)―(イ)　(8)―(イ)　(9)―(ア)　(iv)胸腺

問5．(a)―(カ)　(b)―(ウ)　(c)―(ア)

問6．日和見感染

問7．免疫寛容

## 解説

《(A)呼吸の過程　(B)免疫のしくみ》

(A)問2．それぞれの酸化の化学反応式と呼吸商を示すと

エタノール：$C_2H_5OH+3O_2 \longrightarrow 2CO_2+3H_2O$

呼吸商は　$\dfrac{2CO_2}{3O_2} \rightarrow \dfrac{2}{3}=0.66\cdots$

グルコース：$C_6H_{12}O_6+6O_2 \longrightarrow 6CO_2+6H_2O$

呼吸商は　$\dfrac{6CO_2}{6O_2} \rightarrow \dfrac{6}{6}=1.0$

パルミチン酸：$C_{16}H_{32}O_2+23O_2 \longrightarrow 16CO_2+16H_2O$

呼吸商は　$\dfrac{16CO_2}{23O_2} \rightarrow \dfrac{16}{23}=0.69\cdots$

となり，呼吸商の大きい順は，グルコース＞パルミチン酸＞エタノールとなる。

問3．(iv)　グルコースが酸化分解されるときの化学反応式は

$C_6H_{12}O_6+6O_2 \longrightarrow 6CO_2+6H_2O$

$C_6H_{12}O_6$ 1モルの分子量は　　$12\times6+1\times12+16\times6=180$

$O_2$ 1モルの分子量は　　$16\times2=32$

$CO_2$ 1モルの分子量は　　$12+16\times2=44$

したがって，上記の反応式における量的関係は，酸素を $x$〔g〕，二酸化炭素を $y$〔g〕とおくと

| 180 | 6×32 | 6×44 |
|---|---|---|
| 60 | $x$ | $y$ |

※単位は〔g〕

よって，$C_6H_{12}O_6$ 60gを酸化分解するのに必要な酸素 $x$〔g〕は

$180:60=6\times32:x$

$\therefore\quad x=\dfrac{60\times6\times32}{180}=64$〔g〕

また，$C_6H_{12}O_6$ 60gを酸化分解した結果発生する二酸化炭素 $y$〔g〕は

$180:60=6\times44:y$

$\therefore\quad y=\dfrac{60\times6\times44}{180}=88$〔g〕

(B)**問2．** 自然免疫は，異物を幅広く認識できるため早期対応が可能。獲得免疫の場合，特に1度目は抗原認識から抗原提示，抗体産生や特定のキラー細胞の増殖など，複数段階の手続きを経るため時間がかかると考えられる。再侵入に関しては，記憶細胞が存在する分だけ1度目よりは応答が早いであろうと推測されるが，それでも記憶細胞の増殖など一定の時間はかかる。しかも，この問いは自然免疫との単純な比較なので，獲得免疫については1度目の応答と考え，自然免疫の方が応答時間が短いと判断した。

**問3．** (ア)不適。ミトコンドリアは，呼吸により基質からエネルギーを取り出す細胞小器官である。

(イ)不適。リボソームはアミノ酸を結合してタンパク質を合成する。

(ウ)不適。核はDNAを収納している細胞小器官である。

(エ)不適。粗面小胞体はリボソームをつけた膜状の細胞小器官であり，細胞内での物質運搬にかかわっている。

(オ)不適。ゴルジ体は小胞体から輸送されてきたタンパク質を貯蔵し，適所へ分泌する。

(カ)適切。リソソームは内部に加水分解酵素を含む小胞である。対象物を取

り込んで消化分解する。

**問4.** (i) (ア)適切。獲得免疫の二次応答にあたるので，拒絶反応は速やかに行われる。

(イ)不適。1度目よりも長い期間で拒絶反応が起こることは，ふつうはあり得ない。

(ウ)・(エ)いずれも不適。拒絶反応が起こるので，皮膚が定着することは考えられない。

(ii) 拒絶反応は細胞性免疫にあたり，キラーT細胞とヘルパーT細胞の一部が記憶細胞として残り，二次応答のときはすばやく増殖するので短期間で皮膚片は脱落する。

(iii)(7)・(8) 細胞性免疫を担う中心的役割になるのはT細胞であるので，T細胞を持たないZ系統にXやY系統の皮膚を移植しても拒絶反応は起こらない。

(9) Y系統のマウスはT細胞を持つので，Z系統の皮膚細胞にあるMHCを認識して免疫応答を行う。

**問5.** (a) B細胞は，(イ)の抗体遺伝子の再編成も行うが，それはヘルパーT細胞からの刺激を受ける前であり，刺激の受容後は形質細胞となり抗体を産生する。

(エ)肥満細胞は造血幹細胞から分化する。したがって，(a)，(b)，(c)のいずれからも分化することはない。

(オ)セクレチンを分泌するのは十二指腸にある細胞である。

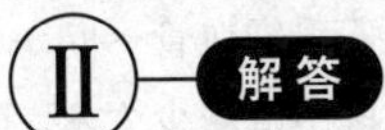

(A)**問1.** (1)0.1　(2)視床下部　(3)副交感　(4)グリコーゲン　(5)交感　(6)グルカゴン　(7)糖質コルチコイド　(8)タンパク質

**問2.** (ア)　**問3.** (エ)　**問4.** (エ)　**問5.** (カ)

(B)**問1.** (1)生命表　(2)生存曲線　(6)社会

**問2.** (3)―(エ)　(4)―(ウ)　**問3.** (5)―A　(7)―C

**問4.** (ウ)　**問5.** 天敵　**問6.** 女王バチ

**問7.** (i)―(ウ)　(ii)10万人の女性が生きた年数の和　(iii)平均寿命

## 解説

**《(A)血糖量の調節 (B)生存曲線と外来生物》**

**(A)問1．**(8) 肝臓での糖質コルチコイドによるグルコース合成は糖新生と呼ばれる。

**問2．**細胞膜を介しての水の移動は浸透圧の差が大きな原因である。グルコースが100％血液中に戻っていれば，細尿管内とそれに接する毛細血管内とでは，毛細血管内の浸透圧の方がはるかに大きく，そのため水は細尿管内から毛細血管内へ移動する。これが水の再吸収である。

(ア)適切。糖尿病では，グルコースを再吸収しきれず細尿管内に残っているために細尿管内の浸透圧は上昇する。毛細血管内の浸透圧との差が小さくなるため，水の再吸収量が減少すると考えられる。

(イ)不適。(ア)で示したように，毛細血管内の浸透圧との差が小さくなるため，水の再吸収量が減少すると考えられる。

(ウ)不適。浸透圧の上昇に伴い移動するのは水であり，イオンではない。

(エ)・(オ)・(カ)いずれも不適。グルコースが細尿管内に残っている状態で細尿管内の浸透圧低下は起こらない。

**問3．**インスリンはステロイドや脂肪酸の一種ではなく，ペプチド系ホルモンであるので，(ア)，(イ)，(オ)，(カ)は誤りである。インスリンを経口投与すると消化酵素で加水分解され，アミノ酸になって吸収されるので，ホルモンとしての効果は発揮できない。したがって，(エ)が正しい。

**問4．**(ア)・(イ)いずれも誤文。ボーマンのうは，糸球体内の液体をろ過する部分であり，ここでの再吸収は行われない。

(ウ)誤文。グルコースの再吸収は，細尿管からそれと接する毛細血管へ向かって行われる。したがって，再吸収が増加すれば尿への排出は減少する。

(オ)・(カ)いずれも誤文。集合管ではグルコースの再吸収は行われない。

**問5．**健康なヒトは，グルコース投与後多量のインスリンが分泌される。したがって，健康なヒトのグラフはCである。よって，(ア)，(イ)，(ウ)，(エ)は誤り。Ⅰ型糖尿病は，自己免疫疾患によりランゲルハンス島B細胞が破壊され，インスリンがほとんど分泌されないので，Bのグラフになると考えられる。よって，AのグラフがⅡ型糖尿病のものなので，(オ)は誤り。

**(B)問2．**(ア)・(オ)は大型哺乳類，(イ)は大型鳥類で，これらは親が子を守り育てるのでCタイプになる。

(ウ)は土中などある程度保護された場所に産卵するが，孵化後の面倒はさほどみないのでＢタイプになる。

(エ)は多数産卵するが，産みっぱなしなのでＡタイプになる。

**問3．**(7)　社会性昆虫は働きバチや働きアリが子を守り育てるので，Ｃタイプになる。

**問4．**(ア)不適。アライグマはペットとして輸入。

(イ)不適。アメリカザリガニはウシガエルの餌として輸入。

(ウ)適切。はっきりした記録は残っていないようであるが，中国から何かの物資とともに入り込み，帰化したとされている。

(エ)不適。ウシガエルは食用として輸入。

(オ)不適。オオクチバスはレジャーの釣りや食用のために導入された。

**問7．**(i)　80代での死亡数は，グラフ上の80歳から90歳の間の生存数の減少であるから，80000－50000＝30000〔人〕である。

そして，その死亡確率〔%〕は

$$\frac{30000}{100000}\times 100=30\,[\%]$$

(ii)　例えば30歳までだと縦軸×横軸の値は，10万人×30年＝300万〔人·年〕となり，集団に属する女性が30歳までに生きた年数の和と見なせる。これを全ての女性が死亡する年齢まで広げると，10万人の女性が生きた年数の和として見ることができる。

(iii)　(ii)の値を集団に属する女性が生きた年数の和として捉えることができるのならば，それを集団の人数で割ったものは集団内の個人の平均寿命と考えられる。

## Ⅲ　解答

(A)**問1．**(1)活性化エネルギー　(2)活性部位　(3)基質特異性　(4)フィードバック調節〔フィードバック制御〕　(5)アロステリック酵素

**問2．**(i)リパーゼ　(ii)(a)―(ウ)　(b)―(ア)　(c)―(エ)

**問3．**(i)―(エ)　(ii)競争的阻害

**問4．**(i)半透膜

(ii)低分子で熱に強く酵素と可逆的に結合する。(20字以内)

(iii)―(ウ)

**(B)問1．**(1)減数分裂　(2)花粉四分子　(5)極核　(8)重複受精　(9)種皮

**問2．**(3)8　(4)6　(6)2　(7)3

**問3．**(ウ)　**問4．**助細胞

**問5．**(i)アブシシン酸　(ii)ジベレリン

**問6．**(i)―(イ)　(ii)表割

## 解説

**《(A)酵素の性質　(B)被子植物の重複受精と休眠》**

**(A)問1．**(4)・(5)　ここで問われているアロステリック酵素は，活性部位以外に調節物質が結合する部位（アロステリック部位）を持ち，そこに調節物質が結合すると，立体構造が変化し，活性が変化するタイプのものである。調節物質には2通りあり，正の調節物質が結合すれば反応が促進され，負の調節物質が結合すれば反応が阻害される。例えば，最終生成物が正の調節物質としてはたらいた場合，正のフィードバック調節となり，負の調節物質としてはたらいた場合は負のフィードバック調節となる。

**問2．**(ii)　それぞれの酵素の最適pHによって見分ける。各グラフのピークのところのpHの数字がほぼ最適pHである。

**問3．**(i)　基質濃度が低いときは阻害物質の影響が大きく，反応速度は基準の実線より低くなる（グラフ中央より左側）が，基質濃度が高くなるにつれて阻害物質に出会う確率が下がるため，反応速度への影響は小さくなる（グラフ中央より右側）。したがって，(エ)が最適。

**問4．**(ii)　実験③・⑥・⑦から導き出せる補酵素の性質は以下の通り。

実験③：酵母に含まれる酵素を透析によって，アポ酵素（酵素全体から補酵素を除いたもの）と補酵素に分離した。補酵素は低分子であるため透析膜を通り抜けてビーカーに移動して溶液Bとなり，アポ酵素はチューブ内に残った（溶液A）。

実験⑥：分離したアポ酵素と補酵素は混合することによって再び酵素の機能を取り戻す。

実験⑦：補酵素は熱に強く，煮沸によって変性しない。

以上のことから，補酵素の性質をまとめると〔解答〕のようになる。

(iii)　(ア)・(イ)いずれも不適。溶液Aはアポ酵素のみを含み，アポ酵素はタンパク質でできており，煮沸により熱変性を起こすため，補酵素を含む溶液Bと混ぜてもアルコール発酵は起こらない。

(ウ)適切。補酵素は熱変性しないので，煮沸した酵母のしぼり汁の中でもその機能を維持し，変性していないアポ酵素（溶液A）と出会うとアルコール発酵を起こすことができる。

(エ)不適。酵母の中のアポ酵素の部分が煮沸により熱変性を起こすため，補酵素を含む溶液Bと混ぜてもアルコール発酵は起こらない。

**(B)問3．**(ア)誤文。この細胞分裂は不等分裂ではあるが，花粉管細胞より雄原細胞の方が小さい。

(イ)誤文。この細胞分裂は等分裂ではない。さらに花粉管細胞より雄原細胞の方が小さい。

(ウ)正文。リード文中にもあるように，雄原細胞は花粉管細胞の中に取り込まれる大きさである。すなわち，この細胞分裂は不等分裂であり，花粉管細胞より雄原細胞の方が小さい。

(エ)誤文。この細胞分裂以前に染色体数は半減しており，さらに半減することはない。

(オ)誤文。染色体数は半減しているので $n$ ではあるが，細胞分裂にあたってはDNAの複製を行うので，DNA合成を行う。

**問4．** 花粉管は胚のうの助細胞と卵細胞が存在する側に向かって進むが，その誘引物質を分泌しているのは助細胞であることがわかった。ちなみにその誘引物質はタンパク質であり，ルアー（LURE）と名づけられた。

**問5．**(i) アブシシン酸は種子成熟を促進し，種子の乾燥耐性が進み休眠状態に入ると，その状態を維持する。

(ii) 温度，水，酸素などの条件が発芽に適すると，胚はジベレリンを合成し，ジベレリンはアミラーゼの合成を誘導し，アミラーゼによって胚乳デンプンからできた糖が胚に吸収され胚の成長のエネルギーになる。こうして種子の発芽は進行する。

**問6．** 胚発生の過程での細胞分裂を卵割という。卵割において，一旦多核の状態になるのは(イ)ショウジョウバエのような昆虫類や甲殻類である。この卵割では，これらの核が卵黄の少ない表層に移動し，そこで卵割が進んでいくため，表割と呼ばれる。この分裂様式で分類すると，ウニ（棘皮動物）やイモリ（両生類），ヒト（哺乳類）は，比較的卵黄量が少なく卵全体で卵割が進む全割，メダカ（魚類）は動物極の最上部だけで卵割が進む盤割になる。しかし，いずれの動物も核分裂のみが進行して多核の状態にはならない。

## 講評

Ⅰ　(A)は呼吸の3つの過程と呼吸商に関する問題。呼吸商と呼吸の化学反応式から量的関係の計算問題が出題されているが，基礎的な問題なのでミスは避けたい。(B)は免疫のしくみ全般と，拒絶反応に関しての実験問題。免疫のしくみを問う問題の一部に細胞小器官に関する知識問題が含まれていた。拒絶反応に関しての実験問題は，標準的な問題集などで出てくる問題である。どちらかといえば基礎的な問題ではあるが，理解度が低ければ取りこぼす可能性もあるので確実に理解しておきたい。

Ⅱ　(A)は糖尿病を例にとって血糖量の調節に関する理解をみる問題である。再吸収についての正誤問題はやや難しい。また，Ⅰ型・Ⅱ型糖尿病に関するグラフを選ぶ問題も，これらの病気の理解ができているかどうかで差がつきやすい。問題文中に説明がされているので，しっかり読み取りたい。(B)は生存曲線の典型的なグラフの読み取りと外来生物に関する基礎的知識を問う問題であった。いずれも教科書をきちんと読んでいればできる問題である。ただ，問7のグラフについての問題はやや難しい。面積を算出するときに出てきた単位の理解がポイントになる。

Ⅲ　(A)は酵素の性質についての基礎知識と，反応速度に関するグラフの読み取り，酵素と補酵素についての実験に関する問題である。決して難しいものではないが，グラフや透析実験については，図説などをきちんと読んで理解を深めておかないと混乱しやすい。(B)は知識問題であるが，比較的混乱しやすい問題であろう。出てくる用語や，受精にいたる手順・段階の記憶があいまいだと正解しにくい。このような複雑な段階を踏む，用語の覚えにくいものが多い分野は他にも存在するが，そのような部分は，サブノートなどを利用してきちんと記憶しておきたい。

全体としては，2024年度は計算問題が少なく，しかも基本的な内容であった。実験結果を整理する必要のある問題やグラフの読み取り，正誤問題の中にやや難しい問題があったので，その部分の出来がポイントになるだろう。

教科書や標準的な問題集に出ている実験や計算に関しては，まず基礎的なものに幅広くあたっておくのがよいだろう。



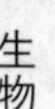

## 全学日程２：２月５日実施分
### ３教科型（理科設問選択方式），２教科型（英数方式〈数学重視〉）

# 問　題　編



▶試験科目・配点

● ３教科型（理科設問選択方式）

| 教　科 | 科　　　目 | 配　点 |
|---|---|---|
| 外国語 | コミュニケーション英語Ⅰ・Ⅱ・Ⅲ，英語表現Ⅰ・Ⅱ | 150点 |
| 数　学 | 数学Ⅰ・Ⅱ・Ⅲ・A・B | 200点 |
| 理　科 | 「物理基礎，物理」および「化学基礎，化学」の各３問合計６問のうち３問を選択 | 200点 |

● ２教科型（英数方式〈数学重視〉）

| 教　科 | 科　　　目 | 配　点 |
|---|---|---|
| 外国語 | コミュニケーション英語Ⅰ・Ⅱ・Ⅲ，英語表現Ⅰ・Ⅱ | 100点 |
| 数　学 | 数学Ⅰ・Ⅱ・Ⅲ・A・B | 300点 |

▶備　考

- **３教科型（理科設問選択方式）**：システム理工学部・環境都市工・化学生命工学部で実施。英語は200点満点を150点満点に，理科は150点満点を200点満点に換算する。
- **２教科型（英数方式〈数学重視〉）**：社会安全学部で実施。３教科型（理科設問選択方式）と同一問題を使用し，英語は200点満点を100点満点に，数学は200点満点を300点満点に換算する。
- 「数学Ｂ」は「数列，ベクトル」から出題する。

# 英 語

(90 分)

〔I〕A. 次の会話文の空所(1)〜(5)に入れるのに最も適当なものをそれぞれA〜Dから一つずつ選び，その記号をマークしなさい。

*Paul, an Australian exchange student in Japan, meets his friend Shun on campus on the first day of the new academic year.*

Paul: Shun! It's good to see you again.

Shun: Hi Paul. You too. Wow! (1)____________

Paul: Yes. I've been making an effort to exercise more recently. I've gotten about five kilograms lighter since Christmas.

Shun: That's great. (2)____________

Paul: Mostly jogging and stretching. How about you? How was your spring vacation?

Shun: Not bad. (3)____________

Paul: Are you still working at the same *izakaya*?

Shun: Yes. I quite like it there. I get along well with everyone, and I've been able to save some money.

Paul: I wish I could do that. (4)____________

Shun: That's too bad. Isn't there any way you could cut down on expenses?

Paul: Yes, probably. I spend a lot on food. (5)____________

Shun: Really? That's an expensive habit. Why don't you cook more often?

Paul: I'm no good at it. I really should learn how to make some simple dishes, though.

(1) A. Are you feeling unwell?
B. Have you been working out?
C. Have you been studying a lot?
D. Did you complete all the exercises?

(2) A. What was your present, then?
B. What sports are you into?
C. What would you recommend for gaining weight?
D. What kind of exercise have you been doing?

(3) A. I spent most of the time at my part-time job.
B. I quit my part-time job a few weeks ago.
C. I went to a restaurant with my high school friends.
D. I was working on new material with my band.

(4) A. I'm just too busy to work at an *izakaya*.
B. I don't get on well with most people.
C. I'm always worrying about paying the bills.
D. I just spend all my time at the gym.

(5) A. I mostly buy imported products.
B. I eat out for most of my meals.
C. I only use the freshest ingredients.
D. I love home-cooked meals.

B. 下の英文A～Fは，一つのまとまった文章を，6つの部分に分け，順番をばらばらに入れ替えたものです。ただし，文章の最初にはAがきます。Aに続けてB～Fを正しく並べ替えなさい。その上で，次の(1)～(6)に当てはまるものの記号をマークしなさい。ただし，当てはまるものがないもの(それが文章の最後であるもの)については，Zをマークしなさい。

(1) Aの次にくるもの

(2) Bの次にくるもの

(3) Cの次にくるもの

(4) Dの次にくるもの

(5) Eの次にくるもの

(6) Fの次にくるもの

A. Until recently, water was considered so abundant in most parts of the world that no-one gave it a second thought. But now, it is increasingly seen as an important resource. Not only do we need water to drink and wash, we use it to grow our food and even to cool the servers that run the Internet.

B. It's essential that we increasingly use such techniques to make the most of the precious freshwater we have. If we don't, we'll have to turn to expensive methods such as desalination—removing salt from seawater. Neither humans nor nature can afford to rely on that.

C. However, the widespread availability of drinkable water is an illusion. Only 2.5% of the world's water is actually freshwater—that is, water that isn't salty, like seawater, and can therefore be drunk if clean enough. But that isn't anywhere near the actual amount available to Earth's plants and animals.

D. This involves capturing rainwater in tanks above ground or in wells, which are connected to large reservoirs underground. Tanks collect rainwater for direct use in homes and businesses during water shortages, while wells help to supplement surface-water supplies.

E．In fact, most of this is locked up in ice or deep underground. Only about 1.2% of the freshwater is surface water, available for any of us to use freely. This is a pretty frightening statistic.

F．Because of our extremely limited access to usable water, we need to recycle it wherever possible. One method is called "rainwater harvesting."

〔Ⅱ〕A．次の英文の空所（　1　）～（　15　）に入れるのに最も適当なものをそれぞれA～Dから一つずつ選び，その記号をマークしなさい。

Super Mario, one of the most iconic characters in video-game history, made his humble debut in 1981. He wasn't much—just a handful of colored dots on a crude screen, a figure trying to save his girlfriend from a giant ape named Donkey Kong. But by the time the 1990s came around, Mario had not only rescued his lady love from her gorilla kidnapper; he had become the face of Nintendo itself.

It all started a century earlier in 1889, when Fusajiro Yamauchi founded a small company named Nintendo Koppai to manufacture *hanafuda*, a popular type of Japanese playing cards used（　1　）for gambling. Business boomed for many decades—Nintendo is still one of the top *hanafuda* manufacturers in the world—but when Yamauchi's grandson Hiroshi（　2　）in 1956, he began looking for ways to diversify the company's revenue streams.

The younger Yamauchi tried his hand at some pretty unconventional business ideas. There were instant-rice packets, a taxi-cab company, and other missteps. He finally found Nintendo's new（　3　）in the late 1960s, gaining a footing in Japan's electronic-toy market. When Hiroshi（　4　）the incredible success of home-computer and arcade game-machine company Atari in the 1970s, he next set his sights on the video-game market, and in 1977 Nintendo introduced the home video-game device called "Color TV-Game" to the Japanese market. The machine came pre-loaded ( 5 ) several versions of the same game—initially, Nintendo's version of "Pong," one of the era's most popular games—and would sell roughly three million units over the next three years, a modest success for the company.

Hungry for more, Yamauchi turned his attention to another prospering industry—coin-munching video-arcade, or "game center"—games. Encouraged by the success of its "EVR Race" and "Radar Scope" units in Japan, Nintendo produced 3,000 Radar Scope cabinets for distribution in the United States. ( 6 ), American arcade vendors found the game too similar to Space Invaders and were turned off by the aggravating beeps and noises that constantly emanated from the cabinet speakers during gameplay. Yamauchi was left with nearly 2,000 unsold Radar Scope machines, and it seemed like "game over" for the company's North American ( 7 ).

Yamauchi went back to the drawing board. He tasked product developer and artist Shigeru Miyamoto with creating a game that would appeal more to Americans and achieve the heights that "Radar Scope" could not. Miyamoto had one ( 8 ) that other video-game developers did not have. He wasn't a programmer. Rather than approach the project from the perspective of what the hardware could do—as most developers did back then—the 28-year-old ( 9 ) the story first.

After considering several ideas, he settled on one ( 10 ) by the American cartoon and comic-book character Popeye. But instead of having Bluto and Popeye fight over the love of Olive Oyl, Miyamoto's game featured a carpenter named Jumpman who had to rescue his girlfriend, named Pauline, from a giant gorilla kidnapper named Donkey Kong. (They felt this name conveyed the idea of a "stupid gorilla.")

Prior to "Donkey Kong"'s 1981 release, Nintendo in America rented its

Seattle-area warehouse (where the Radar Scopes were collecting dust) from a man named Mario Segale. Because so many of the company's resources were tied up in the development of "Donkey Kong," they ( 11 ) the rent. When the disagreeable Segale paid company president Minoru Arakawa an angry visit, demanding payment, Arakawa assured the landlord the rent would be paid soon. When Segale finally left, a lightbulb went off in Arakawa's head, and he and his team began jokingly referring to their video-game creation as Mario.

"Donkey Kong" was a huge success, but the company did not "take their hands off the joystick" and celebrate their win. They quickly developed and released a sequel named "Donkey Kong Jr.," ( 12 ) featured the son of Donkey Kong attempting to rescue his father from the evil clutches of the character formerly known as Jumpman, but now named Mario. ( 13 ) Mario being the "bad guy" (for the first and only time in his career), the game was another huge success for Nintendo.

In 1983, Mario finally got a chance to be the star, when he and his brother Luigi (now featured as plumbers from New York) were tasked with defeating numerous creatures attempting to rise from the sewers of their beloved city in the successful arcade game "Mario Bros."

On July 15, 1983, Nintendo (and Mario) leaped out of the arcade and into millions of living rooms for the first time, with the release of the home console Family Computer (Famicon for short) in Japan. Sales ( 14 ) domestically, and after a year of market testing in selected US locations, the Nintendo Entertainment System (NES)—renamed and redesigned for the American market—was released ( 15 ) in September of 1986. The system launched with 17 available games, including a new game featuring everyone's favorite plumber: "Super Mario Bros." By 1988, Nintendo dominated the American console market, and thanks to the automatic inclusion of "Super Mario Bros" with later versions of the NES, the connection between character and company was reinforced.

But why did Mario become such a phenomenon? According to Jeff Ryan, author of *Super Mario: How Nintendo Conquered America*, it was because Nintendo essentially forced him into fame. "Nintendo made him a star," said Ryan. "They purposefully put him in a large number of innovative video games and kept hopping him around from genre to genre."

Despite the industry's nonstop search for "realistic" gameplay experiences, the undoubtedly low-tech, three-decade-long battle Mario has waged to stop an enormous spike-shelled turtle named Bowser remains one of the most popular games in history.

(1) A. vigorously B. widely
C. narrowly D. deeply

(2) A. stared down B. handed over
C. took over D. turned down

(3) A. niche B. responsibility
C. game D. assessment

(4) A. achieved B. saw
C. investigated D. grew

(5) A. with B. for
C. as D. by

(6) A. In comparison B. Unwillingly
C. In return D. Unfortunately

(7) A. customers B. visits
C. achievements D. hopes

(8)　A. assistant　B. shortcoming
　C. advantage　D. function

(9)　A. turned up　B. focused on
　C. carried on　D. talked up

(10)　A. motivated　B. prepared
　C. encouraged　D. inspired

(11)　A. gave up on　B. fell behind on
　C. got away with　D. kept up with

(12)　A. which　B. who
　C. that　D. and

(13)　A. After　B. Even for
　C. Despite　D. Because of

(14)　A. flew　B. burst
　C. soared　D. ascended

(15)　A. nationwide　B. locally
　C. worldwide　D. universally

B. 本文の内容に照らして最も適当なものをそれぞれA～Cから一つずつ選び，その記号をマークしなさい。

(1) We can assume that in the 1940s Nintendo was most known for

A. taxi cabs.

B. card games.

C. making gambles.

(2) According to the third paragraph, starting with "The younger," Yamauchi

A. had a clear idea about how to boost company profits.

B. was anxious to expand his business to other industries.

C. entered the electronics market, launching a new type of color TV.

(3) According to the fourth paragraph, starting with "Hungry for more," "Radar Scope"

A. upset Americans because it contained violent elements.

B. sold about 1,000 units in both America and Japan.

C. wasn't distinctive enough to attract American buyers.

(4) According to the fifth paragraph, starting with "Yamauchi went back," the company

A. aimed to create a higher-level game than "Radar Scope."

B. selected a young artist as a developer to make a new game.

C. did not need a programmer for its new project.

(5) Minoru Arakawa and his colleagues started to call their video-game character Mario after

A. launching "Donkey Kong" in the US market.

B. collecting their old games to sell somewhere else.

C. receiving an unpleasant visit from the owner of the facility.

(6) Prior to 1983, the character Mario

A. played the role of the villain in a game.

B. starred in a game included in the home console.

C. appeared in a game as Jumpman with his brother Luigi.

(7) According to the passage, the main reason why the character Mario became extremely famous was that

A. Mario appeared as a star character in a wide range of video games.

B. the game "Super Mario Bros" was a huge hit in the US market.

C. Americans love characters who fight hard and never give up.

〔Ⅲ〕A. 次の英文の下線部①～⑩について，後の設問に対する答えとして最も適当なものをそれぞれA～Cから一つずつ選び，その記号をマークしなさい。

"Facts First" is the catchphrase of the CNN news channel's branding campaign, which contends that "once facts are established, opinions can be formed." The problem is that while it sounds logical, this appealing assertion is a false idea not supported by research. Cognitive psychology and neuroscience, which study mental processes, have found that the exact opposite is often true when it comes to politics: People form opinions based on emotions, such as fear, contempt, and anger, rather than relying on facts. New facts often do not change people's minds.

I study human development, public health, and behavior change. In my work, I see first-hand how hard it is to change someone's mind and behaviors when they encounter new information that runs counter to their beliefs. Your worldview, including beliefs and opinions, starts to form during childhood as you're socialized within a particular cultural context. It gets reinforced over time by the social groups you belong to, the media you consume, and even how your brain functions. It① influences how you think of yourself and how you interact with the world.

For many people, a challenge to their worldview feels like an attack on their personal identity and can cause them to harden their position. Here's some of the research that explains why it's natural to resist changing your mind—and how you can get better at making these shifts.

In an ideal world, rational people who encounter new evidence that contradicts their beliefs would evaluate the facts and change their views accordingly. But ②that's generally not how things go in the real world. Partly to blame is a cognitive bias that can begin to take effect when people encounter evidence that challenges their beliefs. Instead of re-evaluating what they've believed up until now, people tend to reject the incompatible evidence. Psychologists call this phenomenon ③"belief perseverance." Everyone can fall victim to this habitual way of thinking.

Being presented with facts—whether via the news, social media, or one-on-one conversations—that suggest their current beliefs are wrong causes people to feel threatened. ④This reaction is particularly strong when the beliefs in question support your political and personal identities. It can feel like an attack on you if one of your strongly held beliefs is challenged. Confronting facts that don't line up with your worldview may trigger a ⑤"backfire effect," which can end up strengthening your original position and beliefs, particularly with politically charged issues.

There's another cognitive bias that can prevent your mind from changing, called "confirmation bias." It's the natural tendency to seek out information or interpret things in a way that supports your existing beliefs. Interacting with similarly minded people and media ⑥reinforces confirmation bias. The problem with confirmation bias is that it can lead to errors in judgment because it keeps you from looking at a situation from multiple angles.

Cognitive biases are predictable patterns in the way people think that can keep you from objectively weighing evidence and changing your mind.

⑦ Some of the basic ways your brain works can also undermine you on this front.

Your brain is designed to protect you—which can lead to reinforcing your opinions and beliefs, even when they're misguided. Winning a debate or an argument triggers a flood of hormones, including dopamine and adrenaline. In your brain, they contribute to the feeling of pleasure you get during eating, roller-coaster rides—and yes, winning an argument. ⑧ That "rush" makes you feel good, maybe even unbeatable. It's a feeling many people want to have more often. Moreover, in situations of high stress or distrust, your body releases another hormone, cortisol. It can hijack your advanced thought processes of reasoning and logic—what psychologists call the executive functions of your brain. Your brain's amygdala, which controls your innate fight-or-flight reaction (the impulse either to attack or run away) when you feel under threat, becomes more active. In the context of communication, people tend to raise their voice, push back, and stop listening when these chemicals are running through their bodies. Once you're in that mindset, it's hard to hear another viewpoint. The desire to be right combined with the brain's protective mechanisms make it that much harder to change opinions and beliefs, even in the presence of new information.

In spite of the cognitive biases and brain biology that make it hard to change minds, there are ways to avoid these natural habits. Be wary of repetition, as repeated statements are often perceived as more truthful than new information, no matter how false the claim may be. Social-media manipulators and politicians know this all too well. Presenting things in a non-aggressive way allows people to evaluate new information without feeling attacked.

Try asking questions that lead the person to question what they believe. ⑨ While opinions may not ultimately change, the chance of success is greater.

⑩ Recognize we all have these tendencies and respectfully listen to other opinions. Take a deep breath and pause when you feel your body readying for a fight. Remember, it's OK to be wrong at times. Life can be a process of growth.

(1) What does Underline ① refer to?

A. your worldview

B. your cultural context

C. your childhood

(2) What does Underline ② refer to?

A. what ideal people would say in the real world

B. what rational people worldwide have as beliefs

C. what rational people would do in an ideal world

(3) Which of the following has a meaning closest to Underline ③?

A. accepting what the facts suggest as true

B. dismissing what contradicts your beliefs

C. examining what you have consistently valued

(4) What does Underline ④ refer to?

A. feeling forceful

B. feeling vulnerable

C. feeling mistaken

(5) Which of the following can be a concrete example for Underline ⑤?

A. increasing support for a political policy in spite of contradictory evidence

B. lessening support for a political policy due to questionable evidence

C. maintaining support for a political policy resulting from strong evidence

(6) Which of the following has a meaning closest to Underline ⑥?

A. enhances your accurate beliefs

B. increases your new ideas

C. strengthens your current views

(7) What does the author want to express most in Underline ⑦?

A. Your brain can contribute to your resistance to accepting facts.

B. Your brain can potentially aid in undergoing a change of opinion.

C. Your brain can prevent you from clinging to outdated data.

(8) What does Underline ⑧ refer to?

A. the speed of a roller coaster

B. the winning of an argument

C. the rapid release of hormones

(9) What does Underline ⑨ imply?

A. Sometimes the correct answers to questions are a matter of self-discovery.

B. Even with good techniques, changing someone's mind can be difficult.

C. The probability of altering the viewpoint of another depends on your tone.

(10) What does the author want to express most in Underline ⑩?

A. You can change another's opinion if you are careful to avoid conflict.

B. You can keep your beliefs regardless of their truthfulness.

C. You can train yourself to keep an open mind over time.

B．本文の内容に照らして最も適当なものをそれぞれA～Cから一つずつ選び，その記号をマークしなさい。

(1) In the second paragraph, starting with "I study human," the author claims that one's worldview is formed by

A．cognitive, social, and health-related factors.

B．social, cultural, and cognitive factors.

C．legal, cognitive, and cultural factors.

(2) In the fifth paragraph, starting with "Being presented with," the author suggests that

A．a face-to-face discussion, while stressful, is probably the best way to make a convincing argument.

B．trying to persuade someone with evidence contrary to their view could have the opposite effect.

C．presenting someone with evidence that refutes their beliefs could lead to a physical confrontation.

(3) Based on the sixth paragraph, starting with "There's another cognitive," an example of confirmation bias would be

A．refusing to watch TV because of one's political leaning.

B．searching for people with whom you can debate your political beliefs.

C．favoring a news article that shares your political opinion.

(4) In the eighth paragraph, starting with "Your brain," one main idea is that

A．the chemicals in the brain assist in controlling our impulses.

B．triggering the release of chemicals in the brain can help us debate better.

C．the way that we act is sometimes due to chemicals in the brain.

(5) According to the ninth paragraph, starting with "In spite of," one should be especially cautious of accepting claims that are

A. made over and over again.

B. only mentioned on occasion.

C. heard for the first time.

(6) In the same paragraph, the author implies that unethical public figures

A. may trick viewers by appearing mild-mannered.

B. could potentially encourage violence to achieve their objectives.

C. are well aware of how to exploit our cognitive weaknesses.

(7) The main idea of this passage is that we should

A. recognize that we all have natural habits which make it hard to change our minds.

B. disregard the fact that we have cognitive biases and trust in what feels right.

C. keep seeking new and reliable evidence to aid us in changing our beliefs.

# 数　学

(100 分)

〔 I 〕 曲線 $y=\frac{1}{2}(e^x-e^{-x})$ を $C$ とする。
次の問いに答えよ。

(1) $C$ 上の原点 $(0,\ 0)$ における接線の方程式を求めよ。

(2) $C$ の凹凸を調べて，$C$ の概形を解答欄の座標平面上に描け。

(3) $C$ と $y$ 軸および直線 $y=1$ で囲まれる図形の面積 $S$ を求めよ。

(4) 直線 $y=x$ に関して $C$ と対称な曲線を $D$ とする。$C$ と $D$ および直線 $x=1$ で囲まれる図形の面積 $T$ を求めよ。

〔Ⅱ〕 △OABは一辺の長さが1の正三角形である。△OABの外部に点Pを，$\mathrm{OP}=\dfrac{1}{3}$，$\angle\mathrm{AOP}=30^\circ$となるようにとる。次の［　］をうめよ。

(1) $\overrightarrow{\mathrm{OA}}\cdot\overrightarrow{\mathrm{OB}}=$ ［①］，$\overrightarrow{\mathrm{OA}}\cdot\overrightarrow{\mathrm{OP}}=$ ［②］，$\overrightarrow{\mathrm{OB}}\cdot\overrightarrow{\mathrm{OP}}=$ ［③］ である。

(2) $r$，$s$を定数とする。$\overrightarrow{\mathrm{OP}}=r\overrightarrow{\mathrm{OA}}+s\overrightarrow{\mathrm{OB}}$とすると，$r=$ ［④］，$s=$ ［⑤］ である。

(3) BPを直径とする円$C$があり，線分OPの垂直二等分線と円$C$の交点のうち，直線OPに関して点Bと同じ側にある点をQとする。$t$，$u$を定数とし，$\overrightarrow{\mathrm{OQ}}=t\overrightarrow{\mathrm{OB}}+u\overrightarrow{\mathrm{OP}}$とすると，$t=$ ［⑥］，$u=$ ［⑦］ であり，三角形OPQの面積は ［⑧］ である。

〔Ⅲ〕 $a$, $b$, $c$ は定数とし，$a>0$ とする。実数全体で定義される関数

$$f(x)=\lim_{n\to\infty}\frac{ax^{2n-1}-x^2+bx+c}{x^{2n}+1}$$

を考える。次の □ をうめよ。

(1) $|x|<1$ のとき，$f(x)=$ ① であり，$|x|>1$ のとき，$f(x)=$ ② である。

(2) $f(x)$ が $x=1$ で連続となる条件は

$$\lim_{x\to 1-0}f(x)=\lim_{x\to 1+0}f(x)=f(1)$$

であり，この条件を $a$, $b$, $c$ を用いて表すと， ③ $+1=0$ となる。

同様にして，$f(x)$ が $x=-1$ で連続となる条件を $a$, $b$, $c$ を用いて表すと， ④ $-1=0$ となる。

(3) $f(x)$ が実数全体で連続となるとき，$f(x)$ が $x=1$ で最大値をとるような $a$ の値の範囲は ⑤ $\leqq a$ である。また，$0<a<$ ⑤ のとき，$f(x)$ の最大値を $M$, 最小値を $m$ とする。$M+m$ を $a$ を用いて表すと， ⑥ である。

〔Ⅳ〕 次の □ をうめよ。

(1) 1個のさいころを2回投げて，1回目，2回目に出た目の数をそれぞれ $a$，$b$ とする。$|a-b|=2$ となる確率は ① である。また，$a+b$ を十の位，$a-b$ を一の位とする2桁の自然数となる確率は ② である。

(2) $x$ の4次方程式 $2x^4+7x^3-7x^2+28x-60=0$ が純虚数解 $pi$ ($p$ は0でない実数，$i$ は虚数単位) をもつような $p$ をすべて求めると，$p=$ ③ である。

(3) 関数 $y=-4\sin\theta+7\cos\theta$ がある。$0\leqq\theta\leqq\pi$ における $y$ の最小値は ④ であり，このときの $\theta$ の値を $\theta_1$ とすると，$\tan\theta_1=$ ⑤ である。

(4) 2点 $\mathrm{A}(-\sqrt{7},\ 0)$，$\mathrm{B}(\sqrt{7},\ 0)$ を焦点とし，焦点からの距離の差が2である双曲線の漸近線を $\ell$ とする。$\ell$ の方程式は，$y=\pm$ ⑥ $x$ である。$\ell$ と傾きが同じで $y$ 切片が $k$ である直線が，2点A，Bを焦点とし，焦点からの距離の和が $4\sqrt{2}$ である楕円に接するとき，$k=\pm$ ⑦ である。

2024年度 2月5日 全学日程2 物理

# 物 理

（3問 90分）

※ 物理・化学のそれぞれ〔Ⅰ〕～〔Ⅲ〕の3問合計6問のうち，3問を選択して解答してください。なお，4問以上解答した場合は，高得点の3問を合否判定に使用します。

〔Ⅰ〕 次の文の [(a)] には問題文の指示にしたがって解答欄に図示しなさい。

また，[(b)]，[(c)] に入れるのに最も適当な式を解答欄に記入しなさい。

また，[(1)] ～ [(16)] に入れるのに最も適当なものを各文末の解答群から選び，その記号をマークしなさい。ただし，同じものを2回以上用いてもよい。なお，[(6)*]，[(7)*] および [(13)*]，[(14)*] については各文末の〔解答群*〕から最も適当なものを選びなさい。

(i)(A) 質量 $m$ の物体が速度 $\vec{v}$ で運動しているとき，質量と速度の積 $m\vec{v}$ を運動量という。速度 $\vec{v}$ で運動している物体に一定の力 $\vec{F}$ を時間 $\Delta t$ の間加えると物体の速度が $\vec{v'}$ に変化した。このときの物体の加速度 $\vec{a}$ は $\vec{v}$，$\vec{v'}$ を用いて

$$\vec{a} = \boxed{(1)}$$

である。この加速度を運動方程式 $m\vec{a} = \vec{F}$ に代入して整理すると

$$m\vec{v'} - m\vec{v} = \boxed{(2)}$$

となる。上式の左辺は時間 $\Delta t$ の間の物体の運動量の変化を表しており，右辺のベクトル量を力積という。

図1に示すように，なめらかな水平面(xy 平面)上を速度 $\vec{v_A}$ および $\vec{v_B}$ で運動していた物体A，Bが衝突し，速度がそれぞれ $\vec{v_A'}$ および $\vec{v_B'}$ に変化した。ただし，衝突後も物体は同じ平面内を運動するものとする。衝突の際に物体Bは物体Aから力を受け，物体Aは物体Bからその反作用を受ける。

このように物体A，Bからなる物体系の中で互いに及ぼしあう力を内力という。いま，物体A，Bにはたらく水平面内の力は内力のみとする。物体Aおよび物体Bの質量をそれぞれ $m_A$，$m_B$ とし，衝突の際に物体Bが物体Aから受ける力積を $\vec{I}$ とする。この衝突による物体Aおよび物体Bの運動量の変化を $\vec{I}$ を用いて表せば，

物体Aについて：$m_A\overrightarrow{v_A'} - m_A\overrightarrow{v_A} =$ [ (3) ] ……①

物体Bについて：$m_B\overrightarrow{v_B'} - m_B\overrightarrow{v_B} =$ [ (4) ] ……②

となる。式①，②から力積の項を消去すると，

$$m_A\overrightarrow{v_A} + m_B\overrightarrow{v_B} = \text{[ (5) ]}$$

となる。この式は物体Aと物体Bの運動量の和が衝突の前後で変わらないことを示している。これを運動量保存の法則という。

運動量保存の法則を用いて衝突後の物体の速度を求めてみよう。いま，物体Aおよび物体Bの質量は等しく $m_A = m_B = 1.0\,\text{kg}$ で，衝突前の物体Aおよび物体Bの速度はそれぞれ，

$\overrightarrow{v_A} = (2.3\,\text{m/s},\ -3.0\,\text{m/s})$ および $\overrightarrow{v_B} = (4.0\,\text{m/s},\ 3.0\,\text{m/s})$

であった。ここで，$\overrightarrow{v_A} = (2.3\,\text{m/s},\ -3.0\,\text{m/s})$ とは物体Aの速度 $\overrightarrow{v_A}$ のx成分が2.3 m/sでy成分が −3.0 m/sであることを意味する。さて，この2物体が衝突したが，衝突直後の物体Aの速度 $\overrightarrow{v_A'}$ が，

$$\overrightarrow{v_A'} = (3.3\,\text{m/s},\ 1.0\,\text{m/s})$$

であったとすると，衝突直後の物体Bの速度 $\overrightarrow{v_B'}$ は，

$\overrightarrow{v_B'} = ($ [ (6)* ] [m/s]， [ (7)* ] [m/s]$)$

である。また，この衝突により物体Bが物体Aから受けた力積を原点Oを始点とした矢印で図示すると [ (a) ] のようになる。

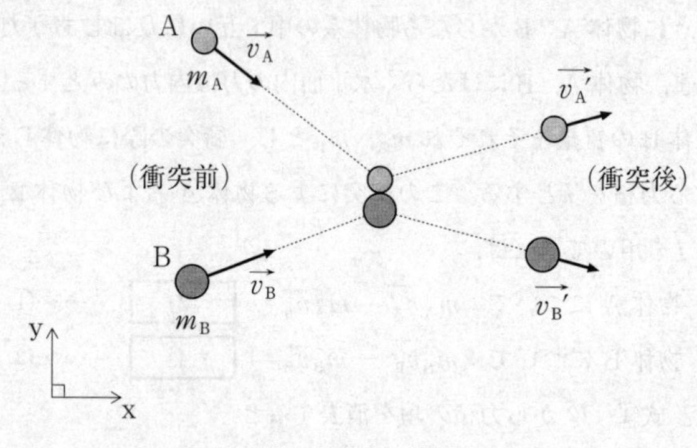


図1

〔解答群〕

(ア) $(\vec{v'}-\vec{v})\Delta t$　(イ) $\dfrac{\vec{v}-\vec{v'}}{\Delta t}$　(ウ) $\dfrac{\vec{v'}-\vec{v}}{\Delta t}$　(エ) $\vec{F}\Delta t$

(オ) $\vec{F}$　(カ) $\dfrac{\vec{F}}{\Delta t}$　(キ) $-\vec{I}\Delta t$　(ク) $\vec{I}\Delta t$

(ケ) $-\vec{I}$　(コ) $\vec{I}$　(サ) $-\dfrac{\vec{I}}{\Delta t}$　(シ) $\dfrac{\vec{I}}{\Delta t}$

(ス) $-(m_A\overrightarrow{v_A'}+m_B\overrightarrow{v_B'})$　(セ) $m_A\overrightarrow{v_A'}+m_B\overrightarrow{v_B'}$

(ソ) $m_A\overrightarrow{v_B'}+m_B\overrightarrow{v_A'}$　(タ) $m_A\overrightarrow{v_A'}-m_B\overrightarrow{v_B'}$

〔解答群*〕

(ア) 0　(イ) 1.6　(ウ) 3.0　(エ) 5.0

(オ) 9.3　(カ) −1.0　(キ) −3.0

〔(a)の解答欄〕

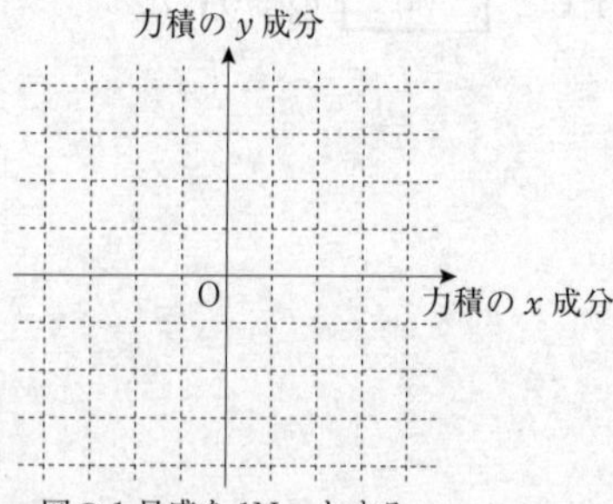


図の1目盛を1N·sとする

(B) 次に2つの物体からなる物体系の重心の運動を考えてみよう。質量$m_A$および$m_B$の物体A，Bがそれぞれ$\overrightarrow{v_A}=(v_{Ax},\ v_{Ay})$および$\overrightarrow{v_B}=(v_{Bx},\ v_{By})$の速度で等速直線運動している。ある時刻$t$での物体A，Bの位置をそれぞれ$(x_A,\ y_A)$，$(x_B,\ y_B)$とすると，この時刻における重心Gのx座標$x_G$は，

$$x_G=\frac{m_Ax_A+m_Bx_B}{m_A+m_B}$$

である。また，この時刻から微小時間$\Delta t$後の物体A，Bの位置をそれぞれ$(x_A+\Delta x_A,\ y_A+\Delta y_A)$，$(x_B+\Delta x_B,\ y_B+\Delta y_B)$とすると，この$\Delta t$間の重心の変位のx成分$\Delta x_G$は，

$$\Delta x_G=\frac{m_A\Delta x_A+m_B\Delta x_B}{m_A+m_B}$$

である。ここで，$\Delta x_A=v_{Ax}\Delta t$，$\Delta x_B=v_{Bx}\Delta t$より，重心の速度のx成分$v_{Gx}=\dfrac{\Delta x_G}{\Delta t}$を$m_A$，$m_B$，$v_{Ax}$，$v_{Bx}$を用いて表すと，

$$v_{Gx}=\boxed{\ (b)\ }$$

となり，$v_{Gx}$の値は[ (8) ]なる。重心の速度のy成分$v_{Gy}$についても同様のことがいえるから，$v_{Gy}$は[ (b) ]の$v_{Ax}$，$v_{Bx}$をそれぞれ$v_{Ay}$，$v_{By}$に置き換えたものとなる。

物体Aと物体Bが衝突して速度が$\overrightarrow{v_A}'=(v_{Ax}',\ v_{Ay}')$および$\overrightarrow{v_B}'=(v_{Bx}',\ v_{By}')$になったとすると，衝突後の重心の速度のx成分は，[ (b) ]の$v_{Ax}$，$v_{Bx}$をそれぞれ$v_{Ax}'$，$v_{Bx}'$に，y成分はそれぞれ$v_{Ay}'$，$v_{By}'$に置き換えたものとなる。したがって，物体系の運動量が保存されている場合には衝突の有無に関わらず重心は[ (9) ]を続ける。

〔解答群〕

(ア) 時間の経過につれて大きな値に　(イ) 時間の経過につれて小さな値に

(ウ) 時刻によらず一定の値に　(エ) 静止

(オ) 等加速度運動　(カ) 等速直線運動

(キ) 振動運動

(ii)　図2に示すように，水平からの傾斜角が$\theta$でじゅうぶんに長く粗い斜面上を質量$m$の物体がすべりおりる運動を考える。斜面に沿ってx軸をとり，斜面下方に向かう向きをx軸の正の向きとする。物体と斜面の間の動摩擦係数を$\mu'$(ただし，$\mu' < \tan\theta$)とする。また，斜面上を速度$v$(ただし，$v > 0$)ですべりおりる物体には速さに比例した大きさの空気抵抗がはたらき，その比例定数を$k$(ただし，$k > 0$)とする。物体は回転せず，x軸に沿って運動するとし，動摩擦力の大きさは物体の速度に依存せず一定とする。重力加速度の大きさを$g$として以下の問に答えよ。

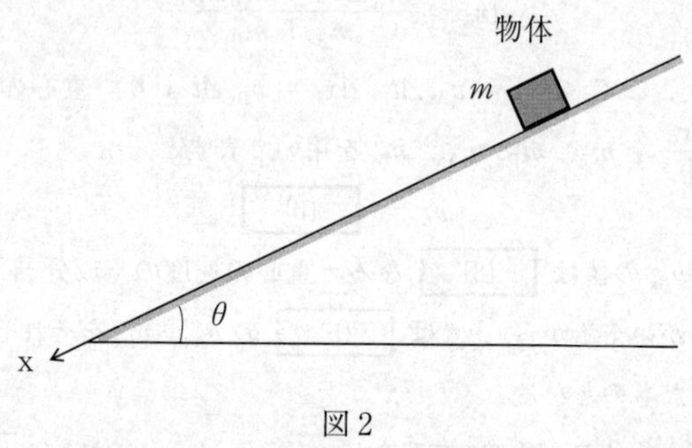


図2

斜面上に物体を置いて静かに放すと物体は斜面をすべり始めた。このとき物体を置いた位置を$x = 0$，静かに放した時刻を$t = 0$とする。物体には重力，空気抵抗，動摩擦力，斜面からの垂直抗力がはたらくが，斜面に垂直な方向では力はつりあうため，物体の運動はx軸方向の運動方程式を考えればよい。物体が斜面下方に速度$v$で運動しているときの物体のx軸方向の運動方程式は，加速度を$a$とすると，

$ma = mg \times ($ (10) $) + ($ (11) $) - \mu' mg \times ($ (12) $)$　……①

である。物体が斜面をすべり始めてからじゅうぶんに時間がたった後，物体の速度は一定になった。このときの物体の速度を終端速度という。物体が斜面上をすべり始めてから終端速度に近づくまでの間の，物体の位置と時刻の関係をグラフに描くと (13)* ，物体の加速度と時刻の関係をグラフに描くと

[(14)*] のようになる。また，終端速度 $v_F$ は物体にはたらく力がつりあう条件で決まり，$m$，$g$，$k$，$\mu'$，$\theta$ を用いて

$$v_F = \boxed{\text{(c)}}$$

で与えられる。

次にいろいろな初速度で物体を斜面下方にすべらせたときの運動を考えよう。物体の運動方程式は式①と同じなので，初速度に関わらず物体が斜面をすべり始めてからじゅうぶんに時間が経過した後は，物体は終端速度で運動する。ここで，運動方程式①を終端速度 $v_F$ を用いて書き直すと，

$$ma = -k(v - v_F)$$

となる。これより，物体にはたらく力の合力の向きは $(v - v_F)$ の符号によることがわかる。つまり，物体の速さが終端速度の大きさよりも小さいときは，上式の右辺は正の値となり物体にはたらく力の合力の向きは x 軸の正の向きとなる。一方，物体の速さが終端速度の大きさよりも大きいときは，上式の右辺は負の値となり物体にはたらく力の合力の向きは x 軸の負の向きとなる。その結果，いずれの初速度であっても，時間の経過とともに $|v - v_F|$ の値は小さくなる。やがて，物体の速度が終端速度と等しくなると物体にはたらく力の合力は 0 となり加速度も 0 となる。これらより，時刻 $t = 0$ に初速度 0 で斜面をすべり始めた物体と，同じく時刻 $t = 0$ に初速度 $2v_F$ で斜面下方にすべり始めた物体の同時刻における加速度を比較すると，向きは [(15)] 向きで，大きさは [(16)] ことがわかる。

〔解答群〕

(ア) $kv$　(イ) $-kv$　(ウ) $k$　(エ) $-k$

(オ) $v$　(カ) $-v$　(キ) $\dfrac{mg}{k}v$　(ク) $-\dfrac{mg}{k}v$

(ケ) $\sin\theta$　(コ) $\cos\theta$　(サ) $\tan\theta$　(シ) 逆

(ス) 直交する　(セ) 等しい

(ソ) $2v_F$ の場合の方が小さい　(タ) $2v_F$ の場合の方が大きい

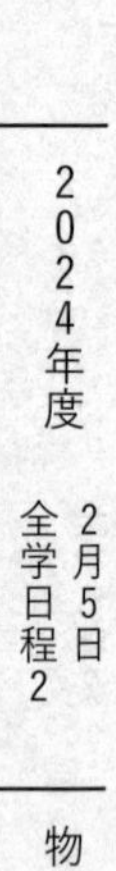


〔解答群*〕

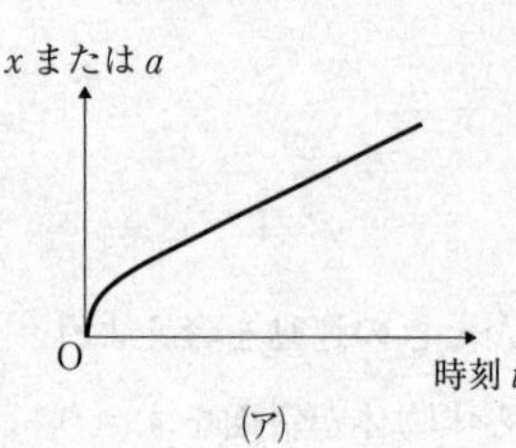

(ア)

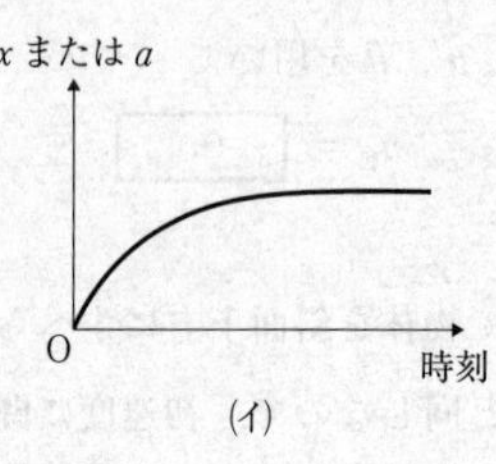

(イ)

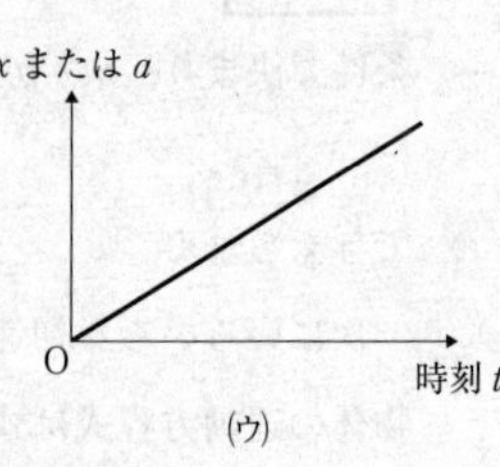

(ウ)

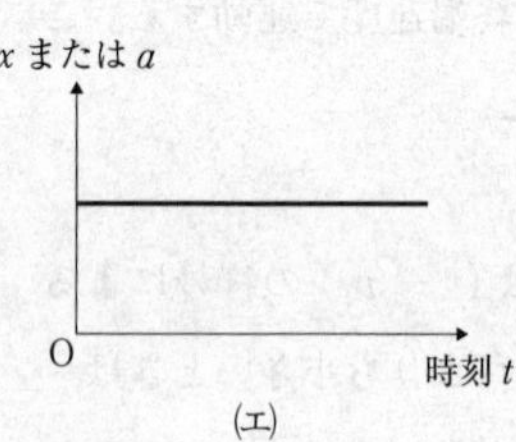

(エ)

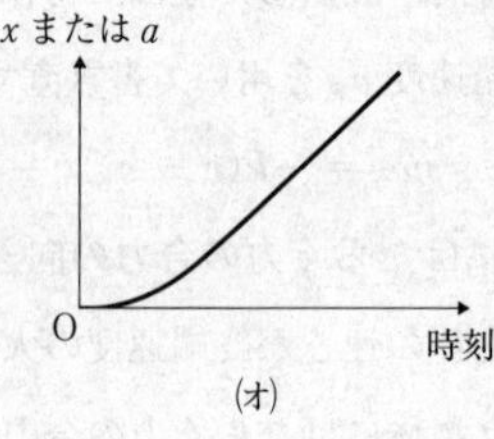

(オ)

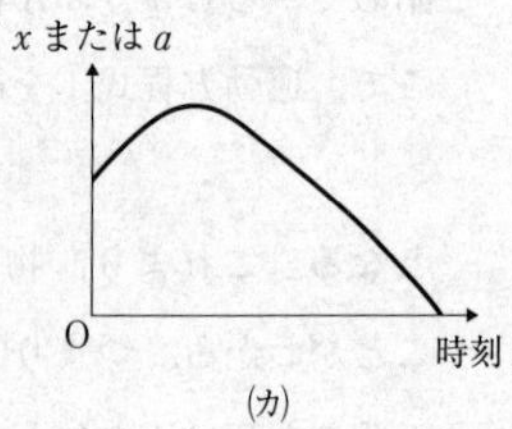

(カ)

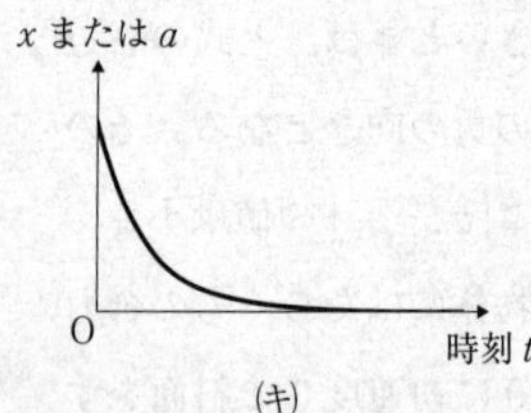

(キ)

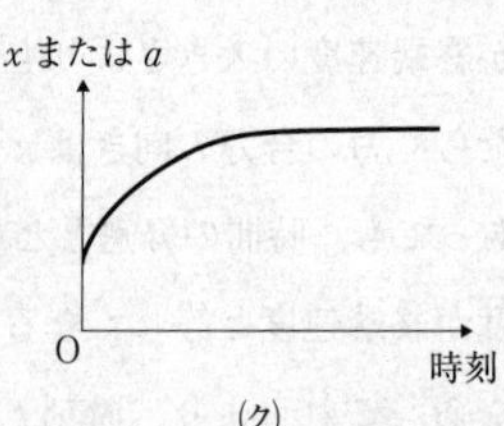

(ク)

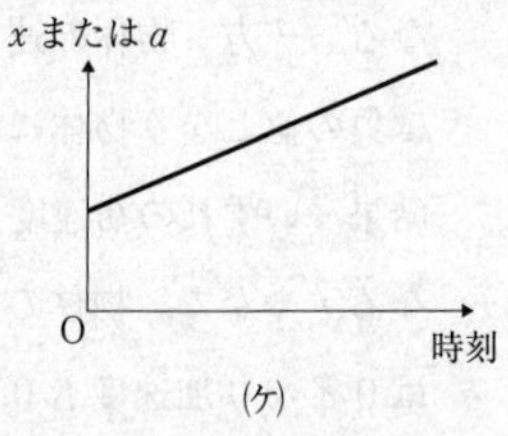

(ケ)

〔Ⅱ〕 次の文の (a) ～ (c) に入れるのに最も適当な式を解答欄に記入しなさい。また, (1) ～ (15) に入れるのに最も適当なものを各問の文末の解答群から選び, その記号をマークしなさい。ただし, 同じものを2回以上用いてもよい。なお, (7)* , (11)* には文末の〔解答群*〕から, (8)** , (12)** には文末の〔解答群**〕から最も適当なものを選び, その記号をマークしなさい。

(i) 図1に示すように, 質量 $m$ の小球Aを長さ $\ell$ の軽い糸で天井からつるし, 正の電気量 $q$(ただし, $q > 0$)の電荷を与えた。小球はじゅうぶんに小さく, 大きさは無視できるものとし, 重力加速度の大きさを $g$, 真空中でのクーロンの法則の比例定数を $k$ とする。

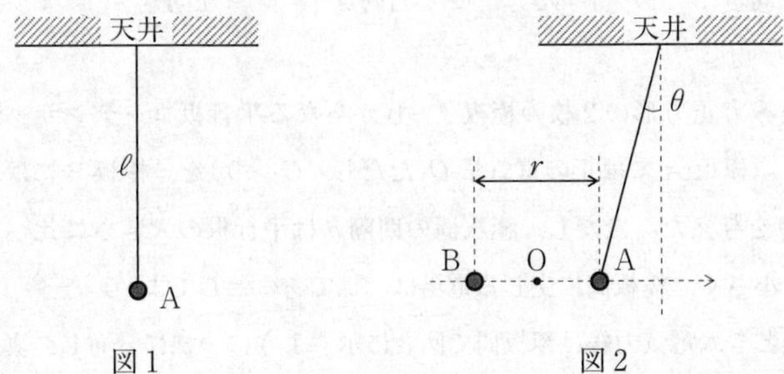


図1　　図2

図2のように, 帯電した小球Bをじゅうぶん遠方から小球Aの左側にゆっくり近づけたところ, AはBに引き寄せられ, Bと同じ水平面で静止した。このことから, 小球Bに帯電している電荷の符号は (1) であることがわかる。このとき, 糸が鉛直線となす角は $\theta$ であり, 小球AとBの間の距離は $r$ であった。小球Bの電気量を $q'$(ただし $|q'| > q$)とすると, 小球Aが小球Bの作る電場(電界)から受ける力の強さは, (2) $\times |q'|$ となる。小球Aは重力と糸の張力を受けているので, 力のつりあいより, 小球Bの電気量の大きさは $|q'| =$ (a) であることがわかる。

ここで, 小球AとBを結ぶ線分の中点をOとする。Oにおける電位はA

による電位とBによる電位の和となるので，電位の基準の位置を無限遠にとると，Oにおける電位は [ (3) ] となる。同様に，Oにおける電場の強さは [ (4) ] となり，電場の向きは [ (5) ] となる。

〔解答群〕

(ア) 0　(イ) 負　(ウ) 正　(エ) $\dfrac{k}{r}$　(オ) $\dfrac{k}{r^2}$

(カ) $\dfrac{kq}{r}$　(キ) $\dfrac{kq}{r^2}$　(ク) $\dfrac{kq'}{r}$　(ケ) $\dfrac{kq'}{r^2}$　(コ) $\dfrac{q+q'}{r}$

(サ) $\dfrac{2k(q+q')}{r}$　(シ) $\dfrac{2k(q+q')}{r^2}$　(ス) $\dfrac{4k(q-q')}{r^2}$

(セ) $\dfrac{k(q-q')}{r}$　(ソ) $4kr(q-q')$

(タ) 上向き　(チ) 下向き　(ツ) 右向き　(テ) 左向き

(ii) 面積$S$で正方形の2枚の極板A，Bからなる平行板コンデンサーが真空中にある。極板Aには正の電気量$Q$(ただし，$Q>0$)を，極板Bには負の電気量$-Q$を与えた。ただし，極板間の間隔$d$は平行板の大きさに比べてじゅうぶんに小さく，極板間に生じる電場は一様であるとしてよい。

このとき，電気力線は極板間で図3に示すように一様に分布し，真上から見ると図4のようになる。電気力線には以下のような性質がある。

- 電気力線は正電荷から出て負電荷に入る。
- 電気力線上の各点での接線は，その点での電場の方向に一致する。
- 電場と垂直な断面における電気力線の密度(単位面積あたりの本数)は，その場所の電場の強さに等しい。
- 電気量$Q$に帯電した物体から出る電気力線の総数は$4\pi kQ$本である。
- 電気力線は交差したり枝分かれしたりしない。

これらの性質から，極板間の電場の強さ$E$は$E=4\pi kQ\times$ [ (6) ] と表せる。また，極板間の電位差を$V$とし，$E$と$V$の関係を用いると，この式より，$Q=$ [ (b) ] $\times V$が導かれる。比例定数$C=$ [ (b) ] は，コンデンサーの電気容量という。以降の全ての操作において，極板に蓄えられた電荷は変化せず，$\pm Q$のままであるとする。

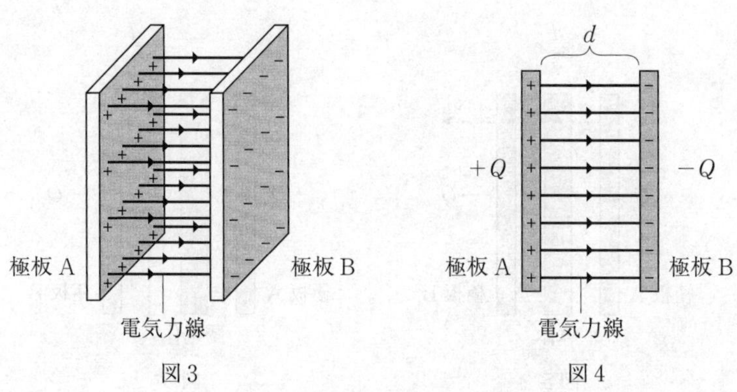


図3　　図4



図4のコンデンサーの極板AとBの中央に図5のように極板と同じ正方形で面積$S$，厚さ$\frac{d}{3}$の，電荷をもたない導体を挿入した場合について考える。導体を挿入すると，静電誘導により導体内部の自由電子が移動し，導体表面に分布した結果，極板間の電気力線の様子は［(7)*］のようになる。ここで，図5に示すように，極板Aに垂直でAからBに向かう向きにx軸をとる。ただし，極板Aの位置を$x=0$とする。極板Bの電位を0とした場合，x軸に対して電位は［(8)**］のように変化する。極板間の電位差は［(9)］$\times V$となるので，電気容量は［(10)］$\times C$となる。

次に，図4のコンデンサーの極板AとBの中央に極板と同じ正方形で面積$S$，厚さ$\frac{d}{3}$，誘電率$2\varepsilon_0$の誘電体を挿入した場合について考える。ただし，真空の誘電率を$\varepsilon_0\left(=\frac{1}{4\pi k}\right)$とする。誘電体を挿入すると，誘電分極により誘電体の表面には電荷が現れるため，極板間の電気力線の様子は［(11)*］のようになる。したがって，極板Bの電位を0とした場合，x軸に対して電位は［(12)**］のように変化する。極板間の電位差は［(13)］$\times V$となるので，電気容量は［(14)］$\times C$となる。このときのコンデンサーの静電エネルギーは，誘電体を入れる前の［(13)］倍となる。

さらに，誘電体を入れたまま極板Bを図6のように右方向に$\frac{d}{3}$だけ動かした。静電エネルギーは極板Bを動かすために外部から加えた力がする仕事の分だけ増加する。極板Bを動かす前と後の静電エネルギーの差，つまり極板Bを動かすために外部から加えた力がする仕事は［(15)］$\times CV^2$である。よって，外部から加えた力の大きさは［(c)］$\times CV^2$となる。

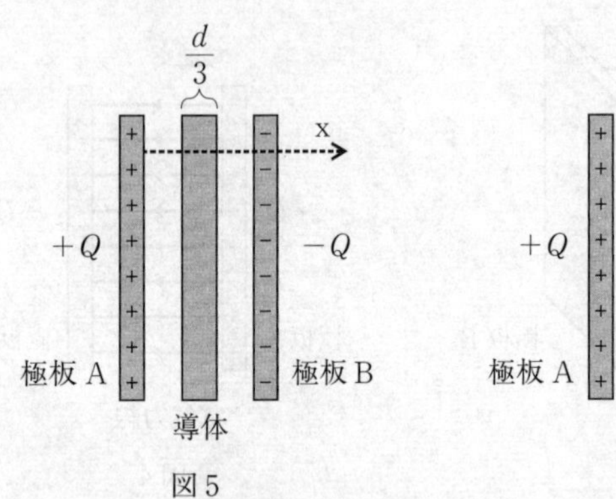

図5

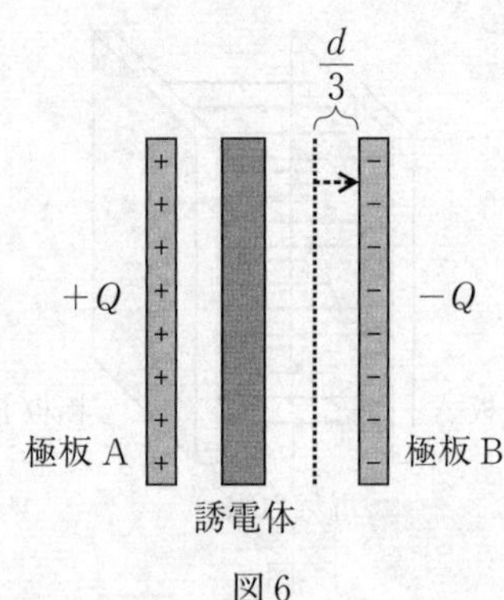

図6

〔解答群〕

| | | | | | |
|---|---|---|---|---|---|
| (ア) $0$ | (イ) $1$ | (ウ) $2$ | (エ) $\frac{1}{2}$ | (オ) $\frac{3}{2}$ | (カ) $\frac{1}{3}$ |
| (キ) $\frac{2}{3}$ | (ク) $\frac{1}{4}$ | (ケ) $\frac{3}{4}$ | (コ) $\frac{1}{5}$ | (サ) $\frac{3}{5}$ | (シ) $\frac{6}{5}$ |
| (ス) $\frac{1}{6}$ | (セ) $\frac{5}{6}$ | (ソ) $\frac{7}{6}$ | (タ) $S$ | (チ) $\frac{1}{S}$ | (ツ) $\frac{S}{d}$ |

〔解答群*〕

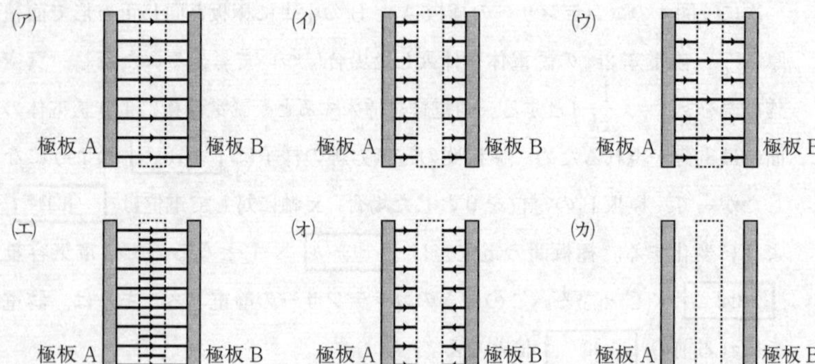

〔解答群**〕

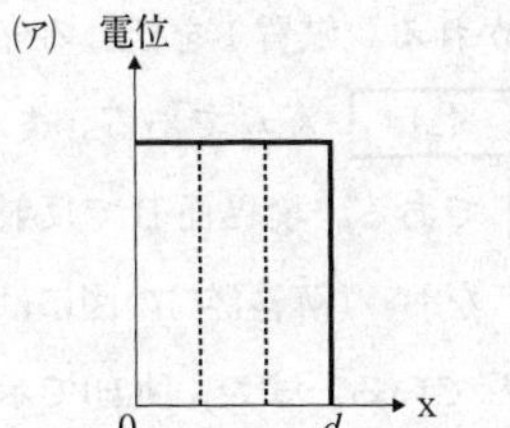


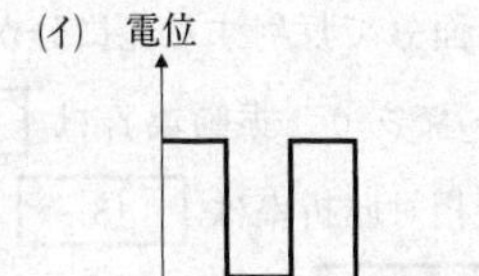


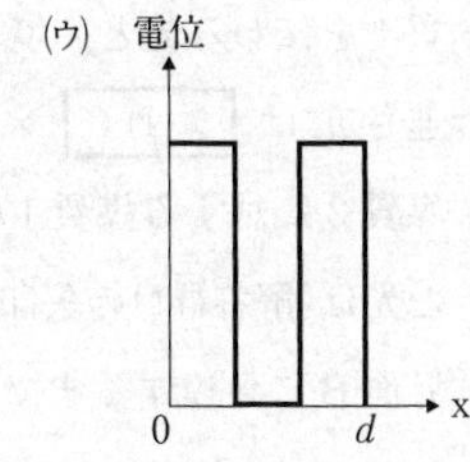


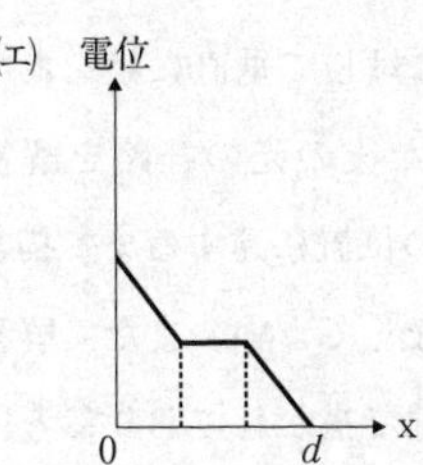


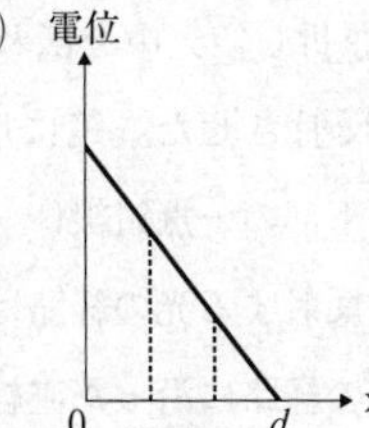


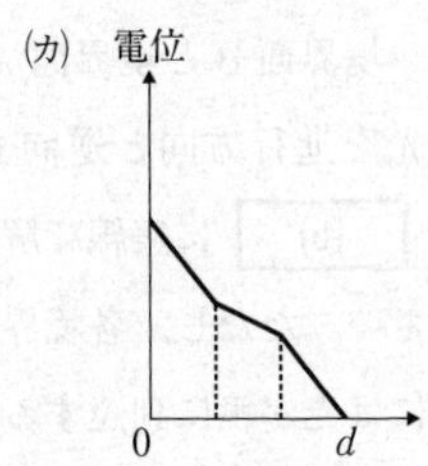


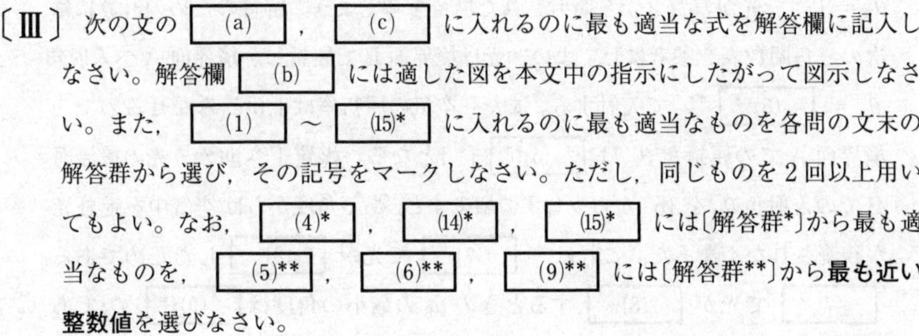

〔Ⅲ〕 次の文の (a) ， (c) に入れるのに最も適当な式を解答欄に記入しなさい。解答欄 (b) には適した図を本文中の指示にしたがって図示しなさい。また， (1) ～ (15)* に入れるのに最も適当なものを各問の文末の解答群から選び，その記号をマークしなさい。ただし，同じものを2回以上用いてもよい。なお， (4)* ， (14)* ， (15)* には〔解答群*〕から最も適当なものを， (5)** ， (6)** ， (9)** には〔解答群**〕から**最も近い整数値**を選びなさい。

(i) 図1のように厚さが一様な媒質1が，境界面Bを介して媒質2と，境界面Aを介して空気と接している。媒質2の中に光源を設置し，媒質1に向かって斜めに単色光を照射した。単色光は入射角 $\theta_B$(ただし，$\theta_B > 0$)で境界面Bに到達し，媒質1を通過後，空気中を直進した。図1には単色光が各境界面で屈折し空気中へ到達したときの経路が実線で示されている。また，媒質1の屈折率(絶対屈折率)$n_1$ は，媒質2の屈折率 $n_2$ より大きいとする($n_1 > n_2$)。

媒質2を伝わる光の速さを $v_2$，振動数を $f_2$，波長を $\lambda_2$ とする。$v_2$ と $f_2$ を用いて$\lambda_2$は［(a)］である。境界面Bに到達した光は境界面Bで屈折して媒質1を伝わる光と，境界面Bで反射する光に分かれる。媒質1を伝わる光の速さ$v_1$は［(1)］$\times v_2$であり，振動数$f_1$は［(2)］$\times f_2$である。また，媒質2に対する媒質1の相対屈折率は［(3)］である。境界面Bで反射した光は〔解答群*〕の矢印［(4)*］の向きへ進む。なお，〔解答群*〕の図には境界面Bに到達するまでの光の経路が点線で描かれている。また，丸印で示された8つの角度は全て等しい。

境界面Bと境界面Aで屈折し空気中を伝わる光に対して垂直に鏡をあて，光を進行方向と逆向きに反射させた。鏡に反射した後の光の経路を解答欄［(b)］に実線で解答欄下部の一点鎖線(—·—·—·)の位置に達するまで描きなさい。ただし，各境界面で反射する光の経路は描かなくてよい。また，解答欄には光が鏡に到達するまでの経路に沿った直線が点線で描かれており参考にしてよい。

媒質1の屈折率$n_1$が2.3，媒質2の屈折率$n_2$が2.0のときに，入射角$\theta_B = 15°$で光が媒質2から照射された場合を考えよう。解答のための計算には次の三角関数表を参考にしてよい。光は境界面Bで屈折し，境界面Aへ入射角$\theta_A =$［(5)**］〔°〕で入射する。また，空気の屈折率は1.0とみなせるので，境界面Aでの屈折角$\theta_A'$は［(6)**］〔°〕となる。媒質1へ向かう光の境界面Bでの入射角$\theta_B$を15°から少しずつ増やすと，ある角度からは空気中を進む光が観測されなくなった。これは，［(7)］で光が［(8)］したためである。［(7)］で光が［(8)］するときの$\theta_B$の最小の角度は［(9)**］〔°〕である。

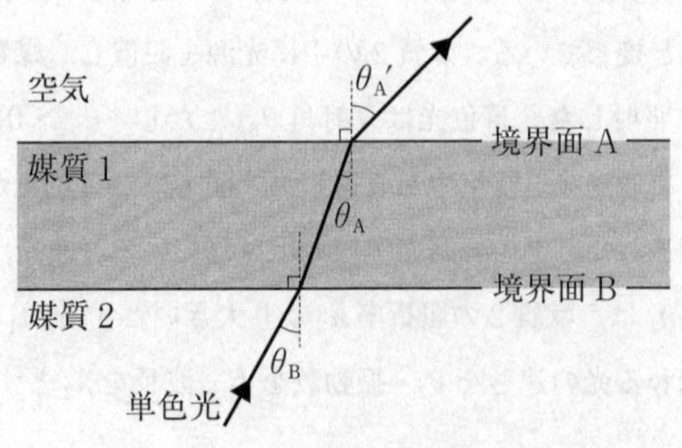


図1

〔解答群〕

| | | | | | | | | | |
|---|---|---|---|---|---|---|---|---|---|
| (ア) | 0 | (イ) | 1 | (ウ) | 2 | (エ) | $n_1$ | (オ) | $n_2$ |
| (カ) | $n_1 n_2$ | (キ) | $\frac{1}{n_1}$ | (ク) | $\frac{1}{n_2}$ | (ケ) | $\frac{n_1}{n_2}$ | (コ) | $\frac{n_2}{n_1}$ |
| (サ) | 境界面A | (シ) | 境界面B | (ス) | 媒質1 | (セ) | 媒質2 | (ソ) | 空気 |
| (タ) | 干渉 | (チ) | 乱反射 | (ツ) | 散乱 | (テ) | 全反射 | | |

〔解答群*〕

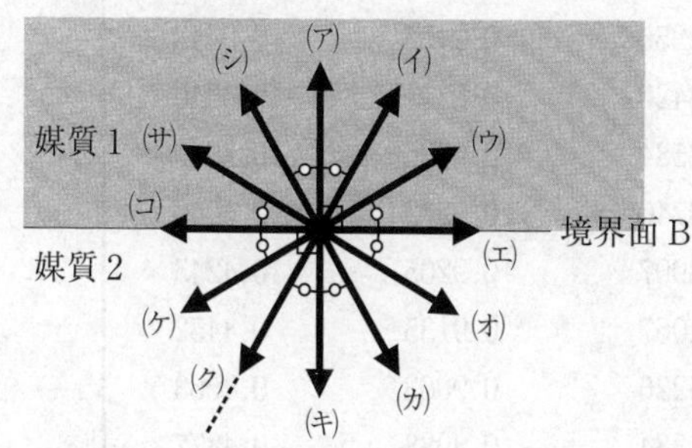


〔解答群**〕

| | | | | | | | | | |
|---|---|---|---|---|---|---|---|---|---|
| (ア) | 0 | (イ) | 11 | (ウ) | 12 | (エ) | 13 | (オ) | 15 |
| (カ) | 17 | (キ) | 22 | (ク) | 30 | (ケ) | 31 | (コ) | 32 |
| (サ) | 33 | (シ) | 45 | (ス) | 60 | (セ) | 75 | (ソ) | 90 |

〔(b)の解答欄〕

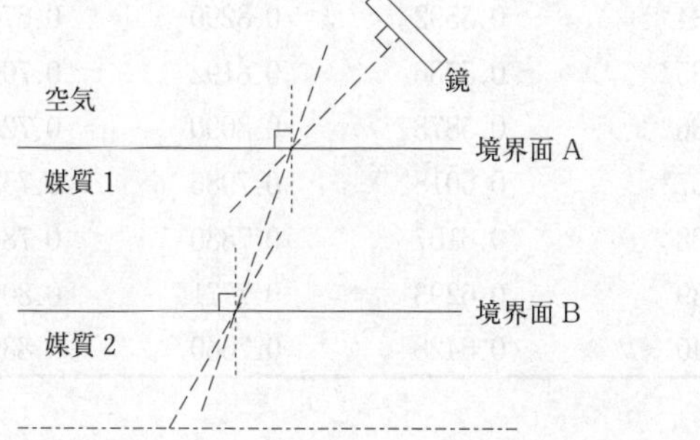

三角関数表

| 角度〔度〕 | 正弦(sin) | 余弦(cos) | 正接(tan) |
|---|---|---|---|
| 11° | 0.1908 | 0.9816 | 0.1944 |
| 12° | 0.2079 | 0.9781 | 0.2126 |
| 13° | 0.2250 | 0.9744 | 0.2309 |
| 14° | 0.2419 | 0.9703 | 0.2493 |
| 15° | 0.2588 | 0.9659 | 0.2679 |
| 16° | 0.2756 | 0.9613 | 0.2867 |
| 17° | 0.2924 | 0.9563 | 0.3057 |
| 18° | 0.3090 | 0.9511 | 0.3249 |
| 19° | 0.3256 | 0.9455 | 0.3443 |
| 20° | 0.3420 | 0.9397 | 0.3640 |
| 21° | 0.3584 | 0.9336 | 0.3839 |
| 22° | 0.3746 | 0.9272 | 0.4040 |
| 23° | 0.3907 | 0.9205 | 0.4245 |
| 24° | 0.4067 | 0.9135 | 0.4452 |
| 25° | 0.4226 | 0.9063 | 0.4663 |
| 26° | 0.4384 | 0.8988 | 0.4877 |
| 27° | 0.4540 | 0.8910 | 0.5095 |
| 28° | 0.4695 | 0.8829 | 0.5317 |
| 29° | 0.4848 | 0.8746 | 0.5543 |
| 30° | 0.5000 | 0.8660 | 0.5774 |
| 31° | 0.5150 | 0.8572 | 0.6009 |
| 32° | 0.5299 | 0.8480 | 0.6249 |
| 33° | 0.5446 | 0.8387 | 0.6494 |
| 34° | 0.5592 | 0.8290 | 0.6745 |
| 35° | 0.5736 | 0.8192 | 0.7002 |
| 36° | 0.5878 | 0.8090 | 0.7265 |
| 37° | 0.6018 | 0.7986 | 0.7536 |
| 38° | 0.6157 | 0.7880 | 0.7813 |
| 39° | 0.6293 | 0.7771 | 0.8098 |
| 40° | 0.6428 | 0.7660 | 0.8391 |

(ii) X線発生装置(X線管)では，まず陰極の金属を熱することにより，電子(熱電子)を発生させる。この電子を陰極と陽極の間にかけた電圧で加速し，陽極に衝突させるとX線が発生する。初速度0の電子が電圧 $V$(ただし，$V>0$)で加速されると，加速された電子の運動エネルギーは，電気素量(素電荷)を $e$(ただし，$e>0$)として，［ (10) ］である。この電子が陽極に衝突したとき，電子の運動エネルギーがすべてX線光子のエネルギーに変わり，波長 $\lambda_0$ のX線が発生したとする。光速を $c$，プランク定数を $h$ とすると，$\lambda_0$ は［ (c) ］である。実際には，電子の運動エネルギーは陽極の原子の熱運動のエネルギーにも変換され，その結果，さまざまな波長のX線が発生する。発生したX線を測定すると図2のようなX線スペクトル(X線の波長と強度の関係)が観測される。図2の $\lambda_1$ は発生したX線の最短波長，$\lambda_2$ はX線の強度が極大値をとる波長，$\lambda_3$ は特性X線(固有X線)の波長，$\lambda_4$ は $\lambda_3$ の1.2倍の長さの波長である。波長 $\lambda_1$，$\lambda_2$，$\lambda_3$，$\lambda_4$ のうち $\lambda_0$ に対応する波長は［ (11) ］である。陽極の物質の種類や電子の加速電圧を変えると，X線の波長と強度の関係が変化する。陽極の物質を変えずに電子の加速電圧を増加させた場合，最短波長 $\lambda_1$ は［ (12) ］。また，特性X線の波長 $\lambda_3$ は［ (13) ］。

X線のもつ電磁波としての性質を利用した実験を考えよう。X線を結晶に当てると，結晶中の各格子面で反射の法則を満たす方向にX線が反射される。平行な格子面で反射されたX線が同位相になるとき，反射されたX線が強め合う。この原理を用いることで結晶構造を解析できる。格子面が等間隔に何層も重なった結晶を考えよう。図3のように，波長 $\lambda$ が $0.0707\times10^{-9}$ m で位相がそろった入射X線を平らな結晶表面に当てた。入射X線と結晶表面とのなす角 $\phi$ を $0°<\phi<90°$ の範囲で変化させ，結晶表面とそれに平行な格子面で反射した反射X線の強さを観測した。$\phi$ が62.1°，45.0°，32.0°，20.7°，10.2°の5つの角度でのみ反射X線は強めあったことから，$\phi=45.0°$ を用いて格子面の間隔 $d$ を求めると $d=$［ (14)* ］$\times10^{-9}$ m となる。ただし，結晶表面に平行な格子面でのみX線が反射すると仮定する。また，格子面の間隔 $d=0.10\times10^{-9}$ m の結晶にX線を照射する場合，$\phi<90°$ の範囲で結晶表面とそれに平行な格子面で反射した反射X線が強め合うためには，波長を

(15)* $\times 10^{-9}$ m より短くしなければならない。

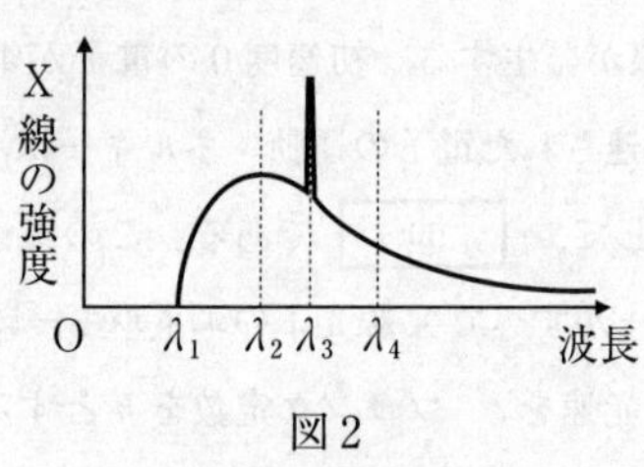

図2

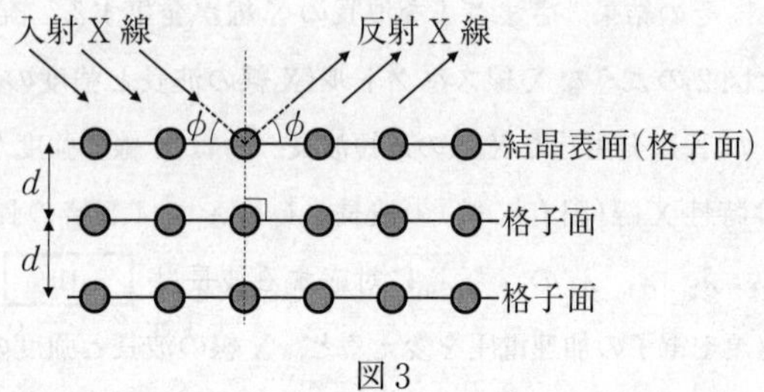

図3

〔解答群〕

(ア) $\lambda_1$　(イ) $\lambda_2$　(ウ) $\lambda_3$　(エ) $\lambda_4$

(オ) 変化しない　(カ) 長くなる　(キ) 短くなる　(ク) 振動する

(ケ) $\dfrac{V}{e}$　(コ) $\dfrac{e}{V}$　(サ) $\dfrac{1}{2}eV^2$　(シ) $eV$　(ス) $eV^2$

〔解答群*〕

(ア) 0.0　(イ) 0.041　(ウ) 0.050　(エ) 0.071　(オ) 0.082

(カ) 0.10　(キ) 0.15　(ク) 0.16　(ケ) 0.20　(コ) 0.25

(サ) 0.28　(シ) 0.30　(ス) 0.40　(セ) 1.0　(ソ) 2.0

# 化学

(3問　90分)

※　物理・化学のそれぞれ〔Ⅰ〕～〔Ⅲ〕の3問合計6問のうち，3問を選択して解答してください。なお，4問以上解答した場合は，高得点の3問を合否判定に使用します。

〔Ⅰ〕 次の問(i)～(iii)に答えなさい。

(i)　次の問(A)～(G)に答えなさい。

問(A)　次の(ア)～(オ)に示す物質のうち，純物質であるものを一つ選び，その記号をマークしなさい。

(ア)　塩酸　　(イ)　黒鉛　　(ウ)　石灰水　　(エ)　空気
(オ)　銑鉄(せんてつ)

問(B)　$^{35}_{17}Cl$ で表される原子に関する記述として誤りを含むものを，次の(ア)～(オ)から一つ選び，その記号をマークしなさい。

(ア)　この原子の原子核に含まれる中性子数は，陽子数より多い。
(イ)　この原子のみから構成される分子は2原子分子である。
(ウ)　この原子の電気陰性度は高いため，陰イオンになりやすい。
(エ)　この原子の陰イオンの電子数は，原子核に含まれる中性子数より多い。
(オ)　この原子の陰イオンの電子配置は，Ar原子と同じである。

問(C) 次の(ア)~(オ)に示す原子のうち，価電子数が最も多いものを選び，その記号をマークしなさい。

(ア) O　(イ) F　(ウ) Ne　(エ) Na
(オ) Mg

問(D) 次の(ア)~(オ)に示す原子およびイオンのうち，その半径が最も小さいものを選び，その記号をマークしなさい。

(ア) $O^{2-}$　(イ) $F^{-}$　(ウ) Ne　(エ) $Na^{+}$
(オ) $Mg^{2+}$

問(E) 原子のイオン化エネルギー(第一イオン化エネルギー)が原子番号とともに変化する様子を表すものとして最も適当なものを，次の(ア)~(オ)から一つ選び，その記号をマークしなさい。

(ア)
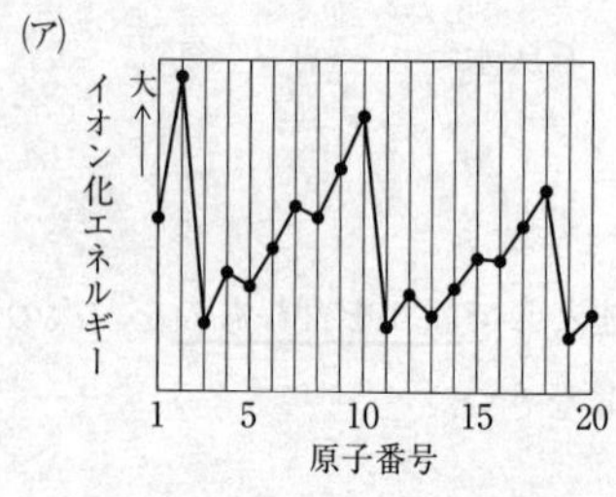


(イ)
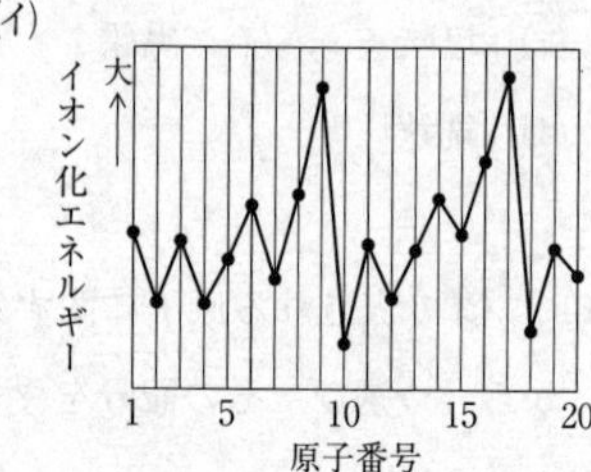


(ウ)
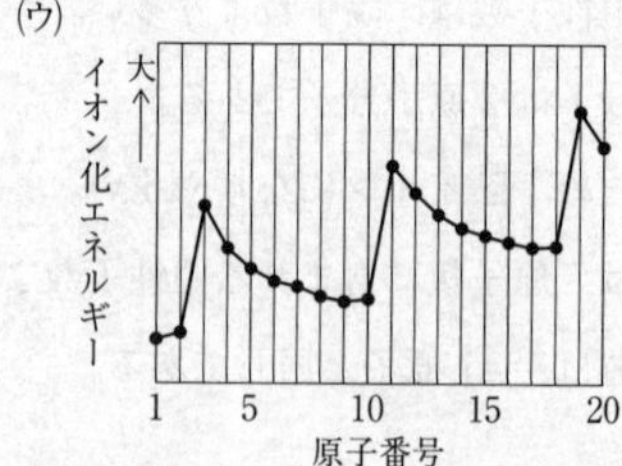


(エ)
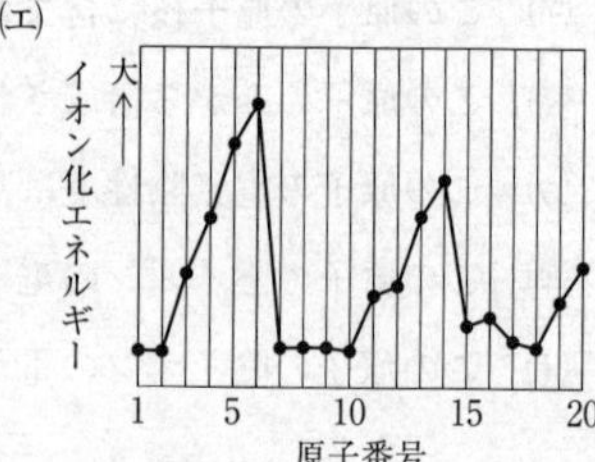

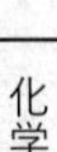

(オ)

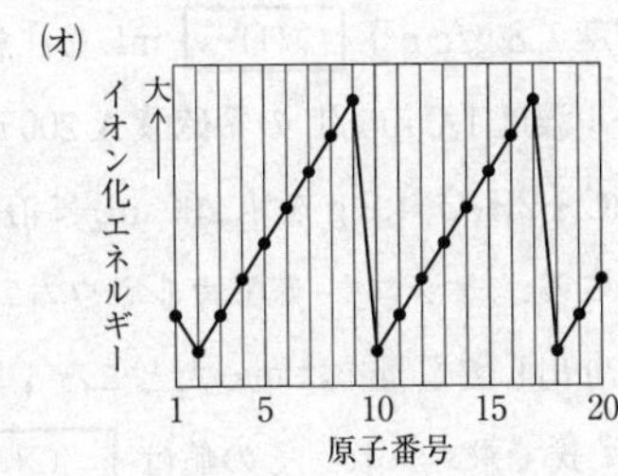


問(F)　次の(ア)～(オ)の物質のうち，その結晶が分子結晶であるものを一つ選び，その記号をマークしなさい。

(ア)　塩化ナトリウム　　(イ)　ダイヤモンド　　(ウ)　鉄
(エ)　二酸化ケイ素　　(オ)　水

問(G)　次に示すオキソ酸の塩(a)～(c)の25℃における0.1 mol/L水溶液のpHの大小関係を正しく表しているものを，次の(ア)～(カ)から一つ選び，その記号をマークしなさい。

(a)　$NaHCO_3$
(b)　$NaHSO_4$
(c)　$NaNO_3$

(ア)　(a) ＞ (b) ＞ (c)　　(イ)　(a) ＞ (c) ＞ (b)　　(ウ)　(b) ＞ (a) ＞ (c)
(エ)　(b) ＞ (c) ＞ (a)　　(オ)　(c) ＞ (a) ＞ (b)　　(カ)　(c) ＞ (b) ＞ (a)

(ii)　次の文の［　　］には必要なら四捨五入して有効数字2桁(けた)の数値を解答欄に記入しなさい。なお，モル質量は，硫酸 $H_2SO_4$ は 98 g/mol，塩化カルシウム $CaCl_2$ は 111 g/mol，硫酸カルシウム $CaSO_4$ は 136 g/mol，水 $H_2O$ は 18 g/mol とする。

質量パーセント濃度98%の濃硫酸(密度1.8 g/cm³) [ (1) ] mLを注意深く水に注ぎ，そこにさらに水を加えて，モル濃度1.0 mol/Lの希硫酸**A** 200 mLを調製した。塩化カルシウム二水和物$CaCl_2 \cdot 2H_2O$ 4.9 gを水200 mLに溶かし，希硫酸**A** 35 mLをゆっくりと加えたところ，セッコウ(硫酸カルシウム二水和物$CaSO_4 \cdot 2H_2O$)が析出した。それを取り出して質量をはかったところ4.3 gであった。このときのセッコウの収率は①式で求められ，その値は [ (2) ] %である。

$$\text{収率〔\%〕} = \frac{\text{実際に得られたセッコウの質量〔g〕}}{\text{理論的に得られるセッコウの質量〔g〕}} \times 100 \quad \cdots\cdots①$$

得られたセッコウ4.3 gを電気炉で140℃に加熱すると水和水が一部除かれ，焼きセッコウ($CaSO_4 \cdot \frac{1}{2}H_2O$)が [ (3) ] g得られる。

(iii) 次の文の [ ] および ( (4) ) に入れるのに最も適当なものを，それぞれ [ a群 ] および ( b群 ) から選び，その記号をマークしなさい。また，{ (1) } には電子($e^-$)を含むイオン反応式の一部を，{ (2) } にはイオン反応式の一部を，[ (5) ] には文字式を，〈 (7) 〉には有効数字3桁(けた)の数値を，それぞれ解答欄に記入しなさい。

ヨウ化カリウムKIを使った酸化還元滴定の一種であるヨウ素滴定は，過酸化水素水$H_2O_2$や次亜塩素酸ナトリウムNaClO水溶液の濃度決定に用いられる。硫酸酸性水溶液中での$H_2O_2$は，電子($e^-$)を含むイオン反応式①の通り反応し，水$H_2O$を生じる。

$$H_2O_2 + \{ \quad (1) \quad \} \longrightarrow 2H_2O \quad \cdots\cdots①$$

KIは水溶液中では$K^+$と$I^-$に電離しており，$I^-$は硫酸酸性水溶液中ではイオン反応式②にしたがって$H_2O_2$と反応し，ヨウ素$I_2$となる。

$$H_2O_2 + \{ \quad (2) \quad \} \quad \cdots\cdots②$$

ここで，$I^-$は [ (3) ] 剤として反応していることがわかる。

NaClO 水溶液の濃度は下記の反応にしたがって，ヨウ素滴定によって求めることができる。

$$NaClO + 2KI + H_2SO_4 \longrightarrow I_2 + K_2SO_4 + NaCl + H_2O \quad \cdots\cdots③$$

$$I_2 + 2Na_2S_2O_3 \longrightarrow 2NaI + Na_2S_4O_6 \quad \cdots\cdots④$$

ここでは，まず③式にしたがって，NaClO と KI を反応させて，$I_2$ を生成させる。続いて④式にしたがって，③式で生じた $I_2$ をチオ硫酸ナトリウム $Na_2S_2O_3$ 水溶液で滴定する。反応式③と④から，NaClO 1 mol に対して $Na_2S_2O_3$ は（ (4) ）mol 必要であることがわかる。

NaClO 水溶液 **A** の濃度を決定するために，下記の**操作 1**，**2** を行った。

**操作 1**：NaClO 水溶液 **A** を正確に 5.00 mL はかり取り，水を加えて 100 mL として NaClO 水溶液 **B** を調製した。つづいて，水溶液 **B** を正確に 10.0 mL はかり取り，水を加えて 100 mL として NaClO 水溶液 **C** を調製した。このとき，調製した水溶液 **C** の濃度を $x$〔mol/L〕とおくと，最初の水溶液 **A** の濃度は $x$ を用いて［ (5) ］〔mol/L〕と表される。

**操作 2**：水溶液 **C** に，希硫酸を加えて硫酸酸性にしたのち，十分な量の KI を加えた。直ちに，0.100 mol/L $Na_2S_2O_3$ 水溶液を用いて，生じた $I_2$ を滴定し，液の黄色が薄くなったところで指示薬として [ (6) ] を加えて，液の色が消えるまで滴定を続けたところ，使用した $Na_2S_2O_3$ 水溶液は 7.32 mL であった。

このことから，NaClO 水溶液 **A** の濃度は〈 (7) 〉mol/L であることがわかった。

a 群

(ア) 酸化　(イ) 還元　(ウ) 中和
(エ) フェノールフタレイン溶液　(オ) BTB 溶液
(カ) メチルオレンジ溶液　(キ) でんぷん溶液

( b群 )

(ア) 0.5　　(イ) 1　　(ウ) 1.5　　(エ) 2

(オ) 2.5　　(カ) 3

〔Ⅱ〕 次の問(i)および(ii)に答えなさい。

(i) 次の文の [ ] および ( ) に入れるのに最も適当なものを，それぞれ [ a群 ] および ( b群 ) から選び，その記号をマークしなさい。また，{ } には電子($e^-$)を含むイオン反応式を，[ ] には必要なら四捨五入して有効数字3桁(けた)の数値を，それぞれ解答欄に記入しなさい。なお，ファラデー定数は $F = 9.65 \times 10^4$ C/mol とし，必要なら原子量 O = 16，S = 32，Cu = 63.5，Pb = 207 を用いなさい。

鉛蓄電池を用いて硫酸銅(Ⅱ)$CuSO_4$ 水溶液の電気分解実験を行う。鉛蓄電池に用いられる負極活物質は [ (1) ]，正極活物質は [ (2) ] である。放電時，負極と正極で起こる変化を電子($e^-$)を含むイオン反応式で表すと，それぞれ①式と②式になる。

負極：{ (3) } ……………………①

正極：{ (4) } ……………………②

2個の鉛蓄電池を直列につなぎ，図1のように電解槽の白金電極に接続して，$CuSO_4$ 水溶液を965秒間電気分解した。電気分解している間，電流は4.00 A であった。この放電により，2個の鉛蓄電池内の正極板の質量は合わせて [ (5) ] g 増加した。

電気分解を行う前，電解槽には 0.330 mol/L の $CuSO_4$ 水溶液が 1.00 L 入っていた。白金電極1および2において，電気分解の前後で白金は変化しないものとする。電気分解により電解槽から発生した気体は ( (6) ) であった。

電気分解後に電解槽の電極の質量を測定したところ，実験前より質量が増加

していた電極は ( (7) ) であった。その増加した質量は [ (8) ] g であった。また，$CuSO_4$ は水溶液中で $Cu^{2+}$ と $SO_4{}^{2-}$ に完全に電離し，電気分解前後における溶液の体積変化が無視できるとしたとき，電気分解後における電解槽内の $Cu^{2+}$ の濃度は [ (9) ] mol/L と計算される。

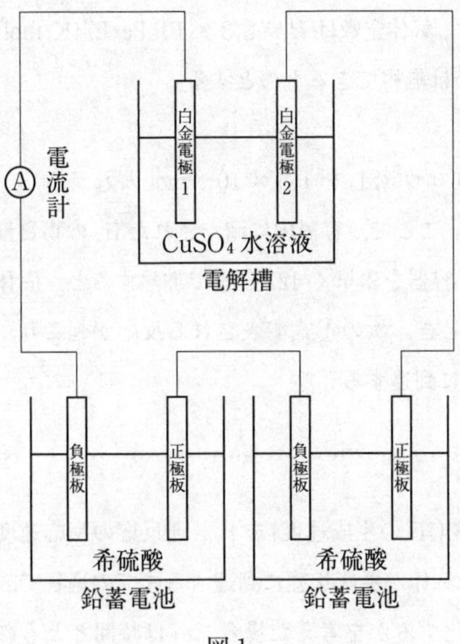

図1

**a 群**

(ア) 亜鉛　(イ) 鉛　(ウ) リチウム

(エ) 酸化鉛(Ⅳ)　(オ) 酸化マンガン(Ⅳ)　(カ) 酸化銀

(キ) コバルト(Ⅲ)酸リチウム

( b 群 )

(ア) 水素　(イ) 酸素　(ウ) 二酸化硫黄

(エ) 白金電極 1　(オ) 白金電極 2

(ii) 次の文の $\boxed{\quad\quad}$ および $\left(\quad\quad\right)$ に入れるのに最も適当なものを，それぞれ $\boxed{\text{a 群}}$ および $\left(\text{b 群}\right)$ から選び，その記号をマークしなさい。ただし，同じ記号を繰り返し用いてもよい。また，$\left\{\quad\quad\right\}$ には，必要なら四捨五入して有効数字 2 桁(けた)の数値を，$\left[\quad (9) \quad\right]$ には人名を，それぞれ解答欄に記入しなさい。

なお，気体はすべて理想気体とし，気体定数は $R = 8.3 \times 10^3$ Pa・L/(K・mol) とする。また，固体のヨウ素の体積は無視できるものとする。

体積が 1.0 L の容器に，固体のヨウ素 $I_2$ を $1.5 \times 10^{-2}$ mol 入れ，0 ℃，$5.9 \times 10^4$ Pa の水素 $H_2$ で満たした。ここで，容器内に満たされた $H_2$ の物質量は $\left\{\ (1)\ \right\}$ mol である。その後，容器を素早く 427℃ まで加熱すると，固体の $I_2$ はすべて気体となった。このとき，次の①式で表される反応が起こり，ヨウ化水素 HI が生成し，平衡状態に到達する。

$$H_2 + I_2 \rightleftarrows 2HI \quad \cdots\cdots\cdots ①$$

ここで，①式の正反応の反応速度(HI の生成速度)を $v_1$，逆反応の反応速度(HI の分解速度)を $v_2$ とする。混合気体が平衡状態に到達するまでの過程で，反応速度の大きさがどのように変化するかを考えた場合，$v_1$ は時間とともに $\boxed{\ (2)\ }$ 。また，$v_2$ は時間とともに $\boxed{\ (3)\ }$ 。その後，平衡状態に到達したときの $v_1$ と $v_2$ の大きさの関係を式で表すと，$\left(\ (4)\ \right)$ となる。

①式の反応が 427℃ において平衡に達したとき，気体の HI が $2.8 \times 10^{-2}$ mol 生成し，容器に残存する $H_2$ の物質量は $\left\{\ (5)\ \right\}$ mol であった。この反応において，427℃ での平衡定数 $K$ は $K = \left\{\ (6)\ \right\}$ と計算される。

次に，平衡状態にあるこの気体の温度を高くしたとき，平衡定数はどのように変化するのかを考える。HI の生成反応は発熱反応である。そのため，反応温度を上げると，平衡は $\left(\ (7)\ \right)$ 。その結果，平衡定数は $\boxed{\ (8)\ }$ 。このように，平衡状態にある可逆反応において，条件を変化させたとき，その変化を緩和させる方向に平衡が移動することを $\left[\ (9)\ \right]$ の原理という。また，この容器に温度と体積一定のままアルゴンを加えて全圧を 2 倍にしたとき，平衡は $\left(\ (10)\ \right)$ 。

a群

(ア) 大きくなる　(イ) 小さくなる　(ウ) 変化しない

(b群)

(ア) $v_1 < v_2$　(イ) $v_1 > v_2$　(ウ) $v_1 = v_2$

(エ) 左に移動する　(オ) 右に移動する　(カ) 移動しない

〔Ⅲ〕 次の問(i)～(iii)に答えなさい。

(i) 次の文の [　　] および (　　) に入れるのに最も適当なものを，それぞれ [a群] および (b群) から選び，その記号をマークしなさい。ただし，同じ記号を繰り返し用いてもよい。また，{　　} には化学反応式を，[ (8) ] には整数値を，それぞれ解答欄に記入しなさい。なお，原子量は H = 1，C = 12，Cl = 35.5 とする。

アルカンは一般式 $C_nH_{2n+2}$（$n$ は炭素数）で表される。$n = 5$ のアルカンでは，[ (1) ] 種類の構造異性体が存在する。

次に直鎖状アルカンについて考える。$n = 5 \sim 16$ の直鎖状アルカンは常温常圧では液体であり，$n$ が大きくなるほど分子間力は ( (2) ) なるので，沸点は高くなる。また，アルカンは可燃性であるため，燃料に用いられ，燃焼させると多量の燃焼熱が発生する。$n = 3$ の直鎖状アルカンの名称は ( (3) ) であり，( (3) ) を完全燃焼させたときの化学反応式は①式で表される。

{ (4) } ……………………………………①

直鎖状アルカン 1 mol を完全燃焼させたときの燃焼熱は $n$ の値に依存し，$n$ が大きくなるほど ( (5) ) なる。

メタンと塩素の混合気体に光を照射すると，置換反応が起きる。メタンの1個の水素原子が1個の塩素原子に置き換わる反応は②式で表される。

{　(6)　} ……………………②

同様の方法で$n = 4$の直鎖状アルカンの1個の水素原子を1個の塩素原子で置換すると，立体異性体を区別しなければ，［(7)］種類の生成物が得られる。いま，$n = 4$の直鎖状アルカン5.80 gを塩素と混合した後，光を照射した。ここで，このアルカンの1個の水素原子を1個の塩素原子で置換した生成物と未反応のアルカンの混合物が7.87 g得られたとする。このとき，$n = 4$の直鎖状アルカンの[　(8)　]%が反応したと計算できる。

［a群］

(ア) 1　(イ) 2　(ウ) 3　(エ) 4　(オ) 5
(カ) 6　(キ) 7　(ク) 8　(ケ) 9　(コ) 10

(b群)

(ア) エタン　(イ) エチレン　(ウ) プロパン
(エ) プロピレン　(オ) 大きく　(カ) 小さく

(ii) 次の文の［(2)］および(　(4)　)に入れるのに最も適当なものを，それぞれ［a群］および(b群)から選び，その記号をマークしなさい。また，[　(1)　]には下記の記入例にならって構造式を，[　(6)　]には構造式の一部を，{　(3)　}には整数値を，〈　(5)　〉にはイオン反応式を，それぞれ解答欄に記入しなさい。なお，原子量はH = 1，O = 16，Na = 23とする。

構造式の記入例

$$\mathrm{CH_3-\overset{\overset{\displaystyle O}{\|}}{C}-CH_2-\overset{\overset{\displaystyle Cl}{|}}{C}H-CH_3}$$

油脂(トリグリセリド)は，高級脂肪酸と構造式[　(1)　]で表されるアルコールから得られるエステルである。高級脂肪酸の種類や組み合わせによって油脂の性質が異なり，室温で固体の油脂を［(2)］という。油脂(トリグリセリド) 1 molを完全にけん化するのに必要な水酸化ナトリウムNaOHは

{ (3) } g である。

油脂のけん化によって生じる高級脂肪酸のナトリウム塩は，セッケンとよばれる。高級脂肪酸のナトリウム塩のセッケンは，$Ca^{2+}$ や $Mg^{2+}$ を多く含む水溶液中では ( (4) ) する。高級脂肪酸(R−COOH)のナトリウム塩は水溶液中では電離し，水溶液は弱塩基性を示す。水溶液が弱塩基性を示すのは，イオン反応式①に示す加水分解が起こるためである。

〈 (5) 〉 ……………………………………①

また，図1に示すように，長い炭化水素基をもつアルキルベンゼンを濃硫酸 $H_2SO_4$ によりスルホン化し，生じた化合物 **A** を NaOH により中和して得られた化合物 **B** は合成洗剤として利用されている。

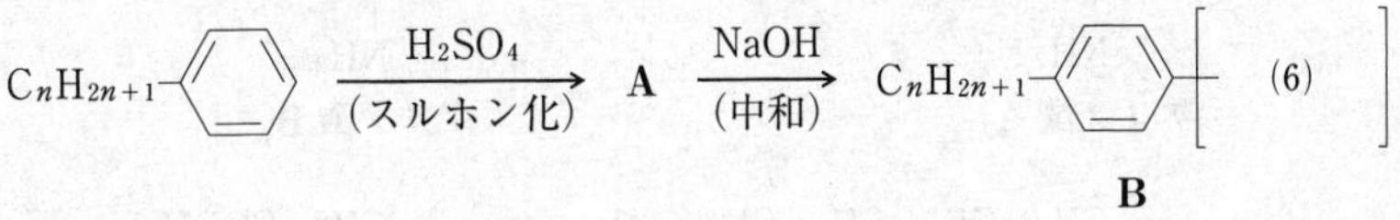

$C_nH_{2n+1}$−(ベンゼン環) $\xrightarrow[\text{(スルホン化)}]{H_2SO_4}$ **A** $\xrightarrow[\text{(中和)}]{NaOH}$ $C_nH_{2n+1}$−(ベンゼン環)−[ (6) ] **B**

図1

a群

(ア) 乾性油　(イ) 硬化油　(ウ) 脂肪

(エ) 脂肪油　(オ) 不乾性油

( b群 )

(ア) 水溶性の塩が生じて洗浄力が向上

(イ) 水溶性の塩が生じて洗浄力が低下

(ウ) 難溶性の塩が生じて洗浄力が向上

(エ) 難溶性の塩が生じて洗浄力が低下

(iii) 次の文の (5) ，( (6) )，および { (7) } に入れるのに最も適当なものを，それぞれ a群 ，( b群 )，および { c群 } から選び，その記号をマークしなさい。また，[　　] には最も適当な用語を漢字で，

〈　　〉には数値を，それぞれ解答欄に記入しなさい。

アミノ酸は分子内に酸性を示すカルボキシ基と塩基性を示すアミノ基を持っている。そのため水溶液中ではアミノ酸は，陽イオン，陰イオン，［ (1) ］イオンが混ざり合って存在している。水溶液中ではこれらのイオンが平衡状態にあり，pH の変化によりその比率が変化する。水溶液中におけるこれらの平衡混合物の電荷の総和がゼロになる時の pH をそのアミノ酸の［ (2) ］という。

図1にアミノ酸 **A**，**B**，**C**，**D** を示す。

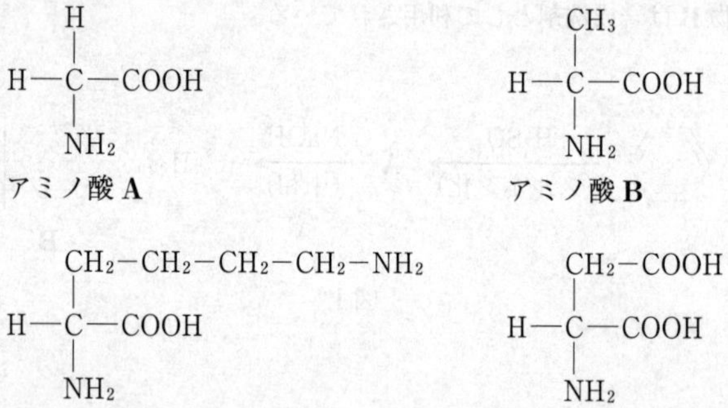

H
|
H—C—COOH
|
$NH_2$

アミノ酸 **A**

$CH_3$
|
H—C—COOH
|
$NH_2$

アミノ酸 **B**

$CH_2-CH_2-CH_2-CH_2-NH_2$
|
H—C—COOH
|
$NH_2$

アミノ酸 **C**

$CH_2-COOH$
|
H—C—COOH
|
$NH_2$

アミノ酸 **D**

図1

アミノ酸 **A** の水溶液中での状態について考えてみよう。**A** の水溶液では，3種類のイオン **I**，**II**，**III** が平衡状態にある。

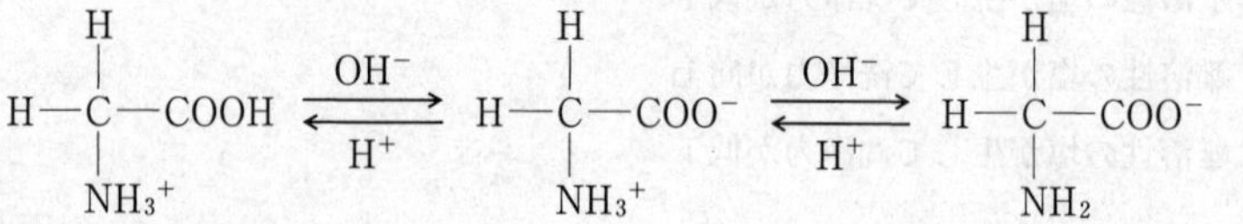

H
|
H—C—COOH
|
$NH_3^+$
**I**

$\underset{H^+}{\overset{OH^-}{\rightleftarrows}}$

H
|
H—C—$COO^-$
|
$NH_3^+$
**II**

$\underset{H^+}{\overset{OH^-}{\rightleftarrows}}$

H
|
H—C—$COO^-$
|
$NH_2$
**III**

……①

**A** のイオン **I**，**II**，**III** の電離平衡は，次の二つの平衡から成り立っている。

$$\mathrm{I} \rightleftarrows \mathrm{II} + \mathrm{H^+} \quad \cdots\cdots ②$$

$$\mathrm{II} \rightleftarrows \mathrm{III} + \mathrm{H^+} \quad \cdots\cdots ③$$

②，③のそれぞれの電離定数 $K_1$，$K_2$ は，次のように表せる。

$$K_1 = \frac{[\mathrm{II}][\mathrm{H^+}]}{[\mathrm{I}]} = 4.0 \times 10^{-3}\ \mathrm{mol/L} \quad \cdots\cdots ④$$

$$K_2 = \frac{[\mathrm{III}][\mathrm{H^+}]}{[\mathrm{II}]} = 2.5 \times 10^{-10}\ \mathrm{mol/L} \quad \cdots\cdots ⑤$$

**Ⅰ**，**Ⅱ**，**Ⅲ**の比率は pH によって変化する。④，⑤式から $K_1 \times K_2$ を求めると⑥式が得られる。

$$K_1 \times K_2 = \frac{[\mathrm{III}]}{[\mathrm{I}]} \times [\mathrm{H^+}]^2 \quad \cdots\cdots ⑥$$

［　(2)　］では，正負の電荷がつり合っているので，$[\mathrm{I}] = [\mathrm{III}]$であり，⑥式から，$[\mathrm{H^+}] =$〈　(3)　〉mol/L と計算される。したがって，アミノ酸 **A** の［　(2)　］は，〈　(4)　〉と求まる。

ここで，図２のように，pH 6.0 の緩衝溶液で湿らせたろ紙の中央に，アミノ酸 **B**，**C**，**D** の混合水溶液(pH 6.0)をしみこませた。そして，ろ紙の両端に電圧をかけて電気泳動を行った。その後，アミノ酸の検出試薬の［　(5)　］を用いて紫色に呈色させた。その結果，１種類のアミノ酸はほとんど移動しなかったが，ほかの２種類のアミノ酸は，－側と＋側にそれぞれ移動し，図２のようにアミノ酸の分離が確認できた。(a)，(b)，(c)の位置に含まれるイオンを生じるアミノ酸 **B**，**C**，**D** の組み合わせとして正しいものは，（　(6)　）である。

2024年度　2月5日　全学日程2　化学

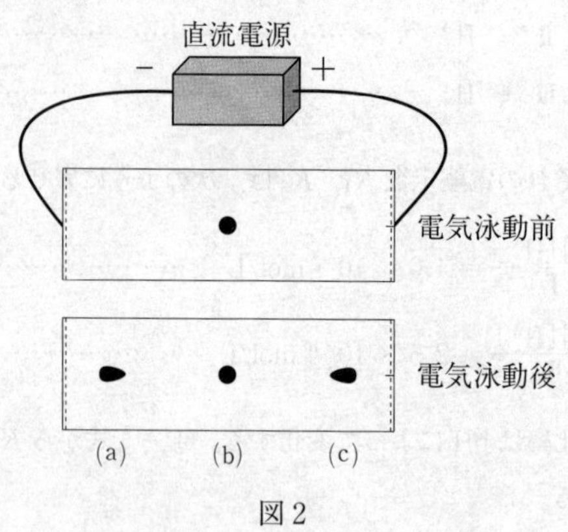

図2

次に，アミノ酸**A**とアミノ酸**B**を用いて，以下の**操作1～3**を行った。

**操作1**：**A**をメタノールと反応させエステル化し，化合物**E**を得た。

**操作2**：**B**を無水酢酸と反応させアセチル化し，化合物**F**を得た。

**操作3**：**操作1**と**操作2**で得られた**E**と**F**を脱水縮合し化合物**G**を得た。

**G**の構造式は｛　(7)　｝である。

a群

(ア)　シュバイツァー試薬　(イ)　硝酸　(ウ)　ニンヒドリン

(エ)　メチルオレンジ　(オ)　ヨードホルム

( b群 )

| | (a) | (b) | (c) |
|---|---|---|---|
| (ア) | **B** | **C** | **D** |
| (イ) | **B** | **D** | **C** |
| (ウ) | **C** | **B** | **D** |
| (エ) | **C** | **D** | **B** |
| (オ) | **D** | **B** | **C** |
| (カ) | **D** | **C** | **B** |

{ c群 }

(ア)
```
        CH3   H
        |     |
CH3-C-N-C-C-N-C-C-O-CH3
    ‖ | | ‖ | | ‖
    O H H O H H O
```

(イ)
```
      CH3   H
      |     |
CH3-N-C-C-N-C-C-O-CH3
    | | ‖ | | ‖
    H H O H H O
```

(ウ)
```
        CH3   H
        |     |
CH3-O-N-C-C-N-C-C-CH3
      | | ‖ | | ‖
      H H O H H O
```

(エ)
```
        CH3   H     H
        |     |     |
CH3-C-N-C-C-N-C-C-O-C-CH3
    ‖ | | ‖ | | ‖   |
    O H H O H H O   H
```

(オ)
```
        H     CH3
        |     |
CH3-C-N-C-C-N-C-C-O-CH3
    ‖ | | ‖ | | ‖
    O H H O H H O
```

(カ)
```
      H     CH3
      |     |
CH3-N-C-C-N-C-C-O-CH3
    | | ‖ | | ‖
    H H O H H O
```

(キ)
```
        H     CH3
        |     |
CH3-O-N-C-C-N-C-C-CH3
      | | ‖ | | ‖
      H H O H H O
```

(ク)
```
        H     CH3   H
        |     |     |
CH3-C-N-C-C-N-C-C-O-C-CH3
    ‖ | | ‖ | | ‖   |
    O H H O H H O   H
```

# 解答編

## 英　語

A. (1)―B　(2)―D　(3)―A　(4)―C　(5)―B
B. (1)―C　(2)―Z　(3)―E　(4)―B　(5)―F
(6)―D

### 全訳

**A.《新学期のキャンパスで友人と再会》**

日本に来ているオーストラリア人の交換留学生ポールが，新学期の初日にキャンパスで友人のシュンに会う。

ポール：シュン！　また会えてうれしいよ。

シュン：やぁ，ポール。僕もうれしいよ。わぁ！　トレーニングしてたの？

ポール：うん。最近になって運動を頑張っているんだ。クリスマスから5キロくらい体重が落ちたよ。

シュン：すごい。どんな運動をやってるの？

ポール：主にジョギングとストレッチかな。君はどう？　春休みはどうだった？

シュン：悪くなかったよ。ほとんどアルバイトをしてたんだ。

ポール：まだ同じ居酒屋で働いているの？

シュン：うん。すごく気に入っているから。みんなとうまくやっているし，お金も貯められたからね。

ポール：僕もそうできればいいんだけど。いつも支払いのことを心配しているよ。

シュン：大変だね。何か出費を抑えられることはないの？

ポール：たぶん抑えられる。僕は食べ物にたくさんお金を使っているんだ。

食事はほとんど外食しているから。

シュン：本当に？　それはお金がかかる習慣だね。もう少し自分で料理すれば？

ポール：僕は料理が全くダメなんだ。でも，本当に何か簡単な料理の作り方は学んだ方がいいと思う。

**B.《雨水採取の必要性》**

A．最近まで，水は世界のほとんどの地域で非常に豊富にあるものだと思われ，それについて深く考える人はいなかった。しかし現在では，水はますます重要な資源だと見なされるようになっている。飲んだり，洗浄するのに必要なだけでなく，食料を栽培したり，インターネットを稼働させるサーバーを冷やすためにさえ水を使っているのだ。

C．しかし，広い範囲で飲料水が手に入れられるというのは幻想である。実際には，世界の水のわずか2.5パーセントだけが真水——すなわち，海水のようには塩分を含んでおらず，そのため十分にきれいであれば飲める水なのだ。しかし，それも地球上の動植物が実際に手に入れられる量とはとても言えない。

E．実際のところ，真水の大半は氷や地下深くに閉じこめられている。私たちの誰もが自由に使って利用することができる地表水は，真水のわずか1.2パーセントほどにすぎない。これは非常に恐ろしい統計値だ。

F．私たちは使える水の入手が極めて限られた状態にあるので，可能な場所ではどこでも水を再利用する必要がある。その方法の一つは「雨水採取」と呼ばれている。

D．これは地上に設置したタンクや井戸に雨水を取り込むことを伴うのだが，それらは地下の大きな貯水槽とつながっている。水が不足している間は，家庭や企業が直接使用するためにタンクに雨水を集め，一方井戸は地表水の供給を補うのに役立つ。

B．私たちが持っている貴重な真水を最大限に利用するためには，そうした技術を一層活用することが不可欠だ。もしそうしなければ，脱塩——海水から塩分を取り除くこと——といった費用のかかる方法に頼らなければならなくなるだろう。人間も自然もそれに頼る余裕はない。

## 解説

**A.** (1)　空所のシュンの問いかけに対して，ポールはそれを肯定して，運動を頑張っていると答えている。したがって，B.「あなたはトレーニングをしていたの？」が正解。work out「トレーニングをする，運動をする」

(2)　空所直後でジョギングとストレッチという具体的な運動内容を答えているので，D.「どのような種類の運動をしているの？」が正解。

(3)　シュンの発言に対して，空所直後でポールがまだ同じ居酒屋で働いているのかと確認しているので，A.「ほとんどの時間，アルバイトをして過ごした」が正解。

(4)　空所直後でシュンは，ポールのおかれた状況が大変だと発言し，出費を抑えられないかと聞いているので，C.「私はいつも支払いのことを心配している」が最も適切。bill「請求書」

(5)　空所直後でシュンは，お金がかかるのでもう少し自分で料理するよう提案している。したがって，B.「食事のほとんどは外食だ」が正解。

**B.**　Aの英文では，水が様々な用途に使われ，現在では貴重な資源となっていることが述べられている。全体の構成としては，実際に利用できる真水は非常に少ないので，rainwater harvesting「雨水採取」という技術を使って，貴重な真水を効率よく使うべきだという流れにすればよい。利用できる真水が少ないことに関してはCとEで説明されているが，Eの第1文（In fact, most …）のthisがCで出てくるfreshwater「真水」を指しているので，A→C→Eの順となる。またDの第1文（This involves capturing …）の主語であるthisはFの最終文（One method is …）の"rainwater harvesting"を指しており，Bの第1文（It's essential that …）のsuch techniquesはDのタンクや井戸を使って雨水を取り込む方法を指していると考えると，筋の通った展開になる。したがって，後半はF→D→Bの順となる。

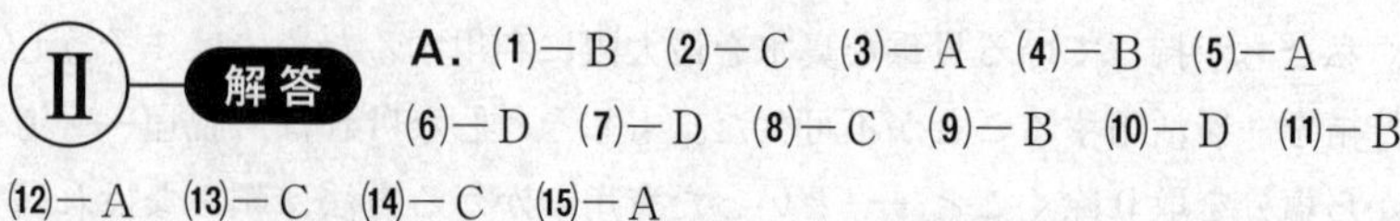

Ⅱ　解答　**A.** (1)—B　(2)—C　(3)—A　(4)—B　(5)—A　(6)—D　(7)—D　(8)—C　(9)—B　(10)—D　(11)—B　(12)—A　(13)—C　(14)—C　(15)—A

**B.** (1)—B　(2)—B　(3)—C　(4)—B　(5)—C　(6)—A　(7)—A

## 全訳

《スーパーマリオ誕生までの歴史》

1 テレビゲームの歴史において最も象徴的なキャラクターのひとりであるスーパーマリオは，1981年に控えめに登場した。彼はたいしたことのないキャラクターだった。粗い画面上にほんのわずかな色付きのドットを組み合わせたもので，ドンキーコングという名の巨大な類人猿からガールフレンドを救おうとするキャラクターだ。しかし，1990年代になる頃までに，マリオは誘拐犯のゴリラから恋人を助け出しただけでなく，任天堂そのものの顔となっていた。

2 遡ること100年，1889年に山内房治郎が花札（賭け事に広く使われていた日本の大衆向けトランプ札）を製造するために任天堂骨牌という社名の小さな会社を創業した時から全てが始まった。ビジネスは数十年にわたり好調だったが――任天堂は今でも世界で花札を製造するトップ企業の一つである――1956年に山内の孫である溥が引き継ぐと，会社の収益源を多角化する方法を探り始めた。

3 孫の山内は，いくつかの全く因習にとらわれないビジネスアイデアを試してみた。インスタントのパックご飯やタクシー会社，そして他にも失敗したものがある。1960年代後半，彼はついに任天堂の新たな隙間産業を見つけ，日本の電子玩具市場での足掛かりをつかんだ。溥は1970年代に家庭用コンピューターとアーケードゲーム機メーカーであるアタリのとてつもない成功を目の当たりにすると，次はテレビゲーム市場に目をつけ，1977年には『カラーテレビゲーム』という家庭用ゲーム機を日本市場に投入した。このゲーム機には，同じゲームの複数のバージョン――当初はその当時最も人気のあったゲームの一つ『ポン』の任天堂版――があらかじめインストールされており，3年間でおよそ300万台を売り上げ，会社にとってはまずまずの成功となった。

4 山内はさらなる成功を渇望し，もう一つの成長が見込める分野のゲーム――コインを入れるアーケードゲーム，すなわち「ゲームセンター」――に目を向けた。日本で『EVRレース』と『レーダースコープ』がヒットしたことで自信を得ると，アメリカでの販売に向けて任天堂は3,000台のレーダースコープを生産することにした。残念ながら，アメリカのゲームセンター業者は，それがあまりにもスペースインベーダーに似ていると感じ，また，ゲームのプレイ中にゲーム機のスピーカーから常に流れるピーという苛立たしい音もあって関心を持たなかった。山内のもとには2,000台近くの売れなかったレーダースコープが残され，任天堂の北米での希望は「ゲームオーバー」のように思えた。

5 山内は最初からやり直した。彼は製品開発者兼アーティストの宮本茂に，アメリカ人にとってより魅力的で，レーダースコープがたどり着けなかった高みに立つゲームを作るという職務を課した。宮本には他のゲーム開発者にはない強みが一つあった。彼はプログラマーではなかったのだ。ハードウェアには何ができるのかという視点からプロジェクトに着手する——当時，ほとんどの開発者がやっていたように——のではなく28歳の宮本はまずストーリーに重点を置いた。

6 複数のアイデアを考えた後，彼はアメリカのアニメと漫画のキャラクターだったポパイに着想を得たアイデアに落ち着いた。しかし，オリーブ＝オイルの愛をめぐってブルートとポパイを戦わせるのではなく，宮本のゲームでは，ドンキーコング（この名前から「バカなゴリラ」という意味が伝わると考えていた）という名前の巨大ゴリラの誘拐犯から，ポーリーンというガールフレンドを救出しなければならないジャンプマンという大工を登場させた。

7 1981年の『ドンキーコング』を発売する前，アメリカの任天堂はマリオ＝セガーレという名前の男性からシアトルの倉庫（そこではレーダースコープがほこりをかぶっていた）を借りていた。『ドンキーコング』の開発に会社の資金がかなり多くつぎ込まれていたため，彼らは倉庫の家賃を滞納していた。気難しいセガーレが会社の社長の荒川實のもとに怒ってやって来て，支払いを要求すると，荒川はその大家にすぐに家賃を払うことを確約した。セガーレがようやくその場を去った時，荒川の頭にひらめきが生まれ，荒川と彼のチームは冗談で自分たちが作ったテレビゲームをマリオと呼び始めた。

8 『ドンキーコング』は大ヒットしたが，任天堂は「操縦桿から手を放す」ことはせず，その勝利に浮かれることはなかった。彼らは『ドンキーコング・ジュニア』という続編をすぐに開発してリリースしたが，そのゲームは，前作ではジャンプマン，今作ではマリオと名付けられたキャラクターの悪の手から父親を救出するドンキーコングの息子が主役となっている。

マリオは（彼の経歴において最初で最後の）「悪者」だったが，そのゲームも任天堂のもう一つの大ヒット作となった。

9　1983 年，『マリオブラザーズ』というヒットしたアーケードゲームで，弟のルイージ（その時はニューヨークの配管工として登場）と共に愛する町の下水管から出てくる数多くの生物たちをやっつけるという任務を負うと，ついにマリオがスターになるチャンスが訪れた。

10　1983 年 7 月 15 日，日本で家庭用のコンソールゲーム機であるファミリーコンピュータ（略してファミコン）が販売され，任天堂（およびマリオ）はアーケードゲームから飛び出し，何百万ものリビングルームへと初めてお目見えした。売り上げは国内で急増し，アメリカの選定した場所で 1 年間の市場調査を経て，1986 年 9 月に Nintendo Entertainment System (NES) ――アメリカ市場向けに名前とデザインが変更された――がアメリカ全土でリリースされた。そのゲーム機は 17 種類のゲームと一緒に売り出され，その中にはみんなの大好きな配管工が登場する新たなゲーム，すなわち『スーパーマリオブラザーズ』も含まれていた。1988 年までに，任天堂はアメリカのコンソールゲーム機市場を支配し，NES の後のバージョンでは自動的に『スーパーマリオブラザーズ』がセットになっていたこともあり，そのキャラクターと会社の繋がりが強固なものになった。

11　しかし，なぜマリオはそのような現象になったのだろう？『スーパーマリオ：任天堂はどのようにしてアメリカを征服したのか』の著者であるジェフ＝ライアンによると，基本的には任天堂がマリオを強引に有名にしたからだという。「任天堂はマリオをスターに仕立て上げました」とライアンは言う。「意図的にマリオを数多くの革新的なテレビゲームに登場させ，様々なジャンルの垣根を飛び越えさせてきたのです」

12　ゲーム業界ではひっきりなしに「リアルな」ゲーム体験を追求しているが，バウザー（クッパ）という名前の，スパイク状のとげのある甲羅の巨大カメをマリオが打ち負かすという明らかにローテクな 30 年間のバトルは，歴史上，最も人気のあるゲームの一つであることに変わりない。

## 解説

**A.** (1)　空所を含む部分は直前の Japanese playing cards「日本のトランプ札」を説明する形容詞句の一部。選択肢の中では，賭け事に広く使われていたという意味になる B のみ文脈が合う。A.「激しく」 C.「狭く」

D.「深く」

(2) take over「(事業などを) 引き継ぐ」 A.「～をにらみつける」 B.「～を引き渡す」 D.「～を拒否する」

(3) 任天堂の山内溥が会社の収益源を多角化しようと，様々なビジネスを模索していたことについて言及している部分。選択肢の中では niche「隙間産業，隙間市場」が最も適切。

(4) 空所を含む文の主節では，山内がテレビゲーム市場に目をつけ，家庭用ゲーム機を日本市場に投入したとある。ゲーム機メーカーであるアタリの成功を見て，そうした行動を取ったとすれば文脈に合うので，Bが正解。

(5) 空所を含む文は任天堂が発売した『カラーテレビゲーム』というゲーム機について説明した部分で，空所直前の pre-loaded は「あらかじめインストールされた」という意味。空所直後には同じゲームの複数のバージョンという表現が続いているので，同伴の意味を持つ with を選べば，このゲーム機にはあらかじめ複数のゲームがインストールされていた，となり文意が合う。

(6) 空所を含む文では，アメリカのゲームセンター業者は，任天堂が新たに生産したレーダースコープというゲーム機に関心を持たなかったという内容が述べられている。したがって，D.「残念ながら」が適切。turn *A* off「*A* を無関心にさせる，飽きさせる」

(7) 空所を含む文は「任天堂の北米での…は『ゲームオーバー』のように思えた」という意味。新たなゲーム機を北米で売り出そうとしたが，ゲーム業者は関心を示さず，たくさんのゲーム機が売れ残った状況を説明した部分なので，D.「希望，期待」が最も適切。A.「顧客」 B.「訪問」 C.「業績」

(8) 直後の第5段最終2文 (He wasn't a … the story first.) では，宮本はプログラマーではなかったため，他の開発者と違う視点でゲームのストーリーに重点を置いたという内容が続いている。したがって，C.「強み，長所」が正解。

(9) 空所を含む文はゲームを作る際のプロセスについて説明した部分。ハードウェアには何ができるのかという視点からゲームを作るゲーム開発者と対比させている部分なので，宮本がまずゲームのストーリーを重視したという意味になるBが最も適切。A.「(音量など) を大きくする」 C.

「～を続ける」 D.「～を実際より良いように説明する」

⑽ 空所を含む部分は直前の代名詞 one を修飾する形容詞句。one は前出の idea という単語を代用しているので，アニメと漫画のキャラクターだったポパイに着想を得たアイデアという意味になるDが最も適切。inspired「着想を得た，インスピレーションを受けた」

⑾ 第7段では，アメリカの任天堂が借りていた倉庫の大家だったマリオ＝セガーレという人物について説明されている。同段第3文（When the disagreeable …）では，セガーレが社長である荒川のもとに怒ってやって来て，支払いを要求したと述べられているので，会社が倉庫の家賃を滞納していたことが読み取れる。したがって，B.「(支払いなど) を滞納する」が正解。A.「～を見限る」 C.「(悪事など) をしても罰を受けない」 D.「～に遅れないでついていく」

⑿ 空所を含む部分は直前の a sequel named "Donkey Kong Jr."「ドンキーコング・ジュニアという名前の続編」を修飾する関係詞節。直後に動詞の featured が続いているので主格の関係代名詞が入るが，非制限用法（直前にコンマあり）になっているので that は不可。また，先行詞は物なので，which が正解となる。

⒀ 文脈を考慮すると，マリオは bad guy「悪者」だったが，そのゲームは大ヒットしたという意味になる前置詞の despite が最も適切。空所直後の being は動名詞で，Mario がその意味上の主語となっている。

⒁ soar「(売り上げ，価格，温度など) が急増する」

⒂ 空所を含む文の前半では，アメリカの選定した場所で1年間の市場調査をした後に発売されたと説明されているので，アメリカ全土で NES がリリースされたという意味になるA.「全国で」が正解。

**B.** ⑴「1940 年代，任天堂は…で最も よく知られていたことが想定できる」

第2段で任天堂はもともと花札を製造する会社だったが，1956 年に山内溥が会社を引き継ぐと事業を多角化する方法を探り始めたと述べられている。したがって，Bが正解。

⑵ 第3段第1・2文（The younger Yamauchi … and other missteps.）では，山内が因習にとらわれないビジネスアイデアで，様々な事業を試したことが述べられている。したがって，B.「自分の会社を他の業界に拡

大したかった」が正解。

A.「会社の利益を伸ばす方法に関して明確な考えがあった」C.「電子機器市場に参入して，新しいタイプのカラーテレビを売り出した」

(3)　第4段第3文（(　6　), American arcade…）で，アメリカのゲームセンター業者は任天堂のレーダースコープに関心を示さなかったことが述べられているので，C.「アメリカの買い手を引きつけるほどの特徴はなかった」が正解。A.「暴力的な要素を含んでいたのでアメリカ人を動揺させた」 B.「アメリカと日本で約1,000台売れた」

(4)　第5段第2文（He tasked product…）で，製品開発者兼アーティストである宮本茂に魅力的なゲームを作るという職務を課したとあるので，B.「新たなゲームを作るため，開発者として若いアーティストを選んだ」が最も適切。アメリカ人にとってより魅力的なゲームを作ることが重要であり，ゲームの水準を高めることが目的ではないので，A.「『レーダースコープ』よりも高水準のゲームを作ることを目指した」は不適。C.「新たなプロジェクトにプログラマーを必要としなかった」

(5)「荒川實と彼の同僚は…の後，自分たちのテレビゲームのキャラクターをマリオと呼び始めた」

第7段第2～最終文（Because so many … creation as Mario.）で，任天堂が家賃を滞納していた倉庫の所有者であるマリオ＝セガーレが怒って荒川のもとを訪れて，その支払いを要求した後，荒川の頭にひらめきが生まれ，チーム内で自分たちが作っているゲームをマリオと呼び始めたとある。したがって，C.「施設の所有者の不快な訪問を受けた」が正解。A.「アメリカ市場で『ドンキーコング』を売り出した」 B.「どこか他の場所で売るため古いゲームを集めた」

(6)　第8段第2～最終文（They quickly developed … success for Nintendo.）では，ドンキーコング・ジュニアというゲームで，マリオという名前のキャラクターが悪役の設定で登場したが，マリオが悪役となる設定はそれが最初で最後だったことが述べられている。続く第9段第1文（In 1983, Mario …）より，1983年にマリオブラザーズというゲームが登場していることがわかるので，A.「あるゲームで悪役を演じた」が正解。prior to *A*「*A*より前に」

B.「家庭用コンソールゲーム機に含まれるゲームで主役を演じた」

C.「あるゲームで弟のルイージと一緒にジャンプマンとして登場した」

(7)「本文によると，マリオというキャラクターが極めて有名になった主な理由は…」

第11段でマリオがスターになった理由が説明されており，任天堂は意図的にマリオを数多くのゲームに登場させ，マリオを強引にスターに仕立て上げたというジェフ＝ライアンの見解が引用されている。したがって，A.「マリオは様々なテレビゲームにスターのキャラクターとして登場した」が正解。

B.「『スーパーマリオブラザーズ』というゲームがアメリカ市場で大ヒットした」

C.「アメリカ人は懸命に戦い，決してあきらめないキャラクターを愛している」



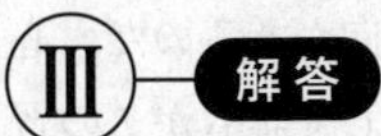

**A.** (1)—A　(2)—C　(3)—B　(4)—B　(5)—A　(6)—C　(7)—A　(8)—C　(9)—C　(10)—C

**B.** (1)—B　(2)—B　(3)—C　(4)—C　(5)—A　(6)—C　(7)—A

**全訳**

**《自分の考えを変えることが難しい理由》**

[1]「ファクト・ファースト」はCNNニュースチャンネルのブランド確立を狙うキャンペーンのキャッチフレーズで，「事実が立証されれば，意見を形成することができる」という主張だ。この魅力的な主張は論理的に聞こえるのだが，問題なのはこれが研究調査によって立証されていない誤った考えであるという点だ。認知心理学と神経科学では，精神作用の研究がなされており，政治の話となると全く逆のことが当てはまるケースが多いことがわかっている：人々は事実を拠り所とするのではなく，恐れ，軽蔑，怒りといった感情に基づいて意見を形成する。新たな事実が人々の意見を変えないことはよくあるのだ。

[2] 私は人間開発，公衆衛生，そして行動変化について研究している。仕事において私は，人が自分の信念に反する新たな情報に出くわした時，自分の考えと行動を変えるのがいかに難しいのかということを直接目にしている。人は特定の文化的背景の中で社会生活に適応しており，信念や意見などの世界観は幼少期に形成され始める。それは所属している社会集団，触

れているメディア，さらにはいかに脳が機能するかによって，時間と共により強固なものとなっていく。あなたの世界観は自分自身をどのように捉え，そして世界とどのように相互作用するのかに影響を及ぼしているのだ。

③　多くの人々にとって，自分の世界観に疑問が投げかけられることは自分自身のアイデンティティに対する攻撃のように感じられ，その結果，自分の考えに凝り固まってしまうことがある。自分の考えを変えることに抵抗することが自然である理由，さらにそうした考えの変更をうまく行う方法を説明した研究がある。

④　理想的な世界では，自分の信じていることを否定する新たな証拠に直面した理性的な人は，その事実を評価し，それに応じて自分たちの考えを変えるだろう。しかし，それは一般的に現実世界の事の成り行きではない。そうならない一因として，自分が信じていることに異議を唱える証拠に出くわした時に効力を発する認知バイアスがある。今まで信じてきたことを再評価する代わりに，人は相入れない証拠を拒絶する傾向があるのだ。心理学者たちはこの現象を「信念固執」と呼んでいる。そして誰もがこの習慣的思考法に陥る可能性がある。

⑤　今の自分の信念が間違っていることを示す事実が提示されると，ニュース経由であれ，ソーシャルメディア経由であれ，一対一の会話経由であれ，人々はおびやかされていると感じてしまう。問題となっている信念が政治的アイデンティティや個人のアイデンティティの支えとなっている時，この反応は特に強くなる。強く抱いている信念の一つに異議が唱えられれば，それは自分への攻撃のように感じられる。あなたの世界観に合わない事実に直面することが「裏目」に出て，特に政治的に熱を帯びた問題に関しては，結局元々の立場や考えに一層凝り固まってしまう可能性もある。

⑥　「確証バイアス」と呼ばれる，自分の考えを変えることを妨げるもう一つの認知バイアスがある。これは現在の自分の信念を支持するようなやり方で情報を探したり，物事を解釈したりする生来の傾向である。似たような考えを持つ人々やメディアに触れることで確証バイアスは強化される。確証バイアスの問題は，様々な角度から状況を見ることを妨げるため，判断の誤りにつながる可能性があるという点だ。

⑦　認知バイアスは，予測可能な思考パターンで，客観的に証拠を検討して自分の考えを変えることを妨げる。また一部の基本的な脳の機能も，この

方面においてあなたの邪魔をしている。

8　あなたの脳はあなたを守るよう設計されている。これはたとえ自分の意見や信念が間違っている時でも，それらを確固たるものにする可能性がある。ディベートや口論に勝つと，ドーパミンやアドレナリンなどのホルモンが大量に放出される。脳内において，そうしたホルモンは，食事をしている時やジェットコースターに乗っている時，そしてもちろん口論に勝つ時に得られる喜びの感覚をもたらす一因となっている。この「急襲」のおかげで気分がよくなったり，自分は無敵だとすら感じられたりする。これは多くの人がもっとしばしば欲しいと思う感覚なのだ。さらに，大きなストレスや不信感を抱えている状態では，体はコルチゾールという別のホルモンを放出する。それは推論や論理という高度な思考プロセス――心理学者たちが脳の実行機能と呼んでいるもの――を乗っ取ってしまう可能性がある。脳の扁桃体は生得的な闘争・逃走反応（闘うか逃げるかの衝動）をコントロールしているのだが，脅威にさらされた時，そこがより活性化するのだ。コミュニケーションとの関連では，これらの化学物質が体の中を駆け巡ると，人は声を荒らげたり，反発したり，話を聞くのをやめてしまったりする傾向にある。いったんそのような心的態度になると，他の意見を聞くのは難しい。正しくありたいという願望が脳の防御メカニズムと結びつき，新たな情報があったとしても，意見や信念を変えるのがより一層難しくなってしまうのだ。

9　考えを変えることを難しくしている認知バイアスや脳のメカニズムにもかかわらず，そうした生来の習性を避ける方法がある。発言が繰り返されると，それがいかに誤った主張であったとしても，新たな情報よりもそれが真実であるような感覚になることが多いので，繰り返し言われていることには用心しなさい。ソーシャルメディアを巧みに操る人や政治家たちは皆，このことを十二分に承知している。挑発的ではないやり方で物事を提示すると，人々は攻撃されていると感じることなく新しい情報を評価するようになる。

10　自分たちが信じていることに疑念を抱かせるような質問をしてみるといい。最終的に意見は変わらないかもしれないが，うまくいく可能性は高くなる。

11　私たちは皆，こうした傾向があることを認識し，敬意を示して他の意見に耳を傾けるとよい。自分の体が闘う準備をしていると感じたら，深呼吸をして一息ついてみよう。時には間違っても大丈夫だということを覚えておいてほしい。そうすれば人生が成長過程になるだろう。

出典追記：Cognitive biases and brain biology help explain why facts don't change minds, The Conversation on August 11, 2022 by Keith M. Bellizzi

## 解説

**A.** (1)　下線部を含む文は「それは自分自身をどのように捉え，そして世界とどのように相互作用するのかに影響を及ぼしている」という意味。直前の第2段第3・4文（Your worldview, including … your brain functions.）では，各自の worldview「世界観」が幼少期からどのように形成されるか説明されているので，Aが正解。

(2)　下線部を含む文は「しかし，それは一般的に現実世界の事の成り行きではない」という意味。直前の第4段第1文（In an ideal …）では，理想的な世界では，理性的な人々は自分の信じていることと矛盾する証拠が出た時，その事実を評価し，それに応じて自分の考えを変えると述べられている。したがって，C.「理想的な世界で理性的な人々が行うであろうこと」が正解。things「事態，状況」

(3)　下線部を含む文は「心理学者たちはこの現象を『信念固執』と呼んでいる」という意味。直前の第4段第3・4文（Partly to blame … the incompatible evidence.）では cognitive bias「認知バイアス」について言及されており，人は自分が信じていることに異議を唱える証拠に出くわすと，その証拠を拒絶する傾向があると説明されている。したがって，B.「自分の信念を否定することを退けること」が正解。incompatible「相入れない」 A.「事実が示していることを真実として受け入れること」 C.「首尾一貫して尊重してきたことを調べること」

(4)　直前の第5段第1文（Being presented with …）で，自分の信じていることが間違っていることを示す事実が提示されると，人々はおびやかされていると感じると述べられている。したがって，選択肢の中では，B.「攻撃を受けやすいと感じること」が最も適切。vulnerable「攻撃を受けやすい，傷つきやすい」 A.「強引だと感じること」 C.「間違っていると感じること」

(5)　backfire effect「裏目」の具体例を選ぶ問題。下線部を含む第5段最終文（Confronting facts that…）で，自分の世界観に合わない事実に直面すると，特に政治的に熱を帯びた問題に関しては，元々の立場や考えにより一層凝り固まってしまう可能性があると述べられている。したがって，A.「反対の証拠があるにもかかわらず，ある政治的政策に対する支持を強めること」が正解。contradictory「反対の，矛盾した」 end up *doing*「結局～する」

B.「疑わしい証拠があるため，ある政治的政策への支持が弱まること」

C.「有力な証拠に起因する政治的政策への支持を続けること」

(6)　第6段は confirmation bias「確証バイアス」についての説明。同段第1・2文（There's another cognitive … your existing beliefs.）で，確証バイアスとは現在の自分の信念を支持するように情報を探してしまう生来の傾向で，自分の考えを変えるのを妨げるものだと述べられている。自分と似たような考えの人やメディアに触れることで，自分の考えが確固たるものになっていくという文脈にすればよいので，C.「現在の考えを強固にする」が正解。reinforce「～を強化する」　A.「正確な信念を高める」　B.「新たな考えを増やす」

(7)　下線部は「また脳が機能する一部の基本的な仕組みも，この方面であなたの邪魔をしている可能性がある」という意味。直前の第7段第1文（Cognitive biases are…）では，認知バイアスについての言及があり，that can keep 以下の関係詞節では，人が客観的に証拠を検討して，自分の考えを変えることを妨げると説明されている。脳の一部の機能も自分の考えを変える邪魔をしていることが読み取れるので，A.「あなたの脳が事実を受け入れることに抵抗する一因となっている可能性がある」が最も適切。undermine「～を阻む」や front「方面」などの単語が難しいが，追加を表す also に着目し，認知バイアスが自分の考えを変える妨げとなるという直前の内容に類似したものだと判断したい。

B.「あなたの脳は潜在的に意見を変える手助けとなる可能性がある」

C.「あなたの脳は時代遅れのデータに固執するのを防ぐ可能性がある」

(8)　下線部を含む文は「この『急襲』のおかげで気分がよくなったり，自分は無敵だとすら感じられたりする」という意味。直前の第8段第2・3文（Winning a debate … winning an argument.）では，ディベートや口論で勝つ時には，ドーパミンやアドレナリンなどのホルモンが脳内に大量に放出され，喜びの感覚をもたらすという内容が説明されている。したがって，C.「ホルモンの急激な放出」が正解。

(9)　下線部は「最終的に意見は変わらないかもしれないが，成功する可能性はより高くなる」という意味。第9段最終文（Presenting things in …）では，挑発的でない方法で物事を提示すると，人々は攻撃されていると感じることなく新しい情報を評価するようになるとある。下線部直前の第10段第1文（Try asking questions …）では，自分が信じていることに疑念を抱かせるような質問をしてみることを提案しており，下線部ではそうした質問の仕方をすれば，相手の意見が変わる可能性があることを示していることがわかる。したがって，C.「別の人の考えを変える可能性は話し方によって左右される」が正解。

A.「質問に対する正しい答えは，時として自分で発見する問題の場合がある」

B.「たとえ優れたテクニックを使ったとしても，誰かの考えを変えることは難しいことがある」

(10)　下線部に含まれる these tendencies「これらの傾向」とは，私たちが挑発的な形で物事を提示されると，攻撃されていると感じ，新しい情報や事実を冷静に評価できなくなってしまう傾向のことを指している。下線部ではそうした傾向を認識して，他の意見に敬意をもって耳を傾け，自分の体が闘う準備をしていると感じたら冷静になることを勧めている。すなわち，下線部には，自分とは異なる考えも受け入れられるようにするための心がけが記されているため，C.「時間と共に，開かれた心を持つように自分を訓練できる」が正解。

A.「衝突を避けるよう注意すれば，他人の意見を変えられることがある」

B.「それらの真実性にかかわらず，自分の信念を持ち続けることができる」

**B.** (1)「“I study human,” で始まる第2段で，筆者は各自の世界観は…によって形成されると主張している」

第2段第3・4文(Your worldview, including … your brain functions.)で，各自の世界観は特定の文化的背景の中で社会生活に適応しながら，所属している社会集団，メディア，脳の機能によって形成されていくと説明されている。したがって，B.「社会的，文化的，認知的要因」が正解。

(2) 第5段では，自分の信念が間違っていることを示す事実が提示されると，人は脅かされていると感じ，元々持っていた考えに一層固執してしまう可能性があることが述べられている。したがって，B.「相手の考えに反する証拠を示して説得しようとすることは，反対の影響を及ぼすことがある」が正解。文頭の trying は動名詞で主部を形成し，contrary to their view の部分は直前の evidence を修飾する形容詞句となっている。
A.「面と向かって議論することは，ストレスが溜まるが，おそらく相手を納得させる議論を行う最善の方法だろう」
C.「相手の信念の誤りを証明する証拠を提示することは，身体的な対決につながるかもしれない」

(3) 第6段第2文（It's the natural …）で confirmation bias「確証バイアス」とは，自分が今，信じていることを支持するようなやり方で情報を探してしまう生来の傾向だと述べられている。したがって，その例としては，C.「自分と政治的な意見を同じくするニュース記事を選り好みすること」が最も適切。A.「政治的傾向を理由にテレビを見ないこと」 B.「政治的信念について一緒に議論できる人を探すこと」

(4) 第8段では，脳内で放出される様々なホルモンが人間の行動に影響を及ぼすことが説明されている。同段最後から3文目（In the context …）では，コミュニケーションとの関連では，そうした化学物質が体内を駆け巡ると，声を荒らげたり，話を聞かなくなったりするなど，人の行動に影響を及ぼすことが述べられている。したがって，C.「私たちの行動の仕方は，時として脳内の化学物質が原因となっていることがある」が正解。
A.「脳内の化学物質が私たちの衝動をコントロールするのを助けている」
B.「脳内で化学物質の放出を誘発することは，私たちが討論をうまく進める手助けとなる」

(5) 「"In spite of …" で始まる第9段によると，…な主張を受け入れることは特に注意すべきである」

第9段第2文（Be wary of …）では，繰り返される発言は，それが誤った主張であっても，真実であるような感覚になるので用心が必要だとある。したがって，A.「何度も繰り返される」が正解。be wary of ～「～に用心する」 B.「時々，述べられるだけの」 C.「初めて聞く」

(6) 「同じ段落で，筆者は倫理に反する著名人が…ということを暗に示している」

第9段第2・3文（Be wary of… all too well.）で，繰り返される発言は，それが誤った主張であっても，真実であるような感覚になることが多いが，ソーシャルメディアを巧みに操る人や政治家たちは，そのことを十二分に承知していると述べられている。したがって，C.「認知に関する弱点を利用する方法をよく知っている」が正解。exploit「～を（不当に）利用する」

A.「穏やかな態度に見せることで視聴者をだますかもしれない」

B.「自分たちの目的を達成するために暴力を助長する可能性が潜在的にある」

(7) 本文全体を通して，認知バイアスや脳のメカニズムといった生来の習性によって，人間は自分の考えを変えるのが難しくなっていることが説明されている。最終段では，そうした人間の傾向を認識した上で，他の意見に耳を傾ければ，考えが変わることもあるとまとめられているので，A.「私たちは皆，自分の考えを変えるのを難しくしている生まれつきの習性があることを認識する」が最も適切。

B.「私たちには認知バイアスがあるという事実を無視して，正しいと感じることを信頼する」

C.「私たちが信じていることを変える手助けとなる新たな信頼できる証拠を探し続ける」

## 講評

2024年度も大問3題の出題形式で，例年通り全体の英文量が多い。設問の出題レベルは標準～やや難。

Ⅰ のAの会話問題は，前後の文脈に着目すれば迷う選択肢はない。Bの段落整序は，this，such といった代名詞や指示語に着目できたかどうかがポイント。

Ⅱ の読解問題は，テレビゲームのキャラクターであるスーパーマリオが誕生した歴史について説明した英文。背景知識を知っていた受験生にとっては読みやすい内容だったかもしれない。Aの空所補充は文脈を考慮して適切な語句を選ぶ問題が中心だが，やや語彙レベルが高く，(3)，

⑾，⒁などは難しかったと思われる。Bは本文の内容について問われた設問で，誤りの選択肢がわかりやすく標準レベル。

Ⅲの読解問題は，自分の考えを変えることが難しい理由について述べた英文で，認知バイアスと脳のメカニズムという２つの側面から説明されている。脳のメカニズムに関する部分では，やや難しい語彙も見られるが，脳科学の分野はよく出題されるテーマなので，関連する単語をチェックしておくとよい。Aは下線部から読み取れる内容，意味が近いものを選ぶ問題で，⑺はやや難しかった。Bは判断に迷う選択肢は特になかったが，英文量が多いので，集中力を切らさず最後まで読み切りたい。

全体的には標準～やや難のレベルで，一定の語彙力と構文把握力は不可欠。それがクリアできたら時間内に解答が終わるよう演習を積み重ねておきたい。

# 数　学

## Ⅰ　解答

**(1)**　$f(x)=\dfrac{1}{2}(e^x-e^{-x})$ とすると，

$f'(x)=\dfrac{1}{2}(e^x+e^{-x})$ となるので，原点における接線の方程式は

$$y=f'(0)(x-0)+f(0)=1(x-0)+0=x$$

したがって　$y=x$　……(答)

**(2)**　$e^x>0$，$e^{-x}>0$ より，相加平均・相乗平均の関係より

$$f'(x)=\frac{1}{2}(e^x+e^{-x})\geqq\frac{1}{2}\cdot2\sqrt{(e^x\cdot e^{-x})}=1$$

となるので，$y=f(x)$ は実数全体で単調増加である。

また，$f''(x)=\dfrac{1}{2}(e^x-e^{-x})=f(x)$ と

$f(0)=0$ より，$x>0$ のとき，$f''(x)=f(x)>0$ であるから下に凸となり，$x<0$ のとき，$f''(x)=f(x)<0$ であるから上に凸となる。

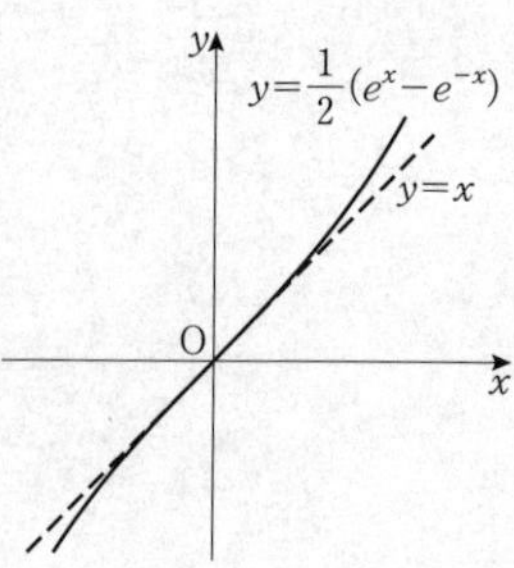


したがって，$C$ の概形は右図のようになる。

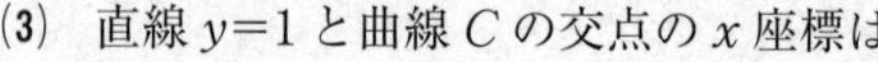

**(3)**　直線 $y=1$ と曲線 $C$ の交点の $x$ 座標は

$$1=\frac{1}{2}(e^x-e^{-x})$$

$$e^{2x}-2e^x-1=0$$

$$\therefore\quad e^x=1\pm\sqrt{2}$$

$e^x>0$ より　$e^x=1+\sqrt{2}$

よって，$x=\log(1+\sqrt{2})$ で交点をもつ。

したがって，右図の網かけ部分の面積を求めればよい。これは，A$(0,\ 1)$，B$(\log(1+\sqrt{2}),\ 1)$，C$(\log(1+\sqrt{2}),\ 0)$ とすると，長方形OABCから，曲線 $C$ と $x$ 軸および直線 $x=\log(1+\sqrt{2})$ で囲まれる図形を除い

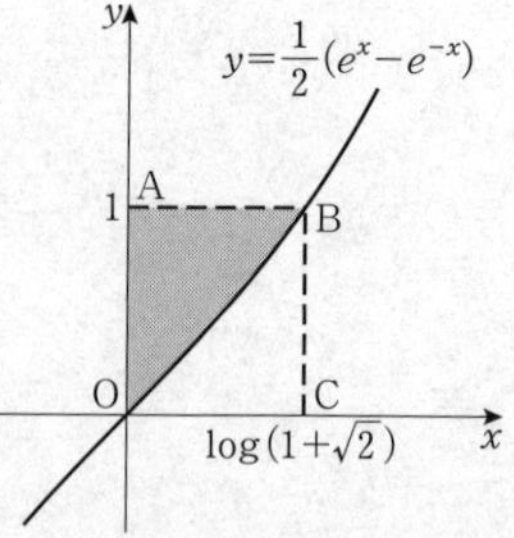

た部分の面積を求めればよいので

$$S=\log(1+\sqrt{2})\cdot 1-\int_0^{\log(1+\sqrt{2})}f(x)dx$$

$$=\log(1+\sqrt{2})-\int_0^{\log(1+\sqrt{2})}\frac{1}{2}(e^x-e^{-x})dx$$

$$=\log(1+\sqrt{2})-\left[\frac{1}{2}(e^x+e^{-x})\right]_0^{\log(1+\sqrt{2})}$$

$$=\log(1+\sqrt{2})-\frac{1}{2}\{e^{\log(1+\sqrt{2})}+e^{-\log(1+\sqrt{2})}\}+\frac{1}{2}(\mathrm{e}^0+\mathrm{e}^0)$$

$$=\log(1+\sqrt{2})-\frac{1}{2}\left\{(1+\sqrt{2})+\frac{1}{1+\sqrt{2}}\right\}+1$$

$$=1-\sqrt{2}+\log(1+\sqrt{2})\quad \cdots\cdots(答)$$

(4)　曲線 $C$ と $x$ 軸および直線 $x=1$ で囲まれる図形の面積を $U$ とすると，曲線 $C$, $D$ は直線 $y=x$ について対称であることから，図の打点部の面積は(3)で求めた $S$ に等しいので，求める面積 $T$ (網かけ部分) は $U=T+S$ を満たす。

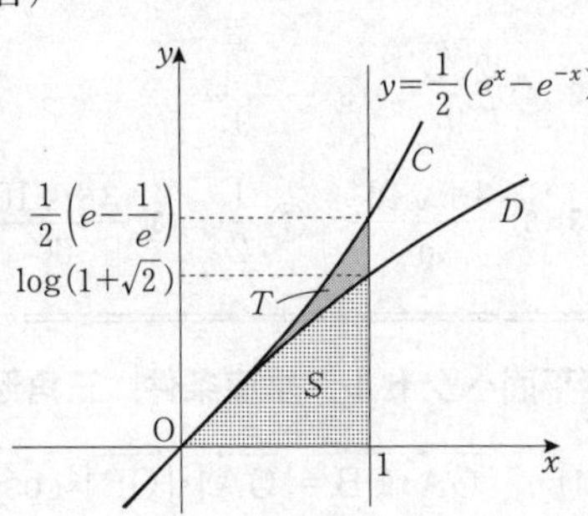


したがって

$$T=\int_0^1 f(x)dx-S$$

$$=\int_0^1\frac{1}{2}(e^x-e^{-x})dx-(1-\sqrt{2}+\log(1+\sqrt{2}))$$

$$=\left[\frac{1}{2}(e^x+e^{-x})\right]_0^1-(1-\sqrt{2}+\log(1+\sqrt{2}))$$

$$=\frac{1}{2}\left(e+\frac{1}{e}\right)-1-(1-\sqrt{2}+\log(1+\sqrt{2}))$$

$$=-2+\sqrt{2}+\frac{e}{2}+\frac{1}{2e}-\log(1+\sqrt{2})\quad \cdots\cdots(答)$$

## 解説

**《指数関数を含む関数（双曲線関数）の接線，グラフの概形，面積》**

(1)　$y=f(x)$ 上の点 $(a,\ f(a))$ における接線の方程式は

$$y=f'(a)(x-a)+f(a)$$

であるので，そこに $a=0$ を代入すればよい。

(2)　$f(x)$ の2階微分 $f''(x)$ が $f(x)$ と一致することを利用して，$x=0$ を境に凹凸が入れ替わるように図示する。(1)で求めたように，原点において $y=x$ と接するように描くこと。

(3)　逆関数を求めると，計算が煩雑になる。(2)の図を利用して，長方形から余分な面積を除くことで比較的簡単に計算できる。

(4)　直線 $y=x$ は $C$ の原点における接線であり，$y=f(x)$ は $x>0$ において下に凸な関数であることから，2つの曲線 $C$，$D$ は $x>0$ において交点をもたない。(3)で求めた面積 $S$ を利用して $T$ の面積を求めればよい。

**Ⅱ　解答**　(1)① $\frac{1}{2}$　② $\frac{\sqrt{3}}{6}$　③ 0

(2)④ $\frac{2\sqrt{3}}{9}$　⑤ $-\frac{\sqrt{3}}{9}$

(3)⑥ $\frac{3+\sqrt{10}}{6}$　⑦ $\frac{1}{2}$　⑧ $\frac{3+\sqrt{10}}{36}$

## 解説

**《平面ベクトル，垂直条件，三角形の面積》**

(1)　$\overrightarrow{OA}\cdot\overrightarrow{OB}=|\overrightarrow{OA}|\cdot|\overrightarrow{OB}|\cdot\cos60°=1\cdot1\cdot\frac{1}{2}=\frac{1}{2}$　(→①)

$\overrightarrow{OA}\cdot\overrightarrow{OP}=|\overrightarrow{OA}|\cdot|\overrightarrow{OP}|\cdot\cos30°=1\cdot\frac{1}{3}\cdot\frac{\sqrt{3}}{2}=\frac{\sqrt{3}}{6}$　(→②)

$\overrightarrow{OB}\cdot\overrightarrow{OP}=|\overrightarrow{OB}|\cdot|\overrightarrow{OP}|\cdot\cos(60°+30°)=0$　(→③)

(2)　$\overrightarrow{OP}\cdot\overrightarrow{OA}$ と $\overrightarrow{OP}\cdot\overrightarrow{OB}$ を考えると，$\overrightarrow{OA}\cdot\overrightarrow{OB}=\frac{1}{2}$ より

$$\overrightarrow{OP}\cdot\overrightarrow{OA}=(r\overrightarrow{OA}+s\overrightarrow{OB})\cdot\overrightarrow{OA}=r|\overrightarrow{OA}|^2\cdot s\overrightarrow{OA}\cdot\overrightarrow{OB}=r+\frac{1}{2}s$$

$$\overrightarrow{OP}\cdot\overrightarrow{OB}=(r\overrightarrow{OA}+s\overrightarrow{OB})\cdot\overrightarrow{OB}=r\overrightarrow{OA}\cdot\overrightarrow{OB}+s|\overrightarrow{OB}|^2=\frac{1}{2}r+s$$

また，$\overrightarrow{OA}\cdot\overrightarrow{OP}=\frac{\sqrt{3}}{6}$，$\overrightarrow{OB}\cdot\overrightarrow{OP}=0$ より

$$\begin{cases}\frac{\sqrt{3}}{6}=r+\frac{1}{2}s\\ 0=\frac{1}{2}r+s\end{cases}$$

となり，この連立方程式を解けば

$$\begin{cases} r=\dfrac{2\sqrt{3}}{9} \quad (\to ④) \\ s=-\dfrac{\sqrt{3}}{9} \quad (\to ⑤) \end{cases}$$

**(3)**　$\angle BOP=60^\circ+30^\circ=90^\circ$ であるから，点Oは円 $C$ 上にある。円 $C$ の中心をM，半径を $r$ とすると

$$BP=2r=\sqrt{OB^2+OP^2}$$
$$=\sqrt{1+\frac{1}{9}}=\frac{\sqrt{10}}{3}$$

$$\therefore \quad r=\frac{\sqrt{10}}{6}$$

OPの垂直二等分線は円の中心Mを通ることに注意すると，中点連結定理より，OPの中点をHとして

$$\overrightarrow{HM}=\frac{1}{2}\overrightarrow{OB}$$

$$HQ=HM+MQ=\frac{1}{2}OB+r$$
$$=\frac{1}{2}+\frac{\sqrt{10}}{6}$$

$OB /\!/ HQ$，$OB=1$ より

$$\overrightarrow{HQ}=\frac{3+\sqrt{10}}{6}\overrightarrow{OB}$$

よって

$$\overrightarrow{OQ}=\overrightarrow{OH}+\overrightarrow{HQ}=\frac{1}{2}\overrightarrow{OP}+\frac{3+\sqrt{10}}{6}\overrightarrow{OB}$$

$$\therefore \quad t=\frac{3+\sqrt{10}}{6} \quad (\to ⑥),\quad u=\frac{1}{2} \quad (\to ⑦)$$

三角形OPQの面積は

$$\triangle OPQ=\frac{1}{2}OP\cdot HQ=\frac{1}{2}\cdot\frac{1}{3}\cdot\frac{3+\sqrt{10}}{6}$$
$$=\frac{3+\sqrt{10}}{36} \quad (\to ⑧)$$

**別解**　**(3)**点Qは線分OPの垂直二等分線の上にあり，円 $C$ 上にもあるの

で，円 $C$ の中心，すなわち，線分 BP の中点を M とすると

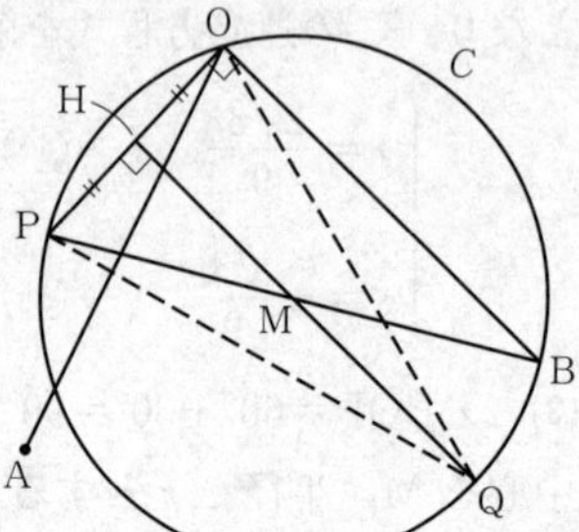

$$\begin{cases} \overrightarrow{OP}\cdot\overrightarrow{MQ}=0 & \cdots\cdots ⓐ \\ |\overrightarrow{OM}|=|\overrightarrow{MQ}| & \cdots\cdots ⓑ \end{cases}$$

を満たす。

ⓐより

$$\overrightarrow{OP}\cdot(\overrightarrow{OQ}-\overrightarrow{OM})=0$$

$$\overrightarrow{OP}\cdot\left(t\overrightarrow{OB}+u\overrightarrow{OP}-\frac{1}{2}(\overrightarrow{OB}+\overrightarrow{OP})\right)=0$$

$$\left(u-\frac{1}{2}\right)|\overrightarrow{OP}|^2+\left(t-\frac{1}{2}\right)\overrightarrow{OB}\cdot\overrightarrow{OP}=0$$

$$\left(u-\frac{1}{2}\right)\cdot\frac{1}{9}+0=0 \quad \left(\because\ |\overrightarrow{OP}|=\frac{1}{3},\ \overrightarrow{OB}\cdot\overrightarrow{OP}=0\right)$$

$$\therefore\quad u=\frac{1}{2}\quad (\to ⑦)$$

また，ⓑより

$$\left|\frac{1}{2}(\overrightarrow{OB}+\overrightarrow{OP})\right|^2=|\overrightarrow{OQ}-\overrightarrow{OM}|^2$$

$$\left|\frac{1}{2}(\overrightarrow{OB}+\overrightarrow{OP})\right|^2=\left|t\overrightarrow{OB}+u\overrightarrow{OP}-\frac{1}{2}(\overrightarrow{OB}+\overrightarrow{OP})\right|^2$$

$$|\overrightarrow{OB}+\overrightarrow{OP}|^2=|(2t-1)\overrightarrow{OB}+(2u-1)\overrightarrow{OP}|^2$$

$$|\overrightarrow{OB}|^2+2\overrightarrow{OP}\cdot\overrightarrow{OB}+|\overrightarrow{OP}|^2$$
$$=(2t-1)^2|\overrightarrow{OB}|^2+2(2t-1)(2u-1)\overrightarrow{OB}\cdot\overrightarrow{OP}+(2u-1)^2|\overrightarrow{OP}|^2$$

$$0=36t^2-36t+4u^2-4u$$

ここに，$u=\frac{1}{2}$ を代入すれば

$$0=36t^2-36t-1\qquad t=\frac{3\pm\sqrt{10}}{6}$$

となるが，点 Q は線分 OP に関して点 B と同じ側にあることから，$t>0$ を満たすので

$$t=\frac{3+\sqrt{10}}{6}\quad (\to ⑥)$$

したがって

$$|\overrightarrow{OQ}|^2=\left|\frac{3+\sqrt{10}}{6}\overrightarrow{OB}+\frac{1}{2}\overrightarrow{OP}\right|^2$$
$$=\left(\frac{3+\sqrt{10}}{6}\right)^2|\overrightarrow{OB}|^2+2\cdot\frac{3+\sqrt{10}}{6}\cdot\frac{1}{2}\overrightarrow{OB}\cdot\overrightarrow{OP}+\left(\frac{1}{2}\right)^2|\overrightarrow{OP}|^2$$
$$=\frac{10+3\sqrt{10}}{18}$$

また

$$\overrightarrow{OP}\cdot\overrightarrow{OQ}=\overrightarrow{OP}\cdot\left(\frac{3+\sqrt{10}}{6}\overrightarrow{OB}+\frac{1}{2}\overrightarrow{OP}\right)$$
$$=\frac{3+\sqrt{10}}{6}\overrightarrow{OB}\cdot\overrightarrow{OP}+\frac{1}{2}|\overrightarrow{OP}|^2$$
$$=\frac{1}{18}$$

以上より，三角形 OPQ の面積 $S$ は

$$S=\frac{1}{2}\sqrt{|\overrightarrow{OP}|^2\cdot|\overrightarrow{OQ}|^2-(\overrightarrow{OP}\cdot\overrightarrow{OQ})^2}$$
$$=\frac{1}{2}\sqrt{\frac{1}{9}\cdot\frac{10+3\sqrt{10}}{18}-\left(\frac{1}{18}\right)^2}$$
$$=\frac{1}{36}\sqrt{19+6\sqrt{10}}$$
$$=\frac{1}{36}\sqrt{19+2\sqrt{90}}$$
$$=\frac{1}{36}\sqrt{(\sqrt{9}+\sqrt{10})^2}$$
$$=\frac{3+\sqrt{10}}{36}\quad(\to⑧)$$

**III 解答**　(1)① $-x^2+bx+c$　② $\dfrac{a}{x}$

(2)③ $a-b-c$　④ $a-b+c$

(3)⑤ 2　⑥ $\left(\dfrac{a-2}{2}\right)^2$

## 解説

**《極限で定義された関数の極限とその連続性》**

**(1)** $|x|<1$ のとき

$$\lim_{n\to\infty}x^{2n}=\lim_{n\to\infty}x^{2n-1}=0$$

であるから

$$f(x)=\lim_{n\to\infty}\frac{ax^{2n-1}-x^2+bx+c}{x^{2n}+1}$$
$$=-x^2+bx+c \quad (\to①)$$

また，$|x|>1$ のとき，$\left|\frac{1}{x}\right|<1$ より

$$\lim_{n\to\infty}\left(\frac{1}{x}\right)^{2n-2}=\lim_{n\to\infty}\left(\frac{1}{x}\right)^{2n-1}=\lim_{n\to\infty}\left(\frac{1}{x}\right)^{2n}=0$$

であるから

$$f(x)=\lim_{n\to\infty}\frac{ax^{2n-1}-x^2+bx+c}{x^{2n}+1}$$
$$=\lim_{n\to\infty}\frac{\frac{a}{x}-\left(\frac{1}{x}\right)^{2n-2}+b\left(\frac{1}{x}\right)^{2n-1}+c\left(\frac{1}{x}\right)^{2n}}{1+\left(\frac{1}{x}\right)^{2n}}$$
$$=\frac{a}{x} \quad (\to②)$$

**(2)** (1)より

$$\begin{cases}\displaystyle\lim_{x\to1-0}f(x)=\lim_{x\to1}(-x^2+bx+c)=-1+b+c\\ \displaystyle\lim_{x\to-1+0}f(x)=\lim_{x\to-1}(-x^2+bx+c)=-1-b+c\\ \displaystyle\lim_{x\to1+0}f(x)=\lim_{x\to1}\frac{a}{x}=a\\ \displaystyle\lim_{x\to-1-0}f(x)=\lim_{x\to-1}\frac{a}{x}=-a\end{cases}$$

また

$$\begin{cases}\displaystyle f(1)=\lim_{n\to\infty}\frac{a\cdot1^{2n-1}-1^2+b+c}{1^{2n}+1}=\frac{a+b+c-1}{2}\\ \displaystyle f(-1)=\lim_{n\to\infty}\frac{a(-1)^{2n-1}-(-1)^2-b+c}{(-1)^{2n}+1}=\frac{-a-b+c-1}{2}\end{cases}$$

であるので，$x=1$ で $f(x)$ が連続となる条件は

$$\lim_{x\to 1-0} f(x)=\lim_{x\to 1+0} f(x)=f(1)$$

つまり

$$-1+b+c=a=\frac{a+b+c-1}{2}$$

$\iff a-b-c+1=0$　(→③)

同様に，$x=-1$ で $f(x)$ が連続となる条件を考えると

$$\lim_{x\to -1-0} f(x)=\lim_{x\to -1+0} f(x)=f(-1)$$

となるので

$$-a=-1-b+c=\frac{-a-b+c-1}{2}$$

$\iff a-b+c-1=0$　(→④)

**(3)**　(1)，(2)から，$f(x)$ は $x=\pm 1$ 以外の範囲で連続な関数であり，これが実数全体で連続となるためには，$x=\pm 1$ で連続であればよいので

$$\begin{cases} a-b-c+1=0 \\ a-b+c-1=0 \end{cases}$$

すなわち　　$c=1$，$a=b$

このとき

$$f(x)=\begin{cases} -x^2+ax+1 & (-1\leqq x\leqq 1) \\ \dfrac{a}{x} & (x\leqq -1,\ 1\leqq x) \end{cases}$$

ここで，$-x^2+ax+1=-\left(x-\dfrac{a}{2}\right)^2+\dfrac{a^2}{4}+1$ であることから，$-1\leqq x\leqq 1$ の範囲において $y=f(x)$ のグラフは，軸の方程式が $x=\dfrac{a}{2}$ で，上に凸の放物線になる。そこで，軸の位置によって場合分けをして考える。

$\displaystyle\lim_{x\to -\infty} f(x)=\lim_{x\to -\infty}\frac{a}{x}=0$，$\displaystyle\lim_{x\to\infty} f(x)=\lim_{x\to\infty}\frac{a}{x}=0$ であるので

(i)　$0<\dfrac{a}{2}<1$ のとき，すなわち，$0<a<2$ のとき，増減表は下のようになる。

| $x$ | $-\infty$ | $\cdots$ | $-1$ | $\cdots$ | $\dfrac{a}{2}$ | $\cdots$ | $1$ | $\cdots$ | $\infty$ |
|---|---|---|---|---|---|---|---|---|---|
| $f'(x)$ | | $-$ | | $+$ | | $-$ | | $-$ | |
| $f(x)$ | $(0)$ | ↘ | $-a$ | ↗ | $\dfrac{a^2}{4}+1$ | ↘ | $a$ | ↘ | $(0)$ |

(ii)　$1\leqq\dfrac{a}{2}$ のとき，すなわち，$2\leqq a$ のとき，増減表は下のようになる。

| $x$ | $-\infty$ | $\cdots$ | $-1$ | $\cdots$ | $1$ | $\cdots$ | $\infty$ |
|---|---|---|---|---|---|---|---|
| $f'(x)$ | | $-$ | | $+$ | | $-$ | |
| $f(x)$ | $(0)$ | ↘ | $-a$ | ↗ | $a$ | ↘ | $(0)$ |

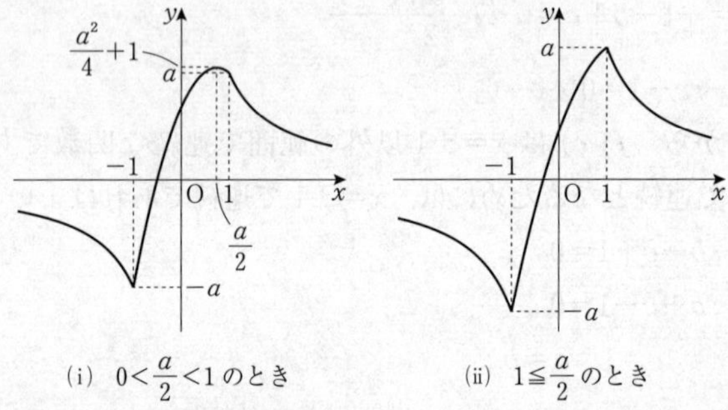


以上より，$x=1$ で $f(x)$ が最大となるのは，$2\leqq a$ のときである。

(→⑤)

また，$0<a<2$ のとき，$f(x)$ は $x=\dfrac{a}{2}$ のとき最大値をとり，$x=-1$ のとき最小値をとるので，最大値と最小値の和 $M+m$ は

$$M+m=f\left(\frac{a}{2}\right)+f(-1)=\frac{a^2}{4}+1-a$$

$$=\frac{a^2-4a+4}{4}=\left(\frac{a-2}{2}\right)^2\quad(\to⑥)$$

## Ⅳ　解答

(1)① $\dfrac{2}{9}$　② $\dfrac{17}{36}$　(2)③ $\pm2$

(3)④ $-\sqrt{65}$　⑤ $-\dfrac{4}{7}$　(4)⑥ $\sqrt{6}$　⑦ $7$

## 解説

**《小問4問》**

**(1)**　$|a-b|=2$ となるような，$a$，$b$ の組合せは

$$(a,\ b)=(6,\ 4),\ (5,\ 3),\ (4,\ 2),\ (3,\ 1),\ (1,\ 3),\ (2,\ 4),\ (3,\ 5),\ (4,\ 6)$$

の合計8通りであり，全事象は $6^2=36$ 通りなので，求める確率は

$$\frac{8}{36}=\frac{2}{9}\quad(\to①)$$

また，$a+b$ が十の位，$a-b$ が一の位となるためには

$$\begin{cases}1\leqq a+b\leqq 9\\0\leqq a-b\leqq 9\end{cases}$$

を満たせばよいので

$a=6$ のとき，$b=3,\ 2,\ 1$

$a=5$ のとき，$b=4,\ 3,\ 2,\ 1$

$a=4$ のとき，$b=4,\ 3,\ 2,\ 1$

$a=3$ のとき，$b=3,\ 2,\ 1$

$a=2$ のとき，$b=2,\ 1$

$a=1$ のとき，$b=1$

の合計17通りである。よって，求める確率は

$$\frac{17}{36}\quad(\to②)$$

**(2)**　$x=pi$ を方程式に代入して

$$2(pi)^4+7(pi)^3-7(pi)^2+28pi-60=0$$

$$2p^4-7p^3i+7p^2+28pi-60=0$$

$$2p^4+7p^2-60+(-7p^3+28p)i=0$$

$2p^4+7p^2-60$，$-7p^3+28p$ は実数であるので

$$\begin{cases}2p^4+7p^2-60=0\\-7p^3+28p=0\end{cases}\iff\begin{cases}(2p^2+15)(p^2-4)=0\\7p(p^2-4)=0\end{cases}$$

$p$ は0でない実数であるので，$p^2=4$ すなわち，$p=\pm 2$ である。

(→③)

**(3)**　与えられた関数は以下のように変形できる。

$$y=-4\sin\theta+7\cos\theta$$

2024年度　全学日程2　2月5日　数学

$$=\sqrt{(-4)^2+7^2}\sin(\theta+\alpha)$$
$$=\sqrt{65}\sin(\theta+\alpha)$$

ただし，$\alpha$ は，$\cos\alpha=\dfrac{-4}{\sqrt{65}}$，$\sin\alpha=\dfrac{7}{\sqrt{65}}$ $\left(\dfrac{\pi}{2}<\alpha<\pi\right)$ を満たす。

ここで，$0\leqq\theta\leqq\pi$ より，$\alpha\leqq\theta+\alpha\leqq\pi+\alpha$ となる。$\dfrac{\pi}{2}<\alpha<\pi$ であることから，$\theta+\alpha=\dfrac{3}{2}\pi$ のとき，すなわち，$\theta=\dfrac{3}{2}\pi-\alpha$ のときに $\sin(\theta+\alpha)=\sin\dfrac{3}{2}\pi=-1$ となり，この関数は最小値 $-\sqrt{65}$（→④）をとる。

また

$$\tan\theta_1=\tan\left(\frac{3}{2}\pi-\alpha\right)$$
$$=\tan\left(\frac{3}{2}\pi-\alpha-\pi\right)$$
$$=\tan\left(\frac{\pi}{2}-\alpha\right)$$
$$=\frac{1}{\tan\alpha}=\frac{\cos\theta}{\sin\theta}$$
$$=\frac{-4}{\sqrt{65}}\cdot\frac{\sqrt{65}}{7}$$
$$=-\frac{4}{7}\quad(\to⑤)$$

**(4)** 双曲線の方程式は，焦点が $x$ 軸上にあるので

$$\frac{x^2}{a^2}-\frac{y^2}{b^2}=1\quad(a>0,\ b>0)$$

とおける。問題文より，$a$，$b$ は

$$\begin{cases}a^2+b^2=7\\2a=2\end{cases}\iff\begin{cases}a=1\\b=\sqrt{6}\end{cases}$$

を満たす。したがって，求める漸近線の方程式は

$$y=\pm\frac{b}{a}x=\pm\sqrt{6}\,x\quad(\to⑥)$$

また，楕円の方程式は，焦点が $x$ 軸上にあるので

$$\frac{x^2}{c^2}+\frac{y^2}{d^2}=1 \quad (0<d<c)$$

とおける。問題文より，$c$，$d$ は

$$\begin{cases} c^2-d^2=7 \\ 2c=4\sqrt{2} \end{cases} \Longleftrightarrow \begin{cases} c=2\sqrt{2} \\ d=1 \end{cases}$$

を満たす。ここで楕円に接する直線の方程式を $y=\pm\sqrt{6}\,x+k$ とおき，楕円の方程式 $\frac{x^2}{8}+\frac{y^2}{1}=1$ に代入して，$y$ を消去すると

$$\frac{x^2}{8}+(\pm\sqrt{6}\,x+k)^2=1$$

$$49x^2\pm16\sqrt{6}\,x+8k^2-8=0$$

この2次方程式が重解をもつときに直線と楕円は接するので，この2次方程式の判別式を $D$ とおくと，$D=0$ であればよいので

$$\frac{D}{4}=0$$

$$(8\sqrt{6}\,k)^2-49(8k^2-8)=0 \qquad 8(-k^2+49)=0$$

$\therefore \quad k=\pm7 \quad (\to⑦)$

## 講評

2024年度は，2023年度と同じく，記述式1題，空所補充問題3題で，空所補充問題のうち，1題は独立した内容の小問構成であった。小問数は4問で2023年度と同じであった。

**Ⅰ**　微・積分法に関する基本的な計算力を問う問題。逆関数を求めにいってしまうと，煩雑な計算を強いられることになるので，小問の誘導に従って図を丁寧に描くことで正答に近づきやすくなる。標準問題である。

**Ⅱ**　平面ベクトルに関する基本的な問題。誘導に従っていけば非常に解きやすい問題である。(3)は，点Qが満たしている条件を考えて，計算に持ち込む。また，三角形の面積の公式

$S=\frac{1}{2}\sqrt{|\overrightarrow{\mathrm{OP}}|^2\cdot|\overrightarrow{\mathrm{OQ}}|^2-(\overrightarrow{\mathrm{OP}}\cdot\overrightarrow{\mathrm{OQ}})^2}$ は使用する機会が多いので，しっか

り使えるようにしたい。標準問題である。

**Ⅲ** 極限によって定義された関数の連続性を問う基本的な問題。連続となる条件が提示されているため，何をしてよいか迷うこともないと思われる。後半は，$-1 \leqq x \leqq 1$ の部分で定義される関数が2次関数であることから，その部分に放物線の軸が含まれるか否かで場合分けをして，最大値を議論していけばよい。標準問題である。

**Ⅳ** 小問4問で空所補充問題である。いずれも基本的であるから，本問から手を付けた受験生も多いと思われる。確実に解答しておきたい問題である。(1)条件を満たす場合の数を丁寧に数え上げればよい。(2)複素数の相等条件を理解しているかどうかを確認する問題である。(3)三角関数の合成をさせる問題である。$\alpha$ の値が具体的に求まらないので，$\alpha$ が満たす条件を意識しておく必要がある。(4)楕円，双曲線についての基本的な性質を問う問題である。二次曲線の一般形と焦点の関係をしっかり覚えておく必要がある。

# 物理

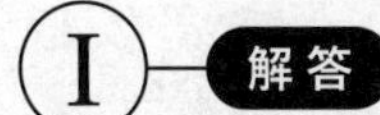

**(a)** 右図。

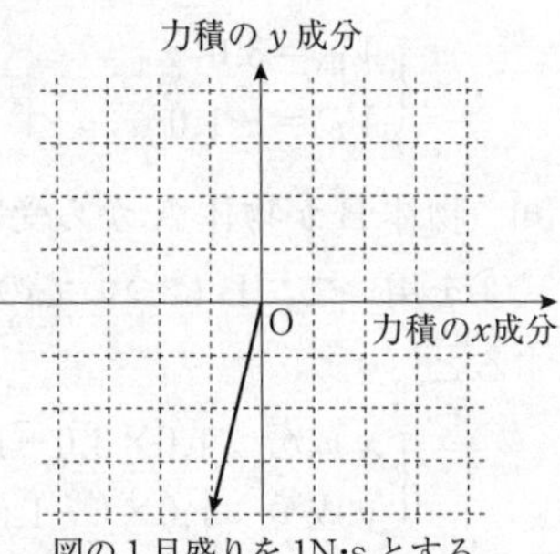


**(b)** $\dfrac{m_A v_{Ax} + m_B v_{Bx}}{m_A + m_B}$

**(c)** $\dfrac{mg(\sin\theta - \mu'\cos\theta)}{k}$

(1)―(ウ)　(2)―(エ)　(3)―(ケ)　(4)―(コ)

(5)―(セ)　(6)―(ウ)　(7)―(カ)　(8)―(ウ)

(9)―(カ)　(10)―(ケ)　(11)―(イ)　(12)―(コ)

(13)―(オ)　(14)―(キ)　(15)―(シ)　(16)―(セ)

## 解説

**《2物体の衝突と重心の運動，空気抵抗を受けながら斜面をすべる物体の運動》**

**(i)(A)(1)**　加速度の定義より，加速度は単位時間あたりの速度の変化であるから　$\vec{a} = \dfrac{\vec{v'} - \vec{v}}{\Delta t}$

**(2)**　(1)の結果を運動方程式 $m\vec{a} = \vec{F}$ に代入すると

$$m \cdot \frac{\vec{v'} - \vec{v}}{\Delta t} = \vec{F} \qquad \therefore \quad m\vec{v'} - m\vec{v} = \vec{F}\Delta t$$

**(3)・(4)**　物体Bが物体Aから受ける力積が $\vec{I}$ であり，作用・反作用の法則から，物体Aが物体Bから受ける力積は $-\vec{I}$ となる。物体Aと物体Bそれぞれについて，運動量の変化と力積の関係より

$$m_A\overrightarrow{v_A'} - m_A\overrightarrow{v_A} = -\vec{I} \quad \cdots\cdots①$$

$$m_B\overrightarrow{v_B'} - m_B\overrightarrow{v_B} = \vec{I} \quad \cdots\cdots②$$

**(5)**　式①，②から力積の項を消去して整理すると

$$m_A\overrightarrow{v_A} + m_B\overrightarrow{v_B} = m_A\overrightarrow{v_A'} + m_B\overrightarrow{v_B'} \quad \cdots\cdots③$$

**(6)・(7)**　運動量保存の法則は式③からもわかるように，成分ごとに成立す

る。与えられた各値を代入し，$\overrightarrow{v_B'}=(V_{Bx}[\mathrm{m/s}],\ V_{By}[\mathrm{m/s}])$ として，運動量保存の法則を成分ごとに立式すると

$$\begin{cases} x\text{ 成分}:1.0\times2.3+1.0\times4.0=1.0\times3.3+1.0\times V_{Bx} \\ y\text{ 成分}:1.0\times(-3.0)+1.0\times3.0=1.0\times1.0+1.0\times V_{By} \end{cases}$$

$$\therefore\ \begin{cases} V_{Bx}=3.0 \\ V_{By}=-1.0 \end{cases}$$

(a)　物体Bが物体Aから受けた力積を $\vec{I}=(I_x[\mathrm{N\cdot s}],\ I_y[\mathrm{N\cdot s}])$ とする。式②を用いて，Bについての運動量の変化と力積の関係を成分ごとに立式すると

$$\begin{cases} x\text{ 成分}:1.0\times3.0-1.0\times4.0=I_x \\ y\text{ 成分}:1.0\times(-1.0)-1.0\times3.0=I_y \end{cases}\quad\therefore\ \begin{cases} I_x=-1.0 \\ I_y=-4.0 \end{cases}$$

よって，この力積を原点Oを始点とした矢印で図示すると〔解答〕のとおりとなる。

(B)(b)・(8)　$\Delta x_A=v_{Ax}\Delta t$，$\Delta x_B=v_{Bx}\Delta t$ を $\Delta x_G$ の式に代入すると

$$\Delta x_G=\frac{m_Av_{Ax}\Delta t+m_Bv_{Bx}\Delta t}{m_A+m_B}\quad\therefore\ v_{Gx}=\frac{\Delta x_G}{\Delta t}=\frac{m_Av_{Ax}+m_Bv_{Bx}}{m_A+m_B}$$

となり，この結果 $v_{Gx}$ の値は時刻によらず一定の値となる。

(9)　衝突後の重心の速度の $x$ 成分，$y$ 成分をそれぞれ $v_{Gx}'$，$v_{Gy}'$ とすると

$$v_{Gx}'=\frac{m_Av_{Ax}'+m_Bv_{Bx}'}{m_A+m_B},\quad v_{Gy}'=\frac{m_Av_{Ay}'+m_Bv_{By}'}{m_A+m_B}$$

である。衝突の前後では運動量の和は保存するので，運動量保存の法則を成分ごとに立式すると

$$\begin{cases} x\text{ 成分}:m_Av_{Ax}+m_Bv_{Bx}=m_Av_{Ax}'+m_Bv_{Bx}' \\ y\text{ 成分}:m_Av_{Ay}+m_Bv_{By}=m_Av_{Ay}'+m_Bv_{By}' \end{cases}$$

となるから，$v_{Gx}=v_{Gx}'$，$v_{Gy}=v_{Gy}'$ となる。したがって，物体系の運動量が保存されている場合には，衝突の有無にかかわらず重心は等速直線運動を続ける。

(ii)(10)・(11)・(12)　物体が斜面から受ける垂直抗力の大きさを $N$ とすると，物体が受ける動摩擦力の大きさは $\mu'N$ となる。また，物体が受ける力を斜面に平行な方向と斜面に垂直な方向に分けると，次図のようになる。斜面に垂直な方向では力はつりあうため

$$N=mg\cos\theta$$

となり，物体が受ける動摩擦力の大きさは $\mu' mg\cos\theta$ とわかる。

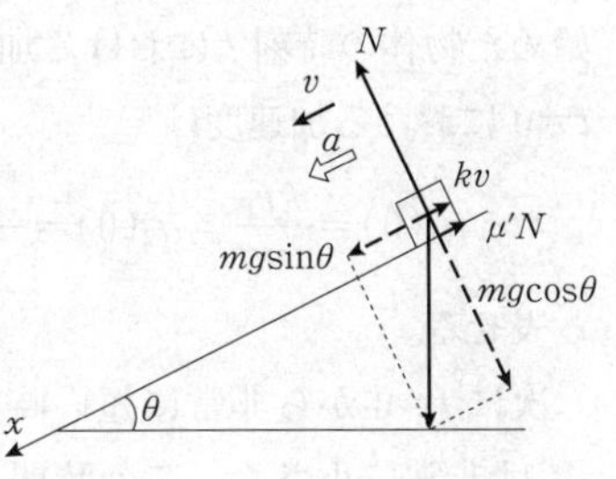


したがって，斜面に平行な方向の力を考えると，物体が斜面下方に速度 $v$，加速度 $a$ で運動しているときの物体の運動方程式は

$$ma = mg\sin\theta - kv - \mu' mg\cos\theta \quad \cdots\cdots①$$

(13)・(14)　式①より

$$a = g(\sin\theta - \mu'\cos\theta) - \frac{k}{m}v$$

である。この式より，$t=0$ では $v=0$ で $a=g(\sin\theta-\mu'\cos\theta)$ であるが，速度が増すにつれ加速度は減少していくことがわかる。その結果，速度の増加は $a=0$，すなわち $v=\dfrac{mg(\sin\theta-\mu'\cos\theta)}{k}$ となるまで続き，じゅうぶんに時間が経過して $v=\dfrac{mg(\sin\theta-\mu'\cos\theta)}{k}$ に達すると，以降はこの速度で等速度運動を行う。

したがって，まず物体の加速度と時刻の関係を考えると，加速度は $t=0$ からだんだんと減少して，じゅうぶん時間が経過すると加速度が 0 になるようなグラフを選べばよく，(キ)が正解となる。

次に，物体の位置と時刻の関係について考える。$x$-$t$ グラフの接線の傾きがその時刻における速度であることを利用すると，接線の傾きが 0 からだんだんと増えていき，じゅうぶん時間が経過すると傾きが一定になっているものを選べばよい。すなわち，(オ)が正解となる。

**(c)**　終端速度のとき，物体にはたらく力はつりあう。すなわち，$a=0$ であるから，(13)・(14)の〔解説〕にも書いたように

$$v_F = \frac{mg(\sin\theta - \mu'\cos\theta)}{k}$$

(15)・(16)　運動方程式①を終端速度を用いて書き直した式は

$$ma = -k(v - v_F) \quad \cdots\cdots②$$

であり，この式②からそれぞれの加速度を比較する。ここで，初速度 0 ですべり始めた物体の時刻 $t$ における加速度を $a_1(t)$，初速度 $2v_F$ ですべり

始めた物体の時刻 $t$ における加速度を $a_2(t)$ とする。初速度を用いると，$t=0$ における加速度は

$$a_1(0)=\frac{kv_F}{m},\ a_2(0)=-\frac{kv_F}{m}=-a_1(0)$$

と表せる。

次に $t=0$ から非常に短い時間 $\Delta t$ だけ経過したときについて考える。$\Delta t$ は非常に小さく，この時間 $\Delta t$ の間において加速度は一定とみなせるので，$t=\Delta t$ での速度を求めるには，$t=0$ での加速度を用いればよい。$t=0$ で $v=0$ の場合，$t=\Delta t$ では $v=a_1(0)\Delta t$ となるから，式②に代入して時刻 $\Delta t$ の加速度 $a_1(\Delta t)$ を求めると

$$ma_1(\Delta t)=-k(a_1(0)\Delta t-v_F)$$

$$\therefore\ a_1(\Delta t)=-\frac{k}{m}(a_1(0)\Delta t-v_F)$$

となる。同様にして，$t=0$ で $v=2v_F$ の場合，$t=\Delta t$ では $v=2v_F-a_1(0)\Delta t$ となるから，式②に代入して時刻 $\Delta t$ の加速度 $a_2(\Delta t)$ を求めると

$$ma_2(\Delta t)=-k\{(2v_F-a_1(0)\Delta t)-v_F\}$$

$$\therefore\ a_2(\Delta t)=-\frac{k}{m}(v_F-a_1(0)\Delta t)=-a_1(\Delta t)$$

である。

次の $\Delta t$ の間では，この時刻 $\Delta t$ の加速度を用いてよいので，同様にして $a_2(2\Delta t)=-a_1(2\Delta t)$ が得られる。

したがって，これを繰り返すと一般の時刻 $t$ においても $a_2(t)=-a_1(t)$ となり，同時刻における加速度は，向きが逆向きで大きさが等しいことがわかる。

**Ⅱ　解答**　(a) $\dfrac{mgr^2\tan\theta}{kq}$　(b) $\dfrac{S}{4\pi kd}$　(c) $\dfrac{1}{2d}$

(1)―(イ)　(2)―(キ)　(3)―(サ)　(4)―(ス)　(5)―(テ)　(6)―(チ)　(7)―(イ)　(8)―(エ)
(9)―(キ)　(10)―(オ)　(11)―(ウ)　(12)―(カ)　(13)―(セ)　(14)―(シ)　(15)―(ス)

## 解説

**《点電荷の作る電場と電位，平行板コンデンサーと導体・誘電体の挿入》**

(i)(1)　小球Aは小球Bに引き寄せられることから，小球Aと小球Bに

はたらく静電気力は引力である。したがって，小球Bに帯電している電荷の符号は負である。

(2)　小球Bが小球Aの位置に作る電場の強さを $E$ とすると

$$E=k\frac{|q'|}{r^2}$$

であり，$q'<0$ から電場の向きは左向きである。よって，小球Aが小球Bの作る電場から受ける力の強さを $F$ とすると

$$F=qE=k\frac{q|q'|}{r^2}=\frac{kq}{r^2}\times|q'|$$

(a)　小球Aは静止しているので，力のつりあいが成り立つ。糸の張力の大きさを $T$ とし，水平方向と鉛直方向それぞれについて力のつりあいの式を立てると

$$\text{水平方向：}T\sin\theta=k\frac{q|q'|}{r^2}$$

$$\text{鉛直方向：}T\cos\theta=mg$$

上の2式より

$$mg\tan\theta=k\frac{q|q'|}{r^2}\qquad\therefore\quad |q'|=\frac{mgr^2\tan\theta}{kq}$$

(3)　小球A，小球BがOに作る電位を，それぞれ $V_{OA}$，$V_{OB}$ とすると

$$V_{OA}=k\frac{q}{\frac{r}{2}}=\frac{2kq}{r}$$

$$V_{OB}=k\frac{q'}{\frac{r}{2}}=\frac{2kq'}{r}$$

であるから，Oにおける電位は

$$V_{OA}+V_{OB}=\frac{2k(q+q')}{r}$$

(4)・(5)　小球AがOに作る電場は，$q>0$ より，Aから遠ざかる向き，すなわち左向きであり，その強さを $E_{OA}$ とすると

$$E_{OA}=k\frac{q}{\left(\frac{r}{2}\right)^2}=\frac{4kq}{r^2}$$

である。同様に，小球BがOに作る電場は，$q'<0$ より，Bに向かう向

き，すなわち左向きであり，その強さを $E_{OB}$ とすると

$$E_{OB}=k\frac{|q'|}{\left(\frac{r}{2}\right)^2}=\frac{4k|q'|}{r^2}=-\frac{4kq'}{r^2}$$

したがって，O における電場の向きは左向きであり，その強さは

$$E_{OA}+E_{OB}=\frac{4k(q-q')}{r^2}$$

**(ii)(6)**　極板Aには正の電気量 $Q$，極板Bには負の電気量 $-Q$ を与えているので，極板間の電気力線の本数は $4\pi kQ$ 本となる。単位面積あたりの電気力線の本数が電場の強さに等しいので

$$E=\frac{4\pi kQ}{S}\quad\cdots\cdots①$$

**(b)**　極板間の間隔 $d$ は平行板の大きさに比べてじゅうぶんに小さく，極板間に生じる電場は一様としてよいことから，極板間の電位差 $V$ と $E$ の関係は $E=\frac{V}{d}$ である。この関係式と式①より

$$\frac{V}{d}=\frac{4\pi kQ}{S}\qquad\therefore\quad Q=\frac{S}{4\pi kd}\times V$$

**(7)**　極板間の電場により，導体内部の自由電子が電場と逆向きに移動し，導体内部の電場が0になるところで自由電子の移動が終わる。また，極板間で導体が挿入されている部分を除いた領域の電場の強さは導体を挿入する前と変わらない。

したがって，導体部分の電気力線は0本，極板間で導体が存在しない領域の電気力線の様子が問題の図4と同じものを選べばよく，解答は(イ)となる。

**(8)**　導体内部の電場は0であるから，導体全体は等電位となる。極板Aと導体の間，および導体と極板Bの間の電場の強さは導体を挿入する前と変わらないので，$x$ 軸に対して電位は(エ)のグラフのように変化する。

**(9)・(10)**　導体を挿入する前，極板間の電場の強さ $E$ は $E=\frac{V}{d}$ である。したがって，導体を挿入した後も極板Aと導体の間，および導体と極板Bの間の電場の強さは変わらず $E$ である。強さ $E$ の電場が距離 $\frac{2}{3}d$ の分だ

けあるので，求める電位差を $V'$ とすると

$$V'=E\cdot\frac{2}{3}d=\frac{2}{3}V$$

である。また，コンデンサーに蓄えられた電気量は変化せず $Q$ $(=CV)$ のままであるから，求める電気容量を $C'$ とおくと

$$Q=CV=C'\cdot\frac{2}{3}V \qquad \therefore \quad C'=\frac{3}{2}C$$

**別解** (9)・(10)はこの順に求めるのが自然な流れであるが，コンデンサーの電気容量から先に求めることもできる。

静電誘導によって，導体内部の電場は 0 であるから，導体の部分はコンデンサーとしては無視して考えてよい。したがって，$C=\dfrac{S}{4\pi kd}$ を用いると，導体を挿入したこの状態は，極板の間隔が $\dfrac{d}{3}$ かつ極板間が真空である 2 つのコンデンサー（電気容量 $3C$）の直列接続と考えてよい。

求める電気容量を $C'$ とおくと，コンデンサーの直列接続の式より

$$\frac{1}{C'}=\frac{1}{3C}+\frac{1}{3C} \qquad \therefore \quad C'=\frac{3}{2}C$$

となる。コンデンサーに蓄えられた電気量は変化せず $Q$ $(=CV)$ のままであるから，求める電位差を $V'$ とすると

$$Q=CV=\frac{3}{2}C\cdot V' \qquad \therefore \quad V'=\frac{2}{3}V$$

(11)　誘電分極により誘電体表面に分極電荷が誘起される。誘電体の極板 A に近い方の表面に負の分極電荷，極板 B に近い方の表面に正の分極電荷が誘起されるので，誘電体中では電気力線が一部相殺され，電場は弱くなる。誘電率が $\varepsilon_r\varepsilon_0$（$\varepsilon_r$ は比誘電率）のとき，誘電体中の電場の強さは真空中の電場の強さの $\dfrac{1}{\varepsilon_r}$ 倍であるため，誘電率 $2\varepsilon_0$ の誘電体中では，電場の強さは真空中の電場の強さの $\dfrac{1}{2}$ 倍となる。また，極板間で誘電体が挿入されている部分を除いた領域の電場の強さは誘電体を挿入する前と変わらない。

したがって，誘電体部分の電気力線は問題の図 4 の半分の本数で，極板

間で誘電体が存在しない領域の電気力線の様子が問題の図4と同じものを選べばよく，解答は(ウ)となる。

(12)　電場の強さは電位と位置との関係を表すグラフ（縦軸：電位，横軸：位置）の傾きの大きさで表される。誘電体中は電場の強さが真空中の $\frac{1}{2}$ 倍になるので，その部分のグラフの傾きが他の部分の $\frac{1}{2}$ 倍になっているものを選べばよく，解答は(カ)となる。

(13)・(14)　誘電体を挿入する前，極板間の電場の強さ $E$ は $E=\frac{V}{d}$ である。したがって，誘電体を挿入した後も極板Aと導体の間，および導体と極板Bの間の電場の強さは変わらず $E$ である。また，誘電体中の電場の強さは，真空中の強さの半分であるから，その強さは $\frac{E}{2}$ となる。強さ $E$ の電場が距離 $\frac{2}{3}d$，強さ $\frac{E}{2}$ の電場が距離 $\frac{d}{3}$ の分だけあるので，求める電位差を $V''$ とすると

$$V''=E\cdot\frac{2}{3}d+\frac{E}{2}\cdot\frac{d}{3}=\frac{5}{6}V$$

である。コンデンサーに蓄えられた電気量は変化せず，$Q$（$=CV$）のままであるから，求める電気容量を $C''$ とおくと

$$Q=CV=C''\cdot\frac{5}{6}V \qquad \therefore \quad C''=\frac{6}{5}C$$

**別解**　(13)・(14)はこの順に求めるのが自然な流れであるが，コンデンサーの接続を考え，電気容量から先に求めることもできる。

$C=\frac{S}{4\pi kd}=\varepsilon_0\frac{S}{d}$ を用いると，誘電体を挿入したこの状態は，極板の間隔が $\frac{d}{3}$ かつ極板間が真空である2つのコンデンサー（電気容量 $3C$）と，極板の間隔が $\frac{d}{3}$ かつ極板間が誘電体で満たされたコンデンサー（電気容量 $6C$）の直列接続と考えてよい。

求める電気容量を $C''$ とおくと，コンデンサーの直列接続の式より

$$\frac{1}{C''}=\frac{1}{3C}\cdot 2+\frac{1}{6C} \qquad \therefore \quad C''=\frac{6}{5}C$$

となる。また，コンデンサーに蓄えられた電気量は変化せず $Q$ $(=CV)$ のままであるから，求める電位差を $V''$ とすると

$$Q=CV=\frac{6}{5}C\cdot V'' \qquad \therefore \quad V''=\frac{5}{6}V$$

(15)・(c)　極板に蓄えられた電荷は変化しないので，誘電体を入れたまま極板Bを右方向に $\frac{d}{3}$ だけ動かすと，大きさ $E$ の電場が存在する距離が $\frac{d}{3}$ だけ増える。したがって，極板間の電位差も変化し，その電位差を $V'''$ とすると

$$V'''=E\cdot\left(\frac{2}{3}d+\frac{d}{3}\right)+\frac{E}{2}\cdot\frac{d}{3}=\frac{7}{6}V$$

となる。また，極板Bを動かす前と後の静電エネルギーの差は

$$\frac{1}{2}QV'''-\frac{1}{2}QV''=\frac{1}{2}Q\cdot\frac{1}{3}V=\frac{1}{6}CV^2$$

であり，これは極板Bを動かすために外部から加えた力がする仕事である。

よって，外部から加えた力の大きさを $F$ とすると，仕事とエネルギーの関係から

$$F\cdot\frac{d}{3}=\frac{1}{6}CV^2 \qquad \therefore \quad F=\frac{CV^2}{2d}$$

## III 解答

(a) $\frac{v_2}{f_2}$

(b)

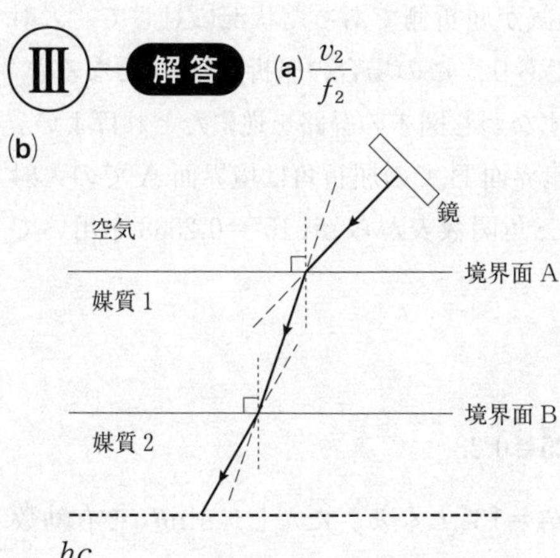


(c) $\frac{hc}{eV}$

(1)―(コ)　(2)―(イ)　(3)―(ケ)　(4)―(カ)　(5)―(エ)　(6)―(ケ)　(7)―(サ)　(8)―(テ)
(9)―(ク)　(10)―(シ)　(11)―(ア)　(12)―(キ)　(13)―(オ)　(14)―(ケ)　(15)―(ケ)

## 解説

**《光の屈折と全反射，X線の発生とブラッグ反射》**

(i)(a)　媒質2の光の速さ $v_2$ は，振動数 $f_2$ と波長 $\lambda_2$ を用いて

$$v_2=f_2\lambda_2 \qquad \therefore \quad \lambda_2=\frac{v_2}{f_2}$$

(1)　屈折の法則より

$$\frac{n_2}{n_1}=\frac{v_1}{v_2} \qquad \therefore \quad v_1=\frac{n_2}{n_1}v_2$$

(2)　波の屈折の前後では振動数は変化しない。

(3)　媒質2（屈折率 $n_2$）に対する媒質1（屈折率 $n_1$）の相対屈折率は $\dfrac{n_1}{n_2}$ である。

(4)　波の反射では，入射角と反射角は等しい。

(b)　空気中を伝わる光に対して垂直に鏡をあて，光を進行方向と逆向きに反射させたので，境界面Aに入射角 $\theta_A'$ で入射する。ここで，屈折の法則の式を考えると，屈折の法則において入射側と屈折側を入れかえても同値であることがわかる。

したがって，境界面Aに入射角 $\theta_A'$ で入射する状況は，図1において境界面Aで媒質1が入射側で空気が屈折側であった状況に対して，入射側・屈折側が入れかわっただけであり，この場合の屈折角は $\theta_A$ となる。

境界面Bにおいても同様で，すなわち図1の経路を逆にたどればよい。

(5)　平行線と錯角の関係から，境界面Bでの屈折角は境界面Aでの入射角と等しいので，$\theta_A$ と書ける。三角関数表から $\sin 15^\circ=0.2588$ を用いて，境界面Bで屈折の法則より

$$\frac{0.2588}{\sin\theta_A}=\frac{2.3}{2.0} \quad \cdots\cdots①$$

$$\sin\theta_A=0.2588\cdot\frac{2.0}{2.3}=0.225\fallingdotseq 0.23$$

したがって，三角関数表から $\theta_A=13^\circ$ となる。ただし，$\sin\theta_A$ を有効数字2桁で求める前の値を用いて，最も近い角度を選んだ。

(6)　境界面Aで屈折の法則より

$$\frac{\sin\theta_A}{\sin\theta_A'}=\frac{1.0}{2.3}\quad\cdots\cdots②$$

式①と式②より

$$\sin\theta_A'=2.0\sin15°=0.517\fallingdotseq0.52$$

したがって，三角関数表から $\theta_A'=31°$ となる。ただし，$\sin\theta_A'$ を有効数字2桁で求める前の値を用いて，最も近い角度を選んだ。

**(7)・(8)**　空気中を進む光が観測されなくなったことから，空気中への屈折光がなくなった，つまり，光が全反射したことがわかる。屈折率の大きな媒質から屈折率の小さな媒質へ光が進む場合，入射角を大きくしていくと全反射が起こるので，全反射が起こるのは境界面Aである。

**(9)**　求める $\theta_B$ の最小の角度を $\theta_{B0}$ とする。$\theta_B=\theta_{B0}$ のとき，境界面での屈折角 $\theta_A'$ が $90°$ であり，$\theta_A$ は臨界角となっている。このときの臨界角を $\theta_{Ac}$ とする。このとき，境界面Aで屈折の法則より

$$\frac{\sin\theta_{Ac}}{\sin90°}=\frac{1.0}{2.3}\quad\cdots\cdots③$$

また，境界面Bで屈折の法則より

$$\frac{\sin\theta_{B0}}{\sin\theta_{Ac}}=\frac{2.3}{2.0}\quad\cdots\cdots④$$

式③と式④より

$$\sin\theta_{B0}=\frac{1.0}{2.0}=0.50$$

よって，$\theta_{B0}=30°$ となる。

**(ii)(10)**　電場のした仕事が電子の運動エネルギーになるので，電子の運動エネルギーは $eV$ である。

**(c)**　電子の運動エネルギーがすべて波長 $\lambda_0$ のX線光子のエネルギーに変わるので

$$eV=\frac{hc}{\lambda_0}\qquad\therefore\quad\lambda_0=\frac{hc}{eV}$$

**(11)**　波長 $\lambda_0$ のX線光子の場合，入射電子の運動エネルギーがすべてX線光子のエネルギーに変わっているので，この場合が最もエネルギーの大きなX線光子となる。波長 $\lambda$ のX線光子のエネルギーは $\frac{hc}{\lambda}$ であり，$\lambda$ が短いほどエネルギーは大きくなる。したがって，波長 $\lambda_0$ は波長が一番短

い場合に相当し，$\lambda_0$ に対応する波長は $\lambda_1$ となる。

⑿ $\lambda_1=\lambda_0$ であるから，(c)の結果より加速電圧を増加させると $\lambda_1$ は短くなる。

⒀ 特性X線は陽極の金属原子がもつ軌道電子の遷移によって発生する。軌道間のエネルギーの差で特性X線のエネルギーが決まるが，そのエネルギーの差は原子番号が大きくなるにつれて大きくなる。したがって，特性X線の波長はX線管の陽極物質の種類で決まるため，陽極の物質を変えずに電子の加速電圧を増加させても $\lambda_3$ は変化しない。

⒁ 隣り合う2つの平行な格子面で反射されるX線が同位相になるとき，平行な格子面で反射されるX線全体が強め合う。隣り合う2つの平行な格子面で反射されるX線について考えると，経路差は右図のX線の経路の実線部分であり，その長さは $2d\sin\phi$ となる。

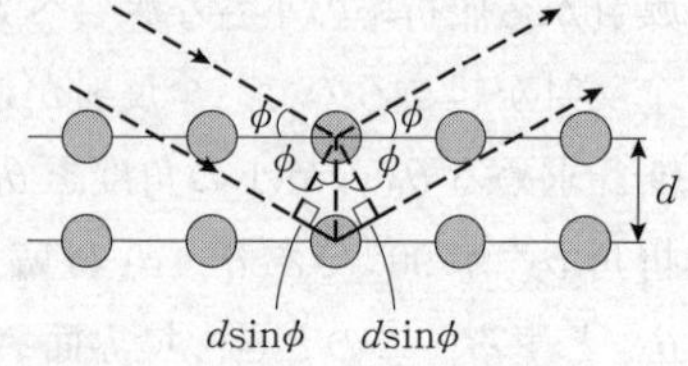


したがって，X線全体が強め合う条件は

$$2d\sin\phi=n\lambda \quad (ただし，n=1,\ 2,\ 3,\ \cdots) \quad \cdots\cdots①$$

観測された5つの角度は，小さい方から順に $n=1,\ 2,\ \cdots$ に相当し，$\phi=45^\circ$ の場合は $n=4$ に相当するので，$\lambda=0.0707\times10^{-9}$〔m〕を代入して

$$2d\cdot\frac{1}{\sqrt{2}}=4\times0.0707\times10^{-9}$$

$$d=2\sqrt{2}\times0.0707\times10^{-9}=0.199\times10^{-9}\fallingdotseq0.20\times10^{-9}〔\mathrm{m}〕$$

となる。ただし，〔解答群*〕にある数値がすべて有効数字2桁であったため，計算結果の有効数字を2桁と考えて計算を行った。

⒂ X線全体が強め合う条件式①を変形すると

$$\sin\phi=\frac{n\lambda}{2d} \quad (ただし，n=1,\ 2,\ 3,\ \cdots)$$

であり，$d=0.10\times10^{-9}$〔m〕を代入すると

$$\sin\phi=\frac{n\lambda}{2\times0.10\times10^{-9}}=\frac{n\lambda}{0.20}\times10^{9}$$

となる。ここで，条件より $\phi<90^\circ$ であるから，$\sin\phi<1$ となることを考えると

$$\sin\phi=\frac{n\lambda}{0.20}\times10^{9}<1 \quad (ただし，n=1,\ 2,\ 3,\ \cdots)$$

となり，この不等式を満たす $n$ が1つでもあれば，強め合う反射X線が存在する。$n$ は $n=1$ が最小であり，そのときに条件が満たされていればよく

$$\lambda < 0.20\times10^{-9}\,[\mathrm{m}]$$

## 講評

**I**　(i)(A)は2物体の衝突に関する基本的な問題である。丁寧な誘導もあるので，容易に解けるだろう。(B)は重心の運動に関する問題である。こちらも丁寧な誘導がついているので解きやすい。(ii)は空気抵抗を受けながら斜面をすべる物体の運動に関する問題である。運動方程式の立式と終端速度を求める問題は典型的であるが，$x$-$t$ グラフと $a$-$t$ グラフの選択には戸惑った受験生も多かったかもしれない。常日頃から様々なグラフについて考えることが求められる。(15)・(16)については，リード文から考察する必要があるが，示すのは少し難しい。直感で答えた受験生も多かったと思われる。

**II**　(i)は小球（点電荷）が作る電場と電位に関する基本的な問題である。(ii)は平行板コンデンサーと導体・誘電体の挿入に関する問題である。内容は標準的であるが，本問はすべて電場から電位差・電気容量を求める問題になっており，この誘導に沿って解答するには，類題経験やしっかりした知識がないと厳しかっただろう。ただ，〔解説〕の〈別解〉にも示したように，直列接続を用いて電気容量から逆算することは可能であり，そのように解いた受験生も多かったと思われる。

**III**　(i)は，光の屈折と全反射に関する問題である。概ね基本問題であり，しっかり解答しておきたい。(7)の全反射する場所は，屈折の法則から考えてもわかるが，屈折率の大きな方から小さな方へ入射する場合に全反射が起きることは知識として知っておくと良いだろう。(ii)はX線とブラッグの実験に関する問題である。いずれも典型的で基本から標準レベルの設問であり，確実に解答しておきたい。

# 化 学

## I 解答

(i)問(A). (イ) 問(B). (エ) 問(C). (イ) 問(D). (オ)
問(E). (ア) 問(F). (オ) 問(G). (イ)

(ii)(1)11 (2)75 (3)3.6

(iii)(1)$2H^+ + 2e^-$ (2)$2I^- + 2H^+ \longrightarrow 2H_2O + I_2$

(3)―(イ) (4)―(エ) (5)$200x$ (6)―(キ) (7)0.732

### 解説

**《小問7問，溶液の濃度，化学反応式と量的関係，酸化還元滴定》**

(i)問(B). $^{35}_{17}Cl$ で表される原子を構成する粒子は，陽子17個，中性子18個，電子17個である。

(ア)正文。中性子数は陽子数より多い。

(イ)正文。塩素分子は $Cl_2$ で表される2原子分子である。

(ウ)正文。原子が共有電子対を引き寄せる強さを相対的な数値で表したものを電気陰性度という。同一周期ではハロゲンが最大となる。

(エ)誤文。塩化物イオンの電子数は18個で，中性子数と等しい。

(オ)正文。塩化物イオンは，同一周期の貴ガスであるアルゴンと同じ電子配置をもつ。

**問(C).** 原子がイオンとなる，あるいは他の原子と結合するとき重要な役割をはたす電子を価電子と呼ぶ。各原子の価電子数は次の通り。

O：6，F：7，Ne：0，Na：1，Mg：2

**問(D).** $O^{2-}$，$F^-$，Ne，$Na^+$，$Mg^{2+}$ はすべて同じ電子配置をもつ。原子番号が大きくなるほどイオン半径は小さくなる。よって，$Mg^{2+}$ のイオン半径が最小となる。これは原子番号が大きくなるにつれて，原子核中の陽子の数，すなわち正の電荷が増加し，電子が静電気的な引力によって原子核に強く引きつけられるからである。

**問(E).** 原子の最外殻から1個の電子を取り去って，1価の陽イオンにするために必要な最小のエネルギーを，原子のイオン化エネルギーという。同一周期では原子番号が大きくなるほど，イオン化エネルギーは大きくなり，アルカリ金属が最小，貴ガスが最大となる。

**問(F).** 各結晶は次のように分類される。

NaCl：イオン結晶，C（ダイヤモンド）：共有結合の結晶，Fe：金属結晶，$SiO_2$：共有結合の結晶，$H_2O$：分子結晶

**問(G).** 水溶液の液性と pH の関係は次の通り。

酸性：pH<7，中性：pH=7，塩基性：pH>7

(a)〜(c)の水溶液の液性はそれぞれ次の通り。

$NaHCO_3$：塩基性，$NaHSO_4$：酸性，$NaNO_3$：中性

よって，pH は(a)>(c)>(b)である。

**(ii)(1)** 濃硫酸の必要量を $V$〔mL〕とすると，希釈前後で硫酸の物質量〔mol〕は変化しないので

$$1.8\times1000\times\frac{98}{100}\times\frac{1}{98}\times\frac{V}{1000}=1.0\times\frac{200}{1000}$$

$\therefore\quad V=11.1\fallingdotseq11$〔mL〕

**(2)** 塩化カルシウム二水和物，硫酸および生成したセッコウの各物質量は

$$CaCl_2\cdot2H_2O：\frac{4.9}{147}=\frac{1}{30}=3.33\times10^{-2}〔mol〕$$

$$H_2SO_4：1.0\times\frac{35}{1000}=3.5\times10^{-2}〔mol〕$$

$$CaSO_4\cdot2H_2O：\frac{4.3}{172}=2.5\times10^{-2}〔mol〕$$

塩化カルシウム水溶液に希硫酸を加えると，次の変化が生じる。

$$CaCl_2+H_2SO_4+2H_2O \longrightarrow CaSO_4\cdot2H_2O+2HCl$$

理論上，得られるセッコウは $\frac{1}{30}$ mol なので，求める収率は

$$2.5\times10^{-2}\div\frac{1}{30}\times100=75〔\%〕$$

**(3)** 得られる焼きセッコウ $CaSO_4\cdot\frac{1}{2}H_2O$ の質量は

$$4.3\times\frac{145}{172}=3.62\fallingdotseq3.6〔g〕$$

**(iii)(1)〜(3)** 過酸化水素の硫酸酸性水溶液に，ヨウ化カリウム水溶液を加えたとき，過酸化水素とヨウ化物イオンの変化は次の通り。この反応で $H_2O_2$ は酸化剤，$I^-$ は還元剤としてはたらく。

$H_2O_2+2H^++2e^- \longrightarrow 2H_2O$ ……①

$2I^- \longrightarrow I_2+2e^-$

以上の式を足し合わせることにより

$H_2O_2+2I^-+2H^+ \longrightarrow 2H_2O+I_2$ ……②

(4) ③より NaClO 1mol から $I_2$ が 1mol 生じ，④より $I_2$ 1mol に対して $Na_2S_2O_3$ は 2mol 必要である。よって，NaClO 1mol に対して $Na_2S_2O_3$ は 2mol 必要である。

(5) 水溶液 **A** の濃度を $x_A$〔mol/L〕とすると，2回希釈して $x$〔mol/L〕の水溶液となるので，水溶液 **A** の濃度は

$$x_A\times\frac{5.00}{100}\times\frac{10.0}{100}=x \qquad \therefore \quad x_A=200x\text{〔mol/L〕}$$

(7) (4)の結果より，NaClO の物質量〔mol〕×2＝$Na_2S_2O_3$ の物質量〔mol〕が成り立つので

$$x\times\frac{100}{1000}\times2=0.100\times\frac{7.32}{1000} \qquad \therefore \quad x=3.66\times10^{-3}\text{〔mol/L〕}$$

(5)の結果より，水溶液 **A** の濃度は

$200x=0.732$〔mol/L〕

## Ⅱ 解答

(i)(1)―(イ) (2)―(エ)

(3) $Pb+SO_4{}^{2-} \longrightarrow PbSO_4+2e^-$

(4) $PbO_2+4H^++SO_4{}^{2-}+2e^- \longrightarrow PbSO_4+2H_2O$

(5) 2.56 (6)―(イ) (7)―(エ) (8) 1.27 (9) 0.310

(ii)(1) $2.6\times10^{-2}$ (2)―(イ) (3)―(ア) (4)―(ウ) (5) $1.2\times10^{-2}$

(6) 65 (7)―(エ) (8)―(イ) (9) ルシャトリエ (10)―(カ)

### 解説

**《鉛蓄電池と電気分解，化学平衡》**

(i)(1)～(4) 鉛蓄電池を放電させると，次の反応が起こる。

負極：$Pb+SO_4{}^{2-} \longrightarrow PbSO_4+2e^-$ ……①

正極：$PbO_2+4H^++SO_4{}^{2-}+2e^- \longrightarrow PbSO_4+2H_2O$ ……②

(5) 流れた電子の物質量は

$$\frac{4.00\times965}{9.65\times10^4}=4.00\times10^{-2}\text{〔mol〕}$$

2 個の鉛蓄電池は直列接続されているので，$4.00\times10^{-2}$ mol の電子はそれぞれの正極に流れる。②式より，正極板の質量増加の合計は

$$4.00\times10^{-2}\times\frac{1}{2}\times64\times2=2.56〔\mathrm{g}〕$$

**(6)・(7)**　白金電極を用いて硫酸銅(Ⅱ)水溶液を電気分解すると，次の変化が起こり，陽極では酸素が発生し，陰極では銅が析出する。

陰極（白金電極 1）：$Cu^{2+}+2e^{-}\longrightarrow Cu$

陽極（白金電極 2）：$2H_2O\longrightarrow O_2+4H^{+}+4e^{-}$

**(8)**　陰極に析出した銅の質量は

$$4.00\times10^{-2}\times\frac{1}{2}\times63.5=1.27〔\mathrm{g}〕$$

**(9)**　電気分解後の銅(Ⅱ)イオンの濃度は

$$\left(0.330\times1.0-4.00\times10^{-2}\times\frac{1}{2}\right)\times\frac{1}{1.0}=0.310〔\mathrm{mol/L}〕$$

**(ii)(1)**　水素の物質量を $n$〔mol〕とすると，気体の状態方程式より

$$5.9\times10^{4}\times1.0=n\times8.3\times10^{3}\times273$$

$$\therefore\quad n=2.60\times10^{-2}\fallingdotseq2.6\times10^{-2}〔\mathrm{mol}〕$$

**(2)〜(4)**　反応物のみを容器内に封入した可逆反応において，時間が経つと正反応の反応速度は小さく，逆反応の反応速度は大きくなる。十分に時間が経つと，正反応と逆反応の反応速度が等しくなり，見かけ上，反応が止まった状態になる。このような状態を平衡状態とよぶ。

**(5)**　平衡状態に達したとき，各物質量は次のように表せる。

| | $H_2$ | + $I_2$ | $\rightleftarrows$ 2HI | |
|---|---|---|---|---|
| はじめ | 2.6 | 1.5 | 0 | |
| 変化量 | −1.4 | −1.4 | +2.8 | |
| 平衡時 | 1.2 | 0.10 | 2.8 | ($\times10^{-2}$mol) |

**(6)**　求める平衡定数は

$$K=\frac{[\mathrm{HI}]^2}{[\mathrm{H_2}][\mathrm{I_2}]}=\frac{(2.8\times10^{-2})^2}{1.2\times10^{-2}\times0.10\times10^{-2}}=65.3\fallingdotseq65$$

**(7)〜(9)**　化学反応が平衡状態にあるとき，反応条件を変化させると，その変化をやわらげる方向に反応が進み，新しい平衡状態になる。温度を上げると，平衡は吸熱方向である左向きに移動し，平衡定数は小さくなる。この規則をルシャトリエの原理という。

2024年度　2月5日　全学日程2　化学

(10)　温度と体積一定のままアルゴンを加えて全圧を2倍にしたとき，水素，ヨウ素，ヨウ化水素の分圧は変化しない。よって，平衡は移動しない。

## III　解答

(i)(1)―(ウ)　(2)―(オ)　(3)―(ウ)

(4) $C_3H_8+5O_2 \longrightarrow 3CO_2+4H_2O$　(5)―(オ)

(6) $CH_4+Cl_2 \longrightarrow CH_3Cl+HCl$　(7)―(イ)　(8)60

(ii)(1)

$$\begin{array}{l} CH_2-OH \\ | \\ CH-OH \\ | \\ CH_2-OH \end{array}$$

(2)―(ウ)　(3)120　(4)―(エ)

(5) $R-COO^-+H_2O \longrightarrow R-COOH+OH^-$　(6)

$$\begin{array}{c} O \\ \| \\ -S-O^-Na^+ \\ \| \\ O \end{array}$$

(iii)(1)双性　(2)等電点　(3) $1.0\times10^{-6}$　(4)6.0　(5)―(ウ)　(6)―(ウ)　(7)―(ア)

## 解説

**《アルカンの性質，油脂の性質，アミノ酸の性質》**

(i)(1)　分子式 $C_5H_{12}$ で表されるアルカンには，次の3種類の構造異性体が存在する。

$$H_3C-CH_2-CH_2-CH_2-CH_3,\quad H_3C-\underset{}{\overset{\displaystyle CH_3}{\overset{|}{C}H}}-CH_2-CH_3$$

$$H_3C-\overset{\displaystyle CH_3}{\overset{|}{\underset{\displaystyle CH_3}{\underset{|}{C}}}}-CH_3$$

(7)　$n=4$ の直鎖状アルカンはブタンである。ブタンの1個の水素原子を1個の塩素原子で置換すると，1-クロロブタンと2-クロロブタンの2種類の生成物が得られる。

$$CH_3-CH_2-CH_2-CH_3+Cl_2 \longrightarrow CH_3-CH_2-CH_2-CH_2Cl+HCl$$

$$CH_3-CH_2-CH_2-CH_3+Cl_2 \longrightarrow CH_3-CH_2-CHCl-CH_3+HCl$$

(8)　ブタンの物質量は

$$C_4H_{10}：\frac{5.80}{58}=0.10〔mol〕$$

$C_4H_{10}$，$C_4H_9Cl$ の分子量はそれぞれ58，92.5である。ブタンの反応量を $x$〔mol〕とすると

$$58(0.10-x)+92.5x=7.87 \qquad \therefore \quad x=6.0\times10^{-2}\,[\mathrm{mol}]$$

よって，反応したブタンの割合は

$$\frac{6.0\times10^{-2}}{0.10}\times100=60\,[\%]$$

(ii)(3)　油脂は分子内に3つのエステル結合をもつ。1 mol の油脂を完全にけん化するのに水酸化ナトリウムは 3 mol 必要なので，その質量は

$$3\times40=120\,[\mathrm{g}]$$

(iii)(2)～(4)　アミノ酸 **A** の電荷が全体として0になるときの pH を等電点とよぶ。等電点において，[Ⅰ]=[Ⅲ] が成り立つので，⑥より

$$K_1\times K_2=\frac{[\mathrm{III}]}{[\mathrm{I}]}\times[\mathrm{H}^+]^2 \qquad [\mathrm{H}^+]=\sqrt{K_1\times K_2}$$

$$[\mathrm{H}^+]=\sqrt{4.0\times10^{-3}\times2.5\times10^{-10}}=1.0\times10^{-6.0}\,[\mathrm{mol/L}]$$

$$\therefore \quad \mathrm{pH}=6.0$$

(6)　アミノ酸 **B**，**C**，**D** の等電点は **C**（塩基性）＞**B**（中性）＞**D**（酸性）である。アミノ酸は，等電点よりも小さい pH の水溶液中では陽イオン，等電点よりも大きい pH の水溶液中では陰イオンとなるので，pH 6.0 の緩衝液中で，**B** は双性イオン，**C** は陽イオン，**D** は陰イオンである。よって，電気泳動を行うと，陰極側に **C**，陽極側に **D** が移動する。

(7)　アミノ酸 **A** をメタノールと反応させると，化合物 **E** が得られる。

$$\underset{\text{アミノ酸 A}}{H_2N-CH_2-\underset{\underset{O}{\|}}{C}-OH}+\underset{\text{メタノール}}{CH_3OH}\longrightarrow\underset{\text{化合物 E}}{H_2N-CH_2-\underset{\underset{O}{\|}}{C}-O-CH_3}+H_2O$$

アミノ酸 **B** に無水酢酸を作用させると，化合物 **F** が得られる。

$$\underset{\text{アミノ酸 B}}{NH_2-\overset{\overset{CH_3}{|}}{CH}-\underset{\underset{O}{\|}}{C}-OH}+\underset{\text{無水酢酸}}{(CH_3-CO)_2O}$$

$$\longrightarrow\underset{\text{化合物 F}}{H_3C-\underset{\underset{O}{\|}}{C}-NH-\overset{\overset{CH_3}{|}}{CH}-\underset{\underset{O}{\|}}{C}-OH}+CH_3-C\begin{matrix}{=O}\\{-OH}\end{matrix}$$

**E** と **F** を脱水縮合すると，次の化合物 **G** が得られる。

$$H_3C-\underset{\underset{O}{\|}}{C}-NH-\overset{\overset{CH_3}{|}}{CH}-\underset{\underset{O}{\|}}{C}-OH+H_2N-CH_2-\underset{\underset{O}{\|}}{C}-O-CH_3$$

化合物 **F**　　　　化合物 **E**

$$\longrightarrow H_3C-\underset{\underset{O}{\|}}{C}-NH-\overset{\overset{CH_3}{|}}{CH}-\underset{\underset{O}{\|}}{C}-NH-CH_2-\underset{\underset{O}{\|}}{C}-O-CH_3+H_2O$$

化合物 **G**

## 講 評

2024 年度は，大問Ⅰ，Ⅲが 3 つのパート，大問Ⅱが 2 つのパートに分かれて出題された。全体の分量は 2023 年度とほぼ同じ，難易度は基本～標準的な問題が中心であった。

**Ⅰ**　(i)は原子の構造などについて基本的な知識を中心に問われた。(ii)は化学反応と量的関係について計算問題が問われた。(iii)は酸化還元滴定について，反応式や濃度計算が問われた。基本～標準レベルの設問が多いため，確実に得点したい。

**Ⅱ**　(i)は，鉛蓄電池を用いた水溶液の電気分解について，(ii)は，ヨウ化水素の生成における化学平衡について，いずれも計算問題を中心に問われた。難易度は基本～標準的レベルである。

**Ⅲ**　(i)は，アルカンの性質について，(ii)は油脂の性質について，知識を中心に問われた。基本的な設問が多いため，確実に得点したい。(iii)はアミノ酸の性質について，基本～標準レベルの知識問題や計算問題が問われた。

////////////////////// · memo · //////////////////////

////////////////////// · memo · //////////////////////

//////////////////// · memo · ////////////////////

//////////////////// · memo · ////////////////////

//////////////////// · memo · ////////////////////

//////////////////// · memo · ////////////////////

# 2023年度

# 問題と解答

## ■全学日程1：2月2日実施分

3教科型(理科1科目選択方式)，3教科型(理科設問選択方式〈2科目型〉)

# 問題編

▶試験科目・配点

| 方式 | 教科 | 科目 | 配点 |
|---|---|---|---|
| 理科1科目選択方式 | 外国語 | コミュニケーション英語Ⅰ・Ⅱ・Ⅲ，英語表現Ⅰ・Ⅱ | 200点 |
| | 数学 | 数学Ⅰ・Ⅱ・Ⅲ・A・B | 200点 |
| | 理科 | システム理工，環境都市工，化学生命工（化学・物質工）学部：「物理基礎，物理」，「化学基礎，化学」から1科目選択 | 150点 |
| | | 化学生命工（生命・生物工）学部：「物理基礎，物理」，「化学基礎，化学」，「生物基礎，生物」から1科目選択 | |
| 理科設問選択方式（2科目型） | 外国語 | コミュニケーション英語Ⅰ・Ⅱ・Ⅲ，英語表現Ⅰ・Ⅱ | 150点 |
| | 数学 | 数学Ⅰ・Ⅱ・Ⅲ・A・B | 200点 |
| | 理科 | システム理工（物理・応用物理，機械工，電気電子情報工），環境都市工，化学生命工（化学・物質工）学部：「物理基礎，物理」，「化学基礎，化学」の各3問合計6問のうち4問を選択 | 200点 |
| | | システム理工（数），化学生命工（生命・生物工）学部：「物理基礎，物理」，「化学基礎，化学」，「生物基礎，生物」から2科目選択，各3問合計6問のうち4問を選択 | |

▶備　考

- 理科1科目選択方式と理科設問選択方式（2科目型）は併願できない。
- 理科設問選択方式（2科目型）の英語は理科1科目選択方式と同一問題を使用し，上記の配点に換算する。
- 「数学B」は「数列，ベクトル」から出題する。

# 英語

(90 分)

〔 I 〕A．次の会話文の空所(1)〜(5)に入れるのに最も適当なものをそれぞれA〜Dから一つずつ選び，その記号をマークしなさい。

*Matt is trying to reserve a hotel room in Tokyo and asks his friend Shota for help.*

Matt: Hey Shota, there's something I wanted to ask you about.

Shota: Sure. (1)________________

Matt: I was thinking of taking a short sightseeing trip to Tokyo next weekend, but there don't seem to be any hotel rooms available.

Shota: For next weekend? (2)________________ During August everyone is traveling, so you have to plan in advance.

Matt: I had no idea I would have to plan ahead more than a week. I assumed there would be rooms available. I mean, Tokyo is huge!

Shota: Yeah, in busy seasons, it can be hard to find hotel rooms there.

Matt: You know, I don't even need a nice place to stay. It'd be better if it was cheap.

Shota: Did you check for capsule hotels?

Matt: (3)________________

Shota: It's a type of hotel that rents you one of the small sleeping boxes in a shared area. The capsule is like a coffin, but a bit bigger.

Matt: That sounds kind of cool. (4)________________ Do they have showers?

Shota: I think so. I've never been to one, but they should have a public bath and shower.

Matt: Okay. I'll search for one. I'm hoping to visit some famous areas, like Shibuya and Shinjuku. Do you think they'll have them there?

Shota: (5)________________ They should actually be easier to find in crowded areas like that. Good luck!

(1) A. Who told you to?
B. Where are you traveling?
C. What's going on?
D. When are you leaving?

(2) A. You might be a bit late.
B. So you made a reservation.
C. Rooms should be easy to find.
D. It should be last weekend.

(3) A. What's a capsule hotel?
B. Who has one of those?
C. How's the reservation system?
D. Why should I do that?

(4) A. I have one reserved.
B. I'll check it out.
C. I went to one back home.
D. I don't think it'll work.

(5) A. Why don't we check?
B. It's doubtful.
C. Does anyone know?
D. I would imagine so.

B．下の英文A～Fは，一つのまとまった文章を，6つの部分に分け，順番をばらばらに入れ替えたものです。ただし，文章の最初にはAがきます。Aに続けてB～Fを正しく並べ替えなさい。その上で，次の(1)～(6)に当てはまるものの記号をマークしなさい。ただし，当てはまるものがないもの(それが文章の最後であるもの)については，Zをマークしなさい。

(1) Aの次にくるもの
(2) Bの次にくるもの
(3) Cの次にくるもの
(4) Dの次にくるもの
(5) Eの次にくるもの
(6) Fの次にくるもの

A．The human baby is a fascinating, yet incredibly fragile little creature. Unlike other animals, human babies have an extremely long period of development, and do not reach mental and physical maturity until after nearly two decades of life. In fact, from birth, babies are almost completely helpless and must depend on a caregiver, usually a parent.

B．One theory suggests that because the human brain is so complex, it takes much more time to develop. Though this means that babies require far more attention and care than other young animals, they eventually grow into adult humans capable of advanced brain-related abilities, such as complex reasoning and communication.

C．Eventually, babies can begin to sit up straight and eat soft food. But why are babies so comparatively weak and helpless?

D. This limitation in mobility contrasts sharply with some animals that can get up and walk shortly after being born. Also, until about the third month of life, a baby's neck is so weak that it cannot sustain the weight of its head for very long.

E. This situation continues for a significant amount of time before babies can start to function on their own. For example, during the first few months of life, babies cannot turn their bodies over and are mostly unable to move in any useful way.

F. Furthermore, its back does not have the strength to support an upright position, so a baby usually rests on its back, the safest position, during infancy.

〔Ⅱ〕A. 次の英文の空所( 1 )～( 15 )に入れるのに最も適当なものをそれぞれA～Dから一つずつ選び，その記号をマークしなさい。

In the Victorian era, and into the 20th century, lovers exchanged elaborate lace-trimmed cards on Valentine's Day, expressing their eternal love and devotion with sentiments and poems. For those not on good terms, or who wanted to keep away an enemy or unpleasant admirer, "vinegar valentines" offered a bitter alternative. One card reads as follows:

*To My Valentine*

*It is a lemon that I hand you and insist you depart*

*Because I love another—you'll never get my heart*

Another depicts a woman pouring a bucket of water over an unsuspecting man. "Here's a cool reception," it warns, telling the "old fellow" that he "best go away."

Although Valentine's Day can be traced to ancient Rome, the Victorians put a romantic touch on the holiday. Valentine's Day became so popular that postal carriers received special meal allowances to keep themselves running during the craziness ( 1 ) up to February 14th. Of the millions of cards sent, some estimate that nearly half were of the vinegar variety.

"What are now known as 'vinegar' valentines by 21st century dealers and collectors seem to have their origin in the 1830s and 1840s," says Annebella Pollen, an art and design historian who published a research article on vinegar valentines. "This coincides with the growth of valentines as a popular form of communication, assisted by the development of a range of ( 2 ) advances, such as cheap printing and fancy paper production, the ability to reproduce images, and the development of advanced postal systems."

Before they were called vinegar valentines, these rude cards were known as mocking or comic valentines. Their tone ranged from a gentle push to outright aggressiveness. There was an insulting card for just about every person someone ( 3 ) dislike—from annoying salespeople to bullying employers. Cards could be sent to liars and cheats and flirts and alcoholics, while some cards mocked specific professions. Their grotesque drawings exaggerated common stereotypes and insulted a recipient's physical ( 4 ), lack of a marriage partner, or character traits.

"The cards often pointed out moral weaknesses. Perhaps it was hoped in some cases that they would cause a change in behavior, but in many cases their aim was simply to criticize or even to wound," says Pollen.

By the mid-19th century, both Britain and the United States had large-scale valentine production systems ( 5 ) place. Insulting valentines expanded upon traditional valentines and offered manufacturers an additional source of revenue. Vinegar cards could be cheaply made by printing them on a single paper, folding and ( 6 ) them with a bit of wax.

That said, historian Samantha Bradbeer adds that many mass-produced cards of the 19th century involved elaborate hand work in their assembly.

The US tradition of exchanging valentines did not increase until after the Civil War (1861-65), while the valentine craze in Europe truly began around the same time as postal reform, years earlier. Britain's Uniform Penny Post, ( 7 ) allowed anyone in England to send something in the mail for just one penny, went into effect on January 10, 1840. One year later, the public sent nearly a half million valentines. In 1871, London's post office processed 1.2 million cards. There might have been more, but post offices sometimes confiscated vinegar valentines, regarding them as too ( 8 ) for delivery.

Postal workers were not the only ones disturbed by the nastiness of vinegar cards. "There are contemporary accounts from memoirs and newspapers that show that fist fights and court cases, suicide and an attempt at murder ( 9 )," says Pollen. The *Pall Mall Gazette* of London published a story in 1885 about a husband who shot his wife after she moved out and sent him a vinegar valentine.

Less is known about insulting valentines than sentimental ones, in part because very few ( 10 ). "There are autobiographical accounts that show recipients tore them up and burned them from shame. The ones we still have now are unsent cards found in the collections of printers and stationers," Pollen explains.

Because they were mailed anonymously, most senders of vinegar valentines faced few reactions. What made ( 11 ), the senders did not even pay the postage fee. "Not only did vinegar valentines contain utterly cruel statements, but they were also sent COD (cash payment on delivery) and ( 12 ) the recipient one penny to read," says Bradbeer.

As a result of some of the extreme reactions and regular letters ( 13 ) in the press, the cards began to lose popularity. "Some blamed the card manufacturers for greedy profit-seeking, and others blamed the tastes of the newly-literate public who could afford these cheap items."

Whether commercialization or class was the cause of their popularity, strong requests to clean up the holiday became ( 14 ) in the later-19th century, Pollen says. Today, very few Valentine's Day cards convey ( 15 ) mean spirit. But Pollen argues a modern-day equivalent for cruel and anonymous insulting remarks exists: social media posts.

(1) A. getting B. approaching
C. being D. leading

(2) A. humane B. social
C. delivery D. technological

(3) A. might B. shall
C. should D. must

(4) A. appearance B. quality
C. style D. contact

(5) A. of B. at
C. in D. for

(6) A. ending B. mailing
C. heating D. sealing

(7) A. where B. which
C. what D. when

(8) A. humorous　B. illegal
C. appropriate　D. vulgar

(9) A. resulted　B. affected
C. maintained　D. caused

(10) A. arrived　B. survived
C. replied　D. subscribed

(11) A. matters worse　B. manners good
C. manners bad　D. matters better

(12) A. returned　B. paid
C. cost　D. aided

(13) A. under attack　B. on demand
C. of complaint　D. beyond description

(14) A. all over　B. more widespread
C. all consumed　D. more profitable

(15) A. of the　B. such a
C. in a　D. into the

B. 本文の内容に照らして最も適当なものをそれぞれA～Cから一つずつ選び，その記号をマークしなさい。

(1) One card shows a woman pouring water on a man in order to
A. ask him to move to a different spot.

B. wash him because he needs a bath.

C. reveal her feelings toward him.

(2) Vinegar valentines first appeared

A. less than two centuries ago.

B. in ancient Roman times.

C. in 21st century Victorian times.

(3) Some, not all, cards pointed out moral weaknesses in order to

A. help someone correct their faults.

B. convince someone to indulge more.

C. make someone behave romantically.

(4) The vinegar valentines sometimes caused people to

A. move out of the country.

B. reconcile with their partner.

C. engage in violent acts.

(5) One reason vinegar valentines became increasingly criticized was because of

A. popular places where they were publicly available at low prices.

B. the fondness those who recently learned to read had for them.

C. the way greedy manufacturers tried to clean up the holiday.

(6) Vinegar valentines have disappeared, but something similar now is

A. the tradition of American and British children exchanging cards.

B. the way people attack others by making comments online.

C. the tendency of comedians to insult each other to make people laugh.

(7) The main idea the author most likely wants to convey is that

A. people used to be meaner and more critical than they are today.

B. the postal system learned how to restrict what could be sent.

C. Valentine's Day cards were not always like they are now.

〔Ⅲ〕A. 次の英文の下線部①～⑩について，後の設問に対する答えとして最も適当なものをそれぞれA～Cから一つずつ選び，その記号をマークしなさい。

<u>The delicious scent, or smell, of baking bread coming out from the open doors of a nearby bakery can act like a time machine</u>① , instantly transporting you from a busy street in New York to a tiny cafe in Paris that you visited years ago. Scent particles, in general, can revive memories that have been long forgotten. But why do smells sometimes trigger powerful memories, especially emotional ones?

The short answer is that the brain regions that process smells, memories, and emotions are very much connected. In fact, the way that your sense of smell is <u>wired</u>② to your brain is unique among your senses.

A scent is a chemical particle that floats in through the nose and into the brain's olfactory area, the place where the sensation is first processed to be understandable by the brain. Brain cells then carry that information to a tiny area of the brain called the amygdala, where emotions are processed, and then to the hippocampus, where learning and memory formation take place.

Scents are the only sensations that travel such a direct path to the emotional and memory centers of the brain. All other senses first travel to an area of the brain called the thalamus, <u>which acts as a control panel</u>③ , sending information about the things we see, hear, or feel to the rest of the brain, said Professor John McGann. But scents go past the thalamus and reach the amygdala and the hippocampus almost directly.

That results in an intimate connection between emotions, memories, and scents. This is why memories triggered by scents as opposed to other senses are "experienced as more emotional and more vivid," said Rachel Herz, an assistant professor of psychiatry. ④A familiar but long-forgotten scent can even bring people to tears, she added.

Scents are "really special" because "they can bring back memories that might otherwise never be recalled," Herz said. By comparison, the everyday sight of familiar people and places will not cause you to remember very specific memories. For example, walking into your living room is something you do over and over again, so the action is unlikely to recall a specific moment that took place in that room. On the other hand, "if there's a smell that's connected to something that happened way in your past and you never run into that smell again, you may never remember what that ⑤thing was," Herz added.

Typically, when a person smells something that is connected to a meaningful event in their past, ⑥they will first have an emotional response to the sensation and then a memory might follow. But sometimes, according to Herz, the memory will not ever return; the person might feel the emotion of something that happened in the past but will not remember what they experienced.

"And this is unlike any of our other sensory experiences," Herz added. In other words, it is unlikely you would see something and feel an emotion but fail to recall the memory connected to that sight and feeling.

This, in part, has to do with context, or situation. Imagine a person walking down the street, smelling a scent that they first encountered decades ago and having an emotional response. If they had first come across ⑦that smell in a very different context—say, a movie theatre—it will be much more difficult for them to recall the associated memory. The brain uses the context "to give meaning to the information" and find that memory, Herz said.

After a while, if a person keeps smelling a scent, ⑧the scent will stop being connected to a specific memory and lose its power to bring that memory back. What is more, memories brought back by scent have the same problems as other memories, in that they can be inaccurate and can be rewritten with every recollection. However, because of the strong emotional associations these memories bring up, people who remember something due to a scent are often convinced that the memories are accurate, Herz said.

The relationship between smell and memory also extends to memory-related health issues. A weakened sense of smell can sometimes represent an early symptom of illnesses related to memory loss, such as Parkinson's disease and Alzheimer's disease, but can also just be a result of aging, McGann said.

This strange mixing of emotions and scents may actually have a simple evolutionary explanation. The amygdala evolved from an area of the brain that was originally used for detecting chemicals, Herz said. "Emotions tell us what we should approach or avoid, and that's exactly what the sense of smell does too," she said. ⑨"So, they're both very closely connected to our survival."

In fact, the way we use emotions to understand and respond to the world resembles how animals use their sense of smell, Herz added. So, the next time you are driven to tears by the gentle scent of a perfume or a wide smile spreads across your face after you smell some homemade pie, keep in mind that ⑩this is how your brain organizes its information.

(1) What does Underline ① actually mean?

A. Smells can stay put in the past.

B. Smells can travel through time.

C. Smells can bring up recollections.

(2) What does Underline ② actually mean?

A. linked

B. dropped

C. acquired

(3) What does Underline ③ imply?

A. The thalamus copies what we can see, hear, and feel.

B. The thalamus connects to the amygdala and the hippocampus.

C. The thalamus determines what gets sent on to the brain.

(4) What does Herz want to express most in Underline ④?

A. Scents can help people recall powerful memories.

B. Scents can make people remember when they cried.

C. Scents are associated with sad, not happy, events.

(5) What does Underline ⑤ refer to?

A. smell

B. memory

C. room

(6) What does Underline ⑥ actually mean?

A. Recollections occur before feelings.

B. Feelings occur before recollections.

C. Feelings and recollections occur at the same time.

(7) What does Underline ⑦ refer to?

A. a smell that triggered a feeling

B. a smell produced by the street

C. a smell found at the cinema

(8) What does Underline ⑧ actually mean?

A. Memories can eventually disappear over time as a result of getting older.

B. For memory recall, weaker smells are less powerful than stronger smells.

C. Repeatedly smelling the same smell can weaken the recall of memories.

(9) What does Herz want to express most in Underline ⑨?

A. Feelings and smells help us distinguish between things that are good and things that are dangerous.

B. Feelings and smells are the reason why humans evolved so successfully as a species.

C. Feelings and smells are processed in parts of our brain that are close to each other.

(10) What does the author want to express most in Underline ⑩?

A. Smells block information.

B. Smells arouse memories.

C. Smells resemble emotions.

B. 本文の内容に照らして最も適当なものをそれぞれA～Cから一つずつ選び，その記号をマークしなさい。

(1) The purpose of the first paragraph is to

A. describe how New York and Paris smell.

B. illustrate how smells relate to memories.

C. compare how smells and emotions work.

(2) According to the third paragraph, starting with "A scent is," scent information travels directly

A. from the nose to the hippocampus via brain cells.

B. from the nose to the amygdala via brain cells.

C. from brain cells to the amygdala via the hippocampus.

(3) In the sixth paragraph, starting with "Scents are 'really special'," the author provides an example of

A. how other senses can make up for not being able to smell.

B. how smell is more similar to sight than other senses.

C. how other senses do not usually prompt specific memories.

(4) According to the 10th paragraph, starting with "After a while," memories recalled through smells cannot

A. always be trusted.

B. easily be replaced.

C. ever be forgotten.

(5) According to the 11th paragraph, starting with "The relationship between," a reduced sense of smell can

A. only happen as people age.

B. be an effect of some diseases.

C. cause Parkinson's and Alzheimer's disease.

(6) The view the author of this passage wants to express most is that

A. we should work to develop all of our senses more equally.

B. the connection between scents and the brain must be researched.

C. smells have an especially strong association with memory.

(7) The most appropriate title for this passage is

A. “The Power of Scents.”

B. “How Your Senses Work.”

C. “From Your Past to Your Nose.”

(100 分)

〔 I 〕 関数 $f(x) = \dfrac{\cos x}{3 + 2\sin x}$ $(0 \leqq x \leqq 2\pi)$ に対して

$$F(x) = \int_0^x f(t)\,dt \qquad (0 \leqq x \leqq 2\pi)$$

とおく。次の問いに答えよ。

(1) $F(x)$ を求めよ。さらに，$F(x)$ の最小値とそのときの $x$ の値を求めよ。

(2) $f(x)$ の最大値を求めよ。ただし，最大値を与える $x$ の値は求めなくてよい。

(3) $f(x)$ が最大となる $x$ の値を $\alpha$ とする。このとき，極限

$$\lim_{n \to \infty} \frac{\alpha}{n} \sum_{k=1}^{n} f\left(\frac{k}{n}\alpha\right) F\left(\frac{k}{n}\alpha\right)$$

を求めよ。

〔Ⅱ〕 次の [　　] をうめよ。ただし，$\log_{10} 2 = 0.3010$ とし，$i$ を虚数単位とする。

$x^4 + 4 = 0$ の解のうち実部と虚部がともに正であるものを $\alpha$ とおくと，$\alpha =$ [ ① ] である。このとき，$|\alpha^n| > 10^{100}$ となる最小の自然数 $n$ は [ ② ] である。$\alpha^n$ が実数であるための必要十分条件は $n$ が [ ③ ] の倍数であることであり，さらに，$\alpha^n > 10^{100}$ となる自然数 $n$ のうち最小のものは [ ④ ] である。

また，自然数 $n$ について $\alpha^{-n}$ の実部を $a_n$ とおく。このとき，自然数 $k$ について $a_{4k-3} =$ [ ⑤ ] ( [ ⑥ ] )$^k$ であり，無限級数 $\displaystyle\sum_{k=1}^{\infty} a_{4k-3}$ の和は [ ⑦ ] である。

〔Ⅲ〕 すべての角の大きさが 120° である六角形 ABCDEF において，AB = CD = DE = AF = 1，BC = EF = 2 であるとする。また，線分 BF の中点を P とし，2 線分 AC，BE の交点を Q とする。$\overrightarrow{\mathrm{AB}} = \vec{a}$，$\overrightarrow{\mathrm{AF}} = \vec{b}$ とするとき，次の問いに答えよ。

(1) ベクトル $\overrightarrow{\mathrm{AP}}$，$\overrightarrow{\mathrm{AC}}$ を $\vec{a}$，$\vec{b}$ を用いて表せ。

(2) ベクトル $\overrightarrow{\mathrm{AQ}}$ を $\vec{a}$，$\vec{b}$ を用いて表せ。

(3) 内積 $\vec{a} \cdot \vec{b}$ を求めよ。さらに，点 Q を通り，直線 AC に垂直な直線を引き，辺 EF との交点を R とする。内積 $\overrightarrow{\mathrm{FR}} \cdot \overrightarrow{\mathrm{AQ}}$ を求めよ。

〔Ⅳ〕 次の □ をうめよ。

(1) 複素数 $\alpha$, $\beta$, $\gamma$ が $x$ についての恒等式

$(x-\alpha)(x-\beta)(x-\gamma)=x^3+3x^2+2x+4$ を満たすとき,

$$\frac{1}{\alpha^2}+\frac{1}{\beta^2}+\frac{1}{\gamma^2}$$

の値は ① である。

(2) 3 個の数字 1, 2, 3 を重複を許して使ってできる 5 桁の数の中から 1 つを選ぶとき, 1, 2, 3 の数字がすべて含まれている確率は ② である。

(3) $\cos^2\theta-\frac{1}{9}\sin^2\theta=0$ のとき, $\cos 2\theta$ の値は ③ である。また, $k$ を自然数とする。$0<\theta<k\pi$ のとき, 方程式 $\cos^2\theta-\frac{1}{9}\sin^2\theta=0$ の解の個数を $k$ を用いて表すと ④ である。

(4) 極方程式 $r=\frac{3}{1+2\sin\theta}$ で表された曲線の漸近線のうち, 傾きが正のものを直交座標に関する方程式で表すと $y=$ ⑤ である。

(5) $2023^{2023}$ の一の位の数字は ⑥ である。

# 物理

(理科1科目選択方式：　75分
理科設問選択方式（2科目型）：2科目100分)

※ 『理科1科目選択方式』の場合は出願時に届け出た1科目を解答してください。『理科設問選択方式(2科目型)』の場合は出願時に届け出た2科目それぞれ〔Ｉ〕～〔Ⅲ〕の3問合計6問のうちから4問を選択して解答してください。なお，5問以上解答した場合は，高得点の4問を合否判定に使用します。

〔Ｉ〕 次の文の [ (a) ]，[ (c) ] に入れるのに最も適当な式を解答欄に記入しなさい。[ (b) ] は問題文の指示にしたがって解答欄にグラフを描きなさい。また，[ (1) ] ～ [ (16) ] に入れるのに最も適当なものを各問の文末の解答群から選び，その記号をマークしなさい。ただし，同じものを2回以上用いてもよい。

上面に半径 $R$ の半円筒形のなめらかな内面をもつ質量 $M$ の台が水平な床に置かれている。図1は円筒の軸に垂直な鉛直断面であり，この断面と台の内面の交線を半円と呼ぶ。台の両側にはそれぞれ質量 $M'$ のおもりが台に接するように置かれている。半円に沿って質量 $m$ の小球をすべらせる。小球と台，台と床の間のいずれにも摩擦ははたらかないが，おもりと床の間には摩擦がはたらき，その静止摩擦係数を $\mu$ とする。半円の中心をO，半円の左端をAとし，小球が半円上の任意の点Pにあるとき，角AOPを $\theta$，半円の最下点($\theta=\dfrac{\pi}{2}$ の点)をBとする。台およびおもりは回転せず，小球は図1に示す断面内でのみ運動する。

以下では，重力加速度の大きさを $g$ とし，空気の影響は無視できるものとする。また，図1のように床に沿って水平方向右向きを正としてx軸をとる。

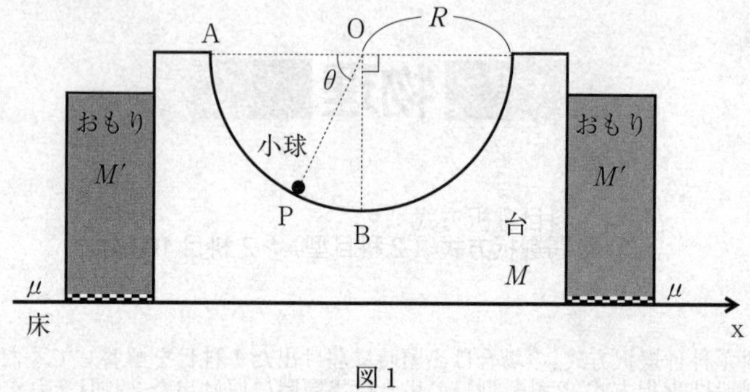


図1

(i)　台とおもりが静止した状態で小球を半円の左端 A($\theta=0$ の点)に接触させて静かにはなすと，小球は半円に沿ってすべり始めた。小球が運動している間，台とおもりは床上に静止したままであった。

小球が半円の左端から最下点 B に達するまでの間を考える。半円の左端 A と小球のなす角が $\theta$(ただし $0 \leqq \theta < \frac{\pi}{2}$)の点 P での小球の速さを $v_{\mathrm{P}}$ とする。小球の円運動の半径方向の加速度は，速さ $v_{\mathrm{P}}$ で等速円運動する小球の半径方向の加速度と同じと考えることができるので，半径方向の加速度の大きさ $a_{\mathrm{P}}$ は $v_{\mathrm{P}}$ と $R$ を用いて $a_{\mathrm{P}}=$ (1) である。小球には重力と大きさ $N$ の垂直抗力がはたらくので，点 P における小球の円運動の半径方向の運動方程式は

$$ma_{\mathrm{P}} = N - \boxed{(2)} \times mg$$

である。

小球とともに運動している観測者からこの小球を見ると，小球には重力，垂直抗力，慣性力の3力がはたらき，これらの力がつり合って小球は静止しているように見える。小球にはたらく力の半径方向のつり合いの式は垂直抗力の向きを正として

$$N - \boxed{(2)} \times mg - m \times \boxed{(1)} = 0$$

となる。

点 P における小球の速さ $v_{\mathrm{P}}$ は，点 P が半円の左端 A から半円に沿って高さ

[ (3) ] だけ落下した点であることから，$v_P = \sqrt{\boxed{(4)}}$ である。これより，垂直抗力の大きさ $N$ を $m$，$\theta$，$g$ を用いて表すと，$N =$ [ (5) ] となる。さて，台が小球におよぼす力と小球が台におよぼす力は作用・反作用の関係にあるので，垂直抗力の水平成分 $N_X$ は台の x 軸に沿った方向の運動に寄与する。$0 \leqq \theta < \frac{\pi}{2}$ の範囲において $N_X$ は $N$ と $\theta$ を用いて $N_X =$ [ (a) ] であり，$N_X$ は $\theta =$ [ (6) ] のとき最大値 $N_X{}^{最大} =$ [ (7) ] をとる。横軸に $\theta$ をとり，縦軸に $N_X$ のグラフを描くと [ (b) ] のようになる。小球が半円の左端 A から半円に沿って下降した際に，台は [ (8) ] 側のおもりを押すが，台もおもりも静止したままであったことから，おもりの質量 $M'$ は $M' \geqq$ [ (9) ] である。

半円に沿って下降した小球は最下点 B を速さ $v_B = \sqrt{\boxed{(10)}}$ で通過し，半円に沿って最高点 Q まで上昇したのち下降に転じた。

〔解答群〕

(ア) $Rv_P{}^2$　(イ) $\frac{v_P}{R}$　(ウ) $\frac{v_P{}^2}{R}$　(エ) $\sin\theta$

(オ) $\cos\theta$　(カ) $R\sin\theta$　(キ) $R\cos\theta$　(ク) $\frac{\sin\theta}{R}$

(ケ) $\frac{\cos\theta}{R}$　(コ) $2gR\sin\theta$　(サ) $2gR$　(シ) $2gR\cos\theta$

(ス) $\frac{R\sin\theta}{2g}$　(セ) $\frac{R\cos\theta}{2g}$　(ソ) $2mg\sin\theta$　(タ) $3mg\sin\theta$

(チ) $mg\sin\theta(1+R^2)$

(ツ) $0$　(テ) $\frac{\pi}{2}$　(ト) $\frac{\pi}{3}$　(ナ) $\frac{\pi}{4}$

(ニ) $mg$　(ヌ) $\frac{1}{2}mg$　(ネ) $\frac{3}{2}mg$　(ノ) $2mg$

(ハ) $\frac{2\mu}{m}$　(ヒ) $\frac{3m}{2\mu}$　(フ) $\frac{2m}{3\mu}$　(ヘ) $\frac{3m}{4\mu}$

(ホ) 左　(マ) 右　(ミ) 両

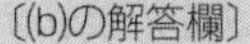
〔(b)の解答欄〕

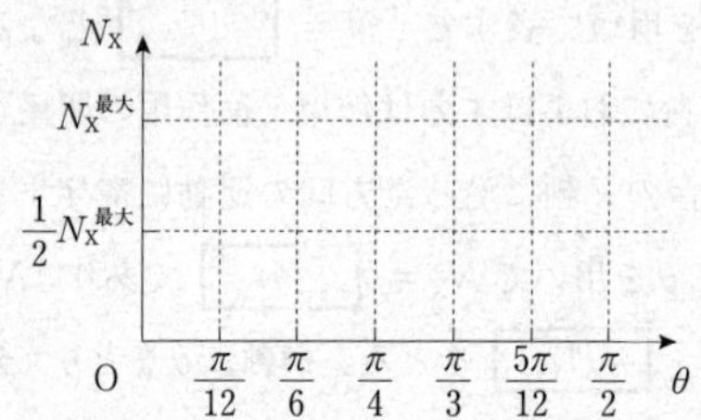


グラフは軸や目盛りとの交点に注意していねいに描くこと

(ii)　次に，台の両側に置いた2つのおもりのうち右側のおもりを取り除き，図2のように台の左側にのみおもりを台に接するようにした。

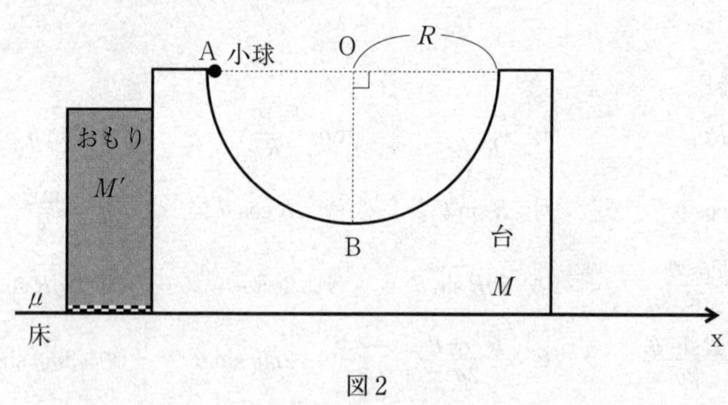


図2

前問と同様に台とおもりが静止した状態で質量 $m$ の小球を半円の左端Aに接触させて静かにはなすと，小球は半円に沿ってすべり始めた。小球が半円の最下点Bに達するまでは台もおもりも静止したままであったが，小球が点Bを通り過ぎた直後に，台はおもりからはなれて床上をx軸の正の向きに動きだした。一方，図3のように小球は半円に沿って最高点Q′まで上昇したのち半円に沿って下降を始めた。ここで，点Q′における小球の床に対する速さを求めよう。点Q′では小球の速度の鉛直成分は［ (11) ］であり，小球は半円からはなれることなく運動することから，小球が点Q′にあるとき小球と台は同じ速さで床上を運動する。小球が点Bを通りすぎた後，台と小球にはたらく外力は重力のみであり，水平方向に外力ははたらかないので，水平方向の運動量は保存される。すなわち，小球が半円の最下点Bにあるときの小球と台の運動量の和と，小球が点Q′にあるときの小球と台の運動量の和は等しい。これより，点Q′における小球の床に対する速さは $m$, $M$, $g$, $R$ を用いて [(c)] と求めることができる。また，図3のように角AOQ′を $\varphi$ として，点Q′の最下点Bからの高さを $R$ と $\varphi$ を用いて表すと [(12)] であるから，$\sin\varphi$ の値は $\sin\varphi=$ [(13)] となり，点Q′と前問の最高点Qの高さを比較すると [(14)] 。

点Q′から半円に沿って下降した小球が再び最下点Bを通過するときの小球の台に対する速さは [(15)] であり，点Bを通過したのち小球が半円に沿って到達する最高点Q″と点Q′の高さを比較すると [(16)] 。

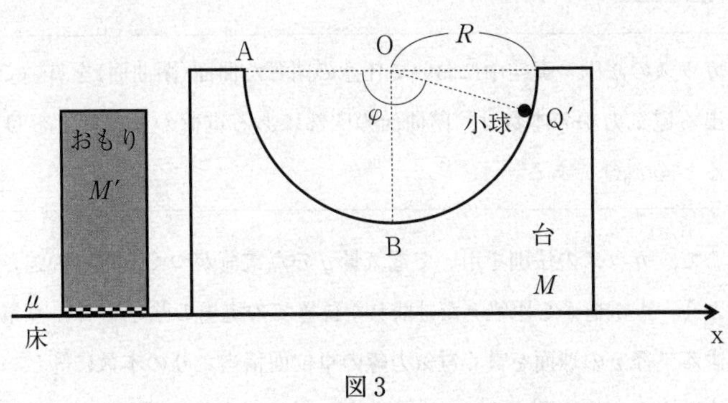


図3

〔解答群〕

(ア) $0$　　(イ) $\sqrt{2gR}$　　(ウ) $\sqrt{2gR(1-\sin\varphi)}$

(エ) $\sqrt{2gR\sin\varphi}$　　(オ) $\sqrt{2gR\cos\varphi}$　　(カ) $\sqrt{2gR(1-\cos\varphi)}$

(キ) $R\cos\varphi$　　(ク) $R\sin\varphi$　　(ケ) $R(1-\cos\varphi)$

(コ) $R(1-\sin\varphi)$　　(サ) $\dfrac{m}{m+M}$　　(シ) $\dfrac{M}{m+M}$

(ス) $\dfrac{m+M}{m}$　　(セ) $\dfrac{m+M}{M}$　　(ソ) 点Q′の方が低い

(タ) 同じ高さである　　(チ) 点Q′の方が高い

〔Ⅱ〕 次の文の [(a)] ～ [(c)] に入れるのに最も適当な式を解答欄に記入しなさい。また，[(1)] ～ [(16)] に入れるのに最も適当なものを各問の文末の解答群から選び，その記号をマークしなさい。ただし，同じものを2回以上用いてもよい。なお [(5)*]，[(6)*] には，〔解答群*〕から最も適当なものを選び，その記号をマークしなさい。

(i) 真空中に電気量 $q$(ただし $q>0$)の点電荷が固定されている。この点電荷から距離 $r$ だけ離れた位置での電場(または電界)の強さ(または大きさ)$E$ は，真空中でのクーロンの法則の比例定数を $k_0$ とすると，$E=$ [(1)] となる。また，点電荷から距離 $r$ だけ離れた位置での電位 $V$ は，無限遠での電位を0とすると，$V=$ [(a)] となる。

| ガウスの法則：真空中において任意の閉じた曲面(閉曲面)を貫いて外に出る電気力線の本数は，閉曲面の内部にある電荷の全電気量をQとすると $4\pi k_0$Q である。 |
|---|

ここで，ガウスの法則を用いて電気量 $q$ の点電荷がつくる電場の強さを考えてみよう。点電荷から距離 $r$ だけ離れた位置での電場の強さ $E$ は，点電荷を中心とする半径 $r$ の球面を貫く電気力線の単位面積当たりの本数に等しい。ガウスの法則より，点電荷を中心とする半径 $r$ の球面を貫く電気力線の本数 $N$ は，$N=4\pi k_0 q$ となる。したがって，半径 $r$ の球の表面積を $S$ とすると $E=\dfrac{N}{S}$ なので，$E=$ [(1)] が得られる。

図1に示すように，電気量 $q$ の点電荷を厚みが $b-a$ の導体からなる導体球殻で囲んだ。この球殻の内半径は $a$，外半径は $b$ である。点電荷を囲む前の導体球殻は帯電していなかった。また，点電荷は導体球殻の中心にあり，点電荷と導体球殻の間は真空である。点電荷を導体球殻で囲むと，静電誘導によって導体球殻の内表面と外表面にはそれぞれ電荷が一様に現れる。その結果，点電荷からの距離を $r$ として，$a<r<b$ の導体部分における電場の強さは，[(2)] となる。

ここで，$a<r<b$ の位置での電場の強さと，点電荷を中心とする半径 $r$(ただし $a<r<b$)の球面の内側にある電荷の全電気量の関係を考えると，ガウスの法則に基づき導体球殻の内表面($r=a$)に現れた電荷の電気量は [(3)] であることが分かる。また，導体球殻はもともと帯電していなかったので，外表面($r=b$)に現れた電荷の電気量は [(4)] であることが分かる。したがって，電気力線の様子は [(5)*] のようになる。

いま，導体球殻を接地(またはアース)した。このとき，導体球殻の外表面の電気量は0となるので，電気力線の様子は [(6)*] のようになる。また，$r>b$ の位置での電場の強さは，ガウスの法則より [(7)] となる。ただし，図1，および〔解答群*〕の図中では接地の記号を省略している。

次に，電気量 $q$ の電荷が表面に一様に分布している半径 $R$ の導体球について考える。図2に示すように，真空中に固定されているこの導体球を，内半径が $a$，外半径が $b$(ただし $R<a<b$)の帯電していない導体球殻で囲んだ。導体球と導体球殻の中心は一致しており，導体球と導体球殻の間は真空であるとする。導体球の中心からの距離を $r$ とすると，$r<R$ の導体球内における電場の強さは，ガウスの法則より [(8)] となる。また，$R<r<a$ の位置での電場の強さは，ガウスの法則より [(9)] となる。いま，導体球と導体球殻の間を比誘電率 $\varepsilon_r$(ただし $\varepsilon_r>1$)の誘電体で満たした。このとき，誘電分極により $R<r<a$ の位置での電場は，誘電体を満たす前の電場に比べて [(10)] 。

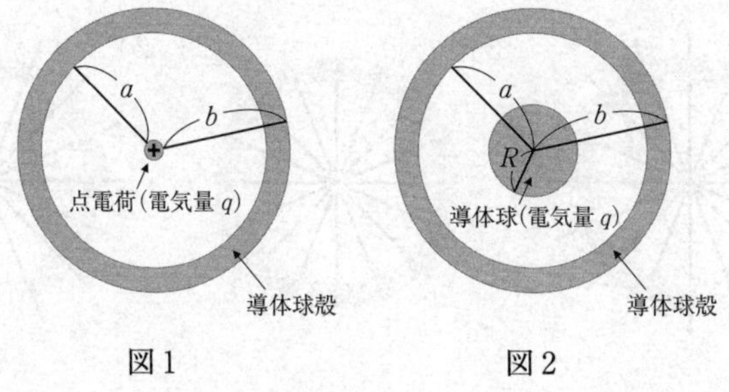


図1　　図2

〔解答群〕

(ア) $\dfrac{3k_0q}{r^3}$　(イ) $\dfrac{k_0q}{2r^2}$　(ウ) $\dfrac{k_0q}{r^2}$　(エ) $\dfrac{4k_0q}{r^2}$

(オ) $\dfrac{k_0q}{2r}$　(カ) $\dfrac{k_0q}{a^2}$　(キ) $\dfrac{k_0q}{b^2}$　(ク) $\dfrac{k_0q}{R^2}$

(ケ) $0$　(コ) $-\dfrac{q}{2}$　(サ) $-q$　(シ) $\dfrac{q}{2}$

(ス) $q$　(セ) 強くなる　(ソ) 弱くなる　(タ) 変わらない

〔解答群*〕

(ア)
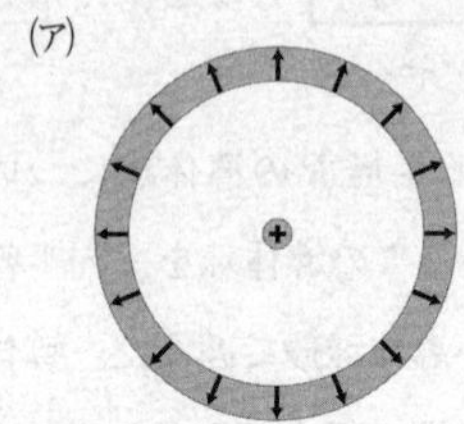

(イ)
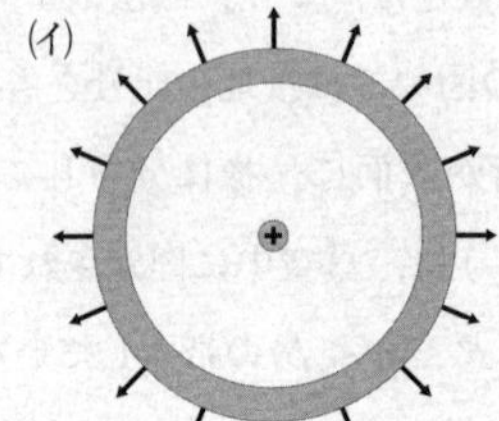

(ウ)
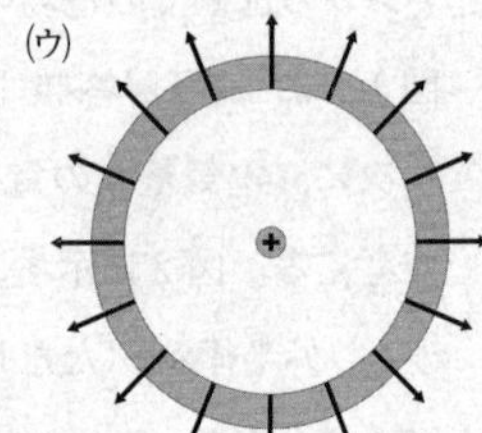

(エ)
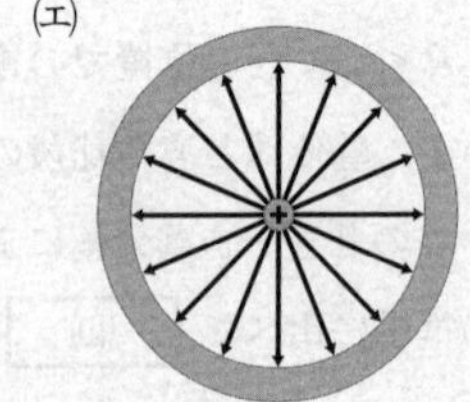

(オ)
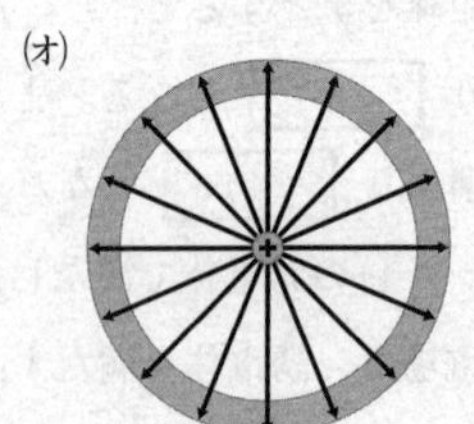

(カ)
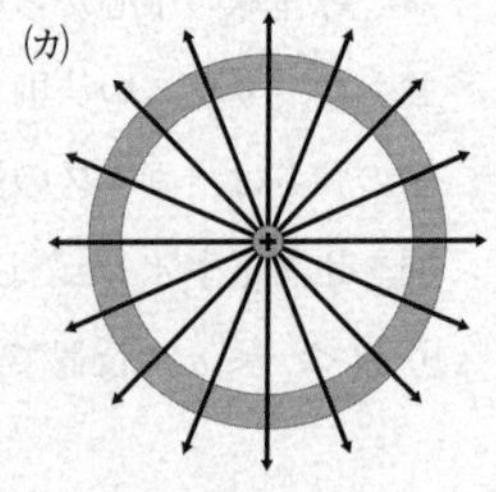

(キ)
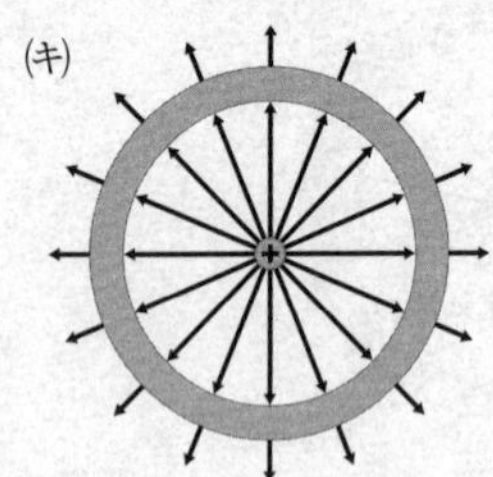

(ク)
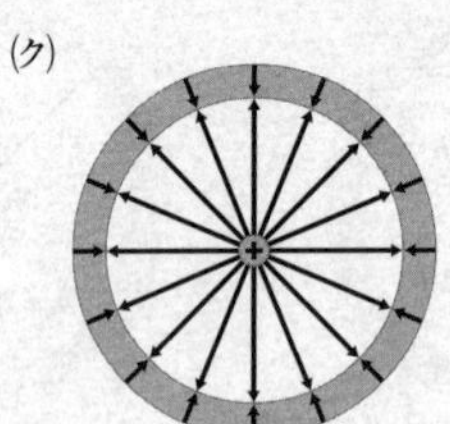

(ケ)
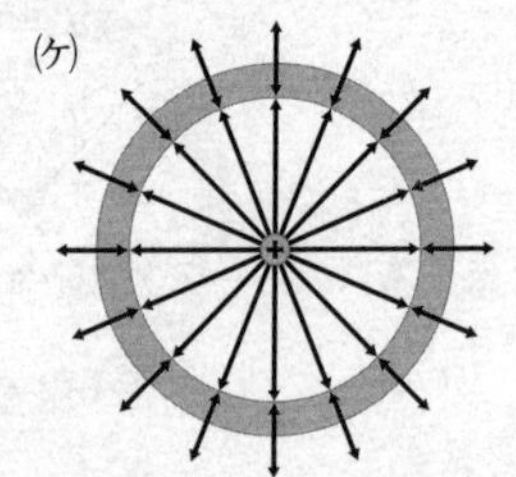

(ii)　ここでは，磁場中の電子の運動について考えてみよう。図3のように，真空中のxy平面上の$x \geqq 0$，$-\frac{L}{2} \leqq y \leqq \frac{L}{2}$の領域Ⅰにおいて，xy平面(紙面)に対して垂直に一様な磁場(または磁界)が加えられている。この磁場の向きや磁束密度の大きさは変えることができる。$x < 0$の領域には，陽極と陰極の間に電圧$V$を加えることで電子を加速し射出できる装置があり，電子を原点Oから領域Ⅰにx軸正の向きに入射することができる。この装置は電子の射出後の運動に影響を与えず，また重力の影響も無視できるものとする。

いま，磁束密度の大きさを$B_0$とし，質量$m$，電気量$-e$(ただし$e$は電気素量で$e > 0$)，初速度0の電子を電圧$V$で加速し，原点Oから領域Ⅰにx軸正の向きに入射した。領域Ⅰに入射した電子の速さを$v$とすると，$v$は加速電圧$V$を用いて$v =$ [ (11) ] となる。領域Ⅰに速さ$v$で入射した電子は，磁場によって運動に垂直な方向にローレンツ力を受け等速円運動をする。このとき，ローレンツ力の大きさ$F$は電子の速さ$v$を用いて，$F =$ [ (12) ] と表される。したがって，電子の等速円運動の半径を$r$とすると，電子の中心方向(または半径方向)の運動方程式は$v$と$r$を用いて [ (b) ] $= F$となり，電子の等速円運動の半径$r$は$v$と$B_0$を用いて$r =$ [ (13) ] と表されることが分かる。

領域Ⅰに入射した電子は領域Ⅰ内を運動し，やがて点A$\left(0,\ \frac{L}{2}\right)$を通過した。このとき，磁場の向きは紙面の [ (14) ] の向きである。また，磁束密度の大きさ$B_0$は加速電圧$V$を用いて$B_0 =$ [ (15) ] と表される。

次に，磁場の向きは一定のまま磁束密度の大きさを$B_1$に変えたところ，原点Oから領域Ⅰにx軸正の向きに入射した電子は領域Ⅰ内を運動し，やがて点B$\left(\frac{L}{2},\ \frac{L}{2}\right)$を通過した。このとき，$B_1 =$ [ (16) ] であり，電子が原点Oから入射して点Bに至るまでの時間$T$は，$B_1$を用いて$T =$ [ (c) ] となる。

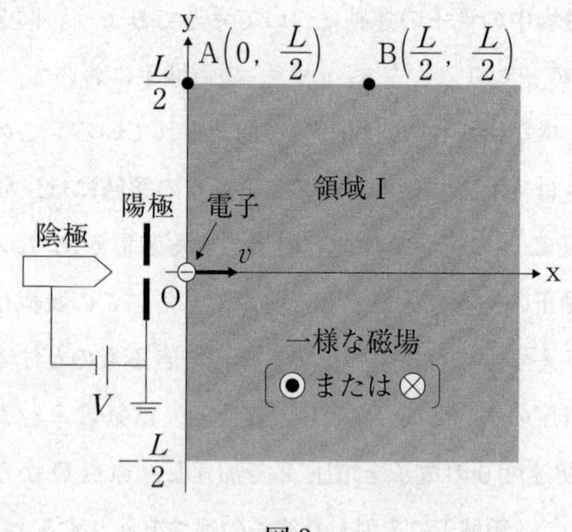


図 3

〔解答群〕

| | | | |
|---|---|---|---|
| (ア) $eV$ | (イ) $\frac{eV}{m}$ | (ウ) $\sqrt{\frac{2eV}{m}}$ | (エ) $\sqrt{\frac{eV}{2m}}$ |
| (オ) $evB_0$ | (カ) $ev^2B_0$ | (キ) $emvB_0$ | (ク) $\frac{ev}{B_0}$ |
| (ケ) $\frac{m}{eB_0}$ | (コ) $\frac{v}{eB_0}$ | (サ) $\frac{mv}{eB_0}$ | (シ) $\frac{eB_0}{mv}$ |
| (ス) 裏から表 | (セ) 表から裏 | (ソ) $\sqrt{\frac{mV}{eL^2}}$ | (タ) $\sqrt{\frac{2mV}{eL^2}}$ |
| (チ) $\sqrt{\frac{8mV}{eL^2}}$ | (ツ) $\sqrt{\frac{32mV}{eL^2}}$ | | |

〔Ⅲ〕 以下の文はK先生(以下，K)とAiさん(以下，Ai)との会話である。会話の内容は正しいとして，次の [(a)] ～ [(c)] に入れるのに最も適当な数値を有効数字2桁で解答欄に記入しなさい。また，[(1)] ～ [(15)] に入れるのに最も適当なものを各問の見開きページの文末の解答群から選び，その記号をマークしなさい。ただし，同じものを2回以上用いてもよい。なお [(13)*] と [(14)*] には〔解答群*〕から最も適当なものを選び，その記号をマークしなさい。

(i)

K　「Aiさん，その本を見せてもらえますか？」

(本を受け取って)

「“光と音の不思議”という本ですか，面白そうですね。」

Ai　「K先生，本を読む際にメガネを外すのはなぜですか？」

K　「眼のピント調整の機能が衰えてしまい，このメガネをかけたままだと，近くにピントが合いません。」

「近視用のメガネには凹レンズが使われていますが，遠視用・老視用のメガネには凸レンズが使われます。」

(図1を板書しながら)

「物体を凸レンズの前方に置きます。物体がレンズの焦点の内側にある場合には，レンズの後方から見るとレンズの前方に拡大された物体があるように見えます。この像は [(1)] 。」

「一方，物体がレンズの焦点の外側にある場合は，どうでしょうか？」

Ai　「その場合は，レンズの後方にあるスクリーンの位置を調整すると像ができます(像を結びます)。この像は [(2)] 。」

K　「私の場合，裸眼でピントが合わないのを凸レンズで補正するのですが，近くを見るときと遠くを見るときで必要となる補正の度合いが異なります。私には遠近両用のメガネが必要なのかもしれません。」

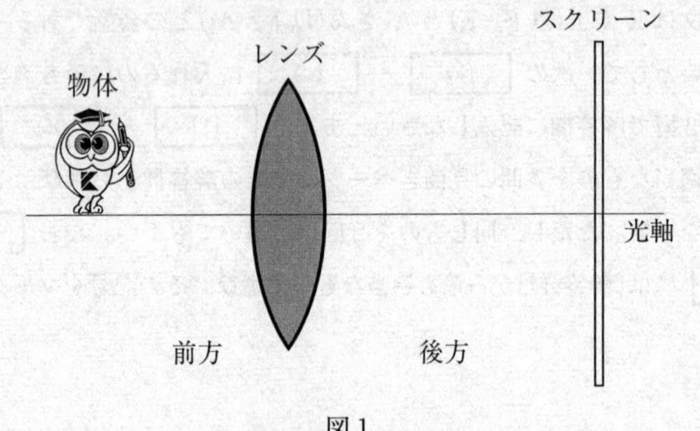


図1

〔解答群〕

(ア)　実像といわれ，正立像です

(イ)　実像といわれ，倒立像です

(ウ)　虚像といわれ，正立像です

(エ)　虚像といわれ，倒立像です

K　「では，凸レンズを用いて実験をしましょう。」

（図2を板書しながら）

「この図に示すように，容器の底に小さな光源を入れ，光源の真上25.0 cmの高さの位置に焦点距離20.0 cmの凸レンズを置きますね。」

「Aiさん，光源の像ができるスクリーンの位置を調べてください。」

Ai　（スクリーンの位置を調整して）

「スクリーンに像ができました。レンズより上方の［(3)］〔cm〕の位置です。この像の大きさは，光源の大きさの［(4)］倍となっています。」

K　「スクリーンの位置はそのままにして，今度はレンズを上下に動かしてみてください。先ほどの位置の他に像ができる位置はありますか？」

Ai　（レンズの位置を調整して）

「はい。レンズを元の位置から［(5)］に［(6)］〔cm〕動かしたところ，スクリーンに像ができました。この像の向きは先ほどと同じです。」

K　「実験を進めましょう。レンズを元の位置に戻し，容器にこの透明な液体を3cmの深さまで入れて下さい。」

Ai　「ものさしで容器の底から正確に3.0cm測りました。でも，なぜ液体を入れるのかな。」

K　「空気と液体では屈折率が違うため，境界面で光は屈折しますよね。」

Ai　「はい……」

K　「水の入ったコップを上から見ると，コップの底が浮き上がって見えることを経験したことはありませんか？」

「では，スクリーンを動かして，像ができる位置を探してみましょう。」

Ai　（スクリーンの位置を調整して）

「レンズの上方の120.0cmの位置に像ができました。」

K　「空気と液体の境界面において，光源から出た光の入射角と屈折角が十分に小さいと仮定します。さらに，空気の屈折率を1.0とすれば，この液体の屈折率は［(a)］ということになりますね。」

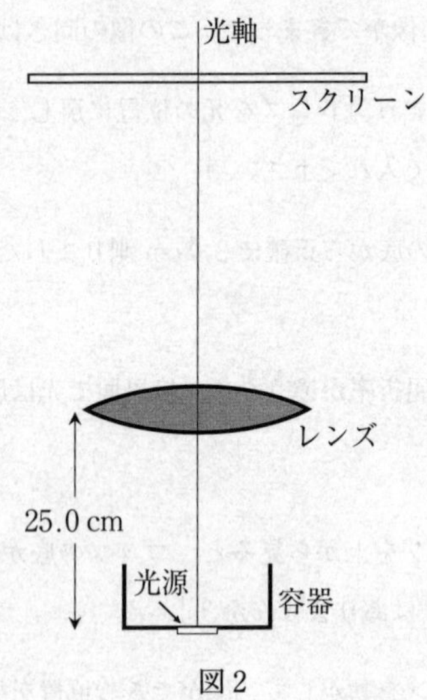

図 2

〔解答群〕

| | | | |
|---|---|---|---|
| (ア) 上方 | (イ) 下方 | (ウ) 1 | (エ) 2 |
| (オ) 3 | (カ) 4 | (キ) 5 | (ク) 25 |
| (ケ) 50 | (コ) 75 | (サ) 100 | (シ) 120 |
| (ス) 140 | (セ) 160 | (ソ) 180 | |

(ii)

Ai 「光は波なのか，粒子なのか？ それが問題だ……」

K 「電磁波の一種である光は，光子の集まりの流れであり，波としての性質に加え粒子としての性質をあわせ持つ不思議な存在ですね。」

「紫外線より短い波長を持つ X 線も粒子性を示すことがわかっています。」

Ai 「ということは，X 線も光子の集まりの流れということですか？」

K （図 3 (a)を板書しながら）

「はい，その通りです。物質に X 線を照射すると，入射 X 線の波長よりも波長の長い X 線が散乱波に含まれます。その中で特に強い強度を示す X 線の波長は，散乱角が大きくなるほど長くなることが1923年に論文発表されました。この現象はコンプトン効果とよばれています。」

Ai　「X線をただの波と考えたら，説明できないのですか？」

K　「できません。コンプトンは，入射X線の光子が物質中の電子と衝突して電子をはじき飛ばし，光子自身の運動量とエネルギーが減少するため，散乱X線の波長は入射X線の波長よりも長くなると考えました。」

（図3(b)を板書しながら）

「真空中において入射X線の光子がx軸に沿って正の向きに進み，原点Oで静止している質量$m$の電子に衝突したとしましょう。このとき，X線の入射方向に対して角度の大きさ$\theta$の方向にX線の光子が散乱され，また角度の大きさ$\phi$の方向に速さ$v$で電子がはじき飛ばされたとします。ただし，光子と電子の衝突は弾性衝突であるとし，これらの現象はxy平面内で起こるとします。」

「入射X線および散乱X線の光子が，それぞれ運動する方向に大きさ$p$と$p'$の運動量を持つとすれば，運動量保存の法則はどうなりますか？」

Ai　「次の2つの関係式が成り立つと思います。」

x軸方向　$p = p' \times ($ (7) $) + mv \times ($ (8) $)$　……①

y軸方向　$0 = p' \times ($ (9) $) + mv \times ($ (10) $)$　……②

K　「はい。さらに，入射X線および散乱X線の光子が，それぞれエネルギー$E$と$E'$を持つとすれば，エネルギー保存の法則から次式が成り立ちます。」

$$E = E' + \frac{1}{2}mv^2 \quad \cdots\cdots ③$$

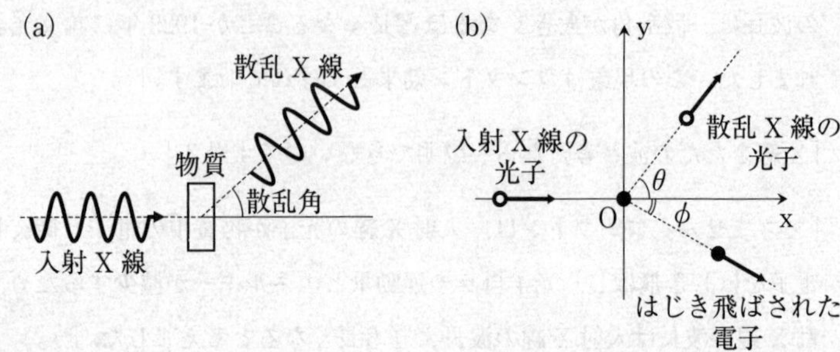


図 3

〔解答群〕

| | | |
|---|---|---|
| (ア)　$\cos\theta$ | (イ)　$\sin\theta$ | (ウ)　$\tan\theta$ |
| (エ)　$\cos\phi$ | (オ)　$\sin\phi$ | (カ)　$\tan\phi$ |
| (キ)　$-\cos\phi$ | (ク)　$-\sin\phi$ | (ケ)　$-\tan\phi$ |

Ai　「先生，質問です。波としての性質はどうなりました？」

K　「鋭いですね。真空中の光速 $c$ とプランク定数 $h$ を用いて，波長 $\lambda$ の光子の持つエネルギーは $h\times$ ［ (11) ］，また運動量の大きさは $h\times$ ［ (12) ］と表されるとアインシュタインは考えました。このことは波動と粒子の二重性を表しています。」

「入射 X 線および散乱 X 線の波長をそれぞれ $\lambda$ と $\lambda'$ とし，式①～③を用いることで，コンプトンは $\lambda \fallingdotseq \lambda'$ の場合に対して次の近似式を得ました。」

$$\lambda' = \lambda + \frac{h}{mc}(1-\cos\theta) \quad \cdots\cdots ④$$

（図 4 の資料を示しながら）

「このグラフは，銀から放出された特性 X 線をある物質に入射し，散乱された X 線を観測した結果をまとめたものです。散乱 X 線の波長 $\lambda'$ が，散乱角 $\theta$ の関数として描かれています。いくつか考察してみましょう。もし必要であれば，$c = 3.00\times10^{8}$ m/s，$h = 6.63\times10^{-34}$ J·s を用いて下さい。」

「まず，入射X線の波長$\lambda$は$\lambda=$ (13)* $\times 10^{-11}$ mであると推察されます。では，電子の質量$m$を見積もると，どうなりますか？」

Ai　「$m=$ (14)* 〔kg〕を得ました。」

K　「次に，電子の運動エネルギーが最大となるのは$\theta=$ (15) 〔rad〕の場合です。その値はいくらになるでしょうか？」

Ai　「$1\,\mathrm{eV}=1.60\times 10^{-19}$ Jを用いて計算した結果，電子の運動エネルギーの最大値は (b) 〔keV〕となりました。」

K　「その他に，考察できることはありますか？」

Ai　「$\theta=\dfrac{\pi}{2}$の場合に，光子の運動量変化を考えると，電子がどの方向にはじき飛ばされたかおおよその予想が付きます。はじき飛ばされた角$\phi$の正接$\tan\phi$を計算すると$\tan\phi=$ (c) となり，予想と矛盾しません。」

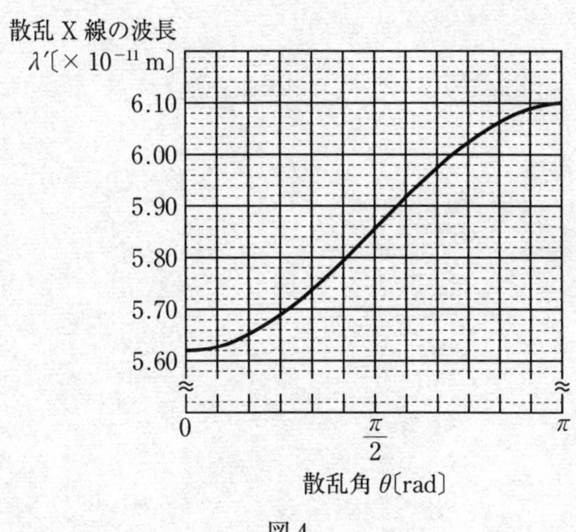


図4

〔解答群〕

(ア) $\lambda$　(イ) $\lambda^2$　(ウ) $\dfrac{1}{\lambda}$　(エ) $\dfrac{1}{\lambda^2}$

(オ) $c\lambda$　(カ) $c\lambda^2$　(キ) $\dfrac{c}{\lambda}$　(ク) $\dfrac{c}{\lambda^2}$

(ケ) $\dfrac{\lambda}{c}$　(コ) $\dfrac{\lambda^2}{c}$　(サ) $\dfrac{1}{c\lambda}$　(シ) $\dfrac{1}{c\lambda^2}$

(ス) $0$　(セ) $\dfrac{\pi}{4}$　(ソ) $\dfrac{\pi}{2}$　(タ) $\pi$

〔解答群*〕

(ア) 5.50　(イ) 5.62　(ウ) 5.74

(エ) 5.86　(オ) 5.98　(カ) 6.10

(キ) $4.6 \times 10^{-31}$　(ク) $9.2 \times 10^{-31}$　(ケ) $1.8 \times 10^{-30}$

(コ) $4.2 \times 10^{-28}$　(サ) $8.4 \times 10^{-28}$　(シ) $1.7 \times 10^{-27}$

(ス) $3.0 \times 10^{24}$　(セ) $6.0 \times 10^{24}$　(ソ) $1.2 \times 10^{25}$

# ■化学■

(理科１科目選択方式：　75分
理科設問選択方式（２科目型）：２科目100分)

※ 『理科１科目選択方式』の場合は出願時に届け出た１科目を解答してください。『理科設問選択方式(２科目型)』の場合は出願時に届け出た２科目それぞれ〔Ⅰ〕～〔Ⅲ〕の３問合計６問のうちから４問を選択して解答してください。なお，５問以上解答した場合は，高得点の４問を合否判定に使用します。

〔Ⅰ〕 次の問(i)～(iii)に答えなさい。

(i) 次の文の［　　］および（ (7) ）に入れるのに最も適当なものを，それぞれ［a群］および（ b群 ）から選び，その記号をマークしなさい。また，｛ (2) ｝には最も適当な化学用語を，［　　］には元素記号を，〈 (6) 〉には化学反応式の一部を，〈 (8) 〉には化学式を，それぞれ解答欄に記入しなさい。

元素を原子番号の順に並べると，性質のよく似た元素が周期的に現れる。この周期的な規則性を元素の周期律という。周期律は原子の電子配置と関係が深く，原子番号の増加に伴い，原子の［ (1) ］の数が周期的に変化するために現れる。元素を原子番号の順に並べ，性質の似た元素を縦の列に並べた表を周期表という。周期表の横の行を周期といい，上から順に，第１周期，第２周期，・・・，第７周期という。また，縦の列を族といい，左から順に１族，２族，・・・，18族という。同じ族に属する元素を同族元素といい，２族元素のうちCa，Sr，Ba，Raを｛ (2) ｝，18族元素を貴ガス(希ガス)という。

原子から１個の電子を取り去り，１価の陽イオンにするのに必要なエネルギーを［ (3) ］という。原子番号１～20の元素について，原子番号と［ (3) ］の関係を図１に示す。この図から，原子番号１～20の元素の中で最も１価の陽イオンになりやすい元素は［ (4) ］であり，最もなりにくい元素は［ (5) ］であると読み取れる。17族元素の原子は［ (1) ］を7個もち，1価の陰イオンになりやすい。この元素の単体は二原子分子からなり，有色，有毒である。例えば塩素の単体は，酸化マンガン(Ⅳ)に濃塩酸を加えて加熱することで比較的簡単に発生させることができる。この反応は①式のように表される。

$MnO_2$ +〈 (6) 〉 ……………………………①

周期表の1，2，12～18族の元素を典型元素，その間に位置する3～11族の元素を遷移元素という。遷移元素のうち，地殻中に最も多く存在するものは，原子番号（ (7) ）の鉄である。鉄は塩酸や希硫酸と反応して鉄(Ⅱ)イオン $Fe^{2+}$ となる。$Fe^{2+}$ は酸化されやすく，空気中に放置すると鉄(Ⅲ)イオン $Fe^{3+}$ になる。$Fe^{2+}$ を含む水溶液に，ヘキサシアニド鉄(Ⅲ)酸カリウムの水溶液を加えると，濃青色の沈殿が生成することで $Fe^{2+}$ を検出できる。ヘキサシアニド鉄(Ⅲ)酸カリウムの化学式は〈 (8) 〉で表される。

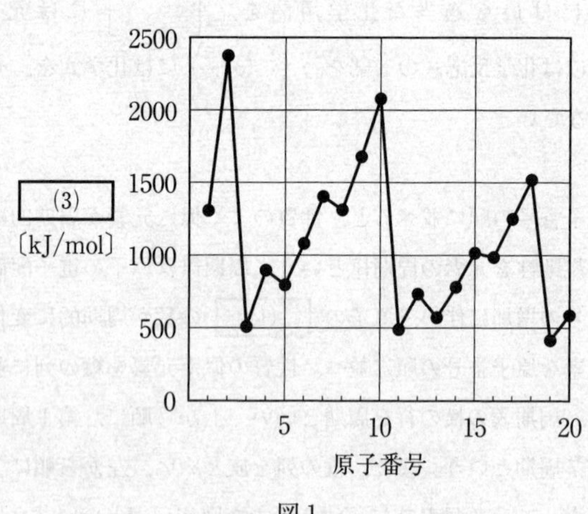


図1

a群

(ア) 陽子　(イ) 中性子　(ウ) 価電子　(エ) 電子殻
(オ) 電子親和力　(カ) クーロン力　(キ) 格子エネルギー
(ク) イオン化エネルギー

( b群 )

(ア) 21　(イ) 22　(ウ) 23　(エ) 24　(オ) 25

(カ) 26　(キ) 27　(ク) 28　(ケ) 29

(ii) 次の文の [ (1) ] および (　　) に入れるのに最も適当なものを，それぞれ [ a群 ] および ( b群 ) から選び，その記号をマークしなさい。また，{　　} には係数のついた化学式を，[　　] には必要なら四捨五入して有効数字2桁(けた)の数値を，それぞれ解答欄に記入しなさい。なお，アルミニウムAlの原子量は27，密度は2.7 $g/cm^3$とし，ファラデー定数は$F = 9.65 \times 10^4$ C/molとする。

アルミニウムは [ (1) ] から得られた酸化アルミニウムを高温で融解した氷晶石に溶かし，炭素(黒鉛)を電極とした電気分解によって得られる金属である。アルミニウムの結晶は面心立方格子の原子配列をもつので，( (2) ) である。

アルミニウムは酸にも塩基にも溶解する両性元素である。例えば，水酸化ナトリウム水溶液中でアルミニウムは次の①式に従って溶解する。

$$2Al + 2NaOH + \{\ (3)\ \} \longrightarrow \{\ (4)\ \} + 3H_2 \quad \cdots\cdots\cdots ①$$

アルミニウム板の片面だけを希塩酸に接触させ，この板を陽極として，1 $cm^2$あたり0.300 Aの一定電流を$1.93 \times 10^4$秒流した。この通電によってアルミニウム板は1 $cm^2$あたり [ (5) ] g溶解した。このとき，アルミニウム板の表面が均一に溶解したとすると，その厚さは [ (6) ] cm減少したことになる。なお，このアルミニウム板の溶解は通電した電流のみによって起こり，この電流によって他の反応は起こらないものとする。

アルミニウムは低密度であり，展性・延性に富み，アルミニウム箔として利用されている。また，( (7) ) はアルミニウムに他の金属をわずかに添加した合金の一つである。この合金は軽量だが強度があり，航空機材料などに利用されている。

a群

(ア)　セッコウ　　(イ)　石灰石　　(ウ)　コークス

(エ)　石英　　(オ)　ボーキサイト

( b群 )

(ア)　配位数は8，単位格子に含まれる原子の数は1

(イ)　配位数は8，単位格子に含まれる原子の数は2

(ウ)　配位数は8，単位格子に含まれる原子の数は4

(エ)　配位数は12，単位格子に含まれる原子の数は1

(オ)　配位数は12，単位格子に含まれる原子の数は2

(カ)　配位数は12，単位格子に含まれる原子の数は4

(キ)　アルマイト　(ク)　ニクロム　(ケ)　ハンダ　(コ)　ジュラルミン

(iii)　次の文の [ (3) ] および ( (7) ) に入れるのに最も適当なものを，それぞれ [ a群 ] および ( b群 ) から選び，その記号をマークしなさい。また，{ (1) } にはイオン反応式の右辺を，[ (2) ] には式を，〈　〉には必要なら四捨五入して有効数字2桁(けた)の数値を，それぞれ解答欄に記入しなさい。なお，必要なら $\sqrt[3]{2} = 1.3$，$\sqrt[3]{4} = (\sqrt[3]{2})^2$，$\sqrt[3]{18} = 2.6$ を用いなさい。

水酸化マグネシウム $Mg(OH)_2$ は，水にわずかに溶け，$Mg(OH)_2$ を飽和させた水溶液は塩基性を示す。ここで，25℃の $Mg(OH)_2$ の飽和水溶液がどの程度の塩基性を示すか考えてみよう。ただし，水に溶けた $Mg(OH)_2$ は完全に電離し，$Mg(OH)_2$ の電離に対する水の電離の影響は無視できるものとする。

$Mg(OH)_2$ の飽和水溶液では，沈殿した $Mg(OH)_2$ とマグネシウムイオン $Mg^{2+}$，水酸化物イオン $OH^-$ の間に①式の溶解平衡が成り立つ。

$Mg(OH)_2$(固) $\rightleftarrows$ { (1) } ……………………①

したがって，$Mg^{2+}$，$OH^-$ のモル濃度〔mol/L〕をそれぞれ$[Mg^{2+}]$，$[OH^-]$とすると，$Mg(OH)_2$ の溶解度積 $K_{sp}$ は②式で表される。

$K_{sp}$ = [　　　(2)　　　] ……………………②

ここで，$[Mg^{2+}]$は$[OH^-]$ (3) であり，25℃の$Mg(OH)_2$の溶解度積が$K_{sp} = 18 \times 10^{-12} (mol/L)^3$であることから，$[OH^-]$は〈 (4) 〉mol/Lと計算される。25℃の水のイオン積は$K_W$ =〈 (5) 〉$(mol/L)^2$であるので，$Mg(OH)_2$の飽和水溶液の水素イオン濃度$[H^+]$は〈 (6) 〉mol/Lと計算される。したがって，25℃の$Mg(OH)_2$の飽和水溶液のpHは( (7) )であり，弱い塩基性であることがわかる。

a群

(ア) の$\frac{1}{4}$倍　(イ) の$\frac{1}{2}$倍　(ウ) と同じ

(エ) の2倍　(オ) の4倍

( b群 )

(ア) 8以上9未満　(イ) 9以上10未満　(ウ) 10以上11未満

(エ) 11以上12未満　(オ) 12以上13未満

〔Ⅱ〕 次の問(i)〜(iii)に答えなさい。

(i) 次の文の [ (1) ] および ( ) に入れるのに最も適当なものを，それぞれ [ a群 ] および ( b群 ) から選び，その記号をマークしなさい。また，{ } には最も適当な化学用語を漢字で，[ (7) ] には必要なら四捨五入して有効数字2桁(けた)の数値を，それぞれ解答欄に記入しなさい。

なお，すべての気体に理想気体の状態方程式が成り立つものとし，気体定数は $R = 8.31 \times 10^3$ Pa·L/(K·mol)とする。

一定温度に保った密閉容器に少量の液体を入れると，液体の表面では蒸発が起こる。これは液体表面付近の分子が，分子の間に働く分子間力を振り切って気体になるためである。しばらく放置すると，単位時間当たりに「蒸発する分子の数」と「 [ (1) ] する分子の数」は等しくなる。この状態を { (2) } といい，このときに気体が示す圧力を { (3) } という。

図1は3種類の物質**A**，**B**，**C**の { (3) } 曲線である。標準大気圧($1.013 \times 10^5$ Pa)のもとで，沸点が高い順に**A**，**B**，**C**を並べると ( (4) ) になる。これらが同程度の分子量をもつ物質であるとすると，分子間力の最も小さい物質は ( (5) ) と考えられる。

いま，容積可変の密閉容器に0.36 molのアルゴンArと0.12 molの物質**B**を封入し，容器の温度を70℃，圧力を$1.00 \times 10^5$ Paに保持した。その後，圧力を一定に保ったまま，容器を徐々に冷却した。( (6) )℃以下では，**B**の一部が液体になった。つぎに，圧力を$1.00 \times 10^5$ Paに保ったまま，容器の温度を27℃にした。このときArと**B**が混合した気体の体積は，[ (7) ] Lと計算される。なお，液体の**B**の体積は無視できるものとし，Arは液体の**B**には溶解しないものとする。

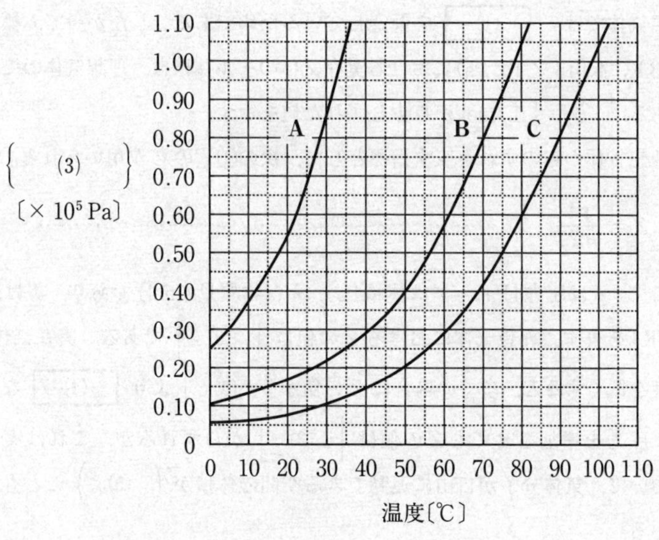


図 1

a 群

(ア) 融解　(イ) 凝縮　(ウ) 昇華　(エ) 結晶化
(オ) 溶解

( b 群 )

(ア) **A > B > C**　(イ) **A > C > B**　(ウ) **C > A > B**　(エ) **C > B > A**
(オ) **A**　(カ) **B**　(キ) **C**
(ク) 15　(ケ) 35　(コ) 50　(サ) 66

(ii) 次の文の □ および (　　) に入れるのに最も適当なものを，それぞれ a 群 および ( b 群 ) から選び，その記号をマークしなさい。また，{ (2) } には有効数字 3 桁の数値を，[ (3) ] には整数値を，それぞれ解答欄に記入しなさい。なお，気体定数は $R = 8.31 \times 10^3$ Pa·L/(K·mol) とする。

理想気体の状態方程式は，実在気体においては厳密には成立しない。これは理想気体では，［(1)］を仮定しているためである。したがって，標準状態(273 K，$1.013 \times 10^5$ Pa)における実在気体のモル体積は，理想気体のモル体積である｛(2)｝L/mol から少しずれた値を示す。

理想気体からのずれを表す指標として，次の①式の $Z$ が用いられる。

$$Z = \frac{pV}{nRT} \quad \cdots\cdots\cdots\cdots ①$$

ここで，$p$ は圧力〔Pa〕，$V$ は体積〔L〕，$n$ は物質量〔mol〕であり，$T$ は絶対温度〔K〕を表す。理想気体における $Z$ の値は［(3)］である。実在気体では，温度を低くすると，多くの場合に $Z$ の値が［(3)］より［(4)］なる。また，圧力を増加させても $Z$ の値は［(3)］からずれるが，これは実在気体において，気体分子が自由に運動できる空間の体積が（(5)）ことも関係している。

いま，300 K，$3.0 \times 10^7$ Pa における 1.2 mol の気体 **A** の体積は $9.0 \times 10^{-2}$ L である。一方，350 K，$9.0 \times 10^6$ Pa における 1.5 mol の気体 **B** の体積は $3.5 \times 10^{-1}$ L である。これらの条件において，理想気体に近いふるまいを示すのは（(6)）である。

［a 群］

(ア)　分子間力が働くことと，分子自身の体積があること

(イ)　分子間力は働くが，分子自身の体積がないこと

(ウ)　分子間力は働かないが，分子自身の体積があること

(エ)　分子間力が働かないことと，分子自身の体積がないこと

(オ)　大きく

(カ)　小さく

（b 群）

(ア)　理想気体より大きくなる

(イ)　理想気体と同じである

(ウ)　理想気体より小さくなる

(エ)　気体**A**

(オ)　気体**B**

(iii)　次の文の [ ] に入れるのに最も適当なものを [解答群] から選び，その記号をマークしなさい。また，(　) には必要なら四捨五入して有効数字2桁(けた)の数値を解答欄に記入しなさい。なお，すべての気体に理想気体の状態方程式が成り立つものとし，気体定数は $R = 8.31 \times 10^3$ Pa·L/(K·mol)とする。

有機化合物や無機化合物の反応では，反応を促進するためしばしば触媒が使用される。触媒は，[ (1) ] を下げることで反応速度を大きくしている。触媒は，エチレンからのジクロロエタン合成やベンゼンからのシクロヘキサン合成などに使用されるほか，ガソリン自動車の排ガスに含まれる希薄な有害成分である [ (2) ] や未燃焼炭化水素の除去にも使用されている。

いま，希薄なプロパン $C_3H_8$ を完全除去するために，図1に示すような触媒を充てんした700Kの反応器に，体積百分率で $C_3H_8$ 2.0%，酸素 $O_2$ 20.0%，窒素 $N_2$ 78.0%の混合気体を，温度700K，全圧 $1.00 \times 10^5$ Pa，流量5.0L/minで供給した。1分間に供給されている $C_3H_8$ の物質量は ( (3) ) molである。反応器内の触媒によってすべての $C_3H_8$ が次の①式に従って反応したとすると，700Kの反応器出口での二酸化炭素 $CO_2$ の体積百分率は ( (4) ) %，$1.00 \times 10^5$ Paでの混合気体の流量は ( (5) ) L/minとなる。

$$C_3H_8(気) + 5O_2(気) \longrightarrow 3CO_2(気) + 4H_2O(気) \quad \cdots\cdots ①$$

反応器出口の気体を300Kに冷却し，$H_2O$ 除去装置で $H_2O$ のみを完全に除去すると，混合気体の流量は300K，$1.00 \times 10^5$ Paで ( (6) ) L/minとなる。

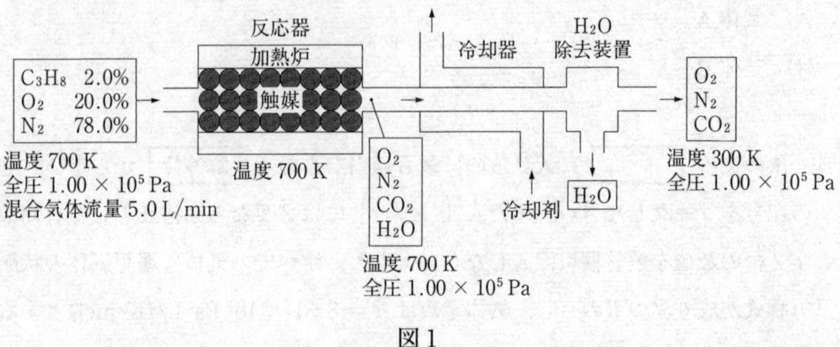


図1

**解答群**

(ア)　反応熱　(イ)　凝縮熱　(ウ)　活性化エネルギー
(エ)　オゾン　(オ)　二酸化窒素　(カ)　二酸化炭素

〔Ⅲ〕 次の問(i)～(iii)に答えなさい。

(i)　次の文の［　　］および（　(5)　）に入れるのに最も適当なものを，それぞれ［　a 群　］および（　b 群　）から選び，その記号をマークしなさい。また，｛　　｝には下記の記入例にならって構造式を解答欄に記入しなさい。

構造式の記入例

$$CH_3-\underset{\displaystyle |}{\overset{CH_3}{CH}}-CH=CH_2$$

アルカンは単結合だけからなる鎖式飽和炭化水素であり，一般式は $C_nH_{2n+2}(n \geqq 1)$ で表される。$n = 1$ のアルカンであるメタンは［　(1)　］の構造をしている。

アルケンは，分子中の炭素原子間に二重結合を一つもち，他はすべて単結合である鎖式炭化水素であり，一般式は $C_nH_{2n}(n \geqq 2)$ で表される。炭素原子のつながり方や二重結合の位置に基づく構造異性体と，二重結合についた置換基の配置が異なる幾何異性体の両方が存在するアルケンのうち，最も小さい $n$ は

[ (2) ] である。最も単純なアルケンであるエチレンは [ (3) ] 構造である。

アルキンは，分子中の炭素原子間に三重結合を一つもち，他はすべて単結合である鎖式炭化水素であり，一般式は $C_nH_{2n-2}(n \geqq 2)$ で表される。最も単純なアルキンであるアセチレンは [ (4) ] 構造である。

炭素原子間の距離は，単結合，二重結合，三重結合で異なり，その距離は ( (5) )。

アルケンおよびアルキンは，炭素原子間にそれぞれ二重結合および三重結合をもつため，以下のような反応が起こる。

アルケンを酸性の過マンガン酸カリウム水溶液中で加熱すると，①式に示すように二重結合が開裂し，ケトンやカルボン酸が得られる。アルケン **A** を酸性の過マンガン酸カリウム水溶液中で加熱すると，ケトン **B** と酢酸が生成した。**B** は，フェノールの工業的製造法であるクメン法でフェノールと同時に得られる。このことから **A** の構造式は { (6) } である。

$$\mathrm{(R^1)(R^2)C{=}C(R^3)(H)} \xrightarrow[\text{加熱}]{\mathrm{KMnO_4,\ H^+}} \mathrm{(R^1)(R^2)C{=}O} + \mathrm{O{=}C(R^3)(OH)} \quad \cdots\cdots①$$

$R^1$，$R^2$ および $R^3$ はアルキル基とする。

アルキンに触媒を用いて水を付加させると，②式に示すようなエノール形の構造を経て，安定なケト形のカルボニル化合物が得られる。分子式 $C_6H_{10}$ で表されるアルキンには [ (7) ] 種類の構造異性体がある。二つのアルキル基をもつ分子式 $C_6H_{10}$ のアルキン **C** に触媒を用いて水を付加させたところ，得られたカルボニル化合物は1種類であった。このことから **C** の構造式は { (8) } である。

$$\underset{\text{エノール形}}{\mathrm{(R^4)(H)C{=}C(OH)(R^5)}} \longrightarrow \underset{\text{ケト形}}{\mathrm{R^4{-}CH_2{-}C({=}O){-}R^5}} \quad \cdots\cdots②$$

$R^4$ および $R^5$ はアルキル基とする。

a 群

(ア) 平面 (イ) イス型 (ウ) 直線 (エ) らせん (オ) 正四面体

(カ) 3 (キ) 4 (ク) 5 (ケ) 6 (コ) 7 (サ) 8 (シ) 9

( b 群 )

(ア) 単結合が最も長く，二重結合が最も短い

(イ) 単結合が最も長く，三重結合が最も短い

(ウ) 二重結合が最も長く，単結合が最も短い

(エ) 二重結合が最も長く，三重結合が最も短い

(オ) 三重結合が最も長く，単結合が最も短い

(カ) 三重結合が最も長く，二重結合が最も短い

(ii) 次の文の [　　] に入れるのに最も適当なものを 解答群 から選び，その記号をマークしなさい。また，( (1) ) には分子式を，{　　} には整数値を，[　　] には下記の記入例にならって構造式を，それぞれ解答欄に記入しなさい。ただし，不斉炭素原子がある場合にはその不斉炭素原子に＊印をつけなさい。なお，原子量は H = 1，C = 12，O = 16 とする。

構造式の記入例
＊印は不斉炭素原子を示す。

```
                          O
                          ‖        *
CH3－CH＝CH－C－CH－OH
                                   |
                                  CH3
```

炭素，水素，酸素からなり，エステル結合をもつ分子量 142 の化合物 **A** がある。71 mg の **A** を完全に燃焼させたところ，176 mg の二酸化炭素と 63 mg の水が得られた。したがって，**A** の分子式は ( (1) ) とわかる。**A** を加水分解すると，化合物 **B** と化合物 **C** が得られた。**B** を炭酸水素ナトリウム水溶液に加えると，二酸化炭素が発生した。また，**B** に臭素水を加えると，臭素水の色が消えた。**B** を 3.6 g 溶かした水溶液を完全に中和するのに，1.0 mol/L の水酸化ナトリウム水溶液が 50 mL 必要であったため，**B** の分子量は { (2) }

とわかる。これらより，Bの構造式は［　(3)　］と決まる。Bのナトリウム塩を［　(4)　］して得られる高分子は，紙おむつや土壌保水剤などで利用されている。

AとBの分子量より，Cの分子量が｛　(5)　｝とわかる。Cを単体のナトリウムと反応させると気体の［　(6)　］が発生した。また，Cはヨードホルム反応を示した。さらに，Cを分子内脱水すると2種類のアルケンが得られ，いずれにも幾何異性体は存在しなかった。したがって，Cの構造式がわかり，Aの構造式は［　(7)　］と決定できる。

**解答群**

(ア)　縮合重合　　(イ)　付加重合　　(ウ)　付加縮合　　(エ)　一酸化炭素

(オ)　二酸化炭素　　(カ)　水素　　(キ)　酸素　　(ク)　オゾン

(iii)　次の文の［　(3)　］に入れるのに最も適当なものを［解答群］から選び，その記号をマークしなさい。また，（　　）には下記の記入例にならって各層に含まれている芳香族化合物またはその塩の構造式を解答欄に記入しなさい。なお，分離は完全に行われたものとし，エステルは実験操作中には加水分解しないものとする。

構造式の記入例

$C_6H_5-CH_2-C(=O)-O^-\,Na^+$

アセチルサリチル酸，アニリン，*p*-クレゾール，ナフタレンの4種類の芳香族化合物が溶解したジエチルエーテル混合溶液に，図1に示す抽出操作を行った。

〔**操作1**〕　分液ろうとにジエチルエーテル混合溶液と塩酸を加え抽出を行い，分離した水層とエーテル層を別々に取り出した。

〔結果〕　分離した水層には（　(1)　）が溶解していた。

〔**操作2**〕 分液ろうとに操作1で取り出したエーテル溶液と炭酸水素ナトリウム水溶液を加え抽出を行い，水層とエーテル層を別々に取り出した。

〔**操作3**〕 操作2で取り出した水層が酸性を示すまで，塩酸を加えた。

〔結果〕 水層から（ (2) ）が遊離した。

〔**操作4**〕 分液ろうとに操作2で取り出したエーテル溶液と［ (3) ］を加え抽出を行い，水層とエーテル層を別々に取り出した。

〔結果〕 分離した水層には（ (4) ）が溶解しており，エーテル層には（ (5) ）が溶解していた。

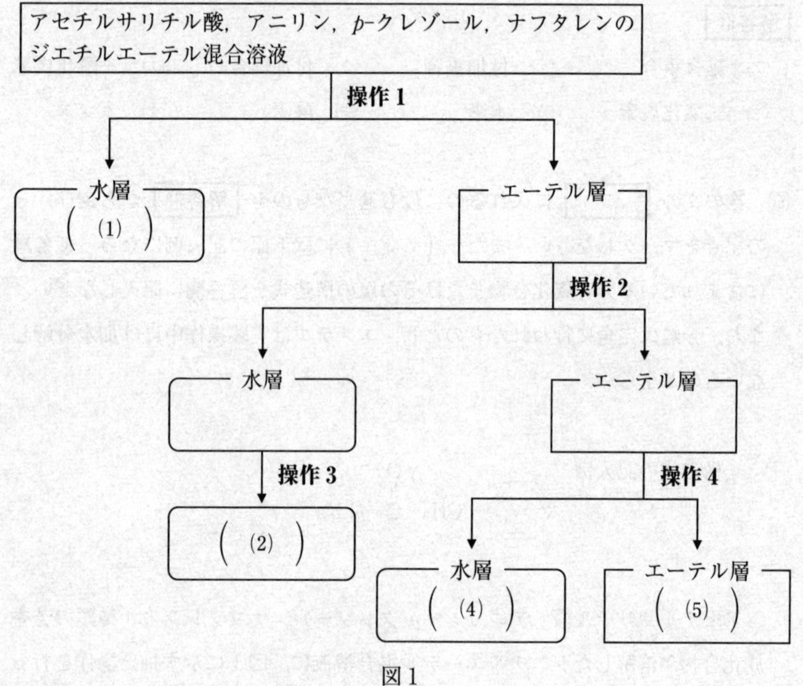


図1

解答群

(ア) 水酸化ナトリウム水溶液　　(イ) 塩酸

# 生物

(理科1科目選択方式：　75分)
(理科設問選択方式（2科目型）：2科目100分)

※『理科1科目選択方式』の場合は出願時に届け出た1科目を解答してください。『理科設問選択方式(2科目型)』の場合は出願時に届け出た2科目それぞれ〔Ⅰ〕～〔Ⅲ〕の3問合計6問のうちから4問を選択して解答してください。なお，5問以上解答した場合は，高得点の4問を合否判定に使用します。

〔Ⅰ〕 次の(A)および(B)に答えなさい。

(A) 次の文章を読み，下の問1～7に答えなさい。

20世紀の初頭，遺伝子の本体はDNAあるいはタンパク質のいずれかと推定されていた。当初は，化学構造がより複雑なタンパク質が遺伝子の本体であると考える研究者が多かった。

肺炎球菌(肺炎双球菌)には，細胞壁の外側に［(1)］をもち病原性のあるS型菌と，［(1)］をもたず病原性のないR型菌とがある。①1928年，グリフィスは，肺炎球菌のS型菌とR型菌を，図1に示すさまざまな条件でマウスに注射し，肺炎の発病，マウスの生死およびマウス体内の肺炎球菌の存在の有無について調べた。これら一連の実験から，細胞の外から入れた何らかの物質によって肺炎球菌の病原性が変化することが明らかとなり，この現象は［(2)］と呼ばれるようになった。

［(2)］を起こさせる物質を決定するために，②1944年，エイブリーらは，肺炎球菌のS型菌の抽出液を，図2に示すさまざまな条件で処理し，得られた溶液をそれぞれ肺炎球菌のR型菌の培養液に加えて培養した。これら一連の実験から，［(2)］を引き起こす物質は，タンパク質ではなくDNAであることが強く示唆された。

1952年，ハーシーとチェイスは，［　(2)　］を引き起こす物質がDNAであることを明らかにするため，$\underset{③}{\underline{T_2\text{ファージ}}}$を用いて実験を行った。$T_2$ファージは，図3に模式図で示したように頭部と尾部からなり，(　(3)　)と(　(4)　)の殻はタンパク質からできており，(　(4)　)にDNAがある。彼らは，(　(4)　)の$\underset{④}{\underline{\text{DNAとタンパク質を別々に標識}}}$し，どちらが$T_2$ファージの増殖に関係しているのかを調べた。その結果，$T_2$ファージが大腸菌に付着すると，$T_2$ファージの(　(3)　)と(　(4)　)の殻は大腸菌の細胞壁の外に残り，(　(4)　)のDNAだけが大腸菌内に注入されること，また，$T_2$ファージが感染した大腸菌の中では，$T_2$ファージのDNAだけでなく$T_2$ファージのタンパク質も合成され，多数の新しい$T_2$ファージが作られることもわかった。これらのことから，遺伝子の本体が$\underset{⑤}{\underline{\text{DNA}}}$であることが明らかとなった。

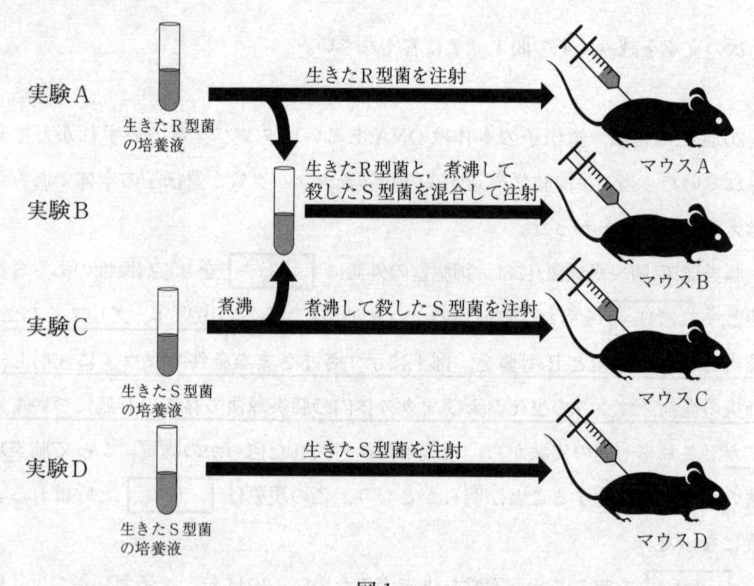


図1

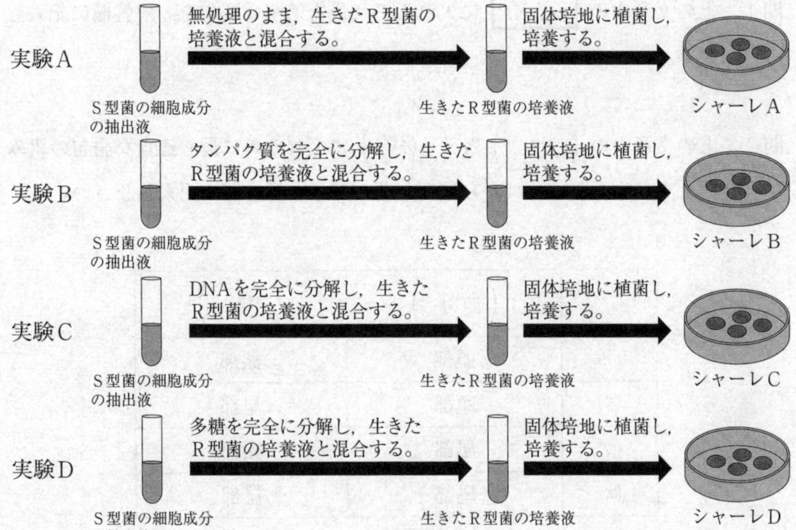
実験A
無処理のまま，生きたR型菌の培養液と混合する。
固体培地に植菌し，培養する。
S型菌の細胞成分の抽出液
生きたR型菌の培養液
シャーレA
実験B
タンパク質を完全に分解し，生きたR型菌の培養液と混合する。
固体培地に植菌し，培養する。
S型菌の細胞成分の抽出液
生きたR型菌の培養液
シャーレB
実験C
DNAを完全に分解し，生きたR型菌の培養液と混合する。
固体培地に植菌し，培養する。
S型菌の細胞成分の抽出液
生きたR型菌の培養液
シャーレC
実験D
多糖を完全に分解し，生きたR型菌の培養液と混合する。
固体培地に植菌し，培養する。
S型菌の細胞成分の抽出液
生きたR型菌の培養液
シャーレD

図2

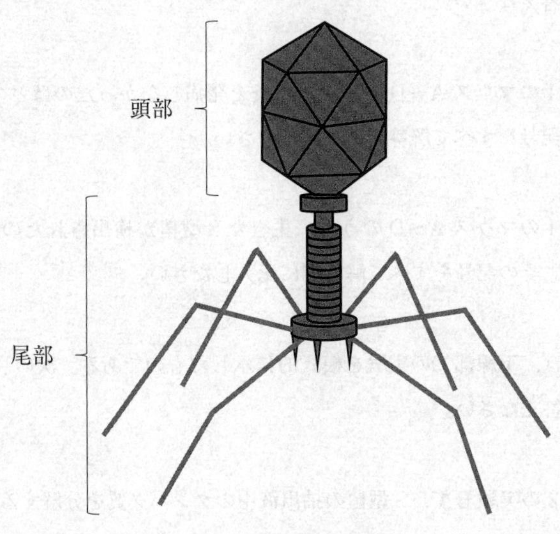
頭部
尾部

図3

問1．上の文章中の［　　］に入れるのに最も適当な語句を，解答欄に記入しなさい。

問2．上の文章中の（　(3)　）と（　(4)　）に入れるのに最も適当な語句の組み合わせを，次の(ア)～(エ)から選び，その記号を解答欄に記入しなさい。

| | （　(3)　） | （　(4)　） |
|---|---|---|
| (ア) | 頭部 | 頭部 |
| (イ) | 頭部 | 尾部 |
| (ウ) | 尾部 | 頭部 |
| (エ) | 尾部 | 尾部 |

問3．図1は，下線部①の実験を模式的に示したものである。次の(i)および(ii)の問に答えなさい。

(i)　図1のマウスA～Dのうち，肺炎を発病しなかったのはどのマウスか。その記号をすべて解答欄に記入しなさい。

(ii)　図1のマウスA～Dのうち，生きたS型菌が検出されたのはどのマウスか。その記号をすべて解答欄に記入しなさい。

問4．図2は，下線部②の実験を模式的に示したものである。次の(i)および(ii)の問に答えなさい。

(i)　図2の実験Bで，S型菌の抽出液中のタンパク質を分解するために，試験管に加える酵素として最も適当なものを次の(ア)～(オ)から選び，その記号を解答欄に記入しなさい。

(ア)　アミラーゼ　(イ)　セルラーゼ　(ウ)　トリプシン

(エ)　リパーゼ　(オ)　DNAポリメラーゼ

(ii)　図2のシャーレA〜Dのうち，S型菌のコロニーが出現したのはどのシャーレか。その記号をすべて解答欄に記入しなさい。

問5．下線部③に関して，$T_2$ファージとは異なり，DNAをもたないウイルスには，例えばコロナウイルスがある。コロナウイルス以外に，DNAをもたないウイルスにはどのようなものがあるか。その名称を一つ解答欄に記入しなさい。

問6．下線部④に関して，DNAに含まれていないがタンパク質に含まれている元素Xの放射性同位体と，DNAに含まれているがタンパク質に含まれていない元素Yの放射性同位体を用いることによって，DNAとタンパク質を別々に標識することができる。元素Xと元素Yの元素記号をそれぞれ一つ解答欄に記入しなさい。

問7．下線部⑤に関して，DNAに含まれる4種類の塩基の割合は生物によって異なるが，どの生物でもDNAに含まれる塩基の数の割合は，アデニン(A)とチミン(T)が等しく，グアニン(G)とシトシン(C)が等しいことが知られている。この規則性を何と呼ぶか。その名称を解答欄に記入しなさい。

(B)　次の文章を読み，下の問1〜6に答えなさい。

真核生物の体細胞分裂では，まず核の分裂が起こり，続いて［(1)］分裂が起こる。核分裂の開始から，［(1)］分裂の終了までの期間が分裂期，分裂期の終了から次の分裂期までの期間が間期である。分裂期は有糸分裂(Mitosis)の頭文字を使ってM期と呼ばれる。染色体は，M期には凝縮して太く短くなっており，①光学顕微鏡で観察できるが，間期には，染色体は細い糸状になって核内に広がっているため，光学顕微鏡では観察できない。間期は，M期の終了後から順に，②$G_1$期，S期，$G_2$期に分けられる。$G_1$期，S期，$G_2$期，M期の繰り返し周期を細胞周期と呼ぶ。M期は，順に③前期，中期，後期，終期の四つの連続した時期に分けられる。

細胞分裂は，卵や精子などの有性生殖のための細胞である [(2)] が作られるときにも行われる。 [(2)] が作られる過程での，染色体数を半減させる特別な分裂は，減数分裂と呼ばれる。④減数分裂は，第一分裂と第二分裂と呼ばれる2回の分裂からなる。これらの分裂過程にはそれぞれ，前期，中期，後期，終期の四つの連続した時期が見られる。第一分裂では，相同染色体どうしが平行に並んで対合し [(3)] が形成される。このとき，相同染色体間で互いの染色体がX字状に交わる部分ができ，この部分で染色体の一部が交換されることがある。この現象を [(4)] と呼び，染色体がX字状に交わっている部位を [(5)] という。このような，染色体の [(4)] により遺伝子の組合せが変わることを，遺伝子の組換えという。遺伝子の組換えは，連鎖している二つの遺伝子間の距離が長いほど起こりやすくなるので，二つの遺伝子間の⑤組換え価を求めることにより，遺伝子間の相対的な距離を調べることができる。

問1．上の文章中の [ ] に入れるのに最も適当な語句を，解答欄に記入しなさい。

問2．下線部①に関して，タマネギの根端の細胞などで，染色体を観察するために用いる染色液の名称を一つ，解答欄に記入しなさい。

問3．下線部②に関して，$G_1$期および$G_2$期の別の名称をそれぞれ解答欄に記入しなさい。

問4．下線部③に関して，体細胞分裂の前期，中期，後期および終期の説明として適当なものを，それぞれ次の(ア)～(オ)からすべて選び，その記号を解答欄に記入しなさい。

(ア)　染色体が分かれて両極に移動する。

(イ)　染色体が赤道面に配列する。

(ウ)　核膜が形成される。

(エ)　この時期の終わりに核膜が崩壊する。

(オ)　植物細胞では細胞板が形成される。

問5．下線部④に関して，図4に示したグラフは，ある植物の体細胞分裂時の細胞当たりのDNA量(相対値)の変化を表したものである。同じ植物の減数分裂時のDNA量(相対値)の変化はどのようになるか。解答欄に図4にならって実線を記入し，グラフを完成させなさい。ただし，減数第二分裂終了後のDNA量は変化しないものとする。

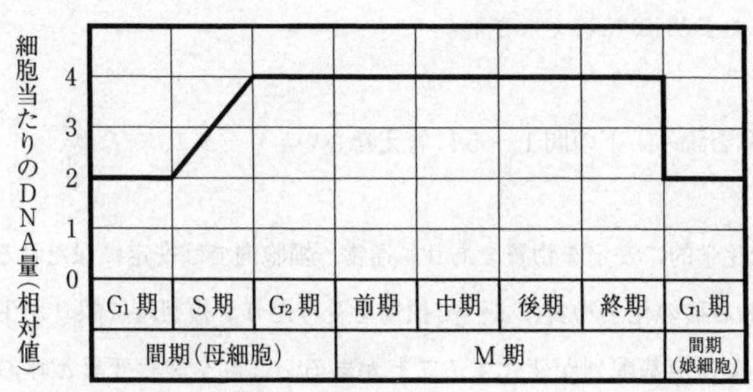


図4

〔解答欄〕

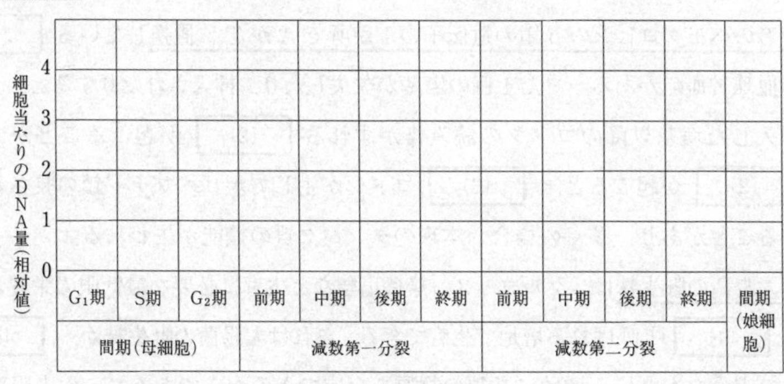

問 6．下線部⑤について，ある 2 倍体植物の同じ染色体上にある二つの遺伝子には，それぞれ $A$ と $a$，$B$ と $b$ の対立遺伝子がある。遺伝子型 $AABB$ の個体と遺伝子型 $aabb$ の個体を交配し，得られた $F_1$ 個体に，さらに遺伝子型 $aabb$ の個体を交配したところ，得られた $F_2$ 個体の遺伝子型と個体数は表 1 のようになった。$A$ と $B$ の遺伝子間の組換え価(%)を計算し，必要ならその数値を四捨五入して小数第 1 位まで求め，解答欄に記入しなさい。

表 1

| 遺伝子型 | $AaBb$ | $Aabb$ | $aaBb$ | $aabb$ |
|---|---|---|---|---|
| 個体数 | 455 | 65 | 65 | 455 |

〔Ⅱ〕 次の(A)および(B)に答えなさい。

(A)　次の文章を読み，下の問 1 ～ 5 に答えなさい。

DNA は化学的に安定な物質であり，通常，細胞内では安定に保たれる。しかし，放射線やある種の化学物質によって損傷を受けたり，複製時に誤りが生じたりすると，DNA の塩基配列が変化することがある。これを突然変異と呼ぶ。突然変異は形質にさまざまな影響を及ぼす。塩基配列において，一部の塩基が元の塩基とは異なる塩基に入れ換わることを置換という。置換による形質変化の例として，①患者のヘモグロビンの β 鎖の遺伝子の 1 か所で A が T に置換している　(1)　赤血球貧血症がある。また 1 個の塩基が欠失したり，挿入されたりすると，欠失・挿入した塩基以降のコドンの読み枠がずれる　(2)　が起こることがある。　(2)　が起こると，　(3)　コドンが生じてポリペプチド鎖の長さが短くなることがあり，多くの場合，本来のタンパク質の機能が失われる。

②大腸菌の野生株は，グルコース，無機塩類など生育に必要な最低限の栄養素を含む　(4)　と呼ばれる培地で生育できる。これは大腸菌の野生株が，　(4)　中の成分をもとに，増殖に必須の物質を合成できるからである。この大腸菌の野生株に紫外線を照射すると，遺伝子に突然変異が生じて，ある栄養素を合成でき

なくなり，[ (4) ]では増殖できず，何らかの栄養素を添加した培地でしか生育できない系統が生じることがある。

そこで，メチオニンというアミノ酸の合成能に着目し，[ (4) ]にメチオニンを加えないと生育できない大腸菌を50株分離した。これらの50株について詳しく調べたところ，これらの菌株は<u>3つのグループ</u>③に分けられることがわかった。すなわち，

グループA：[ (4) ]にメチオニンを加える代わりに，シスタチオニンを加えても生育しないが，ホモシステインを加えると生育する菌株

グループB：[ (4) ]にメチオニンを加える代わりに，ホモシステインまたはシスタチオニンのいずれを加えても生育しない菌株

グループC：[ (4) ]にメチオニンを加える代わりに，ホモシステインまたはシスタチオニンを加えると生育する菌株

である。

問1．上の文章中の[　　]に入れるのに最も適当な語句を，解答欄に記入しなさい。

問2．下線部①に関して，多くの生物集団では，同じ種であってもゲノム上の同じ位置の塩基が個体によって異なることがある。これを何と呼ぶか。その名称を解答欄に記入しなさい。

問3．下線部②に関して，大腸菌の野生株のゲノムは460万塩基対からなる。DNAの20塩基対の長さを$6.8 \times 10^{-6}$ mmとすると，大腸菌の野生株のゲノムの全長は何mmか。計算し，有効数字二桁で解答欄に記入しなさい。

問4．下線部③に関して，図5は，大腸菌のメチオニン合成経路を模式的に示したものである。次の(i)および(ii)の問に答えなさい。

(i)　図5の(　　)に入れるのに最も適当なアミノ酸の名称を解答欄に記入しなさい。

(ii)　グループA〜Cの菌株では，図5の酵素X，酵素Y，酵素Zのどの酵素をコードする遺伝子(遺伝子x，遺伝子y，遺伝子z)に変化が生じたと考えられるか。その遺伝子の名称をそれぞれ解答欄に記入しなさい。

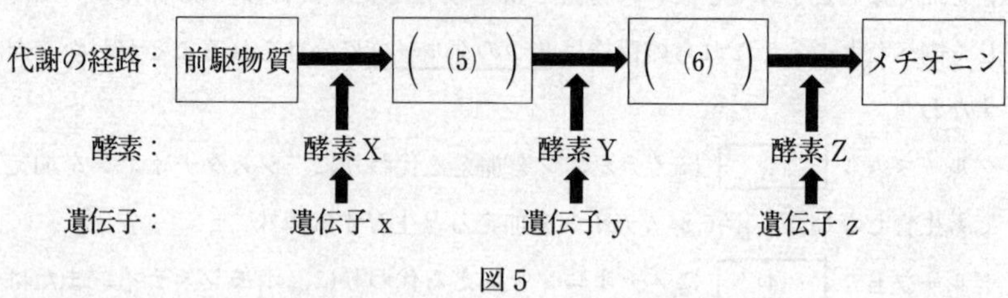


図5

問5．1945年，ビードルとテータムは，ある微生物のアルギニン合成経路における遺伝子と酵素の対応に関する一連の実験に基づいて，『生体内の個々の化学反応にそれぞれ対応する酵素があり，遺伝子はその酵素の生成を支配する』という仮説を提唱した。次の(i)および(ii)の問に答えなさい。

(i)　この一連の実験にビードルとテータムが用いた微生物の名称を解答欄に記入しなさい。

(ii)　この仮説の名称を解答欄に記入しなさい。

(B)　次の文章を読み，下の問1〜4に答えなさい。

一定空間に生息する同じ生物種の個体の集まりを個体群と呼び，空間あたりの個体数を個体群密度という。個体群密度の変化は，個体の発育・形態・行動・生理などに影響を及ぼす。このような個体群密度が個体に及ぼす影響は［(1)］と呼ばれる。

生息可能な環境に移された生物種は，一定時間経過後に個体数が急激に増加する。しかし，個体群密度が高くなると，同じ生物種の中で食物などを取り合う［(2)］が起こり，さらに天敵の出現・増加なども加わって生活環境は悪化する。このため，個体数は，増加速度が小さくなり，やがて飽和する。この飽和した時の個体数を [ (3) ] という。

地中海周辺が原産地であるモンシロチョウは，ヒトの移動に伴って世界中に分布を拡大した。モンシロチョウのように，全世界的に分布できる生物種は大きな環境適応力を持っており，新たに侵入した土地において個体数が急激に増加するまでの時間は ( (4) ) なると考えられる。

学名が<u>*Locusta migratoria*</u>①であるトノサマバッタは，幼虫期の個体群密度によって体色や形態が変化する。これを [ (5) ] といい，密度の高い環境で生じる形態を [ (6) ]，低い環境で生じる形態を [ (7) ] という。[ (6) ] においては [ (7) ] に比較して，体長に対する翅(はね)の長さの比は ( (8) )，体長に対する後肢(あし)の長さの比は ( (9) ) なる。

捕獲した一定数の個体に印をつけてもとの個体群に戻し，一定時間後に再び一定数の個体を捕獲することで個体群の全個体数を推定することができる。この方法は [ (10) ] といい，印をつけた個体がもとの個体群に均等に分布することが必要である。今，ある池で網を使ってフナを120個体捕獲し，印をつけて放流した。7日後に再度フナを100個体捕獲したところ，20個体に印が認められた。印の有無がフナの捕獲に影響を与えないと仮定した場合，この池に生息するフナの全個体数は { (11) } 個体と推定できる。

問1．上の文章中の [ ] に入れるのに最も適当な語句を，解答欄に記入しなさい。

問2．上の文章中の ( ) に入れるのに最も適当なものを，次の(ア)～(エ)から選び，その記号を解答欄に記入しなさい。

(ア) 大きく　(イ) 小さく　(ウ) 長く　(エ) 短く

問3．上の文章中の { (11) } に入れるのに最も適当な整数値を，解答欄に記入しなさい。

問４．下線部①のトノサマバッタの学名 *Locusta migratoria* に関して，次の（i）～（v）の問に答えなさい。

（i）このような学名の表記法の名称を，解答欄に記入しなさい。

（ii）このような学名の表記法を確立した人物の名を，解答欄に記入しなさい。

（iii）*Locusta* が示す分類学上の階級を，解答欄に記入しなさい。

（iv）*migratoria* が示す分類学上の階級を，解答欄に記入しなさい。

（v）「トノサマバッタ」のような日本語の生物名を学名に対して何というか，解答欄に記入しなさい。

〔Ⅲ〕次の（A）および（B）に答えなさい。

（A）次の文章を読み，下の問１～７に答えなさい。

タンパク質はアミノ酸が連結されたポリペプチドである。リボソームにおいて合成されたポリペプチドは，一部が折りたたまれて，［ (1) ］と呼ばれるらせん状の二次構造をとったり，二本のポリペプチドが並行に並んだ［ (2) ］と呼ばれるジグザグ状の二次構造をとる。これらの構造は主鎖の共有結合に加えて，側鎖の間に形成される［ (3) ］結合とよばれる非共有結合によって維持されている。タンパク質は正しく折りたたまれないと機能しないが，正しい折りたたみを助けるタンパク質も知られており，このようなタンパク質を総称して［ (4) ］という。

タンパク質の中には，様々な生体分子の合成や分解を担う酵素がある。酵素には，その基質が結合する活性部位とは別に，特定の分子が結合する調節部位をもつものがあり，その分子が結合すると，酵素の構造が変化して酵素活性が変化する。このような酵素を [ (5) ] 酵素という。酸化・還元反応を担う酵素のうち，脱水素酵素は基質から水素を奪うが，奪った水素は$NAD^+$①などの補酵素が受け取る。

ところで，②グルコースオキシダーゼはグルコースを酸化する酵素であり，グルコース，酸素分子，水，それぞれ1分子を基質として，グルコン酸と過酸化水素を生産する。ある試薬Aは過酸化水素によって酸化されると赤く発色する。この試薬Aと上述のグルコースオキシダーゼの反応を組み合わせると，グルコースの濃度を測定することができる。グルコースを含む試料溶液にグルコースオキシダーゼと試薬Aを加え，十分な時間，③適切な条件で反応させれば，反応液の赤い色は，試料中のグルコースの濃度に比例して濃くなる。溶液の色の濃さは吸光度として測定することができる。

グルコースオキシダーゼを用いて試料溶液のグルコース濃度を測定するため，以下の実験を行った。

【実験Ⅰ】

2g/Lのグルコース溶液を試料溶液として，表2のように4種類の溶液を混合し，温度を37℃で反応させた。反応開始から経時的に混合液の吸光度を測定したところ，吸光度は図6のように変化した。

【実験Ⅱ】

0，1，2，3，4g/Lの5通りの濃度のグルコース溶液を調製し，これを試料溶液とした。それぞれを表2のように混合し，37℃で50分反応させたところ，それぞれの溶液の吸光度は0.02，0.18，0.34，0.50，0.66となった。

【実験Ⅲ】

グルコース濃度が不明な溶液Bがある。1mLの溶液Bに3mLの水を加えてよく混合したものを試料溶液とした。以下，実験Ⅱと同様に反応させたところ，吸光度は0.42になった。

表 2

| | |
|---|---|
| 試料溶液 | 1 mL |
| グルコースオキシダーゼの溶液 | 1 mL |
| 試薬 A の溶液 | 1 mL |
| pH 7.0 の緩衝液 | 7 mL |
| 計 | 10 mL |

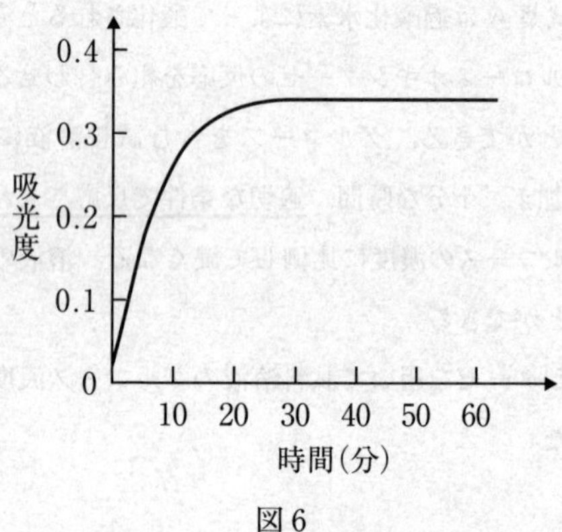


図 6

問 1．上の文章中の ☐ に入れるのに最も適当な語句を，解答欄に記入しなさい。

問 2．下線部①に関して，$NAD^+$ はある化合物の略号である。その化合物の名称を略さずにカタカナで解答欄に記入しなさい。

問 3．下線部②の記述を参考にして，グルコースオキシダーゼが触媒する反応の反応式を，例にならって解答欄に記入しなさい。

例　$C_2H_6O + 3O_2 \longrightarrow 2CO_2 + 3H_2O$

問 4．下線部③に関して，一般の酵素反応において，効率よく反応を進めるためには，どのような条件を適切に保つ必要があるか。実験Ⅰから Ⅲ の記述(図表を含む)から読み取れる条件を二つ，解答欄に記入しなさい。

問5．実験Ⅲの溶液Bのグルコース濃度を計算し，その数値を解答欄に記入しなさい。

問6．実験Ⅲの溶液Bに，もし過酸化水素が含まれていると，グルコースの濃度を正しく測定することができない。しかし，ある酵素を加えて，試料溶液に含まれる過酸化水素を，あらかじめ水と酸素に分解しておけば，この方法でグルコースの濃度を測定することができる。この酵素の名称を解答欄に記入しなさい。なお，この際に添加する酵素は適切な方法で失活させてからグルコースの濃度を測定するものとする。

問7．図7の曲線(ア)は実験Ⅰの吸光度の経時変化を再び示したものである。実験Ⅰに用いるグルコースオキシダーゼの濃度を2倍にして同じ実験をした時，予想される吸光度の経時変化として最も適当なものを，図7の(ア)～(エ)から選び，その記号を解答欄に記入しなさい。

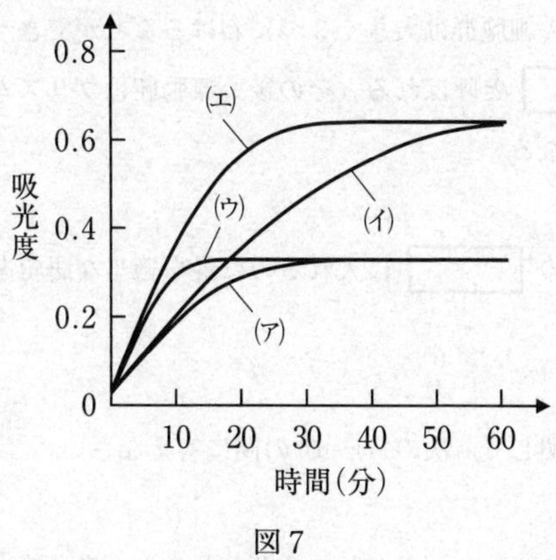


図7

(B)　次の文章を読み，下の問1～3に答えなさい。

ウニ[①]の受精過程では，まず減数分裂が完了した卵に精子が進入する。精子が卵表面を覆う　(1)　に触れると，精子頭部が破れてタンパク質分解酵素などを含む内容物が［(1)］に放出される。次に精子頭部にあるアクチンが集まって繊維状になり，精子頭部の細胞膜を押し伸ばして［(2)］を形成する。そして［(2)］に導かれて精子の頭部が卵内に入ると，最初に精子が進入した場所から，卵黄膜が細胞膜から離れはじめ，受精膜になる。受精膜が形成されると他の精子が受精できなくなる。進入した精子の頭部からは，中心体を伴う［(3)］が放出される。この中心体から放射状にチューブリンというタンパク質からなる［(4)］が伸び，精子星状体が形成される。やがて，［(3)］は卵の核と融合し，受精が完了する。

受精が終わると体細胞分裂が始まる。ウニの受精卵は，8細胞期までの卵割は等割であるが，16細胞期に移行する4回目の卵割は不等割である。16細胞期では動物極側から順に中割球，大割球，小割球の区別が生じる。その後，桑実胚期を経て，胞胚期に入り，胚の表面に繊毛が生じ，ふ化する。胞胚後期になると，小割球由来の細胞群が胞胚腔内に遊離する。この細胞群は［(5)］と呼ばれ，後に骨片になる。原腸胚中期になると，原腸の先端付近から細胞が胞胚腔内に遊離して別の細胞群ができる。この細胞群は［(6)］と呼ばれ，後に筋細胞などになる。この時期の細胞群は大きく3つにわけることができ，原腸の壁を構成する細胞群は［(7)］と呼ばれる。その後，原腸胚はプリズム幼生，プルテウス幼生を経て成体になる。

問1．上の文章中の［　　］に入れるのに最も適当な語句を，解答欄に記入しなさい。

問2．下線部①に関して，次の(i)〜(iii)の問に答えなさい。

(i)　ウニは次の(ア)〜(コ)のどれに分類されるか。最も適当な記号を，解答欄に記入しなさい。

(ア)　線形動物　　(イ)　節足動物　　(ウ)　扁形動物　　(エ)　軟体動物
(オ)　環形動物　　(カ)　棘皮動物　　(キ)　原索動物　　(ク)　脊椎動物
(ケ)　海綿動物　　(コ)　刺胞動物

(ii)　図8はウニの卵における受精前後の膜電位変化を示したものである。受精膜の形成が完了した時点として最も適当なものを，図8の(ア)～(エ)から選び，その記号を解答欄に記入しなさい。

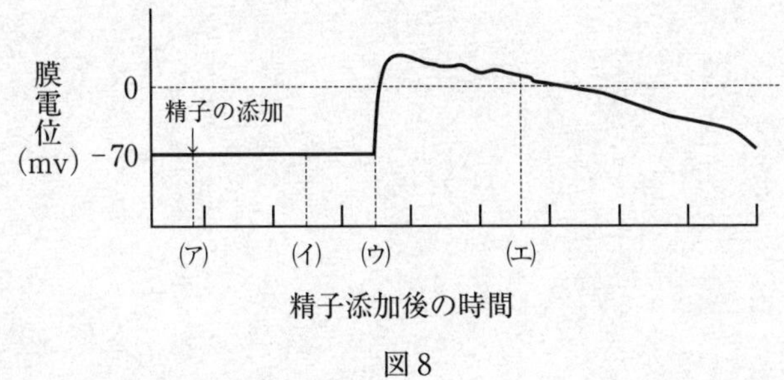


図8

(iii)　接眼レンズと対物レンズを使った顕微鏡で，ウニの受精卵の直径を測定した。その結果，接眼ミクロメーターと対物ミクロメーターの目盛は図9(A)に示したようになった。ただし，対物ミクロメーターの1目盛りの長さは1mmを100等分したものである。図9(B)の受精卵の直径(mm)を計算し，必要ならその数値を四捨五入して小数点第2位まで求め，解答欄に記入しなさい。

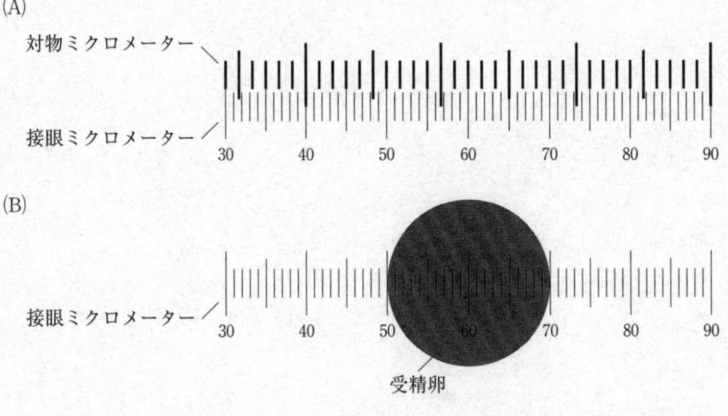


図9

問 3．ウニの受精卵と胚は古くから発生の研究に用いられてきている。実験材料として入手しやすいこと以外に，ウニの受精卵と胚が観察に適している理由を 25 字以内(句読点を含む)で述べなさい。

# 解答編

## 英語

## I

**解答**　A. (1)－C　(2)－A　(3)－A　(4)－B　(5)－D
B. (1)－E　(2)－Z　(3)－B　(4)－F　(5)－D　(6)－C



◆全　訳◆

A. ≪東京観光のためのホテル探し≫

マットは東京のホテルの部屋を予約しようとしており，友人のショウタに手助けを求めている。

マット　：やぁ，ショウタ，ちょっと聞きたいことがあるんだけど。

ショウタ：いいよ。どうしたの？

マット　：次の週末に東京に短期の観光に出かけようと思っているんだけど，ホテルの部屋が空いていないみたいなんだ。

ショウタ：今度の週末？　少し遅いかもしれないよ。8月はみんな旅行に行くから，前もって計画を立てないとダメなんだ。

マット　：一週間以上前に計画しないといけないなんて考えもしなかった。ホテルは空いていると思ってたんだ。ほら，東京はとても広いでしょ！

ショウタ：うん，でも混雑する時期は，東京でもホテルの部屋を見つけるのが大変なこともあるんだよ。

マット　：ええっと，泊まるのに快適な場所じゃなくていいんだ。安ければそれでいいんだけど。

ショウタ：カプセルホテルはチェックしてみた？

マット　：カプセルホテルって何？

ショウタ：共有スペースにある小さな寝部屋の一つを提供してくれるタイプのホテルだよ。カプセルは棺のような感じだけど，もう少し広いかな。

マット　：なんかいいね。調べてみるよ。シャワーはあるの？

ショウタ：あると思うよ。僕は行ったことがないけど，誰でも使えるお風呂とシャワーがあるはず。

マット　：わかった。探してみるよ。渋谷や新宿のような有名な場所に行きたいんだ。そこにもあると思う？

ショウタ：あると思うよ。実際，そういう人が多い場所の方が見つけやすいはずだから。幸運を祈るよ！

**B**．≪人間の赤ちゃんの脆弱さ≫

人間の赤ちゃんは魅惑的だが，信じられないほど脆弱で小さな生き物である。他の動物と違い，人間の赤ちゃんは発育期間が極端に長く，人生で20年近く経過するまで，精神的にも肉体的にも成熟しない。それどころか，生まれたとき，赤ちゃんはほぼ完全に無力で，通常は親であるが，世話をしてくれる人に頼らなければならない。

この状態は，赤ちゃんが自分で動き始められるようになるまで，かなりの長期間にわたって続く。例えば，生まれてから最初の数カ月間，赤ちゃんは寝返りを打つことができず，有益な方法で移動することもほとんどできない。

この移動の制限が，生まれてすぐに立ち上がって歩くことができる一部の動物たちと大きく異なる。また，生まれてから3カ月ほど経過するまで，赤ちゃんの首は非常に弱く，自分の頭を長時間支えることができない。

さらに，赤ちゃんの背中は直立姿勢を支えるほどの強さがないので，通常，乳幼児期の間は最も安全な仰向けの状態でいる。

そのうち，赤ちゃんは背筋を伸ばして座り，やわらかい食べ物を食べることができるようになる。しかし，なぜ赤ちゃんは比較的弱く，無力なのだろう？

ある説によると，人間の脳は非常に複雑なので，発達するにははるかに多くの時間がかかるのだという。これは他の幼い動物と比べ，人間の赤ちゃんにははるかに多くの配慮と世話が必要だということを意味するが，彼らも最終的には，複雑な推論やコミュニケーションのような，脳と関連する高度な能力をもつ大人へと成長するのである。

◀解　説▶

**A**．(1)ショウタがマットからある相談を持ちかけられた場面なので，C.「どうしたの？」が正解。

⑵週末に東京に観光に行こうと思っているが，ホテルが空いていないというマットの相談に対するショウタの発言。空所直後で8月はみんな旅行に行くので，前もって計画を立てる必要があると言っているので，A.「少し遅いかもしれない」が適切。

⑶マットがショウタからカプセルホテルを提案された場面。直後でショウタはカプセルホテルについて説明しているので，A.「カプセルホテルとは何ですか？」が正解。

⑷宿泊先にカプセルホテルを提案されたマットは，それがよさそうだと興味を示しているので，B.「それを調べてみます」のみ文脈が合う。

⑸ショウタがマットから渋谷や新宿にカプセルホテルがあるかと尋ねられた場面。空所直後で人が多い場所の方が見つけやすいと発言しているので，D.「そう思います」が正解。

**B**．Aの最終文（In fact, from …）では，人間の赤ちゃんは生まれたとき，ほとんど無力で世話をしてくれる人に頼らなければならないとあり，Eの第1文（This situation continues …）のThis situationがその状況を指していることがわかる。また，Eの第2文（For example, during …）では，赤ちゃんが生まれてから数カ月間，自分で移動することができないとあるが，Dの第1文（This limitation in …）のThis limitation in mobility「この移動の制限」が，その移動できないということを指している。Dの第2文（Also, until about …）では赤ちゃんの首の弱さについて言及し，Fでも追加情報を示すディスコースマーカーのFurthermoreに導かれ，赤ちゃんの背中の弱さに関する説明が続いているので，Dの後にFが続く。Cはやがて赤ちゃんも背筋を伸ばして座れるようになるとあるが，第2文（But why are …）では，なぜ赤ちゃんがこれほど脆弱なのかという問題提起がなされており，それに対する一つの説がBで述べられている。以上の点からA→E→D→F→C→Bの順となる。

**II**　**解答**　**A**．⑴－D　⑵－D　⑶－A　⑷－A　⑸－C　⑹－D　⑺－B　⑻－D　⑼－A　⑽－B　⑾－A　⑿－C　⒀－C　⒁－B　⒂－B

**B**．⑴－C　⑵－A　⑶－A　⑷－C　⑸－B　⑹－B　⑺－C

## ◆全　訳◆

≪ビネガー・バレンタインカード≫

ビクトリア朝時代から 20 世紀にかけ，恋人たちはバレンタインデーにレースの飾りが付いた手の込んだカードを交換し，心情や詩を添えて永遠の愛と献身を表現した。仲が悪い，または敵や不快な求愛者と距離を置きたい人たちにとっては，「ビネガー・バレンタインカード」が痛烈な選択肢を与えてくれるものだった。あるメッセージカードには次の通り書かれている。

あなたへ
私はあなたを騙しているので，私から離れた方がいいわ。
なぜなら，私は別の人を愛しているの――あなたに私を振り向かせることは決してできないのよ。

別のカードには，疑うことを知らない男性にバケツの水を浴びせかける女性が描かれている。それは「冷淡なもてなし」と警告し，その「年老いた男」に「去るのが一番である」と伝えている。

バレンタインデーの起源は古代ローマ時代に遡ることができるが，ビクトリア朝時代の人々が，この日に恋愛に関するやりとりを始めた。郵便配達員が 2 月 14 日までの熱狂の期間中，配達を続けるための特別な食事手当をもらうほどバレンタインデーは普及した。ある推定によると，送られた大量のメッセージカードのうち，半分近くはビネガーの類だったという。

ビネガー・バレンタインカードに関する研究論文を発表した美術史研究家のアナベラ＝ポランは「現在，21 世紀の骨董商や収集家たちに『ビネガー』・バレンタインカードとして知られているものは，1830 年代から 1840 年代に起源があるようです」と述べている。「これは，安価な印刷，装飾的な製紙，絵を複写する技術，先進的な郵便制度の発達といった様々な技術的な進歩の発展に支えられ，バレンタインカードが一般的なコミュニケーション形態として普及した時期と一致しています」

こうした無礼なメッセージカードは，ビネガー・バレンタインカードと呼ばれる前には嘲りのバレンタインカード，あるいは滑稽なバレンタインカードとして知られていた。その内容は軽い一撃から完全に攻撃的なものにまで及ぶ。誰かに嫌われているかもしれない人――煩わしい販売員から弱い者いじめをする雇用主まで――一人ひとりに対してほぼ必ず，侮辱的なメッセージカードがあった。一部のメッセージカードは特定の専門職業を嘲笑していたが，嘘つき，詐欺師，浮気者，アルコール依存症の人にもカードが送られることがあった。その異様な絵は一般的な固定観念を誇張し，受け取る者の外見，結婚相手がいないこと，あるいは性格の特徴を侮辱するものだった。

「メッセージカードには精神的な欠点を指摘するものが多くありました。一部のケースでは，そうしたカードによって振る舞いが変わってほしいという思いがあったのかもしれませんが，多くの場合，その目的は単に相手を批判すること，それどころか傷つけることでした」とポランは言う。

イギリスとアメリカの両国では，19世紀半ばまでに大規模なバレンタインカードの生産システムが整っていた。侮辱的なバレンタインカードは伝統的なバレンタインカードから発展し，生産業者のさらなる収入源となった。ビネガーカードは一枚の紙に印刷して折りたたみ，少量のロウで封をするだけなので生産費用が安かった。そうは言っても，19世紀に大量生産されたカードの多くには，その制作過程で精巧な手作業が施されていた，と歴史家のサマンサ＝ブラッドビアーは付け加えている。

アメリカでバレンタインカードを交換するという慣習は南北戦争（1861～65年）の後になるまで広まることはなかったが，ヨーロッパにおけるバレンタインカードの熱狂は，数年前の郵政改革と同じ時期に実際に始まっていた。1840年1月10日，イングランドの人なら誰でもわずか1ペニーで郵送することができるイギリスのペニー郵便制度が始まった。1年後には，大衆は50万通近くのバレンタインカードを送っていた。1871年には，ロンドンの郵便局は120万通のバレンタインカードを運んでいた。カードの数はもっと多かったかもしれないが，配達するにはあまりにも下品だと郵便局が判断し，ビネガー・バレンタインカードを没収することもあった。

ビネガーカードの不快さにかき乱されていたのは郵便局員たちだけではない。「回顧録や新聞には，拳での殴り合いや訴訟，自殺や殺人未遂が生じたことを示す当時の記述があります」とポランは言う。ロンドンのポールモールガゼット紙には，妻が去り，彼女からのビネガー・バレンタインカードが届いた後，彼女を撃った夫に関する1885年の話が掲載されている。

侮辱的なバレンタインカードのことが感傷的なバレンタインカードほど知られていない理由の一つに，そうしたカードがほとんど残っていない点が挙げられる。「カードを受け取った人が羞恥心からカードを破って燃やしてしまったことを示す自叙伝の説明があります。今でも手に入るカードは，印刷業者や文房具商人の所蔵品の中に見つかった未送付のカードなのです」とポランは説明している。

ビネガー・バレンタインカードは匿名で郵送されていたので，カードの送付者の大半は相手からの反発に直面することがほとんどなかった。さらに悪いことに，送付者は郵送料を払うことさえなかったのである。「ビネガー・バレンタインカードは本当に酷い言葉が書かれていただけでなく，COD（着払い）で送られ，それを読むには受け取り人が1ペニー払う必要があったのです」とブラッドビアーは言う。

一部の行き過ぎた反応や，新聞にたびたび掲載される苦情の手紙の結果として，ビネガー・バレンタインカードは人気を失い始めた。「強欲に利益を追求しているとカード製造業者を非難する人もいれば，最近になって読み書きができるようになり，そうした安物を利用できる大衆の嗜好を批判する人たちもいました」

人気の理由が商業化であれ，階級であれ，この祝日を浄化してほしいという強い要望が19世紀後半に広まったとポランは述べている。今日では，バレンタインカードがあのような卑劣なメッセージを伝えることはほとんどない。しかし，現代にも残酷な匿名の侮辱的発言を伝えるための（ビネガー・バレンタインカードに匹敵する）ものが存在するとポランは主張する。ソーシャルメディアでの投稿である。

## ◀解　説▶

**A.** (1)空所を含む部分は直前の the craziness「熱狂」を修飾する形容詞句。直後の up to February 14th という表現に着目し，現在分詞の leading を選べば「2月14日までの熱狂の期間中」となり文意が合う。lead up to～「(期間が）～に先立つ，～に至る」 approach は他動詞であり，単独で「～に近づく」となるので不可。

(2)空所後方の such as 以下では，印刷が安くできるようになったことなど技術的な進歩の具体例が列挙されているので，Dが正解。

(3)空所を含む文の時制が過去形となっているので，時制の一致で might

が正解。

⑷相手を侮辱するカードに描かれた絵について言及している部分なので，受け取る人の外見を侮辱するという内容になるAが正解。physical appearance「外見」

⑸空所直後の place に着目し，in place「準備が整って，適して」とすればよい。

⑹空所を含む部分は，ビネガー・バレンタインカードの作り方について説明した部分で「一枚の紙に印刷して折りたたみ，少量のロウでカードを…することによって」という意味。選択肢の中ではD.「～に封をする」が最も適切。

⑺空所直後に allowed という動詞が続き，直前の Britain's Uniform Penny Post「ペニー郵便制度」という固有名詞を説明する非制限用法となっているので，主格の関係代名詞 which が正解。

⑻空所を含む文では，郵便局がビネガー・バレンタインカードを没収することもあったという内容が述べられている。空所を含む分詞構文はその理由を説明した部分なので，配達するにはカードがあまりにも下品だったという内容にすれば文意が合う。vulgar「下品な」 confiscate「～を没収する」

⑼空所に入る単語は fist fights and court cases「拳での殴り合いや訴訟」および suicide and an attempt at murder「自殺や殺人未遂」という主語に対する動詞なので，自動詞のA.「生じた，起こった」を選べば文意が通じ，文法的にも適切。

⑽空所を含む文は，侮辱的なバレンタインカードがあまり知られていない理由を説明した部分。空所直前の主語が very few「ごくわずか」となっており，空所直後の文では受け取ったカードを破って燃やした人の例が挙げられているので，そうした侮辱的なカードがごくわずかしか残っていないという文脈にすればよい。

⑾空所を含む文の主節では，ビネガー・バレンタインカードの送付者は郵送料を払っていなかったとあるので，What made matters worse「さらに悪いことに」とすれば文意が合う。

⑿空所直前でビネガー・バレンタインカードは COD「着払い」で送られたとあるので，受け取り人が料金を払うという文脈にする。空所直後が

the recipient one penny to readとなっているので，cost *A B* to *do*「～するのに*A*に*B*がかかる」とすればよい。

(13)空所を含む部分では，ビネガー・バレンタインカードの人気がなくなり始めた理由を挙げているので，たびたび送られる苦情の手紙という意味になるCのみ文脈が合う。

(14)空所を含む文は「この祝日を浄化してほしいという強い願望が19世紀後半に…した」という意味。バレンタインデーをクリーンな日にしようという願望が広まったとすれば文意が合う。

(15)空所直前のconvey「～を伝える」は他動詞なので，前置詞句が続くA，C，Dは不可。mean「卑劣な，意地悪な」

**B**．(1)「あるカードには…するために男性に水をかける女性が描かれている」 ビネガー・バレンタインカードは，仲の悪い相手や不快な求愛者にメッセージを送るカード。第2段第1・2文（Another depicts a…）では男性に水を浴びせかける女性が描かれたカードについて言及し，その絵には男性は去ったほうがよいという意味があることを説明しているので，C．「自分の気持ちを男性に明らかにする」が正解。

A．「男性に違う場所に移動してほしいと頼む」 第2文のgo away「去る」は，ここでは物理的な移動ではなく人間関係において距離を取ることを言っている。

B．「入浴が必要なので男性を洗う」

(2)第4段第1文（“What are now…）で，ビネガー・バレンタインカードは1830年代から1840年代に起源があると述べられているので，A．「200年足らず前に」が正解。B．「古代ローマ時代に」 C．「21世紀ビクトリア朝時代に」

(3)「全てではないが，一部のカードは…するために精神的な欠点を指摘していた」 第6段（“The cards often…）のポランの発言では，精神的な欠点を指摘するカードもあり，それによって相手の振る舞いが変わってほしいという思いがあったのかもしれない，と述べられている。したがって，A．「誰かの欠点を直す手助けをする」が正解。B．「誰かにもっと気ままに振る舞うよう説得する」 C．「誰かにロマンチックに振る舞わせる」

(4)第9段第2文（“There are contemporary…）では，回顧録や新聞にはカードが原因で殴り合いが起こったという記述が残っている，と述べられているので，C.「暴力行為に関与する」が正解。A.「その国から出て行く」　B.「パートナーと和解する」

⑸「ビネガー・バレンタインカードが次第に批判されるようになった理由の一つは…のためである」　第12段第2文（“Some blamed the …）後半で，最近になって読み書きができるようになり，ビネガー・バレンタインカードを利用するようになった大衆の嗜好を批判する人たちもいたとある。したがって，B.「最近になって字が読めるようになった人たちがそれを好んだこと」が正解。fondness「好むこと」　taste「嗜好」　A.「カードが安値で公然と入手できる人気の場所」　C.「祝日を浄化しようとする強欲な製造業者のやり方」

⑹最終段最終文（But Pollen argues …）で，ビネガー・バレンタインカードに匹敵するものとして現代のソーシャルメディアでの投稿が挙げられている。したがって，B.「ネット上でコメントすることによって他人を攻撃する方法」が正解。A.「アメリカとイギリスの子供たちがカードを交換する慣習」　C.「人々を笑わせるためにお笑い芸人がお互いを侮辱する風潮」

⑺本文全体を通して，相手を侮辱するビネガー・バレンタインカードについて説明されている。現代のバレンタインカードとは異なる風習について論じた内容なので，C.「バレンタインカードは必ずしも現在のようなものではなかった」が最も適切。

A.「人々はかつて今よりも卑劣で批判的であった」　最終段最終文（But Pollen argues …）で，現代ではソーシャルメディアでの投稿がビネガー・バレンタインカードに匹敵するという主張が引用されていることから，筆者は昔の人々の方が辛辣だったと伝える意図はなかったと考えられる。

B.「郵便制度は送ることができるものを制限する方法を獲得した」

**III　解答**　**A.** ⑴−C　⑵−A　⑶−C　⑷−A　⑸−B　⑹−B　⑺−A　⑻−C　⑼−A　⑽−B

**B.** ⑴−B　⑵−B　⑶−C　⑷−A　⑸−B　⑹−C　⑺−A

◆全　訳◆

≪香りの持つ力≫

近所のパン屋の開いた扉から漂う，パンを焼く美味しそうな香り，つまりにおいは，すぐにあなたをニューヨークの騒がしい通りから数年前に訪れたパリの小さなカフェに移動させ，タイムマシンのような働きをすることがある。一般的に，におい粒子によって，はるか昔に忘れてしまった記憶が蘇ることがある。しかし，においによって強烈な記憶，とりわけ感情的な記憶が蘇ることがあるのはなぜだろう？

簡潔な答えとしては，においと記憶と感情の処理をする脳の領域が密接につながっているということだ。実際，嗅覚と脳のつながり方は感覚の中でも独特なものなのである。

香りとは，鼻から入って脳の嗅覚野へと伝わる化学的粒子で，嗅覚野は脳がその感覚を認識できるよう最初に処理する場所である。その後，脳細胞がその情報を扁桃体と呼ばれる，感情を処理する小さな部位に伝え，さらに学習と記憶形成が行われる海馬へと伝える。

香りは，そうした脳の感情および記憶中枢に直接通じる経路を通る唯一の感覚なのである。ジョン＝マクガン教授によると，他の感覚はどれもまず視床と呼ばれる脳の部位に伝わる。そこは見たり，聞いたり，感じたりしたことに関する情報を他の部位に伝達するコントロールパネルのような働きをしている。しかし，香りは視床を飛び越え，扁桃体や海馬にほぼ直接的に到達するのだ。

その結果，感情と記憶と香りとの間に密接なつながりが生じる。したがって，他の感覚とは対照的に，香りによって蘇った記憶は「より感情的で鮮明に感じられる」のだと精神医学の准教授であるレイチェル＝ヘルツは言う。さらに彼女は，馴染みはあるが長らく忘れていた香りを嗅いで，涙を流す人さえもいると付け加えた。

香りは，「それを嗅いでいなければ決して思い出すことはなかったかもしれない記憶を蘇らせることもある」ので「真に特別なもの」なのだとヘルツは言う。対照的に，よく知っている人や場所を日常的に見ても，特別な記憶が蘇ることはない。例えば，リビングルームに入ることは何度も繰り返しやっていることなので，その行為によって，リビングルームで起こった特別な瞬間を思い出す可能性は低い。一方，「はるか昔に起こったことに関係するにおいがあっても，そのにおいに再び遭遇しなければ，その出来事がどのようなことであったか思い出すことは二度とないかもしれません」とヘルツは付け加えた。

一般的に，ある人物が過去の重要な意味のある出来事に関係するもののにおいを嗅ぐと，まずその感覚に対して情動的な反応を示す。その後，ある記憶が蘇ってくるかもしれない。しかし，ヘルツによると，その記憶が全く戻ってこない場合もあるという。その人物は過去に起こった出来事に関する感情は湧き上がるかもしれないが，それがどのような体験だったのかは思い出せないのだ。

「そして，これは他の感覚の経験のどれとも異なっています」とヘルツは付け加えている。つまり，何かを見て，ある感情が湧き上がるのに，その光景や感情と関係する記憶が思い出せないということはあまりないのだ。

これはある程度，背景，つまりその人の置かれた状況と関係している。通りを歩いていて，数十年前に初めて経験したにおいを嗅いで，ある情動的反応を示した人を想像してほしい。もし全く異なる状況，例えば映画館などでそのにおいを初めて経験していたら，関連する記憶をその人が思い出すのははるかに難しくなるだろう。脳は「情報に意味を与えて」記憶を呼び戻す際に，その背景を使っているのだとヘルツは言う。

しばらくの間，人があるにおいを嗅ぎ続けていると，そのにおいは特別な記憶と結びつかなくなり，その記憶を呼び戻す力を失う。さらに，不正確であったり，思い出すたびに書き換えられたりする可能性があるという点で，香りによって蘇った記憶は他の記憶と同じ問題を抱えている。しかし，そうした記憶によって呼び戻された強い感情的な思い出のおかげで，香りによって何かを思い出した人は，その記憶が正確なものだと確信してしまうことが多いのだとヘルツは言う。

においと記憶の関係性は，記憶に関連する健康問題にも及ぶ。嗅覚の低下は，パーキンソン病やアルツハイマー病といった記憶障害に関連する病気の初期症状を表している場合もあるが，単に老化の結果によって生じることもあるとマクガンは言う。

感情と香りのこの奇妙な結びつきは，実際には単純な進化論による説明が可能かもしれない。扁桃体は元々，化学物質を検知するために使われた脳の部位から進化したのだとヘルツは言う。「感情は私たちに近づいていった方がよいものや避けた方がよいものを教えてくれますが，それはまさに嗅覚も行っていることです」と彼女は言う。「ですから，両方とも私たちの生存にかなり密接に関連しているのです」

実際，私たちが世界を理解して反応する際に感情を使う方法は，動物たちが嗅覚を使う方法と似ているとヘルツは付け加えた。したがって，今度，香水の優しい香りによって涙が出そうになったり，自家製のパイのにおいを嗅いで満面の笑みが広がったりしたときには，こうやって自分の脳が情報を整理しているのだということを心に留めておいていただきたい。

出典追記：Why Do Smells Trigger Strong Memories?, Live Science on December 8, 2019 by Yasemin Saplakoglu

◀解　説▶

**A.** (1)下線部は「近所のパン屋の開いた扉から漂う，パンを焼く美味しそうな香り，つまりにおいはタイムマシンのような働きをすることがある」という意味。直後の第1段第2文（Scent particles, in …）では，はるか昔に忘れてしまった記憶が，においによって蘇ることがあると続いているので，C.「においは記憶を呼び戻すことがある」が正解。recollection「記憶」 A.「においは過去にとどまっていることがある」 B.「においは時を超えることがある」

(2)第2段第1文（The short answer …）では，においと記憶と感情の処理をする脳の領域が密接につながっているとあり，下線部を含む文はそれを補足しているので，Aが正解。wire「～をつなぐ」

(3)下線部は直前の thalamus「視床」と呼ばれる脳の部位を説明している部分。直後の sending 以下も含めると，見たり，聞いたり，感じたりしたことに関する情報を脳の他の部位に伝達するコントロールパネルのような働きをしていると説明されているので，C.「視床は脳に何を伝達するのかを決定している」が最も適切。send *A* on「*A*を転送する」 A.「視床は見えたり，聞こえたり，感じられたりすることを複製している」 B.「視床は扁桃体と海馬につながっている」

(4)下線部は「馴染みはあるが長らく忘れていた香りを嗅いで，涙を流す人さえもいる」という意味。涙が出るほど心を動かされる記憶が，においによって蘇る場合もあることが読み取れるので，A.「香りは心を強く動かす記憶を思い出す手助けとなることがある」が最も適切。B.「香りによって自分がいつ泣いたのかを思い出すことがある」 C.「香りは楽しい出来事ではなく，悲しい出来事と結びついている」

(5)下線部を含む文（“if there's a …）は「はるか昔に起こったことに関係するにおいがあっても，そのにおいに再び遭遇しなければ，そのこと

(thing) がどのようなことであったか思い出すことは決してないかもしれない」という意味。したがって，B.「記憶」が正解。

(6)過去の重要な出来事に関係するにおいを嗅ぐと，まず情動的な反応を示し，その後，記憶が蘇ってくるという順番なので，B.「記憶の前に感情が呼び起こされる」が正解。A.「感情の前に記憶が呼び起こされる」 C.「感情と記憶が同時に呼び起こされる」

(7)直前の第9段第2文（Imagine a person …）では，数十年前に初めて経験したにおいを嗅いで情動的な反応を示した人について言及しているので，A.「ある感情を誘発したにおい」が正解。B.「通りによって生じたにおい」 C.「映画館で感じられるにおい」

(8)直前の if 節も含めた下線部の意味は「(人があるにおいを嗅ぎ続けていると) そのにおいは特別な記憶と結びつかなくなり，その記憶を呼び戻す力を失う」となる。したがって，C.「同じにおいを繰り返し嗅ぐことは，記憶を思い出す能力を弱める可能性がある」が正解。A.「年齢を重ねた結果，記憶は時間と共に次第に消える可能性がある」 B.「記憶を思い出すことにとって，微かなにおいは，強烈なにおいに比べて影響力が少ない」

(9)下線部は「したがって，その両方とも私たちの生存にかなり密接に関連している」という意味。直前の文（“Emotions tell us …）では，感情と嗅覚は近づいていった方がよいものや避けた方がよいものを教えてくれるとあるので，A.「感情とにおいはよいものと危険なものを区別する助けとなる」が正解。B.「感情とにおいは人間が種としてうまく進化した要因である」 C.「感情とにおいは互いに近接した脳の部位で処理されている」

(10)下線部は「このようにして自分の脳が情報を処理している」という意味。最終段第2文の副詞節（the next time …）では，香水の香りによって涙が出そうになったり，自家製のパイのにおいで笑顔になったりする場面を想定しているので，においが記憶を呼び起こすという意味のBが正解。A.「においが情報を遮断する」 C.「においは感情に似ている」

**B.** (1)第1段では，美味しそうなパンの香りを嗅いで，以前訪れたカフェを思い出すという例を挙げながら，においによって記憶が蘇ることがあるという内容が述べられている。したがって，B.「においと記憶がどのように関係しているのか例を使って説明する」が正解。A.「ニューヨークとパリではどのようなにおいがするのか説明する」 C.「においと感情がどのように働くのか比較する」

⑵第3段（A scent is …）では，においは鼻から olfactory area「嗅覚野」へと伝わり，脳細胞が amygdala「扁桃体」と呼ばれる脳の部位にその情報を伝えるとあるので，B.「鼻から脳細胞によって扁桃体へ」が正解。においの情報は最終的に hippocampus「海馬」まで届くが，扁桃体を経由しており，directly「直接」届くわけではないので，A.「鼻から脳細胞によって海馬へ」は不適。C.「脳細胞から海馬を経て扁桃体へ」via「〜によって，〜を経由して」

⑶第6段第2・3文（By comparison, the …）では，リビングルームに入るときの視覚の例を挙げながら，よく知っている人や場所の景色を見ても特別な記憶が蘇ることはないと述べられている。したがって，C.「通常，他の感覚が特別な記憶を引き起こすことはないということ」が正解。A.「他の感覚がにおいを嗅げないことを補う方法」 B.「においがどのように他の感覚よりも視覚に似ているのか」

⑷第10段第2文（What is more, …）の後半では，においによって蘇った記憶は，不正確であったり，思い出すたびに書き換えられたりする可能性があると指摘されている。したがって，においによって思い出した記憶は必ずしも信用できないという意味になるAが正解。B.「簡単に置き換えられ（ない)」 C.「決して忘れられ（ない)」

⑸第11段第2文（A weakened sense …）で，嗅覚の低下は，パーキンソン病やアルツハイマー病といった記憶障害に関連する病気の初期症状を表している場合もあると述べられている。したがって，B.「いくつかの病気の影響である」が正解。嗅覚の低下によってパーキンソン病などが引き起こされるわけではないのでCは不適。A.「年を取ったときにしか起こらない」

⑹本文全体を通して，においと記憶の強い結びつきについて説明されているので，C.「においは記憶と特に強く結びついている」が正解。A.「私たちはすべての感覚をもっと同等に発達させるよう取り組むべきである」 B.「香りと脳のつながりが研究されなければならない」

⑺においは記憶と強く結びついており，はるか昔のことであっても，にお

いによって忘れていた記憶が蘇ることもあるというのが本文の主旨。したがって，タイトルとしてはA.「香りの持つ力」が最も適切。B.「感覚の仕組み」 C.「過去から嗅覚へ」

❖講　評

2023年度も大問3題の出題形式で大きな変更点はない。設問も含めると全体の英文量が多く，最後まで集中して読み切るためには一定の語彙力と構文把握力が必要。設問は標準レベルのものが多かった。

**I**の**A**の会話文問題は，前後の文脈に着目し，消去法を使えば正解は絞りやすい。**B**の段落整序は人間の赤ちゃんの脆弱さについて述べられた英文で，this や furthermore といった指示語とディスコースマーカーに着目することがポイントだった。

**II**の読解問題は，相手を侮辱するビネガー・バレンタインカードという風習について述べた英文。**A**の空所補充は動詞の語法を問う出題が多かった。(3)と(7)は文法の知識を問う問題。語彙を問う問題では(8)がやや難しかった。**B**は本文の内容について問われた設問で，一定の語彙レベルがクリアできていれば，迷う選択肢は少なかったと思われる。

**III**の読解問題は，においと記憶の強い結びつきについて説明した英文。主旨はわかりやすいが，専門的な単語も見られ，語彙レベルがやや高かった。**A**は下線部から読み取れる内容，意味が近いものを選ぶ問題で，下線部を含む英文全体を正確に解釈しておく必要があった。**B**は紛らわしい選択肢は少ないが，(2)はやや難しかったかもしれない。選択肢の英文量が多いので，終盤でも集中力を切らさずに読む練習を積んでおくことが必要。

全体的には標準レベルだが，時間内に解答を全て終えるためには，語彙力と構文把握力を早めにクリアして，十分に演習の時間が取れるよう準備しておきたい。

# 数学

## I 解答

$$f(x)=\frac{\cos x}{3+2\sin x}\quad(0\leqq x\leqq 2\pi)\quad\cdots\cdots①$$

$$F(x)=\int_0^x f(t)dt=\int_0^x \frac{\cos t}{3+2\sin t}dt\quad(0\leqq x\leqq 2\pi)\quad\cdots\cdots②$$

(1)　$\sin t=u$ とおくと　$\dfrac{du}{dt}=\cos t$

②より

$$F(x)=\int_0^{\sin x}\frac{1}{3+2u}du=\frac{1}{2}\int_0^{\sin x}\frac{2}{3+2u}du$$

$$=\frac{1}{2}\Big[\log(3+2u)\Big]_0^{\sin x}=\frac{1}{2}\{\log(3+2\sin x)-\log 3\}$$

$$=\frac{1}{2}\log\left(1+\frac{2}{3}\sin x\right)\quad\cdots\cdots③\quad\cdots\cdots(答)$$

①，②より　$F'(x)=f(x)$

$(f(x)\text{ の分母})=3+2\sin x=1+2(1+\sin x)\geqq 1$

ゆえに，$F'(x)=f(x)$ の符号は $\cos x$ の符号と同じ。

| $x$ | 0 | … | $\frac{\pi}{2}$ | … | $\pi$ | … | $\frac{3\pi}{2}$ | … | $2\pi$ |
|---|---|---|---|---|---|---|---|---|---|
| $F'(x)$ | | + | 0 | − | − | − | 0 | + | |
| $F(x)$ | 0 | ↗ | | ↘ | 0 | ↘ | | ↗ | 0 |

増減表より，$F(x)$ が最小値をとるのは，

$x=\dfrac{3\pi}{2}$ のときである。……(答)

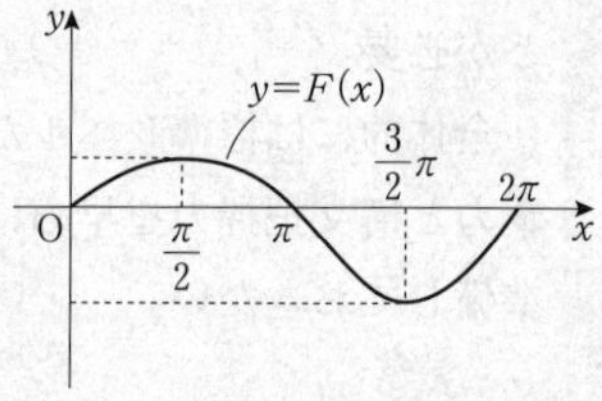


③より，$F(x)$ の最小値は

$$F\left(\frac{3\pi}{2}\right)=\frac{1}{2}\log\left(1-\frac{2}{3}\right)$$

$$=-\frac{1}{2}\log 3\quad\cdots\cdots(答)$$

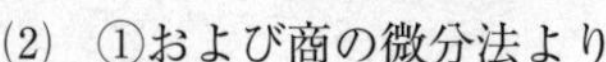

(2)　①および商の微分法より

$$f'(x)=\frac{(\cos x)'(3+2\sin x)-(\cos x)(3+2\sin x)'}{(3+2\sin x)^2}$$

$$=-\frac{2+3\sin x}{(3+2\sin x)^2}\quad (0\leqq x\leqq 2\pi)$$

$f'(x)=0$ より

$$2+3\sin x=0\quad (0\leqq x\leqq 2\pi)\quad \cdots\cdots ④$$

グラフより，④の解を

$$\alpha\ \left(\frac{3\pi}{2}<\alpha<2\pi\right),\ \beta\ \left(\pi<\beta<\frac{3\pi}{2}\right)$$

とする。

$$\sin\alpha=-\frac{2}{3}\ \left(\frac{3\pi}{2}<\alpha<2\pi\right)$$

$\cdots\cdots(*)$

| $x$ | 0 | … | $\frac{\pi}{2}$ | … | $\pi$ | … | $\beta$ | … | $\frac{3\pi}{2}$ | … | $\alpha$ | … | $2\pi$ |
|---|---|---|---|---|---|---|---|---|---|---|---|---|---|
| $f'(x)$ | | － | － | － | － | － | 0 | ＋ | ＋ | ＋ | 0 | － | |
| $f(x)$ | | ↘ | 0 | ↘ | ↘ | ↘ | | ↗ | 0 | ↗ | | ↘ | |

$\frac{3\pi}{2}<\alpha<2\pi$ より　　$\cos\alpha>0$

$$\cos\alpha=\sqrt{1-\sin^2\alpha}$$

$$=\sqrt{1-\left(-\frac{2}{3}\right)^2}=\frac{\sqrt{5}}{3}$$

$$f(\alpha)=\frac{\frac{\sqrt{5}}{3}}{3+2\left(-\frac{2}{3}\right)}=\frac{1}{\sqrt{5}}$$

$$f(0)=\frac{1}{3}$$

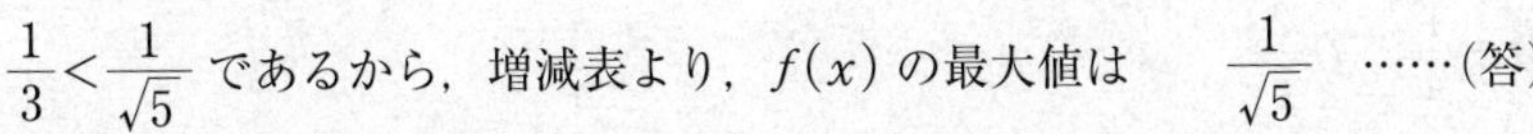

$\frac{1}{3}<\frac{1}{\sqrt{5}}$ であるから，増減表より，$f(x)$ の最大値は　$\frac{1}{\sqrt{5}}$　……(答)

(3)　$(*)$をみたす $\alpha$ に対して，次式で $S_n$ を定める。

$$S_n=\frac{\alpha}{n}\sum_{k=1}^{n}f\left(\frac{k}{n}\alpha\right)F\left(\frac{k}{n}\alpha\right)$$

区分求積法より

$$L=\lim_{n\to\infty}S_n=\int_0^{\alpha} f(x)F(x)dx=\int_0^{\alpha} F(x)F'(x)dx$$

$$=\left[\frac{1}{2}\{F(x)\}^2\right]_0^{\alpha}=\frac{1}{2}\{F(\alpha)\}^2 \quad (\because\ F(0)=0)$$

$$=\frac{1}{2}\left\{\frac{1}{2}\log\left(1+\frac{2}{3}\sin\alpha\right)\right\}^2 \quad (\because\ ③)$$

$$=\frac{1}{8}\left(\log\frac{5}{9}\right)^2 \quad (\because\ (*)) \quad \cdots\cdots(答)$$

◀解　説▶

≪積分で定義された関数・最大最小・区分求積法≫

(1)　$\int\frac{g'(x)}{g(x)}dx=\log|g(x)|+C$　($C$：積分定数）を用いる。

(2)　方程式 $2+3\sin x=0$　$(0\leqq x\leqq 2\pi)$ の解は2つある（2番目の図)。その解は，区間 $\pi<x<\frac{3\pi}{2}$，$\frac{3\pi}{2}<x<2\pi$ に各々1個ある。$f(x)$ の最大値を与える $x=\alpha$ は，$\frac{3\pi}{2}<\alpha<2\pi$ をみたす。この $\alpha$ は条件

$$\sin\alpha=-\frac{2}{3} \quad \left(\frac{3\pi}{2}<\alpha<2\pi\right)$$

によって，ただ1つに決まる（中間値の定理)。

(3)　極限値の計算には，区分求積法を用いる。また，次の公式を用いる $(n=1)$。

$$\int\{g(x)\}^n g'(x)dx=\frac{1}{n+1}\{g(x)\}^{n+1}+C \quad (n\text{ は自然数})$$

この公式は $u=g(x)$ とおく置換積分法により示せる。

## II

**解答**　①$1+i$　②665　③4　④672　⑤$-2$

⑥$-\frac{1}{4}$　⑦$\frac{2}{5}$

◀解　説▶

≪4次方程式の解としての複素数，指数不等式，数列，無限級数≫

$x^4=-4$　……(＊) より　　$|x|^4=|x^4|=4$

ゆえに　　$|x|=\sqrt{2}$

$$x=\sqrt{2}\,(\cos\theta+i\sin\theta)$$

とおく。(＊)に代入して，ド・モアブルの定理を用いると

$$x^4=2^2(\cos\theta+i\sin\theta)^4$$
$$=2^2(\cos 4\theta+i\sin 4\theta)=-4$$

$$\begin{cases}\cos 4\theta=-1\\ \sin 4\theta=0\end{cases}$$

$$4\theta=\pi+2k\pi \quad (k \text{ は整数})$$

$$\theta=\frac{\pi}{4}+\frac{k\pi}{2} \quad (k \text{ は整数})$$

$\alpha$ の定義より

$$\alpha=\sqrt{2}\left(\cos\frac{\pi}{4}+i\sin\frac{\pi}{4}\right) \quad \cdots\cdots(ア)$$
$$=1+i \quad (\to①)$$

$|\alpha|=\sqrt{2}$，$|\alpha^n|=|\alpha|^n>10^{100}$ より

$$2^{\frac{n}{2}}>10^{100}$$

$$\frac{n}{2}\log_{10}2>100$$

$$n>\frac{200}{\log_{10}2}=\frac{200}{0.3010}=664.4\cdots$$

$$n\geqq 665 \quad (\because \quad n \text{ は自然数}) \quad (\to②)$$

(ア)およびド・モアブルの定理より

$$\alpha^n=2^{\frac{n}{2}}\left(\cos\frac{n\pi}{4}+i\sin\frac{n\pi}{4}\right) \quad \cdots\cdots(イ)$$

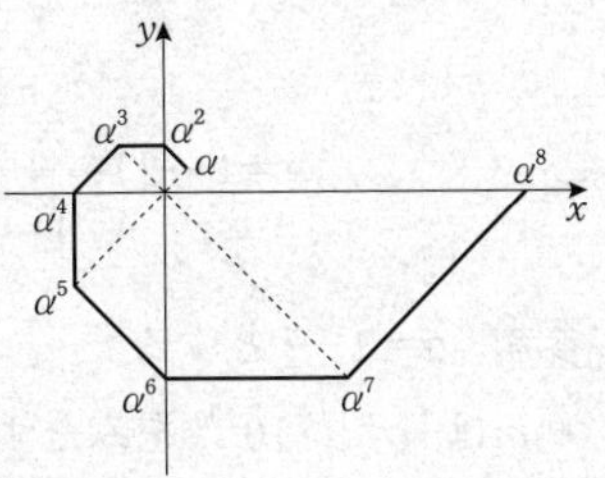


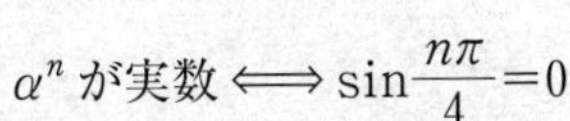

$$\alpha^n \text{ が実数} \Longleftrightarrow \sin\frac{n\pi}{4}=0$$

$$\Longleftrightarrow n \text{ は } 4 \text{ の倍数} \quad (\to③)$$

$n=4m$（$m$ は自然数）のとき，(イ)より

$$\alpha^n=\alpha^{4m}=2^{2m}(\cos m\pi+i\sin m\pi)=(-1)^m 2^{2m}$$

条件 $\alpha^n>10^{100}$ より　　$(-1)^m 2^{2m}>10^{100}$

ゆえに，$m$ は偶数であり，$m=2k$（$k$ は自然数）とおける。よって，$n=4\times 2k=8k$ となり，8 の倍数である。

$n$ は②をみたす 8 の倍数より　　$n \geqq 672$　(→④)

(ア)およびド・モアブルの定理より

$$\alpha^{-n}=2^{-\frac{n}{2}}\left\{\cos\left(-\frac{n\pi}{4}\right)+i\sin\left(-\frac{n\pi}{4}\right)\right\}$$

$a_n$ の定義より

$$a_n=2^{-\frac{n}{2}}\cos\left(-\frac{n\pi}{4}\right)=2^{-\frac{n}{2}}\cos\frac{n\pi}{4}$$

$$\begin{aligned} a_{4k-3}&=2^{-\frac{4k-3}{2}}\cos\frac{(4k-3)\pi}{4} \\ &=\left(\frac{1}{\sqrt{2}}\right)^{4k-3}\cos\left((k-1)\pi+\frac{\pi}{4}\right) \\ &=2^{\frac{3}{2}}\left(\frac{1}{2}\right)^{2k}(-1)^{k-1}\cos\frac{\pi}{4} \\ &=2^{\frac{3}{2}}\left(\frac{1}{2}\right)^{2k}(-1)^{k-1}\frac{1}{\sqrt{2}} \\ &=(-2)\left(-\frac{1}{4}\right)^{k}\quad(\to⑤,\ ⑥) \end{aligned}$$

数列 $\{a_{4k-3}\}$ の公比 $-\frac{1}{4}$ について，$\left|-\frac{1}{4}\right|<1$ より，$\sum_{k=1}^{\infty}a_{4k-3}$ は収束する。

よって

$$\begin{aligned} \sum_{k=1}^{\infty}a_{4k-3}&=-2\sum_{k=1}^{\infty}\left(-\frac{1}{4}\right)^{k} \\ &=(-2)\cdot\frac{-\frac{1}{4}}{1-\left(-\frac{1}{4}\right)}=\frac{2}{5}\quad(\to⑦) \end{aligned}$$

参考　$\alpha=1+i$ とする。

- $n$ は $|\alpha^n|>10^{100}$ をみたす自然数

　$\Longleftrightarrow n$ は $n>\frac{200}{\log_{10}2}$ をみたす自然数

　$\Longleftrightarrow n$ は $n\geqq 665$ をみたす自然数

- $n$ は，$\alpha^n$ が実数で，$\alpha^n>10^{100}$ をみたす自然数

　$\Longleftrightarrow n$ は，$n>\frac{200}{\log_{10}2}$ をみたす自然数で，8 の倍数

　$\Longleftrightarrow n$ は，$n\geqq 665$ をみたす自然数で，8 の倍数

$\Longleftrightarrow n$ は，$n \geqq 672$ をみたす自然数で，8の倍数

• $\alpha^n$ は，$n=8$ で初めて，正の実数になる（〔解説〕の図参照）。

## Ⅲ　解答

AB＝AF＝1，∠BAF＝∠CBA＝120° より

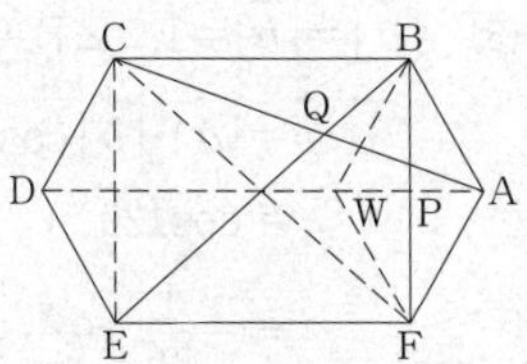


$$\angle \mathrm{ABF}=\angle \mathrm{AFB}=\frac{1}{2}(180^\circ-\angle \mathrm{BAF})$$
$$=30^\circ$$
$$\angle \mathrm{CBF}=\angle \mathrm{CBA}-\angle \mathrm{ABF}=120^\circ-30^\circ$$
$$=90^\circ$$

同様に　　∠BCE＝∠CEF＝∠EFB＝90°

ゆえに，四角形 BCEF は長方形である。

(1)　BF の中点 P は BF と AD の交点である。線分 AD 上に AW＝AB＝1 となる点 W をとると，△ABW，△AFW は正三角形である。

AP⊥BF より　　BC∥AW

$$\overrightarrow{\mathrm{AW}}=\overrightarrow{\mathrm{AB}}+\overrightarrow{\mathrm{AF}}=\vec{a}+\vec{b}$$

$$\overrightarrow{\mathrm{AP}}=\frac{1}{2}\overrightarrow{\mathrm{AW}}=\frac{1}{2}(\vec{a}+\vec{b})\quad\cdots\cdots(\text{答})$$

$$\overrightarrow{\mathrm{AC}}=\overrightarrow{\mathrm{AB}}+\overrightarrow{\mathrm{BC}}=\overrightarrow{\mathrm{AB}}+2\overrightarrow{\mathrm{AW}}\quad(\because\ \overrightarrow{\mathrm{BC}}=2\overrightarrow{\mathrm{AW}})$$
$$=\vec{a}+2(\vec{a}+\vec{b})$$
$$=3\vec{a}+2\vec{b}\quad\cdots\cdots(\text{答})$$

(2)　FE∥AW，FE＝2AW より

$$\overrightarrow{\mathrm{AE}}=\overrightarrow{\mathrm{AF}}+\overrightarrow{\mathrm{FE}}$$
$$=\vec{b}+2(\vec{a}+\vec{b})=2\vec{a}+3\vec{b}$$

$\overrightarrow{\mathrm{AQ}}=m\overrightarrow{\mathrm{AC}}=m(3\vec{a}+2\vec{b})$　（$m$ は実数）　……① とおく。

一方，$\overrightarrow{\mathrm{AQ}}=(1-n)\overrightarrow{\mathrm{AE}}+n\overrightarrow{\mathrm{AB}}$ とおくと

$$\overrightarrow{\mathrm{AQ}}=(1-n)(2\vec{a}+3\vec{b})+n\vec{a}$$
$$=(2-n)\vec{a}+3(1-n)\vec{b}\quad(n\text{ は実数})\quad\cdots\cdots②$$

$\vec{a}$ と $\vec{b}$ は $\vec{0}$ でなく，平行でないので，①，②より

$$\begin{cases} 3m=2-n \\ 2m=3(1-n) \end{cases} \quad \therefore \quad (m,\ n)=\left(\frac{3}{7},\ \frac{5}{7}\right)$$

ゆえに

$$\overrightarrow{AQ}=\frac{3}{7}\overrightarrow{AC}=\frac{9}{7}\vec{a}+\frac{6}{7}\vec{b} \quad \cdots\cdots③ \quad \cdots\cdots(答)$$

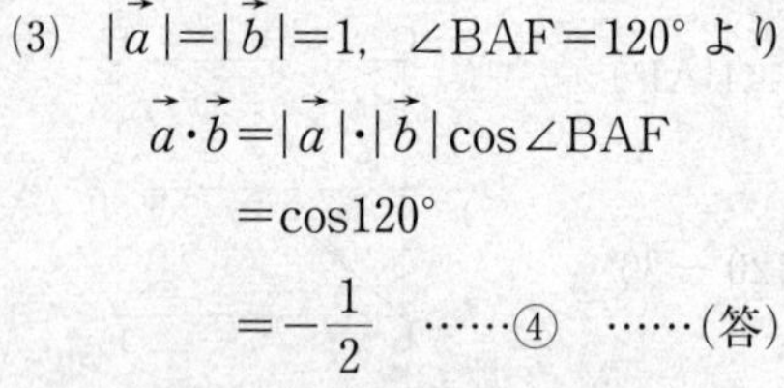

(3) $|\vec{a}|=|\vec{b}|=1$, $\angle BAF=120°$ より

$$\begin{aligned}\vec{a}\cdot\vec{b}&=|\vec{a}|\cdot|\vec{b}|\cos\angle BAF\\&=\cos 120°\\&=-\frac{1}{2} \quad \cdots\cdots④ \quad \cdots\cdots(答)\end{aligned}$$

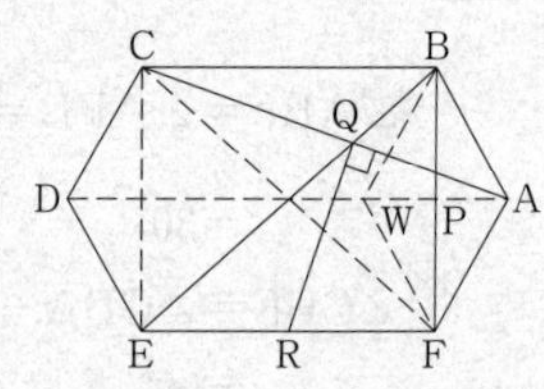


以下，次のように書く。

$$\overrightarrow{AC}=\vec{c},\ \overrightarrow{AE}=\vec{e},\ \overrightarrow{AF}=\vec{b},\ \overrightarrow{AQ}=\vec{q}$$

$\overrightarrow{AR}=(1-l)\overrightarrow{AF}+l\overrightarrow{AE}=(1-l)\vec{b}+l\vec{e}$ （$l$ は実数） ……⑤ とおく。

$$\overrightarrow{QR}=\overrightarrow{AR}-\overrightarrow{AQ}=(1-l)\vec{b}+l\vec{e}-\vec{q}$$

QR⊥AC より

$$\begin{aligned}0=\overrightarrow{QR}\cdot\overrightarrow{AC}&=\{(1-l)\vec{b}+l\vec{e}-\vec{q}\}\cdot\vec{c}\\&=(1-l)\vec{b}\cdot\vec{c}+l\vec{e}\cdot\vec{c}-\vec{q}\cdot\vec{c} \quad \cdots\cdots(*)\end{aligned}$$

(3.1) ④より

$$\vec{b}\cdot\vec{c}=\vec{b}\cdot(3\vec{a}+2\vec{b})=-\frac{3}{2}+2=\frac{1}{2}$$

(3.2) ④より

$$\begin{aligned}\vec{e}\cdot\vec{c}&=(2\vec{a}+3\vec{b})\cdot(3\vec{a}+2\vec{b})\\&=6|\vec{a}|^2+13\vec{a}\cdot\vec{b}+6|\vec{b}|^2\\&=6-\frac{13}{2}+6=\frac{11}{2}\end{aligned}$$

(3.3) ③，④より

$$\begin{aligned}\vec{q}\cdot\vec{c}&=\frac{3}{7}(3\vec{a}+2\vec{b})\cdot(3\vec{a}+2\vec{b})\\&=\frac{3}{7}(9|\vec{a}|^2+12\vec{a}\cdot\vec{b}+4|\vec{b}|^2)\\&=\frac{3}{7}(9-6+4)=3\end{aligned}$$

(3.1)，(3.2)，(3.3)の結果を(＊)に代入して

$$(1-l)\times\frac{1}{2}+l\times\frac{11}{2}-3=0$$

$$\therefore\quad l=\frac{1}{2}$$

⑤に代入して

$$\overrightarrow{AR}=\frac{1}{2}(\overrightarrow{AF}+\overrightarrow{AE})=\frac{1}{2}(\vec{b}+2\vec{a}+3\vec{b})=\vec{a}+2\vec{b}\quad\cdots\cdots⑥$$

$$\overrightarrow{FR}=\overrightarrow{AR}-\overrightarrow{AF}=(\vec{a}+2\vec{b})-\vec{b}=\vec{a}+\vec{b}\,(=\overrightarrow{AW})\quad\cdots\cdots⑥'$$

③，⑥′より

$$\overrightarrow{FR}\cdot\overrightarrow{AQ}=(\vec{a}+\vec{b})\cdot\frac{3}{7}(3\vec{a}+2\vec{b})$$

$$=\frac{3}{7}(3|\vec{a}|^2+5\vec{a}\cdot\vec{b}+2|\vec{b}|^2)$$

$$=\frac{3}{7}\left(3-\frac{5}{2}+2\right)=\frac{15}{14}\quad\cdots\cdots(答)$$

◀解　説▶

≪平面ベクトル，垂直条件，内積≫

(1)　まず，六角形は多くの対称性をもつ。四角形 BCEF は長方形である。また，点 P は線分 AD 上にある。線分 AD 上に，AW＝AB＝1 をみたす点 W をとると便利である。

(2)　点 Q は線分 AC の内分点であり，線分 BE の内分点である。

(3)　点 R は直線 EF 上にあり，条件 QR⊥AC をみたす。

## Ⅳ　解答

(1)① $-\frac{5}{4}$　(2)② $\frac{50}{81}$　(3)③ $-\frac{4}{5}$　④ $2k$

(4)⑤ $\frac{1}{\sqrt{3}}x+2$　(5)⑥ 7

◀解　説▶

≪小問 5 問≫

(1)　恒等式

$$(x-\alpha)(x-\beta)(x-\gamma)=x^3+3x^2+2x+4$$

より

$$\begin{cases} \alpha+\beta+\gamma=-3 & \cdots\cdots ㋐ \\ \alpha\beta+\beta\gamma+\gamma\alpha=2 & \cdots\cdots ㋑ \\ \alpha\beta\gamma=-4 & \cdots\cdots ㋒ \end{cases}$$

㋑の両辺を 2 乗すると

$$(\alpha\beta+\beta\gamma+\gamma\alpha)^2=4$$

$$(\alpha\beta)^2+(\beta\gamma)^2+(\gamma\alpha)^2+2(\alpha\beta^2\gamma+\beta\gamma^2\alpha+\alpha^2\beta\gamma)=4$$

$$(\alpha\beta)^2+(\beta\gamma)^2+(\gamma\alpha)^2+2\alpha\beta\gamma(\alpha+\beta+\gamma)=4$$

㋐, ㋒を代入して

$$(\alpha\beta)^2+(\beta\gamma)^2+(\gamma\alpha)^2+2(-4)(-3)=4$$

$$\therefore\quad (\alpha\beta)^2+(\beta\gamma)^2+(\gamma\alpha)^2=-20 \quad \cdots\cdots ㋓$$

よって

$$\frac{1}{\alpha^2}+\frac{1}{\beta^2}+\frac{1}{\gamma^2}=\frac{\beta^2\gamma^2+\gamma^2\alpha^2+\alpha^2\beta^2}{(\alpha\beta\gamma)^2}$$

$$=\frac{(\alpha\beta)^2+(\beta\gamma)^2+(\gamma\alpha)^2}{(\alpha\beta\gamma)^2}$$

$$=\frac{-20}{(-4)^2} \quad (\because\ ㋒, ㋓)$$

$$=\frac{-20}{16}=-\frac{5}{4} \quad (\to ①)$$

(2) 1, 2, 3 の 3 個の数字を重複を許して用いて, 5 桁の数字を作る総数は

$3^5=243$ 通り

(i) 1 種類の数字を使うとき

11111, 22222, 33333 の 3 通り

(ii) 2 種類の数字を使うとき

1, 2 を使うときは, 11111 と 22222 の 2 つを除外するので

$2^5-2=30$ 通り

2, 3 や 1, 3 を使うときも同様。

よって, 求める確率は

$$1-\left(\frac{3}{243}+3\cdot\frac{30}{243}\right)=1-\frac{93}{243}=\frac{50}{81} \quad (\to ②)$$

(3) 半角の公式より

$$\cos^2\theta-\frac{1}{9}\sin^2\theta=0$$

$$\frac{1+\cos2\theta}{2}-\frac{1}{9}\cdot\frac{1-\cos2\theta}{2}=0$$

$$\therefore\quad \cos2\theta=-\frac{4}{5}\quad(\to③)$$

$\cos2\theta$ は周期 $\pi$ の周期関数だから，方程式

$$\cos2\theta=-\frac{4}{5}\quad((k-1)\pi<\theta<k\pi)$$

は 2 個の解をもつ。ゆえに

$$\cos2\theta=-\frac{4}{5}\quad(0<\theta<k\pi)$$

は $2k$ 個の解をもつ。（→④）

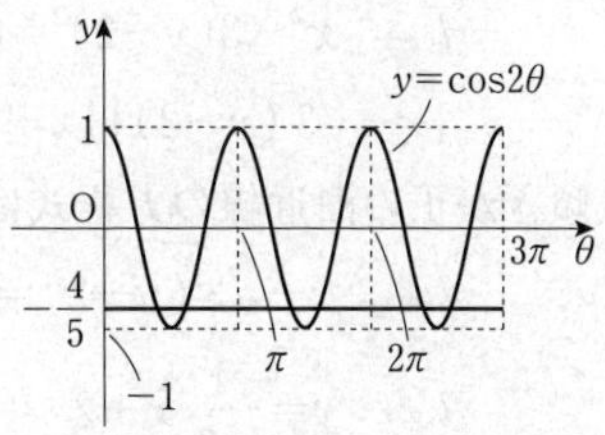


(4)　$f(\theta)=\dfrac{3}{1+2\sin\theta}$ とおく。極方程式で表された曲線 $C：r=f(\theta)$ の漸近線を求める。

$C$ の方程式を直交座標に関する方程式で表すと

$$C：\begin{cases} x=f(\theta)\cos\theta=\dfrac{3\cos\theta}{1+2\sin\theta} & \cdots\cdots㋐ \\ y=f(\theta)\sin\theta=\dfrac{3\sin\theta}{1+2\sin\theta} & \cdots\cdots㋑ \end{cases}$$

㋑の方程式を $\sin\theta$ について解くと

$$y(1+2\sin\theta)=3\sin\theta$$

$$(3-2y)\sin\theta=y\quad\cdots\cdots㋒$$

$y=\dfrac{3}{2}$ は㋒を満たさないから

$$\sin\theta=\frac{y}{3-2y}\quad\cdots\cdots㋓$$

㋓を㋐に代入すると

$$x(1+2\sin\theta)=3\cos\theta$$

$$x\left(1+\frac{2y}{3-2y}\right)=3\cos\theta$$

$$\cos\theta=\frac{x}{3-2y}\quad\cdots\cdots㋔$$

㊂, ㊃を $\cos^2\theta+\sin^2\theta=1$ に代入すると

$$x^2+y^2=(3-2y)^2$$

$$x^2=3(y^2-4y+3)$$

$$C : x^2-3(y-2)^2=-3 \quad (\text{双曲線})$$

$C$ の漸近線の方程式は

$$l_{(\pm)} : x^2-3(y-2)^2=0$$

$$\{x-\sqrt{3}(y-2)\}\{x+\sqrt{3}(y-2)\}=0$$

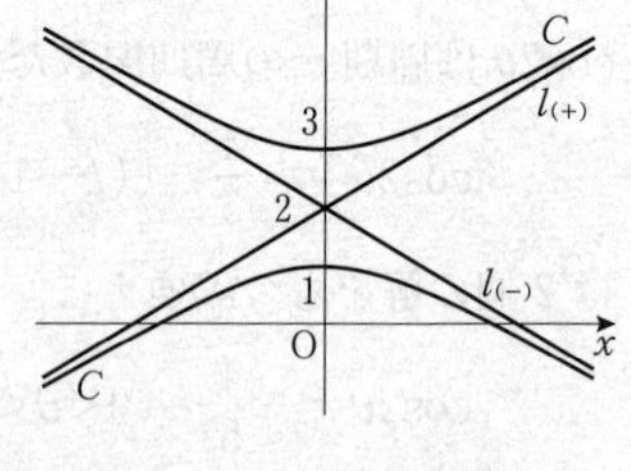


傾きが正の漸近線の方程式は

$$l_{(+)} : x-\sqrt{3}(y-2)=0$$

$$l_{(+)} : y=\frac{1}{\sqrt{3}}x+2 \quad (\to⑤)$$

(5)　以下，mod10 で考える。

$2023^{2023}\equiv3^{2023}$ より，$3^n$ の一の位の数字を考えればよい。

$$3^1=3$$

$$3^2=3\times3=9$$

$$3^3=9\times3=27\equiv7$$

$$3^4\equiv7\times3=21\equiv1$$

$$\vdots$$

以下，$3^n$ を 10 で割った余りは，$n$ を 4 で割った余りにより分類される。

$2023=4\times505+3$ より

$$\begin{aligned}3^{2023}&\equiv3^{4\times505+3}\\&=(3^4)^{505}\cdot3^3\\&\equiv1^{505}\cdot7\\&=7 \quad (\to⑥)\end{aligned}$$

### ❖講　評

2023 年度は，2022 年度と同じく，記述式 2 題，空所補充問題 2 題で，空所補充問題のうち 1 題は独立した内容の小問構成であった。小問数は 5 問で，2022 年度と同じであった。

**I**　まず，三角関数の有理関数の積分を置換積分法で求める。極値を求めるには，基本関係式 $F'(x)=f(x)$ を用いる。区分求積法の端点を

知るには $k=n$ のときを考える。また，極限を取る前の有限和 $S_n$ では，区間 $0\leqq x\leqq \alpha$ を $n$ 等分している。標準問題である。

**Ⅱ**　複素数・数列・級数・対数の融合問題である。複素数列を極形式で表し，複素数平面に図示しながら考える。$n=8$ で初めて，正の実数になる。不等式は両辺の常用対数をとり考える。標準問題である。

**Ⅲ**　平面ユークリッド幾何の問題をベクトルを用いて考える問題である。どの問いも明快であるが，少し計算量が多い。標準問題である。

**Ⅳ**　小問5問で，空所補充問題である。どれも基本的であるから，本問から手を付けた受験生が多いと思われる。確実に解答しておきたい問題である。(1) 3次方程式の解と係数の関係の問題である。実際の解は1つの実数解と2つの複素数解である。(2)余事象を考える確率の問題である。(3)三角方程式の解の個数の問題である。グラフを用いて考える。(4)極方程式表示の曲線の漸近線を求める問題である。円錐曲線（2次曲線）のうち，漸近線をもつのは双曲線のみである。問題の曲線は双曲線である。$\cos\theta$，$\sin\theta$ を含む関係式から $\theta$ を消去するには，$\cos\theta$，$\sin\theta$ について解き，$\cos^2\theta+\sin^2\theta=1$ に代入する。(5)大きな指数をもつ数の一の位の数を求める整数問題である。mod10 で考える。

# 物理

## I　解答

(a) $N\cos\theta$

(b) 右図。

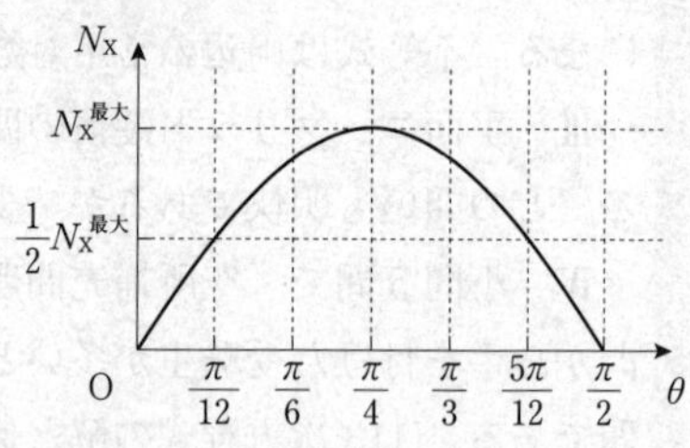


(c) $\dfrac{m}{m+M}\sqrt{2gR}$

(1)―(ウ)　(2)―(エ)　(3)―(カ)　(4)―(コ)

(5)―(タ)　(6)―(ナ)　(7)―(ネ)　(8)―(ホ)

(9)―(ヒ)　(10)―(サ)　(11)―(ア)　(12)―(コ)

(13)―(サ)　(14)―(ソ)　(15)―(イ)　(16)―(タ)

◀解　説▶

≪円筒面内の小球の運動≫

(i)(1)　円運動の半径方向の加速度の公式より　$\dfrac{{v_P}^2}{R}$

(2)　右図より，小球とともに運動している観測者から見た小球にはたらく力の半径方向のつり合いの式は，次のようになる。

$$N-\sin\theta\times mg-m\times\frac{{v_P}^2}{R}=0$$

(3)　右図より　　$R\sin\theta$

(4)　点Pと点Aでの力学的エネルギー保存則より

$$\frac{1}{2}m{v_P}^2=mgR\sin\theta \qquad \therefore\quad v_P=\sqrt{2gR\sin\theta}$$

(5)　(2)で求めた方程式の $v_P$ に(4)の結果を代入すると

$$N=mg\sin\theta+\frac{m{v_P}^2}{R}=3mg\sin\theta$$

(a)　右上図より　　$N_X=N\cos\theta$

(6)　(a)の結果に(5)で求めた $N$ を代入し，$\sin(2\theta)=2\sin\theta\cos\theta$ の関係を用いると

$$N_X = 3mg\sin\theta\cos\theta = \frac{3}{2}mg\sin(2\theta)$$

よって，$N_X$ が最大になるのは $\theta = \frac{\pi}{4}$ のときである。

(7)　(6)のとき，$N_X$ は最大値 $\frac{3}{2}mg$ となる。

(b)　$N_X = \frac{3}{2}mg\sin(2\theta) = N_X{}^{最大}\sin(2\theta)$ より，グラフは〔解答〕のようになる。

(8)　台が小球におよぼす力の反作用として，台は $x$ 軸負の向きに力を受けるので，左側のおもりが押される。

(9)　おもりにはたらくことができる最大摩擦力を，おもりが台から受ける力の $x$ 成分 $N_X$ の大きさの最大値である $\frac{3}{2}mg$ が超えないことになるので

$$\mu M'g \geqq \frac{3}{2}mg \qquad \therefore \quad M' \geqq \frac{3m}{2\mu}$$

(10)　点 B と点 A での力学的エネルギー保存則より

$$\frac{1}{2}mv_B{}^2 = mgR \qquad \therefore \quad v_B = \sqrt{2gR}$$

(ii)(11)　点 Q′ で小球は最高点にあるので，速度の鉛直成分は 0 である。

(c)　求める速さを $V$ とすると，小球が最下点 B を通過するときと点 Q′ にあるときの水平方向の運動量保存則より

$$mv_B = (m+M)V$$

$$\therefore \quad V = \frac{m}{m+M}v_B = \frac{m}{m+M}\sqrt{2gR}$$

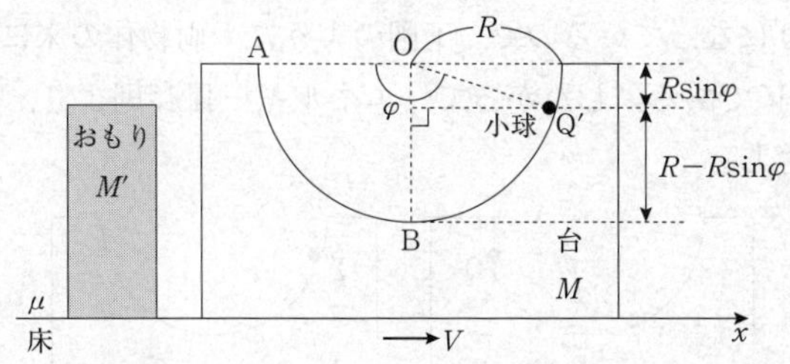


(12)　上図より，Q′ の高さは $R - R\sin\varphi$ となる。

(13)　小球が点 Q′ にあるときと，点 A にあるときの力学的エネルギー保存

則より

$$\frac{1}{2}(m+M)V^2+mgR(1-\sin\varphi)=mgR$$

$V$ に(c)の結果を代入すると

$$\sin\varphi=\frac{m}{m+M}$$

(14)　小球の持つ力学的エネルギーの一部が台が動く運動エネルギーになることから，そのぶん小球のとりうる位置エネルギーの最大値は小さくなってしまうので，最高点の高さは低くなる。

(15)　求める速さを $v'$ とすると，小球が最初に点Bを通過したときと，2 回目に通過したときの各物体の床に対する速度は，それぞれ右図のようになる。この 2 つの状態の間で，運動量保存則と力学的エネルギー保存則が成り立つので

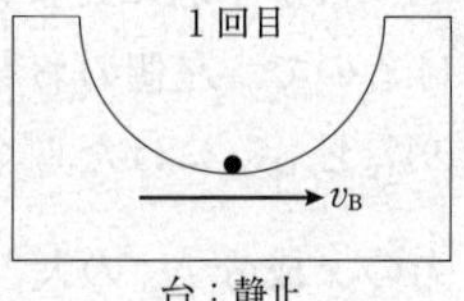


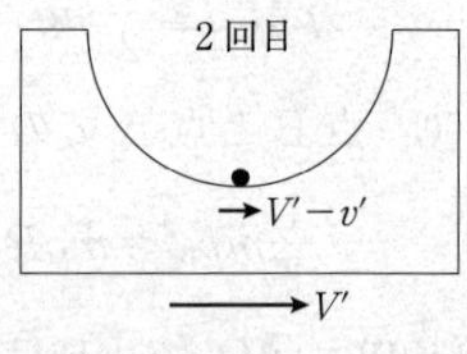


$$mv_B=m(V'-v')+MV'$$

$$\frac{1}{2}mv_B{}^2=\frac{1}{2}m(V'-v')^2+\frac{1}{2}MV'^2$$

これら 2 式より，$v'=\pm v_B$ となるが，$v'>0$ より，$v'=v_B=\sqrt{2gR}$ となる。

**別解**　力学的エネルギー保存則と運動量保存則が同時に成り立つということは，両物体の衝突前後の速度関係は，弾性衝突の場合と同じになっていると考えられる。弾性衝突では，衝突前後で両物体の相対速度の大きさに変化はないので，$v'=v_B$ となる。

(16)　小球が点 Q′ にあるときも，点 Q″ にあるときも，台に対する小球の相対速度は 0 になっているので，下図のように，両物体の床に対する速度はどちらも $V$ である。したがって，エネルギー保存則より，小球の高さはどちらも等しい。

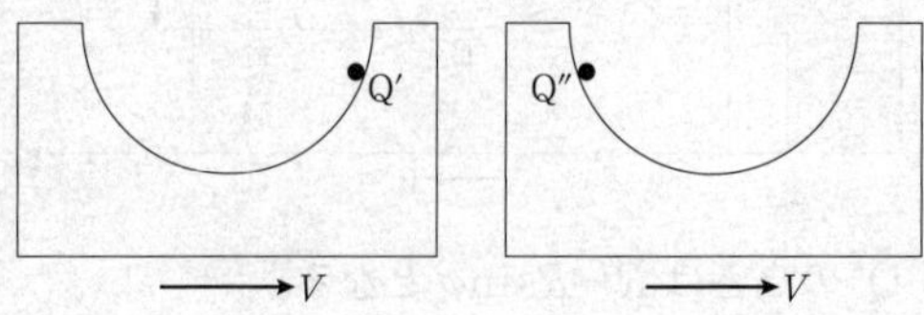

## Ⅱ　解答

(a) $\dfrac{k_0q}{r}$　(b) $m\dfrac{v^2}{r}$　(c) $\dfrac{\pi m}{2eB_1}$

(1)―(ウ)　(2)―(ケ)　(3)―(サ)　(4)―(ス)　(5)―(キ)　(6)―(エ)

(7)―(ケ)　(8)―(ケ)　(9)―(ウ)　(10)―(ソ)　(11)―(ウ)　(12)―(オ)

(13)―(サ)　(14)―(ス)　(15)―(ツ)　(16)―(チ)

### ◀解　説▶

≪ガウスの法則と静電誘導，電場や磁場中での電子の運動≫

(i)(1)　クーロンの法則より　$E=\dfrac{k_0q}{r^2}$

(a)　点電荷の回りの電位の公式より　$V=\dfrac{k_0q}{r}$

(2)　静電誘導が起こった後では，導体内の電場は0になる。

(3)　$a<r<b$ の範囲では，導体内の電場が0であることから，下図の破線のような点電荷を中心とした半径 $r$ の球面内に存在する全電気量は0であることがわかる。よって，導体の内表面に現れた電気量は $-q$ である。

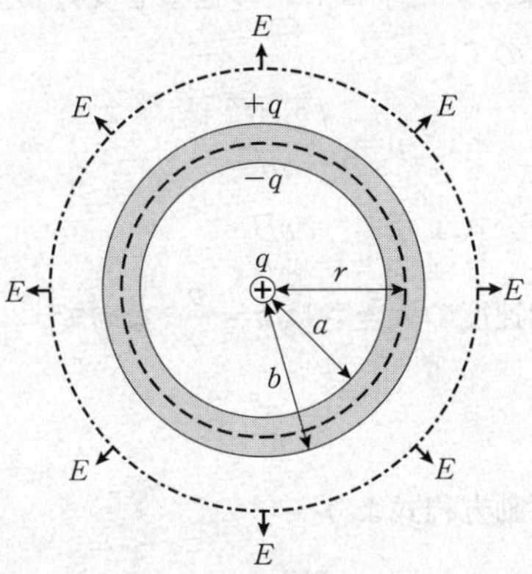


(4)　電気量の保存より，導体球殻の外側には $+q$ の電気量が現れる。

(5)　図の一点鎖線で表された球面内には，合計で $+q$ の電気量が含まれるので，$r>b$ の範囲の電場は(1)と同じになる。また，$r<a$ のときも同様に，導体球殻がない場合と同じ電場が生じる。

$a<r<b$ の範囲では，電場が0なので，電気力線は存在しない。よって，電気力線の様子は(キ)のようになる。

(6)・(7)　アースをすると，導体球殻の電位が無限遠と等しくなるので，球殻の外側には，電場も電気力線も存在しなくなる。

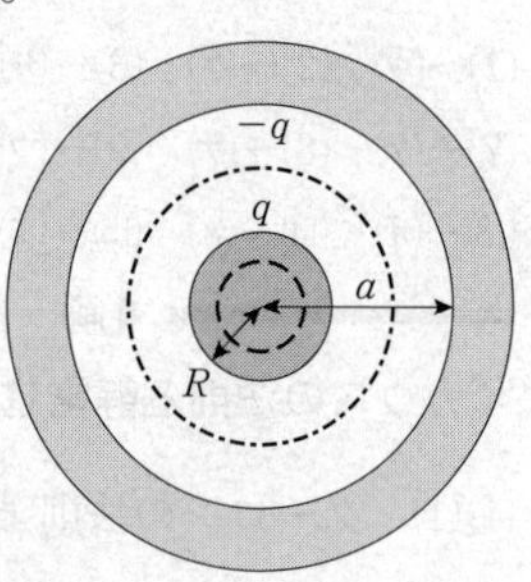


(8)　電荷は互いの反発力により，導体の表面に分布するので，$r<R$ の場合，右図の破線内には電荷が存在しなくなる。したがって，電場は 0 になる。

(9)　$R<r<a$ の範囲では，右図の一点鎖線で表された球面内には，$+q$ の電気量が含まれるので，電場は $+q$ の点電荷が球の中心に存在するときと同じになる。

(10)　導体球と導体球殻の間は，電気量 $+q$ を蓄えたコンデンサーとみることができる。したがって，誘電体で満たされると電気容量が増すが，蓄えられた電気量に変化はないので，極板間の電圧は低下する。このため，電場は弱くなる。

(ii)(11)　加速電圧により，電子は $eV$ の仕事を受ける。これが電子の運動エネルギーに変わるので

$$\frac{1}{2}mv^2=eV \qquad \therefore \quad v=\sqrt{\frac{2eV}{m}}$$

(12)　ローレンツ力の公式より　　$evB_0$

(b)　等速円運動の加速度の大きさは $a=\dfrac{v^2}{r}$ なので

$$ma=m\frac{v^2}{r}$$

(13)　等速円運動の運動方程式より

$$m\frac{v^2}{r}=evB_0 \qquad \therefore \quad r=\frac{mv}{eB_0}$$

(14)　電子は $y$ 軸正の向きにローレンツ力を受けているので，フレミングの左手の法則より，磁場の向きは紙面の裏から表となる。

(15)　円運動の中心は $y$ 軸上にあり，円運動の半径は $\dfrac{L}{4}$ であることがわかる。(13)で導いた式に $r=\dfrac{L}{4}$，$v=\sqrt{\dfrac{2eV}{m}}$ を代入すると

$$B_0=\frac{mv}{er}=\sqrt{\frac{32mV}{eL^2}}$$

⒃　点Bの $x$ 座標と $y$ 座標が等しいことから，電子は円軌道を4分の1周して，点Bに達したことがわかる。したがって，$r=\frac{L}{2}$ であるので，⒂と同様に計算すると

$$B_1=\frac{mv}{er}=\sqrt{\frac{8mV}{eL^2}}$$

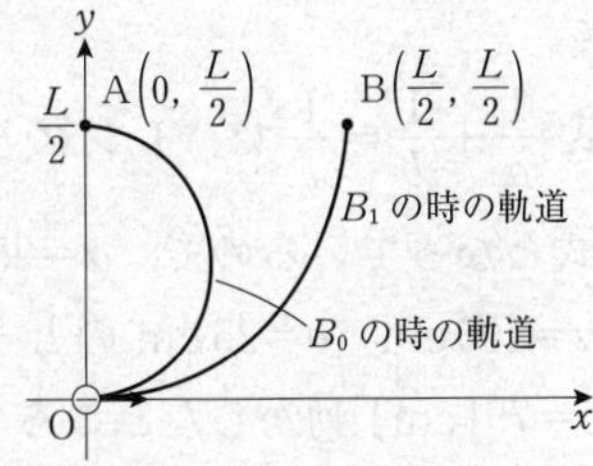


(c)　⒀の結果を利用すると，磁束密度が $B_1$ のとき，円運動の半径は $r=\frac{mv}{eB_1}$ で表されるので，周期 $4T$ は次のようになる。

$$4T=\frac{2\pi r}{v}=\frac{2\pi m}{eB_1}\qquad \therefore\quad T=\frac{\pi m}{2eB_1}$$

## Ⅲ　解答

(a)1.5　(b)1.7　(c)0.96

(1)―(ウ)　(2)―(イ)　(3)―(サ)　(4)―(カ)　(5)―(ア)　(6)―(コ)
(7)―(ア)　(8)―(エ)　(9)―(イ)　(10)―(ク)　(11)―(キ)　(12)―(ウ)　(13)―(イ)　(14)―(ク)
(15)―(タ)

◀解　説▶

≪凸レンズのつくる像，コンプトン効果≫

(i)(1)　焦点よりレンズに近い位置に物体を置いた場合，正立の虚像ができる。

(2)　焦点よりレンズから離れた位置に物体を置いた場合，倒立の実像ができる。

(3)　求める距離を $b$〔cm〕とすると，レンズの写像公式より

$$\frac{1}{25}+\frac{1}{b}=\frac{1}{20}\qquad \frac{1}{b}=\frac{1}{20}-\frac{1}{25}=\frac{1}{100}$$

$\therefore\quad b=100$〔cm〕

(4)　倍率の公式より　$\left|\dfrac{b}{25}\right|=4$ 倍

(5)・(6)　上に動かした距離を $x$〔cm〕とすると，レンズの写像公式より

$$\frac{1}{25+x}+\frac{1}{100-x}=\frac{1}{20}$$

$\therefore\quad x^2-75x=x(x-75)=0$

$x=0$ は最初の状態を表すので　$x=75$〔cm〕

$x>0$ より，方向は上方。

**別解**　レンズの写像公式 $\dfrac{1}{a}+\dfrac{1}{b}=\dfrac{1}{f}$ は，レンズと光源の距離 $a$ とレンズと像の距離 $b$ の対称式となっているので，$a=25$ cm，$b=100$ cm のとき公式を満たすなら，$a=100$ cm，$b=25$ cm のときも公式を満たす。よって，レンズを $100-25=75$〔cm〕動かしたところで，再び実像が現れる。

(a)　浮き上がりによってつくられた光源の像とレンズの距離を $a$ とすると，実像がレンズの 120 cm 上方にできたことから

$$\frac{1}{a}+\frac{1}{120}=\frac{1}{20}\qquad\therefore\quad a=24〔\text{cm}〕$$

光源はレンズから 25 cm の距離にあるので，実際の深さ 3.0 cm から 1.0 cm 浮き上がって，水深 2.0 cm の位置に光源があるように見えたことになる。よって，液体の屈折率を $n$ とすれば，浮き上がりの公式より

$$2.0=\frac{3.0}{n}\qquad\therefore\quad n=\frac{3.0}{2.0}=1.5$$

**参考**　＜浮き上がりの公式＞　屈折率 $n$ の液体中の物体を，空気中の真上付近から見ると，実際の深さの $n$ 分の 1 の深さに見える。

(ii)(7)　散乱後のX線光子の運動量の $x$ 成分は，右図のように $p'\cos\theta$ となる。

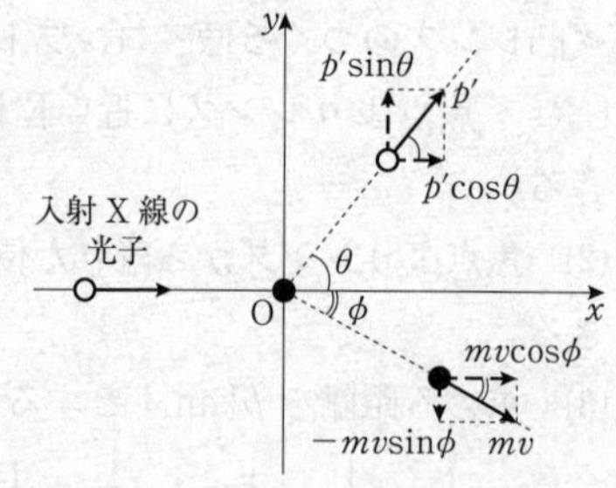


(8)　弾き飛ばされた電子の運動量の $x$ 成分は，$mv\cos\varphi$ となる。

(9)　散乱後のX線光子の運動量の $y$ 成分は，$p'\sin\theta$ となる。

(10)　弾き飛ばされた電子の運動量の $y$ 成分は，$-mv\sin\varphi$ となる。

⑾　波長 $\lambda$ の光の振動数 $\nu$ は $\nu=\dfrac{c}{\lambda}$ で表されるので，光子の持つエネルギーは，$h\nu=h\times\dfrac{c}{\lambda}$ となる。

⑿　光子の運動量の公式より，$\dfrac{h}{\lambda}=h\times\dfrac{1}{\lambda}$ となる。

⒀　問題文中の④式より，$\theta=0$ のとき $\lambda'=\lambda$ であることがわかる。図4のグラフから，$\theta=0$ のときの $\lambda'$ の値を読み取ると，$5.62\times10^{-11}$ m となる。

⒁　図4のグラフから，$\theta=\pi$ のときの $\lambda'$ の値を読み取ると，$6.10\times10^{-11}$ m となっている。④式を変形し，$\lambda=5.62\times10^{-11}$ m，$\lambda'=6.10\times10^{-11}$ m，$\theta=\pi$ などを代入すると

$$m=\frac{2h}{(\lambda'-\lambda)c}$$
$$=\frac{2\times6.63\times10^{-34}}{(6.10-5.62)\times10^{-11}\times3.00\times10^{8}}\fallingdotseq9.2\times10^{-31}\,[\mathrm{kg}]$$

⒂　電子の運動エネルギーが最大になるのは，散乱X線光子のエネルギーが最も小さくなったときであるので，図4のグラフより $\theta=\pi$ のときであることがわかる。

(b)　③式より

$$\frac{1}{2}mv^2=E-E'=\frac{hc}{\lambda}-\frac{hc}{\lambda'}=hc\left(\frac{\lambda'-\lambda}{\lambda\lambda'}\right)$$
$$=6.63\times10^{-34}\times3.00\times10^{8}\times\frac{0.48\times10^{-11}}{6.10\times5.62\times10^{-22}}$$
$$\fallingdotseq2.78\times10^{-16}\,[\mathrm{J}]\fallingdotseq1.74\times10^{3}\,[\mathrm{eV}]\fallingdotseq1.7\,[\mathrm{keV}]$$

(c)　①式，②式より

$$mv\cos\varphi=p-p'\cos\theta=\frac{h}{\lambda}-\frac{h}{\lambda'}\cos\theta \quad \cdots\cdots①'$$

$$mv\sin\varphi=p'\sin\theta=\frac{h}{\lambda'}\sin\theta \quad \cdots\cdots②'$$

②′÷①′ より

$$\tan\varphi=\frac{\frac{1}{\lambda'}\sin\theta}{\frac{1}{\lambda}-\frac{1}{\lambda'}\cos\theta}=\frac{\lambda\sin\theta}{(\lambda'-\lambda\cos\theta)}$$

図 4 より，$\theta=\frac{\pi}{2}$ で $\lambda'=5.86\times10^{-11}$ となっているので，これを代入すると

$$\tan\varphi=\frac{5.62\times10^{-11}}{5.86\times10^{-11}}\fallingdotseq0.96$$

❖講　評

**Ⅰ**　前半は，円運動と力学的エネルギー保存則の典型問題であるので，確実に解答したい。後半は台が動く設定で，水平方向の運動量保存則を活用する。これも典型問題ではあるが，最終盤において，速度の基準の取り方など慎重な考察が必要であり，その部分の難易度は高い。

**Ⅱ**　(i)はガウスの法則の扱い方を知っていれば，ごく基本的な問題で，時間もさほどかからない。(ii)も，ローレンツ力による円運動の基本的な問題で，特にひねったところはない。

**Ⅲ**　(i)は凸レンズに関する基本的な問題であるが，計算を要する部分では，慎重に計算したい。最後の(a)の設問では，水中物体の浮き上がり公式をうまく使えるかがポイントになる。(ii)はコンプトン効果を扱った問題で，複雑な近似計算の部分が割愛されて結果が与えられているので，前半は標準的な設問となっている。一方，後半のグラフから読み取った数値を使う計算問題では，手間のかかる計算が求められる。

# 化学

# I　解答

(i)(1)―(ウ)　(2)アルカリ土類金属　(3)―(ク)　(4)K　(5)He

(6)$4HCl \longrightarrow MnCl_2+Cl_2+2H_2O$　(7)―(カ)

(8)$K_3[Fe(CN)_6]$

(ii)(1)―(オ)　(2)―(カ)　(3)$6H_2O$　(4)$2Na[Al(OH)_4]$　(5)0.54

(6)0.20　(7)―(コ)

(iii)(1)$Mg^{2+}+2OH^-$　(2)$[Mg^{2+}][OH^-]^2$　(3)―(イ)

(4)$3.4\times10^{-4}$（$3.1\times10^{-4}$ も可）　(5)$1.0\times10^{-14}$

(6)$3.0\times10^{-11}$（$3.3\times10^{-11}$ も可）　(7)―(ウ)

## ◀解　説▶

≪原子の構造と元素周期表，アルミニウムの性質，溶解平衡≫

(i)(3)～(5)　原子から1個の電子を取り去って，1価の陽イオンにするために必要なエネルギーを，原子のイオン化エネルギーという。同一周期では原子番号が大きくなるほど，イオン化エネルギーは大きくなり，アルカリ金属が最小，貴ガスが最大となる。図1より，イオン化エネルギーが最大，最小となるのは，それぞれ$_2$He，$_{19}$Kである。よって，原子番号1～20の元素の中で最も1価の陽イオンになりやすい元素はK，最もなりにくい元素はHeである。

(ii)(5)・(6)　陽極における変化は次の通り。

$$Al \longrightarrow Al^{3+}+3e^-$$

通電により流れた電子の物質量は

$$\frac{0.300\times1.93\times10^4}{9.65\times10^4}=6.00\times10^{-2}\,[\text{mol}]$$

よって，アルミニウムの溶解量は

$$6.00\times10^{-2}\times\frac{1}{3}\times27=0.540\,[\text{g}]$$

このとき，アルミニウムの体積減少量は

$$\frac{0.540}{2.7}=0.20\,[\text{cm}^3]$$

よって，1 cm$^2$ あたり減少した厚さは

$$\frac{0.20}{1}=0.20\,[\mathrm{cm}]$$

(iii)(4)～(7) ①式より，水酸化マグネシウムの飽和水溶液中において，

$[\mathrm{Mg^{2+}}]=\frac{1}{2}[\mathrm{OH^-}]$ が成り立つので，②式より

$$\frac{1}{2}[\mathrm{OH^-}]^3=18\times10^{-12}$$

$$[\mathrm{OH^-}]=\sqrt[3]{2}\times\sqrt[3]{18}\times10^{-4}=1.3\times2.6\times10^{-4}$$

$$=3.38\times10^{-4}\fallingdotseq3.4\times10^{-4}\,[\mathrm{mol/L}]$$

$K_\mathrm{w}=1.0\times10^{-14}\,\mathrm{mol^2/L^2}$ より

$$[\mathrm{H^+}]=\frac{1.0\times10^{-14}}{3.38\times10^{-4}}=2.95\times10^{-11}\fallingdotseq3.0\times10^{-11}\,[\mathrm{mol/L}]$$

$10^{-11}<3.0\times10^{-11}<10^{-10}$ なので，pH は 10 以上 11 未満である。

（注） 以下のように求めることもできる。

(4) $$[\mathrm{OH^-}]=\frac{2}{\sqrt[3]{4}}\times\sqrt[3]{18}\times10^{-4}=\frac{2}{1.3\times1.3}\times2.6\times10^{-4}=3.07\fallingdotseq3.1$$

(6) $$[\mathrm{H^+}]=\frac{1.0\times10^{-14}}{3.07\times10^{-4}}=3.25\times10^{-11}\fallingdotseq3.3\times10^{-11}$$

## II 解答

(i)(1)—(イ) (2)気液平衡〔蒸発平衡〕 (3)蒸気圧〔飽和蒸気圧〕 (4)—(エ) (5)—(オ) (6)—(ケ) (7)11

(ii)(1)—(エ) (2)22.4 (3)1 (4)—(カ) (5)—(ウ) (6)—(エ)

(iii)(1)—(ウ) (2)—(オ) (3)$1.7\times10^{-3}$ (4)5.9 (5)5.1 (6)2.0

◀解　説▶

≪気体の性質と蒸気圧，理想気体と実在気体，プロパンの燃焼と気体の性質≫

(i)(6) Ar と物質 **B** の物質量比は 3：1 なので，70°C における各分圧は

$$\mathrm{Ar}：1.00\times10^5\times\frac{3}{4}=7.5\times10^4\,[\mathrm{Pa}]$$

$$\mathbf{B}：1.00\times10^5\times\frac{1}{4}=2.5\times10^4\,[\mathrm{Pa}]$$

**B** の分圧が蒸気圧よりも大きくなると凝縮するので，図1より，35℃以下で液体が生じる。

(7)　27℃において，**B** の分圧は $2.0\times10^4$ Pa なので，Ar の分圧は

$$1.00\times10^5-2.0\times10^4=8.0\times10^4\,[\mathrm{Pa}]$$

Ar について，体積を $V$〔L〕とすると，気体の状態方程式より

$$8.0\times10^4\times V=0.36\times8.31\times10^3\times300 \qquad \therefore \quad V=11.2\fallingdotseq11\,[\mathrm{L}]$$

(ii)(3)　理想気体では，常に気体の状態方程式が成り立つので，$\dfrac{pV}{nRT}$ の値は常に1となる。

(6)　気体 **A**，**B** について，それぞれ $Z$ の値は次の通り。

$$\mathbf{A}:Z=\frac{3.0\times10^7\times9.0\times10^{-2}}{1.2\times8.31\times10^3\times300}\fallingdotseq0.90$$

$$\mathbf{B}:Z=\frac{9.0\times10^6\times3.5\times10^{-1}}{1.5\times8.31\times10^3\times350}\fallingdotseq0.72$$

理想気体では $Z=1$ が成り立つので，理想気体に近いふるまいを示すのは気体 **A** である。

(iii)(3)　1分間に混合気体 5.0 L が供給される。体積百分率より，同圧同温下でプロパンの体積は

$$5.0\times\frac{2.0}{100}=0.10\,[\mathrm{L}]$$

よって，プロパンの物質量は

$$\frac{1.00\times10^5\times0.10}{8.31\times10^3\times700}=1.71\times10^{-3}\fallingdotseq1.7\times10^{-3}\,[\mathrm{mol}]$$

(4)・(5)　同温同圧下において，各気体の体積は次の通り。

$$\text{窒素}:5.0\times\frac{78}{100}=3.9\,[\mathrm{L}],\quad \text{酸素}:5.0\times\frac{20.0}{100}=1.0\,[\mathrm{L}]$$

プロパン 0.10 L を完全燃焼させると，①式より，各気体の同温同圧下における体積は次のように変化する。

窒素：3.9 L

酸素：$1.0-0.10\times5=0.50$〔L〕

二酸化炭素：$0.10\times3=0.30$〔L〕

水蒸気：$0.10\times4=0.40$〔L〕

よって，700 K，$1.00\times10^5$ Pa における反応器出口での混合気体の流量は

$$3.9+0.50+0.30+0.40=5.1\,[\text{L/min}]$$

また，二酸化炭素の体積百分率は

$$\frac{0.30}{5.1}\times100=5.88\fallingdotseq5.9\,[\%]$$

(6)　700 K，$1.00\times10^5$ Pa において，水蒸気を完全に除去すると 4.7 L/min となる。300 K，$1.00\times10^5$ Pa における流量は

$$4.7\times\frac{300}{700}=2.01\fallingdotseq2.0\,[\text{L/min}]$$

## III 解答

(i)(1)—(オ)　(2)—(キ)　(3)—(ア)　(4)—(ウ)　(5)—(イ)

(6) $CH_3-CH=C(CH_3)-CH_3$　(7)—(コ)

(8) $CH_3-CH_2-C\equiv C-CH_2-CH_3$

(ii)(1) $C_8H_{14}O_2$　(2) 72　(3) $CH_2=CH-C(=O)-OH$　(4)—(イ)

(5) 88　(6)—(カ)

(7) $CH_2=CH-C(=O)-O-C^*H(CH_3)-CH(CH_3)-CH_3$

(iii)(1) $C_6H_5-NH_3^+Cl^-$　(2) $C_6H_4(O-CO-CH_3)(COOH)$（o-位）

(3)—(ア)　(4) $CH_3-C_6H_4-O^-Na^+$（p-位）　(5) ナフタレン（構造式）

◀解　説▶

≪脂肪族炭化水素の性質，元素分析，脂肪族エステルの構造決定，芳香族化合物の分離≫

(i)(6)　アルケン **A** を酸性の過マンガン酸カリウム水溶液中で加熱すると，①式で示す変化により，アセトンと酢酸が得られる。このことからアルケ

ン **A** の構造は次のように決まる。

$$\underset{\text{アルケン A}}{(CH_3)(H)C{=}C(CH_3)_2} \xrightarrow[\text{加熱}]{KMnO_4,\ H^+} \underset{\text{酢酸}}{CH_3C(OH){=}O} + \underset{\text{アセトン}}{O{=}C(CH_3)_2}$$

(7)　分子式 $C_6H_{10}$ で表されるアルキンには，次の7種類の構造異性体が存在する。

$CH{\equiv}C-CH_2-CH_2-CH_2-CH_3$，$CH_3-C{\equiv}C-CH_2-CH_2-CH_3$

$CH_3-CH_2-C{\equiv}C-CH_2-CH_3$，$CH{\equiv}C-CH_2-CH(CH_3)-CH_3$

$CH{\equiv}C-{}^*CH(CH_3)-CH_2-CH_3$，$CH{\equiv}C-C(CH_3)_2-CH_3$

$CH_3-C{\equiv}C-CH(CH_3)-CH_3$

このうち1つが不斉炭素原子をもつため，鏡像異性体を区別すると，8種類の異性体が存在する。

(8)　アルキンに触媒を用いて水を付加させたとき，②式の変化が起こる。この変化で得られるカルボニル化合物が1種類となるのは，対称構造をもつアルキンのみ。よって，アルキン **C** は次の構造に決まる。

$$\underset{\text{アルキン C}}{CH_3-CH_2-C{\equiv}C-CH_2-CH_3} \longrightarrow CH_3-CH_2-CH{=}C(OH)-CH_2-CH_3$$

$$\longrightarrow CH_3-CH_2-CH_2-C({=}O)-CH_2-CH_3$$

(ii)(1)　化合物 **A** について，C，H，O の質量は次の通り。

$$C: 176\times\frac{12}{44}=48\,[mg]$$

$$H: 63\times\frac{2}{18}=7.0\,[mg]$$

$$O: 71-48-7.0=16\,[mg]$$

組成比は次の通り。

$$C:H:O=\frac{48}{12}:\frac{7.0}{1}:\frac{16}{16}=4:7:1$$

よって，組成式は $C_4H_7O$ である。また分子量は 142 なので，分子式は $C_8H_{14}O_2$ である。

(2)　エステル **A** の加水分解によって **B** と **C** が得られる。**B** を炭酸水素ナトリウム水溶液に加えると二酸化炭素が発生することから，**B** は 1 価のカルボン酸，**C** は 1 価のアルコールである。**B** の分子量を $M_B$ とすると，中和滴定の結果より

$$\frac{3.6}{M_B}\times1=1.0\times\frac{50}{1000}\times1 \qquad \therefore \quad M_B=72$$

(3)　**B** に臭素水を加えると，臭素水の色が消えることから，**B** は炭素－炭素二重結合をもつことがわかる。(2)の結果より，**B** の構造式は次の通り。

$$CH_2{=}CH{-}\underset{\underset{O}{\|}}{C}{-}OH$$

(5)　**C** の分子量を $M_C$ とすると，エステル **A** の加水分解によって **B** と **C** が得られること，および(3)の結果より

$$142+18=72+M_C \qquad \therefore \quad M_C=88$$

(7)　**C** はヨードホルム反応を示す 1 価のアルコールなので，$CH_3{-}\underset{\underset{OH}{|}}{CH}{-}$ の構造をもつことがわかる。(5)の結果より，次の 2 種類の構造が考えられる。

$$CH_3{-}\underset{\underset{OH}{|}}{CH}{-}CH_2{-}CH_2{-}CH_3,\quad CH_3{-}\underset{\underset{OH}{|}}{CH}{-}\underset{\underset{CH_3}{|}}{CH}{-}CH_3$$

**C** を分子内脱水すると，2 種類のアルケンが得られる。いずれにも幾何異性体が存在しないという条件を満たすのは，後者の方である。

$$CH_3{-}\underset{\underset{OH}{|}}{CH}{-}CH_2{-}CH_2{-}CH_3$$

$$\longrightarrow CH_2{=}CH{-}CH_2{-}CH_2{-}CH_3,\quad CH_3{-}CH{=}CH{-}CH_2{-}CH_3$$

$$CH_3{-}\underset{\underset{OH}{|}}{CH}{-}\underset{\underset{CH_3}{|}}{CH}{-}CH_3$$

$$\longrightarrow CH_2{=}CH{-}\underset{\underset{CH_3}{|}}{CH}{-}CH_3,\quad CH_3{-}CH{=}\underset{\underset{CH_3}{|}}{C}{-}CH_3$$

よって，C，A の構造は次のように決まる。

$$\underset{\text{アルコール C}}{CH_3-\underset{\underset{OH}{|}}{CH}-\underset{\underset{CH_3}{|}}{CH}-CH_3}$$

$$\underset{\text{エステル A}}{CH_2=CH-\underset{\underset{O}{\|}}{C}-O-\overset{\overset{CH_3}{|}}{C^*}H-\underset{\underset{CH_3}{|}}{CH}-CH_3}$$

(iii)　アセチルサリチル酸，アニリン，$p$-クレゾール，ナフタレンのジエチルエーテル溶液を分液ろうとに移し，塩酸を加えてよく振り混ぜてから静置すると，アニリンはアニリン塩酸塩となって水層(1)に移る。

アセチルサリチル酸，$p$-クレゾール，ナフタレンを含むエーテル溶液に，炭酸水素ナトリウム水溶液を加えてよく振り混ぜてから静置すると，アセチルサリチル酸はナトリウム塩となって水層(2)に移る。水層(2)に塩酸を加えると，酸性物質であるアセチルサリチル酸が遊離する。

$p$-クレゾール，ナフタレンを含むエーテル溶液に，水酸化ナトリウム水溶液を加えてよく振り混ぜてから静置すると，$p$-クレゾールはナトリウム塩となって水層に移る。

残ったエーテル溶液には，中性物質であるナフタレンが含まれる。

## ❖講　評

2023年度は大問Ⅰ，Ⅱ，Ⅲのすべてが3つのパートに分かれて出題された。難易度は基本～標準的な問題で構成されている。誘導形式の発展的な内容は見られないが，時間に余裕はない。

**Ⅰ**　(i)は原子の構造と元素周期表について知識を中心に問われた。(ii)はアルミニウムの性質について問われた。(iii)は溶解平衡について計算問題を中心に問われた。いずれも基本～標準レベルを中心とした出題である。

**Ⅱ**　(i)は気体の性質と蒸気圧について，計算問題を中心に問われた。蒸気圧を考慮する(6)以降は差がつきやすい。(ii)は理想気体と実在気体について問われた。(iii)はプロパンの燃焼と気体の性質について，計算問題を中心に問われた。すべて標準レベル。(ii)，(iii)は前問の結果を利用する設問が続くため，差がつきやすい。

Ⅲ　(i)は脂肪族炭化水素の性質や異性体の数について問われた。(ii)は脂肪族エステルの構造決定，(iii)は芳香族化合物の分離について問われた。すべて基本～標準レベルの典型問題で構成されている。

# 生物

## I 解答

(A)問1．(1)被膜〔鞘〕 (2)形質転換

問2．(ウ)

問3．(i)―A・C　(ii)―B・D

問4．(i)―(ウ)　(ii)―A・B・D

問5．HIV〔ヒト免疫不全ウイルス〕，インフルエンザウイルス（などから1つ）

問6．元素X：S　元素Y：P

問7．シャルガフの規則

(B)問1．(1)細胞質　(2)配偶子　(3)二価染色体　(4)乗換え〔交さ〕　(5)キアズマ

問2．酢酸オルセイン〔酢酸カーミン〕

問3．$G_1$期：DNA合成準備期　$G_2$期：分裂準備期

問4．前期：(エ)　中期：(イ)　後期：(ア)　終期：(ウ)・(オ)

問5．下図。

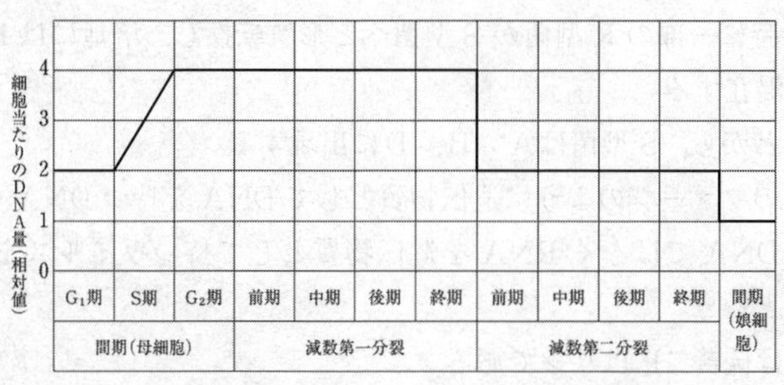


問6．12.5%

◀解　説▶

≪(A)遺伝子の本体　(B)細胞分裂，遺伝子の組換え≫

(A)問2．カプセル状の頭部内部にDNAが収納されており，DNAのみが大腸菌の菌体内に入って転写・翻訳されるため，殻が体外に残っているにもかかわらず体内でタンパク質の殻が合成される。

問3．S型菌は多糖類でできた被膜（鞘）で覆われているため，マウスの

免疫系に対して抵抗力を持つ。よって，マウスの体内で増殖し発病させる。これに対してR型菌は被膜（鞘）を持たず，マウスの免疫系に攻撃され死滅する。したがって，S型菌を接種されたマウスは死ぬが，R型菌を接種されたマウスは死なない。よって，マウスAとCは発病せず，マウスDは発病して死ぬ。実験Bでは，死んだS型菌由来の成分を取り入れたR型菌がS型菌へと形質転換を起こし，マウスBは発病して死ぬ。

問4．(i)　(ア)と(イ)は多糖の分解酵素，(エ)は脂肪の分解酵素，(オ)はDNA合成酵素である。

(ii)　A．一部の生きたR型菌に無処理のS型菌の成分が取り込まれ，培養時にR型菌からS型菌へと形質転換するものが現れるため，培地にはR型菌とS型菌が混在する。

B．タンパク質は分解されているが，S型菌のDNAは分解されていない。そのため培養時に一部のR型菌がS型菌へと形質転換し，培地にはR型菌とS型菌が混在する。

C．S型菌のDNAが分解されているため，培養時にR型菌からS型菌へと形質転換するものが現れない。したがって，培地にはR型菌のみが存在する。

D．多糖は分解されているが，S型菌のDNAは分解されていない。そのため培養時に一部のR型菌がS型菌へと形質転換し，培地にはR型菌とS型菌が混在する。

以上のことから，S型菌はA，B，Dに出現する。

問5．このファージのように遺伝物質としてDNAを持つDNAウイルスに対し，DNAではなくRNAを遺伝物質として持つウイルスを，RNAウイルスという。

問6．Sは硫黄，Pはリンである。

問7．この規則は，DNA二本鎖の相補性（アデニンとチミン，グアニンとシトシン）の裏付けの1つとなる。

(B)問3．S（Synthesize）期はDNAを合成して2倍にするDNA合成期である。

問6．遺伝子型 $AABB$ の個体と遺伝子型 $aabb$ の個体の交配で得られる $F_1$ の個体の遺伝子型はすべて $AaBb$ である。したがって，その $F_1$ に遺伝子型 $aabb$ の個体を交配，すなわち検定交雑して得られた $F_2$ が表1であるとすると，この結果は，遺伝子 $A$ と $B$，$a$ と $b$ が連鎖しており，かつ組換えが起こったことを示している。したがって，その組換え価は

$$\frac{65+65}{455+65+65+455}\times100=\frac{130}{1040}\times100=12.5〔\%〕$$

## II 解答

(A)問1．(1)鎌状　(2)フレームシフト　(3)終止　(4)最少培地

問2．一塩基多型〔SNP，スニップ〕

問3．1.6mm

問4．(i)(5)シスタチオニン　(6)ホモシステイン

(ii) A：遺伝子 y　B：遺伝子 z　C：遺伝子 x

問5．(i)アカパンカビ　(ii)一遺伝子一酵素説

(B)問1．(1)密度効果　(2)競争〔種内競争〕　(3)環境収容力　(5)相変異　(6)群生相　(7)孤独相　(10)標識再捕法

問2．(4)—(エ)　(8)—(ア)　(9)—(イ)

問3．600

問4．(i)二名法　(ii)リンネ　(iii)属　(iv)種　(v)和名

### ◀解　説▶

≪(A)突然変異　(B)個体群密度と生物の分類≫

(A)問1．3つの塩基が1つのアミノ酸を指定するため，1つの塩基の置換では1つのアミノ酸が変わるだけなので影響は少ないが，それでも鎌状赤血球貧血症のように，症例として現れる形質変化が起こる場合がある。問題文にもあるように，欠失や挿入ではコドンの読み枠がずれるフレームシフトが起こるため，その後のアミノ酸が次々と変化し，タンパク質が大きく変化する。

問2．一塩基多型は SNP ともいう（SNP は Single Nucleotide Polymorphism の略）。ゲノム塩基配列中に一塩基が変異した多様性が見られることをいう。

問3．20塩基対の長さが $6.8\times10^{-6}$ mm だから，460万塩基対，すなわち $460\times10^4$ 塩基対では

$$6.8\times10^{-6}\times\frac{460\times10^4}{20}=1.56\cdots\fallingdotseq1.6〔\mathrm{mm}〕$$

問4．培地に添加したアミノ酸と，それによって生育できた菌株のグルー

プとの関係を下表にまとめた。これによって図 5 のアミノ酸変換の流れが推測しやすくなる。

生育したものは○，しなかったものは×をつけた。

| | シスタチオニン | ホモシステイン | メチオニン |
|---|---|---|---|
| C | ○ | ○ | ○ |
| A | × | ○ | ○ |
| B | × | × | ○ |

表

表からは

- メチオニンの添加は A〜C すべての菌株を生育させること
- ホモシステインの添加は A と C の菌株を生育させるが B は生育できないこと
- シスタチオニンの添加は C の菌株を生育させるが A と B は生育できないこと

がわかる。

したがって，図 5 の代謝経路(5)にはシスタチオニンが，(6)にはホモシステインが入ると考えられ，下のようになる。

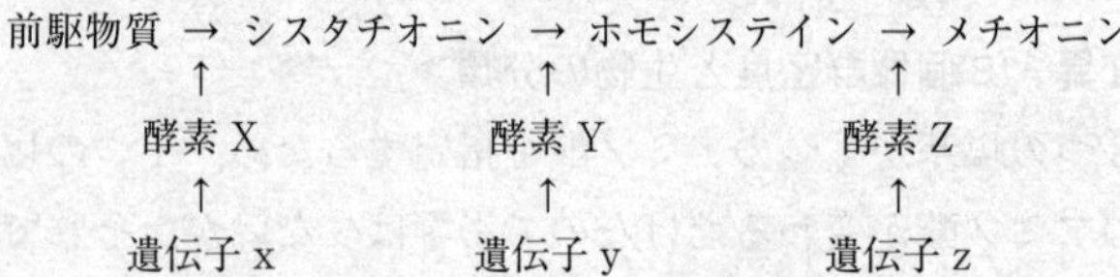


C 株は酵素 X が合成されないために，前駆物質では生育できないが，酵素 Y，酵素 Z は合成されるため，シスタチオニンやホモシステインの添加により生育できる。

A 株は酵素 Y が合成されないために，前駆物質やシスタチオニンでは生育できないが，酵素 Z は合成されるため，ホモシステインの添加により生育できる。

B 株は酵素 Z が合成されないために，メチオニンの添加以外では生育できない。

よって，酵素 X，Y，Z のそれぞれをコードする遺伝子 x，y，z に変化が生じたと考えられる。突然変異が生じた遺伝子を株ごとにまとめると，A 株は遺伝子 y，B 株は遺伝子 z，C 株は遺伝子 x となる。

(B)問 2．群生相は，集合性が強く飛翔能力が高いという，環境悪化の際に集団で新しい生息地を求めて移動するのに適した特徴を持つ。

問 3．池の中の全個体数を $x$ 個体とし，捕獲した 120 個体に印をつけて放流したので，再捕獲した 100 個体の内 20 個体に印がついていたという比率は，池中の全個体数：最初の捕獲個体数の比率と等しいと考えられる。したがって

$x$：120＝100：20　　∴　$x$＝600 個体

問 4．(iv)リンネの二名法では「種名」＝「属名」＋「種小名」であるが，「種小名」は種の名前を表す部分であるから階級は種となる。

## III　解答

(A)問 1．(1)$\alpha$ ヘリックス　(2)$\beta$ シート　(3)水素
(4)シャペロン　(5)アロステリック

問 2．ニコチンアミドアデニンジヌクレオチド

問 3．$C_6H_{12}O_6+O_2+H_2O \longrightarrow C_6H_{12}O_7+H_2O_2$

問 4．最適温度，最適 pH

問 5．10 g/L

問 6．カタラーゼ

問 7．(ウ)

(B)問 1．(1)ゼリー層　(2)先体突起　(3)精核　(4)微小管　(5)一次間充織
(6)二次間充織　(7)内胚葉

問 2．(i)―(カ)　(ii)―(エ)　(iii) 0.12 mm

問 3．ウニの胚は発生が速く，透明で大型であるため。(25 字以内)

◀解　説▶

≪(A)タンパク質と酵素　(B)ウニの受精と発生≫

(A)問 1．タンパク質の一次構造はアミノ酸の種類と並び方であるが，一次構造が決まると $\alpha$ ヘリックスや $\beta$ シートなどの二次構造がつくられる。

(5)アロステリック酵素は，生成産物がそのアロステリック部位に結合することで活性が変わり，その酵素反応自体が制御されるという「フィードバック制御」に関わっていることが多い。

問 2．$NAD^+$，$NADP^+$，FAD など呼吸や光合成反応で使われる補酵素は，このように略号でない名称を問われることがあるので要注意。教科書の脚注などに名称が掲載されていることもある。

問3．下線部②の記述をそのまま反応式にすると〔解答〕のようになる。したがって，$C_6H_{12}O_6$（グルコース）が酸化されてできる$C_6H_{12}O_7$がグルコン酸である。

問5．吸光度とグルコース溶液の濃度の関係は右表のようになる。この表から，濃度が0g/Lのときは吸光度は0.02だが，そこから濃度が1g/L増加するごとに吸光度は0.16ずつ比例して増加していることがわかる。

| 吸光度 | 濃度〔g/L〕 |
|---|---|
| 0.02 | 0 |
| 0.18 | 1 |
| 0.34 | 2 |
| 0.50 | 3 |
| 0.66 | 4 |

したがって，吸光度が0.42の場合は

$$(0.42-0.02):0.16=x〔g/L〕:1〔g/L〕$$

となり

$$x=1\times\frac{0.42-0.02}{0.16}=\frac{0.40}{0.16}=2.5〔g/L〕$$

実験Ⅲで用いられた試料溶液は4倍に希釈されている（1mLの溶液B＋3mLの水）ので，溶液Bの濃度は2.5×4＝10〔g/L〕となる。

問7．吸光度はグルコース濃度を示しており，図7では図6（実験Ⅰ）と比べて酵素濃度を2倍にして実験をしたので，最初のうちはグルコース生成速度は2倍になるが，基質濃度は変わらないので最終的な吸光度は実験Ⅰと変わらない。したがって，グラフでは(ウ)である。

(B)問1．(1)，(2)は先体反応に関するもの，(3)，(4)は受精膜形成後の受精卵内部での進行に関するものである。この2つの現象の間に表層反応がある。精子が卵に届いてから，両核の合一，すなわち受精の完了まではかなり複雑なので，きちんと整理して記憶しておきたい。膜の名前が卵黄膜，細胞膜，受精膜，取り巻く層がゼリー層，透明層，反応名も先体反応，表層反応など，段階ごとに順を追った理解が必要なので要注意である。

問2．(ii)　精子が卵黄膜に触れると，卵黄膜のイオン透過性が変化し，細胞内に$Na^+$が流入する。その結果，細胞膜の内側の電位が正（＋）にすばやく変わり，ほかの精子の進入を阻害する。これが電位による多精拒否である（1分間程度)。その間に受精膜が卵全体を覆い，受精膜が精子の進入を阻害する。図8では電位の逆転が(ウ)だから，その後の受精膜の形成完了時点は(エ)だと考えられる。

(iii)　対物ミクロメーター6目盛と接眼ミクロメーター10目盛が合ってい

るので，接眼ミクロメーター1目盛の長さは

$$\frac{10\times6}{10}=6〔\mu m〕$$

受精卵の直径は図9より，接眼ミクロメーター20目盛分なので

$$6\times20=120〔\mu m〕=0.12〔mm〕$$

問3．ウニの胚が古くから発生の研究に用いられてきた理由としては，透明で大型のため観察がしやすいことと，発生が速く進むことがあげられる。

## ❖講　評

**Ⅰ**　(A)は遺伝子の本体がDNAであることの証明実験に関する問題。実験結果をみる問題ではあるが，教科書に載っている基礎的な問題なので，ケアレスミスのないようにしたい。(B)は体細胞分裂と減数分裂に関して，DNAの変化のグラフをもとに，その特徴や用語の知識を問う問題であった。標準的な問題集などによく載っている問題である。ただ，最後に組換え価を求める問題が出題されており，理解度が低ければ取りこぼす恐れもある。どちらかといえば基礎的な問題なので，確実に解きたい。

**Ⅱ**　(A)は一遺伝子一酵素説に関する問題である。実験の意味の理解ができているかどうかで大きく差がつく可能性がある。ある程度慣れていないと結果を読み解くのに時間を要する。〔解説〕に記したように表などを作って結果を整理することがカギになる。(B)は個体群密度，標識再捕法，相変異などの基礎的知識と二名法に関する基礎的知識を問う問題であった。いずれも教科書をきちんと読んでいればできる問題である。

**Ⅲ**　(A)はタンパク質の構造についての基礎知識と，酵素の性質について実験を通して問うものである。決して難しいものではないが，吸光度を反応速度や反応生成物の代わりに使っているので，そのことを難しく考えなければごく標準的な問題である。吸光度の意味を理解できるかどうかがポイントになる。(B)は知識問題ではあるのだが，最も混乱しやすい問題であろう。出てくる用語，受精の手順・段階が覚えにくいものになっている。うろ覚えだとかなり混乱するだろう。このような複雑な段階を踏む，また，覚えにくい用語の多い分野は他にも存在する。そのような部分は，サブノートなどを利用して，きちんと記憶しておくことを

勧める。中途半端なところで終わらないようにしたい。

全体としては，基礎的な内容ながら計算問題が多く，実験結果を整理する必要がある問題もあったので，時間配分がひとつのポイントになるだろう。

今後の対策として，教科書や標準的な問題集に掲載されている実験，計算に関して，まず基礎的なものに幅広くあたってみるのがよいだろう。

## ■全学日程２：２月５日実施分

３教科型（理科設問選択方式），２教科型（英数方式〈数学重視〉）

# 問題編



### ▶試験科目・配点

●３教科型（理科設問選択方式）

| 教　科 | 科　　目 | 配　点 |
|---|---|---|
| 外国語 | コミュニケーション英語Ⅰ・Ⅱ・Ⅲ，英語表現Ⅰ・Ⅱ | 150点 |
| 数　学 | 数学Ⅰ・Ⅱ・Ⅲ・A・B | 200点 |
| 理　科 | 「物理基礎，物理」および「化学基礎，化学」の各３問合計６問のうち３問を選択 | 200点 |

●２教科型（英数方式〈数学重視〉）

| 教　科 | 科　　目 | 配　点 |
|---|---|---|
| 外国語 | コミュニケーション英語Ⅰ・Ⅱ・Ⅲ，英語表現Ⅰ・Ⅱ | 100点 |
| 数　学 | 数学Ⅰ・Ⅱ・Ⅲ・A・B | 300点 |

### ▶備　考

- ３教科型（理科設問選択方式）：システム理工学部・環境都市工・化学生命工学部で実施。英語は200点満点を150点満点に，理科は150点満点を200点満点に換算する。
- ２教科型（英数方式〈数学重視〉）：社会安全学部で実施。３教科型（理科設問選択方式）と同一問題を使用し，英語は200点満点を100点満点に，数学は200点満点を300点満点に換算する。
- 「数学Ｂ」は「数列，ベクトル」から出題する。

# 英語

(90 分)

〔Ⅰ〕A. 次の会話文の空所(1)〜(5)に入れるのに最も適当なものをそれぞれA〜Dから一つずつ選び，その記号をマークしなさい。

*Jason meets his friend, Haruto.*

Jason: Oh wow—what did you do?

Haruto: Ahh, you mean my hair?

Jason: (1)________________ You said you don't like to have your hair colored. What happened?

Haruto: Well, do you know Takato? We are a comedy team and we're going on stage next week at the school festival.

Jason: Really? Well... I did not know you were into that.

Haruto: No. I never told you. (2)________________

Jason: Yeah, right. Embarrassed. But you are fine with having bright green hair?

Haruto: (3)________________ It makes me look like a comedian.

Jason: And the golden jacket? Is that part of your new look too?

Haruto: (4)________________ But if you think my style is different, you should see Takato.

Jason: Oh no. Him too?

Haruto: Yes. He wears a golden jacket too, but his hair is red and blue on the sides, and yellow in the middle!

Jason: Incredible. How much did this new look cost you guys?

Haruto: (5)________________

(1)　A. Yes, I'm really surprised!

B. What's so mean about that?

C. Sure, by all means!

D. Actually, Takato told me already.

(2)　A. I love it when you are embarrassed.

B. I am surprised to have embarrassed you.

C. I didn't want to embarrass you.

D. I was a bit embarrassed about it.

(3)　A. Well, I'm fond of dark colors.

B. Well, I kind of like it, actually.

C. Well, if you think so, I will.

D. Well, it's not appropriate for me.

(4)　A. Yes, remotely.

B. Yes, unusually.

C. Yes, almost.

D. Yes, exactly.

(5)　A. It's easy for you to say so.

B. Let's not talk about that.

C. You must do it at any cost.

D. We should decide it now.

B. 下の英文A～Fは，一つのまとまった文章を，６つの部分に分け，順番をばらばらに入れ替えたものです。ただし，文章の最初にはAがきます。Aに続けてB～Fを正しく並べ替えなさい。その上で，次の(1)～(6)に当てはまるものの記号をマークしなさい。ただし，当てはまるものがないもの（それが文章の最後であるもの)については，Ｚをマークしなさい。

(1)　Ａの次にくるもの

(2)　Ｂの次にくるもの

(3)　Ｃの次にくるもの

(4)　Ｄの次にくるもの

(5)　Ｅの次にくるもの

(6)　Ｆの次にくるもの

A. What is fasting? Fasting means to refrain from eating for a certain period. People fast for religious reasons. For example, the Christian calendar has Lent, a 40-day period devoted to fasting.

B. Fasting in these different religions varies, but they all have the same purpose. They teach us how hard and noble it is to sacrifice ourselves, since fasting is so challenging for most of us.

C. So, it is not complete fasting. It is more like dietary restrictions. They can eat fish, vegetables, and any plant-based foods. They are prohibited to consume the flesh of warm-blooded animals, but fish do not belong to that category.

D. According to the Bible, Jesus fasted for 40 days in the desert and resisted Satan's temptation so that he could save mankind. In memory of his suffering, Christians began to abstain from meat and alcohol for the same length of time.

E. Fasting is not limited to Christianity. In Islam, people practice fasting during Ramadan, the ninth month of their calendar. They fast from dawn to sunset to develop sympathy for poor people who cannot eat. During this period, they eat a meal before dawn and another after sunset.

F. Some Japanese Buddhists were more extreme. When famine struck the country, priests locked themselves up and kept praying without eating until they died. That way—they believed—they would save all creatures on Earth. The government banned such fasting in the late 19th century.

〔II〕A. 次の英文の空所( 1 )～( 15 )に入れるのに最も適当なものをそれぞれA～Dから一つずつ選び，その記号をマークしなさい。

Beryl Markham was born in England in 1902. Her parents were upper-class British who kept horses and won prizes locally for their skill in the sport of fox-hunting. Her father moved the family to Njoro, Kenya (then British East Africa) to establish a farm. Beryl was three when the family moved into a traditional African mud hut. Her mother tolerated that lifestyle for a year before returning to England with Beryl's brother, who was old enough to require a formal education. Beryl stayed in Africa with her father.

Neighboring men who belonged to a tribe provided care for Beryl ( 1 ) her father worked on the farm. As a result, she spoke the language, Swahili, like a native speaker. She became friendly with Kibii, a boy of the tribe. Beryl's father trained them both to ride horses like horse soldiers, while Kibii's father trained them to hunt and track animals. ( 2 ) her unique status in the tribe, Beryl was allowed to train as an equal in games of skill with the boys. One of these games was to jump as high as one's own height. When Beryl reached her full height, she was nearly 1.8 meters tall.

In a few years, when the farm was settled and a western-style house had been built, Beryl's father brought in teachers for her formal education. During World War I, she was sent away to an English school in Nairobi, but she felt out of place there. After three years, she was ( 3 ) from school and she returned to her father's farm at Njoro.

The British who settled in Kenya brought their customs with them, and horse racing was a popular sport. ( 4 ) farming, her father imported and trained English racehorses. He kept over 100 horses in his stables. From early on Beryl had worked in the stables and exercised the horses. Her skill at handling them became famous.

At the age of 19, Beryl began her career as a professional racehorse trainer. She was the first woman ever to be given a trainer's license in Kenya. She started with some horses given to her by her father, then hired a jockey, a person who rides horses in races, and rented a stable. After her horses won a few of the smaller races, owners began to send their horses to her to train. A friend loaned her a group of stables and a hut to live in. She produced winners by the age of 24. In 1926, her horse, *Wise Child*, won the high-prestige St. Leger race.

After her accomplishments in horse ( 5 ), her interests shifted to something new. Beryl said, "Distances are long, and life is rather lonely in East Africa. The appearance of airplanes seemed to ( 6 ) a new life for us. The urge was strong in me to become part of that life, to make it my life. So I went down to the airport."

Beryl began flying lessons with Tom Campbell Black. In a few months, she bought her own airplane with a plan to sell private flights on her plane. On April 24, 1931, she flew from Kenya—crossing the desert and the sea, navigating by sight, stopping along the way for engine repairs—to England. Her unexpected arrival at Heston Aerodrome on May 17 made news.

( 7 ) returning to Kenya, Beryl prepared for the commercial pilot exam, which involved taking apart an engine, cleaning filters, changing engine parts, and taking a written test. Beryl became the first Kenyan-trained pilot to obtain a commercial pilot's license.

In her small plane, Beryl flew long distances over unpopulated territory ( 8 ), with only a compass and maps for navigation. She was contracted to deliver mail and supplies to camps of a thousand gold miners living in tents at locations so ( 9 ) that if she had to land along the way, she might die from thirst. Beryl provided a transportation service to distant farms and a messenger service for safari groups and took hunters to search for animals. She delivered medical supplies and doctors to emergency cases. Beryl was asked to fly accident victims and seriously ill patients to the hospital in Nairobi.

When Beryl said she was interested in entering the air race at Johannesburg, a fellow pilot offered her a new plane, on one ( 10 ): She must successfully cross the Atlantic—east to west, against the wind. The flight had been attempted before, but not yet ( 11 ). Beryl accepted the challenge. In a letter, Beryl wrote, "Two weeks from now I am going to set out to fly across the Atlantic to New York. Not as a high-society girl. Not as a woman even. But as a graduate of one of the hardest schools of flying known, with 2000 flying hours experience. The only thing that really matters is whether one can fly." Her flight was ( 12 ) for three days to wait for the weather to clear for take-off. In an interview with a *Daily Express* reporter, Beryl said, "Getting across will have been worth it because I believe in the future of an Atlantic air service, an organization that flies planes across the Atlantic Ocean. I planned this flight because I wanted to be in that air service. ( 13 ) I get across, I think I shall have earned my place."

On September 4, 1936, Beryl took off ( 14 ) bad weather. Her flight lasted 21 hours in constant fog and rain. Beryl's plane, *The Messenger*, crash landed in a wet area on the coast of Nova Scotia. Her only injury was a cut on her forehead when the plane ran into a giant rock. Beryl's historic flight made newspaper headlines. The next day in New York, she was greeted by thousands of cheering fans, celebrating her amazing ( 15 ).

(1) A. while B. whom
C. what D. wherever

(2) A. Although B. Whereas
C. Because of D. Resulting in

(3) A. fired B. passed
C. cancelled D. dismissed

(4) A. A variety of B. In addition to
C. Thanks to D. Regardless of

(5) A. winning B. riding
C. producing D. training

(6) A. seek out B. open up
C. start through D. throw away

(7) A. For B. Since
C. Previously D. Upon

(8) A. by herself B. at once
C. in question D. for good

出典追記：Encyclopedia of World Biography by James Craddock, Cengage Learning

(9)　A. scary　　B. remote
　　C. rough　　D. busy

(10)　A. solution　　B. inspiration
　　C. condition　　D. aspiration

(11)　A. accomplished　　B. tried
　　C. recorded　　D. won

(12)　A. shortened　　B. postponed
　　C. furthered　　D. scheduled

(13)　A. What　　B. As
　　C. That　　D. If

(14)　A. though　　B. due to
　　C. despite　　D. only when

(15)　A. achievement　　B. figure
　　C. status　　D. future

B. 本文の内容に照らして最も適当なものをそれぞれA～Cから一つずつ選び，その記号をマークしなさい。

(1)　When Beryl's mother took her brother back home to England,
　A. Beryl did not go along with them.
　B. he was attending a public school.
　C. she decided to follow her husband's advice.

(2) What Beryl's father taught her, as well as Kibii,

A. probably worked against what Kibii's father taught them.

B. might have been helpful for determining her future career.

C. was less interesting than the local boys' games of skill.

(3) According to the fifth paragraph, starting with "At the age,"

A. the number of her clients began to grow.

B. other women began doing the same job.

C. bigger races invited her to join their events.

(4) Beryl's arrival at Heston Aerodrome surprised people in England, probably because

A. it earned her both fame and considerable wealth.

B. it was widely reported in newspapers as illegal.

C. it was considered a remarkable feat of flight.

(5) By putting her plane to commercial use, Beryl could

A. deliver a variety of supplies and personnel.

B. join the air race at Johannesburg to gain fame.

C. start a transportation service across the Atlantic.

(6) Beryl's letter quoted in the 10th paragraph, starting with "When Beryl said,"

A. stresses the historical importance of becoming the first woman to fly across the Atlantic.

B. emphasizes her confidence in her abilities and skills as a trained and experienced pilot.

C. expresses her personal ambition of founding an organization that flies long distances regularly.

(7) The passage is best described as a story about

A. a heroic woman's escapes from all sorts of trouble in the air.

B. an amazing woman's excellence in horse riding and training.

C. one woman's unique experiences in Africa and career as a pilot.

〔Ⅲ〕A. 次の英文の下線部①～⑩について，後の設問に対する答えとして最も適当なものをそれぞれA～Cから一つずつ選び，その記号をマークしなさい。

Screens—on computers, smartphones, tablets, and so on—surround us more than ever. ①<u>But it might be best to look away.</u> Nearly two out of three US kids spend more than two hours a day looking at screens, a new study finds. The kids who spend more time staring at screens perform worse on memory, language and thinking tests than do those who spend less time in front of a device. That is the result of a study of more than 4,500 kids aged 8 to 11.

Time on devices has its pros and cons. Screen time before bed can make it harder to sleep. But some time with devices also can ②<u>improve a student's mood.</u> For this study, researchers wanted to find out how much time kids were spending on screens—whether a smartphone, a television, an iPad or a computer. They also wanted to look at how much sleep and exercise these kids were getting. Finally, the scientists wanted to ③<u>gauge</u> kids' *cognitive* abilities. These are mental activities—such as solving puzzles, remembering things, or learning something new.

④<u>The researchers used data gathered as part of a large, long-term study.</u> Called the Adolescent Brain Cognitive Development (ABCD) Study, it surveyed more than 4,500 kids and their parents. The study asked about screen time. It also asked about physical exercise and sleep, and tested memory and learning.

So how much screen time is too much? ⑤The researchers went with guidelines from experts. They recommend no more than two hours of recreational screen time a day. They also advise kids to get at least an hour of exercise each day and between 9 and 11 hours of sleep at night.

If that recommendation seems strict, ⑥it was. Only five in every 100 of the surveyed children met all three guidelines. In fact, 29 in every 100 did not meet any of the guidelines. So they were "getting less than nine hours of sleep, they're on their screens for longer than two hours and they're not being physically active," notes Jeremy Walsh. He is an exercise physiologist—someone who studies how bodies work during exercise.

On average, children in this study spent 3.6 hours a day using screens. They also exercised an hour or more fewer than four days a week. At least they slept an average of 9.1 hours a night.

Less screen time was linked with better cognitive scores on tests that assess mental abilities. Children who spent fewer than two hours on screens scored about four percent higher on thinking-related tests than did kids who spent more time on their screens. Kids who met the recommendations for both screen time and sleep also got better scores on their thinking tests. ⑦When analyzed on their own, sleep and physical activity did not seem to influence test results. It was screen time that really made a difference. "This raises a concern," Walsh says. The new data add to worries that heavy use of smartphones, tablets, or computers can hurt growing minds.

Because the study only asked people about their habits once, it only captures a single point in time, and of course, people's habits often change. That means that Walsh and his colleagues cannot tell if the amount of screen time kids get actually changes brain development. But, Walsh adds, "Without knowing what kids are actually doing with their screens, we're seeing that the two-hour mark actually seems to be a good recommendation for benefiting intelligence."

The study cannot say whether screen time actually hurt thinking skills. Kids who spend lots of time with electronic devices might miss out on other activities that improve their memory or problem-solving skills. "You don't know which is the chicken and which is the egg ⑧ here," cautions a children's doctor, Michael Rich, meaning we do not know which factor, intelligence or screen time, causes the other. It could be that smarter kids are less likely to spend lots of time on screens, he says. If true, they would get better test scores—but it would not be because they used devices less.

Simple cause-and-effect relationships often do not exist in human behavior, Rich says. Instead of broad rules for all kids, "we need to adjust what we learn from science to fit each individual child."

But by examining the combination of screen, sleep, and exercise behaviors, the results offer a fuller look at children's health. That is ⑨ a comprehensive perspective that is seriously needed, says Eduardo Esteban Bustamante. He's a kinesiologist—someone who studies how bodies move. "We don't know a lot yet about how these behaviors interact with one another to influence kids' cognitive development," he says.

The ABCD Study will keep collecting data from these families for another 10 years. This means scientists may be able to learn more about how screen time affects kids through their teen years and beyond. ⑩ "I'm really excited to see where this area of research goes," Bustamante says.

(1) What does the author want to express most in Underline ①?

A. People should be careful about their amount of screen time.

B. New technologies have filled our lives with electronic devices.

C. The kids looking at screens should focus on their tests instead.

(2) What does Underline ② refer to?

A. create a friendly classroom atmosphere

B. influence one's feelings positively

C. make young people better at studying

(3) Which of the following has a meaning closest to Underline ③?

A. cultivate

B. measure

C. contrast

(4) What does Underline ④ imply?

A. The entire research process took longer than anyone expected.

B. The research will be published well after the final data collection.

C. This research is part of a continuing—not a one-time—project.

(5) What does Underline ⑤ actually mean?

A. The researchers asked experts to be more helpful.

B. The researchers followed professional advice.

C. The researchers set new guidelines for them.

(6) What does Underline ⑥ imply?

A. A majority of the children failed to meet the recommendation.

B. The guidelines were too difficult for the children to understand.

C. A certain period of screen time was necessary for any child to have fun.

(7) What does Underline ⑦ actually mean?

A. Neither sleeping nor physical exercise affected cognitive scores independently.

B. Sleep did not contribute to cognitive abilities because physical activity was enough.

C. Physical activity influenced the results only when sleeping was taken into account.

(8) Which of the following can be a concrete example for Underline ⑧?

A. a hot day of baseball practice and heat exhaustion

B. driving long distances and the rate of traffic accidents

C. love of school and getting good grades

(9) Which of the following has a meaning closest to Underline ⑨?

A. a clear vision

B. an optimistic outlook

C. a broad view

(10) What does Underline ⑩ imply?

A. Bustamante wonders how further studies will be undertaken.

B. Bustamante thinks there will be interesting developments in this field.

C. Bustamante provides some thrilling suggestions for future studies.

B. 本文の内容に照らして最も適当なものをそれぞれA～Cから一つずつ選び，その記号をマークしなさい。

(1) The main purpose of the first paragraph is to

A. illustrate how electronic devices are damaging to our brains.

B. depict those kids who spend more and more time staring at screens.

C. describe the summary of the new research findings on screen time.

(2) According to the second paragraph, starting with “Time on devices,” the aim of the study was to examine

A. the positive influence of digital devices on children's cognition.

B. the factors that determine the time kids spend on screens.

C. the relationship between children's lifestyles and mental skills.

(3) According to the sixth paragraph, starting with "On average," the present study shows that

A. sleeping longer directly leads to better performance on the thinking test.

B. children tended to satisfy the sleeping guideline more than others.

C. those who sleep longer were likely to spend less time on screens.

(4) According to the seventh paragraph, starting with "Less screen time," the author argues that

A. mental abilities can be affected by screen time.

B. mental health can impact the amount of screen time.

C. mental activity has little to do with screen time.

(5) According to the ninth paragraph, starting with "The study cannot," the author says that we should be cautious about the study because

A. it only shows the amount of screen time children spend on a long-term basis.

B. it is difficult to determine whether screen time directly affects changes to thinking skills.

C. the type of electronic devices children use can impact their brain development.

(6) According to the 10th paragraph, starting with "Simple cause-and-effect,"

A. general rules do not automatically apply to particular cases.

B. raising children should not be based on scientific evidence.

C. science cannot discover many aspects of human behavior.

(7) The most appropriate title for this passage is

A. “ABCD Study Continuing Its Endeavor for a Better Future.”

B. “The Relationship Between Sleep, Exercise, and Technology Use.”

C. “Less Screen Time Linked to Better Memory and Learning in Kids.”

# 数学

(100 分)

〔Ⅰ〕 $n$ を自然数，$a$ を $1 < a < 2$ を満たす定数とし，$x$ の関数 $f_n(x)$ を

$$\sum_{k=1}^{n} f_k(x) = a^x\{1-(1-a^x)^n\}$$

によって定める。例えば，$n=1$ のとき

$$\sum_{k=1}^{1} f_k(x) = f_1(x) = a^x\{1-(1-a^x)\} = a^{2x}$$

である。

(1) 関数 $f_2(x)$ を求めよ。

(2) 関数 $f_n(x)$ を求めよ。

(3) 定積分 $I_n = \int_0^1 f_n(x)\,dx$ について，$t = 1-a^x$ とおく。このとき，$\dfrac{dx}{dt}$ を $a$, $t$ を用いて表せ。また，$I_n$ を $a$，$n$ を用いて表せ。

(4) (3)の $I_n$ について，和 $\sum_{k=1}^{n} I_k$ を求めよ。また，極限 $\lim_{n\to\infty}\sum_{k=1}^{n} I_k$ を求めよ。

〔Ⅱ〕 $n$ を自然数として，数字の1と2のみを用いてできる自然数を小さい順に並べて数列 $\{a_n\}$ を次のように作る。以下の [　　] をうめよ。

$$\{a_n\}: 1,\ 2,\ 11,\ 12,\ 21,\ 22,\ 111,\ 112,\ \cdots\cdots$$

(1) $a_{11} =$ [ ① ]，$a_{16} =$ [ ② ] である。

(2) 数列 $\{a_n\}$ の項のうち，4桁の自然数で，千の位の数が1であるものは全部で [ ③ ] 個ある。また，4桁の自然数となるすべての項の和は [ ④ ] である。

(3) $a_n = 21121$ であるとき，$n =$ [ ⑤ ] である。

(4) 数列 $\{a_n\}$ の項のうち，$n$ 桁の自然数で，左端の数が1であるものは全部で [ ⑥ ] 個ある。また，$n$ 桁の自然数となるすべての項の和は [ ⑦ ] である。

〔Ⅲ〕 $t$ を媒介変数として，$x = t^2 + 3t,\ y = 4 - t^2\ \ (|t| \leqq 1)$ で表される曲線を $C$ とする。次の [　　] をうめよ。

(1) $\dfrac{dy}{dx}$ を $t$ を用いて表すと，$\dfrac{dy}{dx} =$ [ ① ] である。また，曲線 $C$ 上の点の $y$ 座標の最大値は [ ② ]，最小値は [ ③ ] である。

(2) 曲線 $C$ の接線のうち，傾きが $\dfrac{1}{2}$ のものの方程式は $y = \dfrac{1}{2}x +$ [ ④ ] である。

(3) 曲線 $C$ 上の点 $(t^2 + 3t,\ 4 - t^2)$ における $C$ の法線が原点 O$(0,\ 0)$ を通るような $t$ の値は小さい方から，[ ⑤ ]，[ ⑥ ] である。

(4) 曲線 $C$ と直線 $y = 3$ で囲まれた図形の面積は [ ⑦ ] である。

〔Ⅳ〕次の ☐ をうめよ。

(1) △OABにおいて，OA = 3，OB = 2，$\cos\angle \mathrm{AOB} = -\dfrac{1}{8}$ とする。点Bから直線OAに垂線を下ろし，直線OAとの交点をHとするとき，AH = ① である。

(2) 大きさが異なる4個のさいころを同時に投げる。このとき，出る目の和が7となる確率は ② である。また，出る目の積が3の倍数となる確率は ③ である。

(3) Oを原点とする座標空間に3点A(2, 0, 0)，B(0, 2, 0)，C(0, 0, 1)がある。点D(2, 4, $k$)($k$は定数)が平面ABC上にあるとき，$k$ = ④ である。また，平面ABCに関して点Oと対称な点O′の座標は ⑤ である。

(4) 2つの円 $x^2 + y^2 = 1$，$(x-2)^2 + (y-4)^2 = 5$ をそれぞれ $C_1$，$C_2$ とする。円 $C_1$ の中心を点A，円 $C_2$ の中心を点Bとするとき，線分ABの垂直二等分線の方程式は $y$ = ⑥ である。また，2つの円 $C_1$，$C_2$ の外部にある点Pから，$C_1$，$C_2$ に接線を引き，接点をそれぞれ $\mathrm{T_1}$，$\mathrm{T_2}$ とする。点Pが $\mathrm{PT_1} : \mathrm{PT_2} = 1 : \sqrt{2}$ を満たしながら動くとき，点Pの描く図形の方程式は ⑦ である。

# 物理

（3問　90分）

※　物理・化学のそれぞれ〔Ⅰ〕～〔Ⅲ〕の3問合計6問のうち，3問を選択して解答してください。なお，4問以上解答した場合は，高得点の3問を合否判定に使用します。

〔Ⅰ〕次の文の［(a)］～［(c)］に入れるのに最も適当な式を解答欄に記入しなさい。また，［(1)］～［(15)］に入れるのに最も適当なものを各問の文末の解答群から選び，その記号をマークしなさい。ただし，同じものを2回以上用いてもよい。なお［(4)*］，［(5)*］については文末の〔解答群*〕から最も適当なものを選び，その記号をマークしなさい。

(i)　図1のように，地球の周りをまわる人工衛星の運動について考えてみよう。地球は質量$M$の密度が一様な球であるとする。人工衛星の大きさは無視でき，その質量は$m$で，地球の質量に比べてじゅうぶんに小さいとする。人工衛星は地球の中心から距離$r$だけ離れた円軌道上を一定の速さで運動している。人工衛星に対する地球の自転と公転の影響，地球の大気の影響は無視できるものとする。また，人工衛星にはたらく力は地球による万有引力のみであるとし，万有引力定数を$G$とすると，その万有引力の大きさは$G\dfrac{Mm}{r^2}$と表される。

半径$r$の円軌道上を運動する人工衛星の速さ$v_1$は［(1)］であり，角速度は［(2)］である。また，このときの万有引力による位置エネルギー$U_1$は，無限遠点の位置エネルギーを0とすると，(［(3)］)$\times m$となる。

次に，人工衛星の軌道を変更し，半径$2r$の円軌道上を一定の速さで運動するようにした。このときの速さ$v_2$，万有引力による位置エネルギー$U_2$と，半径$r$の円軌道上の$v_1$，$U_1$との大小関係は，

$v_2$［(4)*］$v_1$　，　$U_2$［(5)*］$U_1$

である。また，半径 $r$ と半径 $2r$ の円軌道上の人工衛星の力学的エネルギー(運動エネルギーと位置エネルギーの和)をそれぞれ $E_1$，$E_2$ とすると，$G$，$M$，$m$，$r$ を用いて，

$$E_2 - E_1 = \boxed{\text{(a)}}$$

と表すことができる。

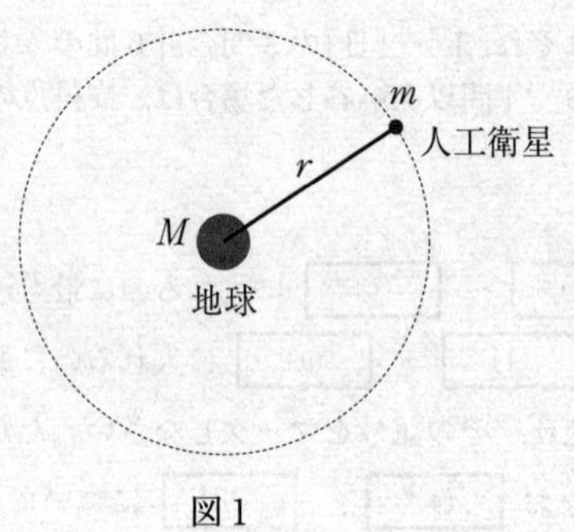


図1

〔解答群〕

(ア) $\sqrt{GM}$　(イ) $\sqrt{\dfrac{GM}{r}}$　(ウ) $\sqrt{\dfrac{GM}{r^2}}$　(エ) $\sqrt{\dfrac{GM}{r^3}}$

(オ) $GM$　(カ) $\dfrac{GM}{r}$　(キ) $\dfrac{GM}{r^2}$　(ク) $\dfrac{GM}{r^3}$

(ケ) $-GM$　(コ) $-\dfrac{GM}{r}$　(サ) $-\dfrac{GM}{r^2}$　(シ) $-\dfrac{GM}{r^3}$

〔解答群*〕

(ア) $>$　(イ) $=$　(ウ) $<$

(ii) 傾斜角30°の斜面と半径 $r$ の円筒面(円筒形の面の一部)からなる台が，なめらかな水平床上に**固定されている**。図2は円筒面の軸(円筒の中心軸)に垂直な鉛直断面で，ABは傾斜角30°の斜面上にあり，斜面と円筒面はBでなめらかに接続している。円筒面の断面(円弧BCD)上の点Cは最下点で床と同じ高さである。AB上の点OはOBの長さが $d$ の点であり，円弧の中心をO′とすると角BO′Cは30°，点Dの床からの高さは $h$(ただし $h < r$)で角CO′D $>$ 30°

である。斜面と円筒面はなめらかであり，重力加速度の大きさを $g$ として，空気抵抗は無視できるものとする。

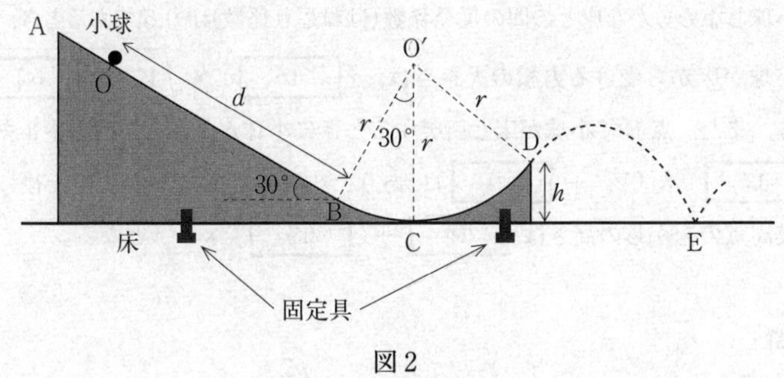


図2

点Oに質量 $m$ の小球を置き，初速度0ですべらせる。小球は点B，点Cを通過し，点Dから飛び出して，点Eで床に衝突してはね返った。

小球が点Oから点Bへすべるときの運動を考える。小球にはたらく力は重力と面からの垂直抗力であり，それらの合力の大きさは［(6)］$\times mg$ である。また，小球が点Oからすべり始めてから点Bに達するまでの時間は $t =$［(b)］である。

続いて，小球が点Bから点Dへすべるときの運動を考える。点Cでの小球の速さは $\sqrt{g \times \{\boxed{(7)} + (2 - \sqrt{3}) \times r\}}$ である。小球にはたらく力は重力と面からの垂直抗力で，小球が点Cにあるとき，それらの合力の大きさは $mg \times \{\boxed{(8)} + (2 - \sqrt{3})\}$ である。また，小球が点Dから飛び出すためには，$d$，$r$，$h$ の間に次の関係が成り立つ。

$$d > \boxed{(9)} - (2 - \sqrt{3}) \times r$$

次に，点Dから飛び出した小球の運動を，水平方向と鉛直方向の成分に分けて考える。点Dでの小球の速さを $V$ とすると，点Dでの小球の速度の水平成分は右向きを正として $V_x = \dfrac{(\boxed{(10)}) \times V}{r}$，鉛直成分は上向きを正として $V_y = \dfrac{(\boxed{(11)}) \times V}{r}$ である。

また，点Dの真下の床上の点から点Eまでの水平距離を，$V_x$ と $V_y$ を用いて表すと，$V_x \times \dfrac{V_y + \sqrt{V_y{}^2 + \boxed{\ (c)\ }}}{g}$ となる。

小球となめらかな床との間の反発係数(はね返り係数)が 0.5 であるとき，点Eで小球が床から受ける力積の大きさは，$(\boxed{\ (12)\ }) \times \sqrt{V_y{}^2 + \boxed{\ (c)\ }}$ となる。また，点Eで小球が床と衝突するときに小球が失う力学的エネルギーは $(\boxed{\ (13)\ }) \times (V_y{}^2 + \boxed{\ (c)\ })$ であり，小球が点Eではね返った後に達する最高点の床からの高さは $\boxed{\ (14)\ } + (\boxed{\ (15)\ }) \times V_y{}^2$ となる。

〔解答群〕

(ア) $1$　(イ) $\dfrac{1}{2}$　(ウ) $\dfrac{\sqrt{3}}{2}$　(エ) $d$

(オ) $2d$　(カ) $r$　(キ) $2r$　(ク) $\dfrac{r}{d}$

(ケ) $\dfrac{d}{r}$　(コ) $h$　(サ) $2h$　(シ) $\dfrac{h}{2}$

(ス) $\dfrac{h}{4}$　(セ) $r + h$　(ソ) $r - h$　(タ) $\sqrt{h(h-2r)}$

(チ) $\sqrt{h(2r-h)}$　(ツ) $\sqrt{2r^2 - h(h-2r)}$　(テ) $\sqrt{2r^2 - h(2r-h)}$

(ト) $\dfrac{m}{2}$　(ナ) $\dfrac{3m}{2}$　(ニ) $\dfrac{3m}{8}$　(ヌ) $\dfrac{5m}{8}$

(ネ) $\dfrac{1}{2g}$　(ノ) $\dfrac{1}{8g}$

〔Ⅱ〕 次の文の [ (a) ] ～ [ (c) ] に入れるのに最も適当な数式または有効数字2桁の数値を解答欄に記入しなさい。また，[ (1) ] ～ [ (16)* ] に入れるのに最も適当なものを各問の文末の解答群から選び，その記号をマークしなさい。ただし，同じものを2回以上用いてもよい。なお [ (6)* ]，[ (7)* ]，[ (10)* ]，[ (13)* ]，[ (16)* ] には各問の文末の〔解答群*〕から最も適当なものを選び，その記号をマークしなさい。

(i) 電圧 $V$ の直流電源，電気容量 $C$ のコンデンサー，抵抗値 $R_1$ と $R_2$ の抵抗，およびスイッチSが図1のように接続されている回路がある。以下では図の矢印の向きに流れる電流を正とする。はじめに，コンデンサーに蓄えられている電気量が0の状態でスイッチを端子Aにつないだ。スイッチをつないだ瞬間のコンデンサーの極板間の電位差は [ (1) ] であり，この瞬間に回路に流れる電流 $I$ は $I=$ [ (2) ] である。その後，コンデンサーの充電が進むにつれて抵抗に加わる電圧は [ (3) ] する。じゅうぶんに時間が経過すると充電は終了する。このときのコンデンサーに蓄えられた電気量は [ (4) ] となり，蓄えられた静電エネルギーは [ (5) ] となる。スイッチを端子Aにつないだ瞬間を時刻 $t=0$ とすると，この充電過程において回路に流れる電流 $I$ は，〔解答群*〕のグラフの縦軸を $I$ とすると，時間の経過とともに [ (6)* ] のように変化する。また，コンデンサーの極板間の電位差は，〔解答群*〕のグラフの縦軸を電位差とすると，[ (7)* ] のように変化する。

次に，じゅうぶんな時間が経過した後，スイッチを端子Bにつなぐと，コンデンサーは放電を始める。スイッチを端子Bにつないだ直後には，コンデンサーには電荷が蓄えられており，コンデンサーの極板間の電位差は [ (8) ] である。したがって，このとき回路に流れる電流 $I$ はその向きを考慮すると $I=$ [ (a) ] となる。コンデンサーの放電が進むにつれて電流の大きさは [ (9) ] する。じゅうぶんに時間が経過すると放電は終了する。スイッチを端子Bにつないだ瞬間を時刻 $t=0$ とすると，この放電過程において回路に流れる電流 $I$ は，〔解答群*〕のグラフの縦軸を $I$ とすると，時間の経過とともに [ (10)* ] のように変化する。

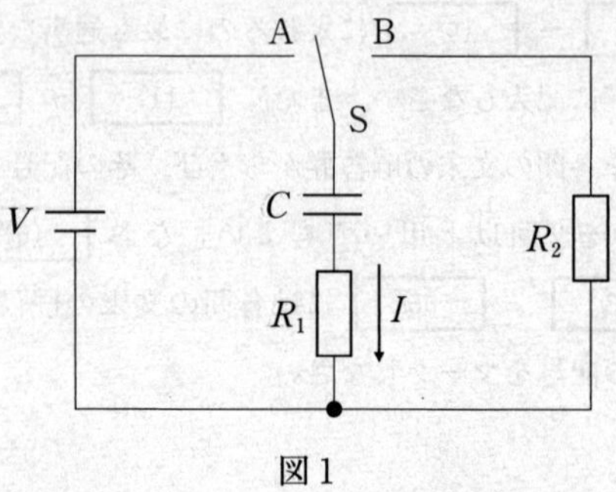


図 1

〔解答群〕

(ア)　0　(イ)　$\dfrac{V}{R_1}$　(ウ)　$-\dfrac{V}{R_1}$　(エ)　$\dfrac{V}{R_2}$　(オ)　$-\dfrac{V}{R_2}$

(カ)　$CV$　(キ)　$CV^2$　(ク)　$\dfrac{1}{2}CV$　(ケ)　$\dfrac{1}{2}CV^2$　(コ)　$\dfrac{1}{4}CV$

(サ)　$\dfrac{1}{4}CV^2$　(シ)　$V$　(ス)　$\dfrac{V}{2}$　(セ)　増加　(ソ)　減少

〔解答群*〕

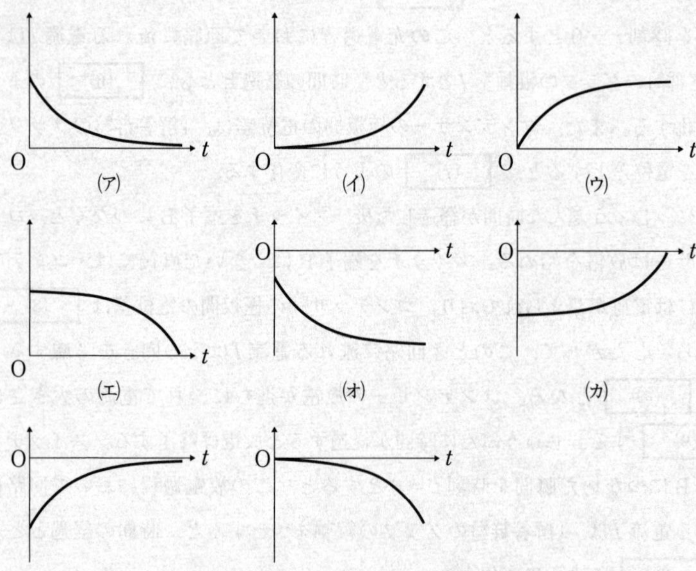

(ii)　交流電圧の実効値が $E$ で周波数が可変の交流電源と，自己インダクタンス $L$ のコイルがある。コイルを交流電源につなぐと，電源の角周波数が $\omega$ のとき，コイルのリアクタンス(誘導リアクタンス)は [ (11) ] となり，回路に流れる電流の実効値 $I_e$ は $I_e = E \times$ [ (12) ] となる。このときの電流の実効値と角周波数の関係を表すグラフは [ (13)* ] となる。

次に，上で用いた交流電源に自己インダクタンス $L$ のコイル，電気容量 $C$ のコンデンサー，抵抗値 $R$ の抵抗の順番に直列に接続し，RLC 直列回路をつくった。回路に流れる電流の実効値が最も大きくなるのは，角周波数が [ (14) ] のときであり，そのときの電流の実効値は $I_e =$ [ (b) ] となる。特定の角周波数において，電流の実効値が大きくなる現象を [ (15) ] という。この現象は，ラジオ，テレビ，携帯電話などの電磁波の受信に利用されている。RLC 直列回路に流れる電流の実効値と角周波数の関係を表すグラフは [ (16)* ] となる。

$E = 100$〔V〕，$R = 10$〔kΩ〕，$L = 25$〔mH〕，$C = 10$〔μF〕の場合には，RLC 直列回路の [ (15) ] 周波数は [ (c) ]〔kHz〕となる。ただし，円周率 $\pi$ は 3.14 とする。

〔解答群〕

(ア) $\omega L$　(イ) $\dfrac{1}{\omega L}$　(ウ) $2\omega L$　(エ) $\dfrac{1}{2\omega L}$　(オ) $\sqrt{2}\,\omega L$

(カ) $\dfrac{1}{\sqrt{2}\,\omega L}$　(キ) $\dfrac{L}{\omega}$　(ク) $\dfrac{\omega}{L}$　(ケ) $\dfrac{1}{LC}$　(コ) $\dfrac{1}{\sqrt{LC}}$

(サ) $\dfrac{L}{C}$　(シ) $\sqrt{\dfrac{L}{C}}$　(ス) $\dfrac{C}{L}$　(セ) $\sqrt{\dfrac{C}{L}}$　(ソ) $LC$

(タ) $\sqrt{LC}$　(チ) 強振　(ツ) 共振　(テ) 振動

〔解答群*〕

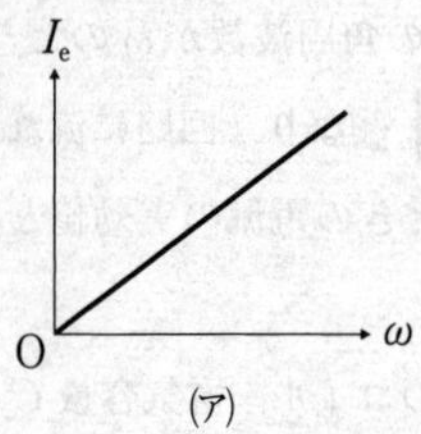

(ア)

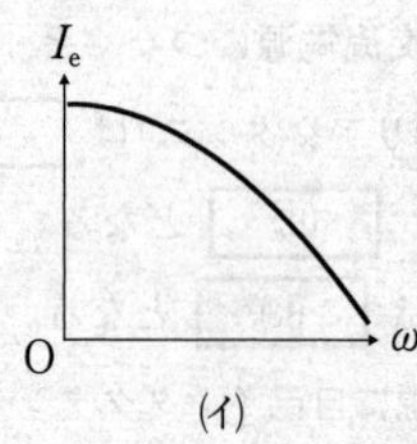

(イ)

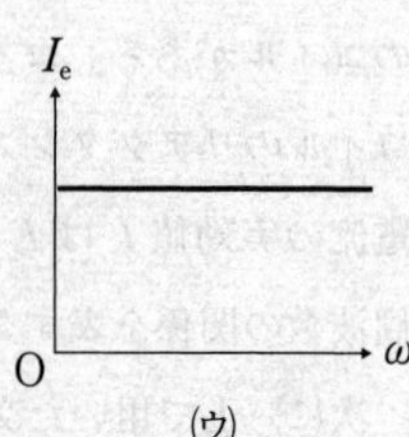

(ウ)

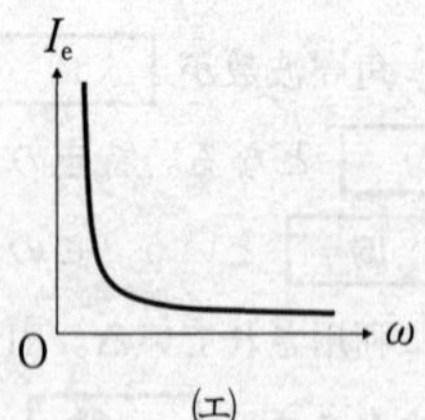

(エ)

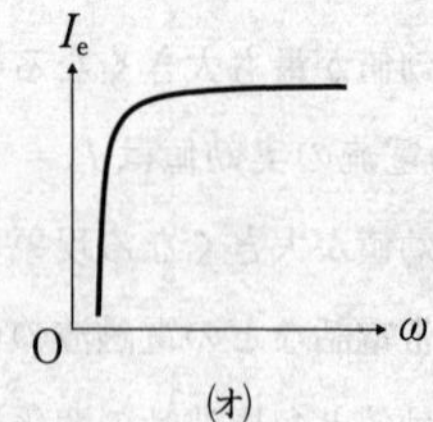

(オ)

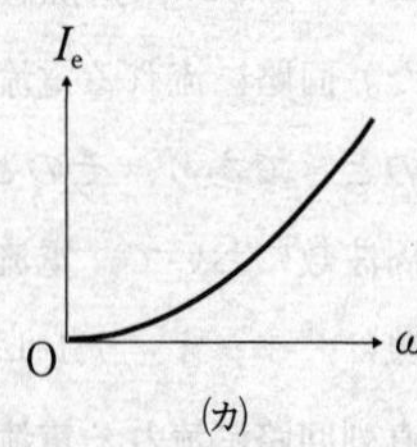

(カ)

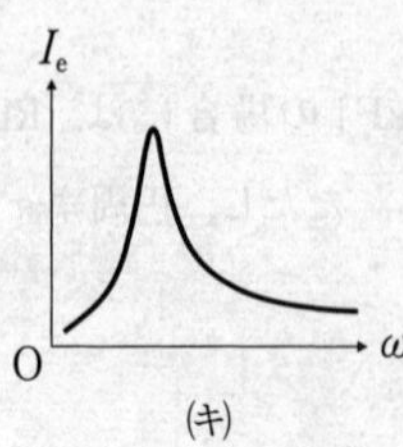

(キ)

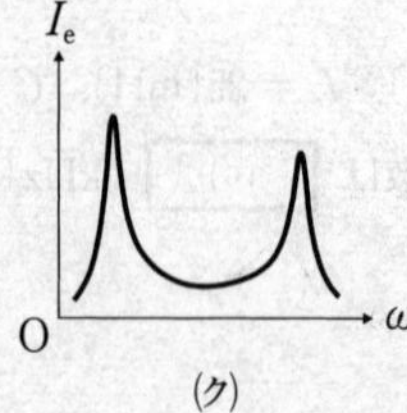

(ク)

〔Ⅲ〕 次の文の [(a)] ～ [(c)] に入れるのに最も適当な語句または式を解答欄に記入しなさい。また，[(1)] ～ [(16)] に入れるのに最も適当なものを各問の文末の解答群から選び，その記号をマークしなさい。ただし，同じものを2回以上用いてもよい。

(i) 図1のように，光源の右側についたてA，ついたてB，スクリーンCがこの順に互いに平行に置かれている。AとBの距離を$D$，BとCの距離を$L$とする。Aには，じゅうぶんに幅の狭いスリット(すき間)Sがあけられており，Bには，二つの互いに平行で，じゅうぶんに幅の狭いスリット$S_1$と$S_2$が間隔$b$であけられている。$S_1$と$S_2$の中点を通りBに垂直な直線とCとの交点をO，Aとの交点をO′とし，図1に示すように，Oを原点としてスクリーン上にx軸をとる。

光源からAに波長$\lambda$の単色光をあてると，Sで回折した光は，$S_1$，$S_2$を通ってCに達して明暗の縞模様を作った。x軸上の座標$x$の点Pに到達する光について考えよう。$S_1$と$S_2$の間隔$b$は光の波長$\lambda$に比べてじゅうぶんに大きく，また，$D$と$L$は，$b$および座標$x$の大きさに比べてじゅうぶんに大きいとする。以下では，空気の屈折率を1とする。

(A) SがO′にある場合，$S_1$と$S_2$において光は [(1)] となる。点Pにおいて$S_1$を通った光と$S_2$を通った光が強め合う条件は，$S_1P = L_1$，$S_2P = L_2$，$m$を0または正の整数として，$|L_1 - L_2| =$ [(2)] $\times\lambda$と表せる。$L$，$b$，$x$を用いて，$L_1 =$ [(3)] ，$L_2 =$ [(4)] となるが，$|z| \ll 1$の場合，$\sqrt{1+z} \fallingdotseq 1 + \dfrac{z}{2}$と近似できることを用いると，$x > 0$の場合，$|L_1 - L_2| \fallingdotseq$ [(5)] と近似できる。これより，光が強め合ってできる明線が点Pに現れる条件は，$x =$ [(a)] となる。光の波長$\lambda$を大きくすると，明線の間隔は [(6)] 。また，スリットの間隔$b$を大きくすると，明線の間隔は [(7)] 。

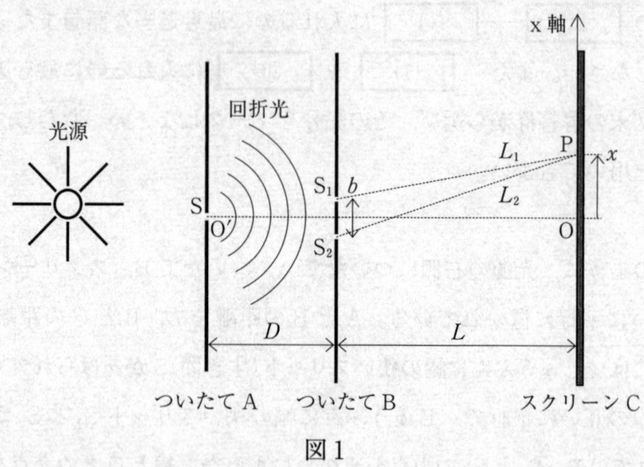


図 1

〔解答群〕

(ア)　同位相　　(イ)　逆位相　　(ウ)　広くなる　　(エ)　狭くなる

(オ)　変化しない　　(カ)　$\dfrac{m}{2}$　　(キ)　$m$　　(ク)　$\left(m+\dfrac{1}{2}\right)$

(ケ)　$\dfrac{bx}{L}$　　(コ)　$\dfrac{2bx}{L}$　　(サ)　$\dfrac{Lx}{b}$　　(シ)　$\dfrac{2Lx}{b}$

(ス)　$\sqrt{L^2+\left(x+\dfrac{b}{2}\right)^2}$　　(セ)　$\sqrt{L^2+\left(x-\dfrac{b}{2}\right)^2}$　　(ソ)　$\sqrt{L^2+(x+b)^2}$

(タ)　$\sqrt{L^2+(x-b)^2}$　　(チ)　$\sqrt{b^2+(L+x)^2}$　　(ツ)　$\sqrt{b^2+(L-x)^2}$

(B)　S が点 O′ にある状態から，図 2 のように，ついたて A を x 軸正の向きに $y$ だけずらした場合を考えてみよう。ただし，$y$ の大きさは $D$ に比べてじゅうぶんに小さいとする。$SS_1 = D_1$，$SS_2 = D_2$ とおいて前問と同様に近似式を用いると，二つの経路 $SS_1P$ と $SS_2P$ の経路差は，$|SS_1P - SS_2P| \fallingdotseq$ [ (8) ] となる。したがって，A を x 軸正の向きに徐々にずらすと，C 上の明線は [ (9) ] に徐々にずれる。このとき，明線の間隔は，A をずらす前と比べて [ (10) ] 。

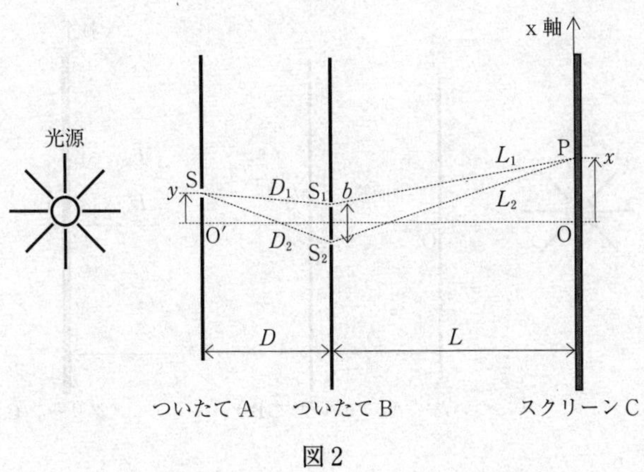


図2

〔解答群〕

(ア) $\left|\dfrac{bx}{L}-\dfrac{by}{D}\right|$　　(イ) $\left|\dfrac{bx}{L}+\dfrac{by}{D}\right|$

(ウ) $\left|\dfrac{2bx}{L}-\dfrac{2by}{D}\right|$　　(エ) $\left|\dfrac{2bx}{L}+\dfrac{2by}{D}\right|$

(オ) $\left|\dfrac{Lx}{b}-\dfrac{Dy}{b}\right|$　　(カ) $\left|\dfrac{Lx}{b}+\dfrac{Dy}{b}\right|$

(キ) $\left|\dfrac{2Lx}{b}-\dfrac{2Dy}{b}\right|$　　(ク) $\left|\dfrac{2Lx}{b}+\dfrac{2Dy}{b}\right|$

(ケ) x軸正の向き　(コ) x軸負の向き

(サ) 広くなる　(シ) 狭くなる　(ス) 変化しない

(C) 図3のように，Sを点O′に戻してから，厚さ$d$，屈折率$n$(ただし$n>1$)の透明な平面膜をSと$S_1$の間に光線に垂直に挿入する。この膜は，$S_2$を通る光には影響しない。光がこの膜を通過する際の光路長(光学距離)は，［(11)］である。明暗の縞模様が膜を挿入する前と同じ位置に観測されるときの膜の厚さ$d$は，正の整数$N$と光の波長$\lambda$を用いて表すと，$d=$［(b)］となる。

膜を取り除いて，装置全体を屈折率$n'$(ただし$n'>1$)の透明な液体に浸した。このとき，明線の間隔は，液体に浸す前と比べて［(12)］。

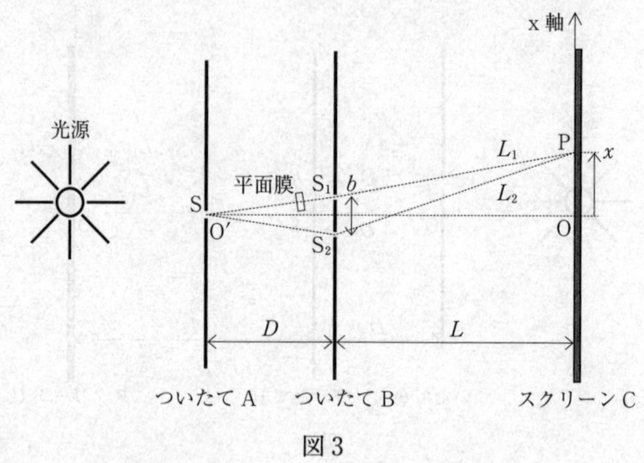


図 3

〔解答群〕

(ア) $nd$　　(イ) $\dfrac{d}{n}$

(ウ) 広くなる　　(エ) 狭くなる　　(オ) 変化しない

(ii) 水に浮かんだ微粒子や空気中の煙を顕微鏡で見ると，これらがゆれ動くように運動していることが観察される。このような運動をブラウン運動という。ブラウン運動は，［(13)］に運動している水や空気の分子が，微粒子と衝突するために生じる現象である。このような分子や原子の［(13)］な運動を熱運動という。［(14)］とは，熱運動の激しさを表す物理量である。

高温の物体と低温の物体を接触させると，熱は高温の物体から低温の物体に移動し，やがて熱平衡状態となり，両者の温度は一致する。低温の物体から高温の物体に，自然に熱が移動することはない。このように，ひとりでに逆向きの変化が起こらない現象を［(c)］変化といい，熱の移動だけでなく，水に垂らしたインクが薄まりながら広がる現象などもその例である。

高温の物体 A と低温の物体 B を接触させた場合の熱運動について考えてみよう。A と B は接触面を通してエネルギーをやり取りする。接触面で A の分子と B の分子が衝突すると，両者の間でエネルギーがやり取りされる。このとき，高温の物体では低温の物体と比べて分子が激しく運動しているので，接触面での分子の多数の衝突を平均すると，AからBにエネルギー(熱)が移動する。Aが失ったエネルギーの大きさ$E_A$とBが得たエネルギーの大きさ$E_B$を比べると，［ (15) ］の関係が成り立つ。ただし，AとB以外へのエネルギーの移動は無視できるものとする。

100℃に熱した150 gの石を，20℃で200 gの水の中に入れたところ，水と石の温度は共に30℃になった。水の比熱を4.2 J/(g·K)とすると，この石の熱容量は［ (16) ］〔J/K〕であると考えられる。ただし，熱は石と水の間のみで移動し，外部との出入りはないものとする。また，石を水に浸したときの水の蒸発は無視できるものとする。

〔解答群〕

| | | | |
|---|---|---|---|
| (ア) 規則的 | (イ) 不規則 | (ウ) 圧力 | (エ) 比熱 |
| (オ) 温度 | (カ) $E_A > E_B$ | (キ) $E_A < E_B$ | (ク) $E_A = E_B$ |
| (ケ) $1.1 \times 10^4$ | (コ) $8.4 \times 10^3$ | (サ) $8.4 \times 10^2$ | (シ) $6.3 \times 10^2$ |
| (ス) $1.2 \times 10^2$ | (セ) $1.2 \times 10^1$ | (ソ) 4.2 | (タ) $8.0 \times 10^{-1}$ |

# 化学

（3問　90分）

※　物理・化学のそれぞれ〔Ⅰ〕～〔Ⅲ〕の3問合計6問のうち，3問を選択して解答してください。なお，4問以上解答した場合は，高得点の3問を合否判定に使用します。

〔Ⅰ〕 次の問(i)～(iii)に答えなさい。

(i) 次の文の［　　］，（ (5) ）および｛　　｝に入れるのに最も適当なものを，それぞれ［ a群 ］，（ b群 ）および｛ c群 ｝から選び，その記号をマークしなさい。また，［　　］には最も適当な化学用語を漢字で，〈 (3) 〉には下記の記入例にならって電子式を，それぞれ解答欄に記入しなさい。

電子式の記入例　:Ne:（Neの周囲に電子対4組）

原子を構成する電子は，いくつかの層に分かれて原子核を取り囲む電子殻に存在している。原子核に近い方から $n$ 番目の電子殻には最大［ (1) ］個の電子が入る。最も外側の電子殻に存在する電子である最外殻電子のうち，原子がイオンになるときや，原子間に化学結合を生じるときなどに重要な役割を果たすものが［ (2) ］である。［ (2) ］の数が等しい原子どうしの化学的性質はよく似ている。原子の最外殻電子のようすを表す方法の一つに電子式がある。例えば，硫黄の電子式は〈 (3) 〉である。

共有結合している原子間では，互いの原子がその間にある共有電子対を引き寄せる。この引き寄せる強さの程度を表した数値が［ (4) ］である。異なる非金属元素の原子が結合した二原子分子では，［ (4) ］の違いにより原子間に電荷のかたよりが生じる。例えば，フッ化水素分子を構成する二つの原子のうち，水素原子はフッ素原子より［ (4) ］が（ (5) ）。一方，2種類の非金属元素の原子が3個以上存在する分子の中には，{ (6) }のように分子全体としては電荷にかたよりをもたない分子がある。

電気的に中性である原子が電子を失ったり受け取ったりして電荷を帯びるとイオン(単原子イオン)になる。原子の{ (7) }ほど，その原子は陰イオンになりやすい。固体の塩化カリウムは，カリウムイオンと塩化物イオンが［ (8) ］で強く結びついている。

［a群］

(ア) $n$　　(イ) $n^2$　　(ウ) $2n^2$

(エ) 共有結合　　(オ) クーロン力　　(カ) ファンデルワールス力

（b群）

(ア) 大きいので，水素原子はわずかに正の電荷を帯びる

(イ) 小さいので，水素原子はわずかに正の電荷を帯びる

(ウ) 大きいので，水素原子はわずかに負の電荷を帯びる

(エ) 小さいので，水素原子はわずかに負の電荷を帯びる

{c群}

(ア) アンモニアや二酸化炭素　　(イ) 水やアンモニア

(ウ) メタンや二酸化炭素　　(エ) 水やメタン

(オ) イオン化エネルギーが小さい　　(カ) イオン化エネルギーが大きい

(キ) 電子親和力が小さい　　(ク) 電子親和力が大きい

(ii) 次の文の［ (2) ］に入れるのに最も適当なものを［解答群］から選び，その記号をマークしなさい。また，（　　）には必要なら小数第1位を四捨五入して整数値を，{ (4) }には化学反応式を，それぞれ解答欄に記入しなさい。なお，気体はすべて理想気体とし，気体定数は $R = 8.31 \times 10^3$ Pa·L/(K·mol),

原子量はH＝1，N＝14，O＝16とする。

硝酸は揮発性のある無色の液体で水に溶けやすい。質量パーセント濃度63%，密度1.4 g/cm$^3$の濃硝酸1.0 L中の硝酸の物質量は（ (1) ）molである。

硝酸は，工業的には［ (2) ］により製造されている。この方法では，まずアンモニアと空気を混合し，高温で白金触媒に通じることで，①式のようにアンモニアを酸化して一酸化窒素にする。①式の反応において，アンモニア1.00 molと反応する酸素の量は，1100 K，$1.10 \times 10^5$ Paのとき（ (3) ）Lである。

得られた一酸化窒素を冷却後，②式のように酸素と反応させて二酸化窒素とする。そして③式のように二酸化窒素を吸収塔で水に溶かして硝酸とする。

$$4NH_3 + 5O_2 \xrightarrow{\text{Pt触媒}} 4NO + 6H_2O \quad \cdots\cdots ①$$

$$2NO + O_2 \longrightarrow 2NO_2 \quad \cdots\cdots ②$$

$$3NO_2 + H_2O \longrightarrow 2HNO_3 + NO \quad \cdots\cdots ③$$

③式で生成した一酸化窒素は酸素と反応し，最終的にはすべて硝酸となる。このことより，アンモニアから硝酸を生成する反応に関する①〜③式は，一酸化窒素，二酸化窒素が含まれない④式のようにまとめられる。

｛ (4) ｝ ……④

**解答群**

(ア) アンモニアソーダ法　(イ) オストワルト法
(ウ) テルミット法　(エ) ハーバー・ボッシュ法
(オ) ホール・エルー法　(カ) モール法

(iii) 次の文の［　］および（ (4) ）に入れるのに最も適当なものを，それぞれ［ a群 ］および（ b群 ）から選び，その記号をマークしなさい。また，｛　｝には必要なら四捨五入して有効数字2桁(けた)の数値を，［ (5) ］には最も適当な化学用語を漢字で，〈 (7) 〉には電子($e^-$)を含むイオン反応式を，それぞれ解答欄に記入しなさい。

古来より人類は，海水から水を蒸発させて得た塩化ナトリウムを利用してきた。海水には，一般に質量パーセント濃度で3.5%の塩類が含まれ，質量百分率で塩類の78%は塩化ナトリウムである。したがって，水100.0gには塩化ナトリウムが｛ (1) ｝g溶けていることになる。

30℃の水への塩化ナトリウムの溶解度は38g/水100gである。したがって，水100.0gに塩化ナトリウム｛ (1) ｝gを溶かした30℃の塩化ナトリウム水溶液から，水を｛ (2) ｝g以上蒸発させると塩化ナトリウムが析出する。ただし，海水には塩化マグネシウムも含まれるため，塩化物イオンの [ (3) ] によって，塩化ナトリウムを析出させるために必要な水の蒸発量は（ (4) ）。

海水からとりだした塩化ナトリウムや天然の塩化ナトリウム鉱物である岩塩が工業原料として大規模に用いられている。還元剤やナトリウムランプなどに用いられている単体のナトリウムは，塩化ナトリウムを原料として［ (5) ］電解によって製造されている。単体のナトリウムは①式の反応が [ (6) ] 上で起こることによって得られる。

〈　　(7)　　〉……………………………………①

a群

(ア) 緩衝作用　(イ) 共通イオン効果　(ウ) 加水分解
(エ) 陰極　(オ) 負極　(カ) 陽極　(キ) 正極

（b群）

(ア) 塩化マグネシウムを含まない場合に比べて多くなる
(イ) 塩化マグネシウムを含まない場合と変わらない
(ウ) 塩化マグネシウムを含まない場合に比べて少なくなる

〔Ⅱ〕 次の問(i)および(ii)に答えなさい。

(i) 次の文の [　　] に入れるのに最も適当なものを [解答群] から選び，その記号をマークしなさい。ただし，同じ記号を繰り返し用いてもよい。また，(　　) には最も適当な化学用語を漢字で，{　　} には必要なら四捨五入して有効数字2桁(けた)の数値を，それぞれ解答欄に記入しなさい。なお，塩化カルシウムのモル質量は111 g/molとし，水のモル沸点上昇は0.52 K･kg/mol，モル凝固点降下は1.85 K･kg/molとする。

物質は一般に，固体，液体，気体として存在しており，これらを物質の (　(1)　) という。図1は$H_2O$の (　(2)　) であり，図中の**A**，**B**，**C**はそれぞれ，固体，液体，気体のいずれかを表している。この図において，一定の圧力の下で，**B**から**A**へと境界線を超えて変化する現象を [　(3)　] という。また，圧力が高くなると，$H_2O$でこの変化が生じる温度は [　(4)　] する。一方，**B**と**C**を分ける境界線は (　(5)　) 曲線と呼ばれる。ここで，液体の$H_2O$，すなわち水を得るためには少なくとも [　(6)　] Pa以上の圧力が必要であることが，図1から読み取れる。

一般に，不揮発性物質を純溶媒に溶かした希薄溶液の性質は純溶媒とは異なる。例えば，一定温度のもとで，水に少量の不揮発性物質を溶かした水溶液の (　(5)　) は，純粋な水に比べて [　(7)　] する。一方，$1.013 \times 10^5$ Paの一定圧力において**B**と**C**が共存する温度は，水100 gに塩化カルシウム1.11 gを溶かした水溶液の方が純粋な水よりも {　(8)　} Kだけ [　(9)　] する。ただし，塩化カルシウムは完全に電離しているものとする。また，水370 gに3.6 gの非電解質**X**を溶かした水溶液では，[　(3)　] が生じる温度が$4.8 \times 10^{-2}$ Kだけ [　(10)　] する。これより，**X**のモル質量は {　(11)　} g/molと計算できる。

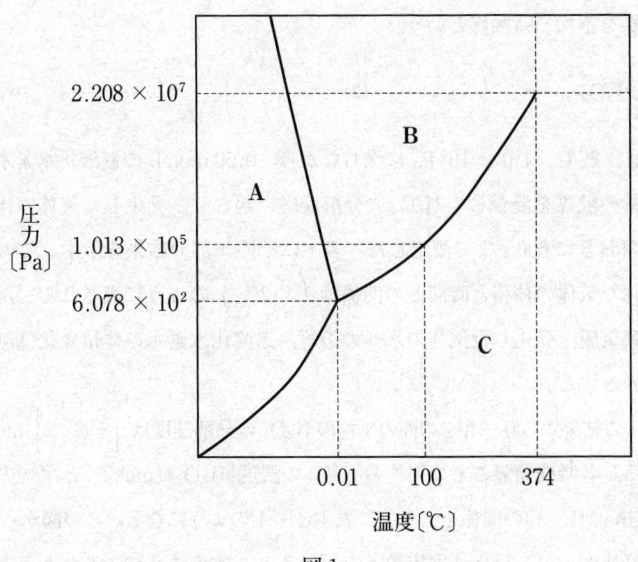


図1

解答群

(ア) 凝縮　(イ) 凝固　(ウ) 融解　(エ) 蒸発
(オ) 昇華　(カ) 上昇　(キ) 低下
(ク) $6.078 \times 10^2$　(ケ) $1.013 \times 10^5$　(コ) $2.208 \times 10^7$

(ii) 次の文の [　　] および ( (3) ) に入れるのに最も適当なものを，それぞれ [ a 群 ] および ( b 群 ) から選び，その記号をマークしなさい。また，{ (2) } には化学反応式の右辺を，[ (4) ] には有効数字 2 桁(けた)の数値を，〈 (7) 〉には単位を，それぞれ解答欄に記入しなさい。なお，気体は理想気体とし，気体定数は $R = 8.31 \times 10^3$ Pa·L/(K·mol) とする。

過酸化水素水に，触媒として酸化マンガン(Ⅳ)$MnO_2$ の粉末，または，塩化鉄(Ⅲ)$FeCl_3$ 水溶液を少量加えると，次の①式の過酸化水素 $H_2O_2$ の分解反応が起こる。これらの触媒のうち，[ (1) ] のように反応物と均一に混じり合って作用する触媒を均一系触媒という。また，反応物とは混じり合わずに作用する触媒を不均一系触媒という。

$2H_2O_2$ ⟶ ｛　　(2)　　｝ ……………………………①

いま，27℃，$1.0 \times 10^5$ Pa に保ちながら，0.50 mol/L の過酸化水素水 10 mL と少量の触媒を混合して $H_2O_2$ の分解反応を起こし，発生した気体の体積を一定時間おきに 600 s まで測定した。表 1 にその一部の結果を示す。この実験で得られた気体の体積と時間との関係は（　(3)　）のように表される。ただし，水の蒸気圧，発生した気体の水への溶解，過酸化水素水の体積変化は無視できるものとする。

表 1 の結果から 0 ～40 s の間の平均の $H_2O_2$ の分解速度は［　(4)　］mol/(L･s) となる。各時間間隔ごとの平均の $H_2O_2$ の濃度$[H_2O_2]$〔mol/L〕と平均の分解速度 $v$〔mol/(L･s)〕の関係をグラフに表すと図 1 のようになる。この図から，$H_2O_2$ の分解速度 $v$ は，反応速度定数 $k$ を用いると②式のように表される。

$v =$ 　(5)　 ……………………………………②

これらより，$k$ は　(6)　$\times 10^{-3}$ 〈　(7)　〉と求められる。

表 1

| 時間〔s〕 | 気体の体積〔mL〕 |
|---|---|
| 0 | 0 |
| 40 | 15 |
| 80 | 27 |
| 120 | 35 |
| 160 | 42 |
| 200 | 47 |

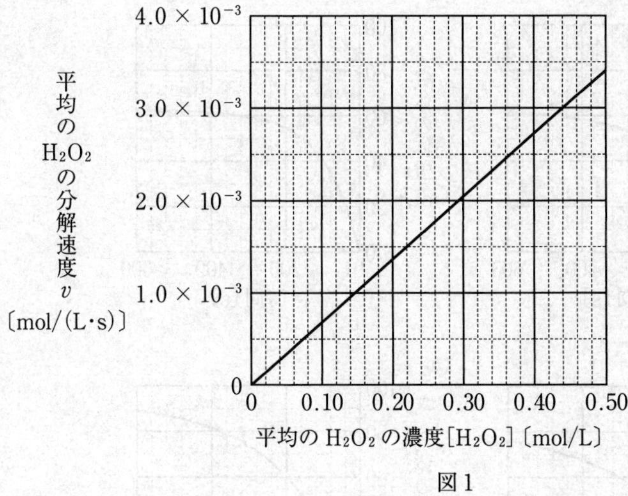


図 1

a 群

(ア)　$MnO_2$ 粉末　　(イ)　$FeCl_3$ 水溶液

(ウ)　$k[H_2O_2]^2$　　(エ)　$k[H_2O_2]$　　(オ)　$k\sqrt{[H_2O_2]}$

(カ)　$\dfrac{k}{[H_2O_2]}$　　(キ)　$k$

(ク)　2.6　　(ケ)　3.4　　(コ)　4.6　　(サ)　6.8　　(シ)　8.6

（ b群 ）

(ア)

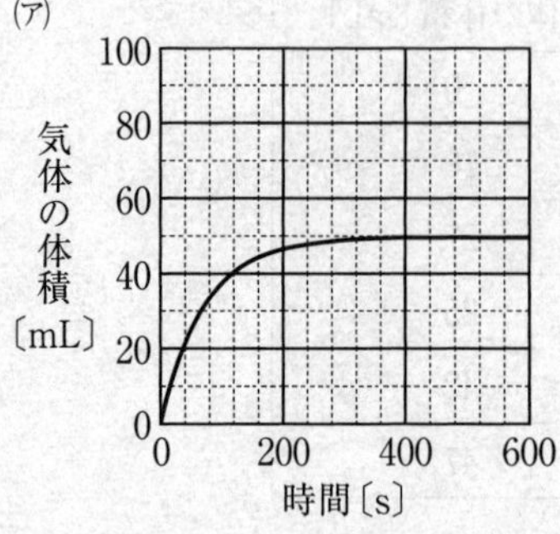
気体の体積〔mL〕
100
80
60
40
20
0
0
200
400
600
時間〔s〕

(イ)

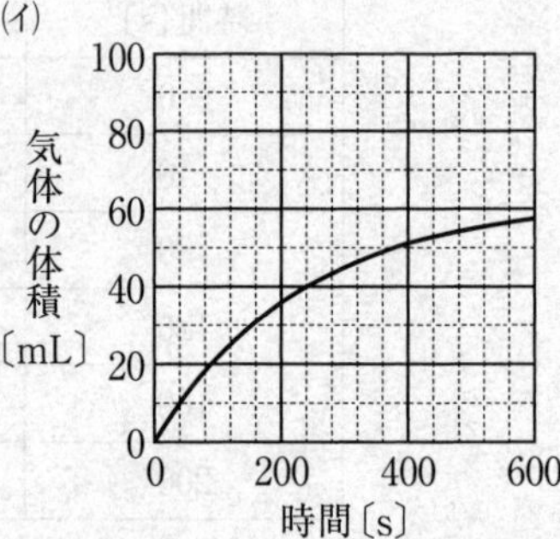
気体の体積〔mL〕
100
80
60
40
20
0
0
200
400
600
時間〔s〕

(ウ)

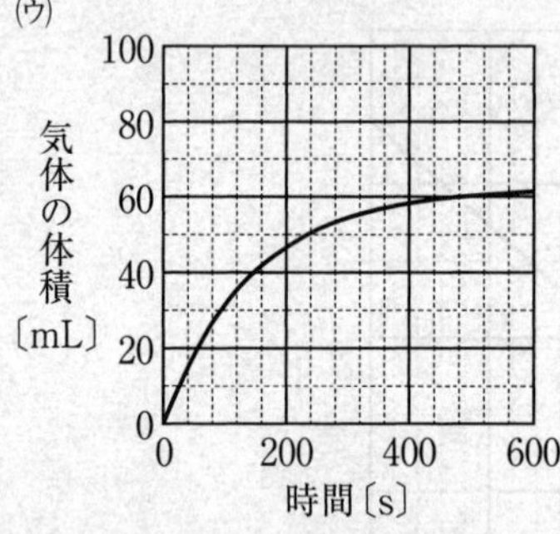
気体の体積〔mL〕
100
80
60
40
20
0
0
200
400
600
時間〔s〕

(エ)

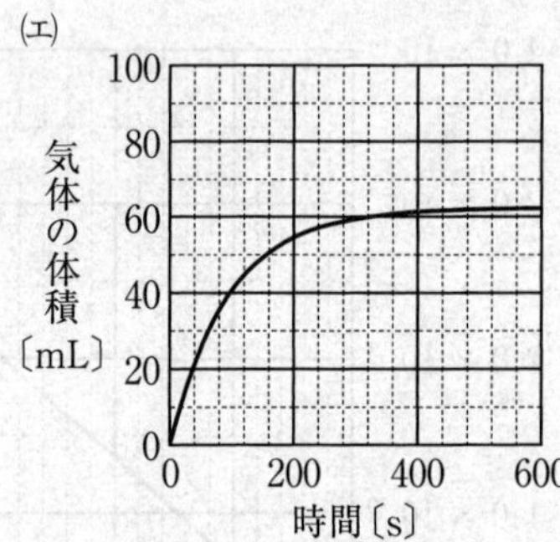
気体の体積〔mL〕
100
80
60
40
20
0
0
200
400
600
時間〔s〕

(オ)

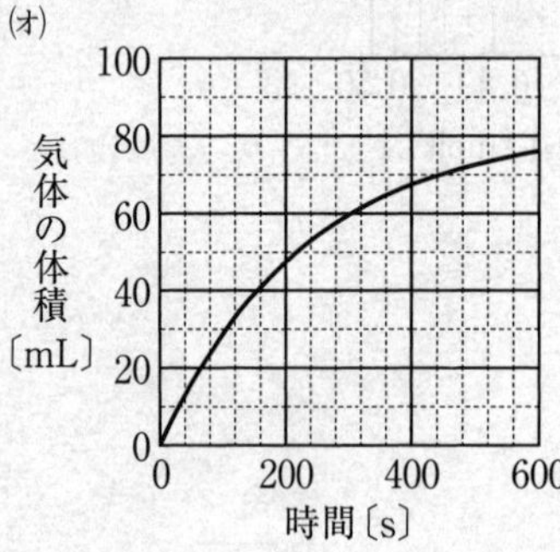
気体の体積〔mL〕
100
80
60
40
20
0
0
200
400
600
時間〔s〕

(カ)

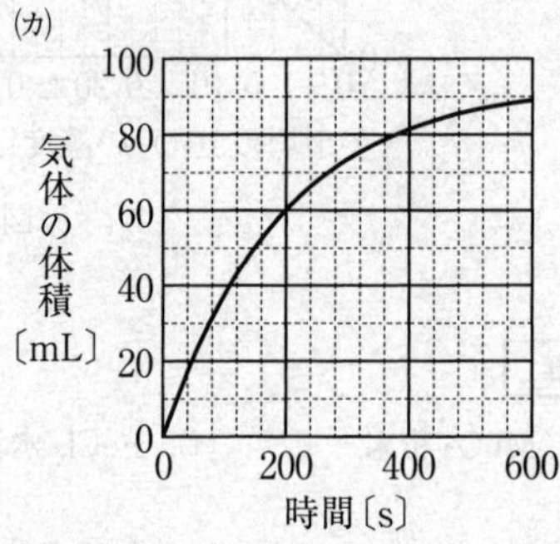
気体の体積〔mL〕
100
80
60
40
20
0
0
200
400
600
時間〔s〕

〔Ⅲ〕 次の問(i)～(iii)に答えなさい。

(i) 次の問(A)および(B)に答えなさい。

問(A) 次の文の [ (1) ] に入れるのに最も適当なものを [解答群] から選び，その記号をマークしなさい。

炭化水素に関する次の記述(a)～(e)のうち，正しい内容を記載しているものは [ (1) ] である。

(a) メタンと塩素の混合気体に光を当ててクロロメタンが得られる反応は付加反応である。

(b) ヘキサンは標準大気圧下，20℃で液体であり，その密度は水より大きい。

(c) エチレンを室温で鉄に接触させると，3分子のエチレンが反応し，ベンゼンが得られる。

(d) 1−ヘキセンはシクロヘキサンの構造異性体である。

(e) アセチレンをアンモニア性硝酸銀水溶液に通じると，銀アセチリドの白色沈殿が生じる。

[解答群]

| | | | |
|---|---|---|---|
| (ア) (a)と(b) | (イ) (a)と(c) | (ウ) (a)と(d) | (エ) (a)と(e) |
| (オ) (b)と(c) | (カ) (b)と(d) | (キ) (b)と(e) | (ク) (c)と(d) |
| (ケ) (c)と(e) | (コ) (d)と(e) | | |

問(B) 次の文の [ (1) ] に入れるのに最も適当なものを [解答群] から選び，その記号をマークしなさい。

アルコールに関する次の記述(a)～(e)のうち，正しい内容を記載している

ものは [ (1) ] である。

(a)　メタノールに適当な酸化剤を加えると，アセトアルデヒドを経て酢酸が得られる。

(b)　エタノールの沸点は同程度の分子量を有するプロパンの沸点よりも高い。

(c)　エタノールの分子間脱水反応が起こると，ジエチルエーテルが生成する。

(d)　2−プロパノールをフェーリング液に加えて加熱すると，酸化銅(Ⅰ)の沈殿が生じる。

(e)　ベンジルアルコールに塩化鉄(Ⅲ)水溶液を加えると呈色する。

[解答群]

(ア)　(a)と(b)　　(イ)　(a)と(c)　　(ウ)　(a)と(d)　　(エ)　(a)と(e)

(オ)　(b)と(c)　　(カ)　(b)と(d)　　(キ)　(b)と(e)　　(ク)　(c)と(d)

(ケ)　(c)と(e)　　(コ)　(d)と(e)

(ii)　次の文の [　　] および (　　) に入れるのに最も適当なものを，それぞれ [ a群 ] および ( b群 ) から選び，その記号をマークしなさい。また，{ (2) } には示性式を，[ (5) ] には有効数字2桁(けた)の数値を，[ (7) ] には下記の記入例にならって構造式の一部を，それぞれ解答欄に記入しなさい。なお，原子量は H = 1，C = 12，N = 14，O = 16 とし，構造式は立体異性体を区別して書く必要はない。

構造式の記入例

$$\begin{array}{c} \qquad\qquad\qquad CH_3 \\ \qquad\qquad\qquad | \\ C_6H_5-CH=C-CH_2-NH_2 \end{array}$$

ベンゼンに濃硝酸と濃硫酸の混合液をゆっくり加えると，ベンゼンの1個の水素原子が [ (1) ] に置換された化合物 **A** が得られる。<u>**A** にスズと濃塩酸を</u>①

作用させると｛　(2)　｝が生じる。｛　(2)　｝に水酸化ナトリウム水溶液を加えると化合物 **B** が遊離する。下線部①，②の反応式はそれぞれ以下のように表される。

2**A** ＋ ［　(3)　］ Sn ＋ 14HCl
　　　→ 2｛　(2)　｝＋ ［　(3)　］ $SnCl_4$ ＋ $4H_2O$　…………①

｛　(2)　｝＋ NaOH → **B** ＋ NaCl ＋ $H_2O$　…………②

次に，**B** の反応について考える。18.6 g の **B** に，**B** と同じ物質量の無水酢酸を完全に反応させると，（　(4)　）結合をもつ化合物 **C**［　(5)　］g と酢酸が生じる。一方，**B** の希塩酸溶液を氷冷しながら，亜硝酸ナトリウム水溶液を加えると化合物 **D** が得られる。この反応を（　(6)　）という。**D** の水溶液にナトリウムフェノキシド水溶液を加えると，化合物 **E** と塩化ナトリウムが生成する。**E** の構造式は以下のように表される。

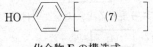

HO–(ベンゼン環)–［　(7)　］

化合物 **E** の構造式

［a 群］

(ア)　カルボキシ基　　(イ)　ヒドロキシ基
(ウ)　ニトロ基　　(エ)　スルホ基
(オ)　2　　(カ)　3　　(キ)　4　　(ク)　5

（b 群）

(ア)　グリコシド　　(イ)　アミド
(ウ)　エステル　　(エ)　エーテル
(オ)　スルホン化　　(カ)　ジアゾ化
(キ)　アセタール化　　(ク)　アセチル化

(iii)　次の文の ［　　］，（ (2) ），｛ (5) ｝および［ (8) ］に入れるのに最も適当なものを，それぞれ ［ a 群 ］，（ b 群 ），｛ c 群 ｝および［ d 群 ］から選び，その記号をマークしなさい。また，〈 (6) 〉には分子式を，〈 (7) 〉には整数値を，それぞれ解答欄に記入しなさい。なお，原子量は H = 1，C = 12，O = 16 とする。

油脂は高級脂肪酸とグリセリンのエステルである。多くの油脂は，炭化水素基の結合がすべて単結合のみからなる飽和脂肪酸や不飽和結合を含む不飽和脂肪酸から構成されている。一般に，炭素原子間に二重結合(C=C 結合)をもつ同じ炭素数の高級脂肪酸の融点は， ［ (1) ］ 。

油脂に水酸化ナトリウム水溶液を加えて加熱すると，油脂はけん化され，脂肪酸のナトリウム塩とグリセリンが生成する。けん化により得られる脂肪酸のナトリウム塩はセッケンであり，（ (2) ）を示す。セッケンは，水中である濃度以上になると水になじみにくい疎水基を内側に向け，水になじみやすい親水基を外側に向けて集まり， ［ (3) ］ とよばれるコロイド粒子をつくる。油をセッケン水に入れてふり混ぜると，セッケンは油のまわりをとり囲み，水中に分散する。この現象を ［ (4) ］ という。

ここで，炭化水素基に三重結合(C≡C 結合)を含まない 2 種類の脂肪酸 **A** と **B** から構成され，単一の構造をもつ油脂 **C** について考えてみよう。**C** 1.47 g を完全にけん化するために 1.00 mol/L の水酸化ナトリウム水溶液 5.00 mL が必要であった。これにより，**C** の分子量は ｛ (5) ｝ とわかる。**C** を完全にけん化した溶液を酸性にすると，**A** と **B** が物質量比 1：2 の割合で得られた。また，**A** と **B** は同じ数の炭素原子からなる鎖状構造をもち，いずれも分子量は 300 以下であった。**A** 142 mg を完全燃焼させたところ，二酸化炭素 396 mg，水 162 mg が生じた。したがって，**A** の分子式は〈 (6) 〉とわかり，**B** の分子量を〈 (7) 〉と決定できる。以上の結果から，**A** と **B** それぞれ一分子あたりに含まれる C=C 結合の数として適当な組み合わせは［ (8) ］となる。

a 群

(ア) C=C 結合の数が増すにつれて低くなる

(イ) C=C 結合の数が増すにつれて高くなる

(ウ) C=C 結合の数に関係なく一定である

(エ) ミセル (オ) ゲル (カ) 結晶 (キ) 沈殿

(ク) 塩析 (ケ) 乳化 (コ) 中和 (サ) 変性

( b 群 )

(ア) 弱酸と強塩基から生じた塩のため，その水溶液は弱酸性

(イ) 弱酸と強塩基から生じた塩のため，その水溶液は弱塩基性

(ウ) 弱酸と強塩基から生じた塩のため，その水溶液は中性

(エ) 強酸と強塩基から生じた塩のため，その水溶液は弱酸性

(オ) 強酸と強塩基から生じた塩のため，その水溶液は弱塩基性

(カ) 強酸と強塩基から生じた塩のため，その水溶液は中性

{ c 群 }

(ア) 294 (イ) 588 (ウ) 882 (エ) 940

[ d 群 ]

| 選択肢 | 脂肪酸 **A** に含まれる C=C 結合の数 | 脂肪酸 **B** に含まれる C=C 結合の数 |
|---|---|---|
| (ア) | 0 | 1 |
| (イ) | 0 | 2 |
| (ウ) | 0 | 3 |
| (エ) | 1 | 1 |
| (オ) | 1 | 2 |
| (カ) | 1 | 3 |
| (キ) | 2 | 1 |
| (ク) | 2 | 2 |
| (ケ) | 2 | 3 |

# 解答編

## 英語

**I** **解答** A. (1)—A　(2)—C　(3)—B　(4)—D　(5)—B
B. (1)—D　(2)—Z　(3)—E　(4)—C　(5)—F　(6)—B

◆全　訳◆

A. ≪友人のファッションスタイル≫

ジェイソンが友人のハルトに出会う。

ジェイソン：わぁ，どうしたの？

ハルト　　：あぁ，髪の毛のこと？

ジェイソン：うん，本当にびっくりしたよ！　髪の毛を染めるのは好きじゃないって言ってたのに。何があったの？

ハルト　　：ええっと，タカトは知っている？　僕たちは漫才コンビを組んでいて，来週の学校祭でステージに立つんだ。

ジェイソン：本当に？　いやぁ，君がそういうことに興味あるなんて知らなかったよ。

ハルト　　：うん，君には言ってなかったからね。困惑させちゃいけないと思って。

ジェイソン：あぁ，そうだね。焦ったよ。でも明るい緑色の髪で大丈夫なの？

ハルト　　：うん，実はちょっと気に入っているんだ。これで芸人みたいに見えるだろ。

ジェイソン：それに金色のジャケット？　それも新しいスタイルの一環なの？

ハルト　　：うん，その通り。でも僕の格好が変わってると思うなら，タカトを見てみるといいよ。

ジェイソン：参ったなぁ，彼もなのか？

ハルト　　：うん，彼も金色のジャケットを着ているけど，髪の毛はサイ

　　　　　ドが赤と青で，真ん中は黄色にしているんだよ！
ジェイソン：信じられない。その新しいスタイルにするのにお金はいくら
　　　　　かかったの？
ハルト　　：その話はやめておこう。

B. ≪様々な宗教における断食の慣習≫

断食とは何か？　断食とは一定期間，食べ物を食べるのを控えることである。人々は宗教的な理由から断食を行う。例えば，キリスト教の暦には四旬節という，断食に充てられる 40 日の期間がある。

聖書によると，イエスは荒野で 40 日間断食を行い，人類を救うため悪魔の誘惑に打ち勝った。彼の苦しみを想い，キリスト教徒たちは同じ期間，肉とアルコールを慎むようになったのである。

したがって，これは完全な断食ではない。どちらかと言えば，食事制限のようなものである。魚，野菜，植物由来の食べ物は食べることができる。温血動物の肉を食べることは禁じられているが，魚はその範疇に入っていない。

断食を行うのはキリスト教徒に限ったことではない。イスラム教では，イスラム暦の第 9 の月であるラマダンの時期に断食を行う。彼らは食事を取ることができない貧しい人たちのことを思いやるため，夜明けから日没まで断食を行う。この期間，彼らは夜明け前に食事を取り，日没後にもう一度食事を取るのである。

日本の一部の仏教徒はもっと極端であった。飢饉が国を襲うと僧侶たちは自ら閉じこもり，何も食べず死ぬまで祈り続けた。そうすることでこの世の生きとし生けるものを救えると彼らは信じていたのである。19 世紀後半，政府はそのような断食を禁止した。

こうした様々な宗教における断食はそれぞれ異なっているが，すべて同じ目的を持っている。それは私心をなくすことがいかに困難で崇高なことであるかを教えてくれる。なぜなら断食は私たちの大半にとって非常に難しい課題だからである。

◀解　説▶

A. ⑴ジェイソンがハルトに会って，髪の毛はどうしたのかと尋ねている場面。空所直後では，ハルトは髪の毛を染めるのが好きではないと言っていたとあるので，A.「本当にびっくりした！」のみ文脈が合う。B.「そ

れに関して何がそれほど卑劣なのですか？」 C.「もちろん，是非とも！」 D.「実は，すでにタクトが私に教えてくれました」

(2)空所直前で，ハルトが漫才コンビを組んで学校祭のステージに立つことをジェイソンに言っていなかったとある。したがって，C.「あなたを困惑させたくなかった」が最も適切。空所直後でジェイソンが述べているEmbarrassed「当惑している」はジェイソン自身の状態を表しているので，D.「ちょっと恥ずかしかった」は不適。

(3)ハルトが明るい緑色の髪で大丈夫なのかと尋ねられている場面。空所直後では，学校祭のステージに立つ自分が，この髪のおかげで芸人みたいに見えると発言しているので，B.「実はちょっと気に入っている」のみ文脈が合う。kind of「ちょっと，ある意味で」

(4)金色のジャケットも新しいファッションスタイルの一環なのかと尋ねられている場面なので，Dが正解。

(5)新しいファッションスタイルにどのくらいお金をかけたのか尋ねられているので，文脈が合うのはB.「その話はやめておきましょう」のみ。

**B**. Aの最終文（For example, the …）ではキリスト教の断食の例が挙げられているので，キリスト教に関する記述のDを続ければよい。Dの第2文（In memory of …）ではキリスト教の断食は肉とアルコールを控えると説明されているので，Cの第1・2文（So, it is …）の，これは完全な断食ではなく食事制限のようなものであるという内容につながることがわかる。Eの第1文（Fasting is not …）では，断食を行うのはキリスト教徒に限ったことではないとあり，イスラム教の例が続いているので，Cの後ろにEが続く。Bの第1文（Fasting in these …）では，こうした様々な宗教における断食はそれぞれ異なっているとあるが，these different religionsという指示語を含む表現に着目すれば，過去の日本の仏教徒に関する記述のFがBよりも前に置かれることがわかる。以上の点から，A→D→C→E→F→Bの順となる。

**II　解答**　**A**. (1)－A　(2)－C　(3)－D　(4)－B　(5)－D　(6)－B　(7)－D　(8)－A　(9)－B　(10)－C　(11)－A　(12)－B　(13)－D　(14)－C　(15)－A

**B**. (1)－A　(2)－B　(3)－A　(4)－C　(5)－A　(6)－B　(7)－C

## ◆全　訳◆

≪ベリル＝マーカムの偉業≫

ベリル＝マーカムは1902年にイングランドで生まれた。彼女の両親は馬を所有し，地元ではキツネ狩りの技術を競う競技で優勝する上流階級のイギリス人だった。彼女の父親はケニア（当時はイギリス領東アフリカ）のンジョロに家族で移住し農場を始めた。家族が伝統的なアフリカの泥壁の小屋に引っ越してきたとき，ベリルは3歳だった。彼女の母親はアフリカでの生活に1年間耐えたが，正式な学校教育が必要な年齢となっていたベリルの兄と共にイングランドへ戻った。ベリルは父親と共にアフリカにとどまることになった。

ベリルの父親が農場で働いている間，近くに住むある部族の男たちがベリルの世話をしてくれた。その結果，ベリルはネイティブスピーカーのようにスワヒリ語を話せるようになった。彼女はその部族の男の子のキビイと仲良くなる。ベリルの父親は騎馬兵のように馬に乗れるよう2人を訓練し，キビイの父親は動物を追い，狩りができるよう2人に教え込んだ。彼女は部族の中で特別な立場にあったので，技術を競う競技で男の子たちと同等に練習をすることが許された。その競技の一つに自分の身長と同じ高さまでジャンプするというものがあった。ベリルが自分の身長の高さまで達したとき，彼女の身長は180センチ近くもあった。

数年後，農場が安定し，西洋風の家が建つと，ベリルの父親は彼女に正規の教育を受けさせるため教師を迎え入れた。第一次世界大戦中，彼女はナイロビの英語学校に入れられたが，そこは場違いだと感じた。3年後，彼女は学校を去り，ンジョロの父親の農場へと戻ってきた。

ケニアに移住したイギリス人は自分たちの慣習も持ち込み，競馬は人気の競技となった。農場経営に加え，彼女の父親はイギリスの競走馬を連れてきて調教した。厩舎には100頭を超える馬が飼育されていた。早い段階から，ベリルは厩舎で働き，馬の訓練を行っていた。馬を扱う彼女の技術は有名になった。

19歳のとき，ベリルはプロの競走馬の調教師としてのキャリアをスタートさせた。彼女は調教師の資格をケニアで初めて与えられた女性だった。彼女は父親から与えられた数頭の馬を手始めに，レースで馬に騎乗するジョッキーを雇い，厩舎を借りた。彼女の馬が比較的小さなレースで数回勝利すると，馬主たちが調教のため自分の馬を彼女のところへ連れて来るようになった。ある友人が彼女に集合厩舎と住むための小屋を貸した。彼女は 24 歳になる頃には勝ち馬たちを輩出していた。1926 年には，ワイズ・チャイルドという彼女の馬が最高峰のセント・レジャー・ステークスで勝利した。

競走馬の調教で偉業をなした後，彼女の関心は新たなものへと移った。「距離もあるし，東アフリカでの生活はかなり孤独なものです。飛行機の登場は，私たちに新たな生き方を切り開いてくれるように思えました。その生き方に加わりたい，それを自分の生き方にしたいという衝動が私の中で強くなりました。だから，空港に向かったのです」とベリルは語った。

ベリルはトム＝キャンベル＝ブラックのもとで飛行訓練を始めた。数カ月後，飛行機で個人向けのフライトを提供する計画を立て，自分自身の飛行機を購入した。1931 年 4 月 24 日，彼女はケニアからイングランドまで飛行機で渡った。砂漠と海を越え，目視によって航行し，途中でエンジンを修理するため飛行を中断しながら。5 月 17 日のヘストン飛行場への思いがけない到着はニュースとなった。

ベリルはケニアに戻るとすぐに職業パイロットの試験の準備を始めたのだが，その試験にはエンジンの分解，フィルターの清掃，エンジン部品の交換，そして筆記試験が含まれていた。ベリルはケニアで訓練を受け，職業パイロットのライセンスを取得した最初のパイロットとなった。

ベリルは自分の小さな飛行機に乗り，航行のためのコンパスと地図だけを携え，人が住んでいない地域を一人で長距離にわたって飛行した。彼女は多くの金鉱採掘者たちのキャンプに郵便物や生活必需品を届ける契約を結んでいたのだが，彼らの暮らすテントは，もし彼女が途中で着陸を余儀なくされれば，のどの渇きで死んでしまうほど離れた場所にあった。ベリルは遠く離れた農場への送迎サービスや狩猟隊のためのメッセンジャーサービスを提供し，動物を探索するハンターたちの案内をした。彼女は救急患者のもとへ医療品や医師を届けた。ベリルは事故にあった人や重篤な病人をナイロビの病院に飛行機で輸送するよう依頼されることもあった。

ベリルがヨハネスブルグでの飛行機レースへの参加に興味を示したとき，ある仲間のパイロットが条件付きで彼女に新しい飛行機を提供することになった。その条件とは大西洋横断を成功させることである――向かい風になる東から西へ。その飛行は以前にも試みられたが，まだ達成されていなかった。ベリルはその挑戦を受け入れた。手紙の中でベリルは「今日から2週間後，大西洋を横断しニューヨークへ飛び立ちます。上流社会の女の子としてではありません。一人の女性としてでもありません。2000時間の飛行経験を持つ，最もハードなことで名高い航空学校の一人の卒業生として飛ぶのです。唯一，本当に大切なことは飛べるかどうかということなのです」と記している。彼女のフライトは離陸できるほど天候が良くなるのを待って3日間延期された。デイリー・エクスプレス紙の記者のインタビューで，「大西洋の横断には，それだけの価値があるでしょう。なぜなら私は大西洋の航空業務，すなわち大西洋を横断する飛行機を飛ばす組織の未来を信じているからです。その航空業務に携わりたかったので，私はこのフライトを計画しました。横断できれば，必ず自分の地位を得られると思います」とベリルは語った。

1936年9月4日，悪天候にもかかわらずベリルは離陸した。彼女のフライトは絶えず続く霧と雨の中21時間続いた。ベリルのメッセンジャー号という飛行機はノバスコシア州沿岸の湿地帯に不時着した。彼女のケガは機体が大きな岩にぶつかったときに額を切っただけであった。ベリルの歴史的フライトは新聞で大きく報じられた。翌日のニューヨークでは，声援を送る多くのファンが彼女を歓迎し，彼女の素晴らしい偉業を祝福したのである。

## ◀解　説▶

**A**．⑴空所直後は名詞の欠落がない完全な文が続いているので，関係代名詞のBとCは文法的に不可。ベリルの父親が農場で働いている間，近くに住む部族がベリルの世話をしてくれたとすれば文意が合うので，while が適切。

⑵空所直後はSVを含む文構造ではなく名詞表現が続いているので，接続詞のAとBは文法的に不可。ベリルが部族の中で特別な立場であったため，男の子たちと同等の訓練を受けられたとすれば文意が合うので，原因・理由を表す because of が適切。

⑶空所を含む文は「3年後，彼女は学校を…，そしてンジョロの父親の農場へ戻った」という意味。第3段第2文（During World War …）で，ベリルはナイロビの英語学校が自分には場違いだと感じていたとあるので，

学校を去ったという意味になるD.「～に去ることを許す」が適切。fireは「(従業員)を(突然)解雇する」という意味なので不適。

(4)空所を含む文の主節では，ベリルの父親がイギリスの競走馬を連れてきて調教したとある。農場経営に加え，競走馬の調教も行ったとすれば文意が合うので，B.「～に加えて」が正解。A.「様々な～」 C.「～のおかげで」 D.「～に関係なく」

(5)空所直前の第5段では，ベリルが racehorse trainer「競走馬の調教師」として成功を収めたという内容が述べられているので，Dが正解。

(6)空所を含む文は「飛行機の登場は，私たちに新たな生き方を…ように思えた」という意味。選択肢の中では，B.「～を切り開く，～を広げる」が最も文意が合う。A.「～を探し出す」 C.「～を通じて始まる」 D.「～を捨てる」

(7)空所直後の returning に着目して，upon[on] *doing*「～するとすぐに」とすれば，ベリルがケニアに戻ってすぐにパイロットの試験の準備を始めたとなり，文意も合う。

(8)空所を含む文は，ベリルがコンパスと地図だけを携え，自分の小さな飛行機で人のいない地域を長距離にわたって飛行していたという内容。選択肢の副詞句の中で文脈が合うのは，A.「ひとりで」のみ。B.「すぐに」 C.「問題となっている」 D.「永遠に」

(9)空所を含む部分は so ～ that …「…ほど～」の構文で，金鉱の採掘者たちが暮らす場所を説明する形容詞句となっている。ベリルが飛行機で必需品を届けている場所なので，非常に離れた場所だという文脈にすればよい。

(10)空所直前の前置詞 on に着目し condition「条件」を選べば，仲間のパイロットが一つの条件付きでベリルに新しい飛行機を提供することになったという意味になり，コロン以下の大西洋横断を成功させなければならないという内容ともつながる。A.「解決法」 B.「ひらめき」 D.「熱望」

(11)空所を含む文は「その飛行は以前にも試みられたが，まだ…ない」という意味なので，その飛行がまだ達成されていないという意味にすればよい。

(12)空所を含む文は「彼女のフライトは離陸できるほど天候が良くなるのを待って，3日間…された」という意味。フライトが延期されたという内容にすればよいので，Bが正解。

(13)ベリルが大西洋横断飛行に挑戦する前に答えたインタビューなので，もし横断できれば，必ず自分の地位を得られると思うという意味にすればよい。shall have *done*「～して（しまって）いるだろう」は未来完了形。

⒁悪天候にもかかわらずベリルは離陸したとすれば文脈が合うので，前置詞の despite が正解。空所直後が bad weather という名詞表現なので，接続詞のAは不可。

⒂空所を含む文は「彼女は，素晴らしい…を祝福して声援を送る多くのファンに歓迎された」という意味。大西洋横断飛行を成功させた後の状況を説明しているので，A.「偉業」が正解。

**B.** ⑴第1段最後の2文（Her mother tolerated …）で，ベリルの母親と兄はイングランドに戻ったが，ベリルは父親とアフリカにとどまったとあるので，A.「ベリルは彼らと一緒には行かなかった」が正解。B.「兄はパブリックスクールに通っていた」 C.「母親は夫の助言に従うことにした」

⑵「ベリルの父親がベリルとキビイに教えたことは…」 第2段第4文（Beryl's father trained …）には，ベリルの父親は馬に乗れるようベリルとキビイを訓練したとある。ベリルはその後，競走馬の調教師としてキャリアをスタートしているので，B.「自分の将来の職業を決めるのに役立ったかもしれない」が正解。A.「キビイの父親が彼らに教えたことに不利にはたらいただろう」 C.「地元の男の子たちの技術を競う競技ほどおもしろくなかった」

⑶第5段第4文（After her horses …）では，ベリルの調教した馬が小さなレースで数回勝利すると，馬主たちが調教を受けさせるため彼女のところへ馬を連れて来るようになった，とある。したがって，A.「依頼者の数が増え始めた」が正解。B.「他の女性たちが同じ仕事をし始めた」 C.「大きなレースが彼女にイベントへの参加を依頼した」

⑷「ベリルがヘストン飛行場に到着したことがイングランドの人々を驚かせたのはおそらく…からである」 第7段最後の2文（On April 24, …）では，砂漠や海を越え，エンジンを修理するため飛行を中断しながら，ベリルがケニアからイングランドまで飛行したことが説明されており，ヘストン飛行場への思いがけない到着はニュースとなったとある。困難の多い長距離飛行を成功させたということなので，C.「それが驚くべき偉業と考えられた」が適切。

A.「それが名声と多くの富の両方を彼女にもたらした」 この一件でベリルは名声を得たかもしれないが，彼女が名声を得たから人々は驚いた，という因果関係は考えにくい。また富についても，第7段やその前後からは読み取れない。

B.「それが違法なこととして新聞で広く報じられた」

(5)「ベリルは自分の飛行機を商業利用することによって，…できた」 第9段第2～最終文（She was contracted …）では，ベリルが金鉱採掘者たちに郵便物や生活必需品を飛行機で届ける契約を結び，救急患者のもとへ医師を連れて行ったり，病人をナイロビの病院に搬送したりすることもあったという内容が述べられている。したがって，A.「様々な必需品や人員を届ける」が正解。B.「名声を得るためヨハネスブルグの飛行機レースに参加する」 C.「大西洋を横断する運輸サービスを始める」

(6)「"When Beryl said" で始まる第10段で引用されているベリルの手紙は…」 第10段第4文（In a letter, …）以下のベリルの手紙には，一人の女性として大西洋横断飛行に挑むのではなく，2000時間の飛行経験を持つ，一際厳しい航空学校の卒業生として飛ぶのだという思いが述べられている。したがって，B.「訓練と経験を積んだパイロットとしての能力と技術に対する自信を強調している」が最も適切。

A.「大西洋を横断飛行した最初の女性となることの歴史的重要性を強調している」

C.「定期的に長距離の飛行を行う組織を設立するという個人的な大志を表明している」 手紙ではなく記者のインタビューに答えた内容に関連することなので，不適。

(7)本文はアフリカで競走馬の調教師として成功し，その後，大西洋横断飛行に成功したベリル＝マーカムという女性について説明した英文。したがって，C.「ある女性のアフリカでの類まれな経験とパイロットとしてのキャリア」が最も適切。A.「勇敢な女性による飛行中のあらゆるトラブルからの回避」 B.「ある女性の馬の騎乗と調教における驚くべき優秀さ」

## III　解答

**A.** (1)―A　(2)―B　(3)―B　(4)―C　(5)―B　(6)―A　(7)―A　(8)―C　(9)―C　(10)―B

**B.** (1)―C　(2)―C　(3)―B　(4)―A　(5)―B　(6)―A　(7)―C

◆全　訳◆

≪スクリーンを見る時間の少なさが子供の記憶力と学習能力の高さに関連している≫

私たちはかつてないほど多くのスクリーン――パソコン，スマートフォン，タブレットなど――に囲まれている。しかし，スクリーンから目を離した方がよいかもしれない。最近のある調査で，アメリカの子供のほぼ3人に2人は，スクリーンを見て過ごす時間が一日2時間を超えていることがわかった。スクリーンを見つめて過ごす時間が長い子供は，そうした機器の前で過ごす時間が短い子供と比べ，記憶テスト，言語テスト，思考テストの成績が劣っている。これは8歳から11歳までの4,500人を超える子供たちを対象にした調査の結果である。

そうした機器を使う時間には良い点と悪い点がある。就寝前にスクリーンを見ると寝つきが悪くなる可能性がある。しかし，そうした機器を使う時間があるおかげで生徒の気分が改善することもある。この調査で，研究者たちは子供たちがスクリーンの前で――スマートフォン，テレビ，iPad，パソコンのどれであれ――どのくらいの時間を過ごしているのかを明らかにしたかった。また彼らは，その子供たちがどのくらいの睡眠時間と運動時間を取っているのかも調査したかった。最終的に彼らは子供たちの「認知」能力も測定したいと考えていた。その能力とはパズルを解く，物事を覚える，新しいことを学ぶといった頭脳を使う活動のことを指している。

研究者たちは，大規模かつ長期間にわたる調査の一環として集められたデータを使用した。それは思春期脳認知発達（ABCD）研究と呼ばれ，4,500人を超える子供と親を対象に調査したものだった。その調査では，スクリーンを見る時間に関する聞き取りをした。また，身体的な運動と睡眠に関する聞き取りをして，記憶と学習のテストも行った。

では，スクリーンを見る時間がどのくらいになると過剰と言えるのだろう？　研究者たちは専門家たちが出しているガイドラインに同調した。ガイドラインは気晴らしでスクリーンを見るのは一日2時間だけにするよう推奨している。また，子供たちに毎日少なくとも1時間は運動をして，夜は9～11時間の睡眠を取るよう助言している。

もしこの推奨基準が厳しいように思えるとすれば，それは確かに厳しいものであった。この3つのガイドラインを全て満たしていたのは，調査した子供のわずか5パーセントだけだった。もっと言えば，29パーセントの子供は一つもガイドラインを満たしていなかった。したがって，彼らは「睡眠時間は9時間未満で，スクリーンを見る時間は2時間を超え，運動もしていなかった」とジェレミー＝ウォルシュは言っている。彼は運動生理学者——運動中に体がどのように機能しているのか研究する学者である。

この調査に参加した子供たちは，平均で一日3.6時間スクリーンを見ていた。また，彼らが一時間以上運動するのは週に4日にも満たなかった。一晩につき平均9.1時間の睡眠だけは取れていた。

スクリーンを見る時間が少なかったことと，知能を評価するテストの認知スコアの良さには関連があった。スクリーンを見て過ごす時間が2時間未満の子供たちは，2時間を超えていた子供たちよりも，思考に関するテストの点数が約4パーセント高かった。また，スクリーンを見る時間と睡眠時間の推奨基準を両方とも満たしていた子供たちも，思考テストの点数が高かった。睡眠と運動を個別に分析した場合，それらはテストの結果に影響を及ぼしていないようだった。実際に差が出たのはスクリーンを見る時間であった。「この結果はある懸念を生みます」とウォルシュは言う。この新たなデータによって，スマートフォンやタブレットやパソコンを長時間使用することで，発達中の知能が損なわれる可能性があるという懸念が増すのだ。

この調査は習慣に関して一度質問しただけなので，時系列のある一時点をとらえただけのものであり，当然，人々の習慣が変わるケースは多い。これは子供がスクリーンを見る時間が実際に脳の発達に変化をもたらすかどうか，ウォルシュと彼の同僚たちには判断ができないことを意味する。だがウォルシュは「私たちは子供が実際にスクリーンを見て何をしているのかわかっていないまま，知能のためには2時間という基準が実際にはお薦めのようだと予想しているのです」と付け加えている。

この調査では，スクリーンを見る時間によって実際に思考能力が損なわれたかどうかを断定することはできない。電子機器を使って長時間過ごす子供は，記憶や問題解決能力を向上させる他の活動のチャンスを逃しているのかもしれない。「この問題においては，ニワトリが先なのか卵が先なのかわからないのです」と小児科医のマイケル＝リッチは警告しているが，それは知能とスクリーンを見る時間のうち，どちらの要因がもう一方を引き起こしているのかわからないということである。他の子供たちよりも賢い子供たちは，スクリーンの前で長時間過ごす可能性が低めなのかもしれないと彼は言っている。その場合，彼らはテストで比較的良い点数を取るだろう――しかし，それは彼らがそうした機器を使う時間が少ないからではない。

人間の行動には単純な因果関係が存在していないケースが多い，とリッチは言っている。全ての子供に対する一般的な基準ではなく，「私たちは科学から学んだことを調整し，一人一人の子供に合わせなくてはならないのです」。

しかし，スクリーンを見る時間，睡眠，運動の組み合わせを調査し，その結果から子供たちの健康をより詳細に調べることができる。それは本当に必要な包括的な視点だとエドアルド＝エステバン＝ブスタマンテは言う。彼は運動学者――体の動き方を研究する学者である。「そうした行動がお互いにどのように作用して子供の認知発達に影響を及ぼしているのか，その多くはまだわかっていないのです」と彼は言う。

ABCD研究では，この先10年間にわたり，対象家族からデータを収集し続けることになっている。これによって，科学者たちはスクリーンを見る時間が，10代の間，そしてその時期を過ぎた後，子供にどのように影響するのか理解できるかもしれない。「この研究がどのように進むのかを見るのは本当にワクワクします」とブスタマンテは言う。

出典追記：Less screentime linked to better memory, learning in kids, Science News Explores on November 2, 2018 by Laura Sanders, Society for Science & the Public

## ◀解　説▶

**A**. (1)下線部は「目を離した方がよいかもしれない」という意味。第1段では，子供たちがスクリーンを見て過ごす時間が増えており，そうした機器の前で過ごす時間が長い子供は，記憶テストなどの成績が劣るとあるので，A.「スクリーンを見て過ごす時間に注意すべきである」が最も適切。
B.「新たな科学技術が私たちの生活を電子機器で満たしている」 C.「スクリーンを見ている子供たちは，代わりにテストに集中するべきである」

(2)下線部は「生徒の気分を改善する」という意味で，スクリーンのついた機器を使用することの良い点について言及している。したがって，B.

「気持ちに良い影響を及ぼす」が正解。A.「親しみのある教室の雰囲気を作り出す」 C.「若者たちにもっと勉強を得意にさせる」

(3)下線部を含む文は,「最終的に研究者たちは子供たちの認知能力を…したかった」という意味。直前の第2段第4・5文(For this study, …)では,研究者たちが子供の生活習慣について知りたがっていることが述べられているので,下線部も「調べる」のような意味だと推測できる。したがって,B.「～を測定する」を選べば文脈が合う。gauge「(人の感情・行動など)を判断する,～を測定する」 cognitive ability「認知能力」

(4)下線部は「研究者たちは,大規模かつ長期間にわたる調査の一環として集められたデータを使用した」という意味なので,C.「この調査は,一度限りではない,継続中のプロジェクトの一部である」が正解。as part of ～「～の一環として」 long-term「長期間の」 A.「全体の調査過程は誰の予想よりも長かった」 B.「その調査は最終的なデータを集めた後,適切に発表されるだろう」

(5)下線部は「研究者たちは専門家のガイドラインに同意した」という意味なので,B.「研究者たちは専門家の忠告に従った」が正解。go with ～「～に同意する」 A.「研究者たちは専門家にもっと進んで手伝ってくれるよう頼んだ」 C.「研究者たちは自分たちのために新しいガイドラインを設けた」

(6)it was の後ろは従属節にある strict が省略されているので,専門家たちの推奨基準が実際に厳しいものだったということを読み取る。第5段第2文(Only five in …)以降,専門家たちが出したガイドラインを満たしている子供が非常に少ないという内容が述べられているので,A.「子供たちの大部分はその推奨基準を満たしていなかった」が正解。fail to *do*「～できない」 B.「子供たちにとってガイドラインは難しすぎて理解できなかった」 C.「スクリーンを見る一定の期間は,あらゆる子供たちが楽しい時間を過ごすために必要だった」

(7)下線部の文頭 When の後ろは主語＋be 動詞が省略された構文となっているので,主節の主語である sleep and physical activity を補って解釈すると「睡眠と運動を個別に分析したとき,それらはテストの結果に影響を及ぼしていないようだった」となる。したがって,A.「睡眠も運動も単独では認知スコアに影響を及ぼしていなかった」が正解。on *one's* own

「単独で，独力で」 B.「運動が十分だったので，睡眠は認知能力に貢献していなかった」 C.「睡眠が考慮された場合のみ，運動が結果に影響した」

⑻下線部を含む文は「ここでは，ニワトリが先なのか卵が先なのかわからない」という意味。下線部を含む文の後半 meaning 以下では，知能とスクリーンを見る時間のうち，どちらの要因がもう一方を引き起こしているのかわからないと説明されている。したがって，下線部は因果関係が明白ではないという意味だと考えられ，その具体例としてはC.「学校が大好きなことと良い成績を取ること」が適切。A.「暑い日の野球の練習と熱中症」 B.「車の長距離運転と事故率」

⑼下線部は「包括的な視点」という意味なので，C.「幅広い見解」が最も意味が近い。A.「明確な展望」 B.「楽観的な態度」

⑽最終段では，ABCD 研究は今後10年間データ収集を継続するので，スクリーンを見る時間が子供にどのような影響を及ぼすのか，さらに明らかになる可能性があると述べられている。したがって，B.「この分野で興味深い進展があるとブスタマンテは考えている」が正解。A.「ブスタマンテは，さらなる調査がどのように開始されるのだろうかと思っている」 C.「ブスタマンテは将来の調査に対してワクワクする提案をしている」

**B.** ⑴第1段では，子供たちがスクリーンを見て過ごす時間が増えており，そうした機器の前で過ごす時間が長い子供は，記憶テストなどの成績が劣るという最近の調査結果が説明されている。したがって，C.「スクリーンを見て過ごす時間に関する新たな調査結果の要旨を説明する」が正解。A.「電子機器が私たちの脳にどのようにダメージを与えるか示す」 B.「スクリーンを見て過ごす時間がますます増えている子供たちを描く」

⑵第2段第4～6文（For this study, …）で，調査の目的として，子供たちがスクリーンの前で過ごす時間，睡眠時間と運動時間，および認知能力の測定が挙げられている。したがって，C.「子供たちのライフスタイルと知的能力の関係性」が正解。A.「子供の理解力に対する電子機器の良い影響」 B.「子供たちがスクリーンを見て過ごす時間を決めている要因」

⑶第4段の専門家によるガイドラインでは，スクリーンを見る時間は一日2時間未満がよいとされ，毎日少なくとも1時間の運動と9～11時間の

睡眠が勧められている。第6段最終文（At least they …）から，睡眠時間だけはガイドラインをクリアしていることがわかるので，B.「子供たちは他のガイドラインと比べ，睡眠のガイドラインを満たしている傾向があった」が正解。A.「睡眠時間が長くなると，思考テストの成績の向上に直接つながる」　C.「睡眠時間が長い人は，スクリーンを見て過ごす時間が少なくなる可能性が高かった」

(4)第7段第1文（Less screen time …）では，スクリーンを見る時間が少ないことと知能テストの認知スコアの良さには関連があったと述べられているので，A.「知能はスクリーンを見る時間の影響を受ける可能性がある」が正解。mental ability「知能」　B.「精神の健康がスクリーンを見る時間に影響を及ぼす可能性がある」　C.「頭脳を使う活動はスクリーンを見る時間とほとんど関係がない」

(5)本文で説明されている調査には慎重な態度を取るべきだと筆者が言っている理由を選ぶ問題。第9段第1文（The study cannot …）で，この調査では，スクリーンを見る時間によって思考能力が損なわれたかどうかを断定することはできないと述べられている。したがって，B.「スクリーンを見る時間が思考能力の変化に直接影響を及ぼしているかどうか決めるのは難しい」が正解。

A.「それは子供たちが長期的にスクリーンを見て過ごす時間を示しているだけである」　第8段第1文（Because the study …）で，この調査は習慣に関して一度質問しただけなので，時系列のある一時点をとらえただけのものである，と述べられており，「長期的に」が誤りとなる。

C.「子供たちが使うタイプの電子機器は，脳の発達に影響を及ぼす可能性がある」

(6)第10段第2文（Instead of broad …）では，全ての子供に対する一般的な基準を設けるのではなく，科学から学んだことを調整し，一人ひとりの子供に合わせなくてはならない，と述べられている。したがって，A.「一般的なルールが個別の事例に機械的に当てはまるわけではない」が正解。B.「子育ては科学的証拠に基づくべきではない」　C.「科学は人間の行動の多くの側面を発見することができない」

(7)本文全体を通して，スクリーンを見る時間と子供の認知能力の関係性を調べた調査について説明されており，第1段第4文（The kids who …）

や第 7 段第 1 文（Less screen time …）では，スクリーンを見る時間が少ない子供たちは知能テストのスコアが良かったという結果が述べられている。したがって，タイトルとしては，C.「スクリーンを見る時間の少なさが子供の記憶力と学習能力の高さに関連している」が最も適切。A.「ABCD 研究はより良い未来に向かって努力を続ける」 B.「睡眠と運動とテクノロジーの利用との関係性」

### ❖講　評

2023 年度も大問 3 題の出題形式で大きな変更点はない。設問の選択肢も含めると全体の英文量は多く，一定の語彙力と構文把握力が不可欠。設問は判断に迷う選択肢は比較的少なかった。

**I** の **A** の会話文問題は，前後の文脈に着目して消去法を使えば正解は絞りやすい。**B** の段落整序は，様々な宗教における断食の慣習について述べられた英文で，各宗教の具体例を順次追っていけばよい。

**Ⅱ** の読解問題は，アフリカで競走馬の調教師として成功し，その後，大西洋横断飛行に成功したベリル＝マーカムという女性に関する英文で，内容的には読みやすいものだった。**A** の空所補充は文脈を考慮して適切な語句を選ぶ問題が中心だが，文法の知識を問う問題もいくつかあり，(3)の語彙問題はやや難しかった。**B** は本文の内容について問われた設問で，特に紛らわしい選択肢はなく標準レベル。

**Ⅲ** の読解問題は，スクリーンを見る時間と子供の認知能力との関係を調べた調査に関する英文。スクリーンを見る時間が少ないことと知能を評価する認知スコアの良さに関連性は見られるが，スクリーンを見る時間によって思考能力が損なわれたかどうかを断定することは難しいという点を押さえておきたい。**A** は下線部から読み取れる内容，意味が近いものを選ぶ問題で，(7)，(8)はやや難しかったかもしれない。**B** は判断に迷う選択肢は特になかったが，英文量がやや多い。

全体的には標準レベルと言えるが，一定の語彙力と構文把握力をできるだけ早く身につけ，時間内に全ての解答が終わるようしっかり演習を積んでおきたい。

# 数学

## I

**解答**　$S_n(x)=\sum_{k=1}^{n} f_k(x)=a^x\{1-(1-a^x)^n\}\quad(1<a<2)$ ……(＊)

とおく。

(1)　$f_1(x)=a^{2x}$ および(＊)$(n=2)$より

$$f_1(x)+f_2(x)=a^x\{1-(1-a^x)^2\}$$

$$f_2(x)=a^x\{1-(1-a^x)^2\}-a^{2x}=a^{2x}(1-a^x)\quad \cdots\cdots(答)$$

(2)　$n\geqq 2$ とする。$f_n(x)=S_n(x)-S_{n-1}(x)$ より

$$f_n(x)=a^x\{1-(1-a^x)^n\}-a^x\{1-(1-a^x)^{n-1}\}$$

$$=a^{2x}(1-a^x)^{n-1}\quad \cdots\cdots ①\quad \cdots\cdots(答)$$

①は $n=1$ のときも成り立つ。

(3)　$t=1-a^x$ ……② とおくと　$a^x=1-t\quad(t<1)$

$$x\log a=\log(1-t)$$

$$\frac{dx}{dt}\log a=\frac{-1}{1-t}$$

$$\frac{dx}{dt}=\frac{-1}{(1-t)\log a}\quad(t<1)\quad \cdots\cdots ③\quad \cdots\cdots(答)$$

①，②，③より

$$I_n=\int_0^1 f_n(x)dx$$

$$=\int_0^{1-a}(1-t)^2t^{n-1}\cdot\frac{-1}{(1-t)\log a}dt$$

$$=\frac{-1}{\log a}\int_0^{1-a}(1-t)t^{n-1}dt$$

$$=\frac{-1}{\log a}\int_0^{1-a}(t^{n-1}-t^n)dt$$

$$=\frac{-1}{\log a}\left[\frac{t^n}{n}-\frac{t^{n+1}}{n+1}\right]_0^{1-a}$$

$$=\frac{-1}{\log a}\left\{\frac{(1-a)^n}{n}-\frac{(1-a)^{n+1}}{n+1}\right\}\quad \cdots\cdots ④\quad \cdots\cdots(答)$$

(4)　④より

$$\sum_{k=1}^{n} I_k = \sum_{k=1}^{n} \frac{-1}{\log a}\left\{\frac{(1-a)^k}{k} - \frac{(1-a)^{k+1}}{k+1}\right\}$$

$$= \frac{-1}{\log a}\left\{(1-a) - \frac{(1-a)^{n+1}}{n+1}\right\} \quad \cdots\cdots⑤ \quad \cdots\cdots(答)$$

$1<a<2$ より　　$-1<1-a<0$

よって，$0<|1-a|<1$ より　　$0<\left|\frac{(1-a)^{n+1}}{n+1}\right|<\frac{1}{n+1}$

$\lim_{n\to\infty}0=\lim_{n\to\infty}\frac{1}{n+1}=0$ より，はさみうちの原理から

$$\lim_{n\to\infty}\frac{(1-a)^{n+1}}{n+1}=0 \quad \cdots\cdots⑥$$

⑤，⑥より

$$\lim_{n\to\infty}\sum_{k=1}^{n} I_k = \frac{a-1}{\log a} \quad (1<a<2) \quad \cdots\cdots(答)$$

◀解　説▶

≪関数列，定積分，極限≫

(1)・(2)　$S_n(x)=\sum_{k=1}^{n} f_k(x)$ のとき　　$f_1(x)=S_1(x)$

$$f_n(x)=S_n(x)-S_{n-1}(x) \quad (n\geqq 2)$$

(3)　$a^x=1-t$ から，$x=\log_a(1-t)$ が出るが，微分積分法では自然対数が標準である。

$$\frac{d}{dx}\log|f(x)|=\frac{f'(x)}{f(x)}$$

(4)　(1)～(3)では，$a$ の条件は，$a>0$，$a\neq 1$ のみである。極限の計算で，$1<a<2$ を用いる。

## II

**解答**　(1)①211　②1112　(2)③8　④26664

(3)⑤49　(4)⑥$2^{n-1}$　⑦$\frac{2^{n-1}(10^n-1)}{3}$

◀解　説▶

≪2つの数から作られる群数列≫

$\{a_n\}$ : 1，2，11，12，21，22，111，112，121，122，…

(1)　桁ごとに組み分けすると

1 桁：$a_1=1$，$a_2=2$,

2 桁：$a_3=11$，$a_4=12$，$a_5=21$，$a_6=22$,

3 桁：$a_7=111$，$a_8=112$，$a_9=121$，$a_{10}=122$，$a_{11}=211$，$a_{12}=212$，$a_{13}=221$，$a_{14}=222$,

4 桁：$a_{15}=1111$，$a_{16}=1112$，$a_{17}=1121$，$a_{18}=1122$，$a_{19}=1211$，$a_{20}=1212$，$a_{21}=1221$，$a_{22}=1222$,

（以下省略。4 桁の数字はあと 8 個ある）

ゆえに　　$a_{11}=211$　(→①)，$a_{16}=1112$　(→②)

（注）$\{a_n\}$ の項のうち，$(m+1)$ 桁のものは，$m$ 桁の数の左端に 1 を付け加えた数と，2 を付け加えた数からなる。

(2)(i)　$\{a_n\}$ の項のうち，3 桁のものは，数字 1，2 を重複を許してとり，3 個並べた重複順列と同じである。その総数は $2^3=8$ 個あり，その左端に 1 を付け加えればよい。

ゆえに，4 桁で千の位が 1 のものの総数は　　$2^3=8$ 個　(→③)

(ii)　$\{a_n\}$ の項のうち 4 桁のものについて，もとの数の 1 を 2 に，2 を 1 に取り替えたもの（例えば 1211 に対し 2122）が必ずもとの数と対になって存在する。また，もとの数と対になった数の和は必ず 3333 である。

4 桁の自然数となるすべての項の和は，千の位の数が 1 であるものすべてと，これらと対になった数すべての和である。千の位の数が 1 であるものは全部で 8 個あるので，求める和は

$8\times3333=26664$　(→④)

(3)　$\{a_n\}$ の項のうち，4 桁以下のものの総数は

$$2+2^2+2^3+2^4=\frac{2(1-2^4)}{1-2}=2(2^4-1)=30 \text{ 個}$$

$\{a_n\}$ の項のうち，5 桁で千の位が 1 であるものの総数は，4 桁のものの総数と同じだから　　$2^4$ 個

$\{a_n\}$ の項のうち，5 桁で千の位が 1 または 4 桁以下のものの総数は

$30+16=46$ 個

$\{a_n\}$ の項のうち，5 桁で $10^4$ の位が 2 であるものを並べて作られた数列の初項は，$a_{47}$ である。

$\therefore\quad a_{47}=21111,\ a_{48}=21112,\ a_{49}=21121$　(→⑤)

(4)(i)　$\{a_n\}$ の項のうち，$(n-1)$ 桁のものは，数字 1，2 を重複を許してとり，$(n-1)$ 個並べた重複順列と同じである。その総数は $2^{n-1}$ 個である。その左端に 1 を付け加えればよいので　　$2^{n-1}$ 個　(→⑥)

(ii)　$\{a_n\}$ の項のうち $n$ 桁のものについて，もとの数の 1 を 2 に，2 を 1 に取り替えたもの（例えば 212112 に対し 121221）が必ずもとの数と対になって存在する。また，もとの数と対になった数の和は必ず $\overbrace{33\cdots3}^{n\text{個}}$ である。$n$ 桁の自然数となるすべての項の和は，千の位の数が 1 であるものすべてと，これらと対になった数すべての和である。千の位の数が 1 であるものは全部で $2^{n-1}$ 個あるので，求める和は

$$2^{n-1}\times\overbrace{33\cdots3}^{n\text{個}}=2^{n-1}\times3\times\sum_{k=0}^{n-1}10^k$$

$$=2^{n-1}\times3\times\frac{1-10^n}{1-10}=\frac{2^{n-1}(10^n-1)}{3}\quad(\to⑦)$$

## Ⅲ　解答

(1)① $\dfrac{-2t}{2t+3}$　② 4　③ 3　(2)④ $\dfrac{35}{8}$

(3)⑤ $\dfrac{-9+\sqrt{65}}{8}$　⑥ 0　(4)⑦ 4

◀解　説▶

≪媒介変数表示の曲線・接線・法線・面積≫

$f(t)=t^2+3t,\ g(t)=4-t^2$ とおく。

$$C:(x,\ y)=(f(t),\ g(t))\quad(|t|\leqq1)$$

(1)　$$\frac{dx}{dt}=f'(t)=2t+3=1+2(t+1)\geqq1$$

$$(\because\ |t|\leqq1)$$

$$\frac{dy}{dt}=g'(t)=-2t$$

$$\frac{dy}{dx}=\frac{g'(t)}{f'(t)}=\frac{-2t}{2t+3}\quad(\to①)$$

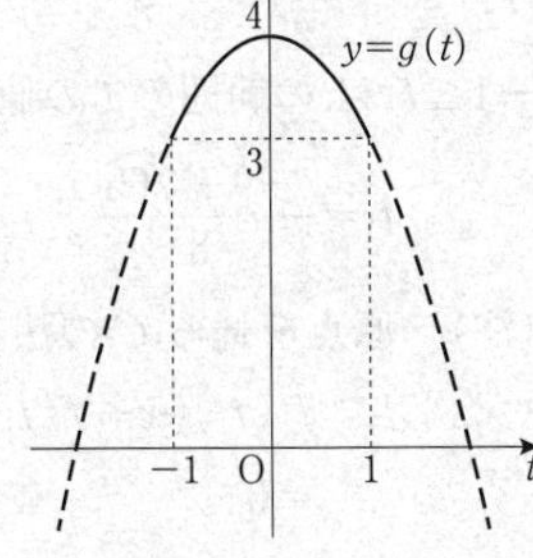


$y=g(t)=4-t^2\quad(-1\leqq t\leqq1)$ より

$y$ 座標の最大値は 4　($t=0$)　(→②)

$y$ 座標の最小値は 3　($t=\pm 1$)　(→③)

(2)　接線の傾きが $\frac{1}{2}$ になるのは

$$\frac{dy}{dx}=\frac{-2t}{2t+3}=\frac{1}{2}$$

$$-4t=2t+3$$

$$t=t_0=-\frac{1}{2}\quad (|t_0|\leqq 1)$$

このとき，接点の座標 $(x_0,\ y_0)$ は

$$(x_0,\ y_0)=(f(t_0),\ g(t_0))=\left(\frac{-5}{4},\ \frac{15}{4}\right)$$

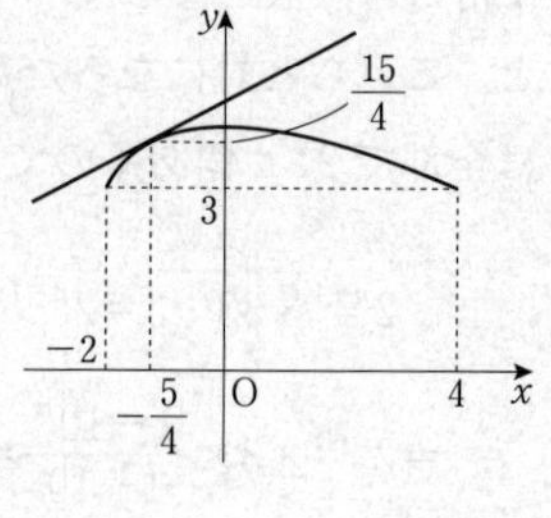


接線の方程式は

$$y=\frac{1}{2}\left(x+\frac{5}{4}\right)+\frac{15}{4}$$

$$=\frac{1}{2}x+\frac{35}{8}\quad (→④)$$

(3)　点 $\mathrm{P}(f(t),\ g(t))$ における $C$ の法線 $l$ の方程式は

$$l : f'(t)(x-f(t))+g'(t)(y-g(t))=0 \quad \cdots\cdots(*)$$

$l$ が原点を通るとき，$(*)$ に $(x,\ y)=(0,\ 0)$ を代入して

$$f'(t)f(t)+g'(t)g(t)=0 \quad \cdots\cdots ㋐$$

$f(t)$，$g(t)$，$f'(t)$，$g'(t)$ の式を㋐に代入して

$$(2t+3)(t^2+3t)+(-2t)(4-t^2)=0$$

$$t\{(2t+3)(t+3)-2(4-t^2)\}=0$$

$$t(4t^2+9t+1)=0$$

$$\therefore\ t=0,\ \frac{-9\pm\sqrt{65}}{8} \quad \cdots\cdots ㋑$$

$-1\leqq t\leqq 1$ の範囲の $t$ の値は，㋑より

$$t_1=\frac{-9+\sqrt{65}}{8},\ t_2=0 \quad (→⑤，⑥)$$

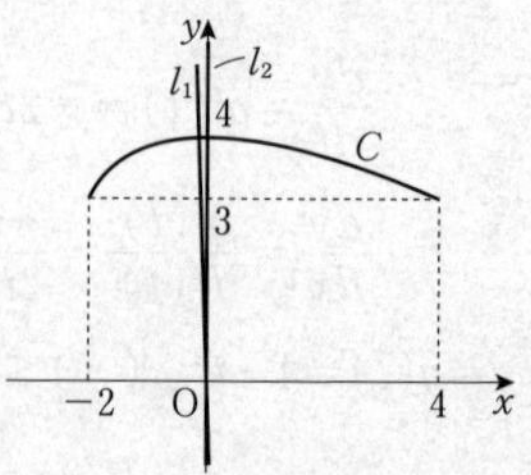


(注)　原点を通る $C$ の法線の方程式は

$$l_1 : f'(t_1)(x-f(t_1))+g'(t_1)(y-g(t_1))=0$$

$l_2 : x=0$　（$C$ 上の点 $(0,\ 4)$ における法線）

(4)　$C$ と直線 $y=3$ との交点は，(1)の結果より

$$\mathrm{A}(f(-1),\ g(-1))=(-2,\ 3),\ \mathrm{B}(f(1),\ g(1))=(4,\ 3)$$

求める面積 $S$ は

$$\begin{aligned} S&=\int_{-2}^{4}(y-3)dx=\int_{-1}^{1}\{(4-t^2)-3\}(2t+3)dt \\ &=\int_{-1}^{1}(1-t^2)(2t+3)dt \\ &=\int_{-1}^{1}(1-t^2)(2t)dt+\int_{-1}^{1}(1-t^2)3dt \quad \text{（奇関数＋偶関数）} \\ &=0+2\int_{0}^{1}(3-3t^2)dt=2\Big[3t-t^3\Big]_0^1=4 \quad (\to ⑦) \end{aligned}$$

参考　曲線 $K : (x,\ y)=(f(t),\ g(t))$　（$t$ は実数全体を動く）は放物線である。

$t$ を消去して　　$K : 9(4-y)=(x+y-4)^2$

（曲線の存在範囲）$K$ は領域 $D=\left\{(x,\ y)\,\middle|\,x \geqq -\dfrac{9}{4},\ y \leqq 4\right\}$ に含まれる。

$$\because \quad x=f(t)=\left(t+\frac{3}{2}\right)^2-\frac{9}{4} \geqq -\frac{9}{4},\ y=g(t)=-t^2+4 \leqq 4$$

（対称軸）$K$ は直線 $L$ に関して対称である。

$$L : y=-\left(x+\frac{9}{4}\right)+4=-x+\frac{7}{4}$$

（頂点・焦点・準線）$K$ の頂点の座標は $\begin{cases} 9(4-y)=(x+y-4)^2 \\ y=-x+\dfrac{7}{4} \end{cases}$

を解いて　　$\left(-\dfrac{27}{16},\ \dfrac{55}{16}\right)$

焦点の座標は $\left(-\dfrac{9}{8},\ \dfrac{23}{8}\right)$，準線の方程式は $y=x+\dfrac{25}{4}$ である。

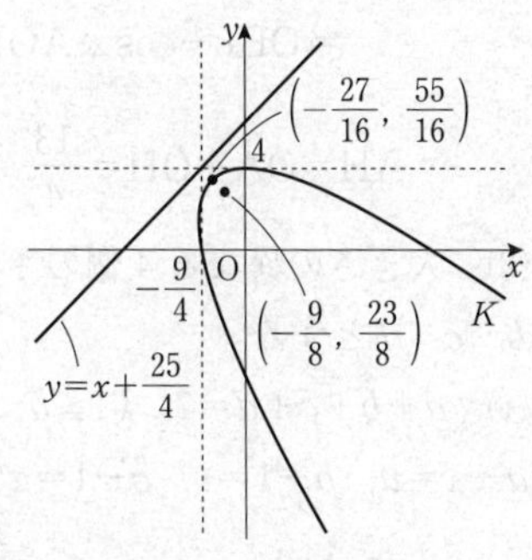


（座標軸の平行移動）$xy$ 座標の原点を $K$ の頂点に移動する，すなわち $K$ を $\left(\dfrac{27}{16},\ -\dfrac{55}{16}\right)$ 平行移動する。

$(u,\ v)=\left(x+\dfrac{27}{16},\ y-\dfrac{55}{16}\right)$ とおくと

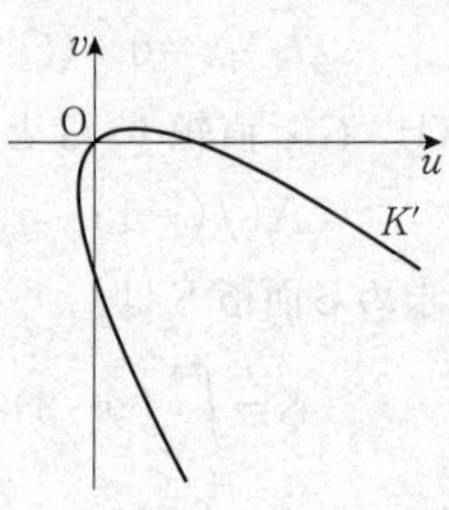


$$K' : 9\left\{4-\left(v+\frac{55}{16}\right)\right\}$$
$$=\left\{\left(u-\frac{27}{16}\right)+\left(v+\frac{55}{16}\right)-4\right\}^2$$
$$9\left(\frac{9}{16}-v\right)=\left(u+v-\frac{9}{4}\right)^2$$

($uv$ 座標の $-\dfrac{\pi}{4}$ 回転）$K'$ を原点回りに $-\dfrac{\pi}{4}$ 回転させる。

$(X,\ Y)=\left(\dfrac{u+v}{\sqrt{2}},\ \dfrac{-u+v}{\sqrt{2}}\right)$ とおくと

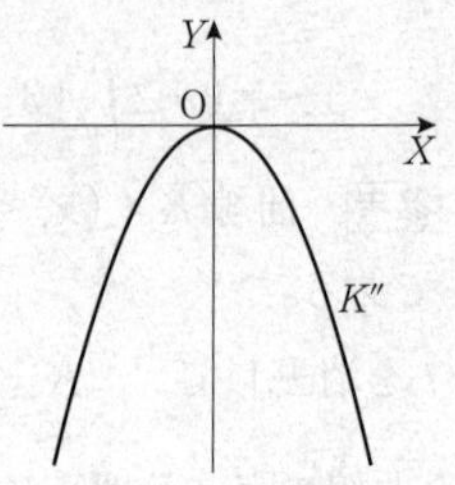


$$K'' : 9\left(\frac{9}{16}-\frac{X+Y}{\sqrt{2}}\right)=\left(\sqrt{2}X-\frac{9}{4}\right)^2$$
$$Y=-\frac{2\sqrt{2}}{9}X^2$$

## Ⅳ

**解答**　(1)① $\dfrac{13}{4}$　(2)② $\dfrac{5}{324}$　③ $\dfrac{65}{81}$

(3)④ $-2$　⑤ $\left(\dfrac{2}{3},\ \dfrac{2}{3},\ \dfrac{4}{3}\right)$　(4)⑥ $-\dfrac{1}{2}x+\dfrac{5}{2}$　⑦ $(x+2)^2+(y+4)^2=37$

◀解　説▶

≪小問 4 問≫

(1) $\mathrm{OA}=3,\ \mathrm{OB}=2,\ \cos\angle\mathrm{AOB}=-\dfrac{1}{8}$ より

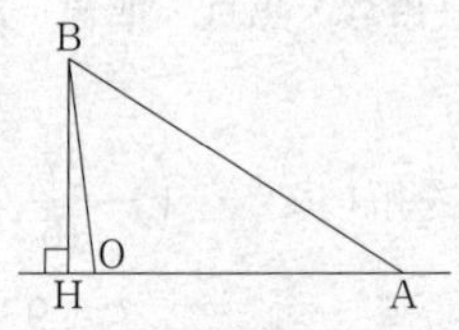


$$\mathrm{OH}=\mathrm{OB}\cos(\pi-\angle\mathrm{AOB})$$
$$=\mathrm{OB}(-\cos\angle\mathrm{AOB})=\frac{1}{4}$$
$$\mathrm{AH}=\mathrm{OA}+\mathrm{OH}=\frac{13}{4}\quad(\to①)$$

(2)　大きさの異なる 4 個のさいころを同時に投げるとき，出る目の数を $a$, $b$, $c$, $d$ とする。

(i)　$a+b+c+d=7$　$(1\leqq a,\ b,\ c,\ d\leqq 6)$ とする。

$a-1=u,\ b-1=v,\ c-1=x,\ d-1=y$ とおくと

$u+v+x+y=3\quad(0\leqq u,\ v,\ x,\ y\leqq 5)$ ……(＊)

• (＊)の解の組が，{1，1，1，0} のとき　　${}_4C_1=4$ 通り

• (＊)の解の組が，{1，2，0，0} のとき，

{1，2} を入れる場所を選び，さらに 1，2 を入れ替える場合の個数は

$${}_4C_2\times{}_2C_1=6\times 2=12 \text{ 通り}$$

• (＊)の解の組が，{3，0，0，0} のとき　　${}_4C_1=4$ 通り

ゆえに，(＊)をみたす確率 $p_1$ は

$$p_1=\frac{4+12+4}{6^4}=\frac{20}{1296}=\frac{5}{324}\quad(\to②)$$

(ii)　積 $abcd$ が 3 の倍数であるのは，$a$，$b$，$c$，$d$ の少なくとも 1 つが 3 の倍数のときである。余事象は $a$，$b$，$c$，$d$ のどれもが 3 の倍数ではないことである。余事象の確率を考えて，求める確率 $p_2$ は

$$p_2=1-\frac{4^4}{6^4}=\frac{3^4-2^4}{3^4}$$

$$=\frac{(3^2-2^2)(3^2+2^2)}{9^2}$$

$$=\frac{65}{81}\quad(\to③)$$

(3)　A(2，0，0)，B(0，2，0)，C(0，0，1) を通る平面を Π とする。

(i)　点 D(2，4，$k$) が Π 上にあるとする。

$$\overrightarrow{AD}=m\overrightarrow{AB}+n\overrightarrow{AC}\quad(m,\ n \text{ は実数})$$

と表せる。また

$$\overrightarrow{AD}=(0,\ 4,\ k),\ \overrightarrow{AB}=(-2,\ 2,\ 0),\ \overrightarrow{AC}=(-2,\ 0,\ 1)$$

ゆえに　　$(0,\ 4,\ k)=(-2m,\ 2m,\ 0)+(-2n,\ 0,\ n)$

$$\begin{cases}2m+2n=0\\2m=4\\n=k\end{cases}$$

$$\therefore\quad (m,\ n,\ k)=(2,\ -2,\ -2)\quad(\to④)$$

(ii)　$O'(2x_0,\ 2y_0,\ 2z_0)$ とおく。OO′ の中点 $M(x_0,\ y_0,\ z_0)$ は平面 Π 上にある。

$$\overrightarrow{AM}=p\overrightarrow{AB}+q\overrightarrow{AC}\quad(p,\ q \text{ は実数})$$

と表せる。また

$\overrightarrow{AM}=(x_0-2,\ y_0,\ z_0)$，$\overrightarrow{AB}=(-2,\ 2,\ 0)$，$\overrightarrow{AC}=(-2,\ 0,\ 1)$

ゆえに　$(x_0-2,\ y_0,\ z_0)=(-2p,\ 2p,\ 0)+(-2q,\ 0,\ q)$　……㋐

$OM\perp AB \Longleftrightarrow -2x_0+2y_0=0$　……㋑

$OM\perp AC \Longleftrightarrow -2x_0+z_0=0$　……㋒

㋐，㋑，㋒より

$$(p,\ q,\ x_0,\ y_0,\ z_0)=\left(\frac{1}{6},\ \frac{2}{3},\ \frac{1}{3},\ \frac{1}{3},\ \frac{2}{3}\right)$$

$$\overrightarrow{AM}=\frac{1}{6}\overrightarrow{AB}+\frac{2}{3}\overrightarrow{AC}=\left(-\frac{5}{3},\ \frac{1}{3},\ \frac{2}{3}\right)$$

$$\overrightarrow{OM}=\left(\frac{1}{3},\ \frac{1}{3},\ \frac{2}{3}\right)$$

$$\overrightarrow{OO'}=2\overrightarrow{OM}=\left(\frac{2}{3},\ \frac{2}{3},\ \frac{4}{3}\right)\quad(\to⑤)$$

**別解**　((i)の部分)

3点A，B，Cを通る平面Πの方程式は

$$\Pi：\frac{x}{2}+\frac{y}{2}+\frac{z}{1}=1\quad\cdots\cdots(*)$$

$(x,\ y,\ z)=(2,\ 4,\ k)$を$(*)$に代入して

$1+2+k=1\qquad\therefore\quad k=-2$

**参考**　3点$A(a,\ 0,\ 0)$，$B(0,\ b,\ 0)$，$C(0,\ 0,\ c)$を通る平面の方程式は

$$\frac{x}{a}+\frac{y}{b}+\frac{z}{c}=1\quad(abc\neq 0)$$

(4)　$C_1：x^2+y^2=1$

$C_2：(x-2)^2+(y-4)^2=5$

$C_1$，$C_2$のそれぞれの中心は

A(0，0)，B(2，4)

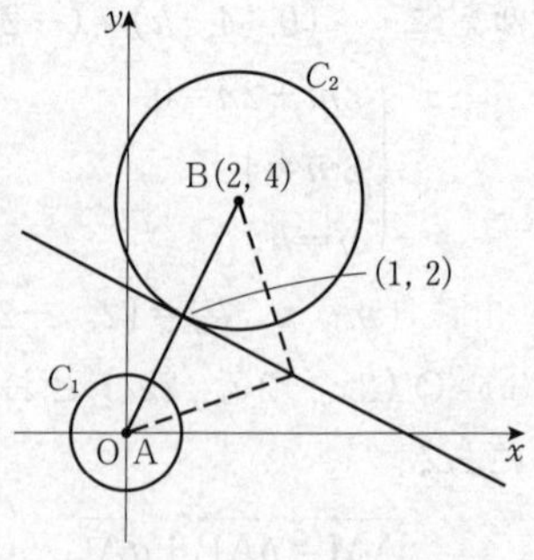


(i)　直線ABの傾き$m$は　　$m=2$

線分ABの中点Mの座標は　　M(1，2)

ABに直交する直線の傾き$m'$は

$$m'=-\frac{1}{2}$$

ABの垂直二等分線の方程式は

$$y=-\frac{1}{2}(x-1)+2=-\frac{1}{2}x+\frac{5}{2}\quad(\to⑥)$$

(ii)　2つの円の外部の点を$P(x,\ y)$とする。

$\triangle PAT_1$，$\triangle PBT_2$は直角三角形より

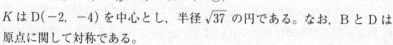

$$PT_1=\sqrt{x^2+y^2-1}$$

$$PT_2=\sqrt{(x-2)^2+(y-4)^2-5}$$

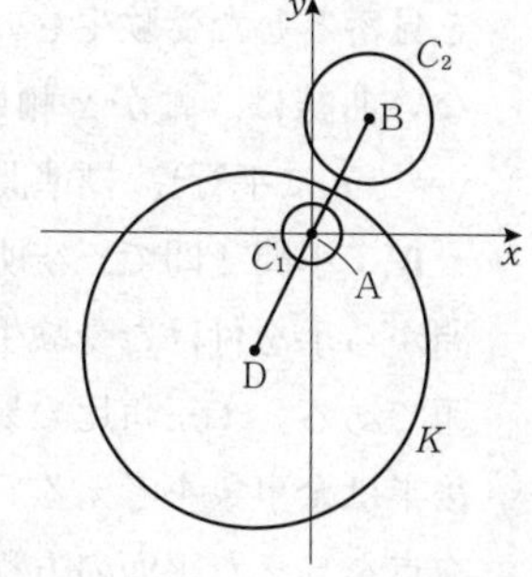


点Pの描く図形を$K$とすると

$PT_1:PT_2=1:\sqrt{2}$より

$$(x-2)^2+(y-4)^2-5=2(x^2+y^2-1)$$

$$K:(x+2)^2+(y+4)^2=37\quad(\to⑦)$$

$K$は$D(-2,\ -4)$を中心とし，半径$\sqrt{37}$の円である。なお，BとDは原点に関して対称である。

## ❖講　評

2023年度は，2022年度と同じく，記述式1題，空所補充問題3題で，空所補充問題のうち，1題は独立した内容の小問構成であった。小問数は4問で，2022年度と同じであった。

**I**　関数項級数の有限和を与えて各項を求める問題である。定積分は変数変換が指示してあるので，誘導に従えばよい。級数の各項は差の形である。足し合わせると，中間の項が消える。標準問題である。

**II**　2つの数字から作られる群数列の問題である。2進数では0と1を用いるが，桁数を数えるときは数字としては都合が悪い。$n$ビットとすればよいが，数学からは少しずれる。数字にそれぞれ1を加えて1と2としている。和を数えるときに基本になるのが，反転という考えである（桁ごとに，1と2を入れ替える)。これは，2進数での反転および2の補数という概念に由来する。1と2の代わりに，2と7，3と4，4と5等，和が1桁の自然数の組ならば同様の推論が使える。やや難しいが興味深い標準問題である。

**III**　媒介変数表示の曲線に関する問題である。主要部分は接線・法線の問題である。法線の方程式は$y=mx+k$の形で調べられることが多

いが，この形では $y$ 軸に平行な法線は除外される。曲線 $C:(x,\ y)=(f(t),\ g(t))$ 上の点 $\mathrm{P}(f(t),\ g(t))$ における法線の方程式は，$f'(t)(x-f(t))+g'(t)(y-g(t))=0$ である。$y$ 軸に平行な法線（$x=0$）を見落とした受験生もいたと思われる。なお，媒介変数の範囲を限定しない曲線は，軸が $x$ 軸にも $y$ 軸にも平行ではない放物線である（軸は $y=-x$ に平行）。標準問題である。

Ⅳ　小問 4 問で，空所補充問題である。どれも基本的であるから，本問から手を付けた受験生が多いと思われる。確実に解答しておきたい問題である。(1)三角比の易しい問題である。(2)易しい確率の問題である。後半は余事象を考える。(3)空間ベクトルに関する問題である。各軸との交点を与えた平面の方程式は有用である。(4)円と直線の問題である。垂直二等分線は基本である。後半は，アポロニウスの円の類似（変形）である。接点の座標は考えてはいけない。単に，接点までの距離が必要なだけである。その距離は円の中心を経由して測る。

# 物理

## I　解答

(a) $\dfrac{GMm}{4r}$　(b) $2\sqrt{\dfrac{d}{g}}$　(c) $2gh$

(1)—(イ)　(2)—(エ)　(3)—(コ)　(4)—(ウ)　(5)—(ア)　(6)—(イ)　(7)—(エ)　(8)—(ケ)
(9)—(サ)　(10)—(ソ)　(11)—(チ)　(12)—(ナ)　(13)—(ニ)　(14)—(ス)　(15)—(ノ)

◀解　説▶

≪万有引力による円運動，非等速円運動と放物運動≫

(i)(1)　人工衛星が受ける万有引力の大きさが $G\dfrac{mM}{r^2}$ となることから，円運動の運動方程式より

$$G\frac{mM}{r^2}=m\frac{{v_1}^2}{r}\qquad \therefore\quad v_1=\sqrt{\frac{GM}{r}}$$

(2)　角速度を $\omega_1$ とすると，$v_1=r\omega_1$ の関係があるので

$$\omega_1=\frac{v_1}{r}=\sqrt{\frac{GM}{r^3}}$$

(3)　万有引力による位置エネルギーの公式より

$$U_1=-\frac{GMm}{r}=-\frac{GM}{r}\times m$$

(4)　(1)～(3)の計算は，一般的な半径 $r$ の円軌道に関して成り立つので，(1)の答の $r$ を $2r$ に置き換えると

$$v_2=\sqrt{\frac{GM}{2r}}<v_1$$

(5)　(3)の答の $r$ を $2r$ に置き換えると

$$U_2=-\frac{GMm}{2r}>U_1$$

(a)　(1)，(3)の結果を用いると，$E_1$ は次のようになる。

$$E_1=\frac{1}{2}m{v_1}^2-\frac{GMm}{r}=-\frac{GMm}{2r}$$

$E_2$ は上の式の $r$ を $2r$ に置き換えればよいので，$E_2-E_1$ は次のようになる。

$$E_2-E_1=-\frac{GMm}{2(2r)}-\left(-\frac{GMm}{2r}\right)=\frac{GMm}{4r}$$

(ii)(6)　点 O から点 B まですべるとき，小球に働く力は右図のようになる。このとき，重力の面と垂直な成分と垂直抗力は打ち消し合っているので，合力は重力の斜面方向の成分となる。したがって，その大きさは

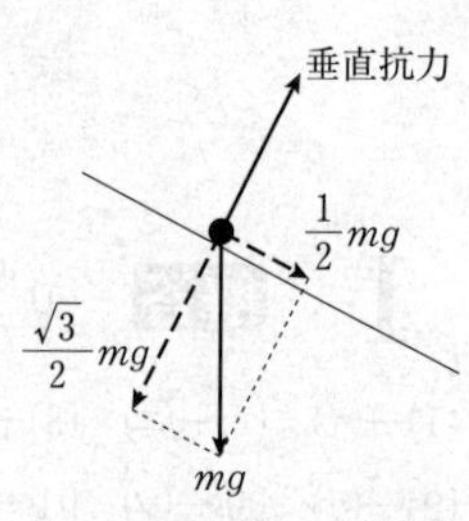


$$mg\sin 30°=\frac{1}{2}\times mg$$

(b)　合力が $\frac{1}{2}mg$ であることから，生じる加速度の大きさは $\frac{1}{2}g$ である。したがって，等加速度運動の公式より

$$d=\frac{1}{2}\times\left(\frac{1}{2}g\right)t^2 \qquad \therefore \quad t=2\sqrt{\frac{d}{g}}$$

(7)　点 C での小球の速さを $v_C$ とすると，点 C と点 O での力学的エネルギー保存則より

$$\frac{1}{2}mv_C{}^2=mg\left\{\frac{d}{2}+r\left(1-\frac{\sqrt{3}}{2}\right)\right\}$$

$$\therefore \quad v_C=\sqrt{g\times\{d+(2-\sqrt{3})\times r\}}$$

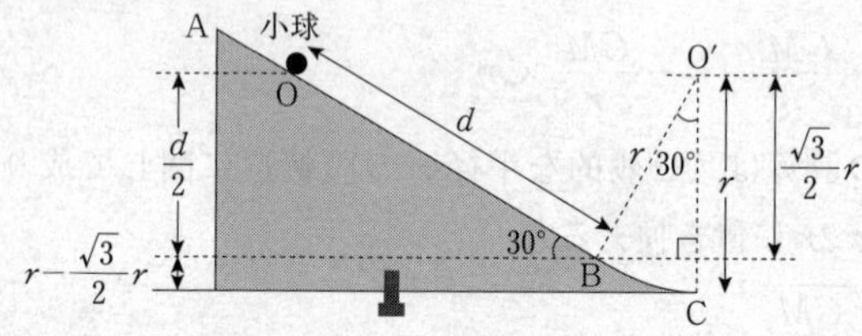


(8)　垂直抗力の大きさを $N_C$ とすると，点 C において小球に働く力は右図のようになる。よって，円運動の運動方程式より

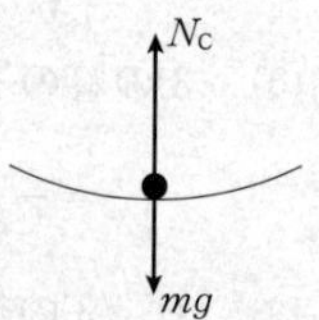


$$N_C-mg=m\times\frac{v_C{}^2}{r}$$

$v_C$ に(7)の答を代入すると

$$N_C-mg=mg\times\left\{\frac{d}{r}+(2-\sqrt{3})\right\}$$

(9)　(7)の図より，点Oの高さは $\dfrac{d}{2}+r\left(1-\dfrac{\sqrt{3}}{2}\right)$ となる。これが点Dの高さより高くなっていればよいので

$$\frac{d}{2}+r\left(1-\frac{\sqrt{3}}{2}\right)>h \qquad \therefore \quad d>2h-(2-\sqrt{3})\times r$$

(10)　角CO′Dを $\theta$ とすると，右図より，$\cos\theta=\dfrac{r-h}{r}$ であるので

$$V_{\mathrm{x}}=V\cos\theta=\frac{(r-h)\times V}{r}$$

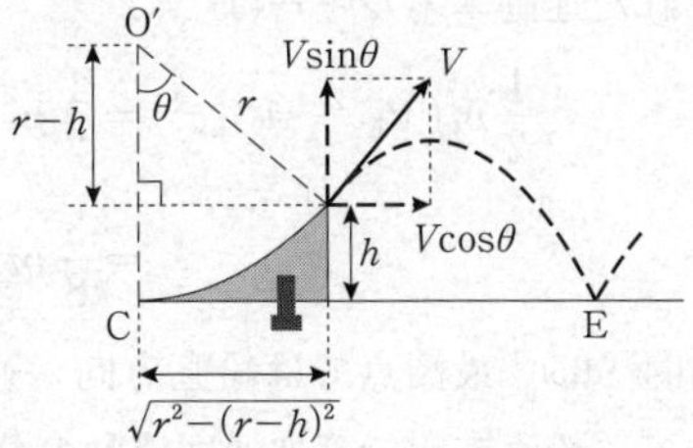

(11)　右図より

$$\sin\theta=\frac{\sqrt{r^2-(r-h)^2}}{r}$$

$$=\frac{\sqrt{h(2r-h)}}{r}$$

となるので

$$V_{\mathrm{y}}=V\sin\theta=\frac{\sqrt{h(2r-h)}\times V}{r}$$

(c)　小球が点Dを飛び出してから点Eに達するまでの時間を $t_1$ とすると，小球の鉛直方向の運動は鉛直上向きを正として，加速度 $-g$ の等加速度運動となるので，$t_1>0$ を考慮すると

$$V_{\mathrm{y}}t_1-\frac{1}{2}gt_1{}^2=-h \qquad gt_1{}^2-2V_{\mathrm{y}}t_1-2h=0$$

$$\therefore \quad t_1=\frac{V_{\mathrm{y}}+\sqrt{V_{\mathrm{y}}{}^2+2gh}}{g}$$

となる。水平方向の運動は速さ $V_{\mathrm{x}}$ の等速運動となるので，水平距離は，$V_{\mathrm{x}}t_1=V_{\mathrm{x}}\times\dfrac{V_{\mathrm{y}}+\sqrt{V_{\mathrm{y}}{}^2+2gh}}{g}$ で表される。

(12)　点Eに落下する直前の小球の速度の鉛直上向きの成分を $V_{\mathrm{Ey}}$ ($V_{\mathrm{Ey}}<0$) とすると，等加速度運動の公式より

$$V_{\mathrm{Ey}}=V_{\mathrm{y}}-gt_1=-\sqrt{V_{\mathrm{y}}{}^2+2gh}$$

また，衝突後の小球の速度は，$V'_{\mathrm{Ey}}=-0.5V_{\mathrm{Ey}}$ となる。小球の受ける力積は運動量変化に等しいので，床に摩擦がないことから

$$力積 = -0.5mV_{Ey} - mV_{Ey} = -\frac{3m}{2}V_{Ey}$$

$$= \frac{3m}{2}\sqrt{V_y{}^2 + 2gh}$$

(13)　衝突直前の小球の速度の水平成分は，衝突後も変化しないので，失われた運動エネルギーは

$$\frac{1}{2}m(V_{Ey}{}^2 - V'_{Ey}{}^2) = \frac{1}{2}m\left(V_{Ey}{}^2 - \frac{1}{4}V_{Ey}{}^2\right)$$

$$= \frac{3}{8}m(V_y{}^2 + 2gh)$$

(14)・(15)　最高点では鉛直方向の速度が 0 になるので，その高さを $h'$ として，鉛直方向で等加速度運動の公式を用いると

$$0^2 - V'_{Ey}{}^2 = -2gh'$$

$$\therefore\quad h' = \frac{V'_{Ey}{}^2}{2g} = \frac{V_{Ey}{}^2}{8g} = \frac{V_y{}^2 + 2gh}{8g} = \frac{h}{4} + \frac{1}{8g}V_y{}^2$$

## II　解答

(a) $-\dfrac{V}{R_1 + R_2}$　(b) $\dfrac{E}{R}$　(c) 0.32

(1)―(ア)　(2)―(イ)　(3)―(ソ)　(4)―(カ)　(5)―(ケ)　(6)―(ア)　(7)―(ウ)　(8)―(シ)
(9)―(ソ)　(10)―(キ)　(11)―(ア)　(12)―(イ)　(13)―(エ)　(14)―(コ)　(15)―(ツ)　(16)―(キ)

### ◀解　説▶

≪直流回路とコンデンサー，交流回路≫

(i)(1)　まだコンデンサーに電荷が蓄えられていないので，電位差は 0 V である。

(2)　(1)より，抵抗値 $R_1$ の電気抵抗に電圧 $V$ が加わるので

$$I = \frac{V}{R_1}$$

(3)　右図のようにコンデンサーに加わる電圧を $V_C$，$R_1$ に加わる電圧を $V_{R1}$ とすると

$$V_C + V_{R1} = V$$

の関係がある。コンデンサーの蓄える電荷 $Q$ が増えると，$V_C$ は増していくので，$V_{R1}$ は減少していく。

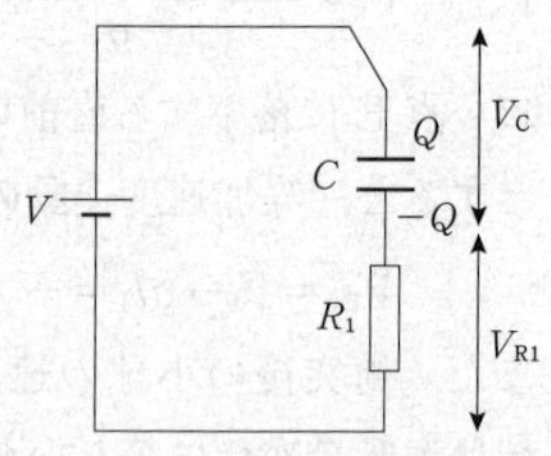

(4)　十分に時間が経過すると，回路を流れる電流は 0 となり，$V_{R1}=0$ となるので，$V_C=V$ になる。したがって，コンデンサーの蓄える電気量 $Q=CV_C=CV$ となる。

(5)　コンデンサーの静電エネルギーの公式より，$\frac{1}{2}CV^2$ となる。

(6)　(2)より，$I$ は $t=0$ のとき $\frac{V}{R_1}$ で，時間が経過するにつれ $V_{R1}$ と共に減少し，0 に近づいていく。$I$ が大きいときの方が，$Q$ の増加が速いため，電流の減少も大きくなるので，(エ)ではなく，(ア)のグラフとなる。

(7)　$V_C$ は $Q$ に比例するので，$I$ が大きいときの方が速く増加し，最終的な電圧 $V$ に近づいていくので，グラフは(ウ)となる。

(8)　まだ放電が始まっていないので，コンデンサーの蓄える電気量は(4)より，$Q=CV$ である。したがって，電圧にも変化がなく，$V_C=V$ である。

(a)　スイッチを端子 B につなぐと，右図のように放電が起こるので，$I$ が負になることに注意すると，オームの法則より

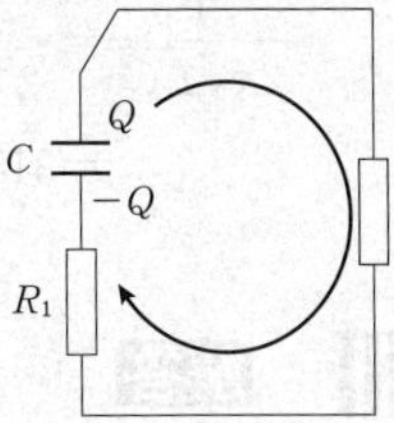

$$I=-\frac{V}{R_1+R_2}$$

(9)　放電が進むにつれ，$Q$ が小さくなり，抵抗に加わる電圧が下がるため，電流の大きさは減少する。

(10)　(9)より，$t=0$ で $I$ は負の値をとり，しだいに $I=0$ に近づいていくので，グラフは(キ)となる。

(ii)(11)　コイルのリアクタンスの公式より　　$\omega L$

(12)　コイルに加わる電圧の実効値 $V_e$ と，流れる電流の実効値 $I_e$ の間には，リアクタンス $R_e$ を用いて，$V_e=R_e\times I_e$ の関係があるので

$$I_e=\frac{V_e}{R_e}=E\times\frac{1}{\omega L}$$

(13)　(12)より，$I_e$ は $\omega$ に反比例するので，グラフは(エ)となる。

(14)　RLC 直列回路のインピーダンスは $Z=\sqrt{R^2+\left(\omega L-\frac{1}{\omega C}\right)^2}$ で表され，$Z$ が最小のとき，流れる電流の実効値が最大になる。このとき

$$\omega L-\frac{1}{\omega C}=0 \qquad \therefore \quad \omega=\frac{1}{\sqrt{LC}}$$

(b)　⒁のとき，$Z=R$ となるので，$I_e=\dfrac{V_e}{Z}$ の関係より

$$I_e=\frac{V_e}{Z}=\frac{E}{R}$$

⒂　電気共鳴（電気共振）などともいう。

⒃　$Z=\sqrt{R^2+\left(\omega L-\dfrac{1}{\omega C}\right)^2}$ の関係より，電流の実効値は $\omega=\dfrac{1}{\sqrt{LC}}$ で最大値をとるので，グラフは(キ)となる。

参考　(6)，(7)，⒃のグラフは教科書にも載っている典型的なものなので，あらかじめ頭に入れておきたい。

(c)　共振振動数の公式より

$$\frac{1}{2\pi\sqrt{LC}}=\frac{1}{2\times3.14\times\sqrt{25\times10^{-3}\times10\times10^{-6}}}$$
$$=318\,[\mathrm{Hz}]\fallingdotseq0.32\,[\mathrm{kHz}]$$

## Ⅲ　解答　(a) $\dfrac{mL\lambda}{b}$　(b) $\dfrac{N\lambda}{n-1}$　(c)不可逆

(1)―(ア)　(2)―(キ)　(3)―(セ)　(4)―(ス)　(5)―(ケ)　(6)―(ウ)　(7)―(エ)　(8)―(イ)
(9)―(コ)　⑽―(ス)　⑾―(ア)　⑿―(エ)　⒀―(イ)　⒁―(オ)　⒂―(ク)　⒃―(ス)

◀解　説▶

≪ヤングの実験，熱運動と熱量保存則≫

(i)(1)　$SS_1=SS_2$ より，$S_1$ と $S_2$ には同位相の光が届く。

(2)　経路差 $L_1-L_2$ が波長の整数倍のとき，2 つの光路を通ってきた光は強め合う。

(3)　下図のように，$S_1$ からスクリーンに下ろした垂線の足を $S_1'$ とすると，$\triangle S_1S_1'P$ における三平方の定理より

$$L_1=\sqrt{L^2+\left(x-\frac{b}{2}\right)^2}$$

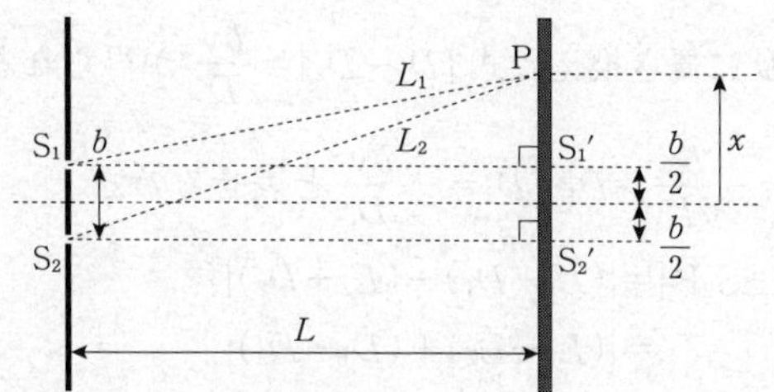


(4)　上図のように，$S_2$ からスクリーンに下ろした垂線の足を $S_2'$ とすると，$\triangle S_2S_2'P$ における三平方の定理より

$$L_2=\sqrt{L^2+\left(x+\frac{b}{2}\right)^2}$$

(5)　与えられた近似式を用いると

$$L_1=L\sqrt{1+\left(\frac{x-\frac{b}{2}}{L}\right)^2}\fallingdotseq \mathrm{L}\left\{1+\frac{1}{2}\left(\frac{x-\frac{b}{2}}{L}\right)^2\right\}$$

$$=L+\frac{1}{2L}\left(x-\frac{b}{2}\right)^2$$

$$L_2=L\sqrt{1+\left(\frac{x+\frac{b}{2}}{L}\right)^2}\fallingdotseq \mathrm{L}\left\{1+\frac{1}{2}\left(\frac{x+\frac{b}{2}}{L}\right)^2\right\}$$

$$=L+\frac{1}{2L}\left(x+\frac{b}{2}\right)^2$$

$$\therefore\quad |L_1-L_2|\fallingdotseq\frac{bx}{L}$$

(a)　(2)の条件式 $|L_1-L_2|=m\lambda$ に，(5)の結果を代入すると

$$\frac{bx}{L}=m\lambda \qquad \therefore\quad x=\frac{mL\lambda}{b}$$

(6)　(a)の結果より，明線間隔は $\Delta x=\dfrac{L\lambda}{b}$ で表せるので，$\lambda$ を大きくすると，明線間隔は広くなる。

(7)　明線間隔は $\Delta x=\dfrac{L\lambda}{b}$ で表せるので，$b$ を大きくすると，明線間隔は狭くなる。

(8)　(5)の手順を，P のかわりに S に対して行うと，$|L_1-L_2|\fallingdotseq\dfrac{bx}{L}$ の $x$

を $y$ に，$L$ を $D$ に置き換えた式 $|D_1-D_2|\fallingdotseq\dfrac{by}{D}$ が得られる。絶対値を外すと，$L_1-L_2\fallingdotseq-\dfrac{bx}{L}$，$D_1-D_2\fallingdotseq-\dfrac{by}{D}$ と表せるので

$$\begin{aligned}|SS_1P-SS_2P|&=|(L_1+D_1)-(L_2+D_2)|\\&=|(L_1-L_2)+(D_1-D_2)|\\&\fallingdotseq\left|-\frac{bx}{L}-\frac{by}{D}\right|=\left|\frac{bx}{L}+\frac{by}{D}\right|\end{aligned}$$

(9)　(8)の結果より，経路差を一定に保つには，$y$ が増えたときに，$x$ が減らなければいけないことがわかる。

(10)　(8)の結果より，整数 $m'$ を用いると，明線の現れる条件は

$$\frac{bx}{L}+\frac{by}{D}=m'\lambda\qquad\therefore\quad x=\frac{m'L\lambda}{b}-\frac{yL}{D}$$

となる。ここで，$\dfrac{yL}{D}$ は定数であるので，明線の現れる位置は変化するが，明線の間隔は変化しないことがわかる。

(11)　光路長は実際の距離の $n$ 倍となるので，$nd$ となる。

(b)　膜により $S_1$ を通過する光の光路長が $nd-d=(n-1)d$ だけ伸びるので，膜がなかったときと同じ位置に干渉縞が観測される条件は，次のようになる。

$$(n-1)d=N\lambda\qquad\therefore\quad d=\frac{N\lambda}{n-1}$$

(12)　液体中では光の波長が $\lambda'=\dfrac{\lambda}{n'}$ となり，短くなるので，$\varDelta x=\dfrac{L\lambda}{b}$ の関係より，明線間隔は狭くなる。

(ii)(13)　水や空気の分子は熱運動により，不規則な運動をしている。

(14)　温度は熱運動の激しさを表す物理量である。

(c)　自発的に逆向きの変化が起こらない変化を不可逆変化という。

(15)　エネルギー保存則より，$E_A=E_B$ となる。

(16)　熱容量 $C$〔J/K〕の物体の温度が $\varDelta T$〔K〕だけ変化したとき，その物体が受けた熱量は $C\varDelta T$〔J〕で表されるので，$E_A=E_B$ より

$$C\times(100-30)〔K〕=200〔g〕\times4.2〔J/(g\cdot K)〕\times(30-20)〔K〕$$

$$\therefore\quad C=1.2\times10^2〔J/K〕$$

❖講　評

**Ⅰ**　(i)は万有引力による円運動の基本的な問題である。(ii)も，力学的エネルギー保存則・円運動・放物運動などを組み合わせた標準的な問題であるが，一部にやや複雑な計算があり，それができないと以後の問題に差しさわりがあるので，注意したい。

**Ⅱ**　(i)はコンデンサーの充放電を取り扱ったごく基本的な問題である。(ii)も基本問題なのだが，交流回路の基本知識が抜けていれば全く解答できないので，全分野をまんべんなく学習しておくことを求めた問題といえる。

**Ⅲ**　(i)はヤングの実験の基本から標準の問題である。やや考察力が問われる設問もあるが，受験生ならどこかで取り扱っているはずの内容である。(ii)は熱エネルギーのごく基本的な問題で，数値計算も平易である。

# 化学

## I 解答

(i)(1)―(ウ)　(2)価電子　(3) $\cdot\ddot{\underset{\cdot\cdot}{S}}\cdot$　(4)電気陰性度　(5)―(イ)　(6)―(ウ)　(7)―(ク)　(8)―(オ)

(ii)(1)14　(2)―(イ)　(3)104　(4) $NH_3+2O_2 \longrightarrow HNO_3+H_2O$

(iii)(1)2.8　(2)93　(3)―(イ)　(4)―(ウ)　(5)溶融塩（または融解塩）　(6)―(エ)

(7) $Na^++e^- \longrightarrow Na$

◀解　説▶

≪化学結合，オストワルト法，塩化ナトリウムの性質≫

(ii)(1)　求める硝酸の物質量は

$$1.4\times1000\times\frac{63}{100}\times\frac{1}{63}=14\,[\mathrm{mol}]$$

(3)　①式より，アンモニアと反応する酸素の物質量は，アンモニアの物質量の $\frac{5}{4}$ 倍が必要となる。求める酸素の体積を $V$〔L〕とすると，気体の状態方程式より

$$1.10\times10^5\times V=1.00\times\frac{5}{4}\times8.31\times10^3\times1100$$

$$\therefore\ V=103.8\fallingdotseq104\,[\mathrm{L}]$$

(iii)(1)　海水の組成は水 96.5%，塩類 3.5%，塩類の 78% が塩化ナトリウムである。海水において，水 100.0 g に溶けている塩化ナトリウムの質量は

$$100.0\times\frac{3.5}{96.5}\times\frac{78}{100}=2.82\fallingdotseq2.8\,[\mathrm{g}]$$

(2)　水 100.0 g に塩化ナトリウム 2.8 g を溶かした 30°C の塩化ナトリウム水溶液から，水を蒸発させて塩化ナトリウムが析出し始めるとき，蒸発量を $x$〔g〕とすると

$$\frac{2.8}{100.0-x}=\frac{38}{100}\qquad\therefore\ x=92.6\fallingdotseq93\,[\mathrm{g}]$$

# II 解答

(i)(1)三態　(2)状態図　(3)―(イ)　(4)―(キ)　(5)蒸気圧　(6)―(ク)　(7)―(キ)　(8)0.16　(9)―(カ)　(10)―(キ)　(11)$3.8\times10^2$

(ii)(1)―(イ)　(2)$2H_2O+O_2$　(3)―(ウ)　(4)$3.0\times10^{-3}$　(5)―(エ)　(6)―(サ)　(7)/s（または$s^{-1}$）

## ◀解　説▶

≪水の三態と溶液の性質，反応速度≫

(i)(8)・(9)　塩化カルシウムは水溶液中で完全電離($CaCl_2 \longrightarrow Ca^{2+}+2Cl^-$)しているので，この水溶液の沸点上昇度は

$$0.52\times\frac{1.11}{111}\times\frac{1000}{100}\times3=0.156\fallingdotseq0.16\text{〔K〕}$$

(10)・(11)　Xのモル質量を$M$〔g/mol〕とすると，凝固点降下度より

$$1.85\times\frac{3.6}{M}\times\frac{1000}{370}=4.8\times10^{-2}$$

$$\therefore\quad M=3.75\times10^2\fallingdotseq3.8\times10^2\text{〔g/mol〕}$$

(ii)(3)　$H_2O_2$がすべて分解したとき，発生する酸素の体積を$V$〔mL〕とすると，気体の状態方程式より

$$1.0\times10^5\times V\times\frac{1}{1000}=\frac{1}{2}\times0.50\times\frac{10}{1000}\times8.31\times10^3\times300$$

$$\therefore\quad V=62.3\fallingdotseq62\text{〔mL〕}$$

よって，グラフが200sのとき，47mLを通り，時間がたてば62mLに向かう図(ウ)となる。

(4)　0～40sの間における酸素の発生速度は，気体の状態方程式より

$$\frac{1.0\times10^5\times\frac{15}{1000}}{8.31\times10^3\times300}\times\frac{1}{40-0}=1.504\cdots\times10^{-5}\fallingdotseq1.50\times10^{-5}\text{〔mol/s〕}$$

①式より，単位時間に分解される過酸化水素の物質量は，発生する酸素の物質量の2倍となる。よって，過酸化水素の分解速度は

$$1.50\times10^{-5}\times2\times\frac{1000}{10}=3.0\times10^{-3}\text{〔mol/(L·s)〕}$$

(5)～(7)　図1より，平均の過酸化水素の分解速度$v$〔mol/(L·s)〕は，平均の過酸化水素の濃度$[H_2O_2]$〔mol/L〕に比例する。よって，反応速度式は次のように表される。

$$v=k[H_2O_2]$$

また，図1より $[H_2O_2]=0.44$ mol/L のとき，$v=3.0\times10^{-3}$ mol/(L・s) なので，②式より

$$3.0\times10^{-3}=k\times0.44 \quad \therefore \quad k=6.81\times10^{-3}\fallingdotseq6.8\times10^{-3}\,[/\text{s}]$$

## Ⅲ　解答

(i)(A)(1)―(コ)　(B)(1)―(オ)

(ii)(1)―(ウ)　(2) $C_6H_5NH_3Cl$　(3)―(カ)　(4)―(イ)　(5)27

(6)―(カ)　(7) −N=N−(ベンゼン環)

(iii)(1)―(ア)　(2)―(イ)　(3)―(エ)　(4)―(ケ)　(5)―(ウ)

(6) $C_{18}H_{36}O_2$　(7)280　(8)―(イ)

### ◀解　説▶

≪脂肪族炭化水素の性質，アルコールの性質，アニリンの性質，油脂の性質≫

(i)(A)(a)　誤文。メタンと塩素の混合気体に光を当ててクロロメタンが得られる反応は置換反応である。

(b)　誤文。ヘキサンは20℃で液体であるが，密度は水より小さい。

(c)　誤文。アセチレンは，赤熱した鉄に触れさせると，3分子が重合してベンゼンになる。

(B)(a)　誤文。エタノールに適当な酸化剤を加えると，アセトアルデヒドを経て酢酸が得られる。

(d)　誤文。アルデヒド等の還元性を示す化合物にフェーリング液を加えて加熱すると，酸化銅(Ⅰ)の赤色沈殿が生じる。2-プロパノールは還元性を示さない。

(e)　誤文。フェノール類に塩化鉄(Ⅲ)水溶液を加えると呈色する。ベンジルアルコールはフェノール類ではないため，呈色は見られない。

(ii)(1)・(2)　ベンゼンに濃硫酸と濃硝酸の混合物を作用させるとニトロベンゼンが得られる。ニトロベンゼンに，スズと塩酸を加えて還元し，水酸化ナトリウム水溶液を加えるとアニリンが得られる。

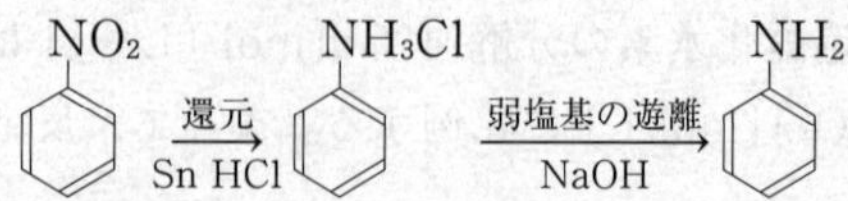


アニリン塩酸塩水溶液に水酸化ナトリウム水溶液を加えると，油状のアニ

リンが遊離する。

$$C_6H_5\text{-}NH_3Cl + NaOH \longrightarrow C_6H_5\text{-}NH_2 + NaCl + H_2O$$

(4)・(5)　アニリンに無水酢酸を作用させると，アミド結合をもつアセトアニリドが生成する。

$$C_6H_5\text{-}NH_2 + (CH_3\text{-}CO)_2O \longrightarrow C_6H_5\text{-}NH\text{-}CO\text{-}CH_3 + CH_3\text{-}COOH$$

得られるアセトアニリドの質量は

$$\frac{18.6}{93}\times 135 = 27\,[\text{g}]$$

(6)・(7)　アニリンの希塩酸溶液を氷冷しながら，亜硝酸ナトリウム水溶液を加えると，塩化ベンゼンジアゾニウムが得られる。このように，芳香族アミンからジアゾニウム塩が生じる反応をジアゾ化という。

$$C_6H_5\text{-}NH_2 \xrightarrow[NaNO_2\ HCl]{\text{ジアゾ化}} C_6H_5\text{-}N^+{\equiv}NCl^-$$

塩化ベンゼンジアゾニウムの水溶液にナトリウムフェノキシド水溶液を加えると，橙色染料として利用される $p$-ヒドロキシアゾベンゼンが生成する。

$$C_6H_5\text{-}N^+{\equiv}NCl^- + C_6H_5\text{-}ONa \longrightarrow C_6H_5\text{-}N{=}N\text{-}C_6H_4\text{-}OH + NaCl$$

(iii)(5)　油脂 **C** の分子量を $M_C$ とすると，油脂 1 mol を完全にけん化するには NaOH が 3 mol 必要だから

$$\frac{1.47}{M_C}\times 3 = 1.00\times\frac{5.00}{1000} \qquad \therefore\ M_C = 882$$

(6)　高級脂肪酸 **A** について

$$\text{C}: 396\times\frac{12}{44} = 108\,[\text{mg}]$$

$$\text{H}: 162\times\frac{2}{18} = 18\,[\text{mg}]$$

O：142−108−18＝16〔mg〕

組成比は次の通り。

$$\frac{108}{12}:\frac{18}{1.0}:\frac{16}{16}=9:18:1$$

よって，組成式は $C_9H_{18}O$ となる。

**A** は分子量 300 以下の高級脂肪酸なので，分子式は $C_{18}H_{36}O_2$ である。

(7) 高級脂肪酸 **B** の分子量を $M_B$ とすると，(5)，(6)の結果とグリセリン（1,2,3-プロパントリオール）の分子量 92 より

$$92+284+2M_B=882+18\times3 \qquad \therefore \quad M_B=280$$

(8) 高級脂肪酸 **A**，**B** の示性式は，それぞれ次のように表せる。

**A**：$C_{17}H_{35}COOH$　　**B**：$C_{17}H_{31}COOH$

よって，**A**，**B** それぞれ一分子あたりの C=C 結合の数は，0，2 である。

## ❖講　評

2023年度は，大問Ⅰ，Ⅲが3つのパート，Ⅱが2つのパートに分かれて出題された。大問Ⅱが1パート減少したが，全体の分量はほぼ同じであった。難易度は基本～標準的な問題が中心であった。

**Ⅰ**　(i)は化学結合について基本的な知識を中心に問われた。(ii)はオストワルト法についての知識，反応量計算を問われた。(iii)は塩化ナトリウムについての知識，溶解度計算を問われた。基本～標準レベルの設問が多いため，確実に得点したい。

**Ⅱ**　(i)は，水の三態と溶液の性質について，(ii)は，過酸化水素の分解反応における反応速度について，いずれも計算問題を中心に問われた。難易度は基本～標準レベルである。(ii)の(4)以降は前問の結果を利用した計算問題が続くため，差がつきやすい。

**Ⅲ**　(i)は，脂肪族炭化水素，アルコールについて，(ii)はアニリンの性質について，知識を中心に問われた。基本的な設問が多いため，確実に得点したい。(iii)は油脂の性質について，基本～標準レベルの知識問題や計算問題が問われた。

# 2022年度

# 問題と解答

## ■全学日程1：2月2日実施分

3教科型(理科1科目選択方式)，3教科型(理科設問選択方式〈2科目型〉)

# 問題編

▶試験科目・配点

| 方式 | 教科 | 科目 | 配点 |
|---|---|---|---|
| 理科1科目選択方式 | 外国語 | コミュニケーション英語Ⅰ・Ⅱ・Ⅲ，英語表現Ⅰ・Ⅱ | 200点 |
| | 数学 | 数学Ⅰ・Ⅱ・Ⅲ・A・B | 200点 |
| | 理科 | システム理工，環境都市工，化学生命工(化学・物質工)学部：「物理基礎，物理」，「化学基礎，化学」から1科目選択<br>化学生命工(生命・生物工)学部：「物理基礎，物理」，「化学基礎，化学」，「生物基礎，生物」から1科目選択 | 150点 |
| 理科設問選択方式(2科目型) | 外国語 | コミュニケーション英語Ⅰ・Ⅱ・Ⅲ，英語表現Ⅰ・Ⅱ | 150点 |
| | 数学 | 数学Ⅰ・Ⅱ・Ⅲ・A・B | 200点 |
| | 理科 | システム理工(物理・応用物理，機械工，電気電子情報工)，環境都市工，化学生命工(化学・物質工)学部：「物理基礎，物理」，「化学基礎，化学」の各3問合計6問のうち4問を選択<br>システム理工(数)，化学生命工(生命・生物工)学部：「物理基礎，物理」，「化学基礎，化学」，「生物基礎，生物」から2科目選択，各3問合計6問のうち4問を選択 | 200点 |

▶備　考

- 理科1科目選択方式と理科設問選択方式(2科目型)は併願できない。
- 理科設問選択方式(2科目型)の英語は理科1科目選択方式と同一問題を使用し，200点満点を傾斜配点方式により150点満点に換算する。
- 「数学B」は「数列，ベクトル」から出題する。

# 英語

(90分)

〔I〕A. 次の会話文の空所(1)〜(5)に入れるのに最も適当なものをそれぞれA〜Dから一つずつ選び，その記号をマークしなさい。

*Aiko unexpectedly sees her friend, Mike, at the university's computer center.*

Aiko: Hi, Mike. I didn't expect to see you here.

Mike: Hi, Aiko. What a pleasant surprise! I'm planning to go to Kyoto next Saturday, and it's my first time to book a traditional Japanese *ryokan*. Can I ask you a favor?

Aiko: Sure! What is it?

Mike: Can you translate some information from this website?

Aiko: Yes, I can do that for you.

Mike: (1)＿＿＿＿＿＿＿＿＿＿ It's difficult for me to read, but I really want to stay in this inn. Have you tried staying in a *ryokan*?

Aiko: (2)＿＿＿＿＿＿＿＿＿＿ We stayed in Kyoto, too. We slept in futons on tatami-mat floors. It included traditional meals in the price, too.

Mike: That sounds amazing! (3)＿＿＿＿＿＿＿＿＿＿

Aiko: Oh, you will, I'm sure! The elegant gardens have beautiful autumn colors, and the temples are amazing.

Mike: Sounds great, but I'm really worried about using Japanese when I go there.

Aiko: Don't worry! You'll be fine. Oh, the website says that a reservation is required. (4)＿＿＿＿＿＿＿＿＿＿

Mike: Really? I'm glad I can book this place now. You've been very helpful.

Aiko: No worries. $\underset{(5)}{\underline{\hspace{10em}}}$

Mike: Thanks! I really appreciate your help.

(1) A. I have an eye problem.
B. The inn is fully booked now.
C. It's written in Japanese.
D. The booking requires a passport.

(2) A. Maybe, but I'm not sure.
B. Actually, I went with a friend recently.
C. Yes, but I failed to confirm the reservation.
D. Well, I think I'd go there next time.

(3) A. I'd love to experience real Kyoto culture.
B. I think I'll visit Tokyo instead.
C. Maybe I'll just check out a garden here.
D. I'll have a better trip there than yours.

(4) A. But they have an opening on that day.
B. But it's fully booked on that night.
C. But the inn is closed next month.
D. But I wouldn't worry about that.

(5) A. I'll take you there again.
B. You really need my help.
C. Maybe you can stay in another place.
D. Let me know if you have any more questions.

B．下の英文A～Fは，一つのまとまった文章を，6つの部分に分け，順番をばらばらに入れ替えたものです。ただし，文章の最初にはAがきます。Aに続けてB～Fを正しく並べ替えなさい。その上で，次の(1)～(6)に当てはまるものの記号をマークしなさい。ただし，当てはまるものがないもの(それが文章の最後であるもの)については，Zをマークしなさい。

(1) Aの次にくるもの

(2) Bの次にくるもの

(3) Cの次にくるもの

(4) Dの次にくるもの

(5) Eの次にくるもの

(6) Fの次にくるもの

A．The history of paper stretches back more than 2,000 years, and probably starts in China. It only arrived in Europe in the 13th century, via Baghdad, which is why it was first called *bagdatikos*. What is equally interesting is that the first paper was not made of wood pulp, something we now take for granted.

B．Today, recycled material—but now paper itself—is often again included in paper production. This is to reduce the impact on the environment. Some of this recycled paper comes from so-called “pre-consumer” and “post-consumer” waste.

C．In fact, it was originally recycled from cloth such as cotton rags. Wood only became the main source of paper in 1843, with technological advances. Using trees as the source of paper meant that people did not have to rely on old rags anymore.

D. Unfortunately, the chemicals involved in this process and in "bleaching," or whitening, paper are not always friendly to the environment. But in recent years, cleaner alternatives have been found. Paper has a long history, but maybe also a bright future!

E. The latter type of wastepaper consists of printed paper that people have finished using, such as magazines and computer printouts. Usually such paper has to be "de-inked," removing the ink to allow recycling.

F. As the name suggests, the former is generated when paper is prepared for consumer use: for example, when rolls of paper are trimmed. The remaining paper fragments can be sent back to the mill, processed, and mixed in with new pulp.

〔Ⅱ〕A. 次の英文の空所( 1 )～( 15 )に入れるのに最も適当なものをそれぞれA～Dから一つずつ選び，その記号をマークしなさい。

Henry Brown was born a slave, sometime around 1815, in Louisa County, Virginia. After the farmer who owned his family died, the teenage Brown was taken away from his parents and siblings and sent to work in a tobacco factory in the city of Richmond. There, at a local church, he fell in love with a woman named Nancy, whom he married in 1836. It was in the late 1840s, when the pregnant Nancy and their three children were sold to a Methodist preacher in North Carolina, that Brown decided he would try escaping to freedom in the North.

"Ordinary modes of ( 1 ) he concluded might prove disastrous to his hopes," the slavery abolitionist William Still writes of Brown in *The Underground Railroad*; "he, therefore, hit upon a new invention altogether, which was to have himself boxed up and forwarded to Philadelphia direct by express mail." With the aid of a Massachusetts-born white man called Samuel Smith, ( 2 ), in exchange for a sum of money, arranged for the box to be received at the office of the Pennsylvania Anti-Slavery Society in downtown Philadelphia, Brown had himself sent via Adams Express on March 23, 1849. After 26 hours of rough ( 3 ) by deliverymen, he was pried from his "coffin" and—being a deeply religious man—sang a song of thanksgiving he had written, based on a part of the Bible.

"To a great extent," the literary scholar John Ernest writes, "Brown himself promoted his story and crafted his own fame, from the song he sang when he emerged from his box to the career he launched after his story became public knowledge." Indeed, in the months directly ( 4 ) his escape, Brown took "Box" as his middle name; published *Narrative of Henry Box Brown, Who Escaped from Slavery Enclosed in a Box 3 Feet Long and 2 Wide, Written From a Statement of Facts Made By Himself*; and went on tour in New England, telling his story and singing songs of his own composition.

By the end of 1849, he was already putting some of the profits from his book ( 5 ) creating a moving panorama called *Henry Box Brown's Mirror of Slavery*, which would debut in Boston in April 1850. According to Ernest, this panorama consisted of a series of paintings on a sheet of canvas reported to be 15,000 meters long that would be gradually rolled out to reveal successive scenes related to Brown's personal experience and to the ( 6 ) of slavery and the slave trade.

By 1851, Brown was internationally well known. In England, where he moved after the passage of the Fugitive Slave Law the previous year, he continued to speak, sing, present his panorama, and stage re-enactments of his escape, arranging to have himself ( 7 ) from Bradford to Leeds to bring attention to the American abolitionist cause. He also published a second, revised version of his *Narrative*, which included more information about his escape, ( 8 ) the lyrics of several of his songs.

For the rest of his life, Brown remained a performer. In the 1860s, after the Civil War broke out, he began touring as a magician and showman—first in England and later in North America, ( 9 ) he returned in 1875, appearing under the name "Prof. H. Box Brown." Though a charismatic performer, Brown never sensationalized the hell of slavery. "The tale of my own sufferings is not one of great interest to those who delight to read of hair-raising adventures, of tragical occurrences, and scenes of blood," Brown insists, with extreme humility, in his *Narrative*: "my life, even in slavery, has been in many respects comparatively ( 10 )."

In the 170 years since Brown's daring escape, he has been the subject of everything from documentaries and museum exhibits to performance pieces and operas. The story has, after all, a tinge of romance in the spirit of escape artists like Houdini. Still, it's ( 11 ) to remember the context of Brown's heroism. In the 19th century, Ernest writes, "audiences who heard Brown speak knew that a central part of his story involved the loss of his wife and children." For the last hundred or more years, however, "attention to Brown's story has ( 12 ) primarily on his escape, even on the dimensions of the box itself, and on his subsequent career as a public lecturer and performer"—diminishing the depths of pain, and ( 13 ), that led Brown to hatch his plan in the first place.

Brown was ( 14 ) reunited with Nancy and their children. It would have been unlikely, if not impossible, that he would have been able to find them after emancipation, ( 15 ) their surnames, among other things, would long since have changed. In 1855, Brown was remarried to Jane Floyd (the daughter of a Cornish tin worker) and in later years toured with her and their three children, performing as a family act until Brown's death in Toronto in 1897.

出典追記：The Narrative of Henry Box Brown (1849), The Public Domain Review on September 26, 2019

(1) A. communication B. knowledge
C. travel D. life

(2) A. who B. that
C. which D. in whom

(3) A. expressing B. framing
C. landing D. handling

(4) A. attempting B. following
C. recounting D. preventing

(5) A. for B. into
C. on D. by

(6) A. history B. loss
C. duty D. completion

(7) A. entertained B. admired
C. imprisoned D. shipped

(8) A. all in all B. in any case
C. as well as D. in need of

(9) A. from where B. and when
C. to which D. so that

(10) A. artistic B. comfortable
C. bored D. horrible

(11) A. essential B. amusing
C. admirable D. irrelevant

(12) A. lasted B. caught
C. wandered D. focused

(13) A. peace B. hope
C. heights D. glories

(14) A. sometimes B. often
C. never D. seldom

(15) A. as B. although
C. so D. while

B. 本文の内容に照らして最も適当なものをそれぞれA～Cから一つずつ選び，その記号をマークしなさい。

(1) Brown's decision to escape from slavery was made when
A. he was turned over to his new owner.
B. he was separated from his family.
C. he began to have a job of his own.

(2) Brown reached Philadelphia
A. dressed as a delivery man.
B. concealed in a postal parcel.
C. carried from a wooden coffin.

(3) From the beginning of his public career, Brown
A. struggled with his fame.

B. wished to become a singer.

C. was good at creating his legend.

(4) After moving to England in 1851, Brown

A. became wealthy there.

B. spread his story about slavery.

C. helped British abolitionists.

(5) Brown refused to use his shows to

A. depict the stages of slavery.

B. give a positive image of slavery.

C. overstress the horror of slavery.

(6) The author regrets that today,

A. we forget the tragic story behind Brown's achievement.

B. we know so little about the history of slavery.

C. we ignore the romantic aspect of Brown's story.

(7) The most appropriate title for this passage is

A. "The Long Journey of Henry Box Brown."

B. "Henry Box Brown: A Slaving Artist."

C. "Henry Box Brown the Abolitionist."

〔Ⅲ〕A. 次の英文の下線部①～⑩について，後の設問に対する答えとして最も適当なものをそれぞれA～Cから一つずつ選び，その記号をマークしなさい。

Can creativity be taught? How do we come up with a really innovative idea? What is the best method for generating ideas? For many, the answer to these problems is brainstorming. But does it work to solve problems or come up with new ideas?

Brainstorming is used most frequently to generate as many solutions to a particular problem as possible, because quantity is favored over quality.① The basic assumption is that "two heads are better than one," and that together, in groups, innovative solutions can be found. Imagine working on a problem that requires several very specific steps and has a definite right or wrong answer, such as an arithmetic problem or a crossword puzzle. How can one expect to perform on such a well-structured task when working alone compared to when working with a group of people?

Research findings indicate that groups performing well-structured tasks tend to make better, more accurate decisions, but take more time to reach them than individuals. In one study, people worked either alone or in groups of five on several well-structured problems. Comparisons between groups and individuals were made with respect to accuracy (the number of problems solved correctly) and speed (the time it took to solve the problems). ②It was found that the average accuracy of groups of five people working together was greater than the average accuracy of five individuals working alone. However, it was also found that groups were substantially slower than individuals in reaching solutions.

Groups are accurate but slow. But the potential advantage that groups might enjoy is being able to pool, or combine, their resources and knowledge to generate a wide variety of approaches to problems. For these benefits to be realized③, however, it is essential that the group members have the necessary knowledge and skills to contribute to the group's task. In short,

④ for there to be a beneficial effect of pooling of resources, there has to be something to pool. Two heads may be better than one only when neither is a blockhead—the "pooling of ignorance" does not help at all.

⑤ Most of the problems faced by organizations are *not* well structured. They do not have any obvious steps or parts, and there is no obviously right or wrong answer. Such problems are referred to as *poorly structured.* Creative thinking is required to make decisions on poorly structured tasks. For example, a company deciding how to use a newly developed chemical in its consumer products is facing a poorly structured task. Other poorly structured tasks include: coming up with a new product name, image, or logo; or finding new or original uses for familiar objects like a coat-hanger, paper clip, or brick.

⑥ Although you may expect that the complexity of such creative problems would give groups a natural advantage, this is *not* the case. In fact, research has shown that on poorly structured, creative tasks, individuals perform better than groups. Specifically, in one study people were given 35 minutes to consider the consequences of everybody suddenly going blind. Comparisons were made of the number of ideas generated by groups of four or seven people and a like number of individuals working on the same problem alone. Individuals were far more productive than groups and arrived at their answers much faster.

Even though brainstorming is a very popular technique among managers and business consultants for stimulating creativity in groups at work, the research literature has shown that ⑦ group interaction seems to discourage the sharing of novel ideas. Groups using the brainstorming rules generate substantially fewer ideas than the same number of individuals producing new ideas in isolation. Researchers have suggested that this productivity loss might be attributable to factors such as the fear of being negatively evaluated by fellow group members (*evaluation apprehension*), the difficulty of simultaneously listening and thinking (*production blocking*), and the tendency to put less effort into carrying out a task in a group setting (*social loafing*). ⑧

On these grounds, it has been argued that idea generation may be best left to individuals, whereas the selection and implementation of high-quality ideas may be a task better performed in groups. However, individuals brainstorming in groups often report that they have lots of fun trying to find new ways to improve their jobs. People generating ideas in group settings seem to experience a condition of mental stimulation, which actually facilitates the generation of a greater quantity and quality of novel ideas.

Procedural techniques that have been developed to overcome the limitations of group brainstorming have focused on exchanging ideas by writing instead of talking. These techniques are usually referred to as "brainwriting" and aim at limiting the production blocking ⑨ that occurs in brainstorming groups. Writing instead of speaking facilitates the generation of novel ideas because group members have the opportunity to choose when to attend to the ideas of others. Therefore, group members are not required to perform the rather demanding task of attending to the ideas of others, building on these ideas, and simultaneously generating their own ideas. Whatever form ⑩ brainstorming takes, it can inspire creativity.

(1) What does Underline ① actually mean?

A. It is preferable to have more rather than less of something.

B. The worth of something is unrelated to how much there is.

C. The amount of something matters more than its value does.

(2) What does Underline ② imply?

A. Working with others is preferable when there are relevant materials.

B. Working with others is preferable when avoiding errors is the goal.

C. Working with others is preferable when the group doesn't get along.

出典追記：Psychology 101 by Adrian Furnham, Bloomsbury Business

(3) Which of the following has a meaning closest to Underline ③?

A. understood

B. noticed

C. achieved

(4) What does Underline ④ actually mean?

A. A bigger group size only helps if those in the group are capable.

B. A positive group result is likely when competitive sports are offered.

C. An increase in assets will probably improve group performance.

(5) What does Underline ⑤ imply?

A. Organizations' problems are often badly sorted out.

B. One set approach will not solve organizations' problems.

C. The management of organizations is mostly incompetent.

(6) What does the author want to express most in Underline ⑥?

A. It is a mistake to assume that groups are better than individuals at solving issues requiring original solutions.

B. While groups are generally better at solving difficult obstacles, there are special cases where individuals excel.

C. The notion that situations requiring innovative thinking are best handled by individuals is untrue.

(7) What does Underline ⑦ imply?

A. Brainstorming in groups may result in less casual communication.

B. Brainstorming in groups could reduce the morale of the participants.

C. Brainstorming in groups is not ideal for generating new solutions.

(8) Which can be a concrete example for Underline ⑧?

A. contributing greatly mentally, but not physically

B. members not doing the same amount of work

C. giving up in the middle of a project due to frustration

(9) What does Underline ⑨ actually mean?

A. allowing for more ideas to be produced

B. restricting the way ideas are produced

C. evaluating the limitations of ideas produced

(10) Which of the following has a meaning closest to Underline ⑩?

A. way of understanding

B. style of execution

C. sense of meaning

B. 本文の内容に照らして最も適当なものをそれぞれA～Cから一つずつ選び，その記号をマークしなさい。

(1) In the third paragraph, the author suggests that

A. tasks assigned to groups are suitable for brainstorming.

B. many tasks performed alone tend to require brainstorming.

C. brainstorming individuals get different results than teams do.

(2) The author would most likely agree that well-structured tasks are most suitable for groups when

A. there is no great need to hurry.

B. there is an abundance of resources.

C. there are many people contributing.

(3) According to the seventh paragraph, starting with "Even though brainstorming," one reason individuals perform better than groups on poorly structured tasks is that

A. people may be anxious about their ideas being criticized.

B. when in a group, people tend to lose their creative ability.

C. it can be difficult to hear what multiple speakers are saying.

(4) According to the eighth paragraph, starting with "On these grounds," in some cases, coming up with new ideas in groups may be preferable due to

A. the efficiency in generating solutions.

B. the enjoyment felt by the participants.

C. the stress-free atmosphere it provides.

(5) Based on the eighth paragraph, the author would most likely agree that brainstorming in groups

A. cannot be relied on due to conflicting results from research.

B. is undesirable in situations where one specific idea is needed.

C. encourages people to tap into their creative potential.

(6) Writing might be an ideal mode of communication for brainstorming in groups since

A. it eliminates the mental burden of doing many things at once.

B. it prevents any one person from dominating the conversation.

C. it discourages strong criticism of another member's ideas.

(7) The most appropriate title for this passage is

A. "Sustaining a Maximally Cooperative Working Environment."

B. "The Link Between Number of Participants and Idea Generation."

C. "Communication and Its Impact on Team Morale and Effort."

# 数学

(100 分)

〔Ⅰ〕 楕円 $\frac{x^2}{4}+\frac{y^2}{9}=1$ と直線 $y=2x+k$ に対して，楕円と直線が共有点をもたないとき，次の問いに答えよ。ただし，$k$ は正の定数とする。

(1) $k$ のとりうる値の範囲を求めよ。

(2) 楕円上の点 P $(2\cos\theta,\ 3\sin\theta)$ から直線に下ろした垂線を PH とする。そのとき，H の座標を $k$ と $\theta$ を用いて表せ。

(3) 点 P が楕円上を動くとき，(2) で求めた PH の長さの最小値を $k$ で表せ。

〔Ⅱ〕 次の $\boxed{\phantom{00}}$ を数値でうめよ。

数列 $\{a_n\}$，$\{b_n\}$ を

$$a_n=\int_1^3 xe^{nx^2}dx,\ \ b_n=\int_1^3 e^{nx^2}dx\quad (n=1,\ 2,\ 3,\ \cdots\cdots)$$

で定める。このとき，

$$a_n=\frac{1}{\boxed{①}\,n}\left(e^{\boxed{②}\,n}-e^n\right)$$

となる。よって

$$\log na_n=\boxed{③}\,n+\log\left(1-e^{\boxed{④}\,n}\right)-\log 2$$

である。$1\leqq x\leqq 3$ に対して

$$e^{nx^2}\leqq xe^{nx^2}\leqq 3e^{nx^2}$$

なので，[ ⑤ ] $a_n \leqq b_n \leqq a_n$ となり，はさみうちの原理より

$$\lim_{n \to \infty} \frac{1}{n} \log nb_n = \boxed{⑥}$$

となる。

〔Ⅲ〕 三角形 OAB において，

$$\mathrm{OA} = 4,\ \mathrm{OB} = 5,\ \overrightarrow{\mathrm{OA}} \cdot \overrightarrow{\mathrm{OB}} = \frac{5}{2}$$

とし，辺 AB を 1 : 5 に内分する点を P とし，4 : 5 に内分する点を Q とする。

(1) AB と OP の長さを求めよ。

(2) 三角形 OPQ の面積を求めよ。

(3) $\sin \angle \mathrm{POQ}$ の値を求めよ。

〔Ⅳ〕 次の [　　] をうめよ。

(1) $p$，$q$ を 1 より大きい実数とする。$x$，$y$，$z$ を $xyz \neq 0$ かつ $p^x = q^y = (pq)^z$ を満たす実数とするとき，$\dfrac{1}{x} + \dfrac{1}{y}$ を $z$ を用いて表すと [ ① ] になる。

(2) $\alpha = \dfrac{\pi}{15}$，$\beta = \dfrac{\pi}{10}$，$\gamma = \dfrac{\pi}{5}$ のとき，

$$\frac{(\cos\alpha + i\sin\alpha)(\cos\beta + i\sin\beta)^3}{\cos\gamma + i\sin\gamma}$$

の値は [ ② ] である。ただし，$i$ は虚数単位である。

(3) サイコロを 3 回投げ 1 回目，2 回目，3 回目に出た目をそれぞれ $a$，$b$，$c$ とする。そのとき，$2^a 3^b 6^c$ の正の約数の個数が 24 となる確率は [ ③ ] である。

(4) $x > 0$ 上の関数 $f(x)$ を

$$f(x) = \frac{\log x}{x}$$

で定める。$f(x)$ の最大値は [ ④ ] である。

(5) 関数 $f(x) = x^2$ に対して

$$S = \int_0^1 f(x)\,dx, \quad S_n = \frac{1}{n}\sum_{k=1}^{n} f\left(\frac{k}{n}\right) \quad (n = 1,\ 2,\ 3,\ \cdots\cdots)$$

とおくと,

$$S_n = \frac{1}{3} + \boxed{\ ⑤\ }\ \frac{1}{n} + \frac{1}{6n^2}$$

であり, $S_n - S$ が $\frac{1}{100}$ 以下となる最小の $n$ は [ ⑥ ] である。

# 物理

(理科１科目選択方式：　75 分)
(理科設問選択方式（２科目型）：２科目 100 分)

※『理科１科目選択方式』の場合は出願時に届け出た１科目を解答してください。『理科設問選択方式(２科目型)』の場合は出願時に届け出た２科目それぞれ〔Ⅰ〕～〔Ⅲ〕の３問合計６問のうちから４問を選択して解答してください。なお，５問以上解答した場合は，高得点の４問を合否判定に使用します。

〔Ⅰ〕 次の文の [(a)] ～ [(c)] に入れるのに最も適当な数，式を解答欄に記入しなさい。また，[(1)] ～ [(13)] に入れるのに最も適当なものを各問の文末の解答群から選び，その記号をマークしなさい。ただし，同じものを２回以上用いてもよい。なお，[(14)*] には〔解答群*〕から最も適当なものを選び，その記号をマークしなさい。

(i) 図１に示すように，水平な床の上に斜面をもつ台が固定されている。斜面が床となす角度(最大傾斜線が床となす角度)を $\theta$ とする。以下では，重力加速度の大きさを $g$ とする。

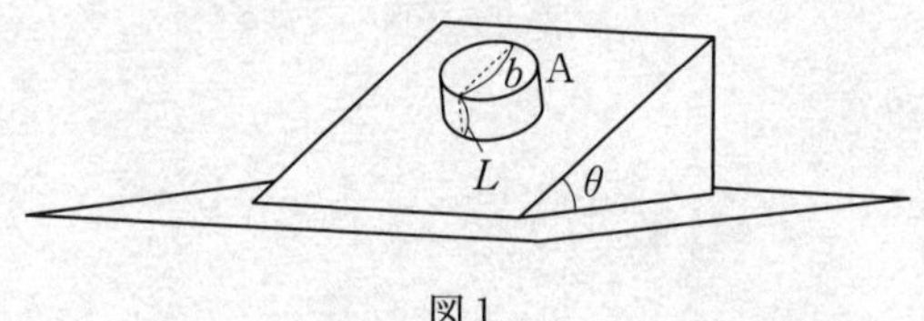


図１

いま，密度が一様で質量が $m$，高さが $L$，底面の直径が $b$ の円柱物体 A を斜面上にのせる。A は剛体とし，A と斜面の間の摩擦は十分大きく，A は斜面上をすべらないものとする。A には重力と斜面からの抗力(垂直抗力および摩擦力)がはたらいている。A が斜面上で静止し剛体のつりあいが成り立つとき，重力と抗力は大きさが等しく逆向きであり，それらの作用線は一致 [ (1) ] 。

次に，図 2 の左図に示すように，物体 A を $n$ 個(ただし $n$ は 1 より大きい整数)用意し，中心軸が一致するようにはりつけて，高さが $nL$ の円柱物体 B を作る。B を床の上に置いたとき，その重心は $n$ の増加により床から [ (2) ] 方向へ移動する。

続いて，B を静かに斜面上にのせた場合を考えよう。図 2 の右図は B の最下端点 P を通る鉛直断面を示している。B にはたらく重力の作用線は $n$ の増加とともに移動し，点 P よりも [ (3) ] 側を通るようになったとき B は転倒する。したがって B が転倒する条件は $\tan\theta >$ [ (4) ] である。一例として $\theta = 30°$，$b = 2L$ の場合，B が転倒する $n$ の最小値は [ (a) ] である。

次に，$n = 3$ の物体 B を斜面上に静かにのせてから，図 3 に示すように，B の最上端点 R に糸を付け，最大傾斜線に平行に斜面上向きに張力 $T$ で引っ張る場合を考えよう。$T$ を大きくしていくと，B が斜面から受ける抗力の作用点は次第に右側へと移動し，B はやがて図 3 に示す点 Q でのみ接する状態に至った。このとき，点 Q のまわりの力のモーメントのつりあいは，反時計回りを正とすると，重力の斜面と平行な成分および垂直な成分を考慮して

$$3mg\sin\theta \times \boxed{(5)} + 3mg\cos\theta \times \boxed{(6)} - T \times 3L = 0$$

と表すことができる。$\theta = 30°$，$b = 2L$ の場合について，このような $T$ は [ (7) ] $\times\, mg$ と求められる。

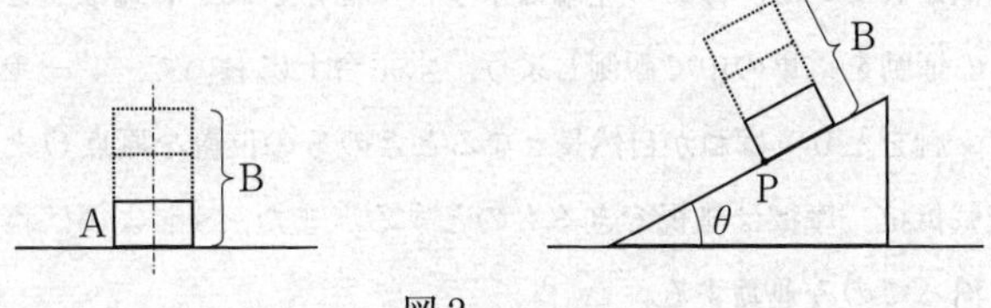


図 2

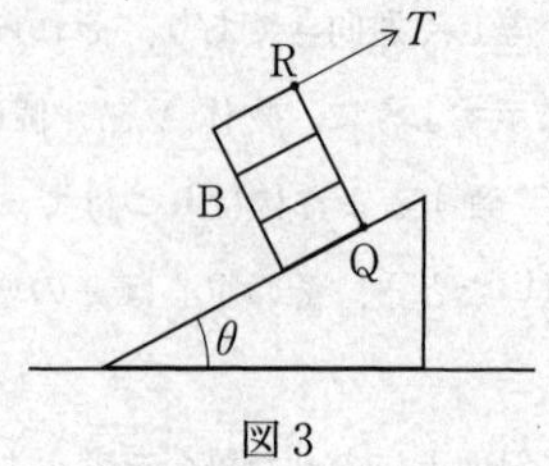


図 3

〔解答群〕

| | | | | | | | |
|---|---|---|---|---|---|---|---|
| (ア) | しない | (イ) | する | (ウ) | 上 | (エ) | 下 |
| (オ) | 左 | (カ) | 右 | (キ) | $\dfrac{nL}{b}$ | (ク) | $\dfrac{2nL}{b}$ |
| (ケ) | $\dfrac{b}{nL}$ | (コ) | $\dfrac{b}{2nL}$ | (サ) | $\dfrac{nb}{L}$ | (シ) | $\dfrac{L}{2}$ |
| (ス) | $L$ | (セ) | $\dfrac{3L}{2}$ | (ソ) | $2L$ | (タ) | $\dfrac{5L}{2}$ |
| (チ) | $3L$ | (ツ) | $\dfrac{b}{2}$ | (テ) | $b$ | (ト) | $\dfrac{3b}{2}$ |
| (ナ) | $2b$ | (ニ) | $\dfrac{2+3\sqrt{3}}{4}$ | (ヌ) | $\dfrac{2+3\sqrt{3}}{2}$ | (ネ) | $\dfrac{3+2\sqrt{3}}{4}$ |
| (ノ) | $\dfrac{3+2\sqrt{3}}{2}$ | | | | | | |

(ii)　図 4 に示すように，まっすぐなレールに沿って水平な運動をする電車の中に大きな水平台が固定され，その上にばね定数 $k$ の軽いばねと質量 $m$ の小物体 S が置かれている。ばねの左端は水平台に固定され，右端は S と接続されている。S の運動を電車の中で観測しよう。水平台上において，レールと平行に右向きに $x$ 軸をとり，ばねが自然長となるときの S の位置を原点 O とする。以下では，空気抵抗，摩擦は無視できるものとする。また，S およびばねは紙面内で $x$ 軸に沿ってのみ運動する。

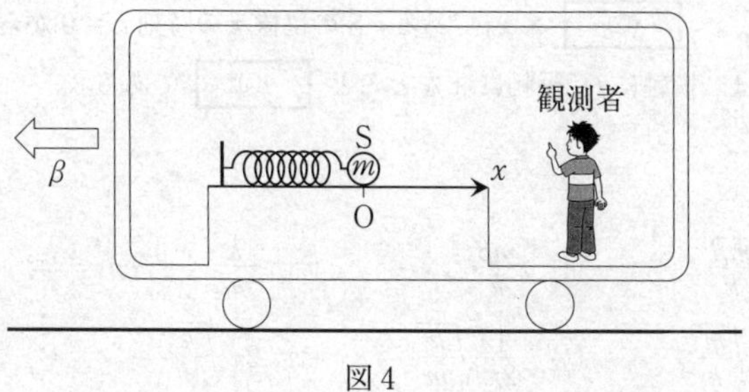


図4

電車が一定の大きさ$\beta$の左向きの加速度で運動しているときに，Sに作用する慣性力とばねの弾性力がつり合った結果，Sはつり合いの位置$x=$ [(8)] で静止した。いま，電車の加速度が0へと瞬時に変化すると，Sは左右に運動を始めた。Sが位置$x$にあるとき，電車の中の観測者から見たSの運動方程式は，Sの加速度を$a$(ただし紙面右向きを正)とすると

$$ma = \boxed{\text{(b)}}$$

となり，Sは原点Oを振動の中心とする単振動を行うことがわかる。振動の周期$T$は$T=$ [(9)] と表される。また，電車の中の観測者から見たOにおけるSの速さ$v$は，$v=$ [(10)] と表される。

次に，静止している電車が動き始める場合を考えよう。Sは最初，原点Oの位置で静止していた。時刻$t=0$において電車が左向きに大きさ$\beta$の一定の加速度で運動を始めると，Sは振動運動を始めた。Sには，位置$x$において，右向きを正としてばねの弾性力 [(b)] と慣性力 [(c)] が作用する。このとき，実際にはたらく力のほかに慣性力をあわせて考えると，電車の中においても運動の法則が成り立つことから，電車の中の観測者から見たSの加速度を$a$とすると，Sの運動方程式は

$$ma = \boxed{\text{(b)}} + \left(\boxed{\text{(c)}}\right)$$

となる。したがって，Sは$x_0=$ [(11)] を振動の中心とする単振動を行うことがわかる。このときの振動の周期を$T'$とすると，$T$と$T'$の関係は [(12)] となる。また，ばねの伸びが最大のときのSの位置を$x_{max}$とする

と，$x_{\max} =$ [ (13) ] $\times x_0$ である。Sの位置 $x$ の時刻 $t=0$ からの時間変化を表す図は，横軸に $t$，縦軸に $x$ をとると [ (14)* ] である。

〔解答群〕

| | | | |
|---|---|---|---|
| (ア) $-\dfrac{m\beta}{k}$ | (イ) $\dfrac{m\beta}{k}$ | (ウ) $\dfrac{k}{m\beta}$ | (エ) $\dfrac{m}{k\beta}$ |
| (オ) $2\pi\sqrt{\dfrac{m}{k}}$ | (カ) $\dfrac{1}{2\pi}\sqrt{\dfrac{k}{m}}$ | (キ) $2\pi\sqrt{\dfrac{k}{m}}$ | (ク) $\sqrt{\dfrac{m\beta}{k}}$ |
| (ケ) $\beta\sqrt{\dfrac{m}{k}}$ | (コ) $\sqrt{\dfrac{k}{m\beta}}$ | (サ) $\dfrac{1}{\beta}\sqrt{\dfrac{k}{m}}$ | (シ) $\beta\sqrt{\dfrac{k}{m}}$ |
| (ス) 0 | (セ) $\dfrac{1}{2}$ | (ソ) 1 | (タ) 2 |
| (チ) 3 | (ツ) 4 | (テ) $T > T'$ | (ト) $T < T'$ |
| (ナ) $T = T'$ | | | |

〔解答群*〕

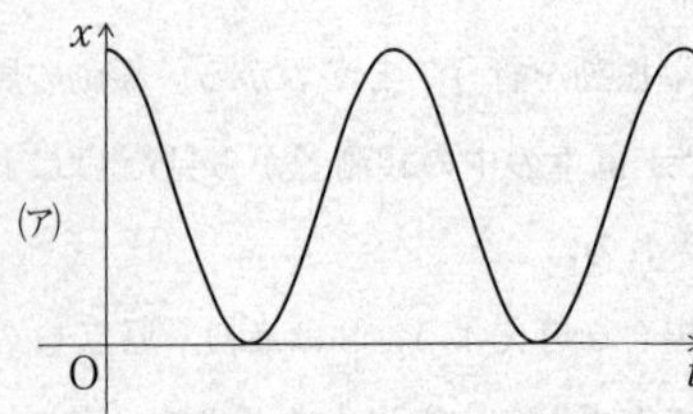


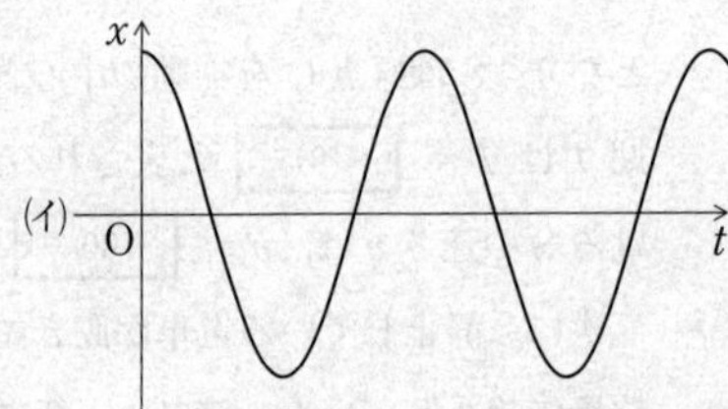


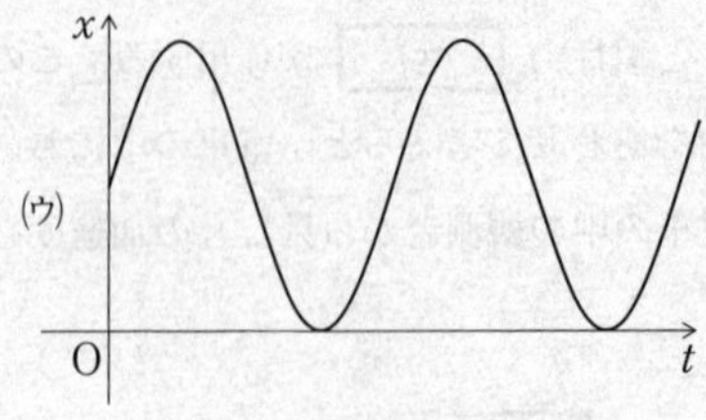


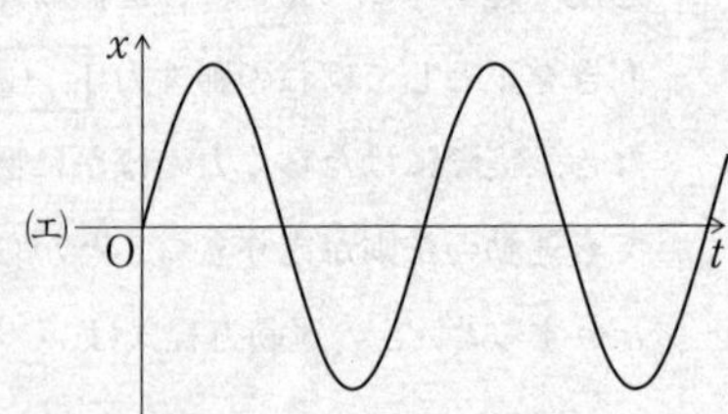

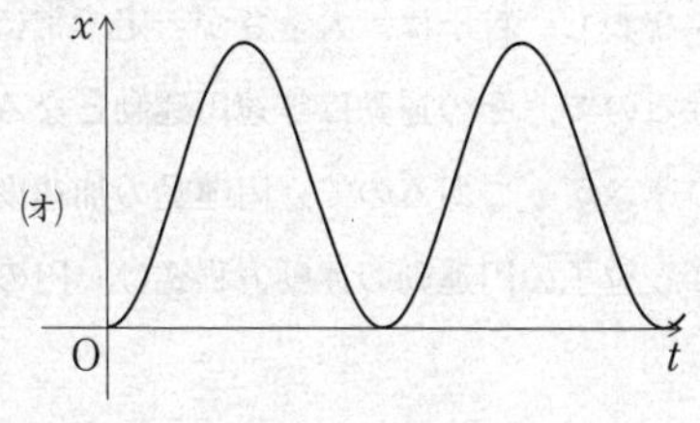


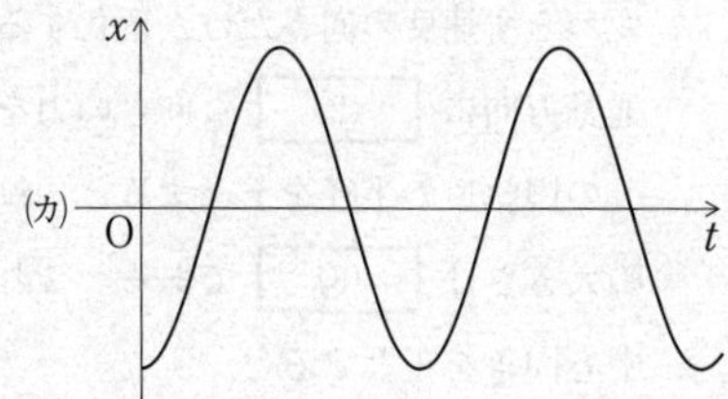


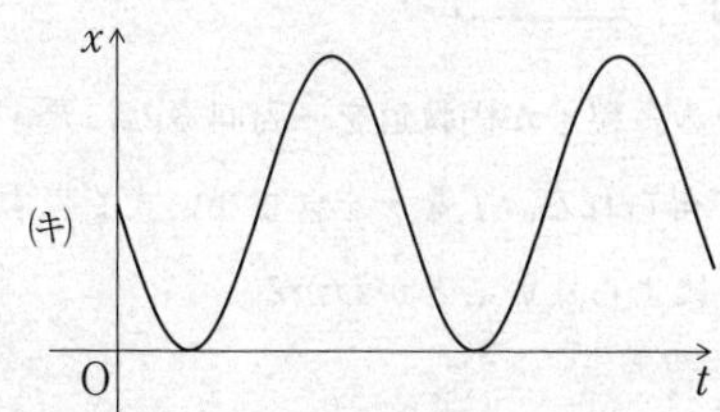


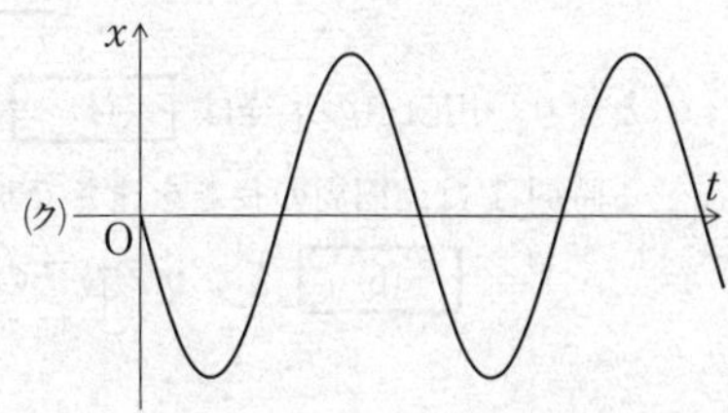


〔Ⅱ〕 次の文の [ (a) ] , [ (b) ] に入れるのに最も適当な語句，式を解答欄に記入しなさい。 [ (c) ] の解答欄には，問題文の指示に従って解答しなさい。また， [ (1) ] ～ [ (14) ] に入れるのに最も適当なものを各問の文末の解答群から選び，その記号をマークしなさい。ただし，同じものを 2 回以上用いてもよい。

電場(電界)や磁場(磁界)を用いて，荷電粒子にエネルギーを与えたり，荷電粒子を識別したりすることができる。これらの原理について考えてみよう。以下では，円周率を $\pi$ で表す。荷電粒子の運動は真空中で行われ，さらに重力の影響は無視できるものとする。

(i) 一様な磁場中の荷電粒子の運動について考える。磁束密度の大きさが $B$ で一様な磁場中を，電気量が $q(q>0)$，質量が $m$ の粒子が磁場の向きと垂直に速さ $v$ で運動している。このとき，粒子は磁場から大きさが [ (1) ] の力を受ける。この力は [ (a) ] と呼ばれ，その向きはフレミングの左手の法則に従う。

[ (a) ] の向きは，粒子の運動の方向に [ (2) ] なので，粒子の速さは

変わらず速度の向きだけが変化する。すなわち，粒子は，大きさが一定で常に運動方向に［(2)］な向きの力を受けるので，その運動は等速円運動となる。この円軌道の半径を $r$ とすると，粒子の速さが $v$ であるので，円運動の加速度の大きさは［(3)］である。これより，粒子の円運動の運動方程式は，円の中心向きを正とすると

$$m \times \boxed{\ (3)\ } = \boxed{\ (1)\ }$$

となり，円軌道の半径は［(4)］となる。粒子が円軌道を一周回るのに要する時間 $T$ は，円周の長さを速さで割って得られる。$T$ を $r$ を含まない式で表すと，$T =$［(b)］となり，粒子の速さによらないことがわかる。

〔解答群〕

| | | | |
|---|---|---|---|
| (ア) $qmv$ | (イ) $qmB$ | (ウ) $qvB$ | (エ) $mvB$ |
| (オ) $\dfrac{qvB}{m}$ | (カ) $\dfrac{mvB}{q}$ | (キ) $\dfrac{qB}{mv}$ | (ク) $\dfrac{mv}{qB}$ |
| (ケ) $\dfrac{qv}{mB}$ | (コ) $\dfrac{mB}{qv}$ | (サ) 平行 | (シ) 垂直 |
| (ス) $\dfrac{v}{r^2}$ | (セ) $\dfrac{v^2}{r}$ | (ソ) $r^2v$ | (タ) $rv^2$ |

(ii) 小問(i)で，一様な磁場中の荷電粒子は等速円運動し，その半径は，荷電粒子の電気量の大きさ $q$ と質量 $m$ の比(比電荷) $\dfrac{q}{m}$，速さ $v$ および磁束密度の大きさ $B$ で決まることを示した。すなわち，粒子の速さと磁束密度の大きさを一定にするとき，粒子の比電荷が小さいほど，円運動の半径は［(5)］。以下では，比電荷の違いを利用して，粒子を分離する装置について考える。

図1のように座標軸を設定し，$x < 0$ の領域を領域1，$x > 0$ の領域を領域2とする。領域2には紙面に垂直で磁束密度の大きさが $B$ の一様な磁場がかけられている。3種類の原子核 $Y_1$，$Y_2$，$Y_3$ を $x$ 軸に平行に同じ速さ $v$ で，$y$ 軸上の点Cから領域2に向けて入射する。原子核 $Y_1$，$Y_2$，$Y_3$ の電気量は，陽子の電気量を $+e$ として，それぞれ $+Ze$，$+Ze$，$+(Z+1)e$ である。また，$Y_1$，$Y_2$，$Y_3$ の質量は，陽子の質量を $m_p$ として，それぞれ $Am_p$，$(A+1)m_p$，$(A+1)m_p$ であるとする。ただし，$A$ と $Z$ は正の整数であり，$A > Z$ を満た

している。

原子核 $Y_1$, $Y_2$, $Y_3$ は，領域２に入射した後，紙面上を時計回りに運動して領域１に出た。これより，磁場は紙面を ［(6)］ に貫く向きであることがわかる。３種類の原子核が領域２から出てくる $y$ 軸上の点をＣに近い方から順にＤ，Ｅ，Ｆとすると，$Y_1$ が出てくる点は ［(7)］，$Y_2$ が出てくる点は ［(8)］ である。

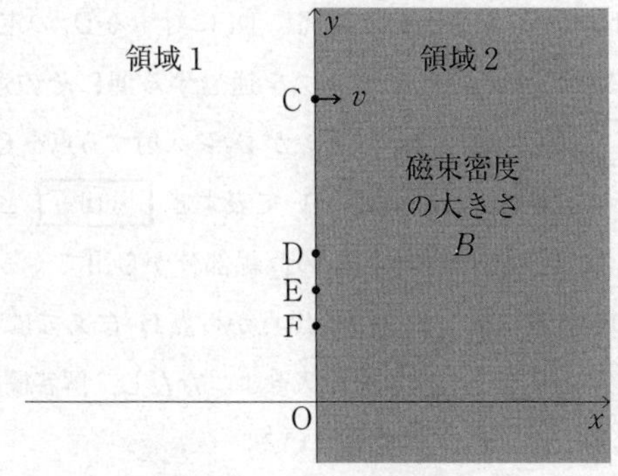


図１　粒子分離器

〔解答群〕

(ア) 手前から奥　(イ) 奥から手前　(ウ) D　(エ) E
(オ) F　(カ) 大きい　(キ) 小さい　(ク) 変わらない

(iii) 図２のように，Ｄ字型で中空の２つの電極 $D_1$ と $D_2$ を水平に置く。電極の直線部分は互いに平行に向かい合っており，その間には間隔 $d$ の非常に狭い隙間がある。以下では，この電極間の隙間をギャップと呼ぶ。電極は，磁束密度の大きさ $B$ で鉛直方向の一様な磁場中にあり，$D_1$ と $D_2$ の間には交流電圧がかけられている。それぞれの電極は，中空部分を含めて常に等電位であるとする。図３は，この装置を上から見たもので，ギャップはわかりやすくするため実際より広く描かれている。図３において，磁場は紙面に垂直である。ギャップには，荷電粒子を電極 $D_1$ に入射するためのイオン源が設置されている。

イオン源から $D_1$ の直線部分に向かって垂直に，電気量が $q(q>0)$，質量が

$m$ のイオンを水平に打ち出す。イオンは，速さ $v$ で $D_1$ に入射し，$D_1$ 内で等速円運動を始める。イオンが $D_1$ に入る点を $P_1$，$D_1$ の直線部分から出てくる点を $P_2$ とすると，イオンが $P_1$ から $P_2$ まで運動するのに要する時間は，粒子が円軌道を一周回るのに要する時間 $T$ を用いて表すと ［(9)］ となる。$P_2$ から出たイオンは，ギャップを通過するがこのとき交流電源による電位差によって加速(もしくは減速)される。イオンがギャップを通過する間，電極間の電位差は一定とみなせるとし，また，イオンはギャップを直進するとして考える。

いま，イオンが $P_2$ を通過した瞬間に $D_2$ に対する $D_1$ の電位が $V(V>0)$ であったとすると，イオンがギャップを通過する間にその運動エネルギーは $W=$ ［(10)］ だけ増加する。イオンが $D_2$ に入射する点を $Q_2$ とすると，$Q_2$ におけるイオンの速さは，$v$ や $W$ を用いて表すと ［(11)］ となる。

$Q_2$ から $D_2$ に入ったイオンが $D_2$ の直線部分から出てくる点を $Q_3$ とする。［(c)］ の解答欄に記した 3 つの黒点から点 $Q_3$ にあてはまるものを選び，$Q_2$ から $Q_3$ までのイオンの軌道を記入せよ。ただし，解答欄の 3 つの黒点のうちの真ん中の黒点は，$P_1$ と対向している。

時間 $T$ がイオンの速さによらないことから，イオンが $Q_2$ から $Q_3$ まで運動するのに要する時間は ［(9)］ と等しい。この間に，$D_2$ に対する $D_1$ の電位が反転していると，イオンはギャップを通過する際に再び加速される。この動作を何度も繰り返すためには，交流電源の周期を ［(12)］ に設定すればよい。ただし，イオンがギャップを通過するのに要する時間は，無視できるほど短いとする。

小問(i)で求めた式より，陽子(電気量 $+1.6\times10^{-19}$ C，質量 $1.7\times10^{-27}$ kg)が速さ $3.0\times10^{7}$ m/s で，磁束密度の大きさが 1.0 N/(A·m) の磁場中を運動するとき，陽子の円運動の半径は，［(13)］〔m〕，陽子が円軌道を半周するのに要する時間は，［(14)］〔s〕となる。ただし，［(13)］ と ［(14)］ は，有効数字 2 桁(けた)の数値として適切なものを解答群から選ぶこと。ここで，円周率 $\pi$ は 3.14 とする。

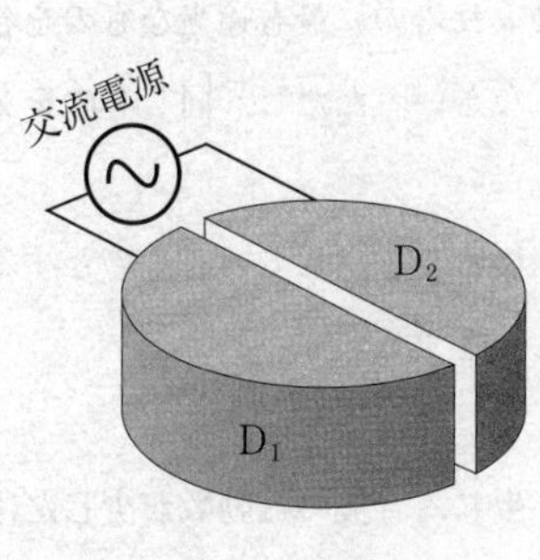


図２　粒子加速器の概略図

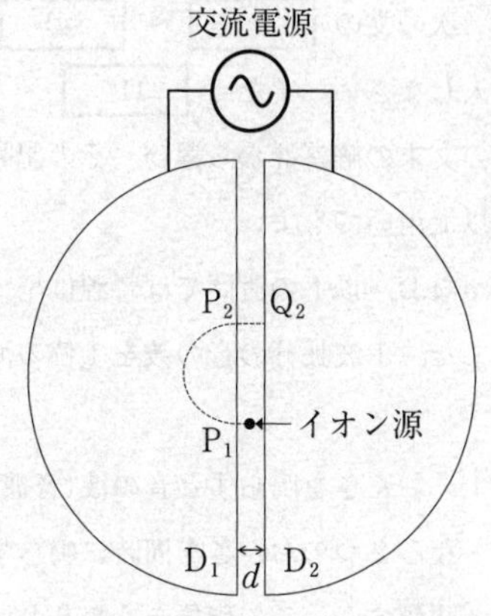


図３　粒子加速器を上から見た図

〔解答群〕

| | | | |
|---|---|---|---|
| (ア)　$\dfrac{T}{4}$ | (イ)　$\dfrac{T}{2}$ | (ウ)　$T$ | (エ)　$2T$ |
| (オ)　$qV$ | (カ)　$qV^2$ | (キ)　$qVd$ | (ク)　$qV^2d$ |
| (ケ)　$\dfrac{qV}{d}$ | (コ)　$\dfrac{qV^2}{d}$ | (サ)　$\sqrt{v^2+2mW}$ | (シ)　$\sqrt{v^2+mW}$ |
| (ス)　$\sqrt{v^2+\dfrac{mW}{2}}$ | (セ)　$\sqrt{v^2+\dfrac{2W}{m}}$ | (ソ)　$\sqrt{v^2+\dfrac{W}{m}}$ | (タ)　$\sqrt{v^2+\dfrac{W}{2m}}$ |
| (チ)　$3.2\times10^{-2}$ | (ツ)　$3.2\times10^{-1}$ | (テ)　$3.1$ | (ト)　$3.1\times10$ |
| (ナ)　$3.3\times10^{-8}$ | (ニ)　$6.7\times10^{-8}$ | (ヌ)　$3.3\times10^{-7}$ | (ネ)　$6.7\times10^{-7}$ |

〔(c)の解答欄〕

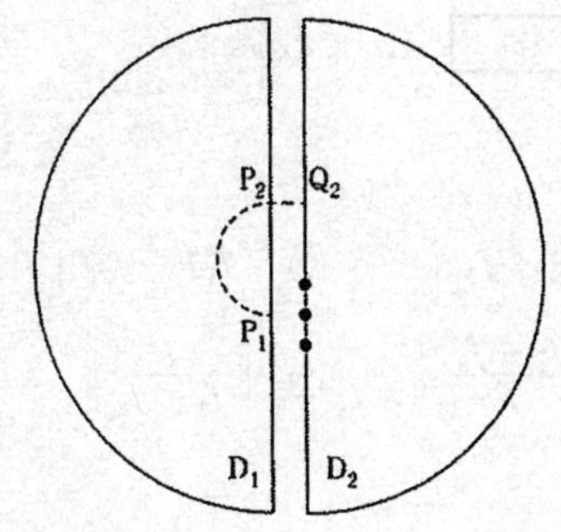

〔Ⅲ〕 次の文の [(a)] ～ [(c)] に入れるのに最も適当な数，式を解答欄に記入しなさい。また， [(1)] ～ [(15)] に入れるのに最も適当なものを各問の文末の解答群から選び，その記号をマークしなさい。ただし，同じものを2回以上用いてもよい。

なお，以下の設問では音源は全ての方向に一様に音を出しているものとする。また，1波長分の音の波を1個の波と数えることとする。

(i) おんさを鳴らすと音の波(音波)が生じる。生じる音波の振動数が少しだけ異なる2つのおんさを同時に鳴らすと，観測者は大きさが周期的に変化する音を観測する。この現象をうなりといい，観測者が観測する音が一度大きくなってから次に大きくなるまでの時間をうなりの周期という。うなりの周期を $T$〔秒〕とし，2つのおんさが出す音波の振動数を $f_1$，$f_2$〔Hz〕とすると，時間 $T$〔秒〕の間に2つのおんさが出す波の数は1つずれるので

$$\boxed{(1)} = 1$$

の関係が成り立つ。また1秒間あたりのうなりの回数を $N$〔回/秒〕とすると，$N$は $T$ と $N=$ [(a)] 〔回/秒〕の関係があるので

$$|f_1 - f_2| = N$$

が得られる。

1つのおんさを音源と同時に鳴らした。音源が出す音波の振動数が468 Hzの場合は毎秒2回，463 Hzの場合は毎秒3回のうなりが生じた。このおんさが出す音波の振動数は [(b)] 〔Hz〕である。

〔解答群〕

(ア) $|f_1 - f_2|$　(イ) $f_1 + f_2$　(ウ) $|f_1T - f_2T|$　(エ) $f_1T + f_2T$

(オ) $\left|\dfrac{f_1 - f_2}{T}\right|$　(カ) $\dfrac{f_1 + f_2}{T}$　(キ) $\left|\dfrac{T}{f_1 - f_2}\right|$　(ク) $\dfrac{T}{f_1 + f_2}$

(ii)　音源や観測者が移動することによって，音源が出す音の振動数と異なる振動数の音が観測される現象をドップラー効果と呼ぶ。ドップラー効果について考察しよう。以下では空気中の音速を $V$ とする。また音源は一定の振動数 $f$ の音波を出しているものとする。

静止した観測者に向かって音源が速さ $v_S$ でまっすぐに近づく場合を考える。ここで $V > v_S$ とする。ある時刻に音源が位置 P を通過し，P で出した音波が時間 $t$ だけ経過した後に観測者の位置 O に到達したとする。音源から出た音波は時間 $t$ の間に $Vt$ だけ進むので，OP 間の距離は $Vt$ である。また，時間 $t$ の間に音源が位置 P から P′ まで移動したとすると，PP′ 間の距離は［(2)］である。一方，時間 $t$ の間に音源は［(c)］個の波を出しており，それらの波は，OP′ 間の距離［(3)］に含まれている。その波の波長を $\lambda'$ とすると

$$\lambda' = \boxed{(4)} \quad \cdots\cdots ①$$

の関係が得られ，この波長をもつ音波を静止した観測者が観測することになる。観測する音の振動数を $f'$ とすると $V$, $\lambda'$, $f'$ の間の関係と式①から

$$f' = \frac{V}{V - v_S} f$$

の関係が得られる。

次に音源は静止し，観測者が速さ $v_0$ で音源にまっすぐに近づく場合を考えよう。ただし，$V > v_0$ とする。ある時刻に観測者が位置 O を通過し，時間 $t$ が経過した後に位置 O′ まで進んだとすると，OO′ 間の距離は $v_0 t$ である。また，観測者が位置 O にいたときに O に到達した音波が，時間 $t$ の間にそのまままっすぐに進み位置 Q に到達したとすると，観測者は時間 $t$ の間に O′Q 間の距離に含まれる音波を観測することになる。観測者が移動しても音波の波長は変わらない。音波の波長を $\lambda$ とすれば，O′Q 間の距離に含まれる波の数は［(5)］である。これより，観測者が観測する音の振動数を $f'$ とすれば，$f'$ と $\lambda$ の関係は

$$f' = \boxed{(6)} \quad \cdots\cdots ②$$

である。式②と $V$, $f$, $\lambda$ の関係を用いると

$$f' = \frac{V + v_O}{V} f$$

の関係が得られる。

〔解答群〕

| | | | |
|---|---|---|---|
| (ア) $v_St$ | (イ) $v_Ot$ | (ウ) $Vt$ | (エ) $t$ |
| (オ) $Vt + v_St$ | (カ) $Vt - v_St$ | (キ) $Vt + v_Ot$ | (ク) $Vt - v_Ot$ |
| (ケ) $\dfrac{V + v_S}{f}$ | (コ) $\dfrac{V - v_S}{f}$ | (サ) $\dfrac{Vt + v_St}{f}$ | (シ) $\dfrac{Vt - v_St}{f}$ |
| (ス) $\dfrac{V + v_S}{\lambda}$ | (セ) $\dfrac{V - v_S}{\lambda}$ | (ソ) $\dfrac{Vt + v_St}{\lambda}$ | (タ) $\dfrac{Vt - v_St}{\lambda}$ |
| (チ) $\dfrac{V + v_O}{\lambda}$ | (ツ) $\dfrac{V - v_O}{\lambda}$ | (テ) $\dfrac{Vt + v_Ot}{\lambda}$ | (ト) $\dfrac{Vt - v_Ot}{\lambda}$ |

(iii) これまでの考察をもとにして以下の問題を考えてみよう。観測者，音源，反射板がこの順番で地面に一直線上に並んでおり，音源は一定の振動数 $f_0$ の音波を出している。いま，観測者と音源は静止しており，反射板は板面を進行方向に垂直に保ちながら一定の速さ $v$ で音源に向かって動いているとする。このとき，観測者は音源から直接届く音(直接音)と反射板から反射される音(反射音)によって生じるうなりを観測する。ここでも空気中の音速を $V$ とし，$V > v > 0$ とする。また，反射板は音源にはぶつからないものとする。

(A) 反射板が音源から受ける音波の振動数 $f_1$ は $v$, $V$, $f_0$ を用いて

$$f_1 = \boxed{\quad (7) \quad} \times f_0$$

となる。観測者が観測する反射音の振動数 $f_r$ は $v$, $V$, $f_1$ を用いて表すと

$$f_r = \boxed{\quad (8) \quad} \times f_1$$

となる。したがって $f_r$ は $f_0$ を用いると

$$f_r = \boxed{\text{(9)}} \times f_0$$

と表せる。観測者が観測する直接音の振動数を$f_d$とすれば$f_d$と$f_r$の大小関係は $\boxed{\text{(10)}}$ であり，観測者が観測するうなりの周期は$v$，$V$，$f_0$を用いて $\boxed{\text{(11)}} \times \frac{1}{f_0}$となる。

〔解答群〕

(ア) $\frac{V}{V+v}$　(イ) $\frac{V+v}{V}$　(ウ) $\frac{V}{V-v}$　(エ) $\frac{V-v}{V}$

(オ) $\frac{V-v}{V+v}$　(カ) $\frac{V+v}{V-v}$　(キ) $\frac{v}{V}$　(ク) $\frac{V}{v}$

(ケ) $\frac{V+v}{2v}$　(コ) $\frac{V-v}{2v}$　(サ) $\frac{2v}{V+v}$　(シ) $\frac{2v}{V-v}$

(ス) $f_r = f_d$　(セ) $f_r > f_d$　(ソ) $f_r < f_d$

(B)　次に，速さ$w$の一様な風が観測者から反射板に向かって吹いている場合を考える。ここで風の速さは音速に比べて小さいとし，反射板が風に与える影響は無視できるものとする。風が吹いているときは，媒質である空気が動いているので，地面に対して音波が伝わる速さは風の速さの分だけ変化する。風が吹いている場合，反射板が受ける音波の振動数$f_1'$は$v$，$w$，$V$，$f_0$を用いて

$$f_1' = \boxed{\text{(12)}} \times f_0$$

と表すことができる。また，観測者が観測する反射音の振動数は$v$，$w$，$V$，$f_1'$を用いて表すと $\boxed{\text{(13)}} \times f_1'$である。一方，観測者が観測する音源からの直接音の振動数は $\boxed{\text{(14)}}$ であるので，観測者が観測するうなりの周期は$f_0$を用いれば，$\boxed{\text{(15)}} \times \frac{1}{f_0}$と表せる。

〔解答群〕

(ア) $f_0$　(イ) $f_1'$　(ウ) 1　(エ) 2

(オ) $\frac{V+w}{V+w-v}$　(カ) $\frac{V-w}{V-w-v}$　(キ) $\frac{V+w+v}{V+w}$　(ク) $\frac{V-w+v}{V-w}$

(ケ) $\dfrac{(V+w+v)(V-w)}{2vV}$　　(コ) $\dfrac{(V-w+v)(V+w)}{2vV}$

(サ) $\dfrac{(V+w-v)(V-w)}{2vV}$　　(シ) $\dfrac{(V-w-v)(V+w)}{2vV}$

(ス) $\dfrac{2vV}{(V+w+v)(V-w)}$　　(セ) $\dfrac{2vV}{(V-w+v)(V+w)}$

(ソ) $\dfrac{2vV}{(V+w-v)(V-w)}$　　(タ) $\dfrac{2vV}{(V-w-v)(V+w)}$

# 化学

(理科1科目選択方式：　75分)
(理科設問選択方式（2科目型)：2科目100分)

※　『理科1科目選択方式』の場合は出願時に届け出た1科目を解答してください。『理科設問選択方式(2科目型)』の場合は出願時に届け出た2科目それぞれ〔Ⅰ〕～〔Ⅲ〕の3問合計6問のうちから4問を選択して解答してください。なお，5問以上解答した場合は，高得点の4問を合否判定に使用します。

〔Ⅰ〕　次の問(i)および(ii)に答えなさい。

(i)　次の文の［(3)］および（　　）に入れるのに最も適当なものを，それぞれ［a群］および（b群）から選び，その記号をマークしなさい。ただし，（　　）には同じ記号を繰り返し用いてもよい。また，｛　　｝には化学式を，［(8)］には整数値を，［(9)］にはイオン反応式の一部を，［(11)］には有効数字3桁(けた)の数字を，それぞれ解答欄に記入しなさい。なお，原子量はO＝16とし，気体は全て理想気体であり，標準状態における気体のモル体積は22.4 L/molとする。

酸素$O_2$は空気中に体積比で約20%存在し，地球上における化学反応に大きくかかわっている。第3周期の元素**X**，**Y**，**Z**の単体それぞれと$O_2$との反応と，その反応によって生じる酸化物の性質は次の(a)～(c)のようになる。

(a)　元素**X**は非金属元素であり，その単体は空気中で燃やすことにより$O_2$と反応し，酸化物｛(1)｝が生じる。｛(1)｝は水と反応しながら溶解し，そのとき生じるオキソ酸は3価の酸である。

(b)　元素**Y**は金属元素であり，その単体を空気中に置くと，表面は空気中の

$O_2$ と反応して酸化被膜が形成され，内部まで酸化されない。しかし，単体の粉末は酸素中で加熱することにより爆発的に反応を起こし，酸化物 { (2) } となる。{ (2) } は Y の単体と酸化鉄(Ⅲ)との反応でも生じる。{ (2) } は [ (3) ] であり，水酸化ナトリウム水溶液中で①式のように反応して，錯イオン { (4) } を生じる。

{ (2) } ＋ ( (5) ) $OH^-$ ＋ ( (6) ) $H_2O$
　　　$\longrightarrow$ ( (7) ) { (4) } …………①

(c)　元素 **Z** は金属元素であり，3.0 g の **Z** の単体を空気中で完全に燃焼させると，物質量の比が **Z**：O ＝ 1：1 である酸化物が 5.0 g 得られる。ここから，**Z** の原子量は [ (8) ] と計算される。この酸化物は，塩酸などの酸と反応して塩を生じるが，水酸化ナトリウムなどの塩基とは反応しない。

$O_2$ の同素体であるオゾン $O_3$ は，工業的には $O_2$ に紫外線を当てるか，$O_2$ 中で無声放電をして生産されるため，$O_2$ との混合気体として得られる。いま，このようにして得られた $O_2$ と $O_3$ のみからなる混合気体 **A** 中の $O_3$ のモル分率を調べるため，次の実験を行った。

〔**手順 1**〕　標準状態において 2.00 L の混合気体 **A** を，緩衝液で中性に保ったヨウ化カリウム KI 水溶液にゆっくり通じたところ，次の②式に示す反応により全ての $O_3$ が反応し，ヨウ素 $I_2$ が生じた。

$O_3 + 2I^- + H_2O \longrightarrow I_2 +$ [ (9) ] ……………②

〔**手順 2**〕　②式で生じた $I_2$ をチオ硫酸ナトリウム $Na_2S_2O_3$ 水溶液で滴定した。反応は③式にしたがって進行し，終点までに要した $Na_2S_2O_3$ は $3.00 \times 10^{-3}$ mol であった。

$2S_2O_3^{2-} + I_2 \longrightarrow S_4O_6^{2-} + 2I^-$ ………………………………③

②式にしたがって反応した $O_3$ の物質量は，③式で反応した $S_2O_3^{2-}$ の物質量の ( (10) ) 倍であるので，混合気体 **A** 中の $O_3$ のモル分率は [ (11) ] $\times 10^{-2}$

と計算される。

a 群

(ア) 水に溶けやすい酸性酸化物　　(イ) 水に溶けにくい酸性酸化物
(ウ) 水に溶けやすい塩基性酸化物　　(エ) 水に溶けにくい塩基性酸化物
(オ) 水に溶けやすい両性酸化物　　(カ) 水に溶けにくい両性酸化物

( b 群 )

(ア) $\frac{1}{4}$　　(イ) $\frac{1}{2}$　　(ウ) 1　　(エ) 2
(オ) 3　　(カ) 4　　(キ) 5　　(ク) 6

(ii) 次の文の [ (1) ]，(　　) および {　　} に入れるのに最も適当なものを，それぞれ [ a 群 ]，( b 群 ) および { c 群 } から選び，その記号をマークしなさい。また，[　　] には化学式を解答欄に記入しなさい。

銅 Cu の多くは，鉄 Fe と硫黄 S との化合物である黄銅鉱(主成分 $CuFeS_2$)として産出する。黄銅鉱を溶鉱炉で石灰石やけい砂，コークスとともに加熱すると，Fe や S の酸化物が生成するとともに $Cu_2S$ が得られる。$Cu_2S$ 中の Cu 原子の酸化数は [ (1) ] である。$Cu_2S$ を転炉内で酸素とともに加熱することにより，S 成分が除去され粗銅が得られる。この粗銅を電解精錬することで純銅が得られる。

Cu は塩酸や希硫酸には溶けないが，酸化力のある硝酸や熱濃硫酸と反応して溶ける。希硝酸とは①式のように反応し，[ (2) ] と，水に溶けにくい無色の気体 [ (3) ] が生成する。熱濃硫酸とは②式のように反応し，[ (4) ] と刺激臭のある無色の有毒な気体 [ (5) ] が生成する。

$$3Cu + 8HNO_3 \longrightarrow 3 [\ (2)\ ] + 2 [\ (3)\ ] + 4H_2O \quad \cdots\cdots\cdots① $$

$$Cu + 2H_2SO_4 \longrightarrow [\ (4)\ ] + [\ (5)\ ] + 2H_2O \quad \cdots\cdots\cdots② $$

Cu の単体の結晶について考える。Cu の結晶格子の構造は面心立方格子である(図 1)。Cu の結晶の単位格子中には，( (6) ) 個の Cu 原子が含まれており，Cu 原子の配位数は ( (7) ) である。この単位格子の一辺の長さを $a$〔cm〕，Cu のモル質量を $M$〔g/mol〕，アボガドロ定数を $N_A$〔/mol〕とするとき，Cu の結晶の密度は { (8) }〔$g/cm^3$〕と表される。Cu 原子の半径を $r$〔cm〕とするとき，単位格子の一辺の長さ $a$〔cm〕は { (9) }〔cm〕と表される。単位格子中に占める原子の体積の割合を充填率といい，③式で求められる。単位格子の一辺の長さ $a$〔cm〕と原子半径 $r$〔cm〕の関係を用いると，Cu の結晶の単位格子における Cu 原子の充填率は ( (10) ) と求まる。

$$\text{充填率} = \frac{\text{原子 1 個の体積〔cm}^3\text{〕} \times \text{単位格子中の原子数}}{\text{単位格子の体積〔cm}^3\text{〕}} \quad \cdots\cdots\cdots\cdots③$$

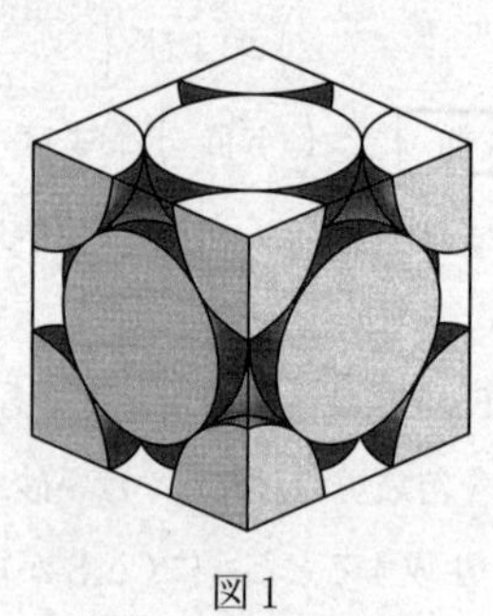

図 1

**a 群**

(ア) −3　　(イ) −2　　(ウ) −1　　(エ) 0　　(オ) +1

(カ) +2　　(キ) +3

( b 群 )

(ア) 2　　(イ) 4　　(ウ) 6　　(エ) 8　　(オ) 10

(カ) 12　　(キ) $\frac{\sqrt{3}}{4}\pi$　　(ク) $\frac{\sqrt{3}}{8}\pi$　　(ケ) $\frac{\sqrt{2}}{6}\pi$　　(コ) $\frac{\sqrt{2}}{12}\pi$

{ c群 }

(ア) $\dfrac{M}{a^3N_A}$　(イ) $\dfrac{2M}{a^3N_A}$　(ウ) $\dfrac{4M}{a^3N_A}$　(エ) $\dfrac{6M}{a^3N_A}$

(オ) $\dfrac{8M}{a^3N_A}$　(カ) $\dfrac{10M}{a^3N_A}$　(キ) $\dfrac{12M}{a^3N_A}$　(ク) $\dfrac{4}{3}\sqrt{3}r$

(ケ) $4\sqrt{3}r$　(コ) $2\sqrt{2}r$　(サ) $4\sqrt{2}r$

〔Ⅱ〕 次の問(i)および(ii)に答えなさい。

(i) 次の文の [ ] に入れるのに最も適当なものを，それぞれ [解答群] から選び，その記号をマークしなさい。また，( ) には最も適当な化学用語を漢字で，{ (6) } には整数値を，[ ] には必要なら四捨五入して有効数字2桁(けた)の数値を，それぞれ解答欄に記入しなさい。なお，すべての気体に理想気体の状態方程式が成り立つものとし，気体定数は $R = 8.3 \times 10^3$ Pa·L/(K·mol) とする。

大気圧下で，氷に時間あたり一定の熱エネルギーを加え続けたときの時間と温度の関係を図1に示す。図1の時間 $t_1$ から $t_2$ の間に吸収される熱量は ( (1) ) 熱であり，時間 $t_3$ から $t_4$ の間に吸収される熱量は ( (2) ) 熱である。また，融点や沸点の高さは物質中の粒子同士を結びつける力に依存するため，氷のような [ (3) ] よりも，塩化ナトリウムやフッ化カルシウムなどの [ (4) ] や，ケイ素や二酸化ケイ素などの [ (5) ] のほうが高い傾向にある。

分子量が50で，大気圧下での沸点が80℃の液体 **A** 1 kg の温度を1℃上昇させるために必要な熱量を4.0 kJとし，80℃での液体 **A** 1 mol あたりの ( (2) ) 熱を40 kJとする。大気圧下で20℃の液体 **A** 100 g をすべて80℃の気体にするとき，{ (6) } kJの熱量が吸収される。

表1に物質 **B** の温度と飽和蒸気圧の関係を示す。いま，体積1.0 Lの密閉容

器内に $1.0 \times 10^{-2}$ mol の **B** のみが入っている。容器内の気体の圧力は，77℃では［　(7)　］Pa であり，37℃では［　(8)　］Pa となる。

次に，質量と抵抗が無視できるピストン付き容器内に $1.0 \times 10^{-2}$ mol の **B** と $1.0 \times 10^{-2}$ mol の気体 **C** が入っており，この混合気体の全圧は $1.0 \times 10^{5}$ Pa で一定とする。**B** と **C** は反応せず，また **C** は凝縮せず，**B** への溶解がないものとすると，混合気体の体積は，77℃では［　(9)　］L であり，37℃では［　(10)　］L となる。

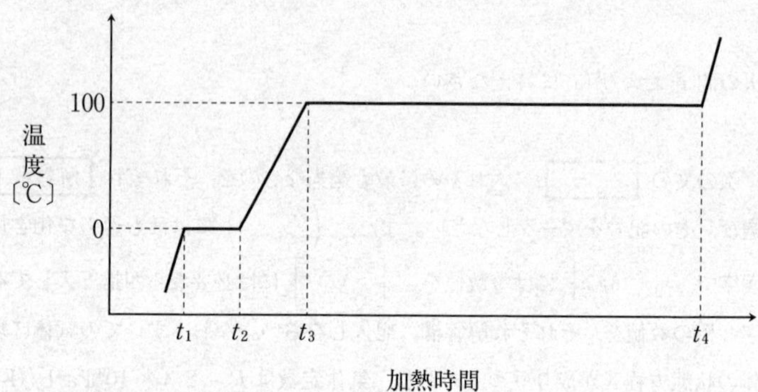


図 1

表 1

| 温度〔℃〕 | 物質 **B** の飽和蒸気圧〔Pa〕 |
|---|---|
| 37 | $1.7 \times 10^{4}$ |
| 77 | $8.3 \times 10^{4}$ |

解答群

(ア)　金属結晶　　(イ)　共有結合の結晶

(ウ)　分子結晶　　(エ)　イオン結晶

(ii)　次の文の［　　］および（　　）に入れるのに最も適当なものを，それぞれ［ a 群 ］および（ b 群 ）から選び，その記号をマークしなさい。また，｛ (1) ｝には最も適当な化学用語を漢字で，｛ (7) ｝には小数第 1 位までの数値を，それぞれ解答欄に記入しなさい。なお，必要なら $\log_{10} 2 = 0.3$ を用いなさい。

酢酸 $CH_3COOH$ の水溶液に水酸化ナトリウム NaOH の水溶液を加えて中和滴定を行うと，中和点では酢酸ナトリウム $CH_3COONa$ 水溶液となり塩基性を示す。このことについて考えてみよう。

$CH_3COONa$ は次の①式にしたがって水溶液中で完全に電離し，②式にしたがって水酸化物イオン $OH^-$ を生じる。この一連の反応は塩の $\{$ (1) $\}$ とよばれる。

$$CH_3COONa \longrightarrow Na^+ + CH_3COO^- \quad \cdots\cdots ①$$

$$CH_3COO^- + H_2O \rightleftarrows CH_3COOH + OH^- \quad \cdots\cdots ②$$

$CH_3COOH$，$OH^-$，酢酸イオン $CH_3COO^-$ および水 $H_2O$ のモル濃度〔mol/L〕を，それぞれ$[CH_3COOH]$，$[OH^-]$，$[CH_3COO^-]$，$[H_2O]$とし，②式の反応の平衡定数を $K$ とすると，次の③式が得られる。

$$\frac{[CH_3COOH][OH^-]}{[CH_3COO^-]} = K[H_2O] = K_h \quad \cdots\cdots ③$$

この $K_h$ を $\{$ (1) $\}$ 定数といい，温度と$[H_2O]$が一定であるとき $K_h$ は一定である。ところで，③式の左辺の分母と分子にそれぞれ水素イオン $H^+$ のモル濃度$[H^+]$をかけると，$CH_3COOH$ の電離定数 $K_a$ と水のイオン積 $K_W$ を用いて，$K_h =$ [ (2) ] と表すことができる。

次に濃度 $c$〔mol/L〕の $CH_3COONa$ 水溶液を考える。①式の反応により生じた $CH_3COO^-$ の物質量のうち，②式の反応に使われた $CH_3COO^-$ の割合を，次の④式にしたがって $h$ とおく。

$$h = \frac{\text{②式の反応に使われた } CH_3COO^- \text{ の物質量〔mol〕}}{\text{①式の反応により生じた } CH_3COO^- \text{ の物質量〔mol〕}} \quad \cdots\cdots ④$$

②式の反応が平衡状態にあるとき，$c$ と $h$ を用いて

$[CH_3COO^-] =$ ( (3) )〔mol/L〕，$K_h =$ ( (4) ) と表すことができる。よって，[ (2) ] = ( (4) ) が成り立ち，$h$ が1より十分小さい条件では，近

似的に $h=$ [ (5) ] と表せる。

25℃におけるこの水溶液の pH は，$K_w$ の値と $c$ および $h$ を用いて

$$\mathrm{pH} = -\log_{10}[\mathrm{H^+}] = -\log_{10}\left(\frac{K_w}{[\mathrm{OH^-}]}\right) = (\quad (6) \quad) \quad \cdots\cdots⑤$$

で表される。$c = 0.01\ \mathrm{mol/L}$ のとき $h = 2 \times 10^{-4}$ となることが知られているので，⑤式より pH $= \{\ (7)\ \}$ が得られる。よって，$CH_3COOH$ 水溶液を NaOH 水溶液で中和滴定した水溶液が，中和点で塩基性を示すことがわかる。

[ a 群 ]

(ア) $\dfrac{K_a}{K_w}$　(イ) $\dfrac{K_w}{K_a}$　(ウ) $K_aK_w$　(エ) $\dfrac{1}{K_aK_w}$

(オ) $\dfrac{K_a}{cK_w}$　(カ) $\dfrac{K_w}{cK_a}$　(キ) $\dfrac{K_aK_w}{c}$　(ク) $\dfrac{1}{cK_aK_w}$

(ケ) $\sqrt{\dfrac{K_a}{cK_w}}$　(コ) $\sqrt{\dfrac{K_w}{cK_a}}$　(サ) $\sqrt{\dfrac{K_aK_w}{c}}$　(シ) $\sqrt{\dfrac{1}{cK_aK_w}}$

( b 群 )

(ア) $c(1-h)$　(イ) $c(1+h)$　(ウ) $ch$　(エ) $\dfrac{ch^2}{1-h}$

(オ) $\dfrac{ch^2}{1+h}$　(カ) $\dfrac{1}{ch}$　(キ) $\dfrac{1-h}{ch^2}$　(ク) $\dfrac{1+h}{ch^2}$

(ケ) $14+\log_{10}(ch)$　(コ) $14-\log_{10}(ch)$

(サ) $14+\log_{10}\{c(1-h)\}$　(シ) $14-\log_{10}\{c(1-h)\}$

(ス) $14+\log_{10}\{c(1+h)\}$　(セ) $14-\log_{10}\{c(1+h)\}$

〔Ⅲ〕 次の問(i)〜(iii)に答えなさい。

(i) 次の文の [ (1) ] および ( ) に入れるのに最も適当なものを，それぞれ [ a群 ] および ( b群 ) から選び，その記号をマークしなさい。また，{ } には下記の記入例にならって構造式を，[ (6) ] には小数第1位までの数値を，それぞれ解答欄に記入しなさい。なお，{ } には鏡像異性体を区別して書く必要はない。

構造式の記入例

$$\begin{array}{c}\quad\ \ \ Cl \\ \quad\ \ \ | \\ CH_3-CH-CH_2-CH_2-Cl\end{array}$$

アルカンは，単結合だけからなる鎖式飽和炭化水素であり，極性が小さいため水に溶けにくい。直鎖状の同族体では，分子量が大きいほど，[ (1) ]。また，枝分かれのあるアルカンの沸点は，同じ炭素数の直鎖状のアルカンの沸点より低い。アルカンは安定で反応性に乏しく，臭素や塩素と混合しただけでは反応しないが，混合気体に紫外線を照射するとアルカン分子中の水素原子が臭素原子や塩素原子で置き換わる置換反応を起こす。プロパン $C_3H_8$ と塩素の混合気体に紫外線を照射して得られる $C_3H_7Cl$ には，理論的に ( (2) ) 種類の異性体が存在する。さらに置換反応が進行して生じる $C_3H_6Cl_2$ には，鏡像異性体を<u>区別する</u>と理論的に ( (3) ) 種類の異性体が存在する。

分子式 $C_5H_{12}$ で表される互いに構造異性体であるアルカン **A** と **B** がある。**A** と塩素の置換反応で得られる $C_5H_{11}Cl$ は，理論的に化合物 **C** のみである。**C** の構造式は { (4) } である。また，**B** と塩素の置換反応で得られる $C_5H_{11}Cl$ は，鏡像異性体を考慮しなければ化合物 **D**，**E**，**F** の３種類である。**D**，**E**，**F** の中で不斉炭素原子をもつのは **D** のみである。**D** の構造式は { (5) } である。

また，アルカンは燃焼すると多量の熱を発生するため，燃料としても用いられている。0.5 mol の $C_7H_{16}$ と 0.5 mol の $C_9H_{20}$ の混合物を完全燃焼させるには，[ (6) ] mol の酸素が必要である。

a 群

(ア)　分子間力が小さくなるため，沸点が低くなる

(イ)　分子間力が小さくなるため，沸点が高くなる

(ウ)　分子間力が大きくなるため，沸点が低くなる

(エ)　分子間力が大きくなるため，沸点が高くなる

( b 群 )

(ア)　1　　(イ)　2　　(ウ)　3　　(エ)　4

(オ)　5　　(カ)　6　　(キ)　7　　(ク)　8

(ii)　次の文の［　　］に入れるのに最も適当なものを［解答群］から選び，その記号をマークしなさい。また，(　　)には下記の記入例にならって構造式を，｛ (6) ｝には必要なら小数第 1 位を四捨五入して整数値を，それぞれ解答欄に記入しなさい。なお，原子量は H = 1，C = 12，O = 16 とする。

構造式の記入例

$$C_6H_5-\underset{\displaystyle OH}{\underset{|}{CH}}-\overset{\displaystyle O}{\overset{\|}{C}}-NH_2$$

化合物 **A** および **B** は，分子式 $C_8H_9NO_2$ で表される p-位(パラ)の二置換ベンゼンである。**A** および **B** にはヒドロキシ基があり，このヒドロキシ基と無水酢酸との反応によりいずれも［ (1) ］される。

**A** に塩酸を加えて加熱すると，化合物 **C** の塩酸塩と酢酸が得られる。**C** の塩酸塩を含む水溶液に炭酸水素ナトリウム水溶液を作用させると **C** が生じる。**C** をさらし粉水溶液で酸化すると呈色することから，**C** の構造式は ( (2) ) であることがわかる。氷冷下で **C** に塩酸と亜硝酸ナトリウム水溶液を加えると，［ (3) ］が起こり，化合物 **D** の水溶液が得られる。得られた **D** の水溶液にナトリウムフェノキシドの水溶液を加えると，［ (4) ］が起こる。この反応によって生じる化合物は，染料や顔料として利用されるものが多い。

一方，**B** に塩酸を加えて加熱すると，分子式 $C_7H_6O_3$ で表される化合物 **E**

とメチルアミン塩酸塩($CH_3NH_3Cl$)が得られる。**E**をメタノールに溶解し，少量の濃硫酸を加えて加熱すると以下の①式の反応が進行し，化合物**F**が得られる。

$$\mathbf{E} + CH_3OH \xrightarrow{\text{濃硫酸，加熱}} \mathbf{F} + H_2O \quad \cdots\cdots ①$$

**F**の構造式は（　(5)　）で表される。138 g の**E**を用いてこの反応を行ったところ，最終的に128 g の**F**が得られた。このときの**F**の収率は｛　(6)　｝%である。なお，収率は次の②式で計算できる。

$$\text{収率}(\%) = \frac{\text{実際に得られた生成物の質量〔g〕}}{\text{理論的に得られる生成物の質量〔g〕}} \times 100 \quad \cdots\cdots ②$$

解答群

(ア)　アセチル化　　(イ)　ジアゾ化

(ウ)　スルホン化　　(エ)　ニトロ化

(オ)　ハロゲン化　　(カ)　ジアゾニウム

(キ)　ジアゾカップリング　　(ク)　ニンヒドリン反応

(ケ)　ビウレット反応

(iii)　次の文の［　　］および（　(2)　）に入れるのに最も適当なものを，それぞれ［ a 群 ］および（ b 群 ）から選び，その記号をマークしなさい。また，｛　(3)　｝には示性式を，｛　(4)　｝には化学式を，｛　(6)　｝には整数値を，それぞれ解答欄に記入しなさい。なお，原子量は H ＝ 1，C ＝ 12，O ＝ 16 とする。

エタノールは，飲料(酒類)や消毒液だけでなく，さまざまな有機化合物や高分子化合物の原料としても用いることができる。植物由来の糖類を用いて合成されたエタノールはバイオマスエタノールともよばれ，カーボンニュートラル社会への貢献が期待されている。

160～170℃に加熱した濃硫酸にエタノールを加えると，分子内脱水反応が進行して，［　(1)　］が得られる。適切な触媒を用いて［　(1)　］を付加重合させると，フィルムや袋，容器などに用いられるポリ [ (1) ] が得られる。ポリ [ (1) ] は ( (2) )。

硫酸酸性の二クロム酸カリウム溶液を用いてエタノールを酸化すると，{ (3) } を経て，酢酸が得られる。{ (3) } にフェーリング液を加えて加熱すると，赤色の { (4) } の沈殿が生じる。また，触媒を用いて酢酸をアセチレンに付加させると，酢酸ビニルが得られる。酢酸ビニルの付加重合により得たポリ酢酸ビニルを水酸化ナトリウム水溶液を用いてけん化すると，ポリ [ (5) ] が得られる。ホルムアルデヒド水溶液を用いてポリ [ (5) ] をアセタール化すると，適度な吸湿性を持ち，綿に似た感触があるビニロンが得られる。

ホルムアルデヒド水溶液を用いて88.0 gのポリ [ (5) ] をアセタール化したところ，92.2 gのビニロンが得られた。このとき，ポリ [ (5) ] のヒドロキシ基のうち，{ (6) } %がアセタール化した。ただし，ポリ [ (5) ] の分子量は十分に大きく，末端は無視できるものとする。

[ a群 ]

(ア)　アクリロニトリル　(イ)　アセトン　(ウ)　エチレン

(エ)　エチレングリコール　(オ)　ジエチルエーテル　(カ)　スチレン

(キ)　ビニルアルコール　(ク)　プロピレン

( b群 )

(ア)　熱可塑性樹脂であり，加熱すると硬くなり，冷ますと再び柔らかくなる

(イ)　熱可塑性樹脂であり，加熱すると柔らかくなり，冷ますと再び硬くなる

(ウ)　熱硬化性樹脂であり，加熱すると硬くなり，冷ますと再び柔らかくなる

(エ)　熱硬化性樹脂であり，加熱すると柔らかくなり，冷ますと再び硬くなる

# 生物

(理科1科目選択方式：　75分)
(理科設問選択方式（2科目型）：2科目100分)

※『理科1科目選択方式』の場合は出願時に届け出た1科目を解答してください。『理科設問選択方式(2科目型)』の場合は出願時に届け出た2科目それぞれ〔Ⅰ〕～〔Ⅲ〕の3問合計6問のうちから4問を選択して解答してください。なお，5問以上解答した場合は，高得点の4問を合否判定に使用します。

〔Ⅰ〕次の(A)および(B)に答えなさい。

(A) 次の文章を読み，下の問1～5に答えなさい。

地球は今から約46億年前に誕生した。誕生してすぐの地球は，地表面が高温のマグマの海でおおわれていたと推定されている。当時の地球は，酸素をほとんど含まない原始大気でおおわれていた。やがて地表温度が低下し，地殻が形成され，約40億年前に原始海洋が形成された。生命が誕生した時期はこの頃と推定されており，現在の深海底に存在している熱水噴出孔は，生命が誕生した環境に近いと考えられている。生物誕生前の原始地球において，生物体に必要な有機物が生み出されていった過程を①［(1)］という。初期の原始生物には，何らかの化学反応の過程で放出されるエネルギー，あるいは太陽からの光エネルギーを利用することによって，無機物から有機物を合成する能力を持った［(2)］栄養生物と，環境中の有機物を取り入れて利用する［(3)］栄養生物がいたと考えられている。その後，光エネルギーを利用する光合成細菌が出現した。さらに，水を分解して酸素を発生する光合成を行う最初の生物である［(4)］が出現した。光合成によって発生した酸素は，水中や大気中に蓄積し始め，酸素を利用して有機物を完全に分解し，エネルギーを効率的に取り出す好気性生物が繁栄することになったと考えられている。

約20億年前までは核をもたない原核生物しか存在しなかった。核をもっている［(5)］生物は，別の原核生物が宿主細胞となる細菌に取り込まれることで，誕生したと推定されている。約7億年前には，地球のほぼ全体が厚い氷河でおおわれる［(6)］という現象があり，それまでに出現した多くの生物は絶滅したと考えられている。その後，気候の温暖化が進むと生き延びた生物が分布を広げ，多様に進化した。約6.5億年前の先カンブリア時代末期には大形の軟体質の体を持つ生物群が出現している。これらの化石生物は［(7)］群と呼ばれる。

約5.4億年前以降になって，②脊椎動物や植物の祖先が誕生し，現存する動物や植物に進化していった。これら動植物の出現・絶滅は地層に残された化石記録に基づいて推定されている。約5.4億年前以降の地質時代は，③古生代・中生代・新生代に区分される(図1)。

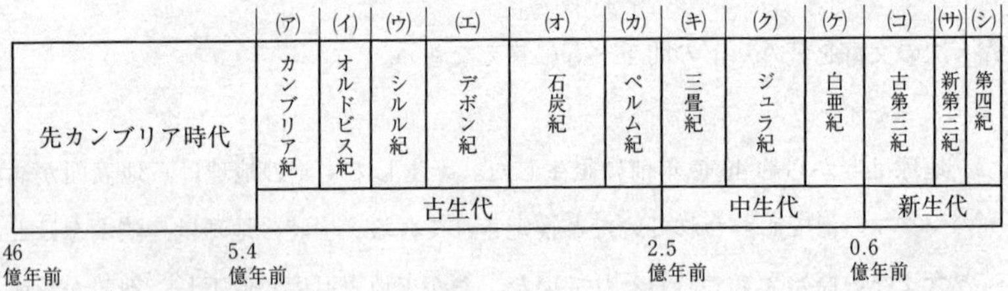

| | (ア) | (イ) | (ウ) | (エ) | (オ) | (カ) | (キ) | (ク) | (ケ) | (コ) | (サ) | (シ) |
|---|---|---|---|---|---|---|---|---|---|---|---|---|
| 先カンブリア時代 | カンブリア紀 | オルドビス紀 | シルル紀 | デボン紀 | 石炭紀 | ペルム紀 | 三畳紀 | ジュラ紀 | 白亜紀 | 古第三紀 | 新第三紀 | 第四紀 |
| | 古生代 | | | | | | 中生代 | | | 新生代 | | |

46億年前　5.4億年前　2.5億年前　0.6億年前

図1

問1．上の文章中の［　　］に入れるのに最も適当な語句を，解答欄に記入しなさい。

問2．下線部①に関して，次の(i)および(ii)の問に答えなさい。

(i)　原始地球の大気を想定した気体中で放電を起こすことにより，アミノ酸などの有機物を生成する実験を初めて成功させた科学者の名を，解答欄に記入しなさい。

(ii)　有機物から生物が誕生するためには，代謝をする能力と自己複製する能力の獲得に加えて，ある構造の獲得が必要であった。この構造の役割について次の書き出しに続いて，解答欄に10字以内(句読点を含む)で述べなさい。

書き出し文；代謝系と自己複製系を，

問3．下線部②に関して，植物の祖先が陸上植物として出現して以降，シダ植物や裸子植物に進化した。次の(i)～(iii)の問に答えなさい。

(i)　図1に示した地質時代のうち，シダ植物や裸子植物が出現した時期はいつか。最も適当なものを，図1中の(ア)～(シ)から各々一つずつ選び，解答欄に記入しなさい。

(ii)　化石が確認されている最古の植物の名称を，解答欄に記入しなさい。

(iii)　植物の祖先がシダ植物に進化する際，水分を効率よく輸送するために獲得した組織の名称を，解答欄に記入しなさい。

問4．下線部③に関して，古生代の約2億9千万年の間に脊椎動物の祖先が発生し，徐々に進化していった。次の(i)および(ii)の問に答えなさい。

(i)　最古に発生した脊椎動物は何類か。その名称とそれが発生した時期として最も適当なものを，図1中の(ア)～(カ)から選び，解答欄に記入しなさい。

(ii)　最初に陸上に進出した脊椎動物は何類か。その名称と陸上に進出した時期として最も適当なものを，図1中の(ア)～(カ)から選び，解答欄に記入しなさい。

問5．次の生物(A)および(B)が絶滅したのは古世代以降のどの紀の末までか，図1中の(ア)～(シ)から各々一つずつ選び，解答欄に記入しなさい。

(A)　三葉虫　(B)　恐竜

〔B〕　次の文章を読み，下の問1～7に答えなさい。

デンプンなどの炭水化物が呼吸基質として用いられる場合，図2に示すように，まず，グルコースに分解される。①グルコースは解糖系によってピルビン酸に代謝され，ピルビン酸はアセチル CoA を経てクエン酸回路に入り，最終的に二酸化炭素と水に分解される。脂肪が呼吸基質として用いられる場合，まず，［(1)］と脂肪酸に分解され，［(1)］は解糖系に入って分解される。②脂肪酸の一方の端から炭素2個分の部分がコエンザイム A と結合して切り取られてアセチル CoA となる。タンパク質が呼吸基質となる場合は，まず，アミノ酸に分解され，さらに有機酸とアンモニアに分解される。ヒトなどの場合，生じたアンモニアは［(2)］に変換されて体外に排出される。

$NAD^+$ は水素を受け取り，別の分子に与える補酵素であり，グルコース1分子が解糖系とクエン酸回路によって代謝される過程で，合計［(3)］分子の $NAD^+$ が NADH に（(4)）される。酸素を利用できる場合は，NADH は酸素によって（(5)）され，$NAD^+$ に戻る。酸素が利用できない場合，たとえば乳酸菌の場合であれば，ピルビン酸を乳酸に（(6)）することによって NADH は $NAD^+$ に（(7)）される。

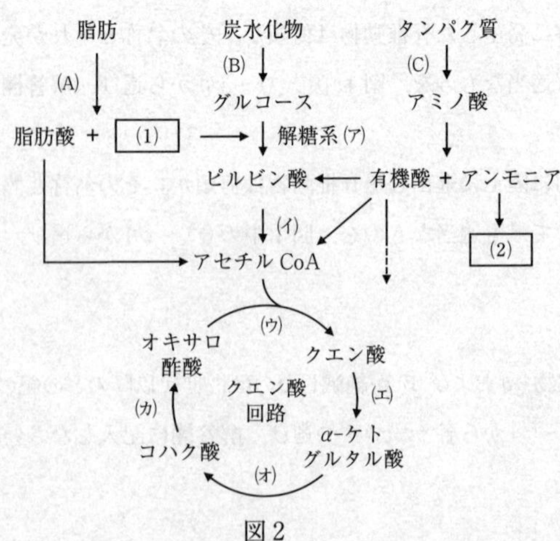


図2

問１．上の文章中の □ に入れるのに最も適当な語句または数字を，解答欄に記入しなさい。

問２．上の文章中の（　）には「酸化」または「還元」が入る。いずれか適当なものを解答欄に記入しなさい。

問３．下線部①について，次の(i)～(iii)の問に答えなさい。

(i) 下線部①の反応で二酸化炭素が生じるのは，図２に示した(ア)～(カ)の経路のうちどの経路か。正しいものを全て選び，記号で解答欄に記入しなさい。なお，図２には解糖系とクエン酸回路に含まれる代謝物のすべては示されていない。

(ii) グルコースが呼吸によって水と二酸化炭素に代謝される化学反応式を解答欄に記入しなさい。

(iii) (ii)の代謝反応の結果として，１分子のグルコースは全部でいくつの電子を酸素に与えることになるか。その数字を解答欄に記入しなさい。

問４．下線部②の過程を何と呼ぶか。その名称を解答欄に記入しなさい。

問５．図２の炭水化物がデンプンである場合，A，B，Cの分解反応に関与する酵素の組み合わせとして最も適当なものを，下の(ア)～(カ)から選び，その記号を解答欄に記入しなさい。

(ア) A：アミラーゼ　B：トリプシン　C：リパーゼ
(イ) A：アミラーゼ　B：リパーゼ　C：トリプシン
(ウ) A：トリプシン　B：アミラーゼ　C：リパーゼ
(エ) A：トリプシン　B：リパーゼ　C：アミラーゼ
(オ) A：リパーゼ　B：アミラーゼ　C：トリプシン

(カ)　A：リパーゼ　B：トリプシン　C：アミラーゼ

問6．デンプンが酵素によってグルコースに加水分解される過程で，グルコース2分子が結合したマルトース(麦芽糖)が生じる。マルトースの分子量を解答欄に記入しなさい。なお，原子量は，H＝1，C＝12，O＝16とする。

問7．あるタンパク質の元素組成が$C_4H_7NO$であるとする。これが呼吸基質として使われた場合，呼吸商の理論値はいくらか。その数値を四捨五入して小数第2位まで求め，解答欄に記入しなさい。

〔Ⅱ〕　次の(A)および(B)に答えなさい。

(A)　次の文章を読み，下の問1～7に答えなさい。

生物が外界から窒素原子を含む物質を取り入れ，からだに必要な有機窒素化合物を合成する働きは，窒素同化と呼ばれる。

植物が窒素同化に用いる無機窒素化合物は，生物の遺骸や排出物などに由来する$NO_3^-$や$NH_4^+$である。この$NH_4^+$の多くは，土壌中の亜硝酸菌や硝酸菌などの［(1)］と呼ばれる微生物によって$NO_3^-$に変えられる。$NO_3^-$は，植物の根から吸収されて道管を通じて葉の細胞に運ばれ，まず（(2)）によって$NO_2^-$に変換された後，（(3)）によって$NH_4^+$に変換される。さらに$NH_4^+$は，葉緑体内で（(4)）によって①グルタミン酸と結合して［(5)］となる。このとき，光エネルギーを利用して合成されたATPが用いられる。

［(5)］のアミノ基は，α-ケトグルタル酸に，「アミノ基［(6)］酵素」と呼ばれる酵素によって［(6)］され，最終的にグルタミン酸［(7)］分子が生じる。グルタミン酸は，葉緑体内から細胞質基質に運ばれ，そのアミノ基がピルビン酸やオキサロ酢酸などのさまざまな有機酸に［(6)］されて，②各種のアミノ酸が生じる。これらのアミノ酸は，タンパク質，核酸や光合成色素である［(8)］などの有機窒素化合物の合成に利用される。

動物は，植物のように無機窒素化合物を同化に利用することはできない。そのため，他の生物が合成したタンパク質などの有機窒素化合物を食物として摂取することによって，窒素同化を行なっている。たとえば，食物中のタンパク質は，動物の体内で消化酵素によってアミノ酸に分解されたのち，そのアミノ酸の一部は③さらに分解されたり，④体内に吸収されたりする。吸収されたアミノ酸は，細胞内でさまざまな種類のタンパク質や核酸などの有機窒素化合物に変換される。

大気中には，体積にして約80%の窒素ガス$(N_2)$が存在するが，多くの生物はこれを窒素同化に利用することができない。しかし，窒素固定細菌は，大気中の$N_2$を窒素同化に利用することができる。窒素固定細菌の一種である⑤根粒菌は，ゲンゲやシロツメクサのような [ (9) ] 科植物などの根の細胞に進入して増殖し，根粒を形成する。根粒細胞内の根粒菌は，大気中の$N_2$を細胞内に取り込みニトロゲナーゼによって$NH_4^+$に還元する。

また，土壌中の$NO_3^-$や$NO_2^-$の一部は， [ (10) ] と呼ばれる微生物の働きによって，$N_2$として大気中に放出される。このように，窒素は，植物，動物，窒素固定細菌， [ (10) ] などの働きによって，生物の必須元素として，生態系を循環している。

問１．上の文章中の [ 　 ] に入れるのに最も適当な語句や数字を，解答欄に記入しなさい。

問２．上の文章中の ( 　 ) に入れるのに最も適当な酵素の名称を，解答欄に記入しなさい。

問３．下線部①に関して，下の図３は，グルタミン酸の構造式を示したものである。点線で囲まれた部分の構造を，解答欄に記入しなさい。

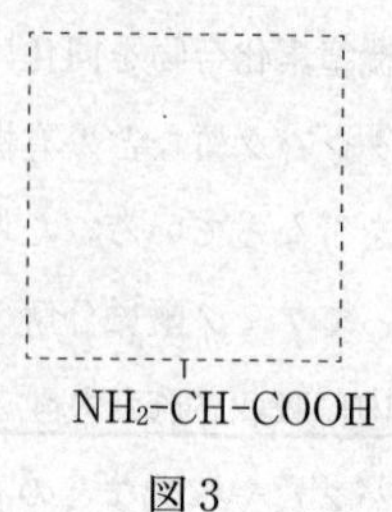

図3

問4．下線部②に関して，硫黄原子を含むアミノ酸の名称を二つ解答欄に記入しなさい。

問5．下線部③に関して，タンパク質の分解の結果生じたアミノ酸は，さらに分解され，有機酸とアンモニアに変換される。この反応を何と呼ぶか。その名称を，解答欄に記入しなさい。

問6．下線部④に関して，動物によっては，ある種のアミノ酸を自身の体内で合成することができず，その場合は直接食物から取り込むしかない。そのような動物が体内で合成できないアミノ酸を何と呼ぶか。その名称を，解答欄に記入しなさい。

問7．下線部⑤に関して，根粒菌は共生する植物と相利共生関係にあるが，根粒菌が共生する植物から与えられる利益とはどのようなものか。「炭酸同化」という語句を用いて30字以内(句読点を含む)で述べなさい。

(B) 次の文章を読み，下の問1～5に答えなさい。

植物の種子は，その植物にとって適当な環境下に置かれると発芽し成長を始める。発芽した植物は，栄養成長を続けたのち，その植物にとって適当な条件になると，花芽の形成を始める。ある特定の季節に花を咲かせる植物の場合は，1日の昼と夜の長さの変化によって花芽形成に適した季節を認識していることが多い。このような植物のうち，1日の昼間の長さが，ある一定時間より短くなると花芽を形成する植物を短日植物という。逆に1日の昼間の長さが，ある一定時間より長くなると花芽を形成する植物を長日植物という。一方，日長とは関係なく，ある程度成長すると花芽をつける植物もあり，これらは［(1)］植物と呼ばれている。短日植物と長日植物は共に，実際に植物が日長条件として感じているのは，連続した暗期の長さである。花芽形成が起こり始める連続した暗期の長さを，限界暗期①という。短日植物や長日植物は，古くから開花誘導の仕組みを研究する材料として用いられてきた。短日植物であるオナモミを用いた実験②は，花成ホルモン(フロリゲン)の存在や性質を明らかにした実験として有名である。

花芽形成が温度の影響を受ける植物も知られている。たとえば，秋まきの作物の種子を春暖かくなってからまくと，成長はするがその年のうちには花芽は形成されないことが多い。しかし，発芽し始めた種子を一定期間 1～10℃の低温下に置いてから春にまいた場合には，その年のうちに花芽が形成される。このように低温にさらされることで花芽を形成できるようになる現象を［(2)］という。

花芽形成が誘導されると，これまで茎や葉を作り出していた茎の先端部で，花器官が作られるようになる。花器官の形成には，A，B，Cの3種類のクラスの遺伝子③が関わっている。茎の先端の一番外側の領域(領域1)では，Aクラスの遺伝子が，その内側の領域(領域2)ではAクラスとBクラスの遺伝子が，さらにその内側の領域(領域3)ではBクラスとCクラスの遺伝子が働いている。最も内側の中央の領域(領域4)ではCクラスの遺伝子が働いている。これらのクラスの遺伝子に欠損を持つシロイヌナズナの変異体を用いた解析から，がく片，花弁，おしべ，心皮(めしべを構成する器官)の花器官は，各領域でどのクラスの遺伝子が働くかによって決定されるというABC モデル④が提唱され，現在ではシロイヌナズナ以外の植物においてもこのモデルにしたがって花の形成が起こっていることがわかってきている。

問1．上の文章中の［　　］に入れるのに最も適当な語句を，解答欄に記入しなさい。

問2．下線部①に関して，限界暗期の長さが 12 時間の短日植物Aと限界暗期の長さが 14 時間の長日植物Bのそれぞれについて，下の図4の(ア)～(オ)の明暗周期の条件のうち花芽形成が誘導される条件をすべて選び，解答欄にその記号を記入しなさい。ただし，図中の矢印は，その時点で光中断の効果を持つ光照射をしたことを示すものとする。

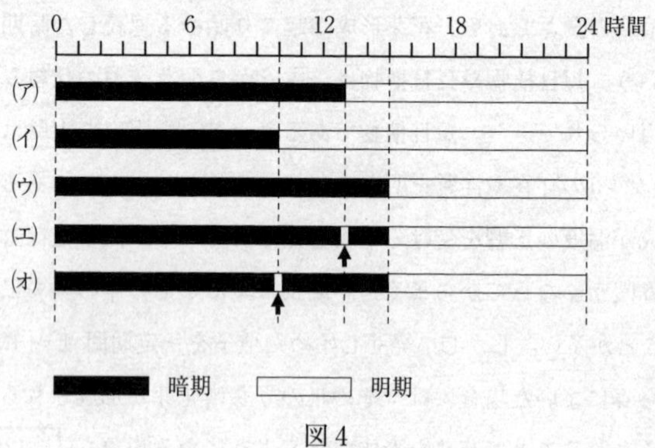


図4

問3．下線部②について，オナモミは，頂芽だけでなく葉の付け根にある側芽も花芽に分化して花を咲かせる。次ページの図5は，オナモミを使って花成ホルモン(フロリゲン)の存在や性質を調べた実験について示している。オナモミは長日条件下で育て，図中に灰色で示したところだけ，部分的に短日処理をしたところ，(ア)，(ウ)，(オ)，(キ)では，植物全体で花芽が形成されたが，(イ)，(エ)，(カ)，(ク)では花芽が形成されなかった。この実験について，次の(i)および(ii)の問に答えなさい。ただし，葉は葉柄を少し残して切除し，葉の付け根の側芽は切除しないものとする。また，(ウ)では，1枚の葉だけ短日処理し，側芽や茎は短日処理されていないものとする。

(i)　この実験から考えられる花成ホルモン(フロリゲン)の性質について述べた次の文中の（　　）に入れるのに最も適当な器官の名称を，解答欄に記入しなさい。

花成ホルモン(フロリゲン)は，日長条件を感じた（　(3)　）でつくられ，（　(4)　）を通って移動し，花芽形成を誘導する。

(ii)　花成ホルモン(フロリゲン)は存在せず，日長条件を感じた頂芽や側芽それぞれで花芽形成が誘導されると仮定した場合でも，実験(ア)と(イ)の結果はこの仮定に矛盾しない。(ウ)～(ク)の実験結果の中から，この仮定と矛盾するものをすべて選び，その記号を解答欄に記入しなさい。

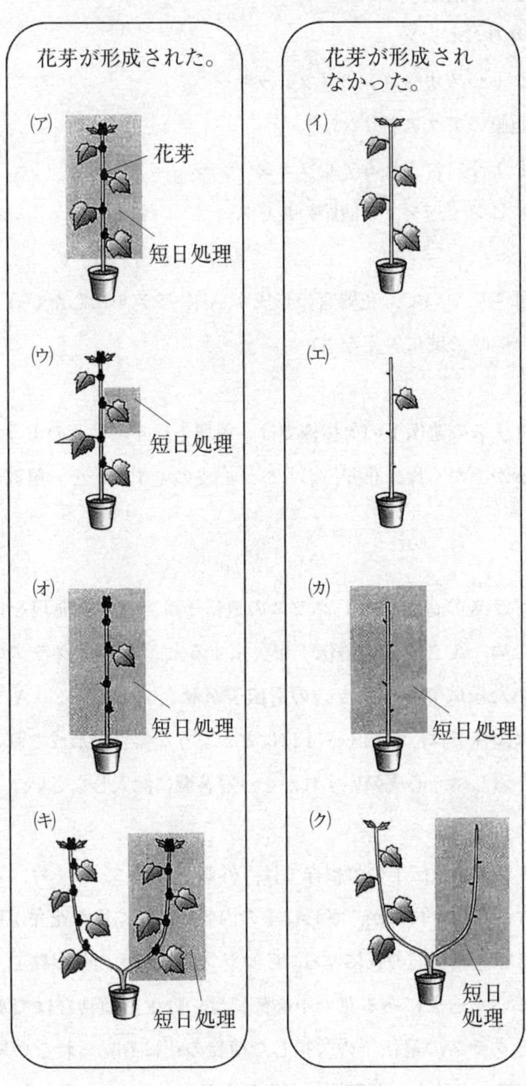


図 5

問4．下線部③について，これらの遺伝子からつくられるタンパク質と機能的な性質が最も似ているものを次の(ア)〜(カ)から選び，その記号を解答欄に記入しなさい。

(ア)　微小管を構成するチューブリン

(イ)　筋肉のミオシン

(ウ)　ラクトースオペロンのリプレッサー

(エ)　細胞膜のアクアポリン

(オ)　血しょうに含まれるアルブミン

(カ)　カルビン・ベンソン回路のルビスコ

問5．下線部④について，花器官の形成がABCモデルにしたがうものとして，次の(i)〜(iii)の問に答えなさい。

(i)　Bクラスの遺伝子の欠損株では，領域1〜4にはどのような器官が形成されるか。がく片，花弁，おしべ，心皮のいずれかを，解答欄に記入しなさい。

(ii)　Aクラスの遺伝子とCクラスの遺伝子は，互いの発現を抑制し合っているため，Aクラスの遺伝子が欠損すると，本来Aクラスの遺伝子が働いていた領域でもCクラスの遺伝子が働くようになる。Aクラスの遺伝子の欠損株では，領域1〜4にはどのような器官が形成されるか。がく片，花弁，おしべ，心皮のいずれかを，解答欄に記入しなさい。

(iii)　Cクラスの遺伝子の欠損株では，外側から順に，がく片，花弁，花弁，がく片が形成されるが，さらにその内側に，がく片や花弁が形成され，いわゆる「八重咲き」の花になる。Cクラスの遺伝子の欠損株で，八重咲きになっていく途上にある花の中心部には，野生型植物だけでなく，AクラスやBクラスの遺伝子の欠損した植物の花にも見られない組織がある。この組織の名称を，解答欄に記入しなさい。

〔Ⅲ〕 次の(A)および(B)に答えなさい。

(A) 次の文章を読み，下の問1～7に答えなさい。

植物の茎や根が，光や重力などの刺激に反応し，刺激に対して一定の方向に屈曲することを，屈性という。刺激の来る方向に屈曲する場合を [ (1) ] の屈性，その反対方向に屈曲する場合を [ (2) ] の屈性という。横から光を照射された植物では，茎は光の方向へ曲がり，根は光と反対側に曲がる。植物を横たえると，茎は重力と反対の方向に，根は重力の方向に曲がる。このような茎や根の屈性の現象には，オーキシンが深く関わっている。

（下線部①：刺激に反応し，刺激に対して一定の方向に屈曲する　下線部②：茎は光の方向へ曲がり　下線部③：茎は重力と反対の方向に，根は重力の方向に曲がる）

オーキシンは，主に茎の頂端付近で合成され，合成されたオーキシンは茎の中を，茎の基部に向かって移動する。このようなオーキシンの方向性を持った移動は，重力の方向には影響されず，茎の極性にしたがうので極性移動と呼ばれる。

（下線部④：極性移動）

茎から根に到達したオーキシンはさらに，根の ( (3) ) を通って根の先端付近に到達する。根の先端付近に到達したオーキシンは，( (4) ) にある特殊な細胞で移動の方向を変え，さらに ( (5) ) を通って根の基部に向かって移動する。

（下線部⑤：特殊な細胞で移動の方向を変え）

問1．上の文章中の [　　] に入れるのに最も適当な語句を，解答欄に記入しなさい。

問2．下線部①に関して，植物の器官が刺激の方向とは無関係に，ある一定の方向に屈曲する反応を傾性という。傾性の一例について，傾性が観察される植物の名称，刺激の種類，刺激に対する応答を解答欄に記入しなさい。

問3．上の文章中の (　　) に入れるのに最も適当な語句を，次の(ア)～(オ)から，それらを示す部位を下の図6に示す根の模式図の(カ)～(ケ)から選び，その記号を解答欄に記入しなさい。

(ア) 根毛　　(イ) 表皮や皮層　　(ウ) 中心柱

(エ)　根冠　　(オ)　根端分裂組織

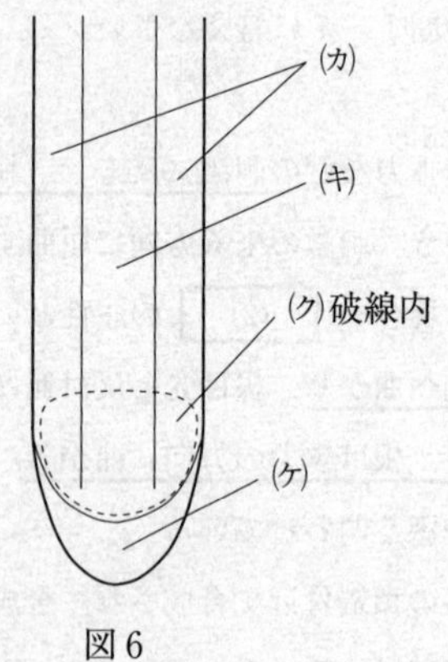


図6

問4．下線部②に関して，光屈性を示した茎について，屈曲部分の光の当たっている側の表皮細胞の様子を顕微鏡観察したところ，下の図7に示す模式図のようであった。この茎の屈曲部分の影側の表皮細胞の様子を示すものとして最も適当なものを下の(ア)～(オ)から選び，その記号を解答欄に記入しなさい。ただし，模式図はすべて同倍率での観察に基づき，それぞれ図の下方が，茎の基部側である。

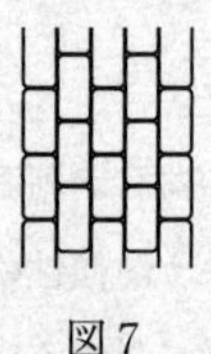

図7

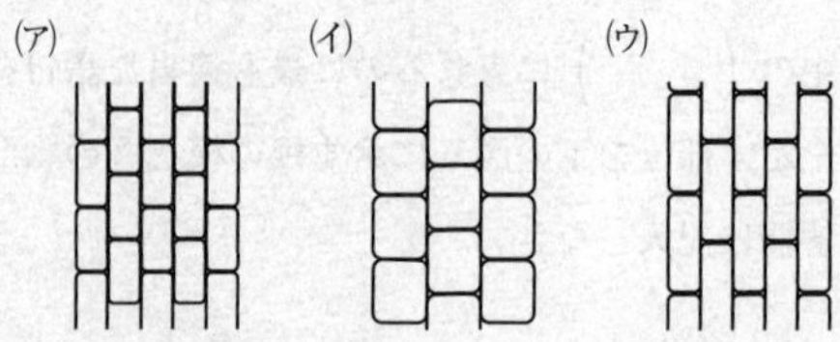

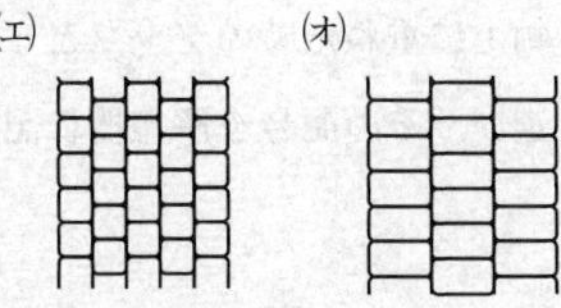


問5．下線部③に関して，下の図8は，重力屈性を示しているある植物の芽生えの模式図と，この植物の根と茎の成長に対するオーキシンの濃度の効果を表したグラフである。下の(i)～(iii)の問に答えなさい。

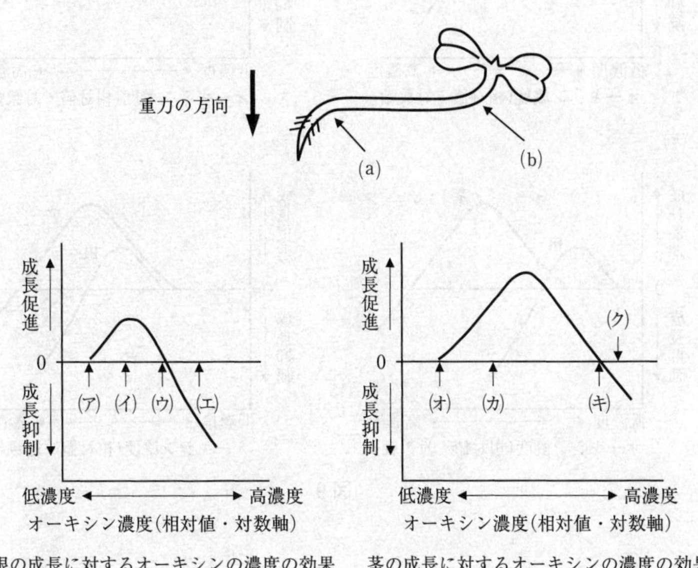


根の成長に対するオーキシンの濃度の効果　　茎の成長に対するオーキシンの濃度の効果

図8

(i)　根の屈曲部分の下側(a)で作用しているオーキシンの濃度として最も適当なものを上の図8のグラフに示した(ア)～(エ)から選び，その記号を解答欄に記入しなさい。

(ii)　茎の屈曲部分の下側(b)で作用しているオーキシンの濃度として最も適当なものを上の図8のグラフに示した(オ)～(ク)から選び，その記号を解答欄に記入しなさい。

(iii)　茎と根のグラフを同じ軸上に重ねた時のグラフとして最も適当なものを，次の図9の(ケ)～(シ)から選び，その記号を解答欄に記入しなさい。

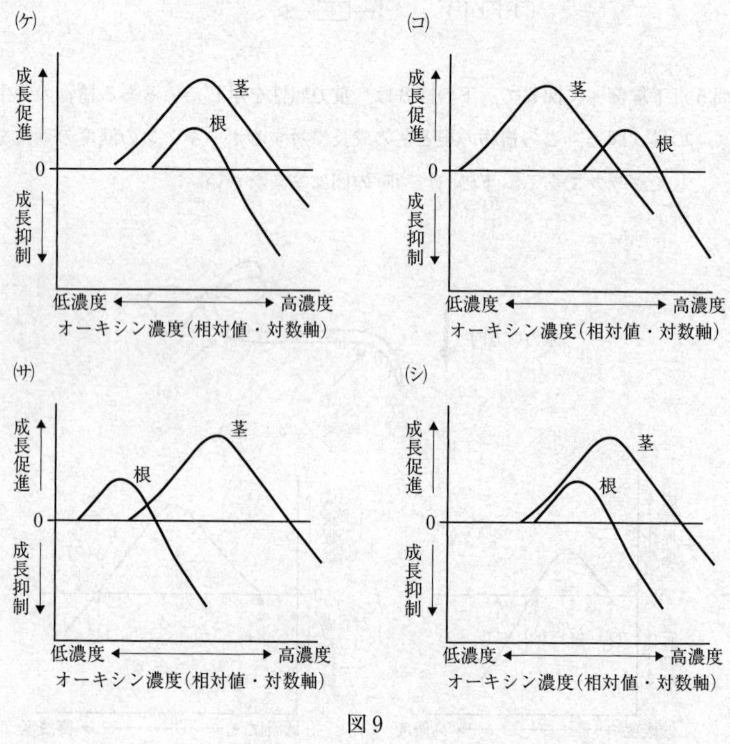


図9

問6．下線部④に関して，次の文は，茎におけるオーキシンの極性輸送のしくみを，細胞膜上に分布するオーキシンを細胞に取り込む輸送タンパク質と排出するタンパク質の分布によって説明したものである。この文の｛　　｝に入れるのに，最も適当な語句の組み合わせを，次の(ア)～(エ)から選び，その記号を解答欄に記入しなさい。

オーキシンを｛　(6)　｝タンパク質は，細胞膜に均等に分布しているが，オーキシンを｛　(7)　｝タンパク質は，茎の｛　(8)　｝の細胞膜に集中して存在しているので，オーキシンは茎を基部側に向かって移動する。

| | (6) | (7) | (8) |
|---|---|---|---|
| (ア) | 排出する | 取り込む | 頂端側 |
| (イ) | 排出する | 取り込む | 基部側 |
| (ウ) | 取り込む | 排出する | 基部側 |
| (エ) | 取り込む | 排出する | 頂端側 |

問 7．下線部⑤について，次の(i)および(ii)の問に答えなさい。

(i)　この細胞の名称を，解答欄に記入しなさい。

(ii)　次の文は，横たえた根での，この細胞のオーキシン輸送タンパク質の分布変化と，オーキシンの輸送について説明したものである。この文の｛　　｝に入れるのに，最も適当な語句の組み合わせを，下の(ア)～(ク)から選び，その記号を解答欄に記入しなさい。

この細胞で，オーキシンを｛ (9) ｝輸送タンパク質が分布を変え，｛ (10) ｝に多くなるので，根の｛ (11) ｝多くのオーキシンが輸送される。

| | (9) | (10) | (11) |
|---|---|---|---|
| (ア) | 取り込む | 下側(重力方向側) | 下側に上側より |
| (イ) | 取り込む | 上側(反重力方向側) | 下側に上側より |
| (ウ) | 取り込む | 下側(重力方向側) | 上側に下側より |
| (エ) | 取り込む | 上側(反重力方向側) | 上側に下側より |
| (オ) | 排出する | 下側(重力方向側) | 下側に上側より |
| (カ) | 排出する | 上側(反重力方向側) | 下側に上側より |
| (キ) | 排出する | 下側(重力方向側) | 上側に下側より |
| (ク) | 排出する | 上側(反重力方向側) | 上側に下側より |

(B)　次の文章を読み，下の問１～５に答えなさい。

DNAの複製は，まず複製起点①と呼ばれる特定の場所から開始される。2本鎖DNA②は，複製起点から，[(1)]と呼ばれる酵素によって相補的塩基間の水素結合が切断され，部分的に１本ずつのDNA鎖に開裂する。このとき，DNAは，図10に模式的に示すようなふくらんだ輪のような構造になり，この輪の両端を複製フォークと呼ぶ。１本鎖となったDNA鎖は，それぞれが複製の鋳型となり，鋳型となるDNA鎖(鋳型鎖)の塩基に相補的な塩基をもつ[(2)]が塩基の部分で水素結合し，続いて[(2)]の外側の２つの[(3)]基が同時に取れ，残った内側の[(3)]基が伸長中の相補的な塩基配列をもつDNA鎖(新生鎖)の3’末端の水酸基に結合する。この反応は，[(4)]のはたらきによって起こる。このようにして，新生鎖は，5’→3’方向へのみ伸長する。[(1)]や[(4)]が鋳型鎖を移動しながらこれら一連の反応が繰り返され，新生鎖が伸長していく。したがって[(4)]は，新生鎖の3’末端の水酸基が存在しない状態では，新生鎖を伸長したり新たに合成したりすることができない。このような場合，DNAの複製では，まず別の種類の酵素によって，鋳型の塩基配列に相補的な配列をもつ[(5)]と呼ばれるRNAの短いヌクレオチド鎖が合成され，これに続いて[(4)]が新生鎖を伸長していく。[(5)]は，DNAの複製の最終段階でDNAのヌクレオチド鎖に置き換えられる。

２本鎖DNAの２本のヌクレオチド鎖は，互いに逆向きに配置している。したがって，新生鎖は，一方は複製フォークが進む方向と同じ向きに連続的に合成されるのに対して，他方は複製フォークが進む方向とは逆向きに不連続に合成される。このとき，連続的に合成されるヌクレオチド鎖を[(6)]，不連続に合成されるヌクレオチド鎖を[(7)]と呼ぶ。[(7)]では，[(4)]は5’→3’方向に[(8)]と呼ばれる短いヌクレオチド鎖の断片を断続的に合成する。[(8)]は，最終的に[(9)]と呼ばれる酵素でつながれ，１本のヌクレオチド鎖となる。

このように，DNAの複製では，もとの２本鎖DNAの一方のヌクレオチド鎖が，複製されたDNAにそのまま受け継がれる。このような複製は，半保存的複製と呼ばれる。半保存的複製は，1958年，[(10)]とスタールの研究によって証明された。 ⑽ とスタールは，まず，大腸菌を窒素の同位体 $^{15}NH_4Cl$ を唯一の窒素源とする培地で数世代培養し，DNA の塩基中に含まれる窒素がほとんどすべて $^{15}N$ となる大腸菌をつくった(これをもとの大腸菌とする)。次に，この大腸菌を，$^{14}N$ を唯一の窒素源とする培地に移して培養した。その後，分裂のたびに③DNA を抽出し，遠心分離によってその比重を調べた。その結果，$^{15}N$ のみからなる DNA(これを $^{15}N$-DNA とする)と $^{14}N$ のみからなる DNA(これを $^{14}N$-DNA とする)を半分ずつ含むことを示す質量の DNA(これを $^{15}N$-$^{14}N$-DNA とする)が現れ，④世代を経るごとに $^{14}N$-DNA の割合が増えていった。以上のことから，DNA の複製では，2本のヌクレオチド鎖のそれぞれが鋳型(いがた)となり，新しい鎖が合成されることがわかった。

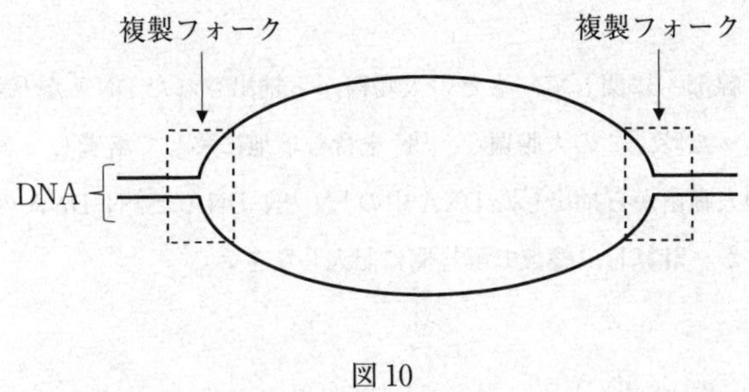


図 10

問1．上の文章中の ＿＿ に入れるのに最も適当な語句や人名を，解答欄に記入しなさい。

問2．下線部①に関して，大腸菌とヒトの複製起点は，1ゲノムあたりの数にどのような違いがあるか。35 字以内(句読点を含む)で述べなさい。

問3．下線部②に関して，ある生物のゲノム DNA について，その塩基の構成を調べたところ，グアニンの含有率は 23% であった。このとき，アデニンの含有率は何%か。計算して，解答欄に整数で記入しなさい。

問4．下線部③に関して，次の(i)および(ii)の問に答えなさい。

(i)　このとき，$^{15}$N-DNA，$^{15}$N-$^{14}$N-DNA，$^{14}$N-DNAを分離するために用いられた遠心分離の方法の名称を解答欄に記入しなさい。

(ii)　このとき，$^{15}$N-DNA，$^{15}$N-$^{14}$N-DNA，$^{14}$N-DNAを分離するために，遠心管内のDNA溶液に添加された化合物として最も適当なものを次の(ア)～(オ)から選び，その記号を解答欄に記入しなさい。

(ア)　塩化カルシウム　(イ)　塩化カリウム　(ウ)　塩化ナトリウム
(エ)　塩化セシウム　(オ)　塩化マグネシウム

問5．下線部④に関して，もとの大腸菌から抽出されたDNAが$^{15}$N-DNAのみであった時，この大腸菌を，$^{14}$Nを含む培地に移して培養し，5回細胞分裂後の大腸菌から抽出したDNA中の$^{15}$N-$^{14}$N-DNAと$^{14}$N-DNAの存在比はいくらか。計算し，整数で解答欄に記入しなさい。

# 解答編

## 英語

**I　解答**　A. (1)—C　(2)—B　(3)—A　(4)—A　(5)—D
B. (1)—C　(2)—F　(3)—B　(4)—Z　(5)—D　(6)—E



◆全　訳◆

A. ≪旅館の予約≫

アイコは大学のコンピュータ・センターで友人のマイクに偶然会う。

アイコ：こんにちは，マイク。こんな所で会うと思わなかったわ。

マイク：やぁ，アイコ。うれしい驚きだよ！　今度の土曜日に京都に行く予定なんだけど，日本の伝統的な旅館を予約するのは初めてなんだ。ちょっとお願いしてもいいかなぁ？

アイコ：もちろんよ！　どうしたの？

マイク：このウェブサイトの情報を訳してくれる？

アイコ：えぇ，訳してあげるわ。

マイク：日本語で書かれているんだ。僕が読むには難しいんだけど，この宿にどうしても泊まりたいんだ。君は旅館に泊まったことはある？

アイコ：実は，最近友達と行ってきたの。私たちも京都に泊まったのよ。畳に敷いた布団で寝たの。宿泊料金の中に伝統的な食事も含まれていたわ。

マイク：素晴らしいね！　僕はどうしても本物の京都文化を体験したいんだ。

アイコ：えぇ，きっと体験できるわ！　洗練された庭がきれいな紅葉に染まっていて，お寺も素晴らしいの。

マイク：すごくいいんだけど，京都に行った時に日本語を使うことがとても心配なんだ。

アイコ：心配しないで！　大丈夫よ。あっ，ウェブサイトには予約が必要だって書いてある。でもこの日に一つ部屋が空いているわ。

マイク：本当に？　今，この旅館が予約できるなんてうれしいよ。本当に助かった。

アイコ：全然いいのよ。また何か質問があれば知らせて。

マイク：ありがとう！　助けてくれて本当に感謝するよ。

**B**．≪紙のリサイクル≫

紙の歴史は2,000年以上前にさかのぼり，おそらく中国で始まった。13世紀になってようやくバグダッド経由でヨーロッパに伝わったため，紙は当初，bagdatikosと呼ばれていた。同様に興味深いのは，最初の紙は現在私たちが当たり前と思っている木のパルプからできていなかったという点である。

実際，最初の頃の紙は綿の古着などの生地を再利用したものだった。技術が進歩し，1843年になってようやく木材が紙の主要な原料となった。紙の原料として木を使うことで，人々は古着に頼る必要がなくなった。

最近では，再利用された素材――今では紙そのもの――は再び紙の生産に含まれることが多い。これは環境への影響を減らすためである。こうした再生紙の一部はいわゆる「プレ・コンシューマー（消費者に使用される前）」廃棄物と「ポスト・コンシューマー（消費者に使用された後）」廃棄物から作られている。

その名が示す通り，前者は消費者による使用のために紙を作る際に生じるものである。たとえば，ロール紙を裁断して仕上げるときなど。余った紙の断片は工場に送り返され，加工されて，新しいパルプに混ぜられる。

後者のタイプの紙くずは，雑誌やコンピュータからプリントアウトしたものなど，人々が使い終えた印刷物からできている。通常，そうした紙は，再利用できるようにインクを取り除き，「脱墨」しなければならない。

残念ながら，この工程と紙を「漂白」，つまり白くする際に必要な化学物質は必ずしも環境に優しいものではない。しかし，最近になって，より有害物質の少ない代替物が見つかった。紙には長い歴史があるが，同時に明るい未来も待っているだろう！

◀解　説▶

**A**．(1)マイクがウェブサイトの翻訳をアイコに依頼しており，空所直後でマイクにとってそれを読むのは難しいと発言しているので，C．「それは日本語で書かれている」が正解。

(2)旅館に泊まったことがあるかというマイクの質問に答えている場面なので，B.「実は，最近友達と行ってきた」が正解。

(3)直後のアイコの発言では，きれいな紅葉に染まった庭や素晴らしいお寺について説明しているので，A.「本物の京都文化を体験したい」が適切。

(4)空所直後では，マイクが旅館の予約ができてうれしいと発言しているので，A.「でもこの日に一つ部屋が空いている」が正解。

(5)旅館の予約を手伝ったことでマイクに感謝されている場面なので，D.「また何か質問があれば知らせてください」のみ文脈が合う。

**B**. Aの最終文（What is equally …）では，歴史的に見ると最初の紙は木のパルプから作られたものではなかったと述べられているので，最初の紙は古着の生地を再利用したものだったという内容で始まるCが続く。Bでは再生紙の原料には pre-consumer waste「プレ・コンシューマー廃棄物」と post-consumer waste「ポスト・コンシューマー廃棄物」という2つの種類があることが述べられており，Fの第1文（As the name …）に含まれる the former「前者」とEの第1文（The latter type …）に含まれる the latter「後者」という表現に着目すれば，B→F→Eとなることがわかる。またDの第1文（Unfortunately, the chemicals …）の this process とは，Eの第2文（Usually such paper …）の紙を再利用するためにインクを取り除く脱墨の工程のことを指しており，Dの最終文（Paper has a …）は文章全体の締めくくりとなっているので，A→C→B→F→E→Dの順となる。

## II 解答

**A**. (1)—C　(2)—A　(3)—D　(4)—B　(5)—B　(6)—A　(7)—D　(8)—C　(9)—C　(10)—B　(11)—A　(12)—D　(13)—B　(14)—C　(15)—A

**B**. (1)—B　(2)—B　(3)—C　(4)—B　(5)—C　(6)—A　(7)—A

### ◆全　訳◆

≪ヘンリー＝ボックス＝ブラウンの長い旅≫

ヘンリー＝ブラウンは1815年頃，バージニア州のルイーザ郡で奴隷として生まれた。彼の家族を所有していた農場主が亡くなると，10代だったブラウンは両親と兄弟姉妹から引き離され，リッチモンドのタバコ工場で働くために連れていかれた。地元の教会でナンシーという女性と恋に落ち，1836 年に彼女と結婚した。ブラウンが自由を求めて北部に逃げようと決心したのは，1840 年代後半，妊娠中のナンシーと 3 人の子供たちがノースカロライナ州のメソジスト派の宣教師に売られた時のことであった。

奴隷制度廃止論者のウィリアム＝スティルは『地下鉄道』の中で，ブラウンについて「彼が決めた通常の移動方法は彼の希望を台無しにしてしまう可能性があった」と記している。「そこで彼は全く新たな方法を考案するのだが，それは自分自身が荷箱の中に入り，速達便でフィラデルフィアへ直送してもらうというものであった」 ブラウンはマサチューセッツ生まれのサミュエル＝スミスという白人男性の助けを借り，荷箱をフィラデルフィア中心部にあるペンシルベニア反奴隷制協会の事務所で受け取れるようにお金を払って手配してもらい，1849 年 3 月 23 日，アダムス速達便を使って自分自身を発送してもらった。26 時間にわたる配達人たちの乱暴な取り扱いの後，彼は「棺桶」から出され，聖書の一節に基づいて自身が書いた感謝の歌を歌った──彼は非常に信仰心の厚い人物であった。

文学者のジョン＝アーネストは「ブラウンは，箱から出た時に歌った歌から，彼の物語が世間に知られるようになった後に築いたキャリアに至るまで，自分自身で大いに自分の物語を宣伝し，巧みに名声を高めていった」と記している。実際，自由になった直後の数カ月の間にブラウンは「ボックス（箱）」をミドルネームとし，『3×2 フィートの箱に梱包され奴隷の身分から自由になったヘンリー＝ボックス＝ブラウンの物語──本人による事実の陳述に基づいて語られた物語』を発表し，ニューイングランドに巡業に出て，自身の物語を語り，自分で作曲した歌を歌っていた。

1849 年の終わりまでに，彼は本で得た利益の一部を 1850 年 4 月にボストンで初公開される「奴隷制度を映すヘンリー＝ボックス＝ブラウンの鏡」という動くパノラマ画の制作にすでに費やしていた。アーネストによると，このパノラマ画はキャンバスに描かれた一連の絵画で構成されており，記録によれば 15,000 メートルの長さで，ゆっくりとロールアウトしながら，ブラウンの個人的な体験や奴隷制度と奴隷貿易の歴史に関連する一連の場面を見せてくれるものだった。

1851 年までに，ブラウンは国際的によく知られるようになっていた。その前年の逃亡奴隷法の可決後に移住したイングランドで，彼は引き続き講演を行い，歌を歌い，パノラマ画を上演し，ブラッドフォードからリーズまで自分自身を輸送するよう手配して逃亡の再現を行い，アメリカの奴隷制度廃止論者たちの主張に人々を注目させた。彼は自身の「物語」の第2次改訂版も刊行するのだが，そこには彼の逃亡のさらなる情報に加え，彼の歌の歌詞もいくつか含まれていた。

ブラウンは余生をパフォーマーとして過ごした。1860 年代，南北戦争が始まった後，彼はマジシャン兼エンターテイナーとして巡業に出発した——まずはイングランドから始まり，その後，1875 年に戻ることとなる北米にも「H. ボックス＝ブラウン教授」という名で訪れた。ブラウンはカリスマ性のあるパフォーマーであったが，奴隷制度の地獄のような状況を扇情的に表現することは決してなかった。自身の「物語」の中でブラウンは「私自身の苦しみの物語は，ゾクゾクするような冒険，悲劇的な出来事，血みどろの場面を読んで喜ぶ人たちにとってはあまり興味深いものではありません」と非常に謙虚に強調している。「私の人生はたとえ奴隷であっても，多くの点で比較的心地よいものでした」

ブラウンの大胆な逃亡から 170 年の間に，ドキュメンタリーや博物館の展示物から上演作品やオペラに至るまで，彼はあらゆるものの題材となっている。結局のところ，彼の物語にはフーディーニのような脱出マジシャンの精神のワクワクする気持ちがかすかに感じられるのだ。ただブラウンの勇敢な行動の背景も覚えておくことが非常に重要である。19 世紀に「ブラウンの話を聞いていた聴衆は，彼の物語の中心には，妻と子供の喪失が含まれていることが理解できた」とアーネストは記している。しかし，過去 100 年以上にわたり，「ブラウンの物語に対する注目は，主に彼の逃亡，さらには箱の大きさ，講演家やパフォーマーとしてのその後のキャリアに向けられてきた」——最初にブラウンに計画を立てようと思わせた苦悩と希望の深みは小さくなっていったのだ。

ブラウンがナンシーと 3 人の子供たちに再会することはなかった。とりわけ姓がはるか昔に変わってしまっているだろうから，彼が自由になった後，ナンシーと子供たちを見つけられる可能性は，皆無ではないにしても低かったであろう。1855 年，ブラウンはジェーン＝フロイド（コーンウォールの錫職人の娘）と再婚し，数年後には彼女と 3 人の子供たちと共に巡業に出て，1897 年に彼がトロントで亡くなるまで家族で公演を行った。

◀解　説▶

**A**．(1)空所を含む部分は「彼が決めた通常の…の方法は彼の希望を台無しにする可能性があった」という意味。直後のセミコロン以下では，ブラウンが自ら荷箱の中に入って，速達便でフィラデルフィアに送ってもらうという新たな移動方法を考案したとあるのでC.「移動」が正解。

(2)空所を含む部分は，サミュエル＝スミスという人物を説明した関係詞節の一部。空所直後は in exchange for … の副詞句に続き，arranged という述語動詞があるので，主格の関係代名詞 who が正解となる。空所の直前にはコンマがあり，非制限用法になっているので that は不可。

(3)空所を含む部分は「26 時間にわたる配達人たちの乱暴な…の後」という意味。選択肢の中ではD.「取り扱い」が最も適切。

(4)空所を含む部分は前方の the months を修飾する形容詞句の一部。following を選べば「彼の逃亡のすぐ後に続く数カ月の間」となり文意が合う。

(5)空所を含む文の述語動詞が was putting なので，put *A* into *B*「*A*（お金など）を *B* に費やす」となる。

(6)空所を含む部分はブラウンが制作したパノラマ画について説明している部分で「ブラウンの個人的な体験や奴隷制度と奴隷貿易の…に関連する一連の場面」という意味。文脈を考慮するとA.「歴史」が最も適切。B.「喪失」 C.「義務」 D.「完了」

(7)空所を含む部分はブラウンが自分の逃亡を再現した様子について説明している部分。前方の使役動詞 have に着目し shipped を選べば，「ブラッドフォードからリーズまで自分自身を輸送してもらうよう手配した」となり文意が合う。

(8)空所直後に名詞表現が続いているので，副詞句のA.「全体的に見て」，B.「どのような場合でも」は不可。D.「～を必要として」も文脈が通らない。as well as を選べば，ブラウンの本の改訂版には追加情報と彼の歌の歌詞が含まれたという内容になり文脈が合う。

(9)空所直後の構造に着目し，he returned to North America ～ の North America が関係代名詞の which となり前置詞の to と共に前方に出てきたと考えればよい。

(10)空所を含む文は「私の人生はたとえ奴隷であっても，多くの点で比較的…であった」という意味。even in slavery「たとえ奴隷であっても」という副詞句に着目し，自分の人生を肯定的にとらえた内容にすれば文脈が合うので，B．「心地よい」が最も適切。

⑾第7段第4文（In the 19th …）以降，妻と子供を失うというブラウンの逃亡劇の背景が説明されている。ブラウンが逃亡を決意したこの背景を覚えておくことが「非常に重要」であるとすれば文脈が合うので，Aが正解。

⑿空所後方にon his escapeという前置詞句があるので，focus on ～「～に焦点を合わせる」とすればよい。

⒀空所を含む部分は「最初にブラウンに計画を立てようと思わせた苦悩と…の深み」という意味。奴隷から自由になろうと決意させた原動力としてはB．「希望」が適切。A．「平和」 C．「高さ」 D．「栄光」

⒁最終段第2文（It would have …）で，ブラウンがナンシーと子供たちを見つけられる可能性は，皆無ではないにしても低かったであろうと述べられているので，彼はナンシーと子供たちに再会できなかったことが読み取れる。be reunited with ～「～に再会する」

⒂空所を含む文の主節では，ブラウンがナンシーと子供たちを見つけられる可能性は低かったという内容が述べられており，空所直後はsurname「姓」がはるか昔に変わっているだろうという内容が続いているので，原因・理由の意味を表すasが正解。

**B**．⑴ブラウンが奴隷から自由になることを決めたタイミングを選ぶ問題。第1段最終文（It was in …）で，妻のナンシーと3人の子供たちがノースカロライナ州の宣教師に売られた時に逃亡を決心したとあるので，B．「彼が家族と離れ離れにさせられた」が正解。A．「彼が新たな所有者に譲られた」 C．「彼が自分の仕事を始めた」

⑵第2段（“Ordinary modes of …）では，ブラウンが荷箱の中に入って速達便でフィラデルフィアに送ってもらったことが説明されているので，B．「郵便の荷物に隠れて」が正解。第2段最終文（After 26 hours …）でブラウンが“coffin”「棺桶」から出たとあるが，棺桶は比喩として使われているので，C．「木製の棺桶から運ばれて」は不適。A．「配達人の服を着て」

⑶第3段第1文（“To a great …）では，ブラウンは箱から出た時に歌っ

た歌から，その後に築いたキャリアに至るまで，自分の物語を宣伝し，巧みに名声を高めていったという内容が述べられている。したがって，C.「自分の伝説を創作するのが上手であった」が正解。A.「自分の名声と格闘した」 B.「歌手になりたいと願った」

(4)第5段第1・2文（By 1851, Brown …）では，移住したイングランドで個人的な体験や奴隷制度についてのパノラマ画を上演するなどして有名になっていたという内容が述べられている。したがって，B.「奴隷制度に関する自身の話を広めた」が適切。A.「そこで裕福になった」 C.「イギリスの奴隷制度廃止論者の手助けをした」

(5)「ブラウンは…するために自分の興行を利用することはなかった」 第6段第3文（Though a charismatic …）で，ブラウンは奴隷制度の過酷な状況を扇情的に表現することはなかったとある。したがって，C.「奴隷制度の恐怖を過度に強調する」が正解。A.「奴隷制度の各段階を描写する」 B.「奴隷制度の肯定的なイメージを与える」 sensationalize「～を扇情的に表現する」

(6)筆者が今日，残念だと思っていることを選ぶ問題。第7段第3～最終文（Still, it's（ 11 ）…）では，ブラウンの行動の背景を忘れないでおくことの重要性について言及し，アーネストの言葉を引用しながら，彼が奴隷から自由になろうと決意した背景には妻と子供を失ったことがあったが，それ以外の部分が主に注目されるようになってしまったという内容が述べられている。したがって，A.「私たちはブラウンが成し遂げたことの背後にある悲劇的な物語を忘れている」が正解。B.「私たちは奴隷制度の歴史についてほとんど知らない」 C.「私たちはブラウンの物語のロマンチックな側面を無視している」

(7)本文全体を通して，自ら箱の中に入って奴隷制度から自由になり，その後，様々な場所に赴き公演を行ったブラウンの人生について述べられているので，A.「ヘンリー＝ボックス＝ブラウンの長い旅」が最も適切。B.「ヘンリー＝ボックス＝ブラウン：奴隷のようにあくせく働くアーティスト」 C.「奴隷制度廃止論者ヘンリー＝ボックス＝ブラウン」

## III 解答

**A.** (1)―C　(2)―B　(3)―C　(4)―A　(5)―B　(6)―A　(7)―C　(8)―B　(9)―A　(10)―B

**B**. (1)—C　(2)—A　(3)—A　(4)—B　(5)—C　(6)—A　(7)—B

◆全　訳◆

≪参加者の数とアイデアの創造との関係性≫

創造性を教えることは可能なのだろうか？　本当に革新的な考えはどのように思いつくのであろうか？　アイデアを生み出す最適な方法とは何か？　多くの人にとって，こうした問題に対する答えはブレインストーミングである。しかし，それは問題を解決したり，新しいアイデアを思いついたりする上で機能しているのであろうか？

ブレインストーミングは，ある特定の問題に対して，できるだけ多くの解決策を出したい時に最もよく使われるのだが，それは質より量が重要だからである。基本的な前提は「一人の頭で考えるより二人の頭で考える方がよい」，そしてグループで協力すれば革新的な解決策が見つかる可能性があるという考えだ。いくつかの非常に具体的なステップが必要で，明確な正解と不正解が存在する問題，たとえば算数の問題やクロスワードパズルに取り組むことを想像してほしい。グループで取り組む場合と比較して，一人で取り組む場合，そうした非常に構造化された課題を処理することがどうして期待できるだろう？

研究結果によると，非常に構造化された課題に取り組むグループの方が個人よりも適切で正確な決定を下す傾向にあるが，そうした決定に至るまでに費やす時間は長めだという。ある調査では，人々がいくつかの非常に構造化された問題に１人か５人のグループで取り組んだ。正確性（正確に解くことができた問題の数）とスピード（問題を解くのにかかった時間）について，一人の場合とグループの場合の比較が行われた。５人で一緒に取り組んだグループの正確性の平均は，別々に取り組んだ５人の正確性の平均を上回っていることがわかった。しかし，個人よりもグループの方が，解答に到達するまで大幅に時間がかかっていることも判明した。

グループで行えば正確だが時間がかかる。しかし，グループが享受できる潜在的な強みは，問題に対する多様な手法を考え出すための方策や知識を出し合い，結びつけられる点である。ただし，そうした強みが発揮されるためには，グループのメンバーが課題に寄与するのに必要な知識やスキルを持っていることが不可欠である。要するに，方策を出し合うことで有益な効果を得るためには，出し合うものがなければならないのだ。一人の頭で考えるより二人の頭で考える方がよいのは，どちらもバカではない場合のみである──「無知を出し合うこと」は全く役に立たないのだ。

組織が直面する問題の大半はきっちりと構造化されたものではない。明確な手順や段階がなく，明らかな正解や不正解があるわけではない。そうした問題は「十分に構造化されていない」とみなされる。構造化が不十分な課題に対して決定を下すためには，創造的な思考が必要とされる。たとえば，新しく開発した化学物質を消費者製品にどのように使うのかを決めようとしている会社は，構造化が不十分な課題に直面している。その他の構造化が不十分な課題には以下のようなものがある。新しい製品の名前，イメージ，ロゴを考案する，あるいはハンガーやペーパークリップやレンガといったなじみあるものの新たな用途や独創的な用途を見つける。

そのように創造性が必要な問題の複雑さに対しては，当然グループの方が有利だと思うかもしれないが，現実はそうではない。実際，調査によると，十分に構造化されておらず，創造性を要する課題においては，グループよりも個人の方がうまく処理できることがわかっている。具体的には，ある調査で，あらゆる人の目が急に見えなくなった場合の結果について人々に 35 分間考えてもらった。そして 4 ～ 7 人のグループによって出されたアイデアの数と，同じ問題に独力で取り組んだ同様の人数の個人が出したアイデアの数が比較された。すると，グループよりも個人の方がはるかにアイデアの数が多く，アイデアを出すのも格段に早かったのである。

職場のグループにおける創造性を刺激する際，ブレインストーミングは経営者や経営コンサルタントの間で非常に有名な手法ではあるが，研究文献によると，グループ内での相互作用は斬新なアイデアの共有を妨害するようである。ブレインストーミングを慣例としているグループは，一人で新たなアイデアを考え出す同数の人よりも，生み出すアイデアの数が大幅に少ない。この生産性の喪失は，同じグループのメンバーから否定的に評価されることの恐怖（評価不安），同時に話を聞いて考えることの難しさ（生産妨害），グループによる作業に注ぐ努力が少なくなる傾向（社会的手抜き）といった要因のせいではないかと研究者たちは示唆している。

こうした根拠に基づいて，質の高いアイデアの選別と実行はグループの方が得意な作業だが，アイデアの創造は個人に委ねるのが最適ではないかと主張されている。しかし，グループでブレインストーミングを行っている人は，仕事を改善する新たな方法を見つける作業が非常に楽しいと報告することが多い。グループ内でアイデアを出し合っている人たちは，精神的な刺激を経験しているようで，それが実際に量的にも質的にも優れた斬新なアイデアの創造を促しているのだ。

グループでのブレインストーミングの限界を打開するために開発されてきた手順に関わる手法は，話す代わりに書くことによってアイデアを出し合うことに重点を置いている。通常，こうした手法は「ブレインライティング」と呼ばれ，ブレインストーミングを行っているグループで起こる生産妨害を抑制するのが目的である。話す代わりに書くことで斬新なアイデアが生み出されるのは，グループのメンバーが他のメンバーのアイデアに関心を向けるタイミングを選ぶ機会を与えられるからである。その結果，グループのメンバーは，他人のアイデアに関心を向け，そうしたアイデアを基にして，同時に自分自身のアイデアも生み出すというかなり困難な作業を行う必要がなくなる。ブレインストーミングがどのような形態をとるのであれ，それによって創造性が喚起される可能性はあるのだ。

◀解　説▶

**A**．(1)下線部に含まれる favor は「～を好む」という意味。量と質を比較し，質より量が優先されるという意味なので，C.「何かの量の方がその価値よりも重要である」が正解。matter「重要である」 A.「何かが少ないよりも多い方が好まれる」 B.「何かの価値は，どれだけ存在しているかとは関係がない」

(2)下線部は「5人で一緒に取り組んだグループの正確性の平均は，別々に取り組んだ5人の正確性の平均を上回っていることがわかった」という意味。グループで取り組んだ方が正確性は高くなるので，B.「ミスを防ぐことが目標である時は，他の人と取り組んだ方がよい」が正解。A.「関連資料がある時は，他の人と取り組んだ方がよい」 C.「グループの仲が悪い時は，他の人と取り組んだ方がよい」

(3)下線部を含む部分は目的の意味を表す不定詞句の一部で，for these benefits の部分が to be realized の意味上の主語となっている。「こうした強みが…ために」という文脈を考慮すると，C.「獲得される，達成される」が適切。

(4)下線部は「方策を出し合うことで有益な効果を得るためには，出し合うものがなければならない」という意味。pool「～を出し合う」第4段第3文（For these benefits …）では，グループの強みを生かすためには，それぞれのメンバーに必要な知識やスキルが備わっていることが不可欠だと述べられている。したがって，A.「グループの人数が増えることが有益なのは，そのメンバーが有能な場合のみである」が正解。B.「競技スポーツが与えられた時は，グループの良い結果が期待できる」 C.「強みが増えることで，おそらくグループの能力が向上するだろう」

(5)下線部は「組織が直面する問題の大半はきっちりと構造化されたものではない」という意味。structure「～を構造化する」 直後の第5段第2文（They do not …）で，構造化されていない問題は明確な手順や段階がなく，明らかな正解や不正解があるわけではないと説明されている。したがってB.「ワンセットになっている方法では組織が抱える問題を解決できない」が正解。A.「組織が抱える問題は整理されていない場合が多い」は同段第5文（For example, a …）以下で挙げられる事例にあてはまらないため不適。sort *A* out「*A* を整理する」 C.「大抵の場合，組織の経営陣は無能だ」

(6)下線部は「そのように創造性が必要な問題の複雑さに対しては，当然グループの方が有利だと思うかもしれないが，現実はそうではない」という意味。case「事実，現実」 したがって，A.「独創的な解決法が必要とされる問題を解くのは個人よりもグループが得意だと決めてかかるのは誤りである」が正解。B.「一般的にグループの方が困難な障害を解決するのが得意だが，個人が勝る特殊なケースもある」 C.「革新的な思考が必要とされる状況は個人が最もうまく処理できるという考えは真実ではない」

(7)下線部は「グループ内での相互作用は斬新なアイデアの共有を妨害するようである」という意味。したがって，C.「グループでのブレインストーミングは新しい解決策を生み出す上で理想的なものではない」が正解。下線部からわかるのは「アイデアを出し合いにくくなる」ということだけで，「やる気がないからアイデアを出し合わない」とまでは述べられていないので，B.「グループでのブレインストーミングは参加者のやる気を下げる可能性がある」は不適。A.「グループでのブレインストーミングは形式張らないコミュニケーションを減らすかもしれない」

(8)下線部は「グループによる作業に注ぐ努力が少なくなる傾向（社会的手

抜き)」という意味。この具体例としては，B.「同じ量の仕事をしないメンバー」が適切。A.「精神的には大きく貢献するが，肉体的には貢献しないこと」　C.「欲求不満が原因でプロジェクトの途中であきらめること」

(9)下線部は話す代わりに書くことによってアイデアを出し合うブレインライティングの目的について説明した部分で，「生産妨害を抑制すること」という意味。アイデアが出なくなることを抑制することなので，A.「より多くのアイデアが生まれるようにすること」が正解。B.「アイデアが生み出される方法を制限すること」　C.「出されたアイデアの限界を評価すること」

(10)最終段ではブレインストーミングに代わる手法として，書くことによってアイデアを出し合うブレインライティングについて説明されている。したがって，下線部の form はブレインストーミングがどのように行われるのか，その形態のことを指しているので，B.「行う方法」が最も意味が近い。

**B.** (1)第 3 段（Research findings indicate …）では構造化された問題に一人で取り組んだ場合とグループで取り組んだ場合の比較がなされ，正確性と時間において差があったことが示されている。したがって，C.「個人でブレインストーミングを行った人たちは，チームで行った場合と異なる結果を出す」が正解。A.「グループに割り当てられた課題はブレインストーミングに適している」　B.「一人で行われる多くの課題はブレインストーミングを必要とする傾向がある」

(2)筆者は構造化された課題がグループに最も適しているのはどのような時だと考えそうかを選ぶ問題。第 3 段で構造化された問題にグループで取り組む場合は，個人で取り組む場合と比べ，正確だが時間がかかるという研究結果が紹介されている。したがって，A.「それほど急ぐ必要性がない」が正解。B.「大量の資料がある」　C.「補助してくれる人が多い」

(3)十分に構造化されていない課題はグループよりも個人の方がうまく処理できる理由として述べられているものを選ぶ問題。第 7 段第 3 文（Researchers have suggested …）で，グループにおける生産性の喪失の要因として the fear of being negatively evaluated by fellow group members（*evaluation apprehension*）「同じグループのメンバーから否定的に評価されることの恐怖（評価不安）」が挙げられている。したがって，

A.「人々は自分の考えが批判されることを心配しているかもしれない」が正解。B.「グループ内にいる時，人々は創造的な能力を失う傾向がある」 C.「複数の話し手が言っていることを聞くのは難しいことがある」

⑷グループで新しいアイデアを出した方がよい場合がある理由として，第8段で挙げられているものを選ぶ問題。第8段第2・3文（However, individuals brainstorming…）では，グループでブレインストーミングを行っている人は，仕事を改善する新たな方法を見つける作業が楽しいと報告しており，精神的な刺激が斬新なアイデアの創造を促しているという内容が述べられている。したがって，B.「参加者が感じている楽しみ」が正解。A.「解決策を生み出す際の効率性」 C.「それがもたらすストレスのない雰囲気」

⑸グループでのブレインストーミングに関して，筆者が同意する可能性が最も高いものを選ぶ問題。第8段最終文（People generating ideas…）で，グループ内でアイデアを出し合っている人たちは精神的に刺激を受け，実際，斬新なアイデアの創造が促されているという内容が述べられている。したがって，C.「人々の創造的な潜在能力を引き出すことを促す」が正解。tap into～「～を活用する」 A.「調査結果の対立のため信頼できない」 B.「一つの明確なアイデアが必要とされる状況では望ましくない」

⑹「書くことが，グループ内でブレインストーミングを行う際のコミュニケーションの理想的な方法かもしれないのは…」 最終段第3・4文（Writing instead of…）では，書くことで他のメンバーのアイデアに関心を向けるタイミングが自分で選べるため，他のメンバーのアイデアに関心を向けながら自分のアイデアも生み出すという困難な作業をする必要がなくなると述べられている。したがって，A.「それは同時に多くのことを行うという精神的な負担を取り除く」が正解。B.「それは一人の人間が会話を支配するのを防ぐ」 C.「それは他のメンバーのアイデアを厳しく批判することを防ぐ」

⑺本文全体を通して，ある課題に対してブレインストーミングを行ってグループでアイデアを出した場合と個人でアイデアを出した場合が対比的に論じられている。したがって，B.「参加者の数とアイデアの創造との関係性」が最も適切。A.「最大限に協力的な労働環境の維持」 C.「コミュニケーションおよびそれがチームのやる気と努力に及ぼす影響」

❖講　評

2022年度も例年通り大問3題の出題。設問の選択肢も含めると全体の英文量は多く，素早く正確に読むためには一定の語彙力が備わっていることが不可欠。設問は正解を絞りやすい問題が比較的多かった。

**I**の**A**の会話文問題は，前後の文脈に着目し，消去法を使えば迷う選択肢はない。**B**の段落整序は紙のリサイクルについて述べられた英文で，「プレ・コンシューマー廃棄物」と「ポスト・コンシューマー廃棄物」の対比に着目することがポイント。

**II**の読解問題は，箱に隠れて奴隷から自由になったヘンリー＝ブラウンに関する英文。内容的には読みやすいが，本文にはやや難しい語彙も見られた。**A**の空所補充は文脈を考慮して適切な語句を選ぶ問題が中心。(5)や(15)がやや難しかったかもしれない。**B**は本文の内容について問われた設問で，(2)と(5)の語彙レベルが比較的高く，(6)は主人公が奴隷から自由になる決意をした背景を読み取っておく必要があった。

**III**の読解問題は，ブレインストーミングを行ってグループでアイデアを出した場合と個人でアイデアを出した場合について論じた英文。構造化された課題とそうでない課題に対して，どのような違いが見られるか対比的に読み進めたい。**A**は下線部から読み取れる内容や，意味が近いもの，具体例を選ぶ問題。(4)は pool の意味，(5)は sort out という表現が難しかった。**B**は紛らわしい選択肢は少ないが，選択肢の英文量が多いので最後まで集中力を切らさずに読み切りたい。

全体的には標準レベルだが，前述のように一定の語彙力が不可欠。

# 数学

## I 解答

$C:\dfrac{x^2}{4}+\dfrac{y^2}{9}=1$　……①

$l:y=2x+k\quad(k>0)$　……②

(1)　$C$ と $l$ の交点の $x$ 座標は，①，②より

$$9x^2+4(2x+k)^2-36=0$$

$$25x^2+16kx+4(k^2-9)=0\quad\cdots\cdots③$$

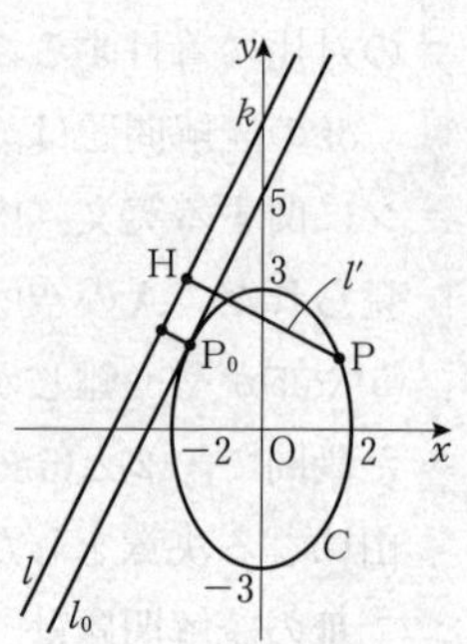


$C$ と $l$ は共有点をもたないから，③は実数解をもたない。

したがって，③の判別式を $D$ とすると

$$\frac{D}{4}=(8k)^2-25\cdot4(k^2-9)<0$$

$$900-36k^2<0$$

$$36(k+5)(k-5)>0$$

$\therefore\ k>5\quad(\because\ k>0)$　……(答)

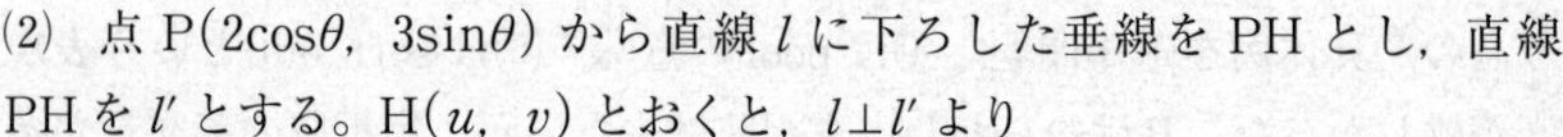

(2)　点 $\mathrm{P}(2\cos\theta,\ 3\sin\theta)$ から直線 $l$ に下ろした垂線をPHとし，直線PHを $l'$ とする。$\mathrm{H}(u,\ v)$ とおくと，$l\perp l'$ より

$$\begin{cases}\dfrac{v-3\sin\theta}{u-2\cos\theta}=-\dfrac{1}{2}\ (l'\text{の傾き})\quad\cdots\cdots④\\ v=2u+k\quad(\text{H は}l\text{上の点})\quad\cdots\cdots⑤\end{cases}$$

④，⑤より

$$(u-2\cos\theta)+2(v-3\sin\theta)=0$$

$$(u-2\cos\theta)+2(2u+k-3\sin\theta)=0$$

$$u=\frac{2}{5}(\cos\theta+3\sin\theta-k)$$

$$v=2u+k=\frac{1}{5}(4\cos\theta+12\sin\theta+k)$$

よって

$$\mathrm{H}\left(\frac{2}{5}(\cos\theta+3\sin\theta-k),\ \frac{1}{5}(4\cos\theta+12\sin\theta+k)\right)\quad\cdots\cdots(\text{答})$$

(3)　$P(x_0,\ y_0)=(2\cos\theta,\ 3\sin\theta)$ とおく。

点Pから直線 $l$ へ下ろした垂線をPHとし，線分PHの長さを $d(\theta)$ とすると

$$d(\theta)=\frac{|2x_0-y_0+k|}{\sqrt{2^2+(-1)^2}}$$

$$=\frac{|k-(3\sin\theta-4\cos\theta)|}{\sqrt{5}}\quad\cdots\cdots⑥$$

ここで

$$3\sin\theta-4\cos\theta=\sqrt{3^2+(-4)^2}\sin(\theta-\omega)\quad\cdots\cdots⑦$$

$$\cos\omega=\frac{3}{5},\ \sin\omega=\frac{4}{5}\quad\cdots\cdots⑧$$

⑥，⑦より，$0\leqq\theta<2\pi$ のとき

$$-5\leqq-5\sin(\theta-\omega)\leqq5\quad(-\omega\leqq\theta-\omega<2\pi-\omega)$$

$$0<k-5\leqq k-5\sin(\theta-\omega)\leqq k+5\quad(\because\ \ k>5)$$

$$\therefore\quad d(\theta)=\frac{1}{\sqrt{5}}|k-5\sin(\theta-\omega)|\geqq\frac{1}{\sqrt{5}}(k-5)\quad\cdots\cdots⑨$$

⑨の第2項と第3項の等号は，$\sin(\theta-\omega)=1$ のときに成り立つ。

ゆえに，$d(\theta)$ の最小値は　$\dfrac{1}{\sqrt{5}}(k-5)$　……(答)

**別解**　(1)　$l$ と平行な，$C$ 上の点 $P_0(x_0,\ y_0)$ における $C$ の接線を $l_0$ とする。

$$l_0:\ \frac{x_0x}{4}+\frac{y_0y}{9}=1\quad\cdots\cdots⑩$$

$$l_0:\ y=2x+k_0\quad(k_0>0)\quad\cdots\cdots⑪$$

$k_0$ を決める。⑩，⑪の係数を比較して

$$\frac{9x_0}{2}=\frac{4y_0}{-1}=\frac{-36}{k_0}=t\quad\cdots\cdots⑫$$

とおく。$P_0(x_0,\ y_0)=(2\cos\theta_0,\ 3\sin\theta_0)$ とし，⑫に代入して

$$\begin{cases}9\cos\theta_0=t\\12\sin\theta_0=-t\\-36=k_0t\end{cases}\qquad\therefore\quad\begin{cases}k_0\cos\theta_0=-4&\cdots\cdots⑬\\k_0\sin\theta_0=3&\cdots\cdots⑭\end{cases}$$

$$(k_0)^2=(k_0\cos\theta_0)^2+(k_0\sin\theta_0)^2=(-4)^2+3^2=5^2$$

$$k_0=5\quad(\because\ \ k_0>0)$$

このとき，⑬，⑭より，$\theta_0$ は $(\cos\theta_0,\ \sin\theta_0)=\left(-\dfrac{4}{5},\ \dfrac{3}{5}\right)$ ……(＊)

を満たすようにとる。ゆえに，$C$ と $l$ が共有点をもたないための条件は

$$k>k_0=5$$

(3)　$k_0=5$，$k>5$ とし，$\mathrm{R}(0,\ k_0)$，$\mathrm{S}(0,\ k)$ とおく。

点 R から直線 $l$ へ垂線 RT を下ろす。また，直線 $y=k_0$ と $l$ との交点を W とする（右図）。

(1)〔別解〕より，PH の最小値は RT である。

$\mathrm{WR}:\mathrm{RS}=1:2$ より

$$\mathrm{WR}:\mathrm{WS}=1:\sqrt{5}$$

$\triangle\mathrm{WRS}\backsim\triangle\mathrm{RTS}$ より

$$\mathrm{RT}:\mathrm{RS}=\mathrm{WR}:\mathrm{WS}=1:\sqrt{5}$$

$$(\text{PH の最小値})\ \mathrm{RT}=\frac{\mathrm{RS}}{\sqrt{5}}=\frac{k-5}{\sqrt{5}}$$

## ◀解　説▶

≪楕円上の点と直線との距離の最小値≫

(1)　$C$ と $l$ が共有点をもたないための条件は，連立方程式{①，②}が実数解をもたないことである。〔別解〕では，まず $l$ が $C$ と接するときの $k$ の値 $k_0$ を求める。楕円 $C$ と直線 $l$，$l_0$ の位置関係（グラフ）を考えて，$C$ と $l$ が共有点をもたないための条件は，$k>k_0$ である。

(2)　条件 $\mathrm{PH}\perp l$ および点 H が直線 $l$ 上にあることより，点 H の座標が決まる。

$\mathrm{P}(2\cos\theta,\ 3\sin\theta)$，$\mathrm{Q}(3\cos\theta,\ 3\sin\theta)$ とおく。離心角 $\theta$ は線分 OP と $x$ 軸の正方向とのなす角ではなく，線分 OQ と $x$ 軸の正方向とのなす角である（右図）。

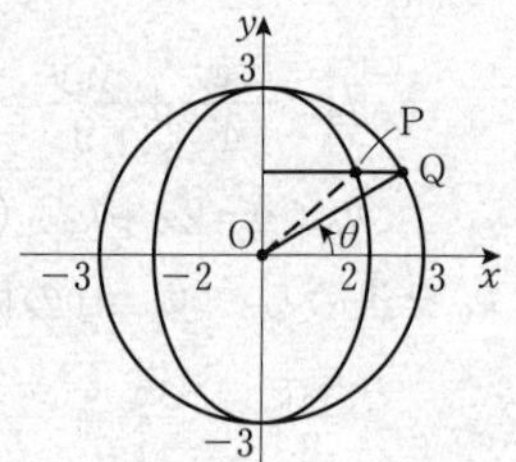


(3)　点と直線との距離の公式を用いる。⑧より，$\omega$ は $0<\omega<\dfrac{\pi}{2}$ の範囲にとれる。⑧より

$$\tan\omega=\frac{4}{3}>1 \Longrightarrow \frac{\pi}{4}<\omega<\frac{\pi}{2}$$

$d(\theta)$ が最小になる $\theta$ の値 $\theta_0$ は，$\sin(\theta_0-\omega)=1\ (0\leqq\theta_0<2\pi)$ より

$$\theta_0-\omega=\frac{\pi}{2} \qquad \therefore \quad \theta_0=\frac{\pi}{2}+\omega \quad \left(\frac{3\pi}{4}<\theta_0<\pi\right) \quad [\because ⑧,\ (*)]$$

$d(\theta)$ が最小になる点 $P=P_0$ は第2象限にある（解答(1)の図参照)。〔別解〕は，(1)の〔別解〕と直角三角形の相似を用いた幾何学的解法である。

## II 解答　①2　②9　③9　④$-8$　⑤$\frac{1}{3}$　⑥9

◀解　説▶

≪定積分，数列，極限値≫

$$a_n=\int_1^3 xe^{nx^2}dx,\ \ b_n=\int_1^3 e^{nx^2}dx \quad (n=1,\ 2,\ 3,\ \cdots\cdots)$$

$t=nx^2$ とおくと

$$\frac{dt}{dx}=2nx \qquad \therefore \quad xdx=\frac{1}{2n}dt$$

| $x$ | $1\to 3$ |
|---|---|
| $t$ | $n\to 9n$ |

$$a_n=\int_n^{9n} e^t\frac{1}{2n}dt=\frac{1}{2n}\Big[e^t\Big]_n^{9n}$$

$$=\frac{1}{2n}(e^{9n}-e^n) \quad (\to①,\ ②)$$

$$na_n=\frac{1}{2}e^{9n}(1-e^{-8n}) \quad \cdots\cdots ㋐$$

㋐の両辺の対数をとって

$$\log(na_n)=\log e^{9n}+\log(1-e^{-8n})+\log\frac{1}{2}$$

$$=9n+\log(1-e^{-8n})-\log 2 \quad \cdots\cdots ㋑ \quad (\to③,\ ④)$$

$$e^{nx^2}\leqq xe^{nx^2}\leqq 3e^{nx^2} \quad (1\leqq x\leqq 3) \quad \cdots\cdots ㋒$$

㋒の辺々を $1\leqq x\leqq 3$ の範囲で積分して

$$b_n\leqq a_n\leqq 3b_n$$

$$\frac{1}{3}a_n\leqq b_n\leqq a_n \quad (\to⑤)$$

$$\frac{1}{3}na_n\leqq nb_n\leqq na_n \quad \cdots\cdots ㋓$$

㋓の辺々の対数をとると

$$\log(na_n)-\log 3\leqq\log(nb_n)\leqq\log(na_n)$$

$$\frac{1}{n}\log(na_n)-\frac{1}{n}\log3\leqq\frac{1}{n}\log(nb_n)\leqq\frac{1}{n}\log(na_n)\quad\cdots\cdots㋔$$

㋑より

$$\frac{1}{n}\log(na_n)=9+\frac{1}{n}\log(1-e^{-8n})-\frac{1}{n}\log2\quad\cdots\cdots㋕$$

㋕の極限を考えて

$$\begin{aligned}\lim_{n\to\infty}\frac{1}{n}\log(na_n)&=9+\lim_{n\to\infty}\frac{1}{n}\log(1-e^{-8n})-\lim_{n\to\infty}\frac{1}{n}\log2\\&=9+0\times\log1-0\times\log2\\&=9\quad\cdots\cdots㋖\end{aligned}$$

はさみうちの原理および㋔，㋖より

$$\lim_{n\to\infty}\frac{1}{n}\log(nb_n)=9\quad(\to⑥)$$

## III 解答

$\mathrm{OA}=4,\ \mathrm{OB}=5,\ \overrightarrow{\mathrm{OA}}\cdot\overrightarrow{\mathrm{OB}}=\frac{5}{2}\quad\cdots\cdots(*)$

(1)　(＊)より

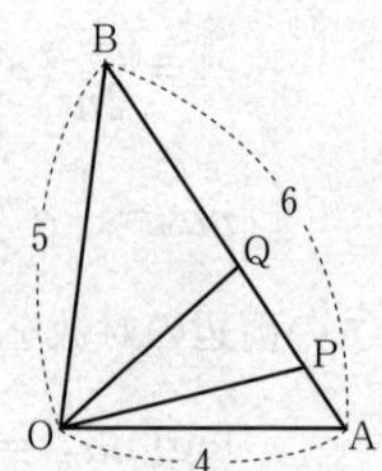


$$\begin{aligned}|\overrightarrow{\mathrm{AB}}|^2&=|\overrightarrow{\mathrm{OB}}-\overrightarrow{\mathrm{OA}}|^2\\&=|\overrightarrow{\mathrm{OB}}|^2-2\overrightarrow{\mathrm{OB}}\cdot\overrightarrow{\mathrm{OA}}+|\overrightarrow{\mathrm{OA}}|^2\\&=5^2-2\times\frac{5}{2}+4^2=36\end{aligned}$$

$\therefore\ \mathrm{AB}=|\overrightarrow{\mathrm{AB}}|=6\quad\cdots\cdots①\quad\cdots\cdots$(答)

定義より

$$\overrightarrow{\mathrm{OP}}=\frac{1}{6}(5\overrightarrow{\mathrm{OA}}+\overrightarrow{\mathrm{OB}})\quad\cdots\cdots②$$

$$\begin{aligned}|\overrightarrow{\mathrm{OP}}|^2&=\left(\frac{1}{6}\right)^2|5\overrightarrow{\mathrm{OA}}+\overrightarrow{\mathrm{OB}}|^2\\&=\left(\frac{1}{6}\right)^2(5^2|\overrightarrow{\mathrm{OA}}|^2+10\overrightarrow{\mathrm{OA}}\cdot\overrightarrow{\mathrm{OB}}+|\overrightarrow{\mathrm{OB}}|^2)\\&=\left(\frac{1}{6}\right)^2\left(5^2\times4^2+10\times\frac{5}{2}+5^2\right)=\left(\frac{5}{6}\right)^2\times18\end{aligned}$$

$\therefore\ \mathrm{OP}=|\overrightarrow{\mathrm{OP}}|=\frac{5\sqrt{2}}{2}\quad\cdots\cdots③\quad\cdots\cdots$(答)

(2)　定義より

$$\overrightarrow{OQ}=\frac{1}{9}(5\overrightarrow{OA}+4\overrightarrow{OB}) \quad \cdots\cdots ④$$

$$|\overrightarrow{OQ}|^2=\left(\frac{1}{9}\right)^2|5\overrightarrow{OA}+4\overrightarrow{OB}|^2$$

$$=\left(\frac{1}{9}\right)^2(5^2|\overrightarrow{OA}|^2+40\overrightarrow{OA}\cdot\overrightarrow{OB}+4^2|\overrightarrow{OB}|^2)$$

$$=\left(\frac{1}{9}\right)^2\left(5^2\times4^2+40\times\frac{5}{2}+4^2\times5^2\right)=\left(\frac{10}{3}\right)^2$$

$$\therefore \quad OQ=|\overrightarrow{OQ}|=\frac{10}{3} \quad \cdots\cdots ⑤$$

②，④より

$$\overrightarrow{OP}\cdot\overrightarrow{OQ}=\frac{1}{6\times9}(25|\overrightarrow{OA}|^2+25\overrightarrow{OA}\cdot\overrightarrow{OB}+4|\overrightarrow{OB}|^2)$$

$$=\frac{1}{54}\left(25\times4^2+25\times\frac{5}{2}+4\times5^2\right)=\frac{5^3}{2^2\times3} \quad \cdots\cdots ⑥$$

次式で $D$ を定める。

$$D=|\overrightarrow{OP}|^2|\overrightarrow{OQ}|^2-(\overrightarrow{OP}\cdot\overrightarrow{OQ})^2 \quad \cdots\cdots ⑦$$

③，⑤，⑥より

$$D=\frac{5^2}{2}\times\frac{2^2\times5^2}{3^2}-\frac{5^6}{2^4\times3^2}=\frac{5^4}{2^4\times3^2}(2^5-5^2)$$

$$=\left(\frac{25}{12}\right)^2\times7 \quad \cdots\cdots ⑧$$

△OPQ の面積を $S$ とする。⑦，⑧および三角形の面積の公式より

$$S=\frac{1}{2}\sqrt{D}=\frac{25}{24}\sqrt{7} \quad \cdots\cdots ⑨ \quad \cdots\cdots(答)$$

(3)　$\angle POQ=\theta \ (0<\theta<\pi)$ とおく。三角形の面積の公式より

$$S=\frac{1}{2}|\overrightarrow{OP}||\overrightarrow{OQ}|\sin\theta \quad \cdots\cdots(**)$$

③，⑤，⑨，$(**)$より

$$\frac{25}{24}\sqrt{7}=\frac{1}{2}\times\frac{5\sqrt{2}}{2}\times\frac{10}{3}\sin\theta$$

$$\therefore \quad \sin\theta=\sin\angle POQ=\frac{\sqrt{14}}{8} \quad \cdots\cdots(答)$$

◀解　説▶

≪平面ベクトル，長さ，三角形の面積≫

(1)　ベクトルの長さの 2 乗を内積で表す。

(2)　三角形の面積をベクトルの内積を用いて表す。

(3)　三角形の面積を 2 辺およびそれらの狭角の正弦を用いて表す。

## Ⅳ

**解答**　(1)①$\dfrac{1}{z}$　(2)②$\dfrac{\sqrt{3}}{2}+\dfrac{1}{2}i$　(3)③$\dfrac{1}{36}$　(4)④$\dfrac{1}{e}$

(5)⑤$\dfrac{1}{2}$　⑥51

◀解　説▶

≪小問 5 問≫

(1)　$p$，$q$，$x$，$y$，$z$ は実数で　　$p>1$，$q>1$，$xyz\neq0$

$$p^x=q^y=(pq)^z \quad \cdots\cdots ㋐$$

㋐の各辺の対数をとり

$$x\log p=y\log q=z\log(pq)=t \quad \cdots\cdots ㋑$$

とおく。$p>1$，$q>1$，$xyz\neq0$ より　　$t\neq0$

㋑より

$$\log p=\frac{t}{x},\ \log q=\frac{t}{y}$$

$$\frac{t}{z}=\log(pq)=\log p+\log q=\frac{t}{x}+\frac{t}{y}$$

$$\frac{1}{x}+\frac{1}{y}=\frac{1}{z} \quad (\because\ \ t\neq0) \quad (\to①)$$

(2)　まず，$(\cos\theta+i\sin\theta)(\cos\varphi+i\sin\varphi)=\cos(\theta+\varphi)+i\sin(\theta+\varphi)$ を示す。

左辺を展開する。加法定理より

$$\begin{aligned}&(\cos\theta+i\sin\theta)(\cos\varphi+i\sin\varphi)\\&=(\cos\theta\cos\varphi-\sin\theta\sin\varphi)\\&\qquad\qquad+i(\sin\theta\cos\varphi+\cos\theta\sin\varphi)\\&=\cos(\theta+\varphi)+i\sin(\theta+\varphi)\end{aligned}$$

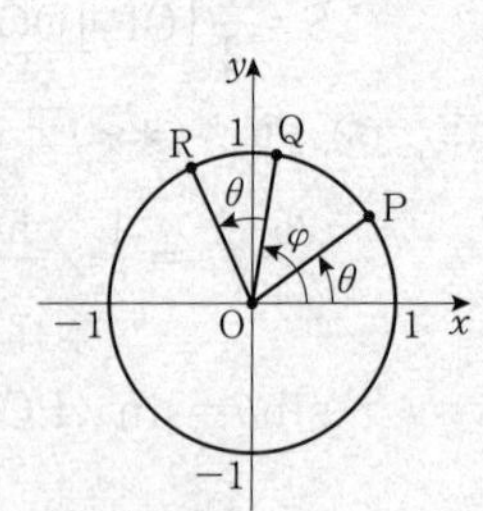


右図より

$$\mathrm{P}(\cos\theta,\ \sin\theta),\ \mathrm{Q}(\cos\varphi,\ \sin\varphi),$$

$\mathrm{R}(\cos(\theta+\varphi),\ \sin(\theta+\varphi))$

$z=\cos\theta+i\sin\theta$, $w=\cos\varphi+i\sin\varphi$ とおくと

$\mathrm{P}(z)$, $\mathrm{Q}(w)$, $\mathrm{R}(zw)$

ド・モアブルの定理より

$$\delta=\frac{(\cos\alpha+i\sin\alpha)(\cos\beta+i\sin\beta)^3}{\cos\gamma+i\sin\gamma}$$
$$=(\cos\alpha+i\sin\alpha)(\cos3\beta+i\sin3\beta)\{\cos(-\gamma)+i\sin(-\gamma)\}$$
$$=\cos(\alpha+3\beta-\gamma)+i\sin(\alpha+3\beta-\gamma)\quad\cdots\cdots ㋒$$

$\alpha=\frac{\pi}{15}$, $\beta=\frac{\pi}{10}$, $\gamma=\frac{\pi}{5}$ のとき

$$\alpha+3\beta-\gamma=\frac{\pi}{15}+\frac{3\pi}{10}-\frac{\pi}{5}=\frac{2+9-6}{30}\pi=\frac{\pi}{6}\quad\cdots\cdots ㋓$$

㋒, ㋓より

$$\delta=\cos\frac{\pi}{6}+i\sin\frac{\pi}{6}=\frac{\sqrt{3}}{2}+\frac{1}{2}i\quad(\to②)$$

(3)　サイコロを3回投げたとき，目の出方の総数は　$6^3$ 通り

$2^a3^b6^c=2^{a+c}3^{b+c}$ の正の約数の個数は　$(a+c+1)(b+c+1)$

題意より

$$(a+c+1)(b+c+1)=24\quad\cdots\cdots ㋔$$

$1\leqq a\leqq6$, $1\leqq b\leqq6$, $1\leqq c\leqq6$ より

$$3\leqq a+c+1\leqq13\quad\cdots\cdots ㋕$$
$$3\leqq b+c+1\leqq13\quad\cdots\cdots ㋖$$

㋔, ㋕, ㋖より

(i) $\begin{cases}a+c+1=3\\b+c+1=8\end{cases}$　(ii) $\begin{cases}a+c+1=8\\b+c+1=3\end{cases}$

(iii) $\begin{cases}a+c+1=4\\b+c+1=6\end{cases}$　(iv) $\begin{cases}a+c+1=6\\b+c+1=4\end{cases}$

(i)　$b-a=5$, $1\leqq a\leqq6$, $1\leqq b\leqq6$ より　$a=1$, $b=6$, $c=1$

$(a,\ b,\ c)=(1,\ 6,\ 1)$

(ii)　$a-b=5$, $1\leqq a\leqq6$, $1\leqq b\leqq6$ より　$a=6$, $b=1$, $c=1$

$(a,\ b,\ c)=(6,\ 1,\ 1)$

(iii)　$b-a=2$, $1\leqq a\leqq6$, $1\leqq b\leqq6$ より

$a+c+1=4 \iff a+c=3$

$(a,\ c)=(1,\ 2),\ (2,\ 1)$

$\therefore\ (a,\ b,\ c)=(1,\ 3,\ 2),\ (2,\ 4,\ 1)$

(iv)　$a-b=2,\ 1\leqq a\leqq 6,\ 1\leqq b\leqq 6$ より

$b+c+1=4 \iff b+c=3$

$(b,\ c)=(1,\ 2),\ (2,\ 1)$

$\therefore\ (a,\ b,\ c)=(3,\ 1,\ 2),\ (4,\ 2,\ 1)$

㋔，㋕，㋖をみたす $(a,\ b,\ c)$ の組は6通り。

ゆえに，求める確率 $p$ は

$$p=\frac{6}{6^3}=\frac{1}{36}\quad(\to③)$$

(4)　$f(x)=\dfrac{\log x}{x}=x^{-1}\log x\quad(x>0)$

積の微分公式より

$$f'(x)=-x^{-2}\cdot\log x+x^{-1}\cdot\frac{1}{x}=\frac{1-\log x}{x^2}$$

$f'(x)=0$ より $x=e$ となるので　　$f(e)=\dfrac{1}{e}$

増減表は次の通り。

| $x$ | $(0)$ | | $e$ | |
|---|---|---|---|---|
| $f'(x)$ | | $+$ | $0$ | $-$ |
| $f(x)$ | | ↗ | $\dfrac{1}{e}$ | ↘ |

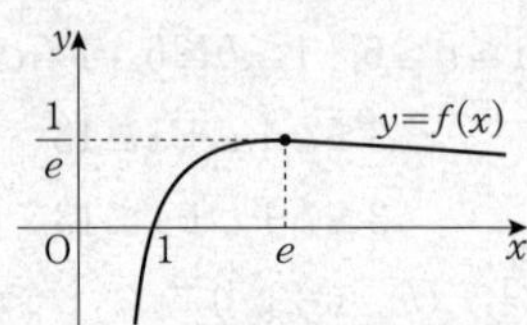


増減表と右図より，$f(x)$ の最大値は

$$f(e)=\frac{1}{e}\quad(\to④)$$

(5)　$f(x)=x^2$ に対して

$$S=\int_0^1 f(x)dx,\ \ S_n=\frac{1}{n}\sum_{k=1}^{n}f\left(\frac{k}{n}\right)\quad(n=1,\ 2,\ 3,\ \cdots\cdots)$$

$$S=\left[\frac{x^3}{3}\right]_0^1=\frac{1}{3}\quad\cdots\cdots㋗$$

$$S_n=\frac{1}{n}\sum_{k=1}^{n}\left(\frac{k}{n}\right)^2=\frac{1}{n^3}\cdot\frac{n(n+1)(2n+1)}{6}$$

$$=\frac{1}{3}\left(1+\frac{1}{n}\right)\left(1+\frac{1}{2n}\right)=\frac{1}{3}\left(1+\frac{3}{2n}+\frac{1}{2n^2}\right)$$

$$=\frac{1}{3}+\frac{1}{2n}+\frac{1}{6n^2}\quad(\to⑤)\quad\cdots\cdots㋘$$

㋗, ㋘より, $g(n)=S_n-S$ とおくと

$$g(n)=\frac{1}{2n}+\frac{1}{6n^2}=\frac{3n+1}{6n^2}\cdots\cdots㋙$$

条件より　　$g(n)=S_n-S\leqq\frac{1}{100}$

$$\frac{1}{2n}+\frac{1}{6n^2}\leqq\frac{1}{100}$$

$$3n^2-150n-50\geqq0\quad(n\geqq1)$$

$$n\geqq\frac{5}{3}(15+\sqrt{231})\quad(\because\ n\geqq1)$$

ここで, $15^2=225<231$ より

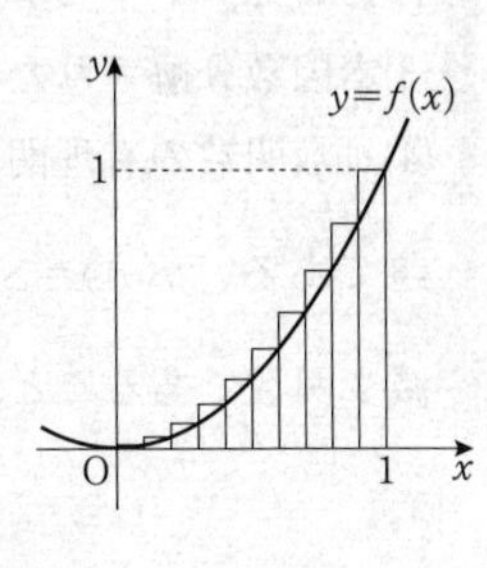


$$15<\sqrt{231}$$

$$50<\frac{5}{3}(15+\sqrt{231})$$

$\left(15+\frac{3}{5}\right)^2=225+18+\frac{9}{25}=243+\frac{9}{25}>231$ より

$$\frac{5}{3}(15+\sqrt{231})<51$$

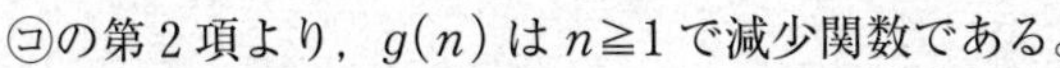
㋙の第 2 項より, $g(n)$ は $n\geqq1$ で減少関数である。

ゆえに, $1\leqq n\leqq50$ のとき　　$g(n)>\frac{1}{100}$

よって, $g(n)=S_n-S<\frac{1}{100}$ となる最小の $n$ は 51 である。(→⑥)

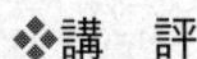
## ❖講　評

2022 年度は, 2021 年度と同じく, 記述式 2 題, 空所補充問題 2 題で, 空所補充問題のうち 1 題は独立した内容の小問構成であった。小問数は 5 問で, 2021 年度と同じであった。

**I**　楕円上の点と直線 $l$ との距離に関する問題である。距離の最小値は $l$ と平行な接線 $l_0$ との距離である。計算量は適切であり, 標準問題

である。

Ⅱ　$xe^{nx^2}$ の定積分は簡単に求まる。それに反して，$e^{nx^2}$ の不定積分は初等関数では表せない。したがって，不等式を用いて，$b_n$ を評価する。$c_n=\frac{1}{n}\log(nb_n)$ とおくと，$c_n$ は増加数列で，$c_n<9$ をみたし，$n\to\infty$ のとき，9に近づく。標準問題である。

Ⅲ　三角形の辺の内分点に関する問題である。平面ベクトルの内積を用いて面積や夾角の正弦を求める。易しい標準問題である。

Ⅳ　小問5問で，空所補充式である。どれも基本的であるから，本問から手を付けた受験生が多いと思われる。確実に解答しておきたい問題である。

(1)指数関係式から，指数の関係式を求める問題である。(2)複素数平面上において，ド・モアブルの定理を用いて複素数を計算する問題である。(3)素因数分解された整数の正の約数の個数に関する確率の問題である。(4)対数関数の有理関数の最大値を求める問題である。(5)区分求積法の問題である。$g(n)=S_n-S\leqq\frac{1}{100}$ をみたす $n$ は $n\geqq51$ となる。$g(n)$ が減少関数であることが重要である。

# 物理

## I　解答

(a) 4　(b) $-kx$　(c) $m\beta$

(1)―(イ)　(2)―(ウ)　(3)―(オ)　(4)―(ケ)　(5)―(セ)　(6)―(ツ)　(7)―(ネ)　(8)―(イ)　(9)―(オ)　(10)―(ケ)　(11)―(イ)　(12)―(ナ)　(13)―(タ)　(14)―(オ)

◀解　説▶

≪剛体のつり合い，慣性力，単振動≫

(i)(1)　剛体にはたらく力が 2 力で剛体が静止しているとき，2 力は同じ大きさで逆向きになり，この 2 力の作用線が一致しないと力のモーメントが生じて回転するため，作用線は一致する。

(2)　重心の高さは床から $\dfrac{nL}{2}$ の位置になる。

(3)　右の図 1 の状態で，斜面からの抗力の作用点は点 P，すなわち物体は斜面と点 P でしか接していない状態になっている。よって，これよりさらに傾斜が大きくなると転倒する。

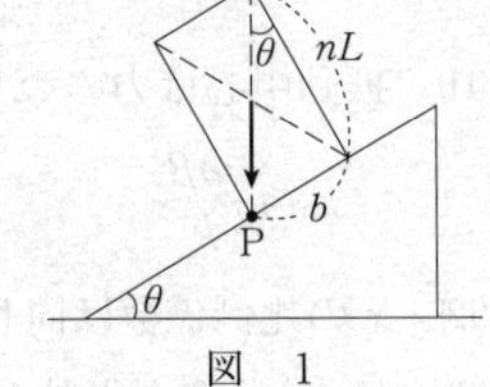

図　1

(4)　右の図 1 の状態で　　$\tan\theta=\dfrac{b}{nL}$

(a)　$n>\dfrac{b}{L\tan\theta}=\dfrac{2L}{L\tan30°}=2\sqrt{3}=3.46\cdots$ より，$n=4$ が最小値。

(5)・(6)　物体にはたらく力は右の図 2 のようになる。力のモーメントの大きさは，力の大きさと，軸から作用線までの距離の積より，左回りを正として

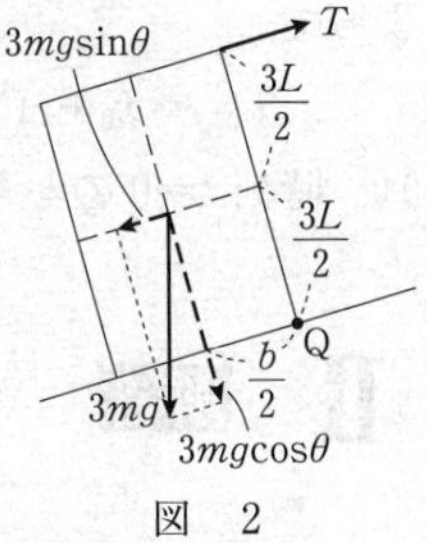

図　2

$$3mg\sin\theta\times\frac{3L}{2}+3mg\cos\theta\times\frac{b}{2}-T\times3L=0$$

(7)　$$T=\frac{3mg\sin30°\times3L+3mg\cos30°\times2L}{2\times3L}$$

$$=\frac{3+2\sqrt{3}}{4}mg$$

(ii)(8)　位置 $x$ での弾性力の $x$ 成分は，$x$ の符号によらず $-kx$ である。これと慣性力の $x$ 成分 $m\beta$ がつり合うので

$$-kx+m\beta=0 \qquad \therefore \quad x=\frac{m\beta}{k}$$

(b)　慣性力がはたらかないので，はたらく力は弾性力のみであるから

$$ma=-kx$$

(9)　角振動数を $\omega$ とすると，$\omega^2=\dfrac{k}{m}$ より

$$T=\frac{2\pi}{\omega}=2\pi\sqrt{\frac{m}{k}}$$

(10)　$v$ は単振動における速さの最大値であり，振幅を $A$ とすると，$A$ は(8)で求めた $x$ に等しいから，$x=\dfrac{m\beta}{k}$ より

$$v=A\omega=\frac{m\beta}{k}\sqrt{\frac{k}{m}}=\beta\sqrt{\frac{m}{k}}$$

(c)　慣性力 $m\beta$ がはたらくときの運動方程式は

$$ma=-kx+m\beta=-k\left(x-\frac{m\beta}{k}\right)$$

(11)　振動中心は力のつり合いの位置より

$$x_0=\frac{m\beta}{k}$$

(12)　$x$ の比例係数は同じであることから，周期も同じである。

(13)　始点 $x=0$ が振動の端の位置だから，振幅を $A'$ とすると

$$A'=|x_0-0|=\frac{m\beta}{k}$$

よって

$$x_{\max}=x_0+A'=2x_0$$

(14)　時刻 $t=0$ のとき $x=0$ で，$x_0>0$ のグラフを選ぶ。

## II　解答

(a)ローレンツ力　(b)$\dfrac{2\pi m}{qB}$

(c)

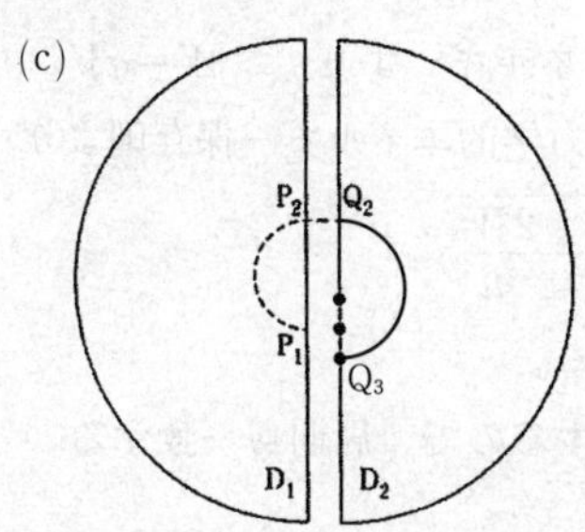


(1)―(ウ)　(2)―(シ)　(3)―(セ)　(4)―(ク)　(5)―(カ)　(6)―(イ)　(7)―(エ)　(8)―(オ)

(9)―(イ)　(10)―(オ)　(11)―(セ)　(12)―(ウ)　(13)―(ツ)　(14)―(ナ)

◀解　説▶

≪磁場内の荷電粒子の運動，サイクロトロン≫

(i)(1)・(3)　ローレンツ力による運動方程式より

$$m\frac{v^2}{r}=qvB$$

(4)　$r=\dfrac{mv}{qB}$

(b)　$T=\dfrac{2\pi r}{v}=\dfrac{2\pi m}{qB}$

(ii)(5)　(4)の $r=\dfrac{mv}{qB}=\dfrac{v}{\frac{q}{m}B}$ より，比電荷に反比例する。

(6)　原子核は正電荷より，速度の向きが電流の向きである。フレミングの左手の法則より，磁場の向きは紙面に垂直に奥から手前の向きになる。

(7)・(8)　原子核 $Y_1$，$Y_2$，$Y_3$ の軌道半径をそれぞれ $r_1$，$r_2$，$r_3$，また $\dfrac{m_pv}{B}=C$ とすると

$$r_1=\frac{Am_pv}{ZeB}=\frac{A}{Ze}C,\ \ r_2=\frac{A+1}{Ze}C,\ \ r_3=\frac{A+1}{(Z+1)e}C$$

ここで，明らかに $r_1<r_2$ である。また

$$r_1-r_3=\frac{A}{Z}C-\frac{A+1}{Z+1}C=\frac{A-Z}{Z(Z+1)}C>0\quad(\because\quad A>Z)$$

よって，$r_3<r_1<r_2$ である。

(iii)(9)　半周する時間より　$\dfrac{T}{2}$

⑽　電気量 $q$ の電荷が $V$ の電位差から得るエネルギーより　　$W=qV$

⑾　$Q_2$ におけるイオンの速さを $v'$ とすると，力学的エネルギー保存則より

$$\frac{1}{2}mv'^2=\frac{1}{2}mv^2+W \qquad \therefore \quad v'=\sqrt{v^2+\frac{2W}{m}}$$

(c)　速さが増加した分，軌道半径は大きくなる。

⑿　円運動の半周期と，交流の半周期が一致するので，周期も一致する。

⒀　$$r=\frac{mv}{qB}=\frac{1.7\times10^{-27}\times3.0\times10^{7}}{1.6\times10^{-19}\times1.0}=3.18\times10^{-1}\fallingdotseq3.2\times10^{-1}\,[\mathrm{m}]$$

⒁　$$\frac{T}{2}=\frac{\pi m}{qB}=\frac{3.14\times1.7\times10^{-27}}{1.6\times10^{-19}\times1.0}=3.33\times10^{-8}\fallingdotseq3.3\times10^{-8}\,[\mathrm{s}]$$

## Ⅲ　解答　(a) $\frac{1}{T}$　(b) 466　(c) $ft$

(1)—(ウ)　(2)—(ア)　(3)—(カ)　(4)—(コ)　(5)—(テ)　(6)—(チ)　(7)—(イ)　(8)—(ウ)

(9)—(カ)　⑽—(セ)　⑾—(コ)　⑿—(キ)　⒀—(カ)　⒁—(ア)　⒂—(シ)

◀解　説▶

≪うなり，ドップラー効果≫

(i)(1)　振動数 $f$ の波源が時間 $T$ の間に発する波の数は $fT$ である。

(a)　1秒間に時間 $T$ が何回あるかなので　　$N=\frac{1}{T}$

(b)　468 Hz との差が 2 回，463 Hz との差が 3 回より，466 Hz である。

(ii)(2)・(3)　下図の通りである。

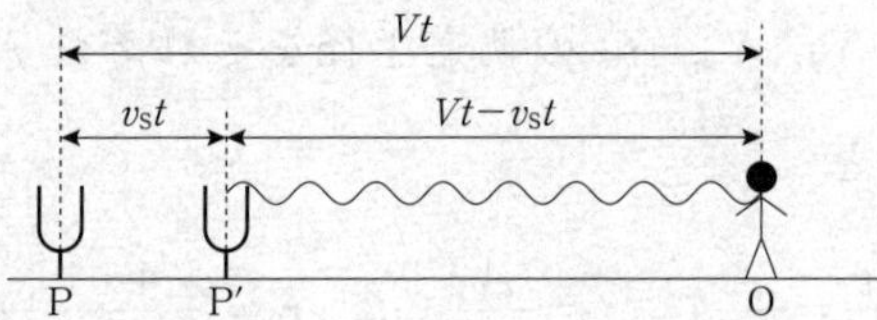


(c)　(1)と同様なので　　$ft$

(4)　$$\lambda'=\frac{Vt-v_S t}{ft}=\frac{V-v_S}{f}$$

(5)

$v_O t$　　$Vt$

O′　O　Q

$O'Q = Vt + v_0 t$ より，ここに含まれる波の数は

$$\frac{O'Q}{\lambda} = \frac{Vt + v_0 t}{\lambda}$$

(6)　$f'$ は 1 秒間に受け取る波の数なので

$$f't = \frac{Vt + v_0 t}{\lambda} \qquad \therefore \quad f' = \frac{V + v_0}{\lambda}$$

(iii)(A)(7)　反射板を観測者とみなして，公式より

$$f_1 = \frac{V + v}{V} f_0$$

(8)・(9)　反射板を振動数 $f_1$ の音源とみなして，公式より

$$f_r = \frac{V}{V - v} f_1 = \frac{V + v}{V - v} f_0$$

(11)　単位時間あたりのうなりの数 $N'$ は

$$N' = \frac{V + v}{V - v} f_0 - f_0 = \frac{2v}{V - v} f_0$$

よって，うなりの周期 $T'$ は

$$T' = \frac{1}{N'} = \frac{V - v}{2v} \times \frac{1}{f_0}$$

(B)(12)　反射板に向かう音速が $V + w$ に変化しているので

$$f_1' = \frac{V + w + v}{V + w} f_0$$

(13)　一方，反射板から観測者に向かう音速は $V - w$ より，反射音の振動数 $f_r'$ は

$$f_r' = \frac{V - w}{V - w - v} f_1'$$

よって

$$f_r' = \frac{(V - w)(V + w + v)}{(V - w - v)(V + w)} f_0$$

(14)　音源，観測者とも静止しているので，直接音の振動数は変化しない。

(15)　単位時間あたりのうなりの数 $N''$ は

$$N'' = \frac{(V - w)(V + w + v)}{(V - w - v)(V + w)} f_0 - f_0 = \frac{2vV}{(V - w - v)(V + w)} f_0$$

よって，うなりの周期 $T''$ は

$$T''=\frac{1}{N''}=\frac{(V-w-v)(V+w)}{2vV}\times\frac{1}{f_0}$$

❖講　評

Ⅰ　(i)は斜面上に置かれた剛体の，転倒しない条件についての設問。(ii)は一定の慣性力がはたらく条件下でのばね振動についての設問。慣性力がはたらいて振動中心が変化したときの運動の様子の変化を正確にとらえる必要がある。ともに，教科書レベルの基本問題である。

Ⅱ　荷電粒子の磁場内の運動を扱った問題。(i)は一般的な，ローレンツ力による円運動の性質についての設問。(ii)は質量分析器についての設問。3 種類の原子核の軌道半径の大小関係をとらえる必要がある。(iii)はサイクロトロンについての設問。すべて基本的な典型問題である。

Ⅲ　うなりとドップラー効果の公式の導出についての問題。(i)はうなりの公式を導く典型問題。(ii)はドップラー効果の公式を導かせる設問。その過程も典型的である。(iii)は反射板があるときのドップラー効果とうなりについての設問。最後の計算がやや煩雑だが，それ以外はやはり典型問題である。

# 化学

## I 解答

(i)(1) $P_4O_{10}$　(2) $Al_2O_3$　(3)—(カ)　(4) $[Al(OH)_4]^-$
(5)—(エ)　(6)—(オ)　(7)—(エ)　(8) 24　(9) $O_2+2OH^-$
(10)—(イ)　(11) 1.68

(ii)(1)—(オ)　(2) $Cu(NO_3)_2$　(3) NO　(4) $CuSO_4$　(5) $SO_2$　(6)—(イ)
(7)—(カ)　(8)—(ウ)　(9)—(コ)　(10)—(ケ)

### ◀解　説▶

≪典型元素の性質と酸化還元反応，銅の性質と結晶の構造≫

(i)(8)　元素 **Z** の単体を完全燃焼したときの変化は次のように表せる。

$$2Z+O_2 \longrightarrow 2ZO$$

元素 **Z** の原子量を $M$ とすると，完全燃焼したとき 2.0 g の酸素と化合しているので

$$\frac{3.0}{M}\times\frac{1}{2}=\frac{2.0}{32}\qquad \therefore\quad M=24$$

(10)・(11)　②，③式より，反応したオゾンの物質量は

$$3.00\times10^{-3}\times\frac{1}{2}=1.50\times10^{-3}\,[\text{mol}]$$

よって，混合気体 **A** 中のオゾンのモル分率は

$$\frac{1.50\times10^{-3}}{\dfrac{2.00}{22.4}}=1.68\times10^{-2}$$

(ii)(6)〜(10)　単位格子に含まれる銅原子の数および配位数は次の通り。

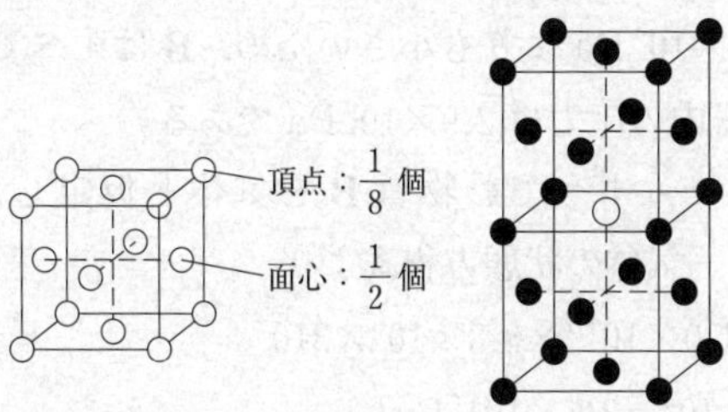


原子の数：$\frac{1}{8}\times8+\frac{1}{2}\times6=4$〔個〕　　配位数：12

銅の結晶の密度は

$$\frac{\frac{M}{N_A}\times 4}{a^3}=\frac{4M}{a^3N_A}\,[\mathrm{g/cm^3}]$$

単位格子の一辺の長さと原子半径の関係は

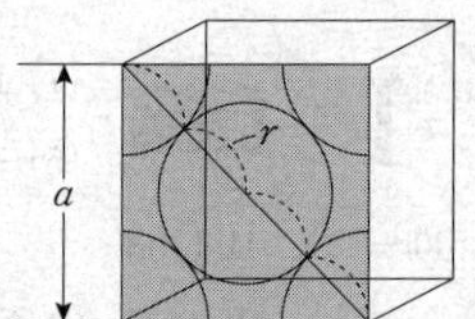


$$4r=\sqrt{2}\,a$$

$$\therefore\quad a=2\sqrt{2}\,r\,[\mathrm{cm}]$$

よって，充塡率は

$$\frac{\frac{4}{3}\pi r^3\times 4}{a^3}\times 100=\frac{\sqrt{2}}{6}\pi\times 100\fallingdotseq 74\,[\%]$$

## II　解答

(i)(1)融解　(2)蒸発　(3)—(ウ)　(4)—(エ)　(5)—(イ)　(6)104
(7)$2.9\times 10^4$　(8)$1.7\times 10^4$　(9)0.58　(10)0.31

(ii)(1)加水分解　(2)—(イ)　(3)—(ア)　(4)—(エ)　(5)—(コ)　(6)—(ケ)　(7)8.3

### ◀解　説▶

≪物質の三態と蒸気圧，塩の加水分解とpH≫

(i)(6)　20°C の液体 **A** 100 g をすべて 80°C の気体にするとき，吸収される熱量は

$$4.0\times\frac{100}{1\times 10^3}\times(80-20)+40\times\frac{100}{50}=104\,[\mathrm{kJ}]$$

(7)　77°C において，すべての物質 **B** を気体と仮定したときの圧力を $p_1$[Pa] とすると，気体の状態方程式より

$$p_1\times 1.0=1.0\times 10^{-2}\times 8.3\times 10^3\times 350$$

$$\therefore\quad p_1=2.90\times 10^4\fallingdotseq 2.9\times 10^4\,[\mathrm{Pa}]$$

これは蒸気圧$8.3\times 10^4$ Pa よりも小さいため，**B** はすべて気体となっている。よって，容器内の圧力は $2.9\times 10^4$ Pa である。

(8)　37°C において，すべての物質 **B** を気体と仮定したときの圧力を $p_2$[Pa] とすると，気体の状態方程式より

$$p_2\times 1.0=1.0\times 10^{-2}\times 8.3\times 10^3\times 310$$

$$\therefore\quad p_2=2.57\times 10^4\fallingdotseq 2.6\times 10^4\,[\mathrm{Pa}]$$

これは蒸気圧 $1.7\times 10^4$ Pa よりも大きいため，これを超える **B** は液体とな

る。よって，容器内の圧力は $1.7\times10^4$ Pa である。

(9)　全圧 $1.0\times10^5$ Pa のとき，物質 **B**，**C** がすべて気体と仮定すると，**B** と **C** は物質量が等しいので分圧はいずれも $5.0\times10^4$ Pa となる。これは 77°C における蒸気圧 $8.3\times10^4$ Pa よりも小さいため，**B** はすべて気体となっている。混合気体の体積を $V_1$〔L〕とすると，物質 **C** について，気体の状態方程式より

$$5.0\times10^4\times V_1=1.0\times10^{-2}\times8.3\times10^3\times350$$

$$\therefore\quad V_1=0.581\fallingdotseq0.58\text{〔L〕}$$

(10)　全圧 $1.0\times10^5$ Pa のとき，物質 **B**，**C** がすべて気体と仮定すると，分圧はいずれも $5.0\times10^4$ Pa となる。しかし，37°C における **B** の蒸気圧は $1.7\times10^4$ Pa なので，**B** の一部は液体となり，**B**，**C** の分圧はそれぞれ $1.7\times10^4$ Pa，$8.3\times10^4$ Pa である。混合気体の体積を $V_2$〔L〕とすると，物質 **C** について，気体の状態方程式より

$$8.3\times10^4\times V_2=1.0\times10^{-2}\times8.3\times10^3\times310$$

$$\therefore\quad V_2=0.310\fallingdotseq0.31\text{〔L〕}$$

(ii)(1)・(2)　酢酸ナトリウムは水溶液中で完全に電離する。生じた酢酸イオンは加水分解して平衡状態となる。酢酸の電離定数 $K_a$，加水分解定数 $K_h$，水のイオン積 $K_w$ はそれぞれ次のように表せる。

$$K_a=\frac{[CH_3COO^-][H^+]}{[CH_3COOH]},\quad K_h=\frac{[CH_3COOH][OH^-]}{[CH_3COO^-]},$$

$$K_w=[H^+][OH^-]$$

$$K_a\times K_h=\frac{[CH_3COO^-][H^+]}{[CH_3COOH]}\times\frac{[CH_3COOH][OH^-]}{[CH_3COO^-]}$$

$$=[H^+][OH^-]=K_w$$

$$\therefore\quad K_h=\frac{K_w}{K_a}$$

(3)・(4)　濃度 $c$〔mol/L〕の酢酸ナトリウム水溶液について，加水分解の割合を $h$ とすると，平衡状態における各濃度は次のように表せる。

$$CH_3COO^-+H_2O \rightleftarrows CH_3COOH+OH^-$$

| | $CH_3COO^-$ | | $CH_3COOH$ | $OH^-$ | |
|---|---|---|---|---|---|
| 初　め | $c$ | | 0 | 0 | 〔mol/L〕 |
| 反応量 | $-ch$ | | $+ch$ | $+ch$ | 〔mol/L〕 |
| 平衡時 | $c(1-h)$ | | $ch$ | $ch$ | 〔mol/L〕 |

よって，加水分解定数 $K_h$ は次のように表せる。

$$K_h=\frac{[CH_3COOH][OH^-]}{[CH_3COO^-]}=\frac{ch\times ch}{c(1-h)}=\frac{ch^2}{1-h}$$

(5)　$h\ll 1$ のとき，$K_h\fallingdotseq ch^2$ と近似できるので

$$h=\sqrt{\frac{K_h}{c}}$$

(2)の結果より

$$h=\sqrt{\frac{K_w}{cK_a}}$$

(6)　25°C におけるこの水溶液の pH は次のように表せる。

$$pH=-\log_{10}\left(\frac{K_w}{[OH^-]}\right)=-\log_{10}K_w+\log_{10}[OH^-]$$
$$=14+\log_{10}(ch)$$

(7)　$\log_{10}2=0.3$ より，求める pH の値は

$$pH=14+\log_{10}(0.01\times2\times10^{-4})=14+\log_{10}(2\times10^{-6})$$
$$=14+0.3-6=8.3$$

## III　解答

(i)(1)—(エ)　(2)—(イ)　(3)—(オ)

(4)
```
      CH3
      |
H3C－C－CH2－Cl
      |
      CH3
```
(5)
```
H3C－CH－CH2－CH2－CH3
      |
      Cl
```
(6)12.5

(ii)(1)—(ア)　(2)HO－⟨ベンゼン環⟩－$NH_2$　(3)—(イ)　(4)—(キ)

(5)
```
HO－⟨ベンゼン環⟩－C－O－CH3
                  ‖
                  O
```
(6)84

(iii)(1)—(ウ)　(2)—(イ)　(3)$CH_3CHO$　(4)$Cu_2O$　(5)—(キ)　(6)35

◀解　説▶

≪アルカンの性質，芳香族アミドの構造決定，エタノールとその誘導体≫

(i)(2)　プロパンの水素原子 1 つを塩素原子で置換した化合物 $C_3H_7Cl$ には，次の 2 種類の構造異性体が存在する。

```
H3C－CH－CH3      H3C－CH2－CH2Cl
      |
      Cl
```

(3)　プロパンの水素原子2つを塩素原子で置換した化合物 $C_3H_6Cl_2$ には，次の4種類の構造異性体が存在する。

$$H_3C-C^*H(Cl)-CH_2Cl \qquad H_3C-CCl_2-CH_3$$

$$H_3C-CH_2-CH(Cl)-Cl \qquad ClH_2C-CH_2-CH_2Cl$$

このうち1つが不斉炭素原子 $C^*$ をもつため，鏡像異性体を区別すると，5種類の異性体が存在する。

(4)・(5)　分子式 $C_5H_{12}$ で表されるアルカンには，次の3種類の構造異性体が存在する。

$$H_3C-CH_2-CH_2-CH_2-CH_3 \qquad H_3C-CH(CH_3)-CH_2-CH_3$$

$$H_3C-C(CH_3)_2-CH_3$$

これらの化合物について，水素原子1つを塩素原子で置換した化合物 $C_5H_{11}Cl$ には，それぞれ，3種類，4種類，1種類の構造異性体が存在する。よって，化合物 **A**，**B** は次のように決まる。

$$H_3C-CH_2-CH_2-CH_2-CH_3 \quad (\text{Cl置換位置: }H_3C,\ CH_2,\ CH_2)$$

化合物**B**

$$H_3C-CH(CH_3)-CH_2-CH_3 \quad (\text{Cl置換位置: }H_3C,\ CH,\ CH_2,\ CH_3)$$

$$H_3C-C(CH_3)_2-CH_3 \quad (\text{Cl置換位置: }CH_3)$$

化合物**A**

よって，化合物 **C**，**D** の構造式は次の通り。

$$H_3C-C(CH_3)_2-CH_3 + Cl_2 \longrightarrow H_3C-C(CH_3)_2-CH_2Cl + HCl$$

化合物**A**　　　　化合物**C**

$$H_3C-CH_2-CH_2-CH_2-CH_3 + Cl_2$$

化合物B

$$\longrightarrow H_3C-{}^*CH(Cl)-CH_2-CH_2-CH_3 + HCl$$

化合物D

(6)　完全燃焼は次のように表せる。

$$C_7H_{16}+11O_2 \longrightarrow 7CO_2+8H_2O$$

$$C_9H_{20}+14O_2 \longrightarrow 9CO_2+10H_2O$$

よって，完全燃焼に必要な酸素の物質量は

$$0.5\times11+0.5\times14=12.5\,[\text{mol}]$$

(ii)(2)・(5)　化合物**A**，**B**は分子式$C_8H_9NO_2$で表され，ヒドロキシ基をもち，塩酸で加水分解できることから，アミド結合をもつことがわかる。化合物**A**を加水分解すると化合物**C**の塩酸塩と酢酸が得られることから，構造は次のように決まる。

$$HO-C_6H_4-NH-C(=O)-CH_3 + HCl + H_2O$$

化合物A

$$\longrightarrow HO-C_6H_4-NH_3Cl + CH_3-C(=O)-OH$$

化合物Cの塩酸塩　酢酸

また，化合物**B**を加水分解すると，分子式$C_7H_6O_3$で表される化合物**E**とメチルアミン塩酸塩が得られることから，**B**，**E**の構造は次のように決まる。

$$HO-C_6H_4-C(=O)-NH-CH_3 + HCl + H_2O$$

化合物B

$$\longrightarrow HO-C_6H_4-C(=O)-OH + CH_3NH_3Cl$$

化合物E　メチルアミン塩酸塩

化合物**E**をメタノールに溶解し，少量の濃硫酸を加えて加熱すると，**E**のメチルエステル**F**が得られる。

$$\text{HO-C}_6\text{H}_4\text{-C(=O)-OH} + \text{CH}_3\text{OH} \longrightarrow \text{HO-C}_6\text{H}_4\text{-C(=O)-O-CH}_3 + \text{H}_2\text{O}$$

化合物 **E**（分子量 138）　　　化合物 **F**（分子量 152）

(6)　反応物 **E**，生成物 **F** の物質量はそれぞれ次の通り。

$$\mathbf{E}:\frac{138}{138}=1.0\,[\text{mol}],\ \mathbf{F}:\frac{128}{152}=0.842\fallingdotseq 0.84\,[\text{mol}]$$

よって，求める収率は 84% である。

(iii)(6)　重合度 $n$ のポリビニルアルコールについて，ホルムアルデヒドによりポリビニルアルコールのヒドロキシ基のうち，$x$〔%〕がアセタール化されたとする。

$$\left[\text{CH}_2\text{-CH(OH)}\right]_n = \left[\text{CH}_2\text{-CH(OH)-CH}_2\text{-CH(OH)}\right]_{\frac{n}{2}}$$

ポリビニルアルコール

$$\xrightarrow{\text{アセタール化}} \left[\text{CH}_2\text{-CH(OH)-CH}_2\text{-CH(OH)}\right]_{\frac{n}{2}\times\frac{100-x}{100}} \left[\text{CH}_2\text{-CH-CH}_2\text{-CH}\ (\text{O-CH}_2\text{-O})\right]_{\frac{n}{2}\times\frac{x}{100}}$$

式量 88　　　式量 100

ヒドロキシ基の $x$〔%〕がアセタール化されたビニロン

ポリビニルアルコール 88.0g のアセタール化により，92.2g のビニロンが得られたので，このビニロンの平均分子量は

$$44n\times\frac{92.2}{88.0}=46.1n$$

ビニロンの平均分子量について次式が成り立つ。

$$88\times\frac{n}{2}\times\frac{100-x}{100}+100\times\frac{n}{2}\times\frac{x}{100}=46.1n \qquad \therefore\quad x=35\,[\%]$$

### ❖講　評

2022 年度は大問 **I** が 2 つ，**II** が 2 つ，**III** が 3 つのパートに分かれて出題された。2021年度から大問 **I**，**III** でそれぞれ 1 パートずつ減少した。

難易度は基本～標準的な問題で構成されていた。誘導形式の発展的な内容は見られず，例年と比べて易しい。

**I**　(i)は典型元素の性質と酸化還元反応について知識を中心に問われた。(ii)は銅の性質と結晶の構造について問われた。いずれも基本～標準

レベルを中心とした出題である。

Ⅱ　(i)は物質の三態と蒸気圧について，計算問題を中心に問われた。蒸気圧を考慮する(7)以降の計算問題は差がつきやすい。(ii)は塩の加水分解と pH について計算問題を中心に問われた。誘導に従えば解けるが，前問の結果を利用する設問が続くため，つまずくと大きな失点となる。(i)，(ii)ともに標準レベル。類題を解いた経験があれば有利である。

Ⅲ　(i)はアルカンの性質や異性体の数について問われた。(ii)は芳香族アミドの構造決定，(iii)はエタノールの誘導体について問われた。(iii)(6)はビニロン合成におけるアセタール化の割合を求める計算問題で，やや難しい。これ以外は基本～標準レベルの典型問題で構成されている。

# 生物

## I　解答

(A)問1．(1)化学進化　(2)独立　(3)従属
(4)シアノバクテリア　(5)真核　(6)全球凍結
(7)エディアカラ生物
問2．(i)ミラー
(ii)（代謝系と自己複製系を，）内包し外界と隔てる。（10字以内）
問3．(i)シダ植物：(ウ)　裸子植物：(エ)　(ii)クックソニア　(iii)維管束
問4．(i)名称：無顎類　時期：(ア)　(ii)名称：両生類　時期：(エ)
問5．(A)―(カ)　(B)―(ケ)
(B)問1．(1)グリセリン　(2)尿素　(3)10
問2．(4)還元　(5)酸化　(6)還元　(7)酸化
問3．(i)―(イ)・(エ)・(オ)
(ii)$C_6H_{12}O_6+6O_2+6H_2O \longrightarrow 6CO_2+12H_2O$
(iii)24
問4．$\beta$酸化
問5．(オ)
問6．342
問7．0.89

◀解　説▶

≪(A)地質時代と生物の変遷　(B)呼吸の過程と呼吸商≫

(A)問1．(6)　スノーボールアースとも言われる。

(7)　オーストラリアのエディアカラ丘陵からこの名前がつけられたが，多くの多細胞生物がこの時期世界各地に分布していたとされる。下線部②に説明されるバージェス動物群と紛らわしいので注意が必要。

問2．(ii)　生物と無生物を区別する際に挙げられる主たる特性は，自己複製能力と代謝能力，そして細胞構造をもつこと，すなわち膜構造で外界と区別されることである。生物を定義する特性には他にも，刺激に対する応答などがあるが，「代謝系と自己複製系を，」に続くことを考慮すると〔解答〕のように答えるのが適切である。

(B)問3．(i)　$C_6$化合物であるグルコースは，解糖系で2分子のピルビン酸（$C_3$化合物）に分解される。ピルビン酸はさらにアセチル CoA に変換されるが，アセチル CoA は$C_2$化合物であるので，ここでまず2分子の二酸化炭素が生じる。次にアセチル CoA はオキサロ酢酸（$C_4$化合物）と結合してクエン酸（$C_6$化合物）になり，その後 $\alpha$-ケトグルタル酸（$C_5$化合物）に変換されるので，そのときに2分子の二酸化炭素が生じる。さらに $\alpha$-ケトグルタル酸はコハク酸（$C_4$化合物）に変換され，そのときに2分子の二酸化炭素が生じる。コハク酸はその後フマル酸，リンゴ酸，オキサロ酢酸と変換されていくが，いずれも$C_4$化合物であるので二酸化炭素は生じない。よって(イ)・(エ)・(オ)の3カ所で計6分子の二酸化炭素が生じる。

(iii)　電子伝達系では，解糖系やクエン酸回路で生じた $NADH+H^+$ や $FADH_2$ から電子が放出される。この電子は電子伝達系を通って最終的に酸素に受け渡され，水を生成する。解糖系では $2(NADH+H^+)$，クエン酸回路では $8(NADH+H^+)$ と $2FADH_2$ が生じるので，電子伝達系では

$$10(NADH+H^+)+2FADH_2+6O_2 \longrightarrow 10NAD^+ +2FAD+12H_2O$$

の反応が起こる。このときの電子の動きに着目すると

$$24H^+ +6O_2+24e^- \longrightarrow 12H_2O$$

となることがわかる。よって，酸素に与えられる電子は合計で24になる。

問4．脂肪酸の基本構造は，$CH_2-CH_2-\cdots-COOH$ のように，数個から数十個の炭化水素基（$-CH_2$）と，カルボキシ基（$-COOH$）で構成されている。この鎖から炭素2個分が切り取られて，それが CoA と結合してアセチル CoA（$CH_3CO-CoA$）となる。このとき $\beta$ 位の炭素を酸化するので $\beta$ 酸化と呼ぶ。

問5．リパーゼは脂肪を脂肪酸とグリセリンに加水分解する酵素。アミラーゼはデンプンをマルトースに加水分解する酵素。マルトースはマルターゼによってさらにグルコースに分解される。トリプシンはタンパク質をポリペプチドに加水分解する酵素。ポリペプチドはペプチダーゼによってさらに各種アミノ酸に分解される。よって(オ)が最適。

問6．マルトースを加水分解するとグルコース2分子になる。したがってマルトースの分子量は

　　2×グルコース（$C_6H_{12}O_6$）の分子量−水（$H_2O$）の分子量

になる。

グルコース($C_6H_{12}O_6$)の分子量：$12\times6+1\times12+16\times6=180$

水($H_2O$)の分子量：$1\times2+16\times1=18$

したがって，マルトース($C_{12}H_{22}O_{11}$)の分子量は

$180\times2-18=342$

または　$12\times12+1\times22+16\times11=342$

問7．反応式は

$2C_4H_7NO+9O_2 \longrightarrow 8CO_2+2NH_3+4H_2O$

になるので，呼吸商は

$\frac{CO_2}{O_2}=\frac{8}{9}=0.888\fallingdotseq0.89$

## II 解答

(A)問1．(1)硝化細菌（硝化菌） (5)グルタミン (6)転移 (7)2 (8)クロロフィル (9)マメ (10)脱窒素細菌

問2．(2)硝酸還元酵素 (3)亜硝酸還元酵素 (4)グルタミン合成酵素

問3．

COOH
|
CH₂
|
CH₂
|

問4．システイン，メチオニン

問5．脱アミノ反応

問6．必須アミノ酸

問7．植物が炭酸同化で合成した有機物を利用することができる。(30字以内)

(B)問1．(1)中性 (2)春化

問2．植物A：(ア)・(ウ)・(エ) 植物B：(ア)・(イ)・(エ)・(オ)

問3．(i)(3)葉 (4)茎 (ii)—(ウ)・(カ)・(キ)・(ク)

問4．(ウ)

問5．(i)領域1：がく片 領域2：がく片 領域3：心皮 領域4：心皮

(ii)領域1：心皮 領域2：おしべ 領域3：おしべ 領域4：心皮

(iii)茎頂分裂組織

◀解　説▶

≪(A)窒素同化と窒素の循環　(B)植物の花芽の分化と花の器官形成≫

(A)問1．(6)　$\alpha$-ケトグルタル酸にアミノ基を転移する酵素は，グルタミン酸合成酵素と記載されている場合もある。

問6．ヒトの場合，トリプトファン，リシン，メチオニン，フェニルアラニン，トレオニン，バリン，ロイシン，イソロイシンの8種にヒスチジンを加えた9種が必須アミノ酸である。ヒスチジンは全く生合成ができないわけではないが，その速度が非常に遅く少量であるため必須アミノ酸と定義された。

(B)問1．(1)　短日植物の代表例は，オナモミ以外にダイズ，アサガオ，キク，イネなどがある。長日植物の代表例は，ダイコン，アブラナ，ホウレンソウ，コムギ，カーネーションなどがある。中性植物の代表例は，キュウリ，トウモロコシ，バラ，ヒマワリ，トマトなどがある。

問3．(ii)(ウ)　矛盾する。短日処理された部分以外でも花芽が形成された。

(エ)　矛盾しない。どの部分も短日処理されていないので花芽が形成されなかったと考えられる。

(オ)　矛盾しない。頂芽および側芽のすべてが短日処理されているので花芽が形成されたと考えられる。

(カ)　矛盾する。頂芽および側芽のすべてが短日処理されているのに花芽が形成されなかった。

(キ)　矛盾する。短日処理されたのは右の枝のみであるにもかかわらず，左の枝でも花芽が形成された。

(ク)　矛盾する。右の枝の頂芽および側芽のすべてが短日処理されているのに右の枝でも花芽が形成されなかった。

問4．下線部③のA，B，Cのクラスの遺伝子はホメオティック遺伝子であり，各クラスの遺伝子は遺伝子の働きを調節するタンパク質をつくる。ラクトースオペロンのリプレッサーは調節遺伝子によってつくられ，オペレーターに結合してラクトース分解の酵素群の生成を抑制するタンパク質である。よって，(ウ)が最も似ている。(ア)・(イ)・(エ)〜(カ)に示された5つは，それぞれタンパク質ではあるが，他の遺伝子を調節する機能はもたない。

問5．野生型において，各領域とそこで働く遺伝子，形成される器官との関係は，次図のようにまとめられる。

| 領域1 | 領域2 | 領域3 | 領域4 |
|---|---|---|---|
| | B | | |
| A | | C | |
| がく片 | 花弁 | おしべ | 心皮 |

(i)　領域1では，Aクラスのみが働くのでがく片ができる。領域2では，領域1と同様，Aクラスのみが働くのでがく片ができる。領域3では，Cクラスのみが働くので心皮ができる。領域4では，領域3と同様，Cクラスのみが働くので心皮ができる。

(ii)　領域1では，Cクラスのみが働くので心皮ができる。領域2では，BクラスとCクラスが働くのでおしべができる。領域3では，BクラスとCクラスが働くのでおしべができる。領域4では，Cクラスのみが働くので心皮ができる。

(iii)　茎の先端部の中央領域には茎頂分裂組織があり，その中の幹細胞が分裂を繰り返す。Cクラスの遺伝子はその働きを抑制しているが，Cクラスの遺伝子が欠損するとこの作用が働かなくなり，抑制されていた分裂組織の増殖を促進する遺伝子が働くようになる。その結果，花の内側に新たな花がつくられ，それが繰り返される構造になる。八重咲きの花はこのようにしてつくられると考えられている。

## III　解答

(A)問1．(1)正　(2)負

問2．植物の名称：チューリップ　刺激の種類：温度

応答：高温になると花が開く

問3．(3)―(ウ)・(キ)　(4)―(エ)・(ケ)　(5)―(イ)・(カ)

問4．(ウ)

問5．(i)―(エ)　(ii)―(カ)　(iii)―(サ)

問6．(ウ)

問7．(i)コルメラ細胞（平衡細胞）　(ii)―(オ)

(B)問1．(1)DNAヘリカーゼ

(2)デオキシリボヌクレオシド三リン酸（ヌクレオチド）　(3)リン酸

(4)DNAポリメラーゼ　(5)プライマー　(6)リーディング鎖　(7)ラギング鎖

(8)岡崎フラグメント　(9)DNAリガーゼ　(10)メセルソン

問2．大腸菌では1ゲノムあたり1カ所しか存在しないが，ヒトでは多数存在する。(35字以内)

問3．27%

問4．(i)密度勾配遠心法　(ii)―(エ)

問5．$^{15}$N-$^{14}$N-DNA：$^{14}$N-DNA＝1：15

◀解　説▶

≪(A)植物の屈性と傾性　(B)DNAの複製≫

(A)問2．チューリップのこの性質を温度傾性という。他に，光があたると花が開くタンポポの光傾性や，接触刺激を受けると葉を閉じ葉柄を下げるオジギソウの接触傾性もある。

問4．屈曲はオーキシンによる成長運動の結果である。横から光があたるとオーキシンは光のあたらない側へ移動し，その後下降するため，光のあたらない側の細胞では縦方向の伸長が促進される。一方，光のあたる側はオーキシン濃度が低く，伸長が促進されない。その結果，茎は光の側に屈曲する。したがって

(ア)　不適。図7と変化していない。

(イ)　不適。横方向に伸長している。

(ウ)　適当。縦方向の伸長のみが促進されている。

(エ)　不適。細胞数が増え，各細胞が伸長せず小さくなっている。

(オ)　不適。細胞数が増え，横方向に伸長し，縦方向には小さくなっている。

問5．(iii)　オーキシンは，根に対しては茎に対してよりも低濃度で成長を促進し，茎に対して成長を促進する濃度では，根に対して成長を抑制する。したがって，茎と根のグラフを重ねたグラフは(サ)が最適になる。

問6．オーキシンの極性移動は，AUXという細胞内へオーキシンを取り込む輸送タンパク質と，PINという細胞外へオーキシンを排出する輸送タンパク質によっておこなわれていると考えられている。PINタンパク質が基部に局在しているから，茎を逆さまにしてもオーキシンは茎頂部→基部にしか移動しない。

問7．根の重力屈性では，根冠のコルメラ細胞が重力を検知する。コルメラ細胞内にはアミロプラストといわれる，デンプン粒を含む色素体が存在する。このアミロプラストが重力によって沈降すると，それに伴いオーキシンを排出するPINタンパク質が重力下方に移動し，下部でのオーキシ

ン濃度が高まる。これにより，下部の成長が抑制され，根は重力方向へ屈曲する。

(B)問 1．(2)　塩基と糖が結合したものをヌクレオシド，さらにそこへリン酸が結合したものをヌクレオチドとよぶ。糖がリボースの場合はリボヌクレオシドやリボヌクレオチド，糖がデオキシリボースの場合はデオキシリボヌクレオシドやデオキシリボヌクレオチドとよぶ。したがって，DNA 鎖をつくる材料となるヌクレオチドは，塩基＋デオキシリボース ＋3 つのリン酸なので，正確にいえば〔解答〕のように「デオキシリボヌクレオシド三リン酸」となる。略号では dNTP で表す。

問 2．大腸菌のゲノムは 1 個が約 460 万塩基対の環状 DNA であるが，複製起点は 1 カ所だけである。ヒトの DNA のゲノムは約 30 億塩基対であるので，もし複製を 1 カ所の複製起点から開始していたら，膨大な時間がかかると考えられる（大腸菌の細胞周期は約 40 分であり，この時間を基準にしてヒトの細胞周期を計算してみると，塩基対の総数との単純比較から，ヒトは大腸菌の約 650 倍の時間，すなわち 430 時間以上かかることになる)。実際のヒトの細胞周期は培養細胞で 25 時間程度であり，S 期だけだと 10～12 時間といわれているので，複製起点は数多くあると考えられる。

問 3．グアニンの含有率が 23％なので，相補的なシトシンの含有率も 23％である。したがって，アデニンとチミンの含有率の合計は

$$100-(23+23)=54〔\%〕$$

アデニンとチミンは相補的な塩基であるので，アデニンの含有率は

$$\frac{54}{2}=27〔\%〕$$

問 4．(i)・(ii)　密度勾配遠心法で DNA の分離ができる原理は，次のようなものである。遠心により塩化セシウム溶液に密度勾配が生じ，DNA は自身と密度が等しい溶液の位置まで移動してとどまる。これにより密度の違いで DNA を分離することができる。この手法は細胞分画法などで広く利用されている。

問 5．分裂回数と，できる DNA 鎖（2 本鎖）の本数は次図のようになる。

| | $^{15}$N-DNA : $^{15}$N-$^{14}$N-DNA : $^{14}$N-DNA |
|---|---|
| 1回目 | 2 |
| 2回目 | 2 : 2 |
| 3回目 | 2 : 6 |
| 4回目 | 2 : 14 |
| 5回目 | 2 : 30 |

ちなみに$n$回目は　$^{15}$N-$^{14}$N-DNA : $^{14}$N-DNA$=2:2^n-2$

あるいは　$^{15}$N-$^{14}$N-DNA : $^{14}$N-DNA$=1:2^{n-1}-1$

になる。

### ❖講　評

**I**　(A)は生命の誕生から中生代末期までの生物の変遷に関する知識を問う問題。ミラーの実験から生物の条件，植物の出現，無脊椎動物から脊椎動物への変遷，恐竜の繁栄と絶滅などそれぞれの地質時代の代表的な出来事・生物の変遷について基礎的な知識を問うものであり，確実に答えておきたい問題である。(B)は呼吸による有機物の代謝経路を中心に問う問題であるが，グルコースを呼吸基質としたときの化学反応式や電子伝達系へ運ばれる電子数など，代謝経路を理解した上での正確な知識が求められる。特に，問4の脂肪酸の$\beta$酸化については，現教科書ではあまりきちんと取り扱われていない。また，問6や問7の計算問題は，特に難しい問題ではないが，問い方にやや工夫が施されているため，少し戸惑うかもしれない。

**II**　(A)は窒素固定と窒素同化の基本的な問題である。全体におおむね基礎知識を問うものであるが，問2の酵素名は混乱しやすい知識である。また，問3と問4のアミノ酸に関する問題はかなり細かい知識が必要とされる。特に問3は図説（資料集）などでしっかり見て記憶していないと正解できない。(B)は花芽形成に関する実験問題と花の器官形成のABCモデルの問題である。花芽形成に関する実験問題は基本的な問題で，結果の読み取りもしやすい問題である。取りこぼしのないようにしたい。ABCモデルの問題もおおむね基本的な問題である。問5の(iii)だけは八重咲きの知識をもっていないと正解にたどり着きにくいと考えられる。

Ⅲ　(A)は主に植物の屈性や傾性に関する知識を問う問題。傾性の例示やグラフを用いてのオーキシン濃度に関する問いは基本的なものである。問6・問7のオーキシンの輸送の仕組みの問題には要注意。教科書でも参考や発展のレベルになるような知識も必要とされる。図説（資料集）などにも目を通して理解を深めておく必要がある。(B)はDNAの複製のしくみについての出題である。問1の空所補充はかなり根本的なところから問われている。ほぼ教科書に掲載されている内容ではあるが，正確な知識が必要とされる問題である。きちんと理解・記憶ができていないと，この空所補充に対処するのはやや難しい。特に(2)・(3)は，あまり教科書には記載されていない。問2以降は標準的な内容であるが，問2は知識がないと書きにくい。

全体としては難易度は標準的な問題であるといえるが，空所補充問題の量が多く，文章も比較的長いため読解力が必要である。問題の読み取りの際に，勘違いのミスや計算でのケアレスミスをしないこと，そして時間配分のしかたがポイントになると思われる。

## ■全学日程２：２月５日実施分

３教科型（理科設問選択方式），２教科型（英数方式〈数学重視〉）

# 問題編



▶試験科目・配点

●３教科型（理科設問選択方式）

| 教　科 | 科　　目 | 配　点 |
|---|---|---|
| 外国語 | コミュニケーション英語Ⅰ・Ⅱ・Ⅲ，英語表現Ⅰ・Ⅱ | 150 点 |
| 数　学 | 数学Ⅰ・Ⅱ・Ⅲ・A・B | 200 点 |
| 理　科 | 「物理基礎，物理」および「化学基礎，化学」の各３問合計６問のうち３問を選択 | 200 点 |

●２教科型（英数方式〈数学重視〉）

| 教　科 | 科　　目 | 配　点 |
|---|---|---|
| 外国語 | コミュニケーション英語Ⅰ・Ⅱ・Ⅲ，英語表現Ⅰ・Ⅱ | 100 点 |
| 数　学 | 数学Ⅰ・Ⅱ・Ⅲ・A・B | 300 点 |

▶備　考

- ３教科型（理科設問選択方式）：システム理工学部・環境都市工・化学生命工学部で実施。英語は 200 点満点を 150 点満点に，理科は 150 点満点を 200 点満点に換算する。
- ２教科型（英数方式〈数学重視〉）：社会安全学部で実施。３教科型（理科設問選択方式）と同一問題を使用し，英語は 200 点満点を 100 点満点に，数学は 200 点満点を 300 点満点に換算する。
- 「数学Ｂ」は「数列，ベクトル」から出題する。

# 英語

(90分)

〔Ⅰ〕A. 次の会話文の空所(1)～(5)に入れるのに最も適当なものをそれぞれA～Dから一つずつ選び，その記号をマークしなさい。

*Carlos is showing his new roommate Hiroki how to use the university cafeteria.*

Carlos: Is this your first time visiting the cafeteria since you got to campus?

Hiroki: Yeah, I don't know where to line up or anything. (1)____________

Carlos: That's one thing I love about our cafeteria. You can always find something you like!

Hiroki: (2)____________

Carlos: It depends on what you want. Basically, there are three sections: salads and sandwiches, burritos, and desserts.

Hiroki: Burritos? (3)____________

Carlos: Do you want to try one? It's a type of spicy Mexican food. They are really good.

Hiroki: (4)____________ I think I'll get a salad.

Carlos: You can't just get a salad! Aren't you hungry?

Hiroki: Not really. Did you say we can get a sandwich, too?

Carlos: You can. They have different types of bread, meat, and vegetables. You just tell them what you want on it.

Hiroki: That sounds good. I think I'll do that. (5)____________

Carlos: I'm in the mood for a burrito. After I get one we can go pay together.

(1) A. I don't know where to pay either.
B. I'll try your recommendation.
C. There are so many options.
D. I should look for where it starts.

(2) A. So, is this where the line starts?
B. What do you like the best?
C. Hmm, I feel like a pizza today.
D. I want to eat here every day.

(3) A. Can I cook them at home?
B. I had some last time.
C. I'd actually like a dessert.
D. What's that?

(4) A. Maybe next time.
B. That would be great!
C. What's in a burrito?
D. I prefer something heavy.

(5) A. Any recommendations for sandwiches?
B. Are you feeling okay?
C. What are you getting?
D. What about dinner, though?

B. 下の英文A～Fは，一つのまとまった文章を，6つの部分に分け，順番をばらばらに入れ替えたものです。ただし，文章の最初にはAがきます。Aに続けてB～Fを正しく並べ替えなさい。その上で，次の(1)～(6)に当てはまるものの記号をマークしなさい。ただし，当てはまるものがないもの(それが文章の最後であるもの)については，Ｚをマークしなさい。

(1) Aの次にくるもの
(2) Bの次にくるもの
(3) Cの次にくるもの
(4) Dの次にくるもの
(5) Eの次にくるもの
(6) Fの次にくるもの

A. A *machine* is a device that uses power to carry out an action. Any moving mechanical tool can be called a machine. This familiar word can stand for something as simple as a fan, or as sophisticated as an automobile.

B. For example, machines help in the mass production of food supplies. Factories can process more or less food to meet the current demand. Delicate goods like milk and eggs become available all year round with the help of a cold area run by machines.

C. Despite the benefits of the machines, they also have their disadvantages. They are expensive to buy, maintain, and repair. When there is no stable electricity, some require fuel-hungry generators.

D. They can also have an impact on employment, taking over many jobs in companies. They are now replacing manual workers in the service sector. This trend has therefore increased the level of unemployment and poverty in many countries.

E. Some types of machines can perform factory tasks: for instance, they can pick up a part and position it. They are an extraordinary technological achievement. Many companies today are only able to meet the needs of consumers with the help of machines.

F. Some people argue that when demand rises, more people are employed to boost production. Therefore, in the long run, machines may create more jobs. However, it is also necessary to thoroughly consider how to manage the societal outcomes the use of machines will bring.

〔Ⅱ〕A. 次の英文の空所(　1　)～(　15　)に入れるのに最も適当なものをそれぞれA～Dから一つずつ選び，その記号をマークしなさい。

Angeline Nanni didn't want to be a beautician, but got her license anyway and shampooed customers at her sisters' Blairsville beauty shop while running the business end. It was there, while World War II raged on, that she heard of a government job opportunity in Washington, D.C. Nanni thought she'd check it out for a year. "I just want to go see what's going on there," Nanni remembered telling her sisters. That decision would change the course of her life and put her in exclusive company with a group of women who deciphered codes connected to Soviet spy communication during and after World War II. She was part of a secretive effort known (　1　) the Venona Project.

An article in the *Smithsonian* magazine by Liza Mundy—following Mundy's book *Code Girls* (　2　) last year—profiled Nanni in her first public interview as the last living member of the project. Nanni turned 100 in August. In the article, Mundy described Nanni sitting for a test to see if she would get into the top-secret program in 1945, just after World War II had ended, and doing very well. In an interview with the *Tribune-Review*, a local newspaper, Nanni was ( 3 ) about her accomplishments, saying that she was simply doing her job alongside plenty of other women, many of whom became lifelong friends.

Nanni ( 4 ) life growing up in Creekside. The tiny, rural borough—a former mining town north of Indiana—had about 600 residents when she was a child. The population has since ( 5 ) to about 300, according to census figures.

At age 12, Nanni finished eighth grade. A rule at the time forbade her from going to high school at that age without an adult. Both of her parents worked, so she helped out at her father's grocery store for a couple of years doing accounting and organizing deliveries. "He used to get me up in the morning to help with the groceries," she recalled.

Nanni eventually graduated from Indiana High School in 1937. She first joined her sisters Mary and Virginia at the family salon ( 6 ) leaving for Washington in 1944, when she was in her mid-20s. "I was never good at styling. My sisters were great stylists," Nanni said.

It turns out that she was great at something else—the thorough work of analyzing intercepted sets of numbers and making sense of sensitive information the Soviets sought via spies during the Cold War, according to Mundy's research. Nanni cracked the practice code in 1945 before any other women taking the test that day—many of whom she ( 7 ) had attended college. She had not. "The supervisor came around and saw that she had finished before anybody else," Mundy wrote. "'That's right, Angie! That's right!' she cried. Then she ran out of the room to tell her superiors they had a new ( 8 ) for the Russian code-breaking project."

She got the analyst job. "I just loved the work and I decided, 'Why go back home?'" said Nanni, who still lives in the same apartment building in ( 9 ). For decades, she had to keep her work a secret from her family back home in Western Pennsylvania. ( 10 ), when family members attended her retirement party in 1980, they had no idea from what job she was retiring. "That was the code of silence that these women lived by," said Nanni's nephew Greg Persichetti of Blairsville. His mother was Mary Nanni Persichetti, her ( 11 ).

The Army's Signal Intelligence Service, later the National Security Agency (NSA), started the Venona Project in 1943. Its work was headquartered at Arlington Hall in Virginia, according to a report from the National Security Agency's Center for Cryptologic History. The group successfully translated about 3,000 encrypted, or coded, messages, ( 12 ) ones related to the Cambridge Five spying plot in the United Kingdom and major KGB agents, according to the NSA report.

Nanni worked for the project until it ended in 1980. A family member stumbled across her name when information about Venona was released in 1995 and asked her about it. "She was ( 13 )—'How did you know that?'" Persichetti said.

Nanni's nephew Jim DeLuca noticed Mundy's book late last year on the *New York Times* Bestseller list and ordered a copy. He ( 14 ) the bestselling author to share information about his aunt. He said Mundy later got back in touch with him before attempting to contact Nanni. "It's been fun watching her," said DeLuca. "She views herself as just doing her job." It was at her retirement party that DeLuca—who at one time lived in the same apartment building as his aunt and sometimes drove her and her friends around—realized the importance of his aunt's job.

Nanni visits Southwestern Pennsylvania regularly for Christmas and other special occasions. She had two 100th birthday parties—one in Blairsville and another in Washington. ( 15 ) the tumult of important work, she kept the small-town values she learned growing up in Indiana County and helping run a Blairsville beauty parlor. "She was destined for something else," Greg Persichetti said.

出典追記：Associated Press

(1) A. by B. to
C. as D. with

(2) A. publication B. publishing
C. publishers D. published

(3) A. humble B. hopeful
C. boastful D. disappointed

(4) A. accomplished B. recounted
C. raised D. rehearsed

(5) A. depressed B. fallen
C. crumbled D. disintegrated

(6) A. while B. by
C. after D. before

(7) A. figured B. calculated
C. doubted D. assessed

(8) A. spy B. program
C. candidate D. answer

(9) A. Washington B. Pennsylvania
C. Russia D. Blairsville

(10) A. Nevertheless B. Still
C. That said D. In fact

⑾　A．aunt　　　　B．sister

　　C．niece　　　　D．grandmother

⑿　A．including　　　　B．exceeding

　　C．succeeding　　　　D．passing

⒀　A．ignorant　　　　B．aware

　　C．stunned　　　　D．questioned

⒁　A．stretched out to　　　　B．reached out to

　　C．read out from　　　　D．found out from

⒂　A．Instead of　　　　B．Thanks to

　　C．Against　　　　D．Despite

B．本文の内容に照らして最も適当なものをそれぞれA～Cから一つずつ選び，その記号をマークしなさい。

(1)　Nanni's first job as an adult was

　A．working in the family beauty salon.

　B．translating codes for the US government.

　C．editing articles in a publishing company.

(2)　Liza Mundy

　A．followed Nanni around the country, promoting her book.

　B．wrote a recent piece about Nanni in a famous publication.

　C．became good friends with Nanni after meeting her.

(3)　Nanni was unable to start high school at age 12 because

　A．her father insisted that she help him with morning deliveries.

B. she had not yet completed her elementary-level studies.

C. she was considered too young to travel there by herself.

(4) According to the sixth paragraph, starting with "It turns out," Nanni was able to become a code breaker because

A. she was the first test taker that day to solve the problems.

B. the supervisor, who referred to her as "Angie," already knew her.

C. she had successfully completed a university education.

(5) According to the passage, the Venona Project

A. was important for the US Army before World War II.

B. translated messages from English into Russian.

C. continued until the beginning of the 1980s.

(6) Nanni's relatives

A. mostly knew about her work while she was doing it.

B. only found out about her work many years after it ended.

C. remain unaware of the content of her work to this day.

(7) In the last paragraph, Greg Persichetti suggests that

A. Nanni would probably have been more successful as a local beautician.

B. Nanni valued the slow pace in her hometown more than hectic city life.

C. Nanni was always meant to work as an analyst for the US government.

〔Ⅲ〕A．次の英文の下線部①～⑩について，後の設問に対する答えとして最も適当なものをそれぞれA～Cから一つずつ選び，その記号をマークしなさい。

It may surprise you that we cry fairly often. Researchers note that, on average, American women cry 3.5 times each month, while American men cry about 1.9 times each month. These figures may take some of us by surprise, especially as our society has often looked at crying—particularly by men—as a sign of weakness and lack of emotional stamina①. But there are in fact many benefits to crying.

As a phenomenon that is unique to humans, crying is a natural response to a range of emotions, from deep sadness and grief to extreme happiness and joy. But is crying good for your health? The answer appears to be yes. Medical benefits of crying have been known as far back as the Classical era. Thinkers and physicians of ancient Greece and Rome proposed that ②tears work like a cleansing agent, draining off and purifying us. Today's psychological thought largely agrees, emphasizing the role of crying as a mechanism that allows us to release stress and emotional pain.

Crying is an important safety valve, largely because keeping difficult feelings inside—what psychologists call repressive coping③—can be bad for our health. Studies have linked repressive coping with a less robust immune system, heart disease, and high blood pressure, as well as with mental health conditions, including stress, anxiety, and depression. Crying has also been shown to increase attachment behavior④, which encourages closeness, mutual understanding, and support from friends and family.

Not all tears are created equal. Scientists divide the liquid product of crying into three distinct categories: reflex tears, continuous tears, and emotional tears. The first two categories perform the important functions of removing debris such as smoke and dust from our eyes, and keeping our eyes moist to help protect them from infection. Their content is 98% water.

It's the third category, emotional tears (which flush stress hormones and other harmful substances out of our system), that potentially offers the most health benefits. Researchers have established that crying releases oxytocin (a hormone associated with trust and relationship-building) and endorphins—often called "feel-good" chemicals because they can act as a pain reliever and happiness booster. These feel-good chemicals help ease both physical and emotional pain. Popular culture, for its part, has always known the value of a good cry as a way to feel better—and maybe even to experience physical pleasure. ⑤The millions of people who watched classic sentimental films such as *West Side Story* or *Titanic* (among others) will likely attest to that fact.

"I know a man ain't supposed to cry," goes the lyric of a popular song, "but these tears I can't hold inside." These words concisely summarize many a man's dilemma about emotional expression. ⑥From early on, boys are told that real men do not cry. When these boys grow up, they may stuff their feelings deep inside and withdraw emotionally from their loved ones, abuse alcohol or drugs, or even become suicidal. Many men therefore need to learn the skills of how to reconnect with their emotions. Back in the 1990s, the poet Robert Bly led men's seminars at which he taught the participants how to get in touch with their long-buried feelings of sadness and loss, and to weep openly if they needed to. Ideally, however, such education should begin at home or at school, with adults making it safe for boys to talk about difficult feelings.

As of now, the United States has registered hundreds of thousands of deaths from COVID-19. The collective grief over these losses can only be described as overwhelming. It is no surprise, then, that at times like these our feelings are closer to the surface, and that ⑦many people who were not previously prone to crying find themselves tearing up more easily. In fact, as one medical professional put it, showing emotion in public may have become the "new normal."

When, then, are tears a problem? There are times when crying can be a sign of a problem, especially if it happens very frequently and/or for no apparent reason, or when crying starts to affect daily activities or becomes uncontrollable. Conversely, ⑧ people suffering from certain kinds of clinical depression may actually not be able to cry, even when they feel like it. In any of these situations, it would be best to see a medical professional who can help diagnose the problem and suggest appropriate treatment.

As challenging as it may be, ⑨ the best way to handle difficult feelings, including sadness and grief, is to embrace them. It is important to allow yourself to cry if you feel like it. Make sure to take the time and find a safe space to cry if you need to. Many people associate crying during grief with depression, when it can actually be ⑩ a sign of healing. Teaching boys and young men that it's okay to cry may reduce negative health behaviors and help them have fuller lives.

(1) What does Underline ① actually mean?

A. the routine of avoiding extreme anger

B. the discipline that removes your desires

C. the strength to deal with your feelings

(2) Which of the following has a meaning closest to Underline ②?

A. Tears help our bodies to get rid of unwanted things.

B. When we shed tears, we experience a feeling of virtue.

C. We are able to see things more clearly after we cry.

(3) Which of the following has a meaning closest to Underline ③?

A. avoiding discussions with others about your troubles

B. being careful not to let others read your facial expressions

C. suppressing your emotions so that they do not come out

(4) Which of the following can be a concrete example for Underline ④?

A. providing assistance to individuals in need

B. developing relationships with those around you

C. standing near to the people in your proximity

(5) What does Underline ⑤ actually mean?

A. Many people have a positive emotional experience through viewing touching movies from the past.

B. Many of those who create popular culture affirm that their mental suffering was relieved by making it.

C. Many people who watched inspiring movies were able to express and share their happiness with each other.

(6) What does Underline ⑥ actually mean?

A. beginning at birth

B. from when they are young

C. soon after meeting the men

(7) What does Underline ⑦ imply?

A. People who used to cry easily are now even more vulnerable to tears.

B. Even those who have seldom cried in the past are becoming more likely to shed tears.

C. Crying is more likely to tear apart interpersonal relationships than before.

(8) What does Underline ⑧ imply?

A. The act of tearing up when one wants to can be considered completely normal.

B. If a person cries frequently or without a clear reason, then physical illness is suspected.

C. If you are unable to express your emotions in public, you should seek professional help.

(9) What does Underline ⑨ actually mean?

A. When we learn to accept our negative emotions, we will be able to cope better with them.

B. When you are sad, conveying your feelings to those around you is the ideal thing to do.

C. If you can learn how to shed tears openly, you will be able to control your emotions well.

(10) What does Underline ⑩ actually mean?

A. a suggestion for treatment

B. a symbol of health

C. hints of recovery

B. 本文の内容に照らして最も適当なものをそれぞれA～Cから一つずつ選び，その記号をマークしなさい。

(1) In the first paragraph, the author introduces

A. the specific benefits of crying for Americans.

B. the reasons why both American men and women cry.

C. the fact that Americans cry more often than one might think.

(2) According to the second paragraph, today's experts

A. learn about the psychological limitations of crying from the findings of ancient scholars.

B. share the overall opinion of ancient scholars about the mental and health effects of crying.

C. hold a somewhat different opinion to that of the ancient scholars about the spiritual benefits of crying.

(3) The main purpose of the third paragraph, starting with "Crying is," is to

A. explain the related physical and emotional effects of crying.

B. illustrate the impact of crying on our daily social life.

C. discuss the influence of crying on human relationships.

(4) Emotional tears are different from the other two types of tears in that

A. they can help prevent various infections in the human body.

B. their production is much more sustained and long-lasting.

C. they are related to the discharge of restorative substances.

(5) The author of this passage would most likely agree that

A. it should be considered masculine to suppress any painful feelings.

B. the trend of the "new normal" is a welcome development.

C. people suffering from high blood pressure should take endorphins.

(6) The author of this passage and Robert Bly both believe that

A. crying over sadness is a depressive thing to do.

B. men should learn to self-regulate their emotions more.

C. it is acceptable to express your feelings in a straightforward manner.

(7) The most appropriate title for this passage is

A. "Is It Beneficial to Cry?"

B. "All Tears Are Not the Same!"

C. "Rethinking Crying in Men."

# 数学

(100 分)

〔Ⅰ〕 座標平面上に，2 曲線 $C_1 : y = \dfrac{2\sqrt{2}}{x^2+2}$，$C_2 : y = \sqrt{2-x^2}$ がある。

(1) 関数 $f(x) = \dfrac{2\sqrt{2}}{x^2+2}$ の導関数を求めよ。

(2) 関数 $f(x) = \dfrac{2\sqrt{2}}{x^2+2}$ の増減を調べて，$y = f(x)$ のグラフの概形を解答欄の座標平面上に描け。ただし，グラフの凹凸は調べなくてよい。

(3) 定積分 $\displaystyle\int_0^{\sqrt{2}} \frac{2\sqrt{2}}{x^2+2}\,dx$ の値を求めよ。

(4) $C_1$ と $C_2$ の共有点のうち，第 1 象限にあるものの $x$ 座標を $p$ とする。$0 \leqq x \leqq p$ において，$C_1$ と $C_2$ で囲まれる部分の面積を $S_1$，$p \leqq x \leqq \sqrt{2}$ において $C_1$，$C_2$ および直線 $x = \sqrt{2}$ で囲まれる部分の面積を $S_2$ とする。$S_1 - S_2$ を計算することによって，$S_1$ と $S_2$ の大小を調べよ。

〔(2)の解答欄〕

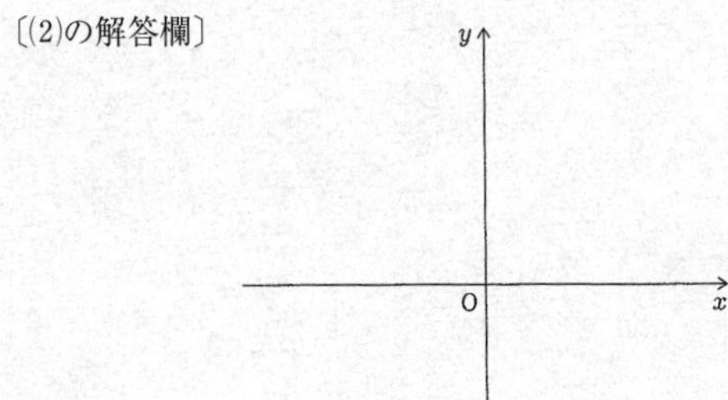

〔Ⅱ〕 次の □ をうめよ。

座標空間に，4 点 O (0, 0, 0)，A (1, 1, 4)，B (4, −2, 2)，C (2, 2, −2) を頂点とする四面体がある。また，頂点 A から三角形 OBC を含む平面に垂線を下ろし，その交点を K とする。

(1) 辺 OB の長さは ① であり，辺 OC の長さは ② である。また，$\overrightarrow{\mathrm{OB}}\cdot\overrightarrow{\mathrm{OC}}=$ ③ より，三角形 OBC の面積は ④ である。

(2) $\overrightarrow{\mathrm{OK}}=p\overrightarrow{\mathrm{OB}}+q\overrightarrow{\mathrm{OC}}$ ($p$, $q$ は実数) とすると，$p=$ ⑤ ，$q=$ ⑥ である。また，線分 AK の長さは ⑦ である。

(3) 四面体 OAKB と四面体 OABC の体積比は 1 : ⑧ である。

〔Ⅲ〕 次の $\boxed{\phantom{00}}$ をうめよ。

O(0, 0) を原点とする複素数平面上に複素数 $\alpha = \sqrt{6} + \sqrt{2}\,i$ がある。ただし，$i$ は虚数単位で，$-\pi \leqq \arg\alpha < \pi$ とする。

(1) $|\alpha| =$ $\boxed{\text{①}}$ であり，$\arg\alpha =$ $\boxed{\text{②}}$ である。

(2) $\alpha^n$ が正の実数となるような，2 桁の正の整数 $n$ で最大のものは $\boxed{\text{③}}$ である。

(3) $\alpha$, $\dfrac{6}{\alpha}$ が表す点をそれぞれ A，B とするとき，三角形 OAB の面積は $\boxed{\text{④}}$ である。

(4) (3)のとき，辺 AB と ∠AOB の二等分線の交点を C$(\beta)$ とする。$\beta =$ $\boxed{\text{⑤}}$ である。また，$\left|z + \dfrac{\sqrt{6}}{7} - \sqrt{3}\,i\right| = 1$ を満たす複素数 $z$ が描く図形を $D$ とする。$D$ 上の複素数 $z$ において，$|z - \beta|$ のとり得る値の範囲は，$\boxed{\text{⑥}} \leqq |z - \beta| \leqq \boxed{\text{⑦}}$ である。

〔Ⅳ〕 次の□をうめよ。

(1) $n$を2以上の自然数とする。箱の中に$2n$枚のカードがあり，それぞれのカードには1から$2n$までの異なる数が1つずつ記入されている。この箱の中から2枚のカードを同時に取り出すとき，カードに書かれた数の和が$2n$に等しくなるような取り出し方は ① 通りあり，その確率が$\frac{3}{28}$であるとき，$n=$ ② である。

(2) 4で割っても，5で割っても余りが2となるような自然数を小さい方から並べてできる数列を$\{a_n\}$ ($n=1, 2, 3, \cdots$)とする。$a_n$を$n$を用いて表すと，$a_n=$ ③ である。また，$\sum_{k=1}^{n} a_k$の値が4桁の自然数となるような$n$の最小値は ④ である。

(3) $y=\log_{\frac{1}{4}}(x-1)$のグラフを$x$軸に関して対称移動したグラフを$C_1$とする。$C_1$の方程式を，4を底とする対数を用いて表すと，$y=$ ⑤ である。また，$y=\log_4 x$のグラフを$x$軸方向に$-8$，$y$軸方向に$-\frac{3}{2}$だけ平行移動したグラフを$C_2$とする。$C_1$と$C_2$の共有点の$x$座標は ⑥ である。

(4) $p=\lim_{x \to 1}\frac{\sqrt{x^2+ax-1}-x-1}{x-1}$が有限な値となるような定数$a$の値は ⑦ であり，このとき，$p=$ ⑧ である。

# 物理

(3問　90分)

※　6問(物理3問・化学3問)のうちから3問を選択して解答してください。なお，4問以上解答した場合は，高得点の3問を合否判定に使用します。

〔Ⅰ〕次の文の [ (a) ] ～ [ (c) ] に入れるのに最も適当な式を解答欄に記入しなさい。また，[ (1) ] ～ [ (15) ] に入れるのに最も適当なものを各問の文末の解答群から選び，その記号をマークしなさい。ただし，同じものを2回以上用いてもよい。

なお，以下の設問では重力加速度の大きさを $g$ とし，空気抵抗は無視できるものとする。

(i)　図1に示すように，点Oを支点として水平面に対する角度 $\theta$($0 < \theta < 90°$) を自由に変えられる長さ $L$ の板がある。質量 $m$ の小球を初速度の大きさ(初速) $v_0$ でOから板の右端Aに向かって板の面上を運動させる。すべての運動は鉛直面内で行われ，板の面上はなめらかであるとする。

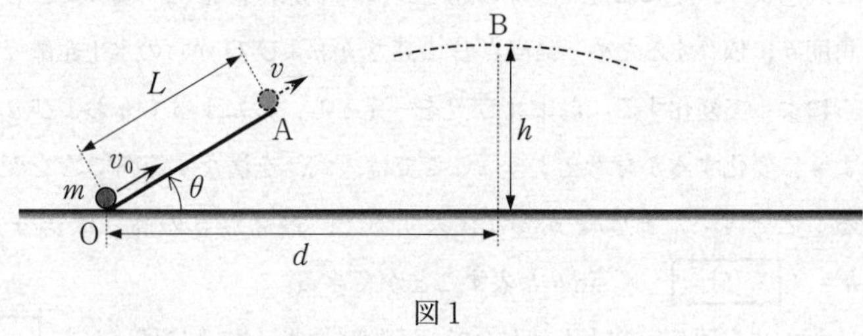


図1

(A)　いま，小球が板の右端Aから飛び出した。このとき，Aから飛び出した瞬間の小球の速さ $v$ は，

$v =$ [ (1) ] ……①

と表すことができる。小球がAから飛び出すために必要な初速 $v_0$ の条件は,

$$v_0 > \boxed{\ (2)\ } \quad \cdots\cdots②$$

である。小球は，Aから飛び出した後，最高点Bに達した。Bの高さ $h$ は，Aから飛び出す瞬間の小球の速さ $v$ を用いると，

$$h = (\boxed{\ (3)\ }) \times \sin\theta \quad \cdots\cdots③$$

と表すことができる。また，OからBまでの水平距離 $d$ は，$v$ を用いると，

$$d = (\boxed{\ (4)\ }) \times \cos\theta \quad \cdots\cdots④$$

となる。

〔解答群〕

(ア) $\sqrt{{v_0}^2 - gL}$　(イ) $\sqrt{{v_0}^2 - 2gL}$　(ウ) $\sqrt{{v_0}^2 - 2gL\sin\theta}$

(エ) $\sqrt{{v_0}^2 - 2gL\cos\theta}$　(オ) $\sqrt{gL}$　(カ) $\sqrt{2gL}$

(キ) $\sqrt{2gL\sin\theta}$　(ク) $\sqrt{2gL\cos\theta}$　(ケ) $\dfrac{v^2\sin\theta}{2g} + L$

(コ) $\dfrac{v^2\cos\theta}{2g} + L$　(サ) $\dfrac{v^2\sin\theta}{g} + L$　(シ) $\dfrac{v^2\cos\theta}{g} + L$

(ス) $\dfrac{2v^2\sin\theta}{g} + L$　(セ) $\dfrac{2v^2\cos\theta}{g} + L$　(ソ) $\dfrac{v^2\sin\theta}{g} + 2L$

(タ) $\dfrac{v^2\cos\theta}{g} + 2L$

(B)　式①より，Aにおける小球の速さ $v$ は，小球の初速 $v_0$，板の長さ $L$ および角度 $\theta$ に依存するため，最高点Bの高さ $h$ およびOからの水平距離 $d$ もそれらによって変化する。$v_0$ および $\theta$ を一定とし，$L$ によって $h$ および $d$ がどのように変化するかを考えよう。ここでは，式②を満たす範囲で $L$ を変化させることとする。式①を式③に代入すると，最高点Bの高さは $v_0$ を用いて $h = (\boxed{\ (5)\ }) \times \sin\theta$ と表すことができる。

$v_0$ および $\theta$ を一定とし，$h$ をできるだけ小さくするには，$L$ を $\boxed{\ (6)\ }$ に近づければよい。この極限では，$h$ は $\boxed{\ (7)\ }$ に近づき，OからBまでの水平距離 $d$ は $\boxed{\ (8)\ }$ に近づく。このことより，板を用いると，板を用いずに角度 $\theta$ で小球に初速 $v_0$ を与える斜方投射より最高点が高くなることが

分かる。

一方，$h$ をできるだけ大きくするには，$L$ を [ (9) ] に近づければよい。この極限では，$h$ は [ (10) ] に近づく。このとき，A における小球の速さ $v$ は [ (11) ] に近づくから，式③および式④より，板の右端 A は小球が到達しうる最高点となる。

〔解答群〕

(ア) $0$　(イ) $\sqrt{2}L$　(ウ) $\sqrt{2gL}$　(エ) $2\sqrt{gL}$

(オ) $\dfrac{{v_0}^2}{2g}$　(カ) $\dfrac{{v_0}^2}{g}$　(キ) $\dfrac{2{v_0}^2}{g}$　(ク) $\dfrac{{v_0}^2}{2g\sin\theta}$

(ケ) $\dfrac{{v_0}^2}{g\sin\theta}$　(コ) $\dfrac{2{v_0}^2}{g\sin\theta}$　(サ) $\dfrac{{v_0}^2\sin 2\theta}{2g}$　(シ) $\dfrac{{v_0}^2\sin 2\theta}{g}$

(ス) $\dfrac{2{v_0}^2\sin 2\theta}{g}$　(セ) $\dfrac{{v_0}^2\sin^2\theta}{2g}$　(ソ) $\dfrac{{v_0}^2\sin^2\theta}{g}$　(タ) $\dfrac{2{v_0}^2\sin^2\theta}{g}$

(チ) $\dfrac{{v_0}^2\sin\theta}{2g}+L\cos^2\theta$　(ツ) $\dfrac{{v_0}^2\sin\theta}{g}+L\cos^2\theta$

(テ) $\dfrac{{v_0}^2\sin^2\theta}{2g}+L\cos^2\theta$　(ト) $\dfrac{{v_0}^2\sin^2\theta}{g}+L\cos^2\theta$

(ii) 図2のように，質量を無視できる長さ $L$ の棒の一端を，棒が自由に回転できる支点 O に固定し，他端には質量 $m$ の小球を取り付けた。小球は O を中心に鉛直面内の円周上を運動する。点 A は円周上の最高点であり，点 B は最下点である。OA から棒まで反時計まわりに測った角度を $\theta$ とし，棒は変形しないとする。

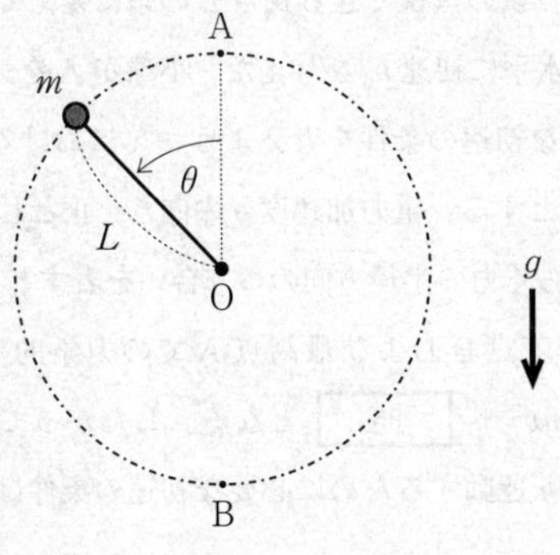


図 2

$\theta = \theta_0$ の位置から小球を静かにはなしたとき，小球が最下点 B を通過するときの速さは [ (12) ] である。また，$\theta_0 = 45°$ の位置から静かにはなした小球が，300° の位置を通過するときの速さは [ (a) ] である。

次に，$\theta_0 (< 180°)$ の位置から小球を静かにはなしたとき，小球が円周に沿って運動し，次に元の位置に戻って来るまでの時間 $\tau$ を計測した。$\theta_0$ を徐々に大きくして 180° に近づけると，一往復する時間 $\tau$ は $\theta_0$ によらない一定の値 [ (b) ] に近づいた。

図 3 のように，最下点 B で静止している小球に初速 $v_0$ を与えたときの運動を考えよう。小球が最高点 A を通過して円周上を回転運動するために必要な初速の条件は $v_0 >$ [ (13) ] である。

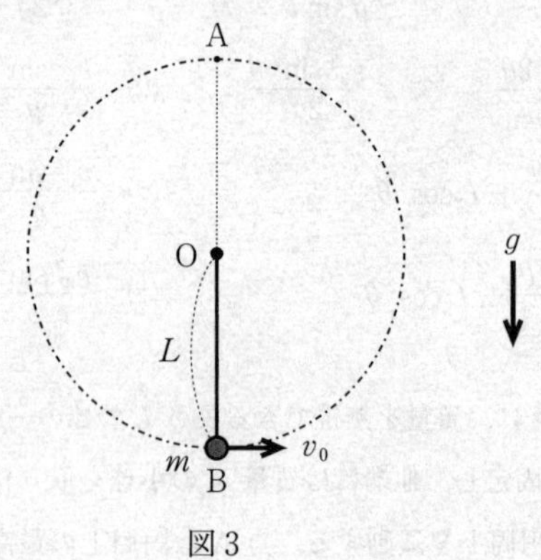

図 3

次に，棒を質量の無視できる長さ $L$ の糸に変えて，図 3 と同様に B で静止している小球に水平に初速 $v_0$ を与えた。小球が A を通過して円周上を回転運動するために必要な初速の条件を考えよう。A における小球の速さを $v$，糸の張力の大きさを $T$ とする。重力加速度 $g$ の向きを正とし，遠心力を用いて A における小球にはたらく力の半径方向のつり合いを表すと，$T + mg -$ [ (14) ] $= 0$ と書ける。最下点 B および最高点 A での力学的エネルギー保存の法則は，$\frac{1}{2}m{v_0}^2 = \frac{1}{2}mv^2 +$ [ (15) ] となる。したがって，糸に取り付けた小球が A を通過して回転運動するために必要な初速の条件は $v_0 >$ [ (c) ] となる。

〔解答群〕

(ア)　0　　(イ)　$\sqrt{gL}$　　(ウ)　$\sqrt{2gL}$　　(エ)　$2\sqrt{gL}$

(オ)　$\sqrt{gL\sin\theta_0}$　　(カ)　$\sqrt{gL\cos\theta_0}$

(キ)　$\sqrt{2gL(1+\sin\theta_0)}$　　(ク)　$\sqrt{2gL(1+\cos\theta_0)}$

(ケ)　$m\dfrac{L}{v}$　　(コ)　$m\dfrac{L}{v^2}$　　(サ)　$m\dfrac{v}{L}$　　(シ)　$m\dfrac{v^2}{L}$

(ス)　$\sqrt{mgL}$　　(セ)　$\sqrt{2mgL}$　　(ソ)　$mgL$　　(タ)　$2mgL$

〔Ⅱ〕 次の文の [(a)] ～ [(c)] に入れるのに最も適当な式を解答欄に記入しなさい。また, [(1)] ～ [(17)] に入れるのに最も適当なものを各問の文末の解答群から選び，その記号をマークしなさい。ただし，同じものを2回以上用いてもよい。なお, [(15)*] , [(16)*] については文末の〔解答群*〕から最も適当なものを選びなさい。

(i) 直線電流が作る磁場(磁界)について次の事柄が成り立つ。

**直線電流が作る磁場の向き・大きさと重ねあわせの原理**

十分に長い導線を流れる大きさ $I$ の直線電流のまわりには同心円状の磁場ができる。直線電流から距離 $R$ だけ離れた観測点Pでの磁場の向きは，電流の向きに右ねじが進むとき，ねじを回す向きであり，その強さ $H$ は $H=$ [(a)] で表される。また，空間中に分布する複数の直線電流が点Pに作る磁場は，個々の直線電流が点Pに作る磁場ベクトルの和(ベクトルの合成)に等しい。

水平面内に直交する $x$ 軸と $y$ 軸をとり，鉛直上向きに $z$ 軸をとる。$r$ を正の数として, $xy$ 面上に点 A$(r,\ 0)$, B$(0,\ r)$, C$(-r,\ 0)$, D$(0,\ -r)$ をとり，各点をとおるように十分に長い直線導線 $L_A$, $L_B$, $L_C$, $L_D$ を $z$ 軸と平行に設置した。以下では地磁気の影響は無視できるものとする。

最初に，導線$L_A$に大きさ$I$の電流を$z$軸正の向きに流した。原点Oに方位磁針をおくと，磁針のN極は [ (1) ] を向いた。

$L_A$に$z$軸正の向きに大きさ$I$の電流を流した状態で，更に，$L_B$，$L_C$，$L_D$の各導線に大きさ$I$の電流を，$z$軸正の向き，もしくは$z$軸負の向きに流す実験1～3を行った。実験1と2では，各導線での電流の向きを表1のように与えると，Oでの磁場の向きはそれぞれ [ (2) ]，[ (3) ] になった。実験3では，各導線での電流の向きをそれぞれ [ (4) ]，[ (5) ]，[ (6) ] としたとき，Oでの磁場は解答群の(ケ)の向きになった。

表1：実験1～3における直線電流の向きとOでの磁場の向き

| | $L_B$の電流の向き | $L_C$の電流の向き | $L_D$の電流の向き | Oでの磁場の向き |
|---|---|---|---|---|
| 実験1 | $z$軸負 | $z$軸負 | $z$軸負 | [ (2) ] |
| 実験2 | $z$軸正 | $z$軸正 | $z$軸負 | [ (3) ] |
| 実験3 | [ (4) ] | [ (5) ] | [ (6) ] | (ケ) |

実験1で，$L_B$，$L_C$，$L_D$を流れる電流が点Aに作る磁場は，それぞれ [ (7) ]，[ (8) ]，[ (9) ] を向いている。これらの磁場の重ね合わせにより，点Aにおける磁場は [ (10) ] を向いている。$z$軸正の向きに電流が流れる導線$L_A$内を [ (11) ] の向きに移動している自由電子は，この磁場からローレンツ力を受け，その結果，導線$L_A$には [ (12) ] の向きに力がはたらく。透磁率を$\mu$とすると，導線$L_A$にはたらく力の大きさは，単位長さあたり [ (b) ] である。

〔解答群〕

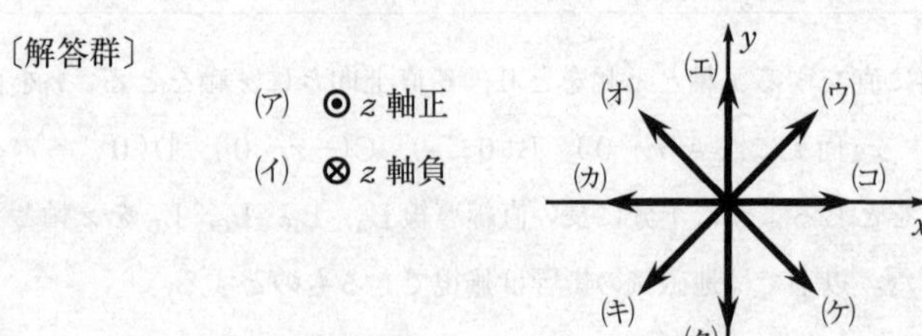

(ii)　水平面内に直交する $x$ 軸と $y$ 軸をとり，鉛直上向きに $z$ 軸をとる。磁束密度の大きさが $B_0$ で $y$ 軸負の向きを向いた一様な外部磁場がある。一辺の長さ $L$ の正方形の１巻きコイル PQRS を用意し，図１のように PS と QR の中点が各々原点 O と $z$ 軸上の点 $(0,\ 0,\ L)$ になるようにして，$z$ 軸を中心に一定の角速度 $\omega$ でコイルを回転させる($z$ 軸正の向きに進む右ねじが回る向きに回転し，$\omega > 0$ とする)。

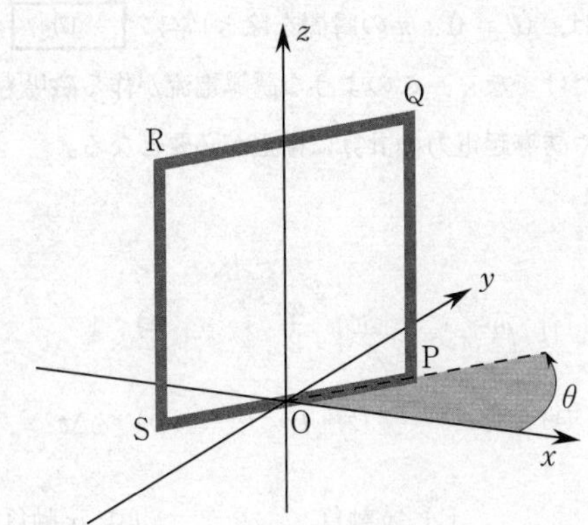


図１：正方形コイル PQRS

時刻 $t$ に OP が $x$ 軸となす角を $\theta(0 \leqq \theta < 2\pi)$ で表すと，微小時間 $\Delta t$ だけ後の時刻 $t + \Delta t$ に OP が $x$ 軸となす角は $\theta +$ [ (13) ] である。たとえば，OP が $xy$ 平面の第一象限$(0 < \theta < \frac{\pi}{2})$にある場合を考えると，時刻 $t$ と $t + \Delta t$ にコイルを貫く外部磁場の磁束 $\Phi(t)$ と $\Phi(t + \Delta t)$ は，

$$\Phi(t) = (\boxed{\text{(c)}}) \times \cos\theta,$$

$$\Phi(t + \Delta t) = (\boxed{\text{(c)}}) \times \cos(\theta + \boxed{\text{(13)}})$$

である。$\Delta t$ を微小量とみなして，$\cos\varepsilon \fallingdotseq 1$，$\sin\varepsilon \fallingdotseq \varepsilon$ などの微小量 $\varepsilon(|\varepsilon| \ll 1)$ に対して成り立つ近似式を用いると，コイルに生じる誘導起電力の大きさ $V$ が次のように求まる(必要ならば加法定理 $\cos(\alpha + \beta) = \cos\alpha\cos\beta - \sin\alpha\sin\beta$ を用いよ)。

$$V = \left| \frac{\Phi(t+\Delta t) - \Phi(t)}{\Delta t} \right| = (\boxed{\quad(c)\quad}) \times \boxed{\quad(14)\quad} \times |\sin\theta|$$

同様にして，OP が $xy$ 平面の各象限にある場合にコイルに生じる誘導起電力を求めることができる。誘導起電力はコイルを貫く磁束の変化を妨げる向きに生じるので，OP 間を流れる誘導電流は，$\theta$ が [(15)*] の範囲にある時には O → P の向きに流れ，$\theta$ が [(16)*] の範囲にある時には P → O の向きに流れる。したがって，コイルに流れる誘導電流が，コイルの内側の $z$ 軸上の点に誘起する磁場は，($\theta = 0$，$\pi$ の瞬間を除き)常に [(17)] の向きの成分をもつ。外部磁場だけでなく，このような誘導電流が作る磁場も考慮すると，コイルを貫く磁束や誘導起電力の計算に補正が必要となる。

〔解答群〕

(ア) $0$　(イ) $\omega$　(ウ) $\frac{\omega}{2}$　(エ) $1$　(オ) $\pi$

(カ) $\omega L$　(キ) $\Delta t$　(ク) $t$　(ケ) $\omega\Delta t$　(コ) $\omega t$

(サ) $z$ 軸負　(シ) $y$ 軸負　(ス) $x$ 軸負

(セ) $z$ 軸正　(ソ) $y$ 軸正　(タ) $x$ 軸正

〔解答群*〕

(ア) $0 < \theta < \pi$　(イ) $\pi < \theta < 2\pi$

(ウ) $\frac{3\pi}{2} < \theta < 2\pi$ または $0 < \theta < \frac{\pi}{2}$　(エ) $\frac{\pi}{2} < \theta < \frac{3\pi}{2}$

〔Ⅲ〕 次の文の [(a)] ～ [(c)] に入れるのに最も適当な数，式を解答欄に記入しなさい。また，[(1)] ～ [(18)] に入れるのに最も適当なものを各問の文末の解答群から選び，その記号をマークしなさい。ただし，同じものを2回以上用いてもよい。また，重力の影響は無視できるものとする。

(i) 原子は，中心に正の電荷をもつ原子核と，その周りを運動する負の電荷をもつ電子から構成されている。原子核は電気量 $+e$($e$ は電気素量)をもつ陽子と，ほぼ等しい質量をもつが電荷をもたない中性子から構成される。陽子と中性子を総称して核子とよぶ。原子核の中に含まれる陽子の数によって原子の種類が異なり，元素が区別される。原子核に含まれる陽子の数を原子番号といい，陽子の数と中性子の数の和を質量数とよぶ。核子は強い引力である [(1)] で結び付いて原子核内に閉じ込められており，この力は核子が近接した状態にあるときにだけはたらく。原子番号が同じで質量数が異なる原子どうしを [(2)] という。原子の質量は炭素 ${}^{12}_{6}\mathrm{C}$ の原子1個の質量の $\dfrac{1}{12}$ を基準単位として測ることがあり，これを統一原子質量単位(記号 u)という。統一原子質量単位を基準として原子の平均質量を相対的に表した値を [(3)] という。炭素 ${}^{12}_{6}\mathrm{C}$ の質量を 12.000 u，炭素 ${}^{13}_{6}\mathrm{C}$ の質量を 13.003 u とし，炭素 ${}^{12}_{6}\mathrm{C}$ と炭素 ${}^{13}_{6}\mathrm{C}$ の存在比がそれぞれ 98.93％と 1.07％であるとき，炭素の [(3)] の値を有効数字4桁(けた)で表すと [(a)] となる。

ウランやラジウムのような原子核は，自然に放射線を出して他の原子核に変わる。この現象を原子核の放射性崩壊という。天然の放射性原子核から放出される放射線には，主なものとして $\alpha$ 線，$\beta$ 線，$\gamma$ 線の3種類がある。$\alpha$ 線は $\alpha$ 粒子とよばれるヘリウム原子核の流れであり，電気量 $+2e$ の電荷をもち，透過力が弱いが電離作用(放射線が原子中の電子をはね飛ばしてイオンを生成する作用)が強い。$\alpha$ 線を放出する放射性崩壊を $\alpha$ 崩壊といい，$\alpha$ 崩壊後に原子核の原子番号は [(4)] つ減り，原子核の質量数は [(5)] つ減るので，ラジウム(Ra)が $\alpha$ 崩壊してラドン(Rn)に変わる核反応式は，以下のように表される。

$$ {}^{226}_{88}\mathrm{Ra} \longrightarrow {}^{\boxed{(6)}}_{\boxed{(7)}}\mathrm{He} + {}^{\boxed{(8)}}_{\boxed{(9)}}\mathrm{Rn} $$

1909年ラザフォードらはラジウムから放出される $\alpha$ 粒子を薄い金箔に当て

てその散乱の様子を調べた。その結果より原子の中心には正に帯電した原子核があり，その周りを電子が回っているラザフォードの原子模型が考案された。高速の $\alpha$ 粒子(電気量 $+2e$)が金の原子核の中心に向かって直進し，中心から測った距離 $r_0$ まで金の原子核に最接近する場合を考える。金の原子核は電気量 $+Ze$($Z$ は正の整数)の電荷をもち，$\alpha$ 粒子よりも質量が十分に大きく，$\alpha$ 粒子の接近によって金の原子核は動かないものとする。真空中におけるクーロンの法則の比例定数を $k_0$ とし，無限遠における静電気力による $\alpha$ 粒子の位置エネルギーを 0 とおくと，$\alpha$ 粒子が金の原子核に最接近したときの位置エネルギーは［(b)］となる。このとき $\alpha$ 粒子の速さは 0 となるので，静電気力を無視できるほど十分離れた位置での $\alpha$ 粒子の運動エネルギーを $K$ とおくと，力学的エネルギーの保存則を用いて最接近距離 $r_0$ は［(c)］と表される。$Z = 79$, $e = 1.6 \times 10^{-19}$ C(クーロン)，$k_0 = 9.0 \times 10^{9}$ N·m$^2$/C$^2$，$K = 1.5 \times 10^{-13}$ J を用いると，最接近距離 $r_0$ は有効数字 2 桁で表すと［(10)］$\times 10^{-13}$ m となる。このように $\alpha$ 粒子は距離 $r_0$ まで金の原子核に近づくが，静電気力によって原子核に衝突することなくはね返されるので，原子核の半径はこの値よりも小さいことが予想される。

〔解答群〕

| | | | |
|---|---|---|---|
| (ア) クーロン力 | (イ) 万有引力 | (ウ) 磁気力 | (エ) 核力 |
| (オ) 質量 | (カ) 分子量 | (キ) 原子量 | (ク) 物質量 |
| (ケ) 誘電体 | (コ) 半導体 | (サ) 絶縁体 | (シ) 同位体 |
| (ス) 1 | (セ) 2 | (ソ) 3 | (タ) 4 |
| (チ) 84 | (ツ) 85 | (テ) 86 | (ト) 87 |
| (ナ) 222 | (ニ) 223 | (ヌ) 224 | (ネ) 225 |
| (ノ) 1.2 | (ハ) 1.5 | (ヒ) 2.4 | (フ) 3.1 |

(ii)　$\beta$ 線は高速で運動する［(11)］の流れであり，透過力は $\alpha$ 線より強く，電離作用は $\alpha$ 線より弱い。$\beta$ 線を放出する $\beta$ 崩壊では，原子核内の中性子が陽子と電子($e^-$)と反電子ニュートリノ($\overline{\nu}_e$)に崩壊する。したがって $\beta$ 崩壊によって原子核の原子番号は 1 だけ増加し，原子核の質量数は変わらないので，タリ

ウム(Tl)が$\beta$崩壊して鉛(Pb)に変わる核反応式は，以下のように表される。

$$^{206}_{81}\mathrm{Tl} \longrightarrow {}^{\boxed{(12)}}_{\boxed{(13)}}\mathrm{Pb} + \mathrm{e}^- + \overline{\nu}_{\mathrm{e}}$$

$\gamma$線は波長が短い [(14)] であり，電荷をもたないので透過力が強いが，電離作用が弱い。$\gamma$線は原子核の励起状態から放出されることが多く，$\gamma$線の放出によって原子核の原子番号と質量数が変わらないので，励起状態の元素Xが$\gamma$線を放出して安定状態の元素X′に変わるときの反応式は，正の整数$A$と$Z$を用いて以下のように表される。

$$^{A}_{Z}\mathrm{X} \longrightarrow {}^{A}_{Z}\mathrm{X}' + \gamma$$

〔解答群〕

| | | | |
|---|---|---|---|
| (ア) 陽子 | (イ) 中性子 | (ウ) 電子 | (エ) 反粒子 |
| (オ) 超音波 | (カ) 電磁波 | (キ) 物質波 | (ク) 重力波 |
| (ケ) 80 | (コ) 81 | (サ) 82 | (シ) 83 |
| (ス) 205 | (セ) 206 | (ソ) 207 | (タ) 208 |

(iii) 物質を構成する全ての素粒子には，その粒子と質量が同じで，電気量などの保存される物理量の符号が反対となる「反粒子」とよばれる粒子が存在する。例えば電子(電荷 $-e$，質量 $m_{\mathrm{e}}$)の反粒子は，陽電子(電荷 $+e$，質量 $m_{\mathrm{e}}$)である。電子と陽電子が衝突して合体すると，対消滅によってこれらの粒子が消滅して$\gamma$線が発生する。このとき生じる$\gamma$線のエネルギーについて考えてみよう。

1905年アインシュタインは時間と空間に関する考察から特殊相対性理論を発表し，質量とエネルギーの間に成り立つ関係式を導いた。質量とエネルギーは同等であり，質量$m$の静止している物体がもつエネルギー$E$は，真空中における光速を$c$として$E=$ [(15)] で表される。これを質量とエネルギーの等価性という。

この関係式より静止した1個の電子または陽電子がもつエネルギーは，$m_{\mathrm{e}} = 9.1 \times 10^{-31}$ kg，$c = 3.0 \times 10^{8}$ m/sを用いて有効数字2桁で表すと [(16)] $\times 10^{-\boxed{(17)}}$ Jとなる。したがって，電子と陽電子が対消滅するとき，このエネルギーの2倍に相当する$\gamma$線のエネルギーが生じるので，これを電子ボルト(eV)の単位を用いて有効数字2桁で表すと，$e = 1.6 \times 10^{-19}$ C より [ ⑽ ] MeV となる。ここで 1 MeV(メガ電子ボルト) $= 10^6$ eV であり，1 eV とは真空中で1個の電子が電位差1Vによって加速された際に得るエネルギーに等しい。

〔解答群〕

| | | | |
|---|---|---|---|
| (ア) $\frac{1}{2}mc$ | (イ) $\frac{1}{2}mc^2$ | (ウ) $mc$ | (エ) $mc^2$ |
| (オ) 0.5 | (カ) 1.0 | (キ) 1.6 | (ク) 1.7 |
| (ケ) 2.7 | (コ) 3.4 | (サ) 5.5 | (シ) 8.2 |
| (ス) 9 | (セ) 13 | (ソ) 14 | (タ) 22 |

# 化学

（3問　90分）

※　6問(物理3問・化学3問)のうちから3問を選択して解答してください。なお，4問以上解答した場合は，高得点の3問を合否判定に使用します。

〔Ⅰ〕次の問(ⅰ)～(ⅲ)に答えなさい。

(ⅰ)　次の文の［　　］および（　　）に入れるのに最も適当なものを，それぞれ［a群］および（b群）から選び，その記号をマークしなさい。また，｛(2)｝には整数値を，｛(4)｝には最も適当な化学用語を，［　　］には化学式を，それぞれ解答欄に記入しなさい。なお，原子量は O = 16，Si = 28 とする。

ケイ素 Si は，岩石の成分元素として，質量比では地殻中に［(1)］に次いで多く存在する。Si は天然には二酸化ケイ素 $SiO_2$ として存在し，Si の単体は工業的には①式のように 1600℃ 以上の高温で $SiO_2$ を炭素 C により還元することで得られる。原料として 600 kg の $SiO_2$ と十分な量の C を供給したとき，①式の反応で｛(2)｝kg の Si の単体が得られる。

$$SiO_2 + 2C \longrightarrow Si + 2CO \quad \cdots\cdots ①$$

Si の単体はダイヤモンド型の［(3)］であり，金属のような灰白色の光沢を示す。$SiO_2$ は Si と同様に［(3)］であり，原子が三次元の網目状に規則的に連なった構造をもつ。窓ガラスなどに利用されているソーダ石灰ガラスは，$SiO_2$ の立体構造にナトリウムイオンやカルシウムイオンが入り込んでおり，構成粒子が不規則に配列した構造をもつ。ガラスのように構成粒子の配列が不規則な固体またはその状態を｛(4)｝という。

$SiO_2$は薬品に侵されにくいが，フッ化水素酸HFとは②式のように反応し，［ (5) ］を生じて溶ける。

$SiO_2$ +（ (6) ）HF ⟶ ［ (5) ］+ $2H_2O$ ……………………②

一方，$SiO_2$は気体のフッ化水素HFと③式のように反応し，気体の四フッ化ケイ素$SiF_4$が生成する。

$SiO_2 + 4HF \longrightarrow SiF_4 + 2H_2O$ ……………………③

$SiO_2$は（ (7) ）酸化物であり，炭酸ナトリウム$Na_2CO_3$と④式のように反応して，［ (8) ］と気体の［ (9) ］を生じる。

$SiO_2 + Na_2CO_3$ ⟶ ［ (8) ］+［ (9) ］ ……………………④

［ (8) ］に水を加えて加熱すると，無色透明で粘性の大きい（ (10) ）が得られる。（ (10) ）に塩酸などの強酸を加えて得られるケイ酸の沈殿を十分に乾燥させると（ (11) ）になる。（ (11) ）は多孔質の固体であり，吸着剤や乾燥剤に用いられる。

［a群］

(ア) 水素　(イ) 炭素　(ウ) 窒素
(エ) 酸素　(オ) 金属結晶　(カ) 共有結合の結晶
(キ) イオン結晶　(ク) 分子結晶

（b群）

(ア) 5　(イ) 6　(ウ) 7
(エ) 8　(オ) 酸性　(カ) 塩基性
(キ) 両性　(ク) ケイ砂　(ケ) シリカゲル
(コ) セメント　(サ) 石英ガラス　(シ) ホウケイ酸ガラス
(ス) 水ガラス

(ii)　次の文の［　　］，（　　）および｛　(7)　｝に入れるのに最も適当なものを，それぞれ［ a群 ］，（ b群 ）および｛ c群 ｝から選び，その記号をマークしなさい。また，［　(8)　］には化学反応式を解答欄に記入しなさい。

表1に示すそれぞれ単一の金属イオンを含む，7種類の水溶液がある。これらの水溶液に，表1に示す記号をつけた。

表1

| 水溶液の記号 | **ア** | **イ** | **ウ** | **エ** | **オ** | **カ** | **キ** |
|---|---|---|---|---|---|---|---|
| 金属イオン | $Ag^{+}$ | $Al^{3+}$ | $Ba^{2+}$ | $Cu^{2+}$ | $Fe^{3+}$ | $Pb^{2+}$ | $Zn^{2+}$ |

これらの水溶液に対して，室温で下記の〔**実験1**〕～〔**実験4**〕を行った。

〔**実験1**〕　**ア**～**キ**の水溶液に希塩酸を加えたとき，白色沈殿を生じた水溶液は［　(1)　］種類であった。希塩酸を加えても沈殿が生じない水溶液の中で，希硫酸を加えたときに白色沈殿を生じた水溶液の記号は（　(2)　）である。

〔**実験2**〕　**ア**～**キ**の水溶液を酸性にしてから硫化水素を十分に通じた。このとき黒色沈殿が生じた水溶液の記号は，**ア**と（　(3)　）と（　(4)　）の三つである。

〔**実験3**〕　**ア**～**キ**の水溶液に少量の水酸化ナトリウム水溶液を加えたとき，沈殿が生じた水溶液は［　(5)　］種類であり，その中で過剰の水酸化ナトリウム水溶液を加えても沈殿が溶解しない水溶液は［　(6)　］種類であった。

〔**実験4**〕　**ア**～**キ**の水溶液のうち，ある1種類の水溶液に少量のアンモニア水を加えると白色の沈殿が生じた。さらに過剰のアンモニア水を加えたところ，白色の沈殿は①式の化学反応にしたがって，構造が｛　(7)　｝の錯イオンを生じて溶解し，無色の溶液が得られた。

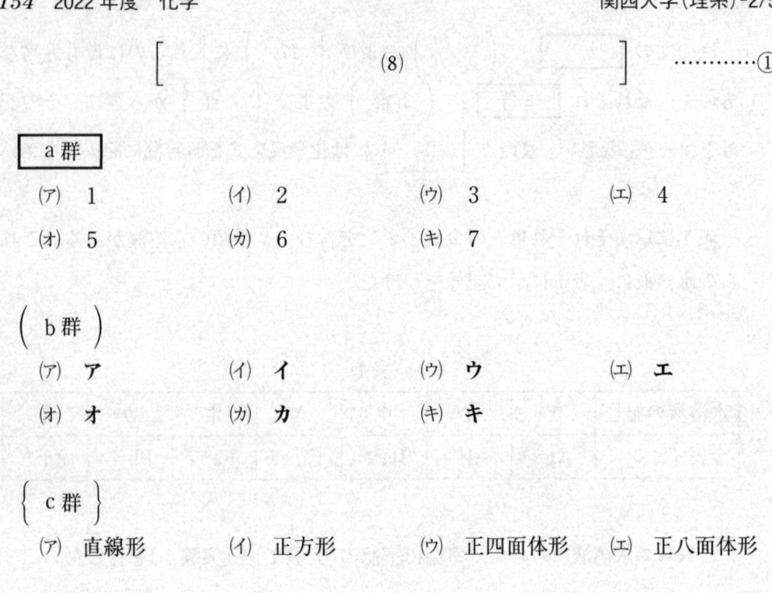

［　　(8)　　］　…………①

a群

(ア)　1　(イ)　2　(ウ)　3　(エ)　4
(オ)　5　(カ)　6　(キ)　7

(b群)

(ア)　**ア**　(イ)　**イ**　(ウ)　**ウ**　(エ)　**エ**
(オ)　**オ**　(カ)　**カ**　(キ)　**キ**

{c群}

(ア)　直線形　(イ)　正方形　(ウ)　正四面体形　(エ)　正八面体形

(iii)　次の文の［　　］および（　(5)　）に入れるのに最も適当なものを，それぞれ［a群］および（b群）から選び，その記号をマークしなさい。また，｛　　｝には必要なら四捨五入して小数第2位までの数値を解答欄に記入しなさい。なお，シュウ酸二水和物 $(COOH)_2 \cdot 2H_2O$ のモル質量は126 g/molとする。

酢酸 $CH_3COOH$ 水溶液**X**のモル濃度を，水酸化ナトリウム $NaOH$ と $(COOH)_2 \cdot 2H_2O$ を用いて，以下の〔**手順1**〕～〔**手順4**〕で決定した。

〔**手順1**〕　固体の $NaOH$ を純水に溶解し，$NaOH$ 水溶液**Y**とした。$NaOH$ には［　(1)　］する性質があり，正確に質量を量ることができないことから，**Y**の正確なモル濃度を求めるために〔**手順2**〕を行った。

〔**手順2**〕　$(COOH)_2 \cdot 2H_2O$ 1.26 gを正確に量り取ってビーカーの中に入れたのち純水を加えて水溶液とし，指示薬としてフェノールフタレイン溶液を数滴加えた。この水溶液に，ビュレットに入れた $NaOH$ 水溶液**Y**を滴下し，ビーカー内の溶液の色が［　(2)　］へと変化したところを中和点とした。加えた**Y**は｛　(3)　｝mLであったため，**Y**のモル濃度は 0.960 mol/L と決定された。

〔**手順 3**〕 $CH_3COOH$ 水溶液 **X** をホールピペットで正確に 20.0 mL 量り取ってメスフラスコに移したのち，よく混ぜながら純水を加えて，全量を正確に 100 mL とした。これを $CH_3COOH$ 水溶液 **Z** とした。

〔**手順 4**〕 ホールピペットを用いて 20.0 mL の $CH_3COOH$ 水溶液 **Z** を新たなビーカーに移した。この水溶液を NaOH 水溶液 **Y** で滴定したところ，中和に要した **Y** は 12.75 mL であった。

これらのことより，$CH_3COOH$ 水溶液 **X** のモル濃度は｛ (4) ｝mol/L と決定された。

なお，〔**手順 3**〕で使用するメスフラスコの内側が純水でぬれている場合，( (5) )。

a 群

(ア) 風解(ふうかい)　(イ) 潮解(ちょうかい)　(ウ) 酸化　(エ) 昇華

(オ) 赤色から黄色　(カ) 黄色から赤色

(キ) 無色から赤色　(ク) 赤色から無色

( b 群 )

(ア) 純水でぬれたまま用いてよい

(イ) $CH_3COOH$ 水溶液 **X** で共洗いして用いればよい

(ウ) 必ず加熱して乾燥させてから用いなければならない

〔Ⅱ〕 次の問(i)～(iii)に答えなさい。

(i) 次の文の [　　　] および (　　　) に入れるのに最も適当なものを，それぞれ [ a群 ] および ( b群 ) から選び，その記号をマークしなさい。また，{ (4) } には必要なら四捨五入して有効数字 3 桁の数値を解答欄に記入しなさい。なお，ファラデー定数は $F = 9.65 \times 10^4$ C/mol とし，原子量は Zn = 65.4 を用いなさい。

図 1 に示すように，素焼き板で仕切った容器に硫酸亜鉛水溶液と硫酸銅(Ⅱ)水溶液を入れ，亜鉛板と銅板をそれぞれの水溶液に浸し，電池とした。金属板，電球，電流計を図 1 に示すように導線で結ぶと，負極では①式の反応が起こり，導線中を電流が [ (1) ] の向きに流れる。

[ (2) ] ………………①

このとき，硫酸イオンは素焼き板を通って ( (3) ) に向かって移動する。この電池を放電させて 2.00 A の電流が 1000 秒間流れるとき，この放電によって亜鉛板の質量は { (4) } g ( (5) ) すると計算される。

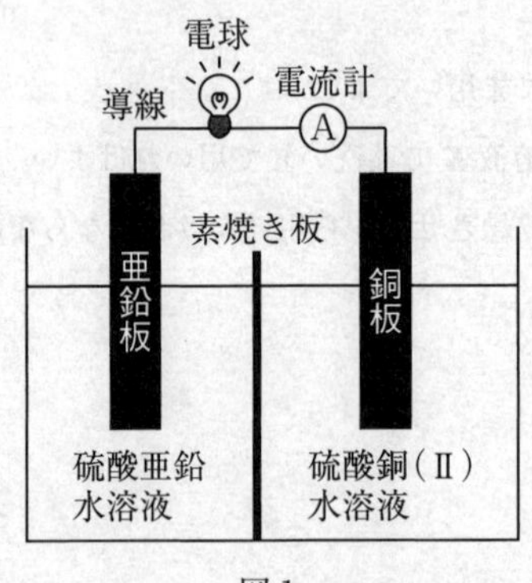


図 1

a群

(ア)　銅板から亜鉛板　　(イ)　亜鉛板から銅板

(ウ)　$Zn^{2+} + 2e^- \longrightarrow Zn$　　(エ)　$Zn \longrightarrow Zn^{2+} + 2e^-$

(オ)　$Cu^{2+} + 2e^- \longrightarrow Cu$　　(カ)　$Cu \longrightarrow Cu^{2+} + 2e^-$

( b群 )

(ア)　硫酸銅(Ⅱ)水溶液から硫酸亜鉛水溶液

(イ)　硫酸亜鉛水溶液から硫酸銅(Ⅱ)水溶液

(ウ)　増加

(エ)　減少

(ii)　次の文の [ (1) ]，( (2) ) および { } に入れるのに最も適当なものを，それぞれ [ a群 ]，( b群 ) および { c群 } から選び，その記号をマークしなさい。また，[ (3) ] には小数第2位までの数値を，〈 〉には有効数字2桁(けた)の数値を，それぞれ解答欄に記入しなさい。なお，気体はすべて理想気体とする。

17族元素のひとつであるヨウ素の単体は常温常圧で固体であり，融点以下の温度で加熱すると，固体のヨウ素は液体とならずに [ (1) ] して直接気体となる。気体のヨウ素分子$I_2$をさらに高温にすると気体のヨウ素原子Iが生じ，次の①式の平衡が成り立つ。

$$I_2(\text{気}) \rightleftarrows 2I(\text{気}) \quad \cdots\cdots ①$$

ここで，$N$〔mol〕の固体の$I_2$を真空密閉容器に入れて温度を上げたところ，$I_2$は全て気体になり，①式の平衡が成立した。平衡状態において，容器内にある気体の$I_2$分子の物質量を$n$〔mol〕としたとき，混合気体の全物質量を，$N$と$n$を用いて表すと ( (2) )〔mol〕となる。ここで，$I_2$分子がI原子に分解している割合$\alpha$を次の②式のように定義する。

$$\alpha = \frac{N-n}{N} \quad \cdots\cdots ②$$

0.10 molの固体の$I_2$を体積$V_1$の真空密閉容器に入れ，温度$T$〔K〕を1073 Kおよび1173 Kにしたところ，それぞれ①式の平衡が成立した。そのときの$\alpha$と混合気体の圧力$P$〔Pa〕は表1のとおりになった。1073 Kでは，表1の$\alpha$の値と$N = 0.10$ molより，$n$は［　(3)　］molと計算できる。したがって，1073 Kにおける$I_2$分子の分圧は，〈　(4)　〉Paと求められる。

一方，1173 Kでは，$I_2$分子とI原子の分圧が同じ$4.7 \times 10^3$ Paとなった。このときの圧平衡定数$K_p$は〈　(5)　〉Paと計算できる。①式の正反応は｛　(6)　｝反応であり，$K_p$が温度の上昇とともに増大する。

より大きな体積$V_2$($V_2 > V_1$)の真空密閉容器に0.10 molの$I_2$を入れ，1173 Kにしたところ混合気体の圧力は$4.7 \times 10^3$ Paで平衡に達した。このときの$\alpha$の値は，体積$V_1$の容器を用いたときの値0.33(表1)と比べて｛　(7)　｝。また，$K_p$の値は〈　(5)　〉Paと比べて｛　(8)　｝。

表1

| $T$〔K〕 | $\alpha$ | $P$〔Pa〕 |
|---|---|---|
| 1073 | 0.20 | $7.8 \times 10^3$ |
| 1173 | 0.33 | $9.4 \times 10^3$ |

［a群］

(ア)　融解　　(イ)　蒸発　　(ウ)　昇華

(エ)　凝固　　(オ)　凝縮

〈b群〉

(ア)　$N - n$　　(イ)　$N + n$　　(ウ)　$N - 2n$

(エ)　$N + 2n$　　(オ)　$2N - n$　　(カ)　$2N + n$

(キ)　$2N - 2n$　　(ク)　$2N + 2n$

｛c群｝

(ア)　吸熱　　(イ)　発熱　　(ウ)　変わらない

(エ)　大きい　　(オ)　小さい

(iii)　次の文の [ (3) ] に入れるのに最も適当なものを [解答群] から選び，その記号をマークしなさい。また，(　　)には整数値を，{ (2) } には熱化学方程式の一部を，[　　] には必要なら四捨五入して有効数字2桁(けた)の数値を，それぞれ解答欄に記入しなさい。なお，気体定数は $R = 8.3 \times 10^3$ Pa·L/(K·mol) とする。

メタンハイドレート $8CH_4 \cdot 46H_2O$ は，水 $H_2O$ の分子がつくるかご状構造の中に，天然ガスの主成分であるメタン $CH_4$ の分子が取り込まれた固体の物質である。$8CH_4 \cdot 46H_2O$ は低温・高圧の条件下で生成し，「燃える氷」ともよばれる。また，日本の近海の海底に大量に存在することから，将来のエネルギー源として注目されている。

以下の反応では，燃焼後の $H_2O$ はすべて液体とする。$CH_4$ の完全燃焼の熱化学方程式は次の①式で示される。

$CH_4$(気) + $2O_2$(気) = $CO_2$(気) + $2H_2O$(液) + $Q_1$ 〔kJ〕 ……………①

ここで，表1に示す $CH_4$(気)，$CO_2$(気)，$H_2O$(液)の生成熱〔kJ/mol〕を用いると，$Q_1$ は ( (1) ) kJ/mol と計算される。

$8CH_4 \cdot 46H_2O$(固)の燃焼熱は 6696 kJ/mol であり，その完全燃焼の熱化学方程式は次の②式で示される。

$8CH_4 \cdot 46H_2O$(固) + { (2) } + 6696 kJ ……②

ここで，それぞれ①式と②式で示される $CH_4$(気)と $8CH_4 \cdot 46H_2O$(固)の燃焼熱を $CH_4$ 1 mol あたりで比較すると，[ (3) ]。

ところで，$8CH_4 \cdot 46H_2O$ が $CH_4$ と $H_2O$ に分解する反応の熱化学方程式は，次の③式で示される。

$8CH_4 \cdot 46H_2O$(固) = $8CH_4$(気) + $46H_2O$(液) + $Q_2$ 〔kJ〕 ……………③

ここで，①式と②式から $Q_2$ は ( (4) ) kJ/mol と計算され，$8CH_4 \cdot 46H_2O$ の $CH_4$ と $H_2O$ への分解反応は，吸熱反応であることがわかる。

固体である $8CH_4 \cdot 46H_2O$(式量 956)は，常温・常圧で気体である $CH_4$ 分子を非常にコンパクトに貯蔵している。簡単のため，$8CH_4 \cdot 46H_2O$ の密度が温度・圧力によらず 0.92 g/cm$^3$ で一定であるとすると，64 mol の $CH_4$ 分子を含む 8 mol の $8CH_4 \cdot 46H_2O$(固)の体積は［ (5) ］$\times 10^3$ cm$^3$ である。この体積は，27℃，$1.0 \times 10^5$ Pa で 64 mol の $CH_4$ が理想気体として存在するときの体積の［ (6) ］分の1である。

表1

| | 生成熱〔kJ/mol〕 |
|---|---|
| $CH_4$(気) | 75 |
| $CO_2$(気) | 394 |
| $H_2O$(液) | 286 |

解答群

(ア) $8CH_4 \cdot 46H_2O$(固)の方が $CH_4$(気)より小さい

(イ) $8CH_4 \cdot 46H_2O$(固)の方が $CH_4$(気)より大きい

(ウ) $8CH_4 \cdot 46H_2O$(固)と $CH_4$(気)とで等しい

〔Ⅲ〕 次の問(i)～(iii)に答えなさい。

(i) 次の文の [　　] および ( (6) ) に入れるのに最も適当なものを，それぞれ [a群] および ( b群 ) から選び，その記号をマークしなさい。また，{　　} には下記の記入例にならって構造式を解答欄に記入しなさい。なお，原子量はH＝1，C＝12，O＝16とする。

構造式の記入例

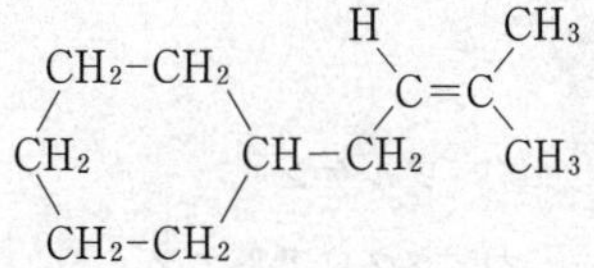

```
    CH2-CH2             H       CH3
   /       \             \     /
CH2         CH-CH2 ------ C=C
   \       /                   \
    CH2-CH2                     CH3
```

分子式 $C_nH_{2n}$ で表される化合物**A**，**B**，**C**，**D**がある。1 molの**A**，**B**，**C**，**D**をそれぞれ十分な酸素存在下において完全燃焼させると，いずれも二酸化炭素が176 g，水が72 g生じる。したがって，**A**，**B**，**C**，**D**の分子式は全て [(1)] である。これらのうち**A**，**B**，**C**は，臭素水に通じると臭素水の色が消失することから，二重結合を [(2)] 個もつことがわかる。**A**と**B**はシス-トランス異性体(幾何異性体)の関係にあり，シス形である**A**の構造式は {(3)} で表される。**C**をオゾン分解すると，ホルミル基(アルデヒド基)をもつ化合物**E**とアセトンが得られる。したがって，**C**の構造式は {(4)} であることがわかる。オゾン分解とは，図1に示すように炭素原子間二重結合(C=C)にオゾン $O_3$ を作用させてオゾニドとよばれる不安定な化合物を生成させ，その後，還元剤である亜鉛Znを作用させてカルボニル化合物を得る反応である。

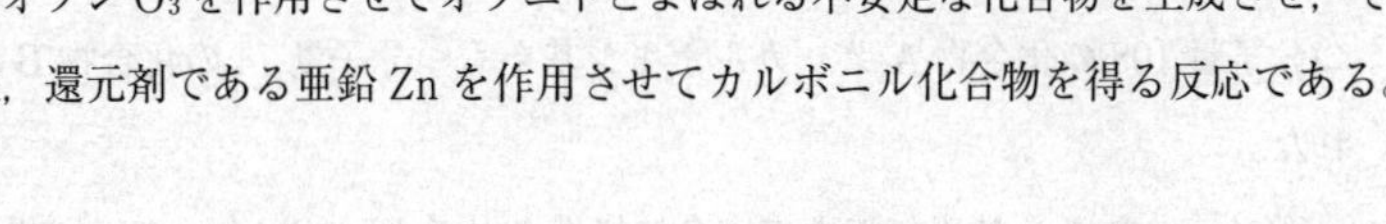

$$
\begin{matrix} R^1 & & R^3 \\ & C=C & \\ R^2 & & R^4 \end{matrix}
\xrightarrow{O_3}
\underset{\text{オゾニド}}{\begin{matrix} R^1 & O & R^3 \\ C & & C \\ R^2 & O-O & R^4 \end{matrix}}
\xrightarrow{Zn}
\begin{matrix} R^1 & \\ & C=O \\ R^2 & \end{matrix}
+
\begin{matrix} & R^3 \\ O=C & \\ & R^4 \end{matrix}
$$

$R^1$，$R^2$，$R^3$ および $R^4$ はアルキル基または水素原子とする。

図1

一方，Dの水素原子の1個を臭素原子で置換すると，1種類の化合物しか得られない。したがって，Dの構造式は｛　(5)　｝で表され，Dは（　(6)　）に分類される。

[a群]

(ア)　$C_3H_6$　　(イ)　$C_4H_8$　　(ウ)　$C_5H_{10}$　　(エ)　$C_6H_{12}$

(オ)　1　　(カ)　2　　(キ)　3

（b群）

(ア)　アルカン　　(イ)　アルケン　　(ウ)　アルキン

(エ)　シクロアルカン　　(オ)　シクロアルケン

(ii)　次の文の[　　]に入れるのに最も適当なものを[解答群]から選び，その記号をマークしなさい。また，（　　）には下記の記入例にならって構造式を記入しなさい。なお，原子量は H = 1，C = 12，O = 16 とする。

構造式の記入例　$CH_3$

O
‖
C−$CH_2$−$CH_3$

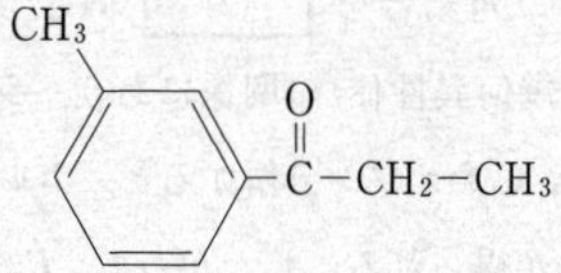

炭素，水素，酸素からなる化合物Xを加水分解したところ，ベンゼン環をもつ分子量108の化合物Aと，カルボキシ基をもつ分子量74の化合物Bが得られた。

32.4 mg のAを酸素気流中で完全に燃焼させると，92.4 mg の二酸化炭素と 21.6 mg の水が生成する。このことから，Aに含まれる原子の数の最も簡単な整数比は，C：H：O = [　(1)　]：[　(2)　]：[　(3)　]となる。分子式がAと同じでベンゼン環をもつ化合物は，Aを含めて全部で[　(4)　]種類あり，このうちナトリウムと反応して水素を生じるものは[　(5)　]種類ある。Aの水溶液に塩化鉄(Ⅲ)の水溶液を加えると青色に呈色する。また，Aのベンゼン環の炭素原子に結合している水素原子の1個を塩素原子で置換すると，2種類の構造異性体が得られる。これらから，**A**の構造式は（ (6) ）である。

一方，**B**の候補となる化合物は［ (7) ］種類あるが，**B**は銀鏡反応を示さないことから，**B**の構造式は（ (8) ）である。

［解答群］

| | | | |
|---|---|---|---|
| (ア) 1 | (イ) 2 | (ウ) 3 | (エ) 4 |
| (オ) 5 | (カ) 6 | (キ) 7 | (ク) 8 |
| (ケ) 9 | (コ) 10 | (サ) 11 | (シ) 12 |

(iii) 次の文の［　］，（　）および｛　｝に入れるのに最も適当なものを，それぞれ［ a群 ］，（ b群 ）および｛ c群 ｝から選び，その記号をマークしなさい。また，［　］には必要なら小数第1位を四捨五入して整数値を，〈 (11) 〉には最も適当な化学用語を，それぞれ解答欄に記入しなさい。なお，原子量はH＝1，C＝12，O＝16とする。

デンプン$(C_6H_{10}O_5)_n$は，うるち米やカタクリの地下茎に豊富に含まれており，多数の$\alpha$−グルコースが脱水縮合した多糖類である。デンプンには，$\alpha$−グルコースが$\alpha$−1,4−［ (1) ］結合のみで直鎖状につながった（ (2) ）と，$\alpha$−グルコースが$\alpha$−1,4−および$\alpha$−1,6−［ (1) ］結合で枝分かれ状につながった（ (3) ）がある。

デンプンの水溶液にヨウ素ヨウ化カリウム水溶液を加えると［ (4) ］色を呈する。これは，デンプン分子中の｛ (5) ｝構造の内部にヨウ素分子が取り込まれるためである。デンプンはアミラーゼによって二糖類の（ (6) ）に加水分解される。さらに，（ (6) ）の水溶液に希硫酸を加えて加熱すると，分子式$C_6H_{12}O_6$で表される単糖類のグルコースに加水分解される。グルコースの水溶液にフェーリング液を加えて加熱すると［ (7) ］色の酸化銅(Ⅰ)が沈殿する。これは，水溶液中に存在する｛ (8) ｝構造のグルコースが，還元性を示す［ (9) ］をもつためである。

多くの日本人が主食とするうるち米は，糖類(炭水化物)を主成分とし，タンパク質や脂質，無機質などを含んでいる。うるち米21 g に含まれるすべてのデンプンを完全に加水分解したところ，グルコース18 g が得られた。うるち米にデンプン以外の糖類が含まれておらず，デンプンの重合度は十分に大きいとすると，うるち米の質量に占めるデンプンの質量の割合は［ (10) ］%になる。

酵母がつくり出す酵素群のはたらきによって，グルコースからエタノールと二酸化炭素を生じる分解反応を〈 (11) 〉という。この反応によってグルコース144 g を完全に分解したとすると，［ (12) ］g のエタノールが生成する。植物を原料として得られるエタノールは，酒類のみならずバイオ燃料としても利用されている。

**a群**

(ア) エステル　(イ) グリコシド　(ウ) ジスルフィド
(エ) ペプチド　(オ) 青紫　(カ) 赤
(キ) 黄　(ク) ヒドロキシ基　(ケ) ホルミル基(アルデヒド基)

**( b群 )**

(ア) アミロース　(イ) アミロペクチン　(ウ) スクロース
(エ) デキストリン　(オ) マルトース

**{ c群 }**

(ア) 環状　(イ) 鎖状　(ウ) らせん
(エ) 球状

# 解答編

## 英語



**I** **解答**　A．(1)—C　(2)—A　(3)—D　(4)—A　(5)—C
B．(1)—E　(2)—C　(3)—D　(4)—F　(5)—B　(6)—Z

◆全　訳◆

A．≪学食の利用法≫

カルロスが，新しいルームメイトのヒロキに大学の学食の利用法について教えている。

カルロス：キャンパスに来てから，学食に行くのは初めて？

ヒロキ　：うん，どこに並んだらいいのかもわからないんだ。たくさん選べるんだね。

カルロス：そこが僕の学食が好きなところの一つなんだ。いつでも好きなものが見つかるよ！

ヒロキ　：じゃあ，ここが列の始まり？

カルロス：食べたいものによって違うんだ。基本的に3つの場所があって，サラダとサンドイッチ，ブリート，デザートに分かれているんだ。

ヒロキ　：ブリート？　何それ？

カルロス：一つ食べてみるかい？　スパイシーなメキシコ料理の一種さ。とてもおいしいよ。

ヒロキ　：また今度にするよ。サラダをもらうことにする。

カルロス：サラダだけってことはないだろ！　お腹がすいてないの？

ヒロキ　：それほどでもないんだ。サンドイッチもあるって言った？

カルロス：うん。色々な種類のパン，肉，野菜があるんだ。入れてほしいものを伝えるだけで大丈夫。

ヒロキ　：いいね。それにする。君は何にするの？

カルロス：僕はブリートの気分かな。僕がブリートを取ってきたら，一緒に会計をしに行こう。

B．≪機械のメリットとデメリット≫

機械とはエネルギーを用いて，ある動きを実行する装置である。仕掛けがあって動く道具は，どれも機械と呼ぶことができる。この聞き慣れた言葉は，扇風機ほどの単純なモノや自動車ほど精密なモノも表すことができる。

工場の作業を行うことができるタイプの機械もある。たとえば，部品を持ち上げ，それを適切な位置に置くことができる。そうした機械は驚くべき技術的な偉業である。今日の多くの企業は機械の助けがあって初めて消費者のニーズを満たすことができるのだ。

たとえば，機械は食料品の大量生産において役立つ。目下の需要を満たすため，多かれ少なかれ，工場は食べ物を加工することができる。機械によって管理された低温な場所があるおかげで，牛乳や卵のような傷みやすい商品が一年中手に入れられる。

機械にはメリットがあるが，デメリットもある。購入，維持，修理するのにお金が多くかかるのだ。電力の供給が安定していない時には，燃費の悪い発電機が必要になるものもある。

また機械は，企業における多くの仕事を奪うので，雇用に影響を及ぼす可能性もある。今やサービス業では機械が現場の労働者に取って代わりつつある。したがって，この傾向は多くの国の失業と貧困の水準を上げることになっている。

需要が高まれば，生産を拡大するためにより多くの人が雇用されると主張している人々もいる。それゆえ，長い目で見れば，機械はより多くの仕事を創出するかもしれない。しかし，機械の使用で生じる社会的結果にどのように対処するか十分に検討することも必要である。

◀解　説▶

A．(1)空所直後でカルロスが，それが学食のいいところで，いつでも好きなものが見つかると発言しているので，C．「とてもたくさん選択肢がある」が適切。

(2)空所直後でカルロスが，それは食べたいものによって変わり，3つの場所があると説明している。したがって，A．「では，ここが列の始まりですか？」が正解。

⑶空所直後でブリートを知らないヒロキにカルロスがその説明をしているので，D.「それは何ですか？」が正解。

⑷ブリートを食べてみるかと勧めているカルロスに対して，ヒロキはサラダにすると発言しているので，A.「また今度にします」が正解。

⑸空所直後でカルロスが自分はブリートを食べたい気分だと発言しているので，C.「あなたは何を食べますか？」が正解。

**B**. 機械について論じられた英文で，そのメリットとデメリットを対比的に読み進めることがポイント。Cの第1文（Despite the benefits …）で，機械にはメリットもあるがデメリットもあると述べられているので，機械のメリットが述べられているBとEはCよりも前にくる。Eの英文は工場の作業を行う機械について言及し，そのおかげで消費者のニーズを満たすことができるという主旨。Bの第1・2文（For example, machines …）はその具体例なのでA→E→B→Cとなる。Dは労働者の雇用が奪われるという機械のデメリットについて述べられているが，Fの第1文（Some people argue …）では，需要が拡大すれば多くの人が雇用されるという，Dと反対の意見が紹介されているのでD→Fとなる。以上の点からA→E→B→C→D→Fの順となる。

## II 解答

**A**. ⑴―C　⑵―D　⑶―A　⑷―B　⑸―B　⑹―D　⑺―A　⑻―C　⑼―A　⑽―D　⑾―B　⑿―A　⒀―C　⒁―B　⒂―D

**B**. ⑴―A　⑵―B　⑶―C　⑷―A　⑸―C　⑹―B　⑺―C

### ◆全　訳◆

≪アンジェリーン＝ナンニの人生≫

アンジェリーン＝ナンニは美容師にはなりたくなかったが，とりあえず免許を取得し，ブレアズビルにある姉の美容室で仕事の切り盛りをしながら，客の髪のシャンプーをしていた。彼女がワシントンD.C.で政府の仕事に就くチャンスがあることを聞いたのはそこで，第二次世界大戦が激しさを増している頃のことであった。ナンニは一年間だけそれをやってみようと考えていた。ナンニは「そこで起こっていることを見に行ってみたいだけよ」と姉たちに言っていたことを思い出す。あの決定が彼女の人生を変え，第二次世界大戦中とその後も，彼女は，ソビエトのスパイの通信と関連する暗号を解読する女性から構成され，外部との接触を限定された集団に身を置くことになる。彼女はベノナ計画として知られている秘密活動の一員となったのである。

ライザ＝マンディによるスミソニアン誌の記事で――昨年出版されたマンディの著書『女性暗号解読者たち』に続いて――，ベノナ計画の生存する最後のメンバーとして初めて公のインタビューが行われ，ナンニのことが紹介された。ナンニは 8 月で 100 歳になっていた。その記事の中で，マンディは，第二次世界大戦直後の 1945 年，ナンニがその最高機密の計画に参加できるかどうかを調べるテストを受け，非常によい成績だったことを説明している。地元の新聞のトリビューン・レビュー紙のインタビューでは，ナンニは自らの業績について謙遜し，その多くが生涯の友となる，他の大勢の女性たちと共にただ自分の仕事を行っただけだと語っている。

ナンニはクリークサイドで育った頃の人生について詳しく語っている。彼女が子供の時，そのとても小さな田舎の区――インディアナ郡北部にあり，かつては炭鉱の街だった――には約 600 人の住人がいた。人口調査の数字によると，その後人口は約 300 人に減っている。

12 歳の時，ナンニは 8 年生を終えた。当時の規則では，その年齢で大人の付き添いなしに高校へ行くことは禁じられていた。彼女の両親は共働きだったので，2～3 年ほど，経理や配達の手配をして父親の雑貨店を手伝っていた。「雑貨店を手伝わせるため，朝になると父はよく私を起こしていたわ」と彼女は回想する。

1937 年，ナンニはついにインディアナ高校を卒業した。最初は姉のメアリーとバージニアと共に家族の美容室で働き，その後，20 代半ばとなった 1944 年にワシントンに向けて出発した。「私はスタイリングが全然得意じゃなかったの。姉たちは素晴らしい美容師だったけど」とナンニは語っている。

マンディの調査によると，彼女は別のことで卓越していたことがわかっている――傍受した数字を分析し，ソビエトが冷戦中にスパイを使って探っていた機密情報を解明するという綿密な作業だ。1945 年，ナンニはその日試験を受けていた他のどの女性よりも早く練習用の暗号を解読した――ナンニは彼女たちの多くは大学に行っていたと思っていた。彼女は大学には行っていない。マンディは「試験監督がやってきて，彼女がだれよりも早く終えていることに気づいた」と記している。「『その通りよ，アンジー！　正解だわ！』と試験監督は叫んだ。その後，彼女は部屋から走り出て，ロシアの暗号解読計画の新たな候補者が見つかったことを上司に伝えたのである」

彼女は分析官の職を得た。「ただその仕事が好きだったから決心したの，『故郷に戻る必要があるかしら？』って」と話すナンニは，今もワシントンの同じアパートで暮らしている。彼女は，数十年にわたり，西ペンシルベニアの故郷にいる家族には自分の仕事を秘密にしておかなければならなかった。実際，1980年に親族が彼女の退職記念パーティーに参加した時，彼らは彼女がどのような仕事を退職するのか知らなかった。「それはそうした女性たちが従っていた沈黙の規定だったのです」とブレアズビルに暮らすナンニの甥のグレッグ＝パーシケッティは語る。彼の母親はナンニの姉のメアリー＝ナンニ＝パーシケッティであった。

1943年，陸軍シグナル・インテリジェンス・サービス，後の国家安全保障局（NSA）はベノナ計画を開始した。国家安全保障局の暗号技術歴史センターの報告書によると，その活動の本部はバージニア州のアーリントンホールに置かれていた。NSAの報告書によると，そのチームは約3,000の暗号化されたメッセージの解読に成功し，その中にはイギリスにおけるケンブリッジ・ファイブのスパイ活動の陰謀やKGBの重要な諜報員に関するものも含まれていたという。

ナンニは1980年にベノナ計画が終了するまで，その仕事に従事していた。1995年にベノナ計画に関する情報が公表された時，親族の一人が偶然，彼女の名前を見つけ，そのことについて彼女に尋ねた。「彼女は『なぜそのことを知っているの？』と言って，愕然としていました」とパーシケッティは言う。

ナンニの甥のジム＝デルーカは昨年の末にマンディの本がニューヨークタイムズ紙のベストセラーリストに載っているのに気づき，一冊注文した。彼は叔母の情報を共有するため，そのベストセラー作家と接触した。その後，ナンニに連絡する前にマンディが自分に連絡をしてきたと彼は言う。「彼女を見ていると面白かったです」とデルーカは語る。「彼女はただ自分の仕事を全うしているだけだと思っています」　デルーカが叔母の仕事の重要性を理解したのは，彼女の退職記念パーティーでのことだった――彼はある時期に叔母と同じアパートに住んでおり，時々，彼女とその友人たちをドライブに連れて行っていた。

ナンニはクリスマスやその他の特別な日に，定期的にペンシルベニア南西部を訪れている。彼女の 100 歳の誕生日パーティーは 2 度行われ，一つはブレアズビル，もう一つはワシントンで開催された。重要な仕事の喧騒の中にいたにもかかわらず，彼女はインディアナ郡で育ちブレアズビルの美容院を手伝いながら学んだ小さな町の価値観を持ち続けていた。「彼女は何か並外れたことをする運命だったのでしょう」とグレッグ＝パーシケッティは言う。

◀解　説▶

**A.** (1)空所直後に the Venona Project「ベノナ計画」という表現が続いているので，be known as ～「～として知られている」という用法が過去分詞句となって前方の a secretive effort「機密活動」を修飾する形にすれば文意が合う。be known to (by) ～「～に知られている」となるのでAとBは不適。

(2)空所を含む部分は文法的に直前の Mundy's book *Code Girls* を修飾する形容詞句となるので，名詞のA・Cは不適。過去分詞を入れれば「昨年出版されたマンディの著書『女性暗号解読者たち』」となり文意が合う。

(3)空所を含む文の後半では，ナンニは他の女性たちと共にただ自分の仕事を行っただけだと発言しているので，自らの業績について謙遜するという意味になる humble が適切。B.「希望に満ちて」 C.「自慢して」 D.「失望して」

(4)空所を含む文は「ナンニはクリークサイドで育った頃の人生について…」という意味。第 4・5 段（At age 12, …）では，ナンニの子供の頃のことについて説明が続いているので，B.「～を詳しく述べた」が適切。A.「～を達成した」 C.「～を育てた，～を上げた」 D.「～のリハーサルをした，（以前述べられたこと）を繰り返し述べた」

(5)第 3 段第 2 文（The tiny, rural …）ではナンニが育った町の人口はかつて約 600 人だったとあるので，その後，約 300 人に減少したとすればよい。A.「～を落胆させる，～を押して下げる」 C.「粉々になる」 D.「崩れる」

(6)第 1 段第 1・2 文（Angeline Nanni didn't …）の内容から，ブレアズ

ビルで姉たちの美容院を手伝った後，ワシントンに行ったことがわかるのでDが正解。

⑺空所を含む文は，前方の any other women taking the test that day を補足説明した部分。関係代名詞の whom が含まれているので，この whom を them に戻して元々の英文構造を確認すると，she（ 7 ）many of them had attended college という形になる。暗号を解読するという特殊な試験を受けているので，ナンニは受験者の多くが大学に行っていたと考えたとするのが適切。したがって，A.「～だと思う」が正解。B.「～を計算する」 C.「～だとは思わない」 D.「～を評価する」

⑻空所を含む部分は「その試験監督は，ロシアの暗号解読計画の新たな…が見つかったことを上司に伝えた」という意味。暗号を解読する仕事の試験で，ナンニがだれよりも早く暗号を解読した場面なので，C.「候補者」が正解。

⑼空所を含む部分は，ナンニの現在の様子を説明した関係詞節の一部。副詞の still「今でも」，the same apartment building「同じアパート」に着目すれば，ワシントンで暗号解読の仕事を始めてから，現在もそこで暮らしていることがわかる。

⑽第7段第3文（For decades, she …）では，ナンニは自分の仕事を家族に秘密にしておかなければならなかったとある。空所を含む文では，彼女が退職する際，親族は彼女がどのような仕事を退職するのか知らなかったと続いているので，前文の内容を明確にする情報を加える時に用いる in fact「実際」が正解。

⑾空所を含む文の主語にある代名詞 his はナンニの甥のグレッグ＝パーシケッティを指しているので，その母親はナンニの姉となる。

⑿空所直後の代名詞 ones は encrypted, or coded, messages「暗号化されたメッセージ」の代用。related 以下は形容詞句となっており「イギリスにおけるケンブリッジ・ファイブのスパイ活動の陰謀や KGB の重要な諜報員に関するもの」という意味になる。約 3,000 の暗号化されたメッセージの具体例が説明されている部分なのでA.「～を含む」が正解。

⒀ベノナ計画の情報が公開された時，ナンニの親族が彼女の名前を偶然見つけ，そのことについて尋ねた時の回想場面。stumble across ～「～を偶然見つける」 ナンニは自分の仕事を家族に秘密にしており，空所直後

でもなぜそのことを知っているのかと言って驚いた様子がわかるので，C.「愕然とする」が正解。

⒁空所を含む文は「彼は叔母の情報を共有するため，そのベストセラー作家と…」という意味。選択肢の中ではB.「～と接触する，～と意思疎通を図る」のみ文脈が合う。A.「～に手（足）を伸ばす」 C.「～から声を出して読む」 D.「～から見つける」

⒂空所直後の the tumult of important work は「重要な仕事の喧騒」という意味。tumult「喧騒，騒動」は難易度の高い単語なので，ワシントンで暗号を解読するという重要な仕事について言及している点だけをひとまず押さえておく。主節では彼女が生まれ育った小さな町で学んだ価値観を持ち続けたという内容が述べられており，暗号解読という国家的仕事に従事しながらも，そうした小さな町の価値観を大切にしていたという文脈にすればよいので，譲歩を表す despite が適切。

**B**. ⑴第1段第1文（Angeline Nanni didn't …）では，姉の美容室で働き始めたことが説明されているので，A.「家族がやっている美容室で働くこと」が正解。B.「アメリカ政府のために暗号を解読すること」 C.「出版社で記事を編集すること」

⑵第2段第1・2文（An article in …）で，ライザ＝マンディがスミソニアン誌の記事に，100歳になったナンニへのインタビューを掲載したとあるので，B.「有名な出版物でナンニに関する最近の記事を書いた」が適切。A.「ナンニと全国を周り，本の宣伝を行った」 C.「ナンニと出会った後，親友になった」

⑶第4段第1・2文（At age 12, …）で，ナンニは12歳で8年生を終えたが，当時の規則で，その年齢では大人と一緒でなければ高校に行くことができなかったとある。したがって，C.「一人で高校へ通うには小さすぎると考えられた」が正解。ナンニはしばらく高校へ行けないから父親の店を手伝ったのであって，A.「彼女の父親が，朝の配達を手伝えと言った」という理由では因果関係が逆になってしまう。B.「彼女がまだ小学校レベルの教育を修了していなかった」

⑷第6段第2文（Nanni cracked the …）で，ナンニはその日試験を受けていた他のだれよりも早く練習用の暗号を解読したとあり，その後，彼女は暗号を分析する職を得ているので，A.「彼女はその日問題を解くこと

ができた最初の受験者だった」が正解。crack「(暗号など) を解く」 B.「ナンニを『アンジー』と呼んでいた試験監督はすでに彼女のことを知っていた」 C.「彼女は首尾よく大学教育を修了していた」

(5)第9段第1文 (Nanni worked for…) で，ナンニは1980年にベノナ計画が終了するまで，その仕事に従事していたとあるので，C.「1980年代の初頭まで続いた」が正解。A.「第二次世界大戦の前はアメリカ陸軍にとって重要だった」 B.「英語からロシア語にメッセージを翻訳した」

(6)第9段では，1995年にベノナ計画の情報が公開され，親族が初めてナンニの仕事について知ったという内容が述べられている。ナンニがベノナ計画に従事していたのは1980年までなので，B.「彼女が仕事を終えた後，何年も経過してから彼女の仕事についてようやく知ることになった」が正解。relative「親族」 A.「彼女が仕事をしている間，その仕事に関して大部分が知っていた」 C.「今日まで彼女の仕事の内容に気づいていないままである」

(7)最終段最終文 (“She was destined…) で，グレッグ＝パーシケッティがナンニは何か並外れたことをする運命だったのだろうと発言している。destined「運命づけられた」 something else「並外れたこと (物・人)，ひときわ目立つ存在」 並外れたこととは，暗号を解読するという国家的計画に参加することを指しているので，C.「ナンニは前々からアメリカ政府の分析官として仕事をすることになっていた」が正解。be meant to *do*「～することになっている」 A.「ナンニはおそらく地元で美容師をやった方が成功しただろう」 B.「ナンニは慌ただしい都会の生活より，故郷ののんびりしたペースを重視した」

## III 解答

A. (1)―C　(2)―A　(3)―C　(4)―B　(5)―A　(6)―B　(7)―B　(8)―A　(9)―A　(10)―C

B. (1)―C　(2)―B　(3)―A　(4)―C　(5)―B　(6)―C　(7)―A

◆全　訳◆

≪泣くことは有益なことであるのか？≫

私たちがかなりの頻度で泣いていることには驚くかもしれない。調査によると，平均して，アメリカ人の女性は月に3.5回泣き，アメリカ人の男性は月に約1.9回泣いている。とりわけ私たちの社会は，泣くこと――中でも男性が泣くこと――を弱さや感情的な強さの不足を示す証拠だとみなす場合が多かったので，こうした数字に驚く人もいるかもしれない。しかし，実際のところ，泣くことには多くの利点があるのだ。

人間特有の現象として，泣くことは深い悲しみや悲嘆から，大きな幸福感や喜びまで様々な感情に対する自然な反応である。しかし，泣くことは健康衛生上，よいことなのであろうか？　答えはイエスであるようだ。泣くことの医学的なメリットは，さかのぼること古典時代から知られている。古代ギリシャ・ローマの思想家や医師は，涙は私たちを洗い，浄化する洗浄剤のようなはたらきをすると提唱していた。今日の心理学の考えもおおむねそれに一致しており，泣くことの役割をストレスや感情的な苦痛を取り除く仕組みとして強調している。

泣くことは重要なはけ口だが，それは主に，つらい感情を外に出さないでいると――心理学者が抑圧的対処と呼ぶ行為だ――，健康衛生上，悪影響を及ぼす可能性があるからだ。研究によると，抑圧的対処は，ストレス，不安，鬱といった心の健康状態だけでなく，免疫システムの低下，心臓疾患，高血圧とも関係している。また，泣くことは，親密さ，相互理解，友人や家族からの支援を促す愛着行動を増やすことも明らかになっている。

すべての涙が同じように生成されているわけではない。研究者たちは，泣くことで生成された液体を３つの異なる種類に分類している。反射で出る涙，持続して出ている涙，感情の涙である。最初の２つは煙やほこりなどの異物を目から取り除く，目を感染症から守るために潤わせておく，という重要なはたらきをしている。その中身は 98 パーセントが水である。

潜在的に最も健康上の効果があるのは３つ目の感情の涙（これはストレスホルモンや他の有害物質を体外に出してくれる）である。研究者たちは泣くことでオキシトシン（信頼と関係構築に関わるホルモン）とエンドルフィン――苦痛を和らげ，幸福感を上げるはたらきがあるので，「幸福物質」と呼ばれることが多い――が放出されることを立証している。そうした幸福物質は肉体的苦痛と精神的苦痛の両方を和らげることに貢献している。大衆文化について言えば，気分を良くする――さらに身体的快楽さえも経験できるかもしれない――方法として，思い切り泣くことの価値を以前から認めていた。(特に)『ウェストサイド物語』や『タイタニック』など感情に訴える名作映画を見た多くの人たちは，それが事実であると証言する可能性が高いだろう。

「男は泣くものではないとわかっている」という有名な歌の歌詞がある。「でも，涙を流さずにはいられない」 この言葉は，感情表現に関する多くの男性のジレンマを簡潔に要約している。幼い頃から，本物の男は泣かないと男の子たちは言われている。そのような子たちが成長すると，感情を心の奥底に閉じ込め，愛する人たちから気持ちの上で距離を置き，アルコールやドラッグを乱用し，自殺行為を行うことさえもあり得る。それゆえ，多くの男性は自分の感情と再びつながる方法を習得する必要があるのだ。1990年代にさかのぼると，詩人のロバート＝ブライは男性向けのセミナーを開催し，参加者たちに長く閉じ込めてきた悲しみや喪失の感情に触れる方法を教え，必要であれば，隠さずに泣くように言った。しかし，理想としては，つらい感情について男の子たちが話しやすいように大人が導き，そうした教育を家庭や学校で始めるべきである。

現在，アメリカでは新型コロナウィルスによって数十万人もの死者を記録している。国民の間で共有されているその犠牲者たちに対する大きな悲しみは，人を打ちのめすような悲しみと表現するしかない。それゆえ，このような時には，私たちの感情が表に出やすくなって，以前はあまり泣かなかった人たちの多くが涙もろくなっていることは驚きではない。それどころか，ある医療専門家が言っているように，人前で感情を出すことが「ニュー・ノーマル」となったのかもしれない。

それでは，涙が問題となるのはどのような場合なのか？ 非常に頻繁に，かつ／またははっきりした理由もなく涙が出る時や，泣くことが日常生活に影響を及ぼし始めたり，コントロールできなくなったりした時は特に，泣くことは問題の兆候と言えることがある。逆に，ある種の臨床的鬱病に苦しんでいる人は，泣きたい場合でも実際に泣くことができないかもしれない。そうした状況では，問題を診断し適切な治療が提案できる医療専門家の診察を受けた方がよいだろう。

難しいことではあるかもしれないが，悲しみや悲嘆などつらい感情に対処する最善の方法は，それらを受け入れることである。もし泣きたければ，そうすることが重要である。必要であれば，時間を取って，安心して泣ける場所を必ず見つけておいて欲しい。多くの人は悲しい時に泣くというと鬱病を連想するが，それが実は，回復の兆候となる可能性もある。男の子や若者たちに泣いてもいいと伝えることは，健康上の不適切な行動を減らし，彼らが満足のいく人生を送る手助けとなるかもしれないのだ。

◀解　説▶

**A.** (1)下線部を含む部分は「とりわけ私たちの社会は，泣くこと──中でも男性が泣くこと──を弱さや…の不足を示す証拠とみなす場合が多い」という意味。emotional stamina「感情的なスタミナ」の意味としては，C.「感情に対処する強さ」が最も適切。A.「極度の怒りを避ける決まった方法」　B.「願望を取り除く訓練」

(2)下線部は「涙は私たちを洗い，浄化する洗浄剤のようなはたらきをしている」という意味。選択肢の中では，A.「涙は私たちの体が不要なものを取り除く手助けをしている」が最も意味が近い。B.「私たちは涙を流す時，美徳の感覚を体験している」　C.「泣いた後，私たちは状況をよりはっきりと見ることができる」

(3)下線部の逐語訳は「抑圧的対処」となる。直前の keeping difficult feelings inside「つらい感情を外に出さないこと」に対して，心理学者たちが使っている用語なので，C.「感情が表に出ないよう抑制すること」が正解。A.「自分の問題について他人と話すのを避けること」　B.「他人に自分の顔の表情を読まれないよう気をつけること」

(4)下線部直後の which 以下では，親密さ，相互理解，友人や家族からの支援を促すと説明されているので，具体的な例としてはB.「自分の周りの人たちとの関係を発展させる」が最も適切。attachment behavior「愛着行動」　C.「自分の身近な人の近くに立つ」は，心理的な距離ではなく物理的な距離のことを言っており，不適。A.「困っている人を援助する」

(5)下線部は「(特に)『ウェストサイド物語』や『タイタニック』など感情に訴える名作映画を見た多くの人たちは，それが事実であると証言する可能性が高いだろう」という意味。that fact「その事実」とは，第5段第4文（Popular culture, for …）の思い切り泣くことで気分が良くなるという内容を指しているので，A.「多くの人は過去の感動的な映画を見ることで，感情面において好ましい経験をしている」が正解。B.「大衆文化を生み出した人たちの多くは，それを作り出すことで，自身の精神的な苦痛が和らいだことを認めている」　C.「気持ちを奮い立たせる映画を見た多くの人たちは，お互いに幸福を表現し，共有することができた」

出典追記：Is crying good for you?, Harvard Health Publishing on March 1, 2021 by Leo Newhouse

(6)下線部を含む文の主語が boys となっているので,「幼い頃から」男は泣かないと言われているとすれば文意が合う。

(7)下線部は「以前はあまり泣かなかった人たちの多くが涙もろくなっている」という意味。be prone to ～「～の傾向がある」したがって,B.「昔はめったに泣かなかった人たちでさえ,涙を流しやすくなっている」が正解。shed「(涙)を流す」 A.「以前はすぐに泣いていた人が,今ではさらに涙もろくなっている」 C.「泣くことで人間関係が引き裂かれる可能性が以前よりも高くなっている」

(8)下線部は「ある種の臨床的鬱病に苦しんでいる人は,泣きたい場合でも実際に泣くことができないかもしれない」という意味。精神的な問題を抱えていなければ,泣きたい時に泣くというのは通常の行為であることが読み取れるので,A.「泣きたい時に涙を出すという行為は全く正常なことだと考えられる」が正解。B.「ある人が頻繁に,あるいは明確な理由もなく泣いていれば,その時は身体的疾患が疑われる」 C.「人前で感情を出すことができなければ,専門家の助けを求めるべきである」

(9)下線部は「悲しみや悲嘆などつらい感情に対処する最善の方法は,それらを受け入れることである」という意味。handle「～をうまく扱う」embrace「～を抱きしめる,～を受け入れる」 したがって,A.「否定的な感情を受け入れられるようになった時,それらにうまく対処することができるだろう」が正解。cope with ～「～をうまく処理する」 B.「悲しい時は自分の気持ちを周りの人に伝えるのが理想的である」 C.「隠さずに涙を流すようになれば,感情をうまく制御できるようになるだろう」

(10)下線部の逐語訳は「治癒の印」なので,C.「回復の兆候」が適切。A.「治療の提案」 B.「健康の象徴」

**B.** (1)第1段では具体的な調査結果を示しながら,アメリカ人が泣く頻度の多さに驚くかもしれないと述べているので,C.「アメリカ人が思っているよりも頻繁に泣くという事実」が正解。A.「アメリカ人にとっての泣くことの具体的な恩恵」 B.「アメリカ人の男性と女性の両方が泣く理由」

(2)第2段第4～最終文 (Medical benefits of …) では,心身の健康に対する泣くことのメリットは古代ギリシャ・ローマ時代から提唱されており,今日の心理学の考えでもおおむね意見が一致していると述べられている。

したがって，B.「泣くことの心身への影響に関して古代の学者たちと全体的な意見が一致している」が正解。A.「古代の学者たちの発見から，泣くことの心理学的限界について学んでいる」 C.「泣くことの精神的な恩恵に関して古代の学者たちと少し異なる意見をもっている」

⑶第3段第1文（Crying is an …）では，泣くことが重要なはけ口となるのは主に，つらい感情を出さない抑圧的対処が健康衛生上，悪影響を及ぼすからだとある。また同段第2文（Studies have linked …）では，抑圧的対処は精神状態だけではなく，免疫システムの低下など身体的にも影響を及ぼすとあるので，A.「泣くことと関係する身体的および情緒的影響を説明する」が正解。B.「泣くことが日々の社会生活に及ぼす影響を説明する」 C.「泣くことが人間関係に及ぼす影響について議論する」

⑷「感情の涙は他の2つの種類の涙と…という点で異なる」 第4段第3文（The first two …）では，reflex tears「反射で出る涙」とcontinuous tears「持続して出ている涙」は，ほこりなどを目から取り除いて，感染症から目を守るはたらきをしていると説明されている。感情の涙については，第5段第2文（Researchers have established …）で，泣くことによって肉体的苦痛と精神的苦痛を和らげてくれるオキシトシンやエンドルフィンといった幸福物質が放出されると説明されている。したがって，C.「感情の涙は健康回復物質の放出と関連がある」が正解。discharge「放出」 restorative「健康を回復させる」 A.「感情の涙は人間の体内において様々な感染症を防ぐ手助けができる」 B.「感情の涙の生成は，はるかに持続し，長持ちする」

⑸第7段最終文（In fact, as …）で，人前で感情を出すことがニュー・ノーマル（新たな常態）になったかもしれないという引用がある。本文全体を通して，筆者は泣くことの利点について論じており，人前で感情を出すことを肯定的にとらえている。したがって，筆者が同意しそうな考えとしてはB.「『ニュー・ノーマル』の傾向は，歓迎すべき進展である」が適切。A.「どのようなつらい感情も抑制することが男性的だと考えられるべきだ」 C.「高血圧に苦しむ人はエンドルフィンを服用すべきだ」

⑹ロバート＝ブライに関しては第6段第6文（Back in the …）で言及されており，心の底の感情に触れ，必要な時には隠さずに泣くことを勧めている。筆者も泣くことの利点を挙げながら，泣きたい時には泣くべきであ

るという立場を取っているので，C.「素直に感情を表現することは容認できる」が正解。straightforward「正直な，わかりやすい」 manner「方法」 A.「悲しみのために泣くことは抑鬱的な行為である」 B.「男性はもっと感情を自制できるようにすべきだ」

(7)第１段最終文（But there are …）で泣くことには多くの利点があると主張した上で，第２段以降，その利点について具体的に論じられている。したがって，タイトルとしては，A.「泣くことは有益なことであるのか？」が適切。B.「すべての涙が同じわけではない！」 C.「男性が泣くことの再考」

## ❖講　評

2022 年度も大問３題で例年通りの出題形式。設問も含めると英文量が多く，一定の語彙力がクリアできていなければ，集中力を切らさず最後まで英文を読み切るのは難しい。

**I**の**A**の会話文は，学食の利用法についての会話で，特に迷う選択肢はなかった。**B**の段落整序は，機械のメリットとデメリットについて述べられた英文で，その対比に着目して処理したい。

**II**の読解問題は，暗号を解読するベノナ計画で活躍したアンジェリーン＝ナンニの人生について書かれた英文。code の「暗号」という意味が出てこないと全体の話がとらえづらかったかもしれない。**A**の空所補充は，文法・語法の知識を問う問題もあるが，文脈を考慮して適切な語句を選ぶ問題が中心。(4)・(7)・(13)が難しかったと思われる。**B**は本文の内容について問われた設問で，一定の語彙レベルがクリアできていれば正解の選択肢は絞りやすいものだった。

**III**の読解問題は，泣くことの利点について述べられた英文で，やや難しい語彙も見られるが要旨はわかりやすい。**A**は下線部から読み取れる内容や近い意味，具体例を選ぶ問題で，標準レベルの出題が多かったが，(4)は正解を絞るのが難しいかもしれない。**B**は本文の内容を正確に把握しているかが問われる問題で，段落および全体の主旨を問う問題が多かった。(4)は正解の選択肢に含まれる語彙が難しかった。

全体としては標準レベルと言えるが，語彙レベルがやや高かった。

# 数学

## I 解答

$f(x)=\dfrac{2\sqrt{2}}{x^2+2}$，$g(x)=\sqrt{2-x^2}$

$C_1：y=f(x)$，$C_2：y=g(x)$

(1)　商の微分公式より

$$f'(x)=-\frac{2\sqrt{2}\,(x^2+2)'}{(x^2+2)^2}=-\frac{4\sqrt{2}\,x}{(x^2+2)^2}\quad\cdots\cdots(答)$$

(2)　$f'(x)=0$ より　　$x=0$

増減表は次の通り。

| $x$ | | 0 | |
|---|---|---|---|
| $f'(x)$ | $+$ | 0 | $-$ |
| $f(x)$ | ↗ | $\sqrt{2}$ | ↘ |

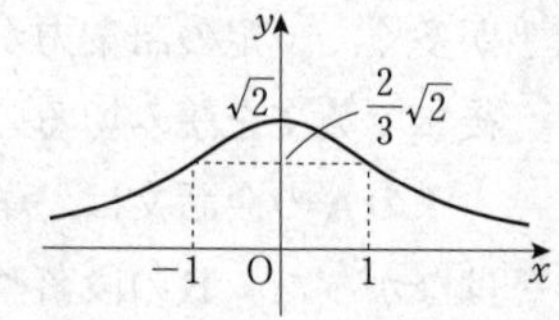


$C_1$ の概形は右図の通り。

(3)　以下，$a=\sqrt{2}$ とおく。

$$f(x)=\frac{a^3}{x^2+a^2}$$

$x=a\tan\theta\left(0\leqq\theta\leqq\dfrac{\pi}{4}\right)$ とおくと，$1+\tan^2\theta=\dfrac{1}{\cos^2\theta}$ より

$$\frac{dx}{d\theta}=\frac{a}{\cos^2\theta}$$

$I_1=\displaystyle\int_0^a f(x)dx$ とおく。

$$I_1=\int_0^{\frac{\pi}{4}}\frac{a^3\cos^2\theta}{a^2}\cdot\frac{a}{\cos^2\theta}d\theta=a^2\Big[\theta\Big]_0^{\frac{\pi}{4}}$$

$$=\frac{\pi}{4}a^2=\frac{\pi}{2}\quad(\because\ \ a^2=2)\quad\cdots\cdots①\quad\cdots\cdots(答)$$

(4)　2 曲線 $C_1$，$C_2$ の交点の $x$ 座標を求める。$f(x)=g(x)$ より

$$\frac{a^3}{x^2+a^2}=\sqrt{a^2-x^2}$$

$$(x^2-a^2)(x^2+a^2)^2+a^6=0$$

$$x^2(x^4+a^2x^2-a^4)=0$$

$$x^2=0,\ \frac{-a^2+\sqrt{5}a^2}{2}=\sqrt{5}-1\quad (\because\ x^2\geqq 0,\ a^2=2)$$

$C_1$ と $C_2$ の第1象限にある交点が $(p,\ f(p))$ より

$$p=\sqrt{\sqrt{5}-1}\quad \cdots\cdots②$$

題意より

$$S_1=\int_0^p\{g(x)-f(x)\}dx,\ S_2=\int_p^a\{f(x)-g(x)\}dx$$

$$\begin{aligned}S_1-S_2&=\int_0^p\{g(x)-f(x)\}dx-\int_p^a\{f(x)-g(x)\}dx\\&=\int_0^p\{g(x)-f(x)\}dx+\int_p^a\{g(x)-f(x)\}dx\\&=\int_0^a\{g(x)-f(x)\}dx\\&=\frac{1}{4}\pi a^2-I_1\quad (a^2=2)\\&=\frac{\pi}{2}-\frac{\pi}{2}=0\quad (\because\ ①)\end{aligned}$$



ゆえに　$S_1=S_2$　……(答)

**別解** (3)　$x=at$ と変数変換すると

$$I_1=a^2\int_0^1\frac{1}{t^2+1}dt=\frac{\pi}{4}a^2=\frac{\pi}{2}\quad (\because\ a^2=2)$$

## ◀解　説▶

≪有理関数のグラフ，定積分，面積≫

(1)　商の微分公式を用いる。

(2)　$f(x)$ は $x=0$ で極大値（最大値）$f(0)=\sqrt{2}$ をとる。$f(x)$，$g(x)$ は偶関数だから，曲線 $C_1$，$C_2$ は $y$ 軸対称である。$C_2$ は原点中心，半径 $a$ の円の $y\geqq 0$ の部分である。

**参考**　$f''(x)=\dfrac{4\sqrt{2}(3x^2-2)}{(x^2+2)^3}$ より，$x_0=\sqrt{\dfrac{2}{3}}$ とおくと，$C_1$ の変曲点は $(x_0,\ f(x_0))$，$(-x_0,\ f(-x_0))$ である。

(4)　〔解答〕では，$I_2=\int_0^a g(x)dx$ が半径 $a$ の円の面積の4分の1であることを用いた。

[$I_2$の計算]　$x=a\sin\theta\left(0\leqq\theta\leqq\frac{\pi}{2}\right)$とおくと　$\frac{dx}{d\theta}=a\cos\theta$

$$I_2=\int_0^{\frac{\pi}{2}}a\cos\theta\cdot a\cos\theta d\theta=a^2\int_0^{\frac{\pi}{2}}\frac{1+\cos2\theta}{2}d\theta$$

$$=\frac{a^2}{2}\left[\theta+\frac{\sin2\theta}{2}\right]_0^{\frac{\pi}{2}}=\frac{\pi}{4}a^2=\frac{\pi}{2}\quad(\because\quad a^2=2)$$

## II

**解答**　(1)①$2\sqrt{6}$　②$2\sqrt{3}$　③0　④$6\sqrt{2}$

(2)⑤$\frac{5}{12}$　⑥$-\frac{1}{3}$　⑦$\frac{5\sqrt{2}}{2}$　(3)⑧3

◀解　説▶

≪空間ベクトル，四面体，面積，体積≫

O(0, 0, 0)，A(1, 1, 4)，B(4, −2, 2)，C(2, 2, −2)

$\overrightarrow{OA}=\vec{a}$，$\overrightarrow{OB}=\vec{b}$，$\overrightarrow{OC}=\vec{c}$とおく。

(1)　$|\vec{b}|^2=\vec{b}\cdot\vec{b}=4\times4+(-2)\times(-2)+2\times2=24$　……㋐

∴　$|\vec{b}|=2\sqrt{6}$　(→①)

$|\vec{c}|^2=\vec{c}\cdot\vec{c}=2\times2+2\times2+(-2)\times(-2)=12$　……㋑

∴　$|\vec{c}|=2\sqrt{3}$　(→②)

$\vec{b}\cdot\vec{c}=4\times2+(-2)\times2+2\times(-2)=0$　……㋒　(→③)

ゆえに，△OBC は∠BOC＝∠$R$である直角三角形である。

△OBC の面積$S_1$は

$$S_1=\frac{1}{2}|\vec{b}||\vec{c}|=\frac{1}{2}\cdot2\sqrt{6}\cdot2\sqrt{3}=6\sqrt{2}\quad\cdots\cdots㋓\quad(\to④)$$

(2)　頂点 A から平面 OBC に下ろした垂線の足が K より

$\overrightarrow{OK}=p\vec{b}+q\vec{c}$　($p$, $q$は実数)　……㋔

と書ける。

AK⊥OB より

$\overrightarrow{AK}\cdot\overrightarrow{OB}=(\overrightarrow{OK}-\overrightarrow{OA})\cdot\overrightarrow{OB}=0$

$(p\vec{b}+q\vec{c}-\vec{a})\cdot\vec{b}=0$　……㋕

定義より

$$\vec{a}\cdot\vec{a}=1\times1+1\times1+4\times4=18 \quad \cdots\cdots ㋖$$

$$\vec{a}\cdot\vec{b}=1\times4+1\times(-2)+4\times2=10 \quad \cdots\cdots ㋗$$

$$\vec{a}\cdot\vec{c}=1\times2+1\times2+4\times(-2)=-4 \quad \cdots\cdots ㋘$$

㋕, ㋐, ㋒, ㋗より

$$24\cdot p+0\cdot q-10=0$$

$$p=\frac{5}{12} \quad \cdots\cdots ㋙ \quad (\to ⑤)$$

AK⊥OC より

$$\overrightarrow{AK}\cdot\overrightarrow{OC}=(\overrightarrow{OK}-\overrightarrow{OA})\cdot\overrightarrow{OC}=0$$

$$(p\vec{b}+q\vec{c}-\vec{a})\cdot\vec{c}=0 \quad \cdots\cdots ㋚$$

㋚, ㋒, ㋑, ㋘より

$$0\cdot p+12\cdot q-(-4)=0$$

$$q=-\frac{1}{3} \quad \cdots\cdots ㋛ \quad (\to ⑥)$$

㋔, ㋙, ㋛より

$$\overrightarrow{OK}=\frac{5}{12}\vec{b}-\frac{1}{3}\vec{c} \quad \cdots\cdots ㋜$$

$$\overrightarrow{AK}=\overrightarrow{OK}-\overrightarrow{OA}=\frac{5}{12}\vec{b}-\frac{1}{3}\vec{c}-\vec{a} \quad \cdots\cdots ㋝$$

㋜, ㋐, ㋑, ㋒, ㋗, ㋘より

$$|\overrightarrow{OK}|^2=\left(\frac{5}{12}\right)^2|\vec{b}|^2-2\cdot\frac{5}{12}\cdot\frac{1}{3}\vec{b}\cdot\vec{c}+\left(\frac{1}{3}\right)^2|\vec{c}|^2$$

$$=\frac{25}{6}+\frac{4}{3}=\frac{11}{2} \quad \cdots\cdots ㋞$$

$$\overrightarrow{OK}\cdot\overrightarrow{OA}=\frac{5}{12}\vec{b}\cdot\vec{a}-\frac{1}{3}\vec{c}\cdot\vec{a}$$

$$=\frac{25}{6}+\frac{4}{3}=\frac{11}{2} \quad \cdots\cdots ㋟$$

OB⊥OC, ㋝, ㋞, ㋟, ㋖より

$$|\overrightarrow{AK}|^2=(\overrightarrow{OK}-\overrightarrow{OA})\cdot(\overrightarrow{OK}-\overrightarrow{OA})$$

$$=|\overrightarrow{OK}|^2-2\overrightarrow{OK}\cdot\overrightarrow{OA}+|\overrightarrow{OA}|^2$$

$$=\frac{11}{2}-2\cdot\frac{11}{2}+18=\frac{25}{2}$$

$\therefore\quad |\overrightarrow{\mathrm{AK}}|=\frac{5\sqrt{2}}{2}$　(→⑦)

(3)　㋜, ㋐, ㋒より

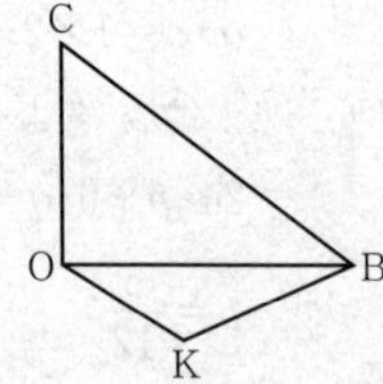


$$\overrightarrow{\mathrm{OK}}\cdot\overrightarrow{\mathrm{OB}}=\frac{5}{12}\vec{b}\cdot\vec{b}-\frac{1}{3}\vec{c}\cdot\vec{b}$$

$$=\frac{5}{12}\cdot 24-\frac{1}{3}\cdot 0$$

$$=10\quad\cdots\cdots ㋠$$

△OKB の面積を $S_2$ とすると

$$(2S_2)^2=|\overrightarrow{\mathrm{OK}}|^2|\overrightarrow{\mathrm{OB}}|^2-(\overrightarrow{\mathrm{OK}}\cdot\overrightarrow{\mathrm{OB}})^2$$

$$=\frac{11}{2}\cdot 24-10^2=32$$

$\therefore\quad S_2=\frac{1}{2}\sqrt{32}=2\sqrt{2}$　……㋡

四面体 OABC の体積を $V_{\mathrm{OABC}}$, 三角形 ABC の面積を $S_{\mathrm{ABC}}$ と書く。

四面体 OAKB と四面体 OABC の高さ AK は等しいから, ㋓, ㋡より

$$V_{\mathrm{OAKB}}:V_{\mathrm{OABC}}=S_{\mathrm{OKB}}:S_{\mathrm{OBC}}=S_2:S_1=2\sqrt{2}:6\sqrt{2}$$

$$=1:3\quad(\to⑧)$$

**別解**　(3)（$S_2$ の別解）　△OKB において, 2 辺 OK, OB のなす角を $\theta$ $(0<\theta<\pi)$ とすると, ㋠, ㋐, ㋞, $\sin\theta>0$ より

$$\cos\theta=\frac{\overrightarrow{\mathrm{OK}}\cdot\overrightarrow{\mathrm{OB}}}{|\overrightarrow{\mathrm{OK}}||\overrightarrow{\mathrm{OB}}|}=10\cdot\frac{\sqrt{2}}{\sqrt{11}}\cdot\frac{1}{2\sqrt{6}}=\frac{5}{\sqrt{33}}$$

$$\sin\theta=\sqrt{1-\frac{25}{33}}=\frac{2\sqrt{2}}{\sqrt{33}}\quad\cdots\cdots ㋢$$

△OKB の面積を $S_2$ とすると, ㋐, ㋞, ㋢より

$$S_2=\frac{1}{2}|\overrightarrow{\mathrm{OK}}||\overrightarrow{\mathrm{OB}}|\sin\theta$$

$$=\frac{1}{2}\cdot\frac{\sqrt{11}}{\sqrt{2}}\cdot 2\sqrt{6}\cdot\frac{2\sqrt{2}}{\sqrt{33}}=2\sqrt{2}$$

四面体の体積は, 三角錐の体積公式から求めることもできる。

$$V_{\mathrm{OABC}}=\frac{1}{3}\cdot\frac{5\sqrt{2}}{2}\cdot 6\sqrt{2}=10$$

$$V_{\mathrm{OAKB}}=\frac{1}{3}\cdot\frac{5\sqrt{2}}{2}\cdot 2\sqrt{2}=\frac{10}{3}$$

## III　解答

(1)① $2\sqrt{2}$　② $\dfrac{\pi}{6}$　(2)③ 96　(3)④ $\dfrac{3\sqrt{3}}{2}$

(4)⑤ $\dfrac{6\sqrt{6}}{7}$　⑥ 2　⑦ 4

### ◀解　説▶

≪複素数平面上の三角形と円≫

$$\alpha=\sqrt{6}+\sqrt{2}\,i\quad(-\pi\leqq\arg\alpha<\pi)$$

(1)　$\arg\alpha=\theta$ とする。

$$|\alpha|^2=(\sqrt{6})^2+(\sqrt{2})^2=8$$

$$|\alpha|=\sqrt{8}=2\sqrt{2}\quad\cdots\cdots㋐\quad(\to①)$$

$$\alpha=|\alpha|\left(\frac{\sqrt{3}}{2}+\frac{1}{2}i\right)$$

$$(\cos\theta,\ \sin\theta)=\left(\frac{\sqrt{3}}{2},\ \frac{1}{2}\right)\quad(-\pi\leqq\theta<\pi)$$

$$\therefore\quad\theta=\arg\alpha=\frac{\pi}{6}\quad\cdots\cdots㋑\quad(\to②)$$



(2)　$\theta_0=\dfrac{\pi}{6}$　……㋒とおく。ド・モアブルの定理より

$$\alpha^n=|\alpha|^n(\cos\theta_0+i\sin\theta_0)^n$$
$$=|\alpha|^n(\cos n\theta_0+i\sin n\theta_0)\quad\cdots\cdots㋓$$

$\alpha^n$ が正の実数となるための条件は，㋒，㋓より

$$n\theta_0=2k\pi\quad(k\text{ は正の整数})$$
$$n=12k\quad(k\text{ は正の整数})$$
$$n=12k<100\qquad\therefore\quad 1\leqq k\leqq 8$$
$$\therefore\quad 12\leqq n=12k\leqq 96\quad(\to③)$$

(3)　$\mathrm{A}(\alpha)$，$\mathrm{B}\left(\dfrac{6}{\alpha}\right)$ とおく。

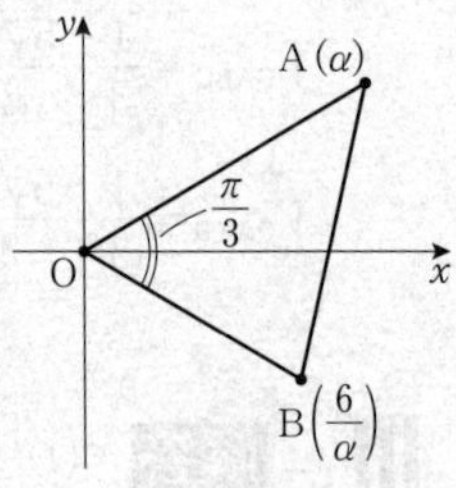


$$\frac{6}{\alpha}=\frac{6}{\sqrt{6}+\sqrt{2}\,i}$$

$$=\frac{6(\sqrt{6}-\sqrt{2}\,i)}{(\sqrt{6}+\sqrt{2}\,i)(\sqrt{6}-\sqrt{2}\,i)}$$

$$=\frac{3\sqrt{6}}{4}-\frac{3\sqrt{2}}{4}i=\frac{3}{4}\overline{\alpha}$$

$$\left|\frac{6}{\alpha}\right|=\frac{3}{4}|\overline{\alpha}|=\frac{3\sqrt{2}}{2}\quad\cdots\cdots㋔$$

$$\arg\left(\frac{6}{\alpha}\right)=-\frac{\pi}{6}$$

$$\therefore\quad \angle\mathrm{AOB}=\frac{\pi}{6}+\frac{\pi}{6}=\frac{\pi}{3}\quad\cdots\cdots㋕$$

△OABの面積を$S$とする。㋐，㋔，㋕より

$$S=\frac{1}{2}|\alpha|\left|\frac{6}{\alpha}\right|\sin\angle\mathrm{AOB}$$

$$=\frac{1}{2}\cdot2\sqrt{2}\cdot\frac{3\sqrt{2}}{2}\cdot\sin\frac{\pi}{3}=\frac{3\sqrt{3}}{2}\quad(\to④)$$

(4)　(3)の結果より，∠AOBの二等分線は実軸（$x$軸）である。

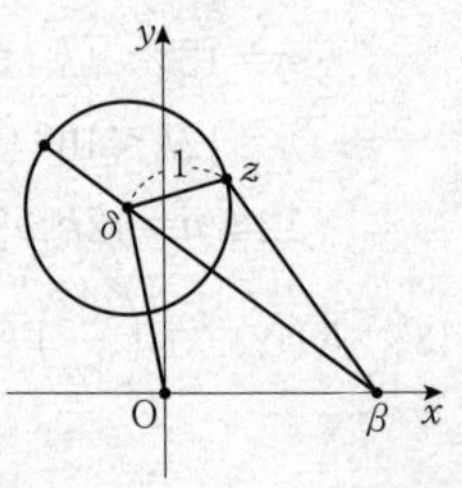


したがって，辺ABと実軸の交点がC$(\beta)$である。

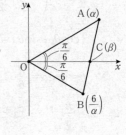

㋐，㋔および角の二等分線と辺の比の関係より

$$\mathrm{AC}:\mathrm{BC}=\mathrm{OA}:\mathrm{OB}$$

$$=|\alpha|:\frac{3}{4}|\overline{\alpha}|=4:3$$

$$\therefore\quad \beta=\frac{3}{7}\alpha+\frac{4}{7}\cdot\frac{3}{4}\overline{\alpha}=\frac{3}{7}(\alpha+\overline{\alpha})$$

$$=\frac{6\sqrt{6}}{7}\quad\cdots\cdots㋖\quad(\to⑤)$$

$\delta=-\dfrac{\sqrt{6}}{7}+\sqrt{3}\,i$　……㋗ とおく。

$z$を中心$\delta$，半径1の円$|z-\delta|=1$上の点とする。

題意より

$$|\delta-\beta|-1\leqq|z-\beta|\leqq|\delta-\beta|+1\quad\cdots\cdots㋘$$

㋖，㋗より

$\delta-\beta=-\sqrt{6}+\sqrt{3}\,i$

$|\delta-\beta|=\sqrt{(-\sqrt{6})^2+(\sqrt{3})^2}=3$　……㋙

㋘, ㋙より

$2\leqq|z-\beta|\leqq 4$　(→⑥, ⑦)

## Ⅳ　**解答**　(1)① $n-1$　② 4　(2)③ $20n-18$　④ 11

(3)⑤ $\log_4(x-1)$　⑥ $\dfrac{16}{7}$　(4)⑦ 4　⑧ $\dfrac{1}{2}$

◀解　説▶

≪小問 4 問≫

(1)　$n\geqq 2$ とする。$2n$ 枚のカードから，2 枚を同時に取り出す取り出し方は，全部で

$${}_{2n}\mathrm{C}_2=\frac{(2n)(2n-1)}{2}=n(2n-1) \text{ 通り}$$

2 枚のカードの数字の和が $2n$ となる組は

$(1,\ 2n-1),\ (2,\ 2n-2),\ \cdots,\ (n-1,\ n+1)$

の $(n-1)$ 通り。(→①)

このときの確率を $p(n)$ とすると

$$p(n)=\frac{n-1}{{}_{2n}\mathrm{C}_2}=\frac{n-1}{n(2n-1)}$$

題意より

$$p(n)=\frac{n-1}{n(2n-1)}=\frac{3}{28}$$

$3n(2n-1)=28(n-1)$

$6n^2-31n+28=0$

$(n-4)(6n-7)=0$

$n$ は 2 以上の整数より　　$n=4$　(→②)

(2)　自然数 $N$ を 4 で割っても，5 で割っても余りが 2 となるとき，$N-2$ は 4 でも 5 でも割り切れる。

ゆえに，$(N-2)$ は 20 の倍数である。

したがって，$N-2=20k$ $(k=0,\ 1,\ 2,\ \cdots)$ と書ける。

$a_n$ の定義より

$$a_n=20(n-1)+2=20n-18 \quad (n=1,\ 2,\ 3,\ \cdots) \quad (\to③)$$

題意より

$$\sum_{k=1}^{n} a_k=\sum_{k=1}^{n}(20k-18)=20\cdot\frac{n(n+1)}{2}-18n$$

$$=2(5n^2-4n)\geqq 1000$$

$$5n^2-4n-500\geqq 0$$

$$n\geqq\frac{2}{5}(1+\sqrt{626}) \quad (\because \quad n>0)$$

$x_0=\dfrac{2}{5}(1+\sqrt{626})$ とおく。

$$25^2=625<626<676=26^2$$

$$25<\sqrt{626}<26$$

$$26<1+\sqrt{626}<27$$

$$52<2(1+\sqrt{626})<54$$

$$\frac{52}{5}<\frac{2}{5}(1+\sqrt{626})<\frac{54}{5}$$

$$10.4<x_0<10.8$$

ゆえに，$n\geqq x_0$ を満たす最小の整数 $n$ は　　$n=11$　$(\to④)$

(3)　$y=\log_{\frac{1}{4}}(x-1)$ のグラフを $x$ 軸に関して対称移動したグラフが $C_1$ より

$$C_1 : y=-\log_{\frac{1}{4}}(x-1) \quad \cdots\cdots ㋐$$

底の変換公式より

$$C_1 : y=-\frac{\log_4(x-1)}{\log_4 4^{-1}}$$

$$=\log_4(x-1) \quad \cdots\cdots ㋑ \quad (\to⑤)$$

$y=\log_4 x$ のグラフを $x$ 軸方向に $-8$，$y$ 軸方向に $-\dfrac{3}{2}$ だけ平行移動したグラフが $C_2$ より

$$C_2 : y=\log_4(x+8)-\frac{3}{2} \quad \cdots\cdots ㋒$$

$C_1$，$C_2$ の交点の $x$ 座標は，㋑，㋒より

$$\log_4(x-1)=\log_4(x+8)-\frac{3}{2}$$

$$\log_4\frac{x+8}{x-1}=\frac{3}{2}$$

$$\frac{x+8}{x-1}=4^{\frac{3}{2}}=2^3$$

$$x+8=8(x-1)$$

$$x=\frac{16}{7}\quad\cdots\cdots㋓\quad(\to⑥)$$

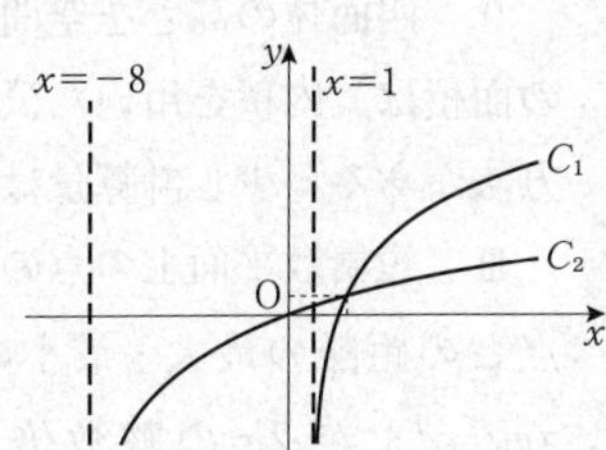


㋓は真数条件 $x-1>0$，$x+8>0$ をみたす。

(4)　関数 $f(x)$ を次式で定める。

$$f(x)=\frac{\sqrt{x^2+ax-1}-x-1}{x-1}$$

$f(x)$ を変形する。

$$f(x)=\frac{(\sqrt{x^2+ax-1}-x-1)(\sqrt{x^2+ax-1}+x+1)}{(x-1)(\sqrt{x^2+ax-1}+x+1)}$$

$$=\frac{(a-2)x-2}{(x-1)(\sqrt{x^2+ax-1}+x+1)}$$

$\lim_{x\to1}f(x)$ が有限値であるための条件は，$(a-2)x-2$ が $(x-1)$ で割り切れることである。

$$(a-2)x-2=(a-2)(x-1)+(a-4)$$

$$\therefore\quad a=4\quad(\to⑦)$$

$$p=\lim_{x\to1}f(x)=\lim_{x\to1}\frac{2}{\sqrt{x^2+4x-1}+x+1}$$

$$=\frac{1}{2}\quad(\to⑧)$$

❖講　評

2022年度は，2021年度と同じく，記述式1題，空所補充問題3題で，空所補充問題のうち，1題は独立した内容の小問構成であった。小問数は4問で，2021年度と同じであった。

**I**　有理関数に関する微・積分法の問題である。$f(x)$ の係数が少し複雑になっているのは，$S_1=S_2$ を導くためである。導関数，増減，グラフは基本事項である。$S_1-S_2$ は既知の関数の差の定積分で書ける。標準問題である。

**Ⅱ**　四面体の高さを空間ベクトルを用いて求める問題である。三角形の面積は，内積を用いた公式と，2 辺および狭角の正弦を用いる 2 つの方法がある。少し計算量は多いが標準問題である。

**Ⅲ**　複素数平面上の点の絶対値と偏角，三角形の面積，円上の点と定点との距離の最大・最小の問題である。$\alpha^n$ が正の実数になるのは，$\arg(\alpha^n)$ が $2\pi$ の整数倍になるときである。$z$ が円 $K:|z-\delta|=r$ $(r>0)$ 上の点のとき，$K$ の外部の点 $\beta$ に対して，$|\beta-\delta|-r\leqq|z-\beta|\leqq|\beta-\delta|+r$ が成り立つ（図形を考える）。標準問題である。

**Ⅳ**　小問 4 問で，空所補充問題である。どれも基本的であるから，本問から手を付けた受験生が多いと思われる。確実に解答しておきたい問題である。

(1)$2n$ 枚のカードから，カードを 2 枚同時に取り出す確率の問題である。確率 $p(n)$ が $n$ の減少関数であることに注意する。(2)整数問題である。$N$ を 4 で割っても，5 で割っても 2 余るとき，整数 $N-2$ は 20 の倍数である。(3)対数関数に関する問題である。グラフの対称移動，平行移動を考える。(4)関数の極限を求める問題である。いわゆる不定形の極限とよばれる問題である。極限をとったとき，分母が 0 にならないように変形する。典型的な極限の問題である。

# 物理

## I

**解答** (a) $\sqrt{(\sqrt{2}-1)gL}$　(b) $2\pi\sqrt{\dfrac{L}{g}}$　(c) $\sqrt{5gL}$

(1)—(ウ)　(2)—(キ)　(3)—(ケ)　(4)—(サ)　(5)—(チ)　(6)—(ア)　(7)—(セ)　(8)—(サ)

(9)—(ク)　(10)—(オ)　(11)—(ア)　(12)—(ク)　(13)—(エ)　(14)—(シ)　(15)—(タ)

**◀解　説▶**

≪力学的エネルギー保存則，放物運動，円運動≫

(i)(1)　O の高さを重力の位置エネルギーの基準とする力学的エネルギー保存則より

$$\frac{1}{2}m{v_0}^2=\frac{1}{2}mv^2+mgL\sin\theta$$

$$v=\sqrt{{v_0}^2-2gL\sin\theta}$$

(2)　(1)の根号の中が正となるので

$${v_0}^2-2gL\sin\theta>0$$

$$v_0>\sqrt{2gL\sin\theta}$$

(3)　下図において

$$0^2-(v\sin\theta)^2=2(-g)(h-L\sin\theta)$$

$$\therefore\quad h=\left(\frac{v^2\sin\theta}{2g}+L\right)\sin\theta$$

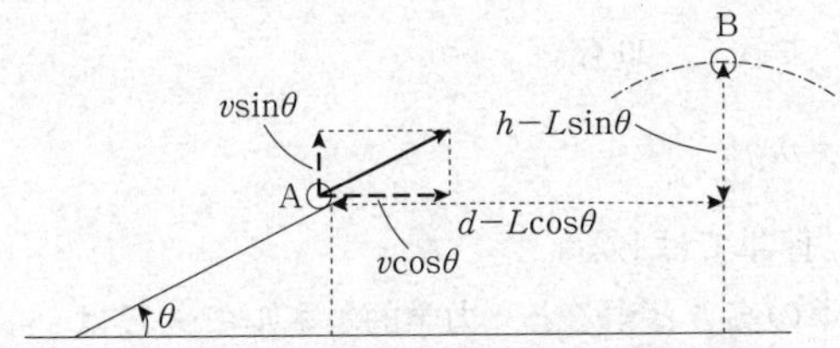


(4)　小球が A から B までの移動に要した時間を $t$ とすると

$$0=v\sin\theta-gt\qquad\therefore\quad t=\frac{v\sin\theta}{g}$$

よって　　$d-L\cos\theta=(v\cos\theta)t$

$\therefore \quad d=\left(\dfrac{v^2\sin\theta}{g}+L\right)\cos\theta$

(5)　$h=\left(\dfrac{{v_0}^2-2gL\sin\theta}{2g}\sin\theta+L\right)\sin\theta$

$=\left\{\dfrac{{v_0}^2\sin\theta}{2g}+L(1-\sin^2\theta)\right\}\sin\theta$

より

$$h=\left(\frac{{v_0}^2\sin\theta}{2g}+L\cos^2\theta\right)\sin\theta$$

(6)　(5)より，$h$ は $L$ の増加関数である。よって $L=0$ で $h$ は最小になる。

(7)　(5)に $L=0$ を代入して

$$h=\frac{{v_0}^2\sin^2\theta}{2g}$$

(8)　(4)に $L=0$ を代入して

$$d=\frac{{v_0}^2\sin\theta\cos\theta}{g}=\frac{{v_0}^2\sin2\theta}{2g}$$

(9)　$L$ のとり得る最大値は，${v_0}^2-2gL\sin\theta=0$ より

$$L=\frac{{v_0}^2}{2g\sin\theta}$$

(10)　$L=\dfrac{{v_0}^2}{2g\sin\theta}$ を(5)に代入して

$$h=\left(\frac{{v_0}^2\sin\theta}{2g}+\frac{{v_0}^2}{2g\sin\theta}\cos^2\theta\right)\sin\theta=\frac{{v_0}^2(\sin^2\theta+\cos^2\theta)}{2g}=\frac{{v_0}^2}{2g}$$

(11)　この場合，十分長い斜面上での投げ上げ運動と同じであるから，最高点で静止する。よって，(10)も

$$\frac{1}{2}m{v_0}^2=mgh$$

で求めた方が，簡単ではある。

(ii)(12)　A を基準の高さとすると，力学的エネルギー $E$ は

$$E=\frac{1}{2}mv^2-mgL(1-\cos\theta)$$

これが保存されるから，B での速さを $v_1$ とすると

$$0-mgL(1-\cos\theta_0)=\frac{1}{2}m{v_1}^2-mgL(1+1)$$

$v_1=\sqrt{2gL(1+\cos\theta_0)}$

(a)　(12)と同様に，求める速さを $v_2$ とすると

$$0-mgL(1-\cos45°)=\frac{1}{2}mv_2{}^2-mgL(1-\cos300°)$$

$$v_2=\sqrt{2gL(\cos45°-\cos300°)}=\sqrt{(\sqrt{2}-1)gL}$$

(b)　振幅が微小より，単振り子とみなせるので，周期を考えて

$$\tau=2\pi\sqrt{\frac{L}{g}}$$

(13)　$\frac{1}{2}mv_0{}^2-mgL(1-\cos180°)>0$ より

$$v_0>2\sqrt{gL}$$

(14)　最高点で，回転系から見た小球にはたらく力は右図のようになるので，力のつり合いは



$$T+mg-m\frac{v^2}{L}=0$$

(15)　Bを基準の高さとすると，Aの高さは $2L$ より，力学的エネルギー保存則より

$$\frac{1}{2}mv_0{}^2=\frac{1}{2}mv^2+mg\cdot2L$$

(c)　(14)・(15)より

$$T=\frac{m}{L}(v_0{}^2-4gL)-mg=m\left(\frac{v_0{}^2}{L}-5g\right)$$

よって，Aで糸がたるまない条件は，$T>0$ より

$$\frac{v_0{}^2}{L}-5g>0\qquad\therefore\quad v_0>\sqrt{5gL}$$

## II　解答　(a) $\frac{I}{2\pi R}$　(b) $\frac{3\mu I^2}{4\pi r}$　(c) $B_0L^2$

(1)―(ク)　(2)―(ク)　(3)―(コ)　(4)―(ア)　(5)―(イ)　(6)―(イ)　(7)―(キ)　(8)―(ク)
(9)―(ケ)　(10)―(ク)　(11)―(イ)　(12)―(コ)　(13)―(ケ)　(14)―(イ)　(15)―(ア)　(16)―(イ)
(17)―(タ)

## ◀解　説▶

≪直線電流による磁場，交流発電機≫

(i)(a)　基本公式である。

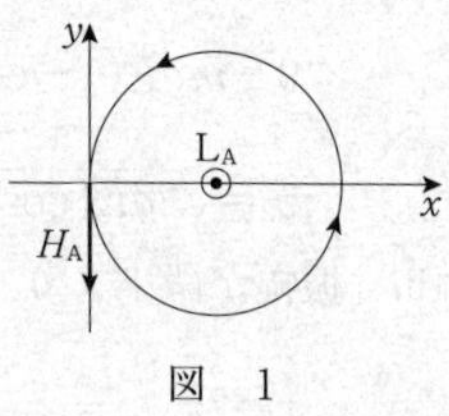

図　1

(1)　右の図 1 のように，導線 $L_A$ の電流による磁場は $y$ 軸負の向きを向く。

(2)・(3)　導線 $L_A$，$L_B$，$L_C$，$L_D$ を流れる電流による磁場の大きさをそれぞれ $H_A$，$H_B$，$H_C$，$H_D$ とする。

実験 1，実験 2 の磁場の様子を，それぞれ下の図 2，図 3 で表す。

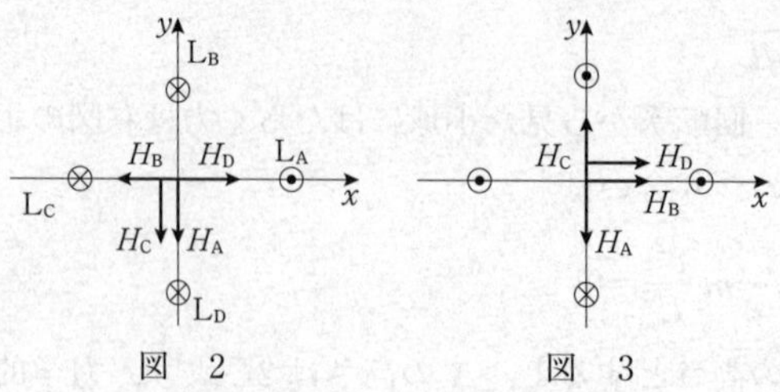

図　2　　　図　3

(4)〜(6)　実験 3 の磁場の様子を下の図 4 で表す。

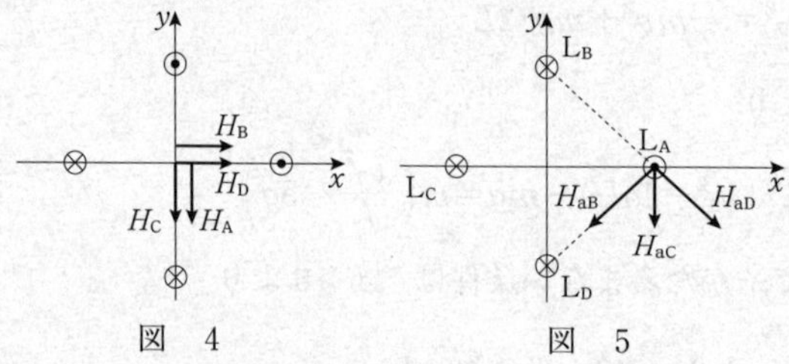

図　4　　　図　5

(7)〜(9)　各電流が作る磁場は上の図 5 の向きになる。

(10)　各電流が点 A に作る磁場の大きさをそれぞれ $H_{aB}$，$H_{aC}$，$H_{aD}$ とすると

$$H_{aB}=H_{aD}=\frac{I}{2\pi\sqrt{2}\,r},\quad H_{aC}=\frac{I}{2\pi\cdot 2r}$$

これらの合成磁場は $y$ 軸負の向きで，大きさ $H_a$ は

$$H_a=\frac{\sqrt{2}}{2}(H_{aB}+H_{aD})+H_{aC}=\frac{3I}{4\pi r}$$

(11)　電子は負電荷より，その速度の向きは電流と逆である。

⑿　フレミングの左手の法則より，力は $x$ 軸正の向き。

(b)　求める力の大きさ $F$ は

$$F=I\cdot\mu H_{\mathrm{a}}=\frac{3\mu I^2}{4\pi r}$$

(ii)(c)　図6のように，磁束密度のコイル面に対する垂直成分の大きさは $B_0\cos\theta$ である。コイルの面積が $L^2$ より

$$\Phi(t)=B_0L^2\cos\theta$$

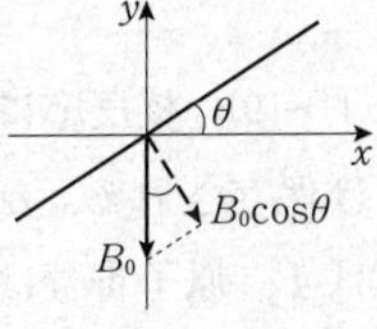


図　6

⒁　加法定理と近似式 $\cos\omega\Delta t\fallingdotseq1$，$\sin\omega\Delta t\fallingdotseq\omega\Delta t$ より

$$\cos(\theta+\omega\Delta t)=\cos\theta\cos\omega\Delta t-\sin\theta\sin\omega\Delta t\fallingdotseq\cos\theta-\omega\Delta t\sin\theta$$

よって，誘導起電力の大きさ $V$ は

$$V=\left|\frac{\Phi(t+\Delta t)-\Phi(t)}{\Delta t}\right|\fallingdotseq\left|\frac{B_0L^2(\cos\theta-\omega\Delta t\sin\theta)-B_0L^2\cos\theta}{\Delta t}\right|$$

$$=B_0L^2\omega|\sin\theta|$$

⒂　$V>0$ となるのは　　$0<\theta<\pi$

⒃　$V<0$ となるのは　　$\pi<\theta<2\pi$

⒄　コイルの電流による磁場を $H$ とする。図7より，$\theta$ が鋭角でも鈍角でも，$H$ は $x$ 軸正の向きの成分をもつ。この後，コイルの向きは逆転するが，コイルと磁場の位置関係は図7と変わらない。

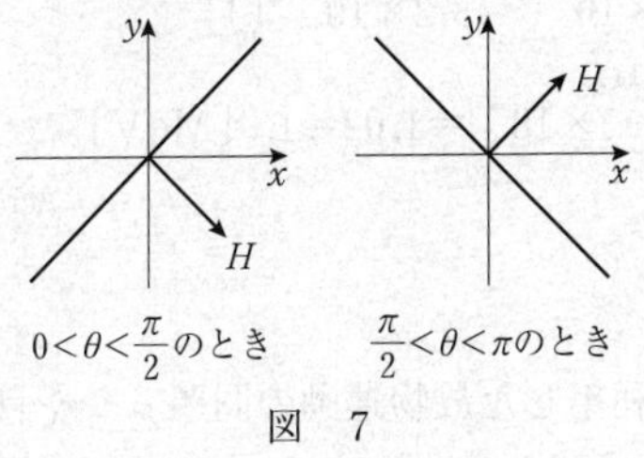


図　7

## Ⅲ　解答

(a) 12.01　(b) $\dfrac{2k_0Ze^2}{r_0}$　(c) $\dfrac{2k_0Ze^2}{K}$

(1)―(エ)　(2)―(シ)　(3)―(キ)　(4)―(セ)　(5)―(タ)　(6)―(タ)　(7)―(セ)　(8)―(ナ)
(9)―(テ)　(10)―(ヒ)　(11)―(ウ)　(12)―(セ)　(13)―(サ)　(14)―(カ)　(15)―(エ)　(16)―(シ)
(17)―(ソ)　(18)―(カ)

## ◀解　説▶

≪原子核崩壊，ラザフォードの実験，静止エネルギー≫

(i)(1)　「強い相互作用」の一種である。

(a)　$12.000\times0.9893+13.003\times0.0107=11.8716+0.13913$

$=12.010\fallingdotseq12.01$

(4)～(9)　核反応において，陽子数である原子番号と，核子数である質量数は保存される。$\alpha$ 粒子は $^4_2$He 核であるから，$\alpha$ 崩壊した原子核の質量数は4，原子番号は2だけ，それぞれ減少する。

(b)　求める位置エネルギーを $U$ とおくと

$$U=k_0\cdot\frac{Ze\cdot2e}{r_0}=\frac{2k_0Ze^2}{r_0}$$

(c)　$K=\dfrac{2k_0Ze^2}{r_0}$ より　$r_0=\dfrac{2k_0Ze^2}{K}$

(10)　$$r_0=\frac{2\times9.0\times10^9\times79\times(1.6\times10^{-19})^2}{1.5\times10^{-13}}$$

$$=2.42\times10^{-13}\fallingdotseq2.4\times10^{-13}\,[\mathrm{m}]$$

(ii)(11)～(13)　$\beta$ 崩壊は，原子核内の中性子が陽子に変化し，電子である $\beta$ 粒子とニュートリノを放出する反応とみることができるので，質量数はそのままで，原子番号が1増加する。

(iii)(16)・(17)　$E=m_ec^2=9.1\times10^{-31}\times(3.0\times10^8)^2$

$=8.19\times10^{-14}\fallingdotseq8.2\times10^{-14}\,[\mathrm{J}]$

(18)　$$\frac{2\times8.19\times10^{-14}}{1.6\times10^{-19}}\times10^{-6}=1.02\fallingdotseq1.0\,[\mathrm{MeV}]$$

### ❖講　評

**Ⅰ**　(i)は斜面を利用した放物運動の問題。やや目新しい誘導がついているが，力学的エネルギーが保存しているので，最高点での速度の水平成分が小さいほど，すなわち斜面上にいる距離が長いほど最高点の高さは高くなることに気付けば易しい。(ii)は円直面内の円運動に関する設問。角度の取り方がやや目新しい。また，振幅が微小なら単振り子とみなせることに気づくかがカギ。それ以外は標準典型的といえよう。

**Ⅱ**　(i)は直線電流による合成磁場に関する設問。図が一切与えられていないので，文章を読み間違うと大幅に失点しかねない。(ii)は交流発電機に関する設問。微分を知らなくても誘導に従えば解けるようになっている。

Ⅲ　原子核崩壊と静止エネルギーについての設問で，教科書レベルの知識を問う問題である。数値計算も煩雑ではない。完答したい。

# 化学

## I 解答

(i)(1)—(エ) (2)280 (3)—(カ)
(4)アモルファス（非晶質） (5)$H_2SiF_6$ (6)—(イ)
(7)—(オ) (8)$Na_2SiO_3$ (9)$CO_2$ (10)—(ス) (11)—(ケ)
(ii)(1)—(イ) (2)—(ウ) (3)・(4)—(エ)・(カ)（順不同） (5)—(カ) (6)—(ウ) (7)—(ウ)
(8)$Zn(OH)_2+4NH_3 \longrightarrow [Zn(NH_3)_4](OH)_2$
(iii)(1)—(イ) (2)—(キ) (3)20.83 (4)3.06 (5)—(ア)

◀解　説▶

≪ケイ素の性質，金属イオンの定性分析，中和滴定≫

(i)(2) 二酸化ケイ素を還元してケイ素の単体を得る反応は次の通り。

$$SiO_2+2C \longrightarrow Si+2CO_2$$

よって，600kg の $SiO_2$ をすべて Si に還元したときに得られる Si の質量は

$$\frac{600}{60}\times1\times28=280\text{[kg]}$$

(ii)(1) $Ag^+$，$Al^{3+}$，$Ba^{2+}$，$Cu^{2+}$，$Fe^{3+}$，$Pb^{2+}$，$Zn^{2+}$ のうち，希塩酸と反応して白色沈殿を生じるのは $Ag^+$，$Pb^{2+}$ の2種類である。

(2) $Al^{3+}$，$Ba^{2+}$，$Cu^{2+}$，$Fe^{3+}$，$Zn^{2+}$ のうち，希硫酸と反応して白色沈殿を生じるのは $Ba^{2+}$ である。

(3)・(4) $Ag^+$，$Al^{3+}$，$Ba^{2+}$，$Cu^{2+}$，$Fe^{3+}$，$Pb^{2+}$，$Zn^{2+}$ のうち，酸性条件で硫化水素を通じて黒色沈殿が生じるのは $Ag^+$，$Cu^{2+}$，$Pb^{2+}$ の3種類である。

(5)・(6) $Ag^+$，$Al^{3+}$，$Ba^{2+}$，$Cu^{2+}$，$Fe^{3+}$，$Pb^{2+}$，$Zn^{2+}$ のうち，少量の水酸化ナトリウム水溶液を加えて沈殿が生じるのは，$Ag^+$，$Al^{3+}$，$Cu^{2+}$，$Fe^{3+}$，$Pb^{2+}$，$Zn^{2+}$ の6種類である。その中で過剰の水酸化ナトリウム水溶液を加えると，$Al^{3+}$，$Pb^{2+}$，$Zn^{2+}$ の水酸化物は錯イオンとなって溶解する。よって，沈殿が溶解しないのは，$Ag^+$，$Cu^{2+}$，$Fe^{3+}$ の3種類である。

(7)　$Ag^+$, $Al^{3+}$, $Ba^{2+}$, $Cu^{2+}$, $Fe^{3+}$, $Pb^{2+}$, $Zn^{2+}$ のうち，少量のアンモニア水を加えて白色沈殿が生じるのは，$Al^{3+}$, $Pb^{2+}$, $Zn^{2+}$ の 3 種類である。過剰のアンモニア水を加えると，$Zn^{2+}$ の水酸化物のみ錯イオン $[Zn(NH_3)_4]^{2+}$ となって溶解する。この錯イオンは $Zn^{2+}$ を中心に $NH_3$ が正四面体の各頂点に配位結合する立体構造をもつ。

(iii)(3)　水酸化ナトリウム水溶液の滴下量を $V$〔mL〕とすると，中和点において，$H^+$ の物質量 (mol)＝$OH^-$ の物質量 (mol) が成り立つので

$$\frac{1.26}{126}\times 2=0.960\times\frac{V}{1000}\times 1 \qquad V=20.833\fallingdotseq 20.83\text{〔mL〕}$$

(4)　水溶液 **X** の酢酸濃度を $x$〔mol/L〕とすると，中和点において，$H^+$ の物質量 (mol)＝$OH^-$ の物質量 (mol) が成り立つので

$$x\times\frac{20.0}{1000}\times\frac{20.0}{100}\times 1=0.960\times\frac{12.75}{1000}\times 1 \qquad x=3.06\text{〔mol/L〕}$$

## II　解答

(i)(1)―(ア)　(2)―(エ)　(3)―(ア)　(4)0.678　(5)―(エ)

(ii)(1)―(ウ)　(2)―(オ)　(3)0.08　(4)$5.2\times 10^3$　(5)$4.7\times 10^3$　(6)―(ア)　(7)―(エ)　(8)―(ウ)

(iii)(1)891　(2)$16O_2$(気)＝$8CO_2$(気)＋$62H_2O$(液)　(3)―(ア)　(4)−432　(5)8.3　(6)$1.9\times 10^2$

◀解　説▶

≪ダニエル電池，化学平衡，メタンハイドレートの性質≫

(i)(4)・(5)　流れた電子の物質量は

$$\frac{2.00\times 1000}{9.65\times 10^4}=2.072\times 10^{-2}\text{〔mol〕}$$

2 mol の電子が流れると 1 mol の Zn が減少するので，亜鉛の減少量は

$$2.072\times 10^{-2}\times\frac{1}{2}\times 65.4=0.6775\fallingdotseq 0.678\text{〔g〕}$$

(ii)(2)　平衡時の混合気体は次のように表せる。

| | $I_2$(気) | ⇄ $2I$(気) | 全物質量 | |
|---|---|---|---|---|
| 初　め | $N$ | 0 | $N$ | 〔mol〕 |
| 反応量 | $-(N-n)$ | $+2(N-n)$ | | 〔mol〕 |
| 平衡時 | $n$ | $2(N-n)$ | $2N-n$ | 〔mol〕 |

(3)　1073 K において，$N=0.10$ mol，$\alpha=0.20$ より

$$0.20=\frac{0.10-n}{0.10} \quad n=0.080 \fallingdotseq 0.08\text{〔mol〕}$$

(4)　(2)の結果より，平衡時の $I_2$，I の物質量はそれぞれ 0.080 mol，0.040 mol なので，$I_2$ の分圧は

$$7.8\times10^3\times\frac{0.080}{0.080+0.040}=5.2\times10^3\text{〔Pa〕}$$

(5)　1173 K において，$I_2$，I の分圧は $4.7\times10^3$ Pa で等しいため

$$K_p=\frac{(4.7\times10^3)^2}{4.7\times10^3}=4.7\times10^3\text{〔Pa〕}$$

(6)　温度が上がると，①式の平衡は右向きに移動したことより，①式の正反応は吸熱反応である。

(7)・(8)　1173 K において，反応に関わる気体の分圧が小さくなると，分子数が増加する右向きに平衡が移動する。よって，分解している割合 $\alpha$ の値は大きくなる。また，温度は一定なので，圧平衡定数の値は変わらない。

(iii)(1)　(反応熱)＝(生成物の生成熱の和)－(反応物の生成熱の和) が成り立つので

$$Q_1=394+286\times2-75=891\text{〔kJ/mol〕}$$

(3)　メタン 1 mol あたりのメタンハイドレートの燃焼熱は

$$\frac{6696}{8}=837\text{〔kJ/mol〕}$$

よって，メタンの燃焼熱 891 kJ/mol と比べるとメタンハイドレートの方が小さい。

(4)　③＝－①×8＋② より

$$Q_2=-891\times8+6696=-432\text{〔kJ/mol〕}$$

(5)　メタンハイドレート 8 mol の質量は

$$956\times8=7648\text{〔g〕}$$

このメタンハイドレートの体積は

$$\frac{7648}{0.92}=8.31\times10^3 \fallingdotseq 8.3\times10^3\text{〔cm}^3\text{〕}$$

(6)　メタンハイドレート 64 mol の体積を $V$〔$cm^3$〕とすると，気体の状態方程式より

$$1.0\times10^5\times\frac{V}{1000}=64\times8.3\times10^3\times300 \qquad V=1.59\times10^6\,[\mathrm{cm^3}]$$

メタンハイドレートの体積とメタンの体積の比は

$$\frac{1.59\times10^6}{8.31\times10^3}=1.91\times10^2\fallingdotseq1.9\times10^2$$

## Ⅲ　解答

(i)(1)―(イ)　(2)―(オ)　(3) 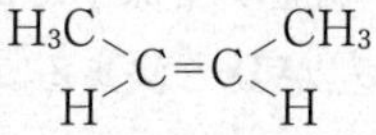 $\begin{array}{l}\mathrm{H_3C}\diagdown\qquad\diagup\mathrm{CH_3}\\ \qquad\mathrm{C{=}C}\\ \mathrm{H}\diagup\qquad\quad\diagdown\mathrm{H}\end{array}$

(4) 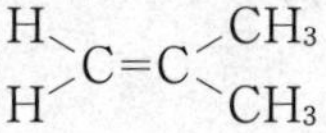 $\begin{array}{l}\mathrm{H}\diagdown\qquad\diagup\mathrm{CH_3}\\ \quad\mathrm{C{=}C}\\ \mathrm{H}\diagup\qquad\diagdown\mathrm{CH_3}\end{array}$　(5) 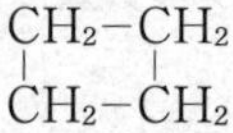 $\begin{array}{l}\mathrm{CH_2-CH_2}\\ \ \ |\qquad\quad |\\ \mathrm{CH_2-CH_2}\end{array}$　(6)―(エ)

(ii)(1)―(キ)　(2)―(ク)　(3)―(ア)　(4)―(オ)　(5)―(エ)　(6)  $\mathrm{HO-C_6H_4-CH_3}$（ベンゼン環のパラ位に HO と $\mathrm{CH_3}$）

(7)―(イ)　(8) 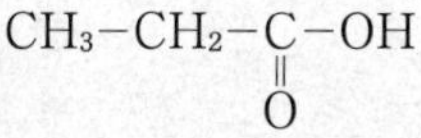 $\begin{array}{l}\mathrm{CH_3-CH_2-C-OH}\\ \qquad\qquad\quad\ \,\|\\ \qquad\qquad\quad\ \mathrm{O}\end{array}$

(iii)(1)―(イ)　(2)―(ア)　(3)―(イ)　(4)―(オ)　(5)―(ウ)　(6)―(オ)　(7)―(カ)　(8)―(イ)

(9)―(ケ)　(10) 77　(11)アルコール発酵　(12) 74

◀解　説▶

≪不飽和炭化水素の性質，芳香族エステルの構造決定，糖類の性質≫

(i)(1)　1 mol の化合物 **A**～**D** の完全燃焼で得られた二酸化炭素と水の物質量はそれぞれ

$$\mathrm{CO_2}:\frac{176}{44}=4.0\,[\mathrm{mol}],\ \ \mathrm{H_2O}:\frac{72}{18}=4.0\,[\mathrm{mol}]$$

よって，化合物 **A**～**D** の分子式は $C_4H_8$ である。

(2)～(4)　化合物 **A**，**B**，**C** は，臭素水に通じると脱色が見られることから，二重結合を1つもつアルケンである。分子式 $C_4H_8$ で表されるアルケンは次の3種類が存在する。

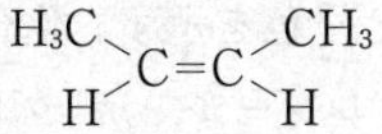

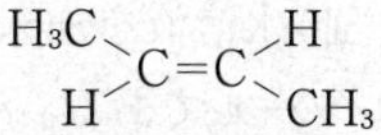

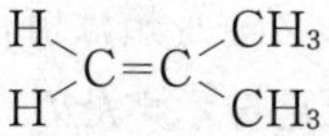

$$\begin{array}{l}\mathrm{H_3C}\diagdown\qquad\diagup\mathrm{CH_3}\\ \qquad\mathrm{C{=}C}\\ \mathrm{H}\diagup\qquad\quad\diagdown\mathrm{H}\end{array}\qquad\begin{array}{l}\mathrm{H_3C}\diagdown\qquad\diagup\mathrm{H}\\ \qquad\mathrm{C{=}C}\\ \mathrm{H}\diagup\qquad\quad\diagdown\mathrm{CH_3}\end{array}\qquad\begin{array}{l}\mathrm{H}\diagdown\qquad\diagup\mathrm{CH_3}\\ \quad\mathrm{C{=}C}\\ \mathrm{H}\diagup\qquad\diagdown\mathrm{CH_3}\end{array}$$

**A** と **B** はシス-トランス異性体の関係にあり，**A** はシス形なので，左から順に **A**，**B**，**C** と決まる。なお，**C** はオゾン分解により，ホルムアルデヒドとアセトンが得られる条件を満たす。

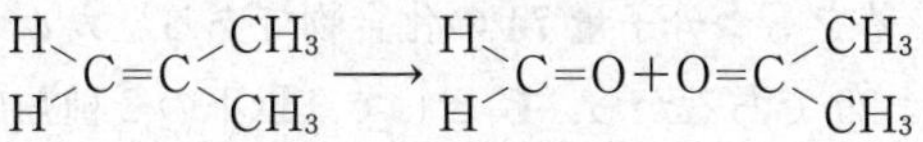

$$\begin{array}{l}\mathrm{H}\diagdown\qquad\diagup\mathrm{CH_3}\\ \quad\mathrm{C{=}C}\\ \mathrm{H}\diagup\qquad\diagdown\mathrm{CH_3}\end{array}\longrightarrow\begin{array}{l}\mathrm{H}\diagdown\qquad\qquad\qquad\quad\diagup\mathrm{CH_3}\\ \quad\mathrm{C{=}O+O{=}C}\\ \mathrm{H}\diagup\qquad\qquad\qquad\quad\diagdown\mathrm{CH_3}\end{array}$$

(5)・(6)　化合物 **D** は，二重結合をもたないことからシクロアルカンである。分子式 $C_4H_8$ で表されるシクロアルカンは次の 2 種類が存在する。

```
CH2−CH2          CH3
 |    |           |
CH2−CH2           CH
                 /  \
             CH2−CH2
```

**D** の水素原子 1 個を臭素原子で置換すると，1 種類の化合物しか得られないことから，左が **D** と決まる。

(ii)(1)〜(3)　化合物 **A** について，C，H，O の質量は次の通り。

$$C : 92.4\times\frac{12}{44}=25.2〔mg〕$$

$$H : 21.6\times\frac{2}{18}=2.4〔mg〕$$

$$O : 32.4-25.2-2.4=4.8〔mg〕$$

組成比は次の通り。

$$C : H : O=\frac{25.2}{12} : \frac{2.4}{1.0} : \frac{4.8}{16}=7 : 8 : 1$$

また **A** の分子量は 108 なので，組成式，分子式は $C_7H_8O$ である。

(4)　分子式 $C_7H_8O$ で表される芳香族化合物は，左から順に *o*-クレゾール，*m*-クレゾール，*p*-クレゾール，ベンジルアルコール，メチルフェニルエーテルの 5 種類である。

CH3 / OH（*o*-クレゾール）　CH3 / OH（*m*-クレゾール）　CH3 / OH（*p*-クレゾール）　CH2OH　O−CH3

(5)　ヒドロキシ基をもつ化合物に金属ナトリウムを加えると，水素を生じる。メチルフェニルエーテルを除く 4 種類がこの反応を示す。

(6)　フェノール類は塩化鉄(Ⅲ)水溶液を加えると呈色を示す。化合物 **A** はこの反応を示すため，クレゾールである。*o*-クレゾール，*m*-クレゾール，*p*-クレゾールのベンゼン環の炭素原子に結合する水素原子 1 個を塩素原子に置換すると，それぞれ，4 種類，4 種類，2 種類の構造異性体が得られる。よって，化合物 **A** は *p*-クレゾールである。

(7)・(8)　**B** はカルボキシ基をもつ分子量 74 の化合物である。カルボキシ基の分子量は 45，残りは 29 であるから，**B** として，以下の 2 種類の構造が考えられる。

$$H-\underset{\underset{O}{\|}}{C}-\underset{\underset{O}{\|}}{C}-OH \qquad CH_3-CH_2-\underset{\underset{O}{\|}}{C}-OH$$

**B** は銀鏡反応を示さないことから，**B** は右のプロピオン酸と決まる。

(iii)(10)　デンプンを完全に加水分解すると，次の変化が起こる。

$$(C_6H_{10}O_5)_n+nH_2O \longrightarrow nC_6H_{12}O_6$$

グルコース 18g が得られたことから，うるち米に含まれるデンプンの質量は

$$\frac{18}{180}\times\frac{1}{n}\times162n=16.2〔g〕$$

よって，デンプンの割合は

$$\frac{16.2}{21}\times100=77.1\fallingdotseq77〔\%〕$$

(12)　グルコースをアルコール発酵させるとエタノールが得られる。

$$C_6H_{12}O_6 \longrightarrow 2C_2H_5OH+2CO_2$$

グルコース 144g から得られるエタノールの質量は

$$\frac{144}{180}\times2\times46=73.6\fallingdotseq74〔g〕$$

### ❖講　評

2022 年度は，大問 **I**，**II**，**III** すべてが 3 つのパートに分かれて出題された。2021 年度から大問 **II** が 1 パート増加して，分量はやや増加した。難易度は基本～標準的な問題が中心であった。

**I**　(i)はケイ素の性質についての知識，反応量計算を問われた。(ii)は金属イオンの分析について知識を問われた。(iii)は中和滴定についての知識や理解を問われた。基本レベルの設問が中心なので，確実に得点したい。

**II**　(i)はダニエル電池について，(ii)はヨウ素の分解反応を題材に化学平衡について，(iii)はメタンハイドレートを題材に熱化学と反応量について，いずれも計算問題を中心に問われた。難易度は基本～標準的レベルである。前問の結果を利用した計算問題が続くため，ミスによる差はつきやすい。

Ⅲ　(i)は不飽和炭化水素についての知識問題，(ii)は元素分析と芳香族エステルの構造決定，(iii)は糖類の性質について，知識問題や計算問題が問われた。基本レベルの設問が中心なので，確実に得点したい。

# 教学社 刊行一覧

## 2025年版 大学赤本シリーズ

**374大学556点**
**全都道府県を網羅**

### 国公立大学(都道府県順)

全国の書店で取り扱っています。店頭にない場合は，お取り寄せができます。

1 北海道大学(文系－前期日程)
2 北海道大学(理系－前期日程) 医
3 北海道大学(後期日程)
4 旭川医科大学(医学部〈医学科〉) 医
5 小樽商科大学
6 帯広畜産大学
7 北海道教育大学
8 室蘭工業大学／北見工業大学
9 釧路公立大学
10 公立千歳科学技術大学
11 公立はこだて未来大学 総推
12 札幌医科大学(医学部) 医
13 弘前大学 医
14 岩手大学
15 岩手県立大学・盛岡短期大学部・宮古短期大学部
16 東北大学(文系－前期日程)
17 東北大学(理系－前期日程) 医
18 東北大学(後期日程)
19 宮城教育大学
20 宮城大学
21 秋田大学 医
22 秋田県立大学
23 国際教養大学 総推
24 山形大学 医
25 福島大学
26 会津大学
27 福島県立医科大学(医・保健科学部) 医
28 茨城大学(文系)
29 茨城大学(理系)
30 筑波大学(推薦入試) 医 総推
31 筑波大学(文系－前期日程)
32 筑波大学(理系－前期日程) 医
33 筑波大学(後期日程)
34 宇都宮大学
35 群馬大学 医
36 群馬県立女子大学
37 高崎経済大学
38 前橋工科大学
39 埼玉大学(文系)
40 埼玉大学(理系)
41 千葉大学(文系－前期日程)
42 千葉大学(理系－前期日程) 医
43 千葉大学(後期日程) 医
44 東京大学(文科) DL
45 東京大学(理科) DL 医
46 お茶の水女子大学
47 電気通信大学
48 東京外国語大学 DL
49 東京海洋大学
50 東京科学大学(旧 東京工業大学)
51 東京科学大学(旧 東京医科歯科大学) 医
52 東京学芸大学
53 東京藝術大学
54 東京農工大学
55 一橋大学(前期日程)
56 一橋大学(後期日程)
57 東京都立大学(文系)
58 東京都立大学(理系)
59 横浜国立大学(文系)
60 横浜国立大学(理系)
61 横浜市立大学(国際教養・国際商・理・データサイエンス・医〈看護〉学部)
62 横浜市立大学(医学部〈医学科〉) 医
63 新潟大学(人文・教育〈文系〉・法・経済科・医〈看護〉・創生学部)
64 新潟大学(教育〈理系〉・理・医〈看護を除く〉・歯・工・農学部) 医
65 新潟県立大学
66 富山大学(文系)
67 富山大学(理系) 医
68 富山県立大学
69 金沢大学(文系)
70 金沢大学(理系) 医
71 福井大学(教育・医〈看護〉・工・国際地域学部)
72 福井大学(医学部〈医学科〉) 医
73 福井県立大学
74 山梨大学(教育・医〈看護〉・工・生命環境学部)
75 山梨大学(医学部〈医学科〉) 医
76 都留文科大学
77 信州大学(文系－前期日程)
78 信州大学(理系－前期日程) 医
79 信州大学(後期日程)
80 公立諏訪東京理科大学 総推
81 岐阜大学(前期日程) 医
82 岐阜大学(後期日程)
83 岐阜薬科大学
84 静岡大学(前期日程)
85 静岡大学(後期日程)
86 浜松医科大学(医学部〈医学科〉) 医
87 静岡県立大学
88 静岡文化芸術大学
89 名古屋大学(文系)
90 名古屋大学(理系) 医
91 愛知教育大学
92 名古屋工業大学
93 愛知県立大学
94 名古屋市立大学(経済・人文社会・芸術工・看護・総合生命理・データサイエンス学部)
95 名古屋市立大学(医学部〈医学科〉) 医
96 名古屋市立大学(薬学部)
97 三重大学(人文・教育・医〈看護〉学部)
98 三重大学(医〈医〉・工・生物資源学部) 医
99 滋賀大学
100 滋賀医科大学(医学部〈医学科〉) 医
101 滋賀県立大学
102 京都大学(文系)
103 京都大学(理系) 医
104 京都教育大学
105 京都工芸繊維大学
106 京都府立大学
107 京都府立医科大学(医学部〈医学科〉) 医
108 大阪大学(文系) DL
109 大阪大学(理系) 医
110 大阪教育大学
111 大阪公立大学(現代システム科学域〈文系〉・文・法・経済・商・看護・生活科〈居住環境・人間福祉〉学部－前期日程)
112 大阪公立大学(現代システム科学域〈理系〉・理・工・農・獣医・医・生活科〈食栄養〉学部－前期日程) 医
113 大阪公立大学(中期日程)
114 大阪公立大学(後期日程)
115 神戸大学(文系－前期日程)
116 神戸大学(理系－前期日程) 医
117 神戸大学(後期日程)
118 神戸市外国語大学 DL
119 兵庫県立大学(国際商経・社会情報科・看護学部)
120 兵庫県立大学(工・理・環境人間学部)
121 奈良教育大学／奈良県立大学
122 奈良女子大学
123 奈良県立医科大学(医学部〈医学科〉) 医
124 和歌山大学
125 和歌山県立医科大学(医・薬学部) 医
126 鳥取大学 医
127 公立鳥取環境大学
128 島根大学 医
129 岡山大学(文系)
130 岡山大学(理系) 医
131 岡山県立大学
132 広島大学(文系－前期日程)
133 広島大学(理系－前期日程) 医
134 広島大学(後期日程)
135 尾道市立大学 総推
136 県立広島大学
137 広島市立大学
138 福山市立大学 総推
139 山口大学(人文・教育〈文系〉・経済・医〈看護〉・国際総合科学部)
140 山口大学(教育〈理系〉・理・医〈看護を除く〉・工・農・共同獣医学部) 医
141 山陽小野田市立山口東京理科大学 総推
142 下関市立大学／山口県立大学
143 周南公立大学 新 総推
144 徳島大学 医
145 香川大学 医
146 愛媛大学 医
147 高知大学 医
148 高知工科大学
149 九州大学(文系－前期日程)
150 九州大学(理系－前期日程) 医
151 九州大学(後期日程)
152 九州工業大学
153 福岡教育大学
154 北九州市立大学
155 九州歯科大学
156 福岡県立大学／福岡女子大学
157 佐賀大学 医
158 長崎大学(多文化社会・教育〈文系〉・経済・医〈保健〉・環境科〈文系〉学部)
159 長崎大学(教育〈理系〉・医〈医〉・歯・薬・情報データ科・工・環境科〈理系〉・水産学部) 医
160 長崎県立大学 総推
161 熊本大学(文・教育・法・医〈看護〉学部・情報融合学環〈文系型〉)
162 熊本大学(理・医〈看護を除く〉・薬・工学部・情報融合学環〈理系型〉) 医
163 熊本県立大学
164 大分大学(教育・経済・医〈看護〉・理工・福祉健康科学部)
165 大分大学(医学部〈医・先進医療科学科〉) 医
166 宮崎大学(教育・医〈看護〉・工・農・地域資源創成学部)
167 宮崎大学(医学部〈医学科〉) 医
168 鹿児島大学(文系)
169 鹿児島大学(理系) 医
170 琉球大学 医

# 2025年版　大学赤本シリーズ

## 国公立大学 その他

171 〔国公立大〕医学部医学科 総合型選抜・学校推薦型選抜※ 医 総推
172 看護・医療系大学〈国公立 東日本〉※
173 看護・医療系大学〈国公立 中日本〉※
174 看護・医療系大学〈国公立 西日本〉※
175 海上保安大学校／気象大学校
176 航空保安大学校
177 国立看護大学校
178 防衛大学校 総推
179 防衛医科大学校(医学科) 医
180 防衛医科大学校(看護学科)

※No.171～174の収載大学は赤本ウェブサイト（http://akahon.net/）でご確認ください。

## 私立大学①

**北海道の大学（50音順）**
201 札幌大学
202 札幌学院大学
203 北星学園大学
204 北海学園大学
205 北海道医療大学
206 北海道科学大学
207 北海道武蔵女子大学・短期大学
208 酪農学園大学(獣医学群〈獣医学類〉)

**東北の大学（50音順）**
209 岩手医科大学(医・歯・薬学部) 医
210 仙台大学 総推
211 東北医科薬科大学(医・薬学部) 医
212 東北学院大学
213 東北工業大学
214 東北福祉大学
215 宮城学院女子大学 総推

**関東の大学（50音順）**

**あ行（関東の大学）**
216 青山学院大学(法・国際政治経済学部－個別学部日程)
217 青山学院大学(経済学部－個別学部日程)
218 青山学院大学(経営学部－個別学部日程)
219 青山学院大学(文・教育人間科学部－個別学部日程)
220 青山学院大学(総合文化政策・社会情報・地球社会共生・コミュニティ人間科学部－個別学部日程)
221 青山学院大学(理工学部－個別学部日程)
222 青山学院大学(全学部日程)
223 麻布大学(獣医、生命・環境科学部)
224 亜細亜大学
226 桜美林大学
227 大妻女子大学・短期大学部

**か行（関東の大学）**
228 学習院大学(法学部－コア試験)
229 学習院大学(経済学部－コア試験)
230 学習院大学(文学部－コア試験)
231 学習院大学(国際社会科学部－コア試験)
232 学習院大学(理学部－コア試験)
233 学習院女子大学
234 神奈川大学(給費生試験)
235 神奈川大学(一般入試)
236 神奈川工科大学
237 鎌倉女子大学・短期大学部
238 川村学園女子大学
239 神田外語大学
240 関東学院大学
241 北里大学(理学部)
242 北里大学(医学部) 医
243 北里大学(薬学部)
244 北里大学(看護・医療衛生学部)
245 北里大学(未来工・獣医・海洋生命科学部)
246 共立女子大学・短期大学
247 杏林大学(医学部) 医
248 杏林大学(保健学部)
249 群馬医療福祉大学・短期大学部
250 群馬パース大学 総推
251 慶應義塾大学(法学部)
252 慶應義塾大学(経済学部)
253 慶應義塾大学(商学部)
254 慶應義塾大学(文学部) 総推
255 慶應義塾大学(総合政策学部)
256 慶應義塾大学(環境情報学部)
257 慶應義塾大学(理工学部)
258 慶應義塾大学(医学部) 医
259 慶應義塾大学(薬学部)
260 慶應義塾大学(看護医療学部)
261 工学院大学
262 國學院大學
263 国際医療福祉大学 医
264 国際基督教大学
265 国士舘大学
266 駒澤大学(一般選抜T方式・S方式)
267 駒澤大学(全学部統一日程選抜)

**さ行（関東の大学）**
268 埼玉医科大学(医学部) 医
269 相模女子大学・短期大学部
270 産業能率大学
271 自治医科大学(医学部) 医
272 自治医科大学(看護学部)／東京慈恵会医科大学(医学部〈看護学科〉)
273 実践女子大学 総推
274 芝浦工業大学(前期日程)
275 芝浦工業大学(全学統一日程・後期日程)
276 十文字学園女子大学
277 淑徳大学
278 順天堂大学(医学部) 医
279 順天堂大学(スポーツ健康科・医療看護・保健看護・国際教養・保健医療・医療科・健康データサイエンス・薬学部) 総推
280 上智大学(神・文・総合人間科学部)
281 上智大学(法・経済学部)
282 上智大学(外国語・総合グローバル学部)
283 上智大学(理工学部)
284 上智大学(TEAPスコア利用方式)
285 湘南工科大学
286 昭和大学(医学部) 医
287 昭和大学(歯・薬・保健医療学部)
288 昭和女子大学
289 昭和薬科大学
290 女子栄養大学・短期大学部 総推
291 白百合女子大学
292 成蹊大学(法学部－A方式)
293 成蹊大学(経済・経営学部－A方式)
294 成蹊大学(文学部－A方式)
295 成蹊大学(理工学部－A方式)
296 成蹊大学(E方式・G方式・P方式)
297 成城大学(経済・社会イノベーション学部－A方式)
298 成城大学(文芸・法学部－A方式)
299 成城大学(S方式〈全学部統一選抜〉)
300 聖心女子大学
301 清泉女子大学
303 聖マリアンナ医科大学 医
304 聖路加国際大学(看護学部)
305 専修大学(スカラシップ・全国入試)
306 専修大学(前期入試〈学部個別入試〉)
307 専修大学(前期入試〈全学部入試・スカラシップ入試〉)

**た行（関東の大学）**
308 大正大学
309 大東文化大学
310 高崎健康福祉大学
311 拓殖大学
312 玉川大学
313 多摩美術大学
314 千葉工業大学
315 中央大学(法学部－学部別選抜)
316 中央大学(経済学部－学部別選抜)
317 中央大学(商学部－学部別選抜)
318 中央大学(文学部－学部別選抜)
319 中央大学(総合政策学部－学部別選抜)
320 中央大学(国際経営・国際情報学部－学部別選抜)
321 中央大学(理工学部－学部別選抜)
322 中央大学(5学部共通選抜)
323 中央学院大学
324 津田塾大学
325 帝京大学(薬・経済・法・文・外国語・教育・理工・医療技術・福岡医療技術学部)
326 帝京大学(医学部) 医
327 帝京科学大学 総推
328 帝京平成大学 総推
329 東海大学(医〈医〉学部を除く－一般選抜)
330 東海大学(文系・理系学部統一選抜)
331 東海大学(医学部〈医学科〉) 医
332 東京医科大学(医学部〈医学科〉) 医
333 東京家政大学・短期大学部 総推
334 東京経済大学
335 東京工科大学
336 東京工芸大学
337 東京国際大学
338 東京歯科大学
339 東京慈恵会医科大学(医学部〈医学科〉) 医
340 東京情報大学
341 東京女子大学
342 東京女子医科大学(医学部) 医
343 東京電機大学
344 東京都市大学
345 東京農業大学
346 東京薬科大学(薬学部) 総推
347 東京薬科大学(生命科学部) 総推
348 東京理科大学(理学部〈第一部〉－B方式)
349 東京理科大学(創域理工学部－B方式・S方式)
350 東京理科大学(工学部－B方式)
351 東京理科大学(先進工学部－B方式)
352 東京理科大学(薬学部－B方式)
353 東京理科大学(経営学部－B方式)
354 東京理科大学(C方式、グローバル方式、理学部〈第二部〉－B方式)
355 東邦大学(医学部) 医
356 東邦大学(薬学部)

# 2025年版　大学赤本シリーズ

## 私立大学②

357 東邦大学（理・看護・健康科学部）
358 東洋大学（文・経済・経営・法・社会・国際・国際観光学部）
359 東洋大学（情報連携・福祉社会デザイン・健康スポーツ科・理工・総合情報・生命科・食環境科学部）
360 東洋大学（英語〈3日程×3カ年〉）
361 東洋大学（国語〈3日程×3カ年〉）
362 東洋大学（日本史・世界史〈2日程×3カ年〉）
363 東洋英和女学院大学
364 常磐大学・短期大学 総推
365 獨協大学
366 獨協医科大学（医学部） 医

**な行（関東の大学）**

367 二松学舎大学
368 日本大学（法学部）
369 日本大学（経済学部）
370 日本大学（商学部）
371 日本大学（文理学部〈文系〉）
372 日本大学（文理学部〈理系〉）
373 日本大学（芸術学部〈専門試験併用型〉）
374 日本大学（国際関係学部）
375 日本大学（危機管理・スポーツ科学部）
376 日本大学（理工学部）
377 日本大学（生産工・工学部）
378 日本大学（生物資源科学部）
379 日本大学（医学部） 医
380 日本大学（歯・松戸歯学部）
381 日本大学（薬学部）
382 日本大学（N全学統一方式－医・芸術〈専門試験併用型〉学部を除く）
383 日本医科大学 医
384 日本工業大学
385 日本歯科大学
386 日本社会事業大学 総推
387 日本獣医生命科学大学
388 日本女子大学
389 日本体育大学

**は行（関東の大学）**

390 白鷗大学（学業特待選抜・一般選抜）
391 フェリス女学院大学
392 文教大学
393 法政大学（法〈Ⅰ日程〉・文〈Ⅱ日程〉・経営〈Ⅱ日程〉学部－A方式）
394 法政大学（法〈Ⅱ日程〉・国際文化・キャリアデザイン学部－A方式）
395 法政大学（文〈Ⅰ日程〉・経営〈Ⅰ日程〉・人間環境・グローバル教養学部－A方式）
396 法政大学（経済〈Ⅰ日程〉・社会〈Ⅰ日程〉・現代福祉学部－A方式）
397 法政大学（経済〈Ⅱ日程〉・社会〈Ⅱ日程〉・スポーツ健康学部－A方式）
398 法政大学（情報科・デザイン工・理工・生命科学部－A方式）
399 法政大学（T日程〈統一日程〉・英語外部試験利用入試）
400 星薬科大学 総推

**ま行（関東の大学）**

401 武蔵大学
402 武蔵野大学
403 武蔵野美術大学
404 明海大学
405 明治大学（法学部－学部別入試）
406 明治大学（政治経済学部－学部別入試）
407 明治大学（商学部－学部別入試）
408 明治大学（経営学部－学部別入試）
409 明治大学（文学部－学部別入試）
410 明治大学（国際日本学部－学部別入試）
411 明治大学（情報コミュニケーション学部－学部別入試）
412 明治大学（理工学部－学部別入試）
413 明治大学（総合数理学部－学部別入試）
414 明治大学（農学部－学部別入試）
415 明治大学（全学部統一入試）
416 明治学院大学（A日程）
417 明治学院大学（全学部日程）
418 明治薬科大学 総推
419 明星大学
420 目白大学・短期大学部

**ら・わ行（関東の大学）**

421 立教大学（文系学部－一般入試〈大学独自の英語を課さない日程〉）
422 立教大学（国語〈3日程×3カ年〉）
423 立教大学（日本史・世界史〈2日程×3カ年〉）
424 立教大学（文学部－一般入試〈大学独自の英語を課す日程〉）
425 立教大学（理学部－一般入試）
426 立正大学
427 早稲田大学（法学部）
428 早稲田大学（政治経済学部）
429 早稲田大学（商学部）
430 早稲田大学（社会科学部）
431 早稲田大学（文学部）
432 早稲田大学（文化構想学部）
433 早稲田大学（教育学部〈文科系〉）
434 早稲田大学（教育学部〈理科系〉）
435 早稲田大学（人間科・スポーツ科学部）
436 早稲田大学（国際教養学部）
437 早稲田大学（基幹理工・創造理工・先進理工学部）
438 和洋女子大学 総推

**中部の大学（50音順）**

439 愛知大学
440 愛知医科大学（医学部） 医
441 愛知学院大学・短期大学部
442 愛知工業大学 総推
443 愛知淑徳大学
444 朝日大学 総推
445 金沢医科大学（医学部） 医
446 金沢工業大学
447 岐阜聖徳学園大学 総推
448 金城学院大学
449 至学館大学 総推
450 静岡理工科大学
451 椙山女学園大学
452 大同大学
453 中京大学
454 中部大学
455 名古屋外国語大学 総推
456 名古屋学院大学 総推
457 名古屋学芸大学 総推
458 名古屋女子大学 総推
459 南山大学（外国語〈英米〉・法・総合政策・国際教養学部）
460 南山大学（人文・外国語〈英米を除く〉・経済・経営・理工学部）
461 新潟国際情報大学
462 日本福祉大学
463 福井工業大学
464 藤田医科大学（医学部） 医
465 藤田医科大学（医療科・保健衛生学部）
466 名城大学（法・経営・経済・外国語・人間・都市情報学部）
467 名城大学（情報工・理工・農・薬学部）
468 山梨学院大学

**近畿の大学（50音順）**

469 追手門学院大学 総推
470 大阪医科薬科大学（医学部） 医
471 大阪医科薬科大学（薬学部） 総推
472 大阪学院大学 総推
473 大阪経済大学 総推
474 大阪経済法科大学 総推
475 大阪工業大学 総推
476 大阪国際大学・短期大学部 総推
477 大阪産業大学 総推
478 大阪歯科大学（歯学部）
479 大阪商業大学 総推
480 大阪成蹊大学・短期大学 総推
481 大谷大学 総推
482 大手前大学・短期大学 総推
483 関西大学（文系）
484 関西大学（理系）
485 関西大学（英語〈3日程×3カ年〉）
486 関西大学（国語〈3日程×3カ年〉）
487 関西大学（日本史・世界史・文系数学〈3日程×3カ年〉）
488 関西医科大学（医学部） 医
489 関西医療大学 総推
490 関西外国語大学・短期大学部 総推
491 関西学院大学（文・法・商・人間福祉・総合政策学部－学部個別日程）
492 関西学院大学（神・社会・経済・国際・教育学部－学部個別日程）
493 関西学院大学（全学部日程〈文系型〉）
494 関西学院大学（全学部日程〈理系型〉）
495 関西学院大学（共通テスト併用日程〈数学〉・英数日程）
496 関西学院大学（英語〈3日程×3カ年〉） 新
497 関西学院大学（国語〈3日程×3カ年〉） 新
498 関西学院大学（日本史・世界史・文系数学〈3日程×3カ年〉） 新
499 畿央大学 総推
500 京都外国語大学・短期大学 総推
502 京都産業大学（公募推薦入試） 総推
503 京都産業大学（一般選抜入試〈前期日程〉）
504 京都女子大学 総推
505 京都先端科学大学 総推
506 京都橘大学 総推
507 京都ノートルダム女子大学 総推
508 京都薬科大学 総推
509 近畿大学・短期大学部（医学部を除く－推薦入試） 総推
510 近畿大学・短期大学部（医学部を除く－一般入試前期）
511 近畿大学（英語〈医学部を除く3日程×3カ年〉）
512 近畿大学（理系数学〈医学部を除く3日程×3カ年〉）
513 近畿大学（国語〈医学部を除く3日程×3カ年〉）
514 近畿大学（医学部－推薦入試・一般入試前期） 医 総推
515 近畿大学・短期大学部（一般入試後期） 医
516 皇學館大学 総推
517 甲南大学 総推
518 甲南女子大学（学校推薦型選抜） 新 総推
519 神戸学院大学 総推
520 神戸国際大学 総推
521 神戸女学院大学 総推
522 神戸女子大学・短期大学 総推
523 神戸薬科大学 総推
524 四天王寺大学・短期大学部 総推
525 摂南大学（公募制推薦入試） 総推
526 摂南大学（一般選抜前期日程）
527 帝塚山学院大学 総推
528 同志社大学（法、グローバル・コミュニケーション学部－学部個別日程）

## 共通テスト対策関連書籍

# 共通テスト対策 も 赤本で

**① 過去問演習**

**2025年版**

# 共通テスト 赤本シリーズ

全12点

A5判／定価1,320円
(本体1,200円)

- 英国数には新課程対応オリジナル実戦模試 掲載！
- 公表された新課程試作問題はすべて掲載！
- くわしい対策講座で得点力UP
- 英語はリスニングを10回分掲載！赤本の音声サイトで本番さながらの対策！

- 英語 リーディング／リスニング DL
- 数学I, A／II, B, C
- 国語
- 歴史総合, 日本史探究
- 歴史総合, 世界史探究
- 地理総合, 地理探究
- 公共, 倫理
- 公共, 政治・経済
- 物理
- 化学
- 生物
- 物理基礎／化学基礎／生物基礎／地学基礎

DL 音声無料配信

**② 自己分析**

**赤本ノートシリーズ** 過去問演習の効果を最大化

▶共通テスト対策には

赤本ノート
(共通テスト用)

赤本ルーズリーフ
(共通テスト用)

共通テスト
赤本シリーズ

新課程攻略
問題集

全26点
に対応!!

▶二次・私大対策には

大学赤本
シリーズ

全556点
に対応!!

赤本ノート(二次・私大用)

**③ 重点対策**

**共通テスト 赤本プラス**

# 新課程攻略問題集

基礎固め&苦手克服のための分野別対策問題集!!
厳選された問題でかしこく対策

- 英語リーディング
- 英語リスニング DL
- 数学I, A
- 数学II, B, C
- 国語(現代文)
- 国語(古文, 漢文)
- 歴史総合, 日本史探究
- 歴史総合, 世界史探究
- 地理総合, 地理探究
- 公共, 政治・経済
- 物理
- 化学
- 生物
- 情報I

DL 音声無料配信

全14点
好評発売中！

A5判／定価1,320円 (本体1,200円)

**手軽なサイズの実戦的参考書**

目からウロコの
コツが満載！

直前期にも！

満点のコツ
シリーズ

赤本
ポケット

# いつも受験生のそばに──赤本

**大学入試シリーズ＋α**
入試対策も共通テスト対策も赤本で

入試対策

## 赤本プラス

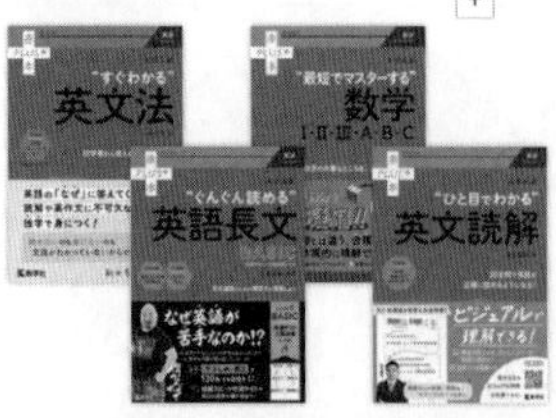

赤本プラスとは，**過去問演習の効果を最大にする**ためのシリーズです。「赤本」であぶり出された弱点を，赤本プラスで克服しましょう。

大学入試 すぐわかる**英文法** DL
大学入試 ひと目でわかる**英文読解**
大学入試 絶対できる**英語リスニング** DL
大学入試 すぐ書ける**自由英作文**
大学入試 ぐんぐん読める
**英語長文**〔BASIC〕DL
大学入試 ぐんぐん読める
**英語長文**〔STANDARD〕DL
大学入試 ぐんぐん読める
**英語長文**〔ADVANCED〕DL
大学入試 正しく書ける**英作文**
大学入試 最短でマスターする
**数学Ⅰ・Ⅱ・Ⅲ・A・B・C**
大学入試 突破力を鍛える**最難関の数学**
大学入試 知らなきゃ解けない
**古文常識・和歌**
大学入試 ちゃんと身につく**物理**
大学入試 もっと身につく
**物理問題集**（①力学・波動）
大学入試 もっと身につく
**物理問題集**（②熱力学・電磁気・原子）

入試対策

## 英検®赤本シリーズ

英検®（実用英語技能検定）の対策書。
過去問集と参考書で万全の対策ができます。

**▶過去問集（2024年度版）**
英検®準1級過去問集 DL
英検®2級過去問集 DL
英検®準2級過去問集 DL
英検®3級過去問集 DL

**▶参考書**
竹岡の英検®準1級マスター DL
竹岡の英検®2級マスター CD DL
竹岡の英検®準2級マスター CD DL
竹岡の英検®3級マスター CD DL

CD リスニングCDつき　DL 音声無料配信
新 2024年新刊・改訂

入試対策

## 赤本プレミアム

赤本の教学社だからこそ作れた，
過去問ベストセレクション

東大数学プレミアム
東大現代文プレミアム
京大数学プレミアム〔改訂版〕
京大古典プレミアム

入試対策

## 赤本メディカルシリーズ

過去問を徹底的に研究し，独自の出題傾向をもつメディカル系の入試に役立つ内容を精選した実戦的なシリーズ。

〔国公立大〕医学部の英語〔3訂版〕
私立医大の英語〔長文読解編〕〔3訂版〕
私立医大の英語〔文法・語法編〕〔改訂版〕
医学部の実戦小論文〔3訂版〕
医歯薬系の英単語〔4訂版〕
医系小論文 最頻出論点20〔4訂版〕
医学部の面接〔4訂版〕

入試対策

## 体系シリーズ

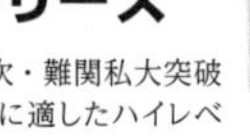

国公立大二次・難関私大突破へ，自学自習に適したハイレベル問題集。

体系英語長文　体系世界史
体系英作文　体系物理〔第7版〕
体系現代文

入試対策

## 単行本

**▶英語**
Q&A即決英語勉強法
TEAP攻略問題集 CD
東大の英単語〔新装版〕
早慶上智の英単語〔改訂版〕

**▶国語・小論文**
著者に注目！現代文問題集
ブレない小論文の書き方 樋口式ワークノート

**▶レシピ集**
奥薗壽子の赤本合格レシピ

入試対策　共通テスト対策

## 赤本手帳

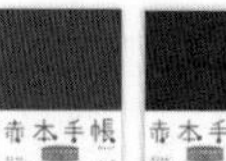

赤本手帳（2025年度受験用）プラムレッド
赤本手帳（2025年度受験用）インディゴブルー
赤本手帳（2025年度受験用）ナチュラルホワイト

入試対策

## 風呂で覚えるシリーズ

水をはじく特殊な紙を使用。いつでもどこでも読めるから，ちょっとした時間を有効に使える！

風呂で覚える英単語〔4訂新装版〕
風呂で覚える英熟語〔改訂新装版〕
風呂で覚える古文単語〔改訂新装版〕
風呂で覚える古文文法〔改訂新装版〕
風呂で覚える漢文〔改訂新装版〕
風呂で覚える日本史〔年代〕〔改訂新装版〕
風呂で覚える世界史〔年代〕〔改訂新装版〕
風呂で覚える倫理〔改訂版〕
風呂で覚える百人一首〔改訂版〕

共通テスト対策

## 満点のコツシリーズ

共通テストで満点を狙うための実戦的参考書。
重要度の増したリスニング対策は
「カリスマ講師」竹岡広信が一回読みにも
対応できるコツを伝授！

共通テスト英語〔リスニング〕
満点のコツ〔改訂版〕新 DL
共通テスト古文 満点のコツ〔改訂版〕新
共通テスト漢文 満点のコツ〔改訂版〕新

入試対策　共通テスト対策

## 赤本ポケットシリーズ

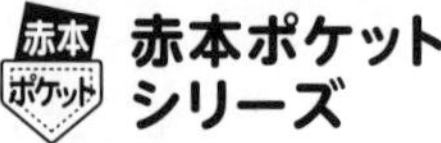

**▶共通テスト対策**
共通テスト日本史〔文化史〕

**▶系統別進路ガイド**
デザイン系学科をめざすあなたへ

大学赤本シリーズ

# 赤本ウェブサイト

過去問の代名詞として、70年以上の伝統と実績。

**新刊案内・特集ページも充実！**

## 受験生の「知りたい」に答える

**akahon.netでチェック！**

**志望大学の赤本の刊行状況を確認できる！**

**「赤本取扱い書店検索」で赤本を置いている書店を見つけられる！**

## 赤本チャンネル＆赤本ブログ

### 赤本チャンネル

人気講師の大学別講座や
共通テスト対策など、
**受験に役立つ動画** を公開中！

### 赤本ブログ

受験のメンタルケア、合格者の声など、
**受験に役立つ記事** が充実。

2025 年版　大学赤本シリーズ　No. 484
関西大学（理系）

編　集　教学社編集部
発行者　上原 寿明
発行所　教学社
〒606-0031
京都市左京区岩倉南桑原町56
電話　075-721-6500
振替　01020-1-15695
印　刷　共同印刷工業

2024 年 6 月 10 日　第 1 刷発行
ISBN978-4-325-26543-6
定価は裏表紙に表示しています

●乱丁・落丁等につきましてはお取替えいたします。
●本書に関する最新の情報（訂正を含む）は，赤本ウェブサイト http://akahon.net/ の書籍の詳細ページでご確認いただけます。
●本書は当社編集部の責任のもと独自に作成したものです。本書の内容についてのお問い合わせは，赤本ウェブサイトの「お問い合わせ」より，必要事項をご記入の上ご連絡ください。電話でのお問い合わせは受け付けておりません。なお，受験指導など，本書掲載内容以外の事柄に関しては，お答えしかねます。また，ご質問の内容によってはお時間をいただく場合がありますので，あらかじめご了承ください。

●本シリーズ掲載の入試問題等について，万一，掲載許可手続等に遺漏や不備があると思われるものがございましたら，当社編集部までお知らせください。